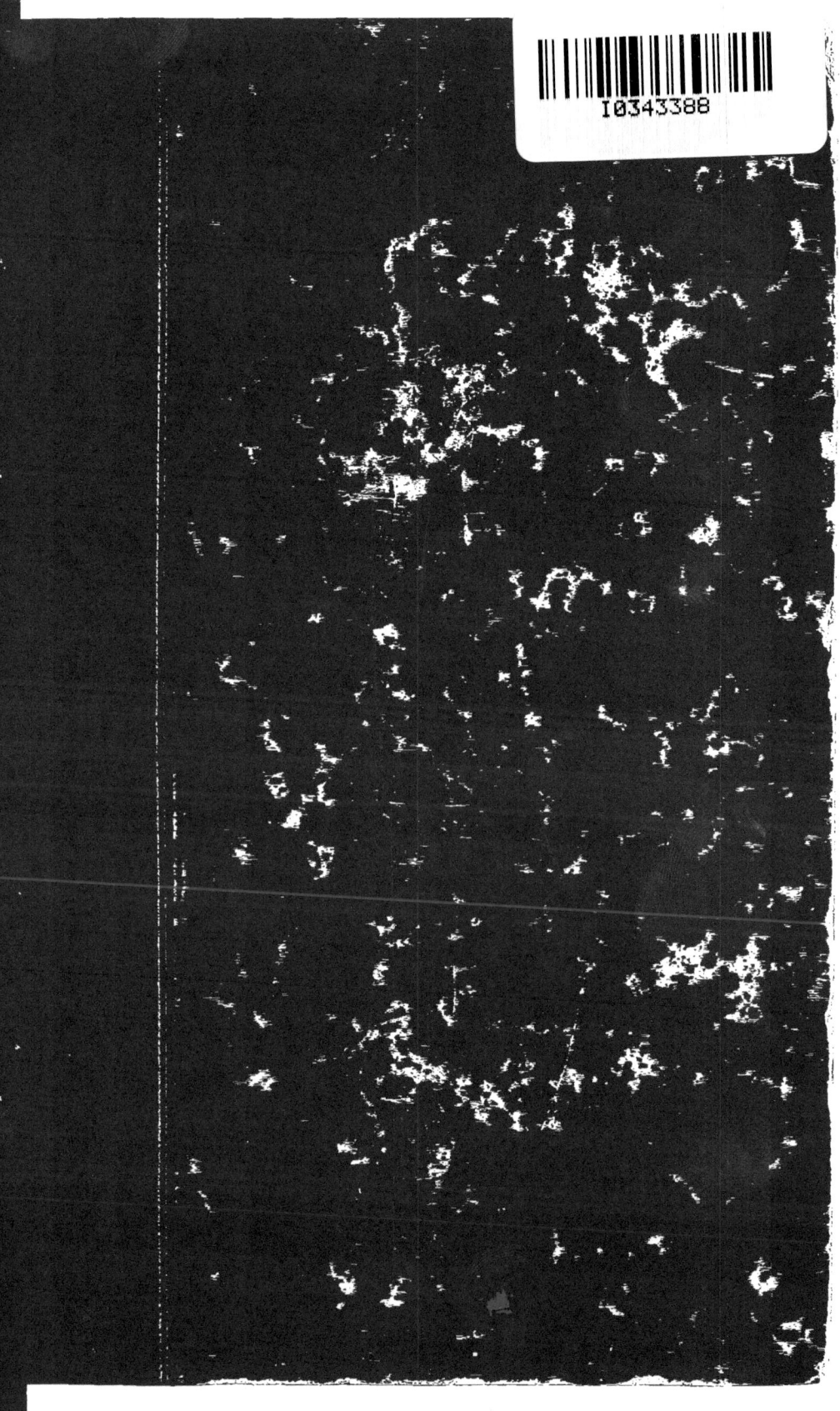

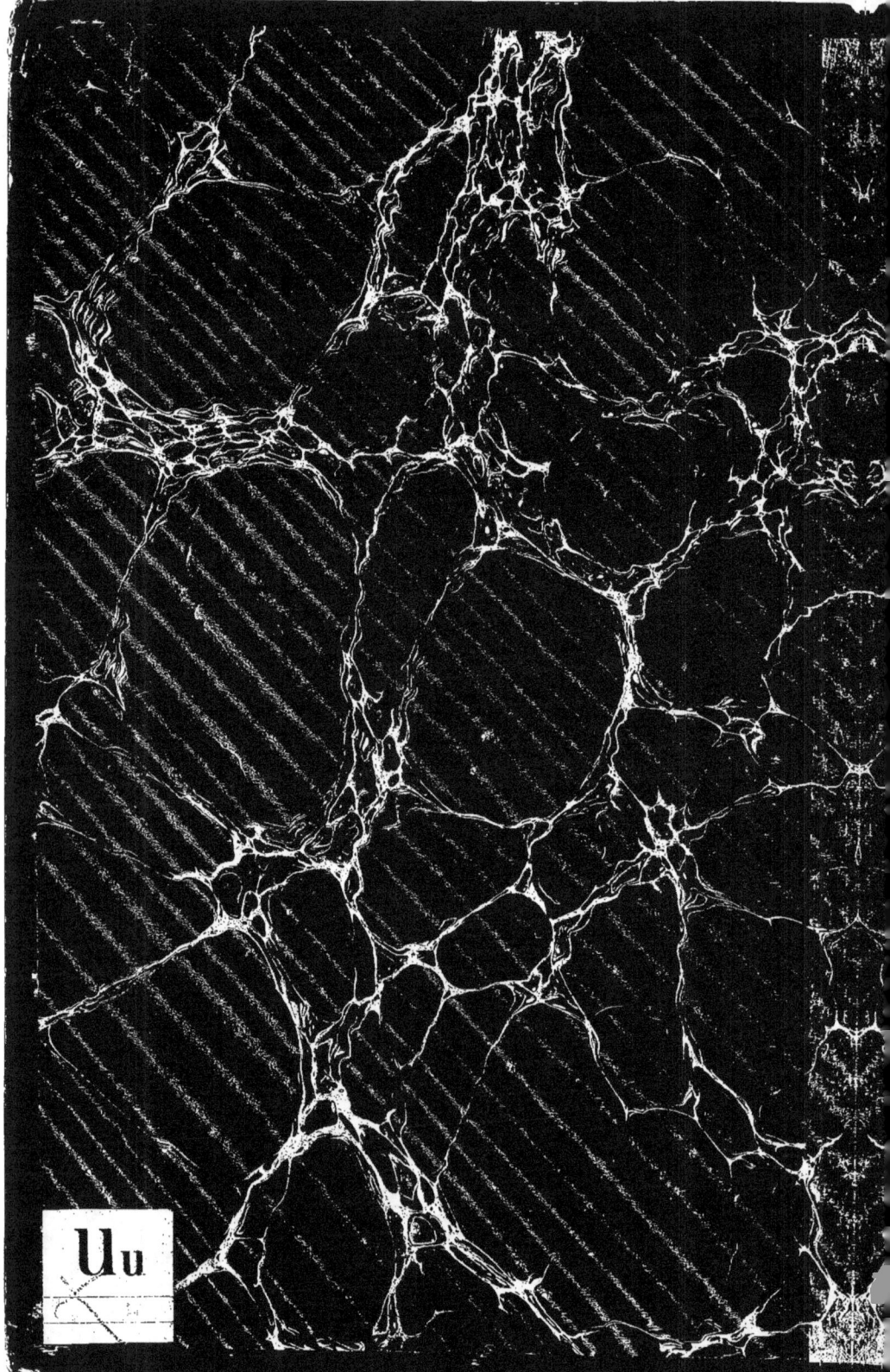

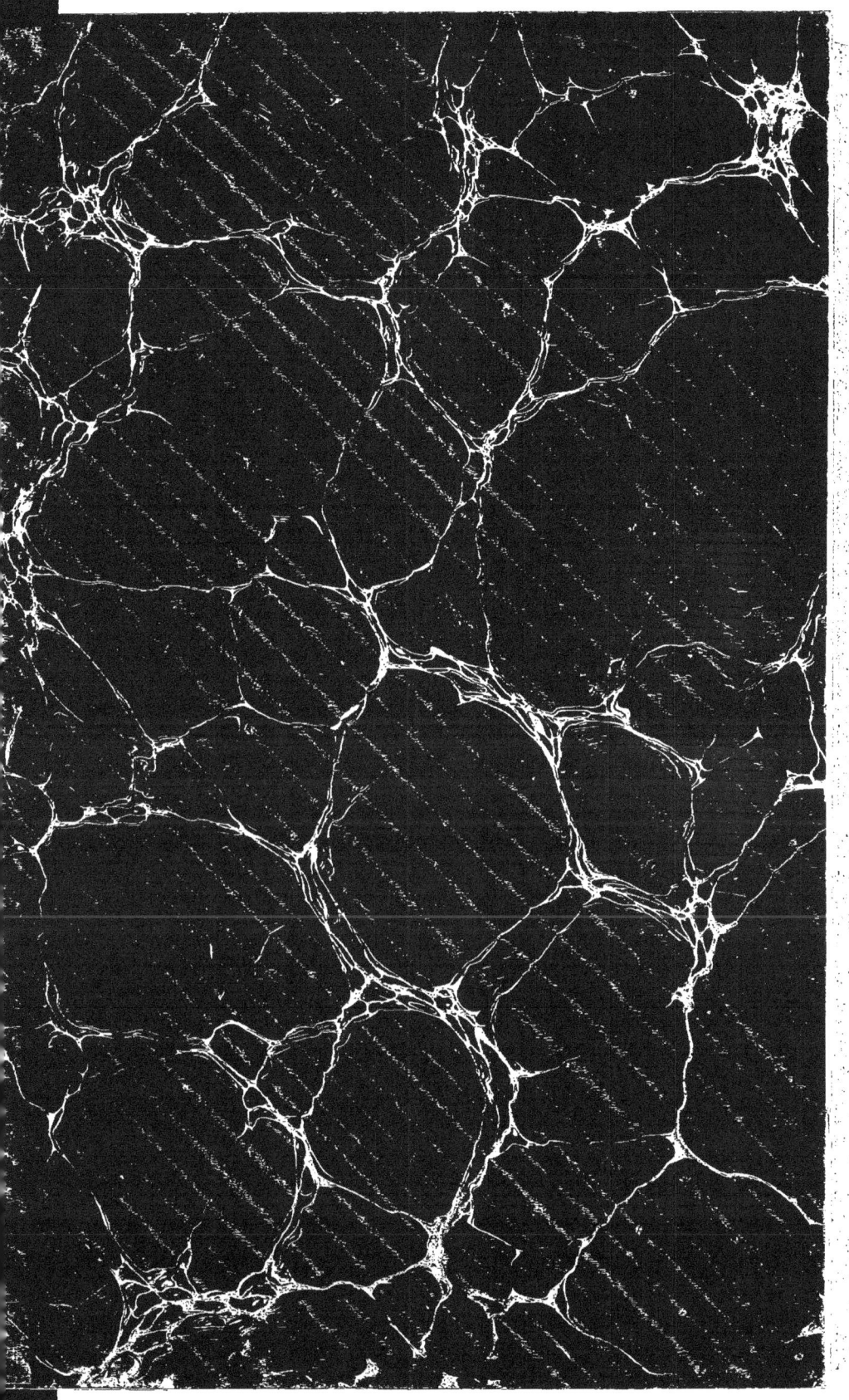

HISTOIRE

COMPLÈTE

DE BORDEAUX

HISTOIRE COMPLÈTE
DE
BORDEAUX

PAR

M. l'Abbé PATRICE-JOHN O'REILLY

CHANOINE HONORAIRE,

LICENCIÉ ÈS-LETTRES, CORRESPONDANT DU MINISTÈRE DE L'INSTRUCTION PUBLIQUE
POUR LES TRAVAUX HISTORIQUES,
MEMBRE CORRESPONDANT DE L'ACADÉMIE IMPÉRIALE DES SCIENCES,
BELLES-LETTRES ET ARTS DE BORDEAUX,
DE LA SOCIÉTÉ DES ANTIQUAIRES DE L'OUEST (A POITIERS),
DE LA COMMISSION DES MONUMENTS HISTORIQUES DE LA GIRONDE, ETC.

PREMIÈRE PARTIE. — TOME II

1re ÉDITION

> Non modo casus et eventus rerum, sed ratio
> etiam, causæque noscantur.
> TACITE.

> Historia testis temporum, lux veritatis, vita
> memoriæ, magistra vitæ, nuntia vetustatis.
> CICÉRON. (*De Orator.*)

BORDEAUX

CHEZ J. DELMAS, IMPRIMEUR,
Éditeur et propriétaire de l'Ouvrage,
RUE SAINTE-CATHERINE, 139.
Et chez les principaux Libraires de la ville.

PARIS

CHEZ FURNE, LIBRAIRE,
RUE SAINT-ANDRÉ-DES-ARTS, 45.
DIDIER, quai des Augustins, 35.

1857

ERRATA.

Page 38, ligne 13, au lieu de : *aurait pu*, lisez *pouvait*.
Page 51, ligne 22, au lieu de : *le derrière*, lisez *les derrières*.
Page 113, ligne 12, au lieu de : *fallait*, lisez *fallut*.
Page 126, ligne 21, au lieu de : *ancien*, lisez *arrière*.
Page 228, ligne 11, au lieu de : *ordonna*, lisez *arrêta*.
Page 253, ligne 13, supprimez le mot *après*.
Page 263, ligne 22, au lieu de : *les mœurs*, lisez *ses mœurs*.
Page 272, ligne 23, au lieu de : *réunissent... décident*, lisez *réunirent... décidèrent*.
Page 289, ligne 16, supprimez le mot *avec*.
Pages 443, 444 et 445, au lieu de : 1650, lisez (en marge) 1653.
Page 569, ligne 13, au lieu de : *repoussa*, lisez *avait repoussé*.
  Ibid., ligne 21, au lieu de : *leur ville*, lisez *la ville*.
Page 574, ligne 11, au lieu de : *donna*, lisez *donnait*.
Page 576, ligne 17, au lieu de : *apprend*, lisez *apprit*.

CRITIQUES DU PREMIER VOLUME

DE L'HISTOIRE DE BORDEAUX.

Avant la publication de mon premier volume de l'*Histoire de Bordeaux*, j'avais annoncé que je recevrais avec plaisir et reconnaissance les critiques raisonnées, impartiales et consciencieuses qu'on voudrait m'adresser sur ce travail; je me suis même engagé, dans l'intérêt de la vérité et pour l'édification du public, à les publier, au moins celles qui auraient quelque valeur historique, en tête du volume suivant. Mon appel a été entendu; on m'a fait l'honneur de m'adresser un assez grand nombre d'observations; ma parole étant engagée, je viens, de mon côté, remplir ma promesse.

La première observation qu'un savant critique a bien voulu m'adresser, la voici :

« M. l'abbé O'Reilly affirme, dit un critique, sans autre autorité que
» son *ipse dixit*, qu'antérieurement à l'arrivée des Bituriges dans les
» marais où se trouve Bordeaux, il y eut une ville, bourg, ou au moins
» quelques huttes de pêcheurs. Mais César n'en parle pas, et cependant
» il enregistre dans ses *Commentaires* les succès de son lieutenant Crassus
» dans nos contrées, et parle des villes et bourgs qu'il y avait réduits.
» Le silence de César est d'un plus grand poids que l'opinion isolée
» de l'historien de Bordeaux. »

Réponse. — Je crois avoir suffisamment justifié mon opinion sur ce sujet, à la page 30. Du temps d'Auguste, Burdigala, dit Strabon, était une *place de commerce célèbre;* mais la célébrité d'une ville, sous le rapport du commerce, n'est pas l'affaire de quelques années, ni la création de quelques étrangers chassés de leur patrie par les Romains, et réfugiés sans amis, sans ressources, sur les rives marécageuses de la Garonne.

Le savant auteur des *Antiquités de Vésone*, dit : « Que l'origine de
» Bordeaux est de beaucoup antérieure à la conquête des Gaules. »
Mon opinion n'est donc pas isolée.

César parle de plusieurs villes ou bourgs qui n'existent plus, au moins sous les mêmes noms, et dont il est impossible aujourd'hui de constater la position topographique. Le bourg dont nous écrivons l'*histoire* existait alors; il était habité par les Ibères, qui occupaient la rive aquitanique

Taillefer, *Antiquités*, tom. I, p. 217.

de la Garonne, et portait, sans aucun doute, un nom pris dans la langue des habitants du pays. Le nom *Burdigala* date de la conquête, et fut donné par les Romains à ce bourg, que les Ibères avaient abandonné aux Bituriges fugitifs, qui s'y établirent à leur place, et dont la conduite inoffensive n'attirait pas sur eux le courroux des vainqueurs.

Ne voulant plus conserver à ce bourg le nom ibère, qui rappellerait le souvenir d'un peuple rebelle et indompté, les Romains lui donnèrent le nom *Burdigala*, *Burgus Gallicus*, le bourg habité par les Gaëls, qui s'y étaient récemment établis.

Cette étymologie a fourni à notre estimable critique l'occasion de nous adresser un reproche que nous ne croyons pas avoir mérité :

« L'auteur de l'*Histoire de Bordeaux* avance, *page 37*, une opinion qui
» nous paraît bien étrange ; il suppose que les Romains ont employé la
» préposition française *de*, ou italienne *di*, signification d'origine ou
» d'appartenance, au lieu du génitif latin, ou, en d'autres termes, qu'au
» lieu de dire *Burgus Gallorum*, ils ont dit *Burgus de Gallis*, *bourg des*
» *Gaëls*, ce qui est contraire au génie de la langue. »

L'estimable critique me fait dire ce que j'étais loin de penser ; s'il a mal saisi le sens de mes paroles, j'aime à croire que la faute n'en est pas à son intelligence, mais bien plutôt à la concision de mon langage.

Après avoir donné plusieurs étymologies du mot *Burdigala*, nous nous arrêtons, de préférence, à celle qui fait venir ce nom de la langue des habitants. Les mots *Berg*, *Bourc'h*, dans les dialectes celtiques du Nord, du pays de Galles, et dans celui que nous appelons le celto-breton, signifie tour, château-fort, bourg. La préposition *da* ou *di*, selon Davies, correspond aux prépositions latines *a*, *ad*, et par extension à *apud*, dans les dialectes celtiques du Nord. Ainsi, on dit *da Baris*, à Paris ; *d'an ilis*, à l'église ; *ead co da bourc'h di Gaëls*, il est allé au bourg chez les Gaëls, que les Romains ont prononcé *bourg di Gaëls*, et, par une corruption facile à expliquer, *burg di gala*. Mais nous n'avons parlé ni de la préposition latine *de*, ni de la préposition italienne *di* ; nous n'avons insisté que sur la modification graduelle du mot primitif sous les Romains.

C'est pour la même raison que le savant bénédictin Lepelletier, après avoir fait observer que le mot *bourc'h* n'est pas du celto-breton, mais plutôt du celtique allemand ou du Nord, ajoute :

Dictionnaire de la langue bretonne.

« Il semble cependant que la célèbre ville de Bordeaux, dite chez les
» latins *Burdigala*, ait eu ce nom, en partie, de *bourd* pour *bourg*, auquel
» on aurait joint *Gall*, Gaulois. »

Ainsi, s'il y a quelque chose d'étrange quelque part, c'est bien chez l'auteur de cette observation qu'on la trouve. Si nous avons choisi cette étymologie, de préférence à d'autres, nous n'avons fait que prendre la même liberté que nous accordons volontiers à nos critiques; nous n'imposons à personne nos opinions, et en fait de linguistique, nous n'avons pas la prétention de faire des lois; mais nous n'avons pas cette placidité d'âme, qui nous porterait à souffrir qu'on nous imputât, à tort, des opinions étranges, dont le moindre tort serait d'être ridicules; nous le laissons à qui de droit.

Puisque nous parlons d'étymologies, en voici une autre qui n'est pas à dédaigner. En arrivant dans le bourg ibère, les Bituriges y firent construire deux tours; c'était un souvenir des deux grosses tours d'Avaricum, qui fit donner à cette ville, par les Romains, le nom de *Biturrix* (*Bis turris inde bi–turris*, dit Zingerling.) De là, vient peut-être le mot de *Burgi Gallici*, tours gauloises, mots que les Romains ont changé en *Burdi Gallici*, *Burdigalia*. *Itiner.*, p. 24.

Si notre critique connaît quelque autre étymologie qui vaille mieux que celle-là, qu'il nous la signale; sinon, qu'il choisisse en toute liberté, parmi les opinions que nous donnons, celle qui lui plaira le plus :

« Si quid novisti rectius istis
« Candidus imperti; si non, his utere mecum. »

Nous avons reçu d'un légitimiste de la Gironde, homme distingué par ses connaissances et sa haute position sociale, une lettre contenant plusieurs observations qui ne nous permettent pas de garder le silence; elles ont été inspirées par la lecture des pages 129 et 130 du premier volume et roulent entièrement sur la loi salique; les voici :

1° Le critique prétend que les terres saliques étaient des fiefs nobles que nos premiers rois donnaient aux principaux Saliens, qui portaient les armes à leur suite.

2° Il croit que la loi salique était une législation nouvelle, un recueil de règlements nouveaux appropriés aux nouveaux besoins des Saliens et inconnus avant le temps de Clovis.

3° Que les terres saliques ne passaient point aux femmes, c'est-à-dire que les fiefs nobles ne pouvaient tomber de *lance en quenouille*.

4° Il croit voir, je ne sais où, dans mon *Histoire de Bordeaux*, que je confonds les Francs avec les Saliens, ce qui est une erreur, selon lui.

5° Que j'ai eu tort d'avancer que la loi salique n'excluait pas les filles du trône (p. 130), et qu'en parlant ainsi, j'incrimine les rois de France qui se conformaient pour la succession au trône à cette loi salique (art. 62).

Avant de répondre à ces diverses difficultés, nous nous permettrons de faire observer à notre estimable correspondant, qu'il a eu tort de puiser exclusivement ses objections dans Vely (tome V), qui a été suffisamment réfuté par Daniel.

En réponse à sa première observation, nous lui rappellerons que les plus savants écrivains distinguaient deux sortes de terres, deux classifications distinctes et différentes : 1° les terres saliques que les Francs-Saliens partagèrent entre eux après la conquête ; c'étaient des terres allodiales, patrimoniales, (all-lod, toute propriété) ; 2° les terres bénéficiaires que les rois donnaient à leurs leudes ou anstrustions, comme récompense de leurs services à la cour ou à la guerre. Ces concessions royales n'étaient souvent que viagères, presque toujours révocables et très-rarement héréditaires ; ces terres relevaient des rois qui, les ayant données, se réservaient toujours le droit de les reprendre, si les conditions de la concession n'étaient pas observées. Cette différence est constatée par Muratori. En voici un exemple assez remarquable : Le comte Éverard épousa une fille de Louis le Débonnaire. Dans son testament, il partagea ses vastes domaines entre ses enfants et distingua ce qu'il possédait par droit de propriété *(alode, proprietate)* d'avec ce qu'il ne tenait qu'à titre de bénéfice.

Antiq. Ital., medii ævi. vol. I, p. 559.

Aub. Mirab., Oper. diplom. Lovanii, 1725.

Alodium et proprietas sont synonymes (*voir* Ducange) ; de là vient aussi l'expression *hæreditas aviatica*, qu'on opposait, au moyen-âge, au mot *beneficium*, et plus tard au mot *feodum*.

Les terres saliques n'étaient donc ni terres bénéficiaires ni fiefs ; elles étaient héréditaires ; les fiefs ne l'étaient pas au commencement ; l'hérédité féodale ne fut établie que longtemps après le partage des terres saliques.

2° Notre honorable critique a tort de croire que la loi salique fut une nouveauté pour les Francs, qui quittèrent leur patrie sous la conduite de Pharamond. C'était un recueil des vieux usages de la Germanie ; on en fit un code qui fut proposé à l'acceptation du peuple dans trois assemblées générales et approuvé comme règle invariable de l'administration civile et judiciaire des états conquis.

3° Quant à sa troisième observation, nous répondrons avec plusieurs jurisconsultes anciens et modernes que la loi salique, en bornant la succession des femmes, ne forma point l'établissement des fiefs ; ce fut au contraire l'établissement des fiefs qui mit des limites à la succession des femmes et aux dispositions restrictives de la loi salique.

4° On prétend que j'ai à tort confondu les Francs avec les Saliens. Si je l'ai fait, je n'y vois pas le moindre tort; je ne me crois pas obligé de me rétracter et voici pourquoi : « Les Francs, ce sont les Saliens, dit Am- » mien Marcellin. » *Franci quos consuetudo Salios appellavit.*

L'évêque de Frisingue dit : « Les nobles Francs qui sont appelés » Saliens se conforment encore à la loi salique. » Cet évêque écrivait au XIIme siècle. Après ces deux respectables autorités, je demande à notre critique où est *mon tort.*

5° On me censure pour avoir dit, *page* 130, que la loi salique n'excluait pas les filles du trône de France.

Je l'ai dit, il est vrai; mais ce qui n'est pas vrai, c'est que j'aie taxé implicitement d'ignorance les rois de France, leurs ministres, les États-généraux et les Chambres, qui ont presque toujours observé cette antique loi des Francs-Saliens. Nous allons voir si la censure est bien fondée.

» Le code salique, dit le savant Foncemagne, ne contient aucune » disposition expresse touchant la succession au trône. On a cru en » trouver dans le 6me article du *titre* 62; mais cet article est le dernier » d'un titre qui ne traite que des successions entre les particuliers, et » même des successions en ligne collatérale...... Peut-on croire, en » effet, que les auteurs de la loi aient confondu dans un même chapitre » deux espèces de biens si réellement distingués l'un de l'autre, soit par » leur nature, soit par leurs prérogatives, le royaume et le patrimoine » des personnes privées ? Peut-on supposer qu'ils aient réglé par un » même décret l'état du roi et l'état des sujets ?...... La terre salique » est précisément la même chose que l'héritage paternel dont parle » Marculfe, et la loi ripuaire, qui, semblable en ce point à la formule » que j'ai déjà citée, défère l'hérédité des terres paternelles aux filles » qui n'ont point de frères. » Tout cela me semble assez formel; Foncemagne m'absout de la charge que mon honorable contradicteur m'impute; mais allons plus loin pour ma justification.

Voici le 6me article du titre 62 : « *Terrâ vero salicâ nulla portio hære-* » *ditatis in mulierem transit, sed hoc virilis sexus acquirit, hoc est, filii* » *in ipsâ hæreditate succedunt.* »

» Aucune partie de la terre salique ne passera aux femmes, mais elle » appartiendra aux mâles, c'est-à-dire que les enfants mâles succé- » deront à leurs pères. »

Les filles ne sont donc pas indistinctement exclues, comme le dit Montesquieu, des terres saliques, mais seulement dans le cas où il y aurait des enfants mâles. La loi elle-même s'interprète suffisamment lorsqu'elle dit que les fils succéderont aux pères. Toutes les lois de ces peuples barbares s'interprètent les unes les autres, d'autant plus qu'elles ont toutes le même esprit. Ainsi, la loi saxonne dit que le fils doit succéder au père; mais s'il n'y a pas d'enfant mâle, les filles doivent avoir toute l'hérédité : *Qui defunctus non filios sed filias relinquerit, ad eas omnis hæreditas pertineat.* (Article 4.) Les mêmes dispositions se retrouvent dans les formules de Marculfe.

<small>Liv. II, form. 12, etc., Appendix de Marculfe., form. 40.</small>

Mézerai, après avoir parcouru l'histoire des rois de la première race, établit en principe que la succession à la couronne dépendait sous cette race de trois conditions : 1° de la naissance, 2° de la volonté du père, 3° du consentement des grands. Cette troisième condition était un reste des anciens usages francs, en vertu desquels les grands exerçaient le droit d'élection dans la famille royale, de manière à concilier ce droit avec l'hérédité; mais il résulte de ces trois conditions que la succession à la couronne n'était point fixée par la loi; elle ne le fut que plus tard par les usages féodaux, lorsque les terres saliques étaient partagées en terres bénéficiaires ou nobles, avec charge de faire le service militaire à la suite du prince franc ou de ses descendants.

Il me semble que ce n'est pas à un habitant de la Gironde que j'aurais besoin de rappeler ces principes mis en avant et défendus par le Bordelais Montesquieu, par Foncemagne, Vertot et autres qui ont laissé sur cette matière de si lucides dissertations.

Un autre Bordelais, homme distingué par ses connaissances, dont l'estime me sera toujours chère, m'a fait l'honneur de m'adresser une longue dissertation sur le château de Charlemagne en Aquitaine; véritable patriote, il ne voudrait pas que je dépouillasse la Gironde de l'un de ses plus précieux souvenirs historiques, en désignant Chasseneuil, dans l'Agenais, comme l'emplacement de ce palais.

Je tiens beaucoup à la gloire du pays bordelais; mais je n'aime pas à lui parer le front de lauriers usurpés. En histoire comme en politique, l'usurpation m'a toujours paru odieuse, et d'ailleurs comment réussir, en présence des titres que Chasseneuil exhume de la poussière des siècles, pour démontrer la légitimité de ses droits?

Je croyais avoir suffisamment éclairci cette difficulté dans la *note XVII*, page 665; mais on fait encore quelques nouvelles objections; voyons en la valeur.

On cite Aimoin; on trouve dans la *note XVII* mon opinion sur cet écrivain, opinion qui a été généralement adoptée par les écrivains du XVIIIme siècle.

On sait que son travail a été modifié par des interpolations et que les deux derniers livres ne furent finis qu'après sa mort; cela seul serait assez pour nous inspirer un sentiment de méfiance. « Son ouvrage, dit » le judicieux Feller, n'est qu'une compilation pleine de fables et de » faux miracles; les légendes sont les sources où il a puisé. » Son autorité, selon nous, ne saurait être invoquée que lorsque ses assertions sont confirmées ou corroborées par ses contemporains ou les écrivains du siècle suivant.

A l'appui de l'autorité d'Aimoin, on nous cite la *Chronique de Bazas*, par Garcias. Comme toutes les vieilles légendes, cette *Chronique*, quoique très-utile à l'histoire des choses religieuses à Bazas, renferme de graves et nombreuses erreurs. L'auteur ne parle que de Cauderot et nullement de Casseuil ou de Chassigneul; et cependant il existait, au VIIIe siècle, un endroit appelé *Cassinogilus*, alors que Caudrot n'existait pas.

Dupuy, chanoine de Bazas, natif de Langon et continuateur de la même *Chronique* au XVIIe siècle, s'appuie sur Aimoin, qui ne s'appuie sur rien, et parle de grands édifices ou de cités renversés, *ruinæ ædificiorum vel urbium eversarum*, entre Caudrot et Gironde! Où étaient-ils ces édifices et ces cités? Il parle aussi d'un monument de briques qui ressemblait à une tour, *moles lateritia instar turris*. On voit bien que Dupuy a pris pour une réalité le rêve d'Aimoin. La *tour* dont il est ici question fut détruite en partie au XVIe siècle et presque entièrement renversée au XVIIe. La partie supérieure de cette tour était-elle construite en briques? Je n'en sais rien; mais ce que je sais bien, c'est que dans sa partie inférieure que j'ai vue, moi, en 1849, il n'y avait pas une seule brique. C'était une appartenance du château de M. Neufond, seigneur de Taurignac, président au Parlement de Bordeaux. Elle fut entièrement détruite en 1852, pour y faire passer le chemin de fer.

On cite l'autorité de Voltaire, qui assure que Charlemagne avait de *grands bateaux aux embouchures de toutes les grandes rivières*. Mais qui donc a jamais pris pour une *grande rivière* ce tranquille filet d'eau qu'Aimoin appelle tantôt l'*Aroth*, tantôt le *Dropt*, et qu'il nous dépeint comme un *torrent*? Peut-on, un instant, croire que Charlemagne ait passé Soulac, Royan, Blaye, Bourg, Bordeaux et Langon, pour venir établir des chantiers de constructions navales sur le Dropt, ou qu'il ait choisi ce lieu pour la construction d'une tour d'où il pouvait surveiller l'entrée en rivière des bâtiments ennemis! On dit qu'il y faisait lancer de gros bateaux, quand la marée montait. Est-ce que la marée se fait bien sentir dans le Dropt?

Essai sur les mœurs, etc., chap. 19.

On assure qu'en creusant le chemin de fer, en 1852, dans la propriété de M. Exchauw, à Casseuil, on a rencontré des constructions où la brique se voyait mêlée avec le moellon, des pierres carrées, du ciment romain et quelques pièces de marbre, etc., etc. C'est possible; mais peut-on en conclure que c'était le palais de Charlemagne, le *Cassinogilus* de l'histoire? L'induction serait téméraire, n'ayant que de si pauvres prémisses!

On objecte qu'Aimoin avait vu les lieux et les choses dont il parle, et que le témoignage *de visu* ou d'un homme instruit qui avait vu les choses dont il entretient le public, vaut mieux que des conjectures.

Nous répondrons que nous repoussons les conjectures et demandons des preuves positives; qu'avant tout, il faut s'assurer que le témoin a si bien vu, qu'il n'y a pas le moindre lieu au doute. Mais nous avons déjà vu le vague qui règne dans le récit d'Aimoin, qu'on nous donne comme témoin, et ce témoin est si peu sûr de lui-même qu'il ne se fie nullement à ses souvenirs incertains et vagues, et dit naïvement, en parlant du sarcophage du frère jumeau de Louis le Pieux, qui se trouvait dans l'église de *Cassinogilus*, si je me souviens d'avoir bien vu, *si bene visu recordor!*

On nous oppose l'autorité de quelques écrivains de nos jours; j'ai une haute estime pour les auteurs qu'on met en avant; mais j'en ai bien davantage, je le confesse, pour l'érudition de Daniel, Éginhard, Mabillon, Guizot, et tous nos meilleurs historiens de France.

Hugues de Fleury place Chasseneuil dans l'Agenais. Baluze, en parlant d'un diplôme extrait du *Cartulaire* de Saint-Martin de Tours et daté de *Cassanogelo*, le place au confluent de la Lède et du Lot, c'est-à-dire dans l'Agenais; c'est aussi l'opinion de d'Anville et de du Tillet.

D'après l'historien de Condom, cité par D'Acheri et par Bouquet, le noble et puissant seigneur Bertrand de Taurignac et son épouse, Sodome, avaient donné à Saint-Pierre de Condom les restes d'un ancien château, d'une apparence royale, situé à Gironde, au confluent du Dropt et de la Garonne. Voilà ce qui a induit en erreur tant d'écrivains du dernier siècle. Mais le savant Moréri rejette cette erreur et dit : « que tous les titres mettent Chasseneuil dans le diocèse d'Agen; et » Casseuil, sur la Garonne, est constamment du diocèse de Bazas. »

On s'étonne que, de nos jours, M. de Saint-Amans, dans son Histoire du Lot-et-Garonne, et quelques autres estimables écrivains à sa suite, aient pu ressusciter une opinion erronée et si universellement rejetée.

Aimoin, nous dit-on, est si pieux, si naïf dans son récit, qu'on ne peut pas, en conscience, le considérer comme un *faussaire*.

Non, personne, que je sache, ne l'a fait; il n'a menti ni sciemment, ni volontairement; il est seulement inexact : il était dépourvu des lumières nécessaires à un historien, et du discernement indispensable à la critique.

Enfin, notre respectable critique cite la *Guienne monumentale*, qui, après avoir reconnu que le Chassineuil ou le Cassinogilus de Charlemagne est dans l'Agenais, assure que Sainte-Livrade *fut*, au Xe siècle, *un monastère fondé par saint Robert*.

L'auteur de la *Guienne monumentale* voulait-il dire que l'église de Sainte-Livrade fut fondée au Xe siècle par saint Robert? Si telle était sa pensée, il y aurait plusieurs erreurs à relever dans cette assertion : 1° L'église de *Sainte-Livrade* fut fondée par Charlemagne, en 780; c'était une bonne œuvre que l'empereur fit faire, en actions de grâce de l'heureuse délivrance de l'impératrice *(liberata)*, comme nous le dit Mabillon; 2° saint Robert ne peut pas l'avoir fondée au Xe siècle. Nous connaissons quatre saints qui ont porté le nom de Robert : trois d'entre eux ont vécu au XIe siècle et au XIIe; le quatrième était saint Robert de Mayence, qui vécut au IXe, et fut enterré sur les bords du Rhin. A quoi donc servirait, en faveur de la thèse de notre critique, cette assertion de la *Guienne*? Mais fût-il littéralement vrai que saint Robert eût fondé un monastère à Cassinogilus, s'ensuivrait-il que l'église de Ste-Livrade n'avait pas été fondée par Charlemagne?

Maintenant, pour nous résumer, nous demandons si l'on a trouvé à Gironde ou à Casseuil quelques traces d'une tour en briques? On répond : non; mais le pays ayant été dévasté par les Normands, la tour en briques disparut peut-être alors. C'est possible; mais un *peut-être* n'est pas une bonne base pour une induction affirmative. Le chroniqueur Dupuy parle d'une tour qui existait de son temps, au XVIIe siècle, à Gironde. Nous en avons vu une partie; il n'y avait pas de briques. Il s'agit, en outre, de la commune de Casseuil et non de celle de Gironde. La *Chronique de Bazas*, par Garcias, parle de Caudrot et nullement de Casseuil, qui en est à trois kilomètres. A Chassineul, en Agenais, on voyait, dans le moyen-âge, le sarcophage du frère de Louis le Pieux; on n'a rien vu de semblable à Casseuil. Il y eut deux églises en briques à Chassineul, celle de la paroisse et celle de Sainte-Livrade, toutes deux bâties en briques et contiguës l'une à l'autre, comme nous le dit Aimoin. A-t-on jamais entendu dire qu'il y eût deux églises à Casseuil? Celle qui y existe ne contient pas une seule brique dans ses murs. Peut-on dire que le Dropt est un torrent ou une grande rivière pour y lancer des navires en temps de fortes marées? Peut-on dire, avec le chroniqueur de Bazas, qu'il y eut des villes (*urbes*) renversées à Caudrot ou à Casseuil? Nous répondrons hardiment : non.

Le lieu où se trouvait le palais de Charlemagne s'appelle, dans les anciens auteurs, *Cassinogilus*, *Cassinoilum*, *Cassignol*. Peut-on dire qu'il y a plus de rapport de similitude entre les mots *Casseuil* et *Cassinogilus* ou *Cassignol*, qu'entre les mots de *Chassigneuil* et Cassinogilus ou Cassignol?

Mais c'en est assez sur cette matière : je ne suis entré dans tous ces détails que pour répondre à la communication que M..... m'a fait l'honneur de me faire. La *note XVII* aurait pu suffire. (Voir tom. I, pag. 665.)

Un savant et honorable critique de Bordeaux me fait l'honneur de m'adresser les observations suivantes : « Si l'on aime à vous suivre dans
» vos savantes dissertations sur l'archéologie monumentale et sur la
» numismatique, on ne vous pardonne pas cependant d'avoir affirmé,
» par exemple (page 564), qu'*il paraît certain* que, sous la race mérovin-
» gienne, Bordeaux jouissait du privilége de frapper des monnaies. Or,
» ces monnaies existent en nombre très-considérable, etc. »

Je réponds à cette observation, que l'on ne croyait pas à l'existence de ces monnaies avant le XVIIIe siècle. Vénuti en fit publier une dont l'origine n'est plus douteuse; on en a trouvé d'autres au commencement du XIXe siècle, et depuis lors le doute n'est plus possible.

« A la vérité, dit le modeste et savant M. Jouannet, les pièces dites
» mérovingiennes ou monétaires sont très-rares. Pendant longtemps
» on n'a connu que celle que Vénuti avait publiée; elle porte d'un côté
» une tête diadémée, profil droit, entourée de la légende BVRDEGALA;
» au revers, une croix ancrée, et pour légende : LHOMOSAT....

» Il est à regretter qu'une centaine de ces pièces mérovingiennes,
» trouvées, en 1808, dans les substructions de l'ancien palais de l'Om-
» brière, aient été perdues pour la science. »

Après tout cela, en vérité, je ne vois pas pourquoi j'aurais besoin de demander ou de recevoir un pardon pour mon modeste : *Il paraît certain*.

« Les terminaisons en *ac*, ajoute le même honorable critique, ne sont,
» dites-vous, que les abréviations ou la corruption du mot latin *arx*,
» Fronsac, *Francorum arx*; Bouliac, *Belli arx* (page 297), tandis qu'on
» regarde, en général, *ac*, comme dérivé de la langue celtique, où sa
» racine signifie *puy*, *hauteur*, *éminence*. »

Je demande la permission de faire observer à notre savant critique que sa phrase, que nous copions mot à mot, est incomplète ou sa pensée inexacte. Dans la langue celtique, *ac* est presque toujours un article, et sa racine ne signifie jamais *puy, hauteur, éminence ;* il est racine lui-même.

Les noms qui se terminent en *ac* ont été quelquefois donnés aux lieux où les Romains et les Francs ont laissé des vestiges de leurs campements. Souvent, cette terminaison vient du mot latin *aqua*, et désigne des localités situées sur les bords de quelque rivière. Dans la langue des Celtibères, le mot *ach* ou *achi* signifiait *monticule, hauteur, éminence*. De là vient que la terminaison *ac*, abréviation d'*ach* ou *achi*, est employée pour désigner certains endroits élevés ou accidentés dans nos contrées où la langue celtibère ou cantabre, c'est-à-dire la langue vulgaire des Celtes, après leur fusion avec les Ibères, était généralement parlée. Voilà pourquoi M. l'abbé Baurein dit « que la syllabe *ac* est une termi-
» naison celtique, ou plutôt c'est un des articles que nous mettons en
» français au devant des substantifs, comme *la* terre, *le* ciel, *la* mer, et
» qui, dans la langue celtique, ne se plaçait qu'à la fin du même mot.
» La langue basque, qui est une des plus anciennes, conserve encore
» cet usage. »

Variétés bordelaises, tom. II, p. 500.

Le même critique me blâme d'avoir confondu (pag. 302) le béret basque avec le bonnet phrygien. Cette critique porte sur une simple faute typographique ; au lieu de *béret basque ou bonnet*, on aurait dû imprimer : *du béret basque* ou *du bonnet phrygien*. J'ai vu à Saint-Sébastien, comme à Pau, cette année même (1857), ces deux sortes de coiffures ; mais tel qu'il est, le texte pourrait être défendu ; car les auteurs basques eux-mêmes avouent que l'une de ces sortes de coiffures n'est que la modification de l'autre.

Quelques journaux de Bordeaux nous ont fait l'honneur de parler de notre travail ; nous les remercions de cette encourageante bienveillance de leur part en faveur d'un ouvrage qui intéresse leur ville et leur beau pays. Dans l'*Indicateur* du 8 juin 1857, se trouve une appréciation de notre travail, émanée d'une plume exercée et depuis longtemps justement estimée dans la presse bordelaise. Comme cet article contient l'opinion de l'un des rédacteurs du journal, écrivain judicieux, impartial et indépendant, nous croyons devoir le reproduire. Il est élogieux ; mais l'indépendance et la sincère franchise de l'auteur sont des garanties que c'est l'expression consciencieuse de sa pensée. D'ailleurs, pour asseoir son jugement, le public doit savoir le *pour* et le *contre*.

— XII —

« Un de nos confrères de la presse bordelaise disait, en rendant
» compte de l'*Histoire complète de Bordeaux*, par M. l'abbé O'Reilly, qu'il
» avait fallu à l'auteur de cette œuvre remarquable la *patience d'un bé-*
» *nédictin* pour entreprendre un tel labeur et pour le mener à bonne fin.
» Ce jugement n'est pas une formule de banale complaisance, c'est
» l'expression la plus vraie qu'il soit possible d'employer pour parler
» du beau travail de M. l'abbé O'Reilly.

» Nous avons rendu compte du premier volume de la deuxième par-
» tie déjà publiée; nous ne nous occuperons ici que du tome Ier de la
» première partie, qui vient de paraître.

» Nous avons un assez grand nombre d'histoires de Bordeaux, ou,
» du moins, d'écrits qui ont usurpé ce titre. Que savons-nous de l'his-
» toire de notre pays, avec tous ces documents informes, mal conçus,
» qui n'ont fait que révéler l'impuissance de leurs auteurs? Rien, ou
» peu de chose. N'est pas historien qui veut; les qualités essentielles
» qui doivent distinguer l'écrivain qui entreprend de rédiger les annales
» de son pays, ne sont pas toujours en la possession de ceux qui ont la
» témérité de croire à leur valeur personnelle. Trop de naufrages ont
» eu lieu sur cette mer semée d'écueils qu'on appelle la publicité; trop
» de débris informes ont surnagé pour nous faire douter du succès des
» historiens qui ont tenté d'entreprendre une tâche au-dessus de leurs
» forces. Nous n'excepterons pas de cette impuissance l'auteur le plus
» en crédit jusqu'à nos jours, car on sait que le premier volume de
» l'*Histoire de Bordeaux*, de D. Devienne, est loin de remplir les condi-
» tions qu'on est en droit d'attendre de l'écrivain qui se pose comme
» l'écho des siècles, pour retracer à ses contemporains les événements
» accomplis dans la succession des âges.

» M. O'Reilly a-t-il mieux compris cette haute mission de l'historien,
» en ne se hasardant, dans la périlleuse voie de la publicité, qu'après
» s'être entouré de documents nombreux, la plupart inédits, et surtout
» après avoir interrogé ses forces pour atteindre le but qu'il s'est pro-
» posé? Nous le croyons, et nous dirons, après notre honorable con-
» frère, que, pour mettre en œuvre les matériaux qu'il avait sous la
» main, et dont il a su tirer un si habile parti, il fallait qu'à un goût
» prononcé pour les fortes études, il joignît *la patience d'un bénédictin*,
» pour oser aborder un tel sujet, rendu d'autant plus difficile, qu'il avait
» fait le désespoir de ceux qui l'ont précédé et n'avait été signalé que
» par des chutes.

» Le premier volume est divisé en cinq livres, formant ensemble 44

» chapitres. Le sommaire placé en tête de chaque chapitre indique, par
» son seul énoncé, tout l'intérêt que le lecteur doit trouver dans le dé-
» veloppement des faits qui le suivent, et, disons-le, cet intérêt n'est
» pas déçu, car l'auteur tient largement les promesses de son exposé.
» Nous citerons, comme exemple, quelques extraits empruntés aux
» sommaires des premiers chapitres, tels que la signification des mots
» *Gaëls* ou *Celtes*, l'explication des mots *Gascon*, *Vascon*, *Vaccéen*, *Auscks*,
» *Ausci*, *Auxitani*, *Aquitani*, développés dans le texte avec une érudition
» que nous n'avons rencontrée nulle part; il en est de même des pre-
» miers habitants de l'Aquitaine, des colonies celtes ou bituriges, du
» nom primitif de Bordeaux et de la signification du mot *Biturige*; en
» remontant dans ce passé que nos précédents historiens avaient laissé
» dans le chaos, on aime à se rendre compte de ce qu'étaient les Boii,
» les Lingones, les villes de Boïos, de Noviomagus; ce qu'on doit en-
» tendre par le mot *Burdigala*, discuté avec une érudition peu commune,
» l'importance du port de Burdigala, l'idolâtrie romaine dans cette ca-
» pitale, celle des dieux étrangers, etc., etc. Ce simple aperçu dit assez
» à quelles recherches l'auteur à dû se livrer pour rendre claires et
» palpables les preuves qu'il produit à l'appui des faits qu'il expose.
» Cette partie de l'ouvrage de M. O'Reilly sera remarquée, nous n'en
» doutons pas, par les hommes sérieux qui aiment l'étude du passé et
» tournent le dos à ces courts résumés qui accusent la pauvreté et l'im-
» puissance des auteurs qui les publient.

» De tous les auteurs qui ont écrit sur Bordeaux, aucun n'a pris la
» peine de fouiller dans les archives du passé avec le même courage que
» le nouvel historien; leur érudition, bonne tout au plus pour les esprits
» légers, fait défaut au lecteur sérieux qui aime à se rendre compte des
» titres de son origine et à compter tous les anneaux de la chaîne qui
» lie le présent aux siècles écoulés.

» M. O'Reilly satisfait pleinement à toutes les conditions qu'on est en
» droit d'attendre d'un auteur véridique et instruit; pour lui, l'histoire
» est un champ dans lequel il ne se contente pas de glaner çà et là quel-
» ques faits; il moissonne largement, et la vaste érudition qu'il met en
» scène, après l'avoir soumise à son habile critique, laisse bien loin
» derrière lui tous ceux qui l'ont précédé dans l'histoire de notre pays.

» Nul avant lui n'avait exposé avec autant de lucidité et d'érudition
» l'origine des premiers peuples de l'Aquitaine. Là où les auteurs qui
» l'ont précédé s'étaient bornés à quelques lignes insignifiantes dépour-
» vues de toute critique, il a consacré plusieurs chapitres en mettant à

» contribution un grand nombre d'auteurs anciens et modernes, et en
» les comparant entre eux pour en faire jaillir la vérité qu'il poursuit
» avec un courage qui ne faiblit jamais. On pourra en juger par cette
» simple remarque : là où D. Devienne s'est contenté de renfermer
» l'histoire de treize siècles dans 46 pages, M. O'Reilly, moins succinct,
» mais beaucoup plus intéressant pour le lecteur, en a consacré 435.

» Ne pourrait-on pas objecter ici que M. O'Reilly est quelquefois sorti
» de son sujet pour faire une excursion dans l'histoire générale de la
» France, et qu'il a grossi son travail de faits qui lui sont complètement
» étrangers ? On nous permettra de ne pas partager cette manière de
» voir. Il est difficile, pour ne pas dire impossible, de séparer entière-
» ment l'histoire d'une province de l'histoire générale du pays. Les évé-
» nements, qui toujours partent de haut, c'est-à-dire du centre même
» du pouvoir, déterminent et font naître ceux que nous voyons s'ac-
» complir dans les autres parties de l'empire. On prétend que Bordeaux
» n'offre rien de remarquable pendant plusieurs siècles, et qu'une obs-
» curité profonde règne sur ces temps d'ignorance et de calme complet.
» Cela n'est pas, cela ne se supposerait même pas en l'absence de do-
» cuments écrits. L'immobilité n'est pas le propre des populations mé-
» ridionales, ce serait un démenti donné à la trempe de leur esprit et
» de leur caractère. Et parce qu'il a plu à D. Devienne de traverser
» rapidement du Ve au XIIe siècle, de Clovis à Louis le Jeune, en ne
» nous laissant que 12 pages seulement, s'ensuit-il que les sept siècles
» dédaignés par lui ne contiennent rien de remarquable pour l'histoire
» de Bordeaux ? Osons le dire, c'est ici que la supériorité de M. l'abbé
» O'Reilly nous paraît incontestable; car il a trouvé le secret, par ses
» savantes et nombreuses recherches, de dissiper les ténèbres qui en-
» veloppaient les événements omis ou ignorés de son prédécesseur, et
» sous sa plume habile l'histoire de Bordeaux marche de siècle en siècle
» sans lacune et sans stérilité.

» Le premier volume ne contient pas moins de 739 pages grand in-8°,
» y compris 115 pages de notes en plus petits caractères, notes qui
» pourraient former à elles seules un volume assez considérable. Ces
» documents sont plus qu'un éclaircissement du texte ; ils présentent
» des sujets très-intéressants pour le lecteur, qui trouvera dans leur
» exposé ce qu'il n'a rencontré encore nulle part, notamment sur l'ori-
» gine des premiers peuples de l'Aquitaine, les villes anciennes disparues
» depuis longtemps, la vie et le christianisme d'Ausone, l'Ebromagus
» de saint Paulin, les antiquités, les monuments, les anciens prieurés

» de Bordeaux, les anciennes familles de cette ville, etc., etc., etc. Le
» volume s'arrête au XIVe siècle, et nous croyons pouvoir affirmer que
» rien de ce qui peut intéresser les habitants de Bordeaux n'a été omis
» dans ce travail, le seul qu'on puisse qualifier, avec vérité, d'*Histoire*
» *complète de Bordeaux.*

» Un des plus grands écrivains de notre époque a dit : « La publicité
» est la grande route des intelligences ; mais il ne suffit pas de prendre
» une grande route, il faut la suivre jusqu'au bout, et rien n'est plus
» difficile ni plus rare, à en juger par le spectacle dont nous sommes
» les témoins. Notre siècle est le siècle des grandes voies, mais des voies
» qui sont courtes.

» Les auteurs qui ont écrit sur Bordeaux ont pleinement justifié d'a-
» vance cette pensée de l'orateur catholique ; la publicité en a tué un
» grand nombre, morts en chemin, parce qu'ils n'ont pas eu la force de
» remplir la carrière. Ce ne sera pas le sort du nouvel historien de
» Bordeaux ; il parcourra la grande voie dans laquelle il s'est engagé, et
» si nous jugeons de ce qui lui reste à faire par ce qu'il a déjà fait, nous
» pouvons être certain qu'il aura le rare mérite d'aller jusqu'au bout
» sans manquer de matériaux et de courage pour les mettre en œuvre.

» On se préoccupe avec raison du style d'une œuvre quelconque, et
» il est convenu que cette richesse de la pensée doit frapper l'esprit des
» lecteurs par la beauté de ses formes. M. O'Reilly a-t-il manqué à cette
» qualité essentielle de l'écrivain ? Nous affirmons le contraire ; son style
» est à la hauteur des événements ou des faits qu'il raconte, et, à ce
» sujet, il a reçu un témoignage flatteur d'approbation que nul ne sau-
» rait contester, celui de S. E. le cardinal-archevêque de Bordeaux,
» bon juge en semblable matière.

» Tel est assez sommairement ce que nous avions à dire sur l'impor-
» tance du premier volume de l'*Histoire complète de Bordeaux,* que nous
» ne saurions trop recommander à tous ceux qui veulent avoir une con-
» naissance parfaite de l'histoire de leur pays. »

Nous avons aussi reçu de Son Éminence le cardinal Donnet la lettre
suivante, qui renferme des observations critiques sur le premier volume
de la première partie de l'*Histoire de Bordeaux.* Les talents distingués,
les vastes connaissances littéraires et l'esprit réfléchi et bien cultivé de
Son Éminence, lui assurent dans le monde lettré une autorité universellement reconnue. Son opinion sur notre travail est inspirée par un
sentiment de bienveillance auquel nous sommes loin d'être insensible.

Nous remercions le savant et vénérable prélat de ce qu'il a bien voulu parcourir nos pages pour nous en signaler les défauts, et pour faire ressortir ce qu'elles renferment de remarquable sous le point de vue littéraire. Mais comme il est possible que la concision de notre langage ait quelquefois produit une obscurité involontaire dans le texte, nous demanderons à Son Éminence la permission de faire sur sa lettre ce que nous avons fait sur les autres critiques, d'y joindre des observations justificatives ou explicatives. La critique est l'exercice de la liberté dans la république des lettres; la défense est de droit naturel, et la haute supériorité intellectuelle de Son Éminence ne voudrait pas nous ravir un droit que la médiocrité ne nous conteste pas.

« Bordeaux, 14 juin 1857.

» Monsieur le Curé,

» C'est après de nombreuses interruptions que j'ai pu atteindre la fin du nouveau volume dont vous avez bien voulu me faire hommage.

» L'histoire du pays ne m'est pas encore assez familière pour me permettre de juger à fond votre ouvrage, c'est-à-dire pour pouvoir discuter et apprécier le choix que vous avez cru devoir faire parmi les divers documents qui servent de matériaux à votre livre.

» La charpente d'une histoire locale ne peut être qu'une réunion de faits déjà connus plus ou moins, et auxquels on a parfois l'heureuse chance d'en ajouter quelques-uns qui ne l'étaient pas encore.

» Mais il y a deux manières de mettre en œuvre ce fond commun. L'une consiste à raconter les événements sans que l'écrivain intervienne comme juge ou appréciateur; c'est ce que fait *l'école de la chronique*, école qui, dans tous les temps, eut faveur auprès des sages. « Laissez » faire, disait Laharpe, car là sont tous les matériaux de l'histoire; » l'écrivain y trouve, à l'aide d'une critique désintéressée, impartiale, » sévère, les vérités qu'il doit recueillir. » Duclos disait aussi : « Je pense » que l'histoire, pour être utile, ne saurait paraître trop tôt; » et d'Alembert : « L'histoire, à un certain éloignement, est bien difficile à écrire : » les acteurs ont péri, les témoins ont disparu, les notions sont éparses. »

» L'autre manière consiste à juger les événements en les racontant et à en apprécier la portée; l'écrivain fait intervenir sa personnalité : c'est là l'esprit de l'histoire ou sa philosophie.

» Évidemment, c'est dans cette école que vous vous êtes placé avec le volume des faits contemporains publié l'an dernier.

» L'histoire du vieux Bordeaux n'a pas fourni les mêmes éléments à vos appréciations ; il n'y avait presque rien qui intéressât directement votre foi religieuse ou politique, vous n'étiez pas dès lors obligé de vous prononcer comme organe d'un des partis qui se divisent la société actuelle ; car c'est toujours à cette condition *d'actualité* que sont ramenés tous les travaux de la seconde école historique. Aujourd'hui, toute distinction est effacée entre le Romain et le Gaulois, entre le Franc et l'Ibère, entre l'Anglais et le Français. La France est une, et nos discordes ne sont plus de celles qui mettaient les armes aux mains de nos ancêtres.

» Cependant, je remarque une circonstance grave où vous auriez dû, dans l'intérêt de votre œuvre, prendre un parti et le soutenir jusqu'au bout dans l'exposition des faits. Le défaut que je signale ici tient peut-être à ce que vous ne pouvez renier ni l'Angleterre qui vous a vu naître, ni la France qui est devenue votre pays d'adoption. Vous voyez, Monsieur le Curé, que je veux parler de la domination anglaise dans la Guienne : on ne sait parfois de quel côté se range l'auteur. S'inspirant tour à tour des sentiments de sa nationalité et de ceux de sa nouvelle patrie, n'étant pas assez maître de lui, il se laisse aller à l'impression du moment, oubliant celle qui l'a précédée.

» Tantôt vous exaltez la fidélité politique de l'Angleterre, tantôt celle de la France, et cette inconsistance déteint jusques sur les jugements que vous formulez à l'égard des personnes. En voici l'exemple, je crois, le plus frappant.

» C'est à la page 326 : il s'agit du Prince-Noir. « Limoges s'était hon-
» teusement vendue aux Français ; il en fit abattre les murs, démolir
» les forts, et, par une lâche vengeance, fit massacrer plus de trois
» mille personnes, de tout âge, de tout sexe, de toute condition : Dieu
» en eut les âmes, dit Froissard, car elles furent martyres !.... »

» On s'attend que le compte du Prince-Noir va être réglé comme dessus ; pas du tout ! à la page suivante (327) et dans sa première moitié, nous lisons ce résumé : « Édouard de Galles passe pour le prince le plus ac-
» compli que l'Angleterre ait produit : affable, humain, généreux, mo-
» deste au milieu de ses triomphes, il possédait toutes les qualités qui
» font regretter l'homme, aimer le prince, et qui composent le caractère
» d'un héros. Il foulait, il est vrai, ses sujets par des impôts écrasants ;
» mais c'étaient plutôt les nécessités des circonstances. »

» Vous répondrez sans doute qu'on peut manquer de constance dans son langage, en faisant connaître un pays dont les habitants en eurent si peu dans leur conduite. Mais c'était là précisément qu'on aurait voulu vous trouver homme de parti pris, chantant *hosanna* à la couronne de France ou bien à celle de l'Angleterre. Pour le moins, deviez-vous formuler explicitement votre impuissance à garder dans le récit l'unité de ton qui en ferait la moralité et la dignité.

» Je veux être juste en proclamant que la teinte française l'emporte en définitive, chez vous, sur la teinte anglaise. Ici vous vous montrez Irlandais et je vous en bénis, car je doute que si vous eussiez appartenu à la plus grande des trois fractions du Royaume-Uni, vous eussiez raconté avec tant de cœur et d'animation la noble défaite du roi Jean, à Poitiers. C'est là, ce me semble, le meilleur et le plus brillant morceau du volume. La narration se développe avec clarté, simplicité et chaleur. La phrase est correcte et rapide : l'écrivain est électrisé par son sujet (1).

» J'aime beaucoup aussi le relief que vous vous plaisez à donner au magnifique caractère de notre Du Guesclin.

» Je ne saurais, et vous me le pardonnerez, ne pas vous reprocher

---

(1) Le portrait que j'ai donné du prince de Galles est entièrement conforme à celui tracé par le protestant Hume et le catholique Lingard.

En écrivant sur les longues luttes des Anglais et des Français, je n'ai pas voulu prendre un parti et me prononcer en faveur de l'un de ces peuples rivaux. Celui qui écrit avec un *parti pris*, ne rencontre sur sa route que ses propres préventions ou les passions publiques du moment. L'historien n'est pas un avocat chargé de faire valoir et triompher ses raisonnements intéressés; c'est un juge qui, pour découvrir la vérité, expose les faits et en tire les conséquences qu'ils renferment. A mon avis, l'historien doit s'élever au-dessus de tous les partis qui s'agitent sur le théâtre de la politique; il doit placer son tribunal avec désintéressement et impartialité au milieu de tous les temps et de tous les lieux et appliquer, dans la recherche de la vérité, leur logique inflexible aux hommes et aux événements qu'il traduit à la barre du public. Lorsque, dans la lutte de deux peuples, on prend parti pour l'un, il est difficile de rester impartial à l'égard de l'autre. La plume à la main, pour narrer le passé, je ne suis ni Français ni Anglophile; j'admire cependant l'Angleterre, mais j'aime la France; je rends justice au prince de Galles. La conduite révolutionnaire et la honteuse trahison des Limousins excuse sa sévérité à leur égard; je constate le bien que les Anglais ont fait en Guienne, leur reconnaissance et leur confirmation des droits, priviléges et libertés des Bordelais, et l'attachement de ceux-ci à leurs bienfaiteurs intéressés; mais j'applaudis avec bonheur à la chute du colosse britannique dans nos contrées, et le règne de Charles VII, après tant de malheurs et de vicissitudes est, à mes yeux, à cause de l'expulsion des Anglais, l'une des plus glorieuses époques de l'histoire de France, et en le disant je crois être l'organe de la vérité.

— XIX —

encore quelques vices d'exposition : le mouvement chronologique d'avant en arrière et d'arrière en avant, revient encore comme dans le précédent volume; ce va et vient n'a rien de facile et d'agréable pour le lecteur; les coups-d'œil d'ensemble, pas assez bien enchâssés, multiplient les redites et embarrassent la marche du livre (1).

» Dans ce qui touche à l'apostolat de saint Martial, vous prenez résolument parti pour le IIIe siècle, et vous repoussez la tradition limousine, qui fait vivre ce saint personnage dans la contemporanéité du Sauveur, tradition dont l'abbé Arbellot, archéologue distingué, a fait ressortir la haute gravité dans un ouvrage qui est tout un monde d'érudition et de recherches. Il est malheureux que ce soit au moment où ce livre et celui de l'abbé Faillon prouvent l'autorité réelle *de la tradition* en matière historique, que ce soit précisément d'une plume ecclésiastique que parte cette nouvelle adhésion aux attaques dont l'histoire de quelques églises est depuis si longtemps l'objet (2).

(1) A la fin de chaque siècle, je donne un tableau des particularités historiques qui n'ont pu être insérées dans la narration ou qui n'ont été qu'imparfaitement développées.

Cela entre dans mon plan et offre au lecteur une plus grande facilité pour saisir tous les incidents historiques qui ne trouvent pas place dans l'arrangement chronologique de la narration.

Le mouvement chronologique n'est nullement d'avant en arrière; il n'est que complémentaire et le rappel des traits historiques omis à dessein pour ne pas interrompre la narration.

(2) Je ne nie pas *l'autorité réelle* de la tradition en matière historique, ce serait un acte de folie; mais je soutiens que M. l'abbé Arbellot, qui ne fait que copier le P. Bonaventure de Saint-Amable, n'est pas ici l'écho ou l'interprète de la véritable tradition historique. Les légendes sur lesquelles il s'appuie sont pleines d'erreurs qui ont été réfutées très-souvent, et quelque respect que j'aie pour l'érudition de ce bon chanoine de Limoges et du P. Bonaventure, qui lui a fourni presque toute la matière de sa dissertation, j'en ai un bien plus grand encore pour celle de Grégoire de Tours, le père de l'*Histoire de France*, pour celle d'Élie Dupin, pour Tillemont, Baillet, Ruinart, Fleury, Longueval, Denis de Sainte-Marthe, Moreri, le *Dictionnaire de Trevoux*, Velly, le cardinal Orsi, etc., etc. M. Arbellot dit lui-même : « qu'il faut
» reconnaître, pour être dans le vrai, que la majorité des savants dans les deux
» derniers siècles ne s'est pas montrée favorable à la mission de saint Martial, du
» temps de saint Pierre...... Il faut avouer que la victoire est restée au parti de
» Grégoire de Tours. »

Le IIIe siècle est donc pour moi, comme pour nos meilleurs historiens et nos plus savants écrivains catholiques, la véritable époque de la mission de saint Martial à Limoges et à Bordeaux, c'est alors seulement que commence l'histoire de l'église burdigalienne.

Arbellot,
Dissertation
page 6.

» Une autre observation moins importante, c'est de ne pas donner assez d'attention à la correction des noms, même bien connus, par exemple celui du célèbre *Humboldt*, que vous écrivez toujours **M.** *Humbold* ; *Linde-sur-Dordogne*, pour *Lalinde;* *Batefol* et *Batefoux* pour *Badefol*, et quelques autres que je m'abstiens de signaler (1).

» Je ne vois pas pourquoi les auteurs d'histoires locales se croient tous obligés de revenir longuement sur le peu qu'on sait de l'état des Gaules avant César, du régime gouvernemental des Romains, des municipes, des curies, etc., etc. Il est vrai (mais c'est là un malheureux fantôme que vous avez cru devoir vous charger de combattre) que vous aviez à mettre à néant quelques assertions nouvelles sur l'origine de Bordeaux ; il est fâcheux que votre candeur ait pris au sérieux le discours académique dans lequel on introduisit, en 1834, *l'Aquita;* cette assertion n'était (de l'aveu de l'auteur lui-même) qu'une plaisanterie inventée par un académicien à bout de sujets pour le discours d'ouverture d'une séance publique (2).

» En signalant la bataille de Poitiers et la mise en scène de Du Guesclin, comme les deux morceaux les plus saillants du volume, je n'ai pas prétendu restreindre là mon éloge. Il y a dans toutes les parties de votre œuvre, de bonnes, d'excellentes pages, telles que l'état de l'église

---

(1) Son Éminence a parfaitement raison. On trouve, il est vrai, dans tous les ouvrages, des fautes typographiques ; mais on comprend facilement qu'elles aient pu échapper à l'œil d'un auteur qui demeure à 16 kilomètres de l'endroit où s'imprime son ouvrage et qui n'exerce jamais qu'avec répugnance les fonctions de correcteur ou de prote, même pour ses propres épreuves.

Nous profitons de cette circonstance pour signaler quelques autres *errata*, que nos lecteurs apercevront bien vite et pourront facilement corriger.

Page XI, ligne 33 de la *Préface,* lisez : *Martyrologium.*
Page 57, ligne 11, au lieu de 1293, lisez : 1295.
Page 74, ligne 11, au lieu d'*était sec,* lisez : *fut sec.*
Page 99, ligne 5, au lieu de : *avec Zénobie,* lisez : *de Zénobie.*
Page 110, ligne 5, au lieu de : *leur pasteur,* lisez : *du premier pasteur.*
Page 188, ligne 27, au lieu de : *sa trahison,* lisez : *la trahison.*
Page 233, ligne 27, au lieu de : *son crime,* lisez : *le crime.*
Page 273, ligne 2, au lieu de *moins,* lisez : *plus.*
Page 502, ligne 20, au lieu de : *ou bonnet phrygien,* lisez : *ou du bonnet phrygien.*
Page 608, ligne 33, effacez le mot *saisi.*
Page 670, dernière ligne, lisez : *et qui date du XII*e *siècle.* Effacez les cinq ou six mots suivants.

(2) Il est fâcheux pour l'académicien d'avoir émis une opinion erronée ; mais je ne vois pas que ma *candeur* puisse souffrir de l'avoir réfutée.

au milieu du IV⁰ siècle, lors de la naissance du Priscillianisme (page 106 à 110); l'élan général en faveur de la première croisade (pag. 256 à 260), et un grand nombre d'autres.

» Vous prenez le parti de la charte d'Alaon contre M. Rabanis (p. 169); j'aurais voulu que, pour la défendre, vous eussiez apporté des témoignages inédits ou employé une argumentation critique plus développée, pour combattre un adversaire qui avait su habilement profiter de tous les genres de ressources (1).

» Vous avez parfois, Monsieur le Curé, des mots excellents, parce qu'ils sont naïfs et viennent sous votre plume sans recherche. En voici un qui peint bien le peuple aquitain, ou, pour mieux dire, le peuple en général (page 352). « Jean-sans-Terre trouva partout le peuple pour » lui : le joug de Philippe-Auguste paraissait odieux; le Prince Anglais, » qui vivait loin des Aquitains, avait toutes les sympathies : *on l'aurait* » *moins aimé s'il eût été plus près d'eux!* » Et (page 391) : « les Gascons » qui étaient restés fidèles à la cause de l'Angleterre, en abandonnèrent » les intérêts à la chute de Leicester. La cause anglaise allait faire nau- » frage; ils cherchèrent un port assuré, les Gascons sont les *Parsis* de » la France : ils adorent le soleil qui se lève. »

» Vous deviez, Monsieur le Curé, plus de courtoisie à un pays qui est devenu le vôtre et dont les sentiments n'ont jamais varié à votre endroit (2). Il me semble aussi que vous citez deux fois (pages 437 et 558) la même procession commémorative (car les détails du cérémonial

---

(1) Je prierai Son Eminence de vouloir bien lire les pages VII, VIII, etc., de ma *Préface*. Si mon argumentation en faveur de la charte d'Alaon ne paraît pas suffisante, je pourrai y ajouter de plus grands développements; j'ai pour moi les plus respectables écrivains du XVIII⁰ siècle, et quelques savants de Paris et des provinces n'hésitent pas à me donner raison sur ce sujet.

(2) Les bons Gascons nous pardonneront bien notre manque de courtoisie, si manque il y a; de nos jours ils ne sont pas plus Parsis que les Parisiens ou les Lyonnais. Notre franchise habituelle et désintéressée sert de véhicule à une vérité jadis locale et particulière à nos contrées, mais qui, grâce aux progrès des lumières, peut être considérée aujourd'hui comme une vérité générale. Ils n'étaient pas Gascons, ces Parsis en haillons qu'on a vus à Paris, dans les révolutions, sur les pavés rougis du sang français, avec de l'encens parasite devant une divinité éphémère! Ils voient apparaître à l'horizon et s'éclipser bien des astres; mais ils n'adorent plus et surtout ne se courbent pas! Sylva, célèbre médecin de Bordeaux, fut appelé un jour aux Tuileries; Louis XV lui dit : « Sylva, vous ne m'avez pas dit que vous étiez Gascon; Sire, répondit le fier Bordelais, je n'aime pas à me vanter! » Voilà les Gascons : *ab uno disce omnes.*

sont identiques, pour deux événements fort différents : 1° En 1303, la remise de la Guienne au roi d'Angleterre, par Philippe le Bel, ce qui devint pour le commerce de Bordeaux une source de prospérité, et 2° agrandissement de la ville par la construction de la troisième enceinte murale achevée en 1335. Il doit y avoir là quelque tradition à origine douteuse que vous n'aurez pas pensé à éclaircir, ou peut-être aurez-vous oublié la première citation, qui devait exclure la seconde (1).

» Les dernières pages du volume renferment, sous forme de notes pleines d'intérêt, des traditions ou des dissertations sur divers sujets traités plus laconiquement dans le livre. Vous tenez beaucoup à démontrer qu'Ausone faisait profession du christianisme. Je vous en remercie, cela importe beaucoup à Ausone, et c'eût été une immense consolation pour saint Paulin, mais cela ne tient pas autant, ce me semble, à l'histoire proprement dite de Bordeaux.

» Tel est, Monsieur le Curé, le résultat des impressions que m'a laissées la lecture du volume que vous venez de placer sous mes yeux; cette ardeur pour un travail qui demande et du temps et d'immenses recherches vous fait honneur. Déjà se manifestent pour votre œuvre non seulement les sympathies de vos frères dans le sacerdoce, mais celles de toutes les personnes qui, à Bordeaux et ailleurs, s'occupent de travaux historiques; j'ai trouvé beaucoup de charme dans ces heures passées en tête-à-tête avec vous; c'est vous dire que j'ai voulu vous traiter avec bienveillance et sincérité, deux qualités de la critique assez difficiles à concilier. La bienveillance défend quelquefois de tout dire, la sincérité ne permet pas de dissimuler. La bienveillance ne prend pas facilement son parti d'un peu de chagrin qu'elle peut faire. La sincérité se reproche toute sa faiblesse, elle prend son courage des deux mains et se montre amie quand même.

» N'est-ce pas La Rochefoucauld qui ne demandait aux plus hardis qu'un genre de courage, celui de dire de leurs amis et devant eux ce qu'ils disaient tout-à-l'heure en leur absence. Or, ce que je disais hier en votre absence avec quelques hommes sérieux qui venaient d'achever

(1) Il n'y a rien ici de douteux ni d'oublié. D'après mon plan, je donne, à la fin de chaque siècle, un ou deux chapitres sur les particularités historiques qui n'ont pas trouvé une place dans la narration. C'est un tableau de ces mille et un incidents qu'un auteur ne peut passer sous silence et que le lecteur est bien aise de connaître. La procession commémorative de l'achèvement de l'enceinte murale et de la prospérité de la ville au commencement du XIVe siècle, est la *particularité* dont il est question à la page 558, qui n'est que le développement de la page 157.

la lecture de votre premier volume, c'est que nul avant vous n'avait exposé avec autant de détails l'origine des premiers peuples d'Aquitaine, n'avait parlé avec autant de netteté, de précision, des villes anciennes disparues, du séjour d'Ausone chez les Vasates, de l'Ebromagus de saint Paulin, des monuments de Bordeaux et de l'histoire des grandes familles de la province. Rien de ce qui peut intéresser notre beau pays n'a été omis dans votre travail, et je souscris de grand cœur au jugement porté par un de nos publicistes bordelais (1) qui n'a pas craint d'avouer et de prouver qu'avec vous on peut compter tous les anneaux de la chaîne qui lie le présent aux siècles écoulés.

» Bien que les faits que vous avez remis en scène dans l'un des volumes déjà parus soient fort rapprochés de nous, ceux qui croient les connaître le mieux, ceux même dont les pères en étaient les acteurs ont trouvé dans votre ouvrage une foule de détails qu'ils ignoraient. Rien de plus instructif que ces deux volumes, non seulement pour la masse des lecteurs qui recherchent les émotions de l'histoire contemporaine, mais encore pour les esprits sérieux qui demandent des renseignements utiles et qui veulent savoir comment se font et se défont les gouvernements, comment les sociétés sont conduites à leur ruine ou retirées de l'abîme.

» Continuez donc, Monsieur le Curé, vos recherches, en traitant les matières les plus sérieuses avec la maturité et la conscience que vous savez y mettre; en les faisant servir à l'instruction de tous, vous faites véritablement l'œuvre de Dieu, vous souvenant de cette parole du grand apôtre. *Itaque, Fratres mei dilecti, stabiles estote et immobiles, abundantes in opere, semper scientes quod labor vester, non est inanis in Domino.* (1re *ad. Cor.* XV, 58).

» Recevez, Monsieur le Curé, la nouvelle assurance de mon estime profonde et de ma tendre affection.

» FERDINAND, Cardinal DONNET.
» Archevêque de Bordeaux. »

Le rédacteur en chef du *Courrier de la Gironde* a donné, sur le premier volume de la seconde partie, dans son estimable feuille, un article intéressant et sévère, mais conçu en termes convenables et polis. Il voulait être juste et impartial, nous le croyons. Un écrivain de talent, comme lui, ne descend jamais à une sotte jalousie et à une hostilité gratuite;

---

(1) M. Marchandon.

il a dû écrire ses convictions; mais ses convictions sont-elles fondées?

Nous avons dit que la liberté était l'antique apanage de la France, (*Préface*, page III). M. le rédacteur en chef du *Courrier de la Gironde* le conteste. Cependant Madame de Staël avait dit avant nous : « En France, c'est la liberté qui est ancienne; c'est le despotisme qui est nouveau. » Nous ne nions pas que la jouissance de la liberté n'ait, dans les quatorze siècles de la monarchie française, éprouvé quelque interruption pendant les désordres de la féodalité et surtout pendant les guerres religieuses qui forcèrent Richelieu et Louis XIV à concentrer dans leurs mains l'exercice du pouvoir absolu et à supprimer les États-généraux.

Nous reviendrons, dans le second volume de la seconde partie, sur cet important article. Nous reprendrons, en temps et lieu, l'argumentation de l'écrivain du *Courrier*, et nous aimons à croire que sa haute intelligence reconnaîtra que la liberté a été l'apanage des Français et des Francs, qui ne furent appelés *Francs* que parce qu'ils étaient libres *(Franci liberi)*.

« Nous avons remarqué, dans le livre de M. l'abbé O'Reilly, dit en
» terminant M. le rédacteur en chef, des longueurs auxquelles il sera
» d'ailleurs facile de remédier, une abondance d'épithètes qui donne
» parfois à la période une allure déclamatoire fort regrettable. En gé-
» néral, le style est grave et digne; le récit est clair et animé; il y a
» des qualités sérieuses qui auront tout leur développement dans les
» autres volumes de cet ouvrage. Mais ce qui est inappréciable dans
» l'*Histoire complète de Bordeaux*, c'est l'abondance des documents offi-
» ciels et authentiques qui y sont publiés. M. O'Reilly a mis laborieuse-
» ment et patiemment à contribution tous les travaux qui avaient paru
» avant le sien. Le travail de M. O'Reilly sera lu avec le plus grand
» fruit, et l'auteur n'a pas à douter du succès de son livre. »

Le rédacteur en chef de la *Guienne*, dans sa feuille du 28 avril 1857, a bien voulu entretenir de notre ouvrage les lecteurs de son excellent journal. Comme bon juge en fait de goût littéraire, comme excellent écrivain, comme l'une des premières notabilités de la presse bordelaise et comme critique littéraire distingué, M. Justin Dupuy occupe à juste titre l'une des premières places parmi les littérateurs du Midi. En attendant un examen approfondi de l'*Histoire complète de Bordeaux*, voici ce que ce publiciste a bien voulu en dire, à l'apparition du premier volume : « Il vient de paraître le tome premier de l'*Histoire complète de*
» *Bordeaux*, par M. l'abbé O'Reilly. Déjà le savant auteur avait livré à

» la publicité le volume qui contient les événements de la révolution.
» Cet ouvrage considérable est le fruit de longs travaux et de conscien-
» cieuses recherches ; il tire non seulement son importance des faits
» curieux et inconnus jusqu'ici, mais aussi de la ville dont il retrace
» l'origine, le développement, la vie locale, et la part qu'elle a prise à
» toutes les choses mémorables qui se sont accomplies depuis la nation
» gauloise et l'établissement de la monarchie franque.

» Il a fallu à M. l'abbé O'Reilly la patience d'un bénédictin, pour en-
» treprendre un tel labeur et pour le mener à bonne fin. Mais il est dans
» ses habitudes de ne pas reculer devant les difficultés et de s'armer de
» courage en raison même de leur nombre. Ici, comme toujours, le
» succès a couronné les efforts de M. l'abbé O'Reilly. Aussi a-t-il reçu
» partout les plus encourageants suffrages, en tête desquels il faut placer
» ceux de Son Éminence Mgr le Cardinal-Archevêque. »

Nous avons reçu de M. Fasileau-Duplantier, de Bordeaux, une réclamation relative à notre appréciation de la conduite de son grand-père à
la Convention. Les paroles qu'on repousse se voient dans le *Courrier
Français du 7 juin* 1793. C'est là que se trouve la phrase que nous avons
reproduite dans le premier volume *de la seconde partie*, page 449. C'était
donc au *Courrier* qu'il aurait fallu envoyer la réclamation. Cependant,
comme la lettre de M. Fasileau-Duplantier est conçue en termes convenables et polis, et comme sa démarche en faveur de l'honorable député,
son grand-père, reflète de l'honneur sur ses sentiments et en particulier sur son affection filiale, nous la publierons en tête du second volume de la seconde partie.

On vient de m'adresser le *Journal de Lot-et-Garonne*, d'Agen, du 9
novembre 1857, qui a bien voulu s'occuper aussi de l'*Histoire de Bordeaux* ; nous croyons devoir reproduire son opinion sur notre travail :

« Une histoire de Bordeaux ne peut être indifférente pour notre dé-
partement, car du voisinage résulte un intérêt presque commun dans
bien des événements, et l'œuvre historique consacrée à cette grande et
belle ville est spécialement écrite pour la contrée à laquelle nous ap-
partenons.

» Le livre de M. O'Reilly, par sa nature même, n'est donc point pour
nous un document indifférent.

» Il est également juste de reconnaître que, par son mérite, ce grand
travail se recommande lui-même à l'attention.

» Les avis peuvent être partagés sur la justesse des appréciations émises par l'auteur, au sujet des personnages qui animent les scènes mémorables de cette histoire (1) : on peut lui contester ses jugements particuliers, son système d'idées politiques et religieuses, et parfois même la lucidité dans l'exposition des faits qu'il raconte.

» Mais le travail, l'étude, le labeur patient et soutenu des recherches, des consciencieuses investigations sont un mérite fondamental, et tous les critiques sont unanimes à le reconnaître dans l'ouvrage de M. l'abbé O'Reilly.

» *La Gironde*, qui émet, d'ailleurs, sur bien des passages de cette *Histoire de Bordeaux*, des reproches assez sévères, dit avec raison (2) :

---

(1) Je ne conteste à personne le droit de critiquer mes appréciations des hommes et des choses de la révolution à Bordeaux; tout cela est du domaine de la critique. Je n'ai pas de *système d'idées politiques*, encore moins *d'idées religieuses*. Dans l'exposition des faits, qui constituent le grand tableau qu'on appelle *l'histoire*, je n'ai d'autre guide que le bon sens, d'autre règle que la logique, d'autre préoccupation que celle d'être juste envers tout le monde. Les hommes s'identifient avec leurs faits et gestes; en exposant les uns avec sincérité et franchise, je puis et je dois sans doute blâmer ou approuver les autres, selon les circonstances; la censure des effets remonte toujours à la cause, et s'il m'arrive quelquefois de m'imaginer que le génie même, escorté de toutes les ruses de la diplomatie et de la politique, ne saurait jamais réaliser la république de Danton, de Robespierre, ou même de 1848, d'une manière permanente et durable, dans une population de 36 millions d'âmes, je ne vois pas pourquoi les honnêtes républicains, à qui certes je suis loin de refuser la liberté de penser le contraire, me blâmeraient de raisonner d'une manière différente et de voir les choses autrement qu'eux; la perspective varie selon le point où l'on se place pour voir, et malheureusement, en politique comme en optique, il y a trop souvent des illusions; c'est le mirage des plaines de la basse Égypte; il trompe l'inexpérience, parce qu'il est dépourvu de réalité.

Le rédacteur du *Journal de Lot-et-Garonne* dit, avec raison, qu'on ne peut s'empêcher de me *reconnaître le droit d'exprimer mes jugements selon mes convictions;* mais quant *à la lucidité dans l'exposition des faits que je raconte*, je regrette que le savant écrivain n'ait pas pris la peine de me signaler les passages qui manquent de *lucidité*, cet élément indispensable d'une bonne narration. Il est le premier à m'en faire un reproche.

(2) Je déclare que je n'ai jamais lu ni même vu l'article de *la Gironde;* je l'ai fait demander à plusieurs abonnés et même au *bureau du journal;* mais ne sachant pas la date du *numéro* dans lequel il a paru, on a refusé de faire des recherches. On assure que l'auteur, que je n'ai pas l'honneur de connaître, ne trouve pas suffisantes mes preuves du christianisme d'Ausone. (*Voir* 1er *volume de l'Histoire de Bordeaux*, page 135, *et surtout page* 634, *Note XI.*) Il est peut-être le seul à Bordeaux de son avis. Mais un critique, ce me semble, ne doit pas se borner à affirmer; il faut

« Il faut savoir gré à celui qui s'adonne aux études historiques de ses
» recherches multipliées et consciencieuses. Trop de gens font de l'his-
» toire comme ils bâtiraient un roman, pour qu'on n'accorde pas de jus-
» tes éloges au travail pénible et souvent ingrat de celui qui cherche la
» lumière avec persévérance, et qui n'est pas rebuté par les investiga-
» tions si longues, si fatigantes, qui lui sont absolument indispensables.
» A ce point de vue, l'*Histoire complète de Bordeaux* mérite de fixer
» l'attention de tous les hommes sérieux. Dès la lecture des premières
» pages de cet important ouvrage, on voit bien vite que l'auteur n'a pas
» ménagé sa peine et qu'il n'a écrit son livre qu'après avoir réuni de
» nombreux matériaux. »

» Ajoutez à ce titre essentiel une autre considération; c'est que
Bordeaux manquait jusqu'à ce jour d'une histoire *complète* étendue,
largement traitée; — et la valeur du livre de M. l'abbé O'Reilly se
trouvera grandie encore.

» Quant aux divergences d'opinion sur les hommes et les événements,

---

qu'il appuie son affirmation sur des preuves; j'ai donné les miennes; je le prie, pour
mon instruction, de m'en donner d'aussi bonnes en faveur de son opinion, qui n'est
plus soutenue; je le défie même de réfuter ma Note XI, page 654. Il me trouve trop
indulgent pour Simon de Montfort, et trop sévère contre Valazé, qui eut la *lâcheté*
de se tuer quand il se vit condamner à mort, ce que Vergniaud et Fonfrède eurent
assez de force d'âme pour ne pas faire. Le suicide a toujours été regardé comme une
lâcheté, même parmi les honnêtes païens, et les écrivains qui se sont efforcés de
l'excuser parfois n'ont jamais trouvé de sympathies parmi les hommes réfléchis et
moraux. *La Gironde* trouve mauvais que je n'admire pas la mort de Valazé, *qui était
sublime comme celle de Caton !* Je nie d'abord la *sublimité du suicide de Caton* et
aucun chrétien ne voudra se charger de la démontrer. La mort de Caton, pour être
digne d'éloges de la part des républicains, devait être nécessaire à la liberté; tout au
contraire, elle lui fut funeste; César était vainqueur à Pharsale, Pompée mort, Rome
à genoux devant un tyran, un voile jeté sur la statue de la liberté, mais la liberté
n'était pas morte; et si ses amis, ses défenseurs étaient en fuite, Caton aurait dû
se mettre à leur tête et rendre tôt ou tard la liberté à la patrie ou mourir avec ses
amis en la défendant. Il se trouvait environné d'amis et de sénateurs républicains à
Utique; il les embarque sur des vaisseaux, *la nuit*, en leur disant d'aller aborder à
quelque plage hospitalière et de *vivre* libres sur la terre d'exil, pour apprendre au
monde qu'il y a encore des hommes qui ne veulent pas être esclaves. Mais son exemple eût été aussi utile à Rome que celui des sénateurs exilés; pourquoi ne fit-il pas
lui-même ce qu'il conseilla aux autres? Il ne voulait pas, dit-on, fuir devant César!
Il se perce les entrailles! n'est-ce pas fuir d'une autre manière? Tout était fini à
Rome, dit-on; erreur : la tyrannie ne faisait que commencer. Pompée n'existait

— XXVIII —

il faut reconnaître à l'auteur le droit d'avoir exprimé, selon sa conviction, les jugements qu'il a écrits, puisqu'on se reconnaît à soi-même le droit de les discuter.

Auguste ROLLAND. »

Nous avons reçu une lettre relative au *manuscrit inédit* de D. Devienne, sur la seconde partie de l'*Histoire de Bordeaux*; les termes en sont amers, pour ne pas dire blessants. Voici, aussi laconiquement que possible, notre réponse :

Nous avons eu, pendant près de trois mois, en notre pouvoir ce *manuscrit*: il appartenait dans le temps à la famille Desèze, et je l'ai remis à M. de Montaubricq, qui avait eu la bonté de me le prêter.

Nous ne nous sommes jamais opposé à sa publication, et si le pro-

---

plus; la guerre continuait, non plus contre un rival, mais contre les Romains eux-mêmes, qui allaient ouvrir les yeux pour voir les chaînes dont le conquérant allait les charger. Caton se tue, quand la république avait encore de nombreux amis en Espagne... Il désespère du sort de la liberté, quand des hommes moins célèbres ne le faisaient pas, et se déchire les entrailles lâchement, n'ayant pas le courage de supporter ses peines et décourageant les Romains, en leur disant que la liberté était morte et que Rome était dans les fers aux pieds de César ! Comment croire que Caton était sublime à la mort, lui qui fut coupable de tant de bassesses dans sa vie? Ne sait-on pas qu'il était adonné à l'ivrognerie? Ne sait-on pas qu'il céda sa femme Marcia, quoique grosse, au fameux orateur Hortensius, afin qu'il en eût des enfants et qu'elle pût hériter de lui! Après la mort d'Hortensius, il la reprit avec ses enfants adultérins et sa fortune mal acquise !!!! Quelle morale sublime !!

Je viens d'apprendre aujourd'hui (28 novembre), d'une manière positive, que l'article de la *Gironde* dont on m'a parlé, mais que je n'ai jamais vu, émane de la plume de M. Lat... Il critique mes *appréciations des hommes et des choses*, etc., etc. Il est dans son droit, et, certes, je suis loin de nier sa capacité ; mais j'aurais désiré qu'il m'eût donné ses preuves, ou une critique raisonnée, au lieu de ses affirmations. La critique porte un flambeau et tient ses preuves à la main ; elle cherche avec des paroles honnêtes à dissiper les ténèbres qui enveloppent et obscurcissent la vérité : la passion est un aveugle qui ne voit pas où il va ; elle blesse presque toujours et n'éclaire jamais.

Les lignes de l'article de la *Gironde*, que le *Journal de Lot-et-Garonne* a bien voulu reproduire, me prouvent, malgré la divergence de nos opinions, la consciencieuse impartialité de M. Lat... et son désir de ne pas offenser ; j'en suis reconnaissant et je le prie d'être persuadé que s'il croit ses observations nécessaires pour éclaircir quelques points de l'*Histoire de Bordeaux*, je les accueillerai et les publierai avec plaisir, pourvu que j'y voie la moindre utilité pour le public.

priétaire estimable qui l'a acheté veut le faire imprimer, loin de le décourager, nous le prions de nous regarder comme son premier souscripteur.

Nous n'avons rien fait ni dit pour empêcher la publication de ce document qui peut être utile à l'histoire générale; il serait bon de le publier. Une polémique a eu lieu au sujet de ce manuscrit entre la *Guienne* et le *Courrier*. On nous a accusé d'y avoir pris part; c'est à tort. Nous déclarons que nous y sommes resté entièrement étranger.

La dernière lettre que nous avons reçue sur notre travail vient d'un estimable nourrisson des muses. Nous le remercions de tout ce que son bon cœur lui inspire de flatteur pour notre ouvrage; nous serons toujours heureux de conquérir et de conserver son estime et son approbation. Il nous blâme de ce que nous n'avons donné que la moitié de l'épitaphe de l'infortunée Rosemonde (tome I, page 326). Pour satisfaire à son désir et mettre fin à ses poétiques regrets, nous allons réparer ici notre faute d'omission :

> Ci gît, dans un triste tombeau,
> L'incomparable Rosemonde,
> Ou plutôt la reine du monde,
> Dont le règne fut court et beau.
> Victime du plus tendre amour
> Et de la plus jalouse rage,
> Cette belle fleur n'eut qu'un jour;
> Hélas! ce fut un jour d'orage.

La *Chronique de la Gironde* contenait, ces jours-ci, quelques observations critiques sans portée et sans importance; en voici les principales.

Le critique nous dit que ce fut en 1793 que la commune de Bordeaux se détermina à vendre le terrain du Palais-Gallien. Nous n'avons pas dit le contraire, page 83. Cette question était assez vivement débattue en 1792, aux mois de novembre et de décembre. On voulait démolir le Palais-Gallien; mais la commune, effrayée de la dépense que devait nécessiter le travail, décida plus tard qu'on vendrait l'emplacement par lots, et que la démolition serait laissée à la charge des adjudicataires. Le premier lot fut vendu le 18 avril 1793. Je n'ai parlé ni de la vente, ni de l'adjudication; j'ai dit qu'on s'était occupé de la démolition de ce palais en 1792, et j'ai pour garant de cette assertion un écrit de l'un des quatre-vingt-dix Électeurs de Bordeaux, qui se trouvait alors employé dans l'administration ; il devait savoir la vérité.

Pages 229, 230. On me dit que la Bourse et l'hôtel de la Monnaie se trouvaient *sur la place du Palais* et non *dans le palais*.

En 1305, on fit construire, sur la place du Palais, un *appentis* ou petit bâtiment adossé à celui de la Bourse, qui était attenant au palais ; c'était là l'hôtel de la Monnaie du XIVe siècle. Vingt-cinq ans après, on agrandit cet *appentis* ; mais toutes ces maisons étaient tellement attenantes les unes aux autres, qu'elles ne paraissaient faire qu'un seul bâtiment, d'après un vieux plan de Bordeaux qui est entre mes mains ; elles semblaient n'être que le prolongement du palais.

Le critique dit que la *Porte Toscanam* date du XIIe siècle. Le chiffre X qu'on voit à la page 670, dernière ligne, est signalé dans nos *errata* comme erreur typographique. Il faut lire XIIe siècle et effacer les cinq ou six mots suivants. (Voir ma réponse à Son Éminence le Cardinal-Archevêque).

Page 573. Je nomme Henry de Gallois. Le critique me dit qu'il faut écrire *Le Gallois*, et ajoute qu'il était du pays *de Galles*. Nous osons affirmer que le critique ne sait rien sur son origine ou son pays natal, pas plus que nous. Les noms *Gallois, Galles* peuvent se ressembler, sans qu'on puisse rien en conclure, relativement à l'origine de cet homme.

Le critique relève plusieurs fautes typographiques ; il n'a qu'à consulter notre réponse à Son Éminence Mgr le cardinal Donnet, dans les pages préliminaires de ce volume, et il les verra déjà signalées à l'attention des lecteurs et du public.

En terminant ces pages, qu'il me soit permis d'offrir l'expression de ma gratitude la mieux sentie à tous ceux qui ont encouragé mes efforts ou qui ont eu la bonté de lire mon travail pour m'en signaler ses défauts ou en rectifier les erreurs. Si le public m'honore de ses sympathies, je prends l'engagement de répondre de mon mieux à ses désirs et à sa confiance et de faire tout ce qui dépendra de moi pour que mon ouvrage soit, non pas parfait, mais le plus complet et le moins imparfait que possible.

O'Reilly.

Depuis l'impression des pages qu'on vient de lire, on a publié dans un journal de Bordeaux une critique peu mesurée, aussi malveillante que superficielle : elle n'attaquait sérieusement aucun fait historique ; c'était un relevé général des fautes typographiques, de quelques négligences de rédaction ; c'était la guerre pour des points et virgules ! En fait de critique littéraire, nous déclarons n'avoir rien vu, de notre vie, de si misérable et de si peu honorable pour un critique. Nous avons répondu à la première lettre par le mépris du silence, parce que des hommes honorables nous avaient assuré que ce n'était point à notre travail qu'on s'adressait ; mais qu'on voulait nous décourager au début de nos efforts, paralyser notre bras, et faire avorter notre entreprise. On ne nous connaissait pas. Notre patience enhardit nos adversaires, et quelques semaines après, on vit paraître une autre lettre plus violente encore, qui froissa le sentiment public à Bordeaux et provoqua une réfutation. Le rédacteur du journal nous écrivit deux lettres, nous priant de ne pas insister sur l'insertion de nos réponses ; nous fûmes obligé d'employer le ministère d'un huissier pour obtenir l'insertion légale de l'une de nos lettres.

Nous publierons ces singuliers documents avec nos réponses, dans le dernier volume de l'*Histoire de Bordeaux* : l'espace nous manque pour les donner ici.

O'REILLY.

HISTOIRE
COMPLÈTE
DE BORDEAUX

PREMIÈRE PARTIE. — TOME II.

LIVRE VI.

CHAPITRE PREMIER.

La puissance anglaise affaiblie en Guienne. — Régence à Bordeaux. — Le comte d'Armagnac. — Le duc de Bourgogne. — Les guerres. — Bordeaux menacé. — Assemblée des notables à Saint-André. — Destruction du château d'Ornon. — Blaye et Bourg assiégés. — La flotte française détruite sur la Gironde. — Précautions prises par le maire et les jurats. — Les factions d'Armagnac et de Bourgogne. — Trêve entre les parties belligérantes. — Le trésor vide. — Nouveaux impôts. — Le maire de Bordeaux va à Londres. — Le château de Camarsac. — Le malaise de la Guienne. — La peste à Bordeaux. — Assemblée du peuple. — Les anciens plus libres que nous.

La puissance anglaise, comme nous l'avons vu plus haut, était considérablement affaiblie, et presque anéantie sur le continent; il ne restait plus à ces insulaires que Bayonne et Bordeaux. Les Bordelais, jusqu'alors si fidèles, se refroidirent vis-à-vis d'un pouvoir assez lâche pour ordonner qu'on laissât impuni le meurtre de Richard. Plus tard, le roi de France, fier du succès de ses armes, nomma Louis, son fils aîné, duc

Voir tome I, liv. V, chap. 7.

1400.

Liv. VI.
Chap. 1.
—
1400.

de Guienne; le roi d'Angleterre, alors inquiet et menacé dans ses droits légitimes, chercha un appui : les circonstances étaient graves et presque décisives; la haine des Gascons et des Bordelais surtout était encore forte et vive contre les meurtriers de Richard de Bordeaux ; tout semblait prêt pour le dénoûment du grand drame qui, commencé avec Éléonore, devait finir avec Talbot, à Castillon. Sans la maladie de leur roi, les Français auraient profité de ces circonstances pour en finir avec les Anglais; mais des hésitations de leur part, des retards involontaires, prolongèrent un peu l'agonie de la domination anglaise en Guienne. Ne pouvant pas tout voir et tout faire, Henri IV se fit représenter à Bordeaux par un conseil de régence, conseil composé d'hommes puissants et considérés dans le pays, tels que François, archevêque de Bordeaux, Hughes Despencer, Henri Bowet, Jean de Grailly, fils naturel du feu Captal de Buch, avec pouvoir de battre monnaie, etc.; c'était intéresser tous les Gascons à la défense d'une cause que la confiance royale leur rendait personnelle. Le 3 octobre 1401, pour s'attacher les Bordelais, il confirma les priviléges et les libertés que Richard avait sanctionnés et qui avaient été octroyés par une Charte de Jean sans Terre en faveur des habitants de l'Entre-deux-Mers (1). L'année suivante, 1402, il accorda aux gouverneur, jurats et autres autorités de Bordeaux, un entier pardon de tous les torts qu'ils avaient eus à l'égard de Sa Majesté et de ses prédécesseurs, en usurpant ses domaines et en abusant des priviléges de la ville. Des négociations furent entamées, et une trève

Louvet,
Histoire.

---

(1) *Per quas dom. Johannes quondam rex Angliæ progenitor suus concessit probis hominibus suis in terrâ quæ vocatur Inter-duo-Maria, quod habeant omnes libertates et liberas consuetudines quas habuerunt temporibus Henrici patris sui et Ricardi, regis, fratris sui.* Cette Charte de Jean sans Terre n'existe plus ; on en voit un extrait dans l'enquête faite en 1455 et insérée dans le petit cartulaire de l'abbaye de La Sauve, fol. 126. La Charte de 1402 se trouve aux archives de l'Hôtel-de-Ville de Bordeaux.

fut enfin conclue; mais, malgré le calme apparent des esprits, de chaque côté il existait toujours une fermentation sourde et des haines vivaces qu'Henry s'efforçait de développer au préjudice de la France. Informé de ces faits, le connétable d'Albret se mit en campagne et châtia sévèrement les habitants des petites villes voisines, qui favorisaient les mouvements anti-français des Bordelais. Le comte de Clermont, fils du duc de Bourbon, qui n'avait que vingt-quatre ans, déploya beaucoup de courageuse activité dans le Limousin; il y prit, en trois semaines, trente-quatre places sur les Anglais. De son côté, le comte d'Armagnac prêta main-forte à d'Albret, et le pays presque tout entier fut soumis au roi de France. Dans cet état de choses, les ducs de Bourgogne et d'Orléans se mirent aussi en campagne : le moment leur semblait opportun pour chasser enfin les Anglais de la Guienne. Assaillis de tous côtés, les Bordelais ne savaient quel parti prendre : résister, c'était courir à leur perte ; se soumettre, c'était anéantir leur commerce, ruiner leur ville, se courber sous le joug de la France et se charger du lourd fardeau des impôts. Les autorités, craignant un soulèvement populaire, convoquèrent les barons et les notables de la ville et de la province ; ils se réunirent le 1er septembre 1405, et prêtèrent, dans l'église de St-André, serment de fidélité au roi d'Angleterre, entre les mains du cardinal-archevêque, sans préjudice de leurs priviléges. On découvrit un complot organisé par les agents secrets du duc d'Orléans contre l'autorité du monarque anglais : les conjurés furent mis à mort, et les suspects, laïques, prêtres et moines, furent obligés de sortir de la ville, où régnait une consternation générale (1).

Le baron de Montferrand, ami constant des Anglais, prit une part active à cette opposition aux intérêts de la France; il craignait le triomphe des Français, la défaite et peut-être

Livre VI.
Chap. 1.
—
1404.

Michelet,
Histoire,
tom. 5, p. 159.

1405.

(1) En 1405, un hiver affreux : la Garonne prise partout ; des charrettes passaient sur la glace, à Langon.

l'expulsion définitive des Anglais; mais ne pouvant rien entreprendre sans un corps de gens d'armes, et voyant ses finances obérées par suite des dépenses antérieures, il s'adressa aux jurats, qui lui firent une avance de 200 liv. en échange du collier de l'ordre du roi, qu'il leur laissa en gage; mais en considération des grands services que M. de Montferrand avait constamment rendus à la ville et au pays, ils lui remirent, l'année suivante, le précieux objet qu'il leur avait confié.

Pendant ce temps, d'Albret et le comte d'Armagnac dévastaient la province; plus de soixante places qui avaient arboré la bannière de notre cité furent réduites et sévèrement châtiées; ils poussèrent même leurs excursions audacieuses jusqu'aux portes de Bordeaux, où ils détruisirent le château d'Ornon. D'Albret se distingua si bien dans ces guerres, que Charles VI récompensa plus tard ses services, en lui accordant, pour les terres de Nérac, de Casteljaloux et de Meilhan, l'exemption de tous impôts, aides et gabelles.

Enhardi par ces succès et par l'ardeur des troupes, le duc d'Orléans se flattait de pouvoir prendre Bordeaux; mais il crut prudent de réduire Blaye pour s'assurer de la Garonne, et alla attaquer cette ville par terre avec six mille hommes. La ville se défendit avec courage; la demoiselle de Mucidan, dame de Blaye, demanda des secours à Bordeaux. Le maire convoqua le peuple sur la place de l'Ombrière et lui donna lecture de la lettre de la dame de Blaye, et, d'un commun accord, on lui envoya, pour la défense du château, soixante hommes sous le commandement de Bertrand de Montferrand, à qui on promit 20 liv. pour quinze jours de service. D. Devienne dit que la ville fut prise par la trahison de Bertrand du Château, abbé de Saint-Romain; cela nous paraît faux, car d'autres historiens affirment le contraire. Mézeray dit que le duc perdit son temps devant Blaye; Monstrelet nous apprend que le commandant se défendit; mais voulant prolonger l'affaire, dans l'attente de secours et pour braver l'impatiente colère des assiégeants, il s'engagea à se rendre au duc, s'il devenait maître de Bourg. Cette petite ville ayant une forte garnison anglo-gasconne, se défendit avec vigueur : le siége traîna en longueur, les vivres commencèrent à manquer parmi les troupes du duc ; il en fit venir de La Rochelle par un convoi de dix-huit vaisseaux (vingt-neuf, dit Monstrelet), sous les ordres de Clignet de Brabant, amiral de France ; mais, informés de cette circonstance, les Bordelais expédièrent une flottille, qui les attaqua sur la Gironde, en captura plusieurs et incendia les autres par le moyen d'un vieux vaisseau auquel on avait mis le feu et qu'on laissa aller à la dérive au milieu des bâtiments français (1). La terreur se mit parmi les assiégeants ; le duc leva le siége vers le 15 janvier 1407, et se retira à Paris. Les Bordelais dépensèrent, pour secourir Bourg, 40,000 liv. ; mais le roi leur permit de lever 12 sous sur toutes les marchandises provenant des pays ennemis, pour payer leurs dettes et pour fortifier leur ville.

Livre VI. Chap. 1.
—
1406.

1407.

Le château de Vayres appartenait alors à Marguerite d'Albret, dame de Blaye et de Mucidan ; elle appela à son secours quelques-uns de ses anciens amis, et, malgré les instances de son neveu, d'Albret d'Armagnac, se réfugia à Bordeaux, où on l'accueillit avec empressement et où l'Assemblée générale lui vota 50 liv. pour lui inspirer le courage de la fidélité et pour qu'elle restât toujours ce qu'elle devait être : *Que aya melhor cor de demorar entre nos et de esta aquera que deu estre.*

La conduite du connétable d'Albret, seigneur suzerain de Vayres, avait tellement indisposé contre lui Henri V, que celui-ci confisqua ce château en 1417, et le donna à Gaston

---

(1) La commune paya à Guilhem de Brugar, propriétaire de ce vaisseau, une indemnité de 10 fr. (*Ancien registre des délibérations, Hôtel-de-Ville de Bordeaux*). Cette flottille se composait des bâtiments suivants : le *George*, les *Anguilles*, le *Dragon*, le *Miqueu*, le *Lion*, l'*Épée*, l'*Aigle*, etc., etc., etc.

Livre VI.
Chap. 1.

1407.

de Foix, captal de Buch, dont la fidélité ne s'était pas démentie.

Lorsqu'on sut à Bordeaux que le duc d'Orléans concentrait ses troupes à Bourg, la consternation y devint générale et profonde : on croyait voir les Français aux portes de la ville ; on prit mille précautions, toutes les mesures nécessaires à la défense de la place.

On fit murer les portes Cailhau, du Pont-Saint-Jean, des Portanets, du Chapeau-Rouge, et les Français domiciliés à Bordeaux furent obligés d'aller se loger dans la rue Saint-Jâmes, où l'on pouvait mieux les surveiller ; la municipalité arrêta « que, le 3 octobre et les jours suivants, chaque
» jurat, dans sa jurade, ferait faire serment, sur le corps de
» Jésus-Christ, à toutes personnes, de quelque état, grade, di-
» gnité et condition qu'elles fussent, d'être fidèles à Henry, roi
» d'Angleterre et de France, duc de Guienne, et obéissantes
» aux maire et jurats pour la défense et conservation de la
» ville, en y dévouant leurs corps et leurs biens, et de ne trai-
» ter directement ni indirectement avec l'ennemi ; que, s'il leur
» envoyait quelque lettre ou message, elles en feraient part
» aux seigneurs, maire et jurats ; que si rumeur ou tocsin se
» faisait dans la ville, chaque bourgeois irait avec son har-
» nais vers son jurat pour être conduit au maire ; que s'il
» voyait faire mal, dommage, tort, force, injure ou vitupère
» à quelque officier, bourgeois ou habitant, il se saisirait de
» l'agresseur, afin que justice en fût faite par les maire et
» jurats ou par celui à qui la connaissance en appartient,
» suivant le droit et la loi du pays ; qu'il ne ferait serment,
» foi et alliance avec aucun baron, chevalier ou autre, et
» qu'il n'obéirait qu'au roi, à son lieutenant ou aux maire et
» jurats ; que, s'il savait que quelqu'un va contre ledit ser-
» ment, il le découvrirait aux jurats, au maire ou à quelque
» officier de la ville, pour en faire la punition qu'il appar-
» tiendrait, suivant le droit et la loi du pays. » On délibéra,

Délibération de la Jurade, Hôtel-de-Ville de Bordeaux.

en outre, d'envoyer au roi d'Angleterre des députés pour lui donner avis de l'état des choses.

Ces dispositions, ces énergiques résolutions furent bientôt connues du duc d'Orléans; ce fut alors qu'il leva le siége de Bourg et s'en retourna à Paris, où les gens de guerre se moquèrent de son insuccès et où ses ennemis l'accueillirent avec mépris. Le duc de Bourgogne le fit assassiner, et, dès ce moment, la France fut divisée entre les deux factions de Bourgogne et d'Orléans, qui prirent, pour signe de leurs opinions politiques respectives, la Croix blanche et la Croix rouge. Les Orléanistes étaient commandés par le puissant comte d'Armagnac, et les concitoyens, les parents même, se ruaient les uns sur les autres, aux cris d'*Armagnac* ou de *Bourgogne*.

Le départ du duc d'Orléans dissipa les craintes des Bordelais, et le roi d'Angleterre, en reconnaissance de la fidélité des Libournais et des sacrifices qu'ils avaient faits pour réparer leurs remparts et pour approvisionner le château de Fronsac, défendit aux Bordelais de percevoir un droit de billette sur les marchandises conduites de Libourne dans leur port. C'était bien de récompenser la fidélité; mais on s'y prit trop tard. La puissance anglaise était aux abois; un incident nouveau se présenta et raviva ses espérances : le duc de Bourgogne s'était emparé du pouvoir en France; le comte d'Armagnac, jaloux de sa puissance et voulant venger la mort de son gendre, le duc d'Orléans, proposa aux seigneurs bordelais de reconnaître leur roi pour son suzerain en Guienne, où il avait, lui et les siens, au moins quinze cents villes et châteaux-forts.

La première trève conclue à Bordeaux, le 22 avril 1407, étant expirée (1), les hostilités recommencèrent avec beaucoup de violence et les deux factions continuèrent à ravager

Livre VI.
Chap. 1.
1408.

1410.

Rôles gascons, t. 1ᵉʳ, p. 196.

Voir notre *Histoire de Bazas*, p. 109.

---

(1) Cette première trève fut faite à Bordeaux : *Dadas*, dit le texte, *à Bordeu, sotz lo saget de n*ᵗʳᵉ *et office, la dibendres bint et dos jorn den mes d'Abriu, l'an grâ mil CCCC et sept.*

<small>Livre VI. Chap. 4.
1440.

Delurbe, *Chronique*.

Rymer, tom. 3, part. 1, p. 158.</small>

le pays. Enfin, une autre conférence eut lieu à Beguey, près Cadillac, entre Gaillard de Durfort, seigneur de Duras et de Blanquefort, sénéchal de Guienne, pour le roi d'Angleterre; et François d'Albret, seigneur de Sainte-Bazeille, et Bernard d'Albret, sénéchal de Bazas, agissant au nom de Charles VI de France; une nouvelle trêve fut conclue; elle devait durer depuis lors (juillet) jusqu'à Noël.

Les vicissitudes de la guerre avaient ruiné le pays; le trésor de la connétablie était vide et les services mal payés. Gaillard de Durfort, sénéchal de Guienne, écrivit, dans ces conjonctures, au connétable, la lettre suivante : « A cause des
» guerres présentes, de la stérilité passée et des grandes
» charges que la connétablie de Bordeaux doit payer pour
» les gages des officiers royaux, nous, les gens du conseil
» royal et de la ville, avons ordonné que vous ne preniez
» aucun engagement encore envers aucun créancier qu'après
» en avoir reçu une garantie suffisante; que vous vous fassiez
» payer les sommes dues à la connétablie, afin d'éteindre
» les créances qui pèsent sur elle et que vous soldiez l'arriéré
» des appointements de ces officiers avant de pourvoir à toute
» autre dépense. »

<small>Ancien registre des délibérations, Hôtel-de-Ville de Bordeaux.</small>

Toutes les mesures que la prudence pouvait prescrire furent inefficaces : le pays était pauvre, le commerce nul, l'industrie paralysée; la perception des impôts rencontrait partout les plus sérieuses difficultés. Pour parer aux graves inconvénients d'une position si embarrassante, les trois États se réunirent à Bordeaux, en 1443; et, d'après leurs délibérations, le roi publia le décret suivant : « Douze deniers par
» livre seront prélevés à l'entrée et à la sortie du port de
» Bordeaux, sur toutes les marchandises, excepté sur le blé,
» la viande et le poisson frais.

» Vingt sous seront prélevés autant de fois qu'un tonneau
» de vin sera vendu : dix sous sur le vendeur, dix sous sur
» l'acheteur.

» Dix sous pour chaque tonneau de vin qui sera porté hors
» de la ville pour être vendu à taverne dans le pays.

» Cette maltote durera un an, à partir du 15 avril. Bertrand
» d'Ast, docteur en décrets, juge de notre Cour en Gascogne,
» lieutenant de notre sénéchal; Jean Carbonnel, chevalier,
» et Arnaud Bouen, jurat et prévôt de notre grande cité de
» Bordeaux, sont nommés pour percevoir cet impôt et en
» rendre compte. »

Ainsi, la position malheureuse des Bordelais était aggravée par cette ordonnance; Bordeaux seul devait pourvoir à toutes les dépenses extraordinaires.

Mais avant d'aller plus loin, rappelons un incident rapporté par D. Devienne, et que nous ne croyons pas devoir passer sous silence :

En 1408, le maire de Bordeaux voulait aller à Londres exposer l'état affreux de la Guienne, le malaise de toutes les classes, par suite de la prolongation des hostilités. Le peuple crut que son absence pourrait avoir quelques inconvénients. Alors les jurats, les Trente (conseil municipal) et le peuple, se réunirent à l'Hôtel-de-Ville. Après avoir exposé et discuté les raisons alléguées pour le voyage du maire, l'assemblée les approuva et prit les mesures nécessaires pour le suppléer pendant son absence; mais il était à peine parti, que le lieutenant de maire et les jurats présentèrent une requête au sénéchal, exposant que la forteresse de Camarsac, dans l'Entre-deux-Mers, avait été détruite par les Bretons-Français; que le pays était depuis vingt ans sans récolte, sans culture, sans habitants, et que Monot de Canteloup et ses frères faisaient rebâtir cette forteresse, ce qui pourrait être un jour préjudiciable au public, attendu que n'ayant pas de quoi subsister, et ledit lieu n'offrant aucune ressource, il faudrait pour vivre qu'ils pillassent dans tous les environs le blé, le vin, la viande, l'avoine et le foin, et qu'ils maltraitassent, comme ils faisaient parfois, tous ceux qui seraient opposés à leur volonté. En

Livre VI.
Chap. 1.
1410.

D. Devienne,
p. 85.

conséquence, ils suppliaient le sénéchal de ne pas autoriser une semblable construction.

Gaillard de Durfort, seigneur de Duras et de Blanquefort, fit la sourde oreille; mais, fatigués d'attendre, les jurats délibérèrent de poursuivre l'affaire, de défendre aux Canteloup de continuer leurs travaux, et, s'ils n'obéissaient pas, de convoquer le peuple pour donner son avis sur une affaire grosse de grands dangers. Voyant l'orage gronder sur leurs têtes, et désireux de prévenir les fâcheuses complications d'une affaire si peu importante en elle-même, les Canteloup présentèrent une requête au sénéchal, exposant qu'ils avaient été toujours de loyaux et fidèles sujets du roi d'Angleterre; qu'ils n'avaient jamais ni pillé ni battu leurs voisins; que le bien de Camarsac leur appartenait; qu'il y avait des terres labourables, des vignes, des bois, des pâturages, des rentes et autres revenus capables de faire subsister honorablement le seigneur qui y demeurerait avec sa famille; qu'ils étaient, d'ailleurs, riches et indépendants, et qu'ils s'engageaient non seulement à tenir ladite forteresse dans l'obéissance du roi, mais encore à la garnir tellement de munitions de bouche et de guerre, qu'elle n'aurait rien à craindre de l'ennemi. Qu'en conséquence, ils le suppliaient de les laisser continuer les travaux, étant de droit que chacun puisse réparer sa maison.

Ayant appris ces circonstances, les jurats allèrent en corps à Saint-André pour requérir, avant tout, que le sénéchal fît surseoir aux dites réparations. Le sénéchal ayant l'avis de son conseil, défendit aux Canteloup, sous peine de 500 marcs d'argent, de continuer lesdites réparations, et envoya, pour constater l'état où elles étaient, le prévôt de l'Ombrière, un notaire et un sergent d'armes. On voit quelle autorité on reconnaissait alors aux jurats, qui tantôt agissaient de leur seule autorité, tantôt consultaient les Trente, et souvent même le peuple, de l'avis desquels ils faisaient les règlements et ordonnances qu'exigeaient les circonstances.

Le malaise et la misère régnaient toujours en Guienne : les désordres moraux et financiers semblaient sans remède. Le 30 mars, le maire et les jurats écrivirent au roi pour lui représenter l'état de la province, la cherté des vivres et les troubles qui désolaient Bordeaux et les Bordelais, faute d'un officier distingué pour maintenir la paix.

<small>Liv. VI. Chap. 1.
Rymer, *Actes publics*, tom. 4, part. 2, p. 39.</small>

A tous ces désordres moraux et matériels se joignit encore une maladie épidémique, appelée *fébrion*, qui retarda la perception d'un impôt de 2 liv. par feu, consenti par les trois États de la province. Ce n'était pas encore assez : les chefs d'une armée envoyée sous les ordres du duc de Clarence, par le roi d'Angleterre, commirent beaucoup de dégâts dans la ville et la banlieue. Le conseil s'assembla à cette occasion; le maire et les jurats ordonnèrent une enquête et demandèrent des dommages-intérêts, que le roi s'empressa de promettre, mais qui ne furent jamais payés.

<small>1411.

Collection Brequigny, Liasses de la Tour de Lond^s.</small>

Cependant, le duc assembla, d'après l'autorisation du roi, les trois États à Bordeaux, en 1413, et obtint d'eux, après plusieurs assemblées et de longues contestations, un subside pour la défense du pays. Ce secours, ou impôt, était de 12 sous sur toutes sortes de marchandises importées ou exportées, excepté les blés, la chair fraîche et le poisson frais; plus, 20 sous pour chaque tonneau de vin, c'est-à-dire 10 sous pour le vendeur et 10 sous pour l'acheteur; plus, 10 sous pour chaque tonneau de vin qu'on ferait sortir des villes, châteaux, etc., etc., pour être vendu ou revendu en taverne dans ledit pays; plus, 10 sous payables par ceux qui le feraient sortir du pays, quoique ne l'ayant pas acheté; ce qui, probablement, veut dire que les propriétaires mêmes qui n'étaient pas dans le commerce étaient assujétis au même impôt d'exportation. Cette taxe devait durer un an seulement, d'après le vote des trois États.

<small>NOTE 1.</small>

Enfin, une trêve fut conclue entre la France et l'Angleterre, le 2 février 1414, renouvelée et prolongée jusqu'au 14 juillet

<small>1414.</small>

de l'année suivante ; mais le peuple respectait peu ces feuilles de parchemin, les hostilités recommençaient d'un moment à l'autre et, pour ainsi dire, à l'improviste. Dans cet état d'incertitude et de crainte, la jurade se réunit à Saint-Seurin, le 5 février 1414, et il y fut décidé qu'on convoquerait le peuple pour lui communiquer les nouvelles de la guerre, pour pourvoir tous ensemble à la défense et à la bonne administration de la ville dans un temps si critique. La peste ne tarda pas à affliger Bordeaux d'un surcroît de misère ; les habitants furent moissonnés : tous les âges, toutes les conditions sentirent le poids de ce fléau affreux qui plongea la ville dans la désolation. Les religieux de la Merci et les Chartreux se distinguèrent par leur admirable dévoûment au salut de leurs concitoyens : bravant la mort et les craintes de la contagion, ils couraient avec empressement chez les malades, les soignaient avec tout le zèle que la religion inspire, et ne négligeaient rien pour adoucir les souffrances des pestiférés bordelais. En reconnaissance de leurs admirables services, la Commune vota à chacun de ces deux ordres quatre boisseaux de froment, en les suppliant d'adresser des prières au ciel, afin de faire cesser cet impitoyable fléau (1).

Dans ce temps, le roi d'Angleterre avait ses finances obérées ; il demanda des secours à la Guienne, qui était pour Londres ce que la Sicile était autrefois pour Rome.

Les jurats reçurent les lettres-patentes pour la convocation des États du duché de Guienne à Dax, en 1420. Le conseil des Trente fut réuni pour le 30 avril de cette même année, et il y fut décidé qu'on convoquerait le peuple le lendemain dimanche, afin de faire lire en sa présence les lettres du roi et du sénéchal, et prendre les autres mesures nécessaires pour la nomination et l'instruction des députés qui devaient aller à Dax.

---

(1) Perque sian tenguts de Diu pregar, que Diu beulha estremar a questa impedimia. (*Ancien registre*, *Hôtel-de-Ville*.)

Le peuple fut en effet convoqué, ainsi que l'assemblée générale des Quinze-Cents; le clerc de la ville lut les lettres-patentes, exposa l'objet de la convocation et exhorta les assistants à donner librement leur avis, déclarant que les jurats entendaient gouverner conformément à leurs avis et conseil (1); on y émit plusieurs opinions plus ou moins divergentes; et, enfin, Jean Ferradre opina qu'il ne fallait voter ni fouage, ni taille, ni aucune imposition quelconque (2).

Son avis fut, en général, trouvé sage; cependant, après quelques discussions, on s'accorda à dire qu'il serait plus honorable pour la ville d'accéder à la demande du roi. On donna, en conséquence, plein pouvoir aux députés d'accorder le subside réclamé (3).

A leur retour de Dax, les députés rendirent compte de leur mission dans une assemblée générale de la cité, convoquée à cet effet (4).

Toutes les fois que le roi demandait des secours d'argent, les trois États s'assemblaient; et si la délibération était conforme aux volontés du roi, la ville nommait des receveurs, qu'elle chargeait du recouvrement des fonds et qui lui en rendaient compte. Le gouvernement de Bordeaux, sous les rois d'Angleterre, était en quelque sorte républicain.

On a souvent dit et répété que la liberté en France datait de 1789. C'est un paralogisme sans base, une croyance erronée démentie par l'histoire. En France tout, jusqu'au nom du peuple,

---

(1) Primeyrament que doman que sera Digmenghe, tot lo poble sia apperat et ajustat à Sent Ylegy (Hôtel-de-Ville), et que per donar poder aus senhors qui yran per nome de la ciutat à Dax, sian mostradas las lettras deu Rey nostre Senhor et deu Loctenent deu Senescaut au poble, et que sia feyt lo que se fara en aquesta part, ab lor voler et cosselh.

(2) Que ne consent que y aye futgage, ni talhada en aucuna mancyra.

(3) Quar bon sera que ayan tan poder que sie à honor de la ciutat laquale nulhs temps no ha defailhit de far son debut envers lo Rey, nostre senhor et ayssi me dis que sia au placer deu Rey.

(4) Que lo commun sia apperat et que en lor prisencia sia feyta la relacion de so que son dememorat au Parlement de Dax.

rappelle l'idée de la liberté; les rois seuls étaient presque toujours les hommes les moins libres de leurs États. Le peuple exerçait ses droits politiques dans les *Plaids* ou *Parlements* et dans les *États-généraux*. Édouard III reconnut que les subsides votés par le peuple de Guienne étaient *libres* et *volontaires*. En 1355, le peuple fut convoqué à Bordeaux, au son de trompe, et consulté sur les subsides réclamés par le prince de Galles; aux États de Niort, en 1367, le peuple consulté refusa l'impôt demandé. En 1451, la capitulation de la ville de Bordeaux fut faite entre les commissaires du roi de France et le peuple, c'est-à-dire les représentants des Trois-États. Au XVe siècle, l'administration de Bordeaux était presque entièrement républicaine, et quant au XVIe siècle, on sait que les Trois-Ordres étaient représentés dans tous les États. Nous ne nions pas qu'il y ait eu des époques dans l'histoire de la monarchie où la jouissance des droits politiques était suspendue ou interrompue. Dans les guerres de religion du seizième et du dix-septième siècle, il n'y eut ni États-généraux ni assemblées du peuple; les rois furent contraints de concentrer le pouvoir dans leurs mains et d'exercer une puissance absolue; mais ces suspensions, ces interruptions dans la jouissance d'un droit imprescriptible n'en étaient pas la destruction, et Louis XVI, dans ses ordonnances, rappelle les vieilles libertés de la France; il n'en était pas le créateur, il en était le restaurateur seulement. De nos jours, la licence de la tribune, les agitations de la rue semblaient au peuple une image de la liberté; elles n'en étaient que l'ombre. Autrefois, les lois étaient rares et respectées; les mœurs, étant bonnes et puissantes sur la foule, les suppléaient parfois et tiraient leur charme et leur force de la religion, qui guidait nos pères dans le sentier du devoir. Au XIVe siècle et au XVe, les Français étaient plus libres que ceux qui vivaient sous les chartes de Louis XVIII ou de Louis-Philippe; ils en parlaient moins, et nous pouvons dire, avec Mme de Staël, que la liberté est ancienne et le despotisme nouveau !.....

CHAPITRE II.

Projet de mariage entre Henry V et Catherine de France. — Henry vient en France. — La bataille d'Azincourt. — Trêve. — Descente en Normandie. — Nouveau traité. — Lettre du roi à l'archevêque David de Montferrand. — Réponse. — Les Bordelais s'arment. — Siége du château de Budos. — Ils prennent Saint-Macaire, La Réole, etc., etc. — Assemblée générale à Saint-André. — Siége de Bazas. — Les Français affaiblis. — Les Anglais triomphants. — Jeanne Darc. — Les Français tâchent de gagner l'affection des Bordelais. — Sacre d'Henry V d'Angleterre à Notre-Dame de Paris, comme roi de France. — Siége de Tartas.— Succès des Français. — Pey-Berland. — Assemblée du peuple. — Dissensions intestines à Bordeaux. — Contestations relatives à la propriété des marais de Bordeaux.

On avait conclu la paix à Bourges, mais elle ne remédia à rien. La France était toujours divisée, toujours déchirée par des factions rivales et implacables. On fit tout ce qu'on put pour désarmer l'Anglais, qui menaçait la France, affaiblie par ses divisions intestines. Un ambassadeur fut chargé d'engager Henry V à épouser Mme Catherine de France, qui lui apporterait pour dot quinze villes en Guienne, tout le Limousin et cent mille florins d'or. Le prince feignit d'accepter; mais voyant que ses offres n'étaient qu'un signe de faiblesse, il se prépara en secret à envahir la France. Il demanda à la Guienne des secours en argent : les trois États s'assemblèrent, le 29 août, dans la chapelle du Collége des lois et de médecine, et firent droit à la demande de Sa Majesté (1). Enfin, le moment favorable arriva ; et Henry, voulant s'associer aux dispositions belliqueuses de son peuple et profiter aussi des divisions intes-

Livre VI.
1415.
Juvénal des Ursins, *Suprà* 289.

Variétés bordelaises.

---

(1) Ce collége était à l'extrémité de la rue des Ayres. Du temps de Baurein, tome II, page 261, on voyait le reste de la chapelle à l'entrée de la *rue des Lois*. C'est là que furent construites les Écoles de Droit et de Médecine ; on entrait dans la première par la rue Porte-Basse (autrefois rue des Lois), et dans la seconde par la rue des Ayres. Les maisons n°s 24 et 26, rue Porte-Basse, et 75, rue des Ayres, vis-à-vis la rue Saint-Antoine, remplacent la chapelle.

tines de la France, s'embarqua le 13 août, à Southampton, pour le Havre, avec six mille hommes et trente mille archers (1), prit Harfleur le 18 septembre, tua près de dix mille Français à Azincourt et amena un grand nombre de prisonniers à Calais. Henry aurait dû pousser plus loin sa conquête ; il s'arrêta à Calais, et consentit à conclure une trève qui procura à la France le temps de mieux se préparer à la guerre (2). A l'expiration de la trève (le 2 janvier 1417), le prince anglais débarqua en Normandie avec trente mille combattants ; et, s'étant rendu maître de plusieurs places importantes, s'efforça partout de se rendre populaire (3).

Pendant cet intervalle, la Guienne avait beaucoup à souffrir des troupes que des seigneurs, amis des Français, commandaient. La mort du duc d'Orléans, la haine que conçut pour cette famille le duc de Bourgogne, qui était maître des affaires de Paris, comme nous l'avons vu dans le chapitre précédent, jetèrent un germe de désaffection dans l'esprit d'Armagnac et de ses amis. Une suspension fut convenue en 1418 ; il en résulta un nouveau traité entre Charles, seigneur d'Albret, le comte d'Armagnac et Jean Tiptof, sénéchal de Guienne. Dans ce traité, on lit : « Par l'accord de trève et » abstinence de guerre, passé entre nous, d'une part, et le » noble chevalier messire Jean Tiptof, l'archevêque de Bor- » deaux et les barons du Bordelais, d'autre part, il a été » convenu :

---

(1) M. H. Martin, suivant Monstrelet, liv. II, ch. 149, en ce qui concerne le chiffre de l'armée anglaise, dit qu'il n'y avait que vingt-quatre mille archers. D'après les archives de la Mairie de Londres, il y en avait trente mille. Si M. H. Martin avait consulté les archives de Londres, il aurait pu éviter d'autres erreurs très-graves dans son *Histoire de France*.

(2) Henry V avait écrit, le 16, au duc de Guienne, pour lui proposer un combat singulier à la place d'un combat général, afin de décider de leurs droits respectifs à la couronne de France. Dans cette lettre, il qualifie le duc de dauphin seulement.

(Rymer, t. 9, p. 513.)

(3) Heureux dans son entreprise, il abolit la gabelle du sel et la remplaça par un droit du quart de la valeur, le 4 mai 1418. (Rymer, t. 9, p. 485.)

» Que ni nous ni aucun de nos sujets ou alliés, ni aucun
» autre de ceux nommés dans le dit traité et pour lesquels
» nous nous portons cautions, nous ne ferons ni ne souffrirons
» être fait guerre, mal ou dommage au roi d'Angleterre, ni à
» aucun de son *ost*, ou placé dans son obéissance, pendant le
» terme fixé pour ce traité.

» Et si par cas quelqu'un de nous vient à forfaire à ce qui
» est ici promis, et que nous le sachions, nous nous enga-
» geons par serment à en informer, dans le délai d'un mois,
» ledit sénéchal ou son lieutenant. »

Les Bordelais envoyèrent au roi copie de ce traité; il le ratifia en ces termes :

« Pour ce qui est de la trêve et de sa forme, nous nous
» tenons pour content. »

Cette trêve fut prolongée; et pendant les deux années suivantes, il ne se passa rien de bien remarquable, à l'exception, toutefois, d'une hardie et heureuse entreprise du captal de Buch, illustre capitaine bordelais, qui, à la tête de trente mille Anglo-Gascons, le 29 juillet, jour même auquel expirait la trêve, pénétra dans la ville de Pontoise, pilla le trésor, égorgea un grand nombre d'habitants et mit tout à feu et à sang. Les haines se ravivèrent; mais le roi d'Angleterre, sourd à tout ce qu'on pouvait lui dire, continuait à parcourir et à conquérir le Perche et les Marches de Normandie. Sur la fin de 1449, le roi, craignant les artifices des Français et l'inconstance naturelle des Gascons, écrivit, le 28 septembre, à l'archevêque David de Montferrand, pour l'exhorter à protéger de toute son active influence, à appuyer de toutes ses forces, les intérêts britanniques à Bordeaux, et à se rendre au conseil toutes les fois qu'il en serait requis (1).

Livre VI.
Chap. 2.
—
1418.

1419.

NOTE 2.

Liasses de la
Tour
de Londres.

---

(1) Le 2 novembre 1420, le maire de Bourg prévint les jurats que le dauphin était à Pons avec des troupes, et, craignant qu'il n'attaquât Bourg, les pria de lui fournir de l'artillerie et de la poudre. On lui fournit vingt-cinq livres payables plus tard, mais on ne donna pas de canons!

L'archevêque se rendit à ses désirs et conquit son affection. En 1420, les deux monarques se rencontrèrent à Troyes; un traité eut lieu, en vertu duquel Henry V renonça à son titre de roi durant la vie du roi actuel, fut reconnu l'héritier légitime de la couronne, et épousa Catherine de France le 2 juin. Tous ces liens n'affaiblirent en rien la liberté et les résolutions du roi d'Angleterre; il continua ses conquêtes, et écrivit au maire et aux jurats de porter toutes leurs armes en Saintonge. Ils se rendirent aux vœux du roi ; mais avant de partir, ils résolurent de réduire quelques châteaux-forts du pays, où les Français se tenaient encore. Les troupes réglées furent mises sous les ordres de Tiptof; le maire se mit à la tête des milices bourgeoises, et l'étendard de la ville fut confié, comme par le passé, à l'honneur et à la loyauté du seigneur de Lalande. Il fut décidé que la première expédition devait se diriger contre Budos, sous les ordres des jurats Vigoros Estève et Arnaud Miqueu; ce dernier était l'un des citoyens les plus distingués de Bordeaux; son hôtel se trouvait dans la rue qui porte encore son nom. L'expédition se mit en marche le 14 juin, avec plusieurs bombardes, dont l'une, fondue naguère à Bordeaux, lançait des boulets de pierre du poids de 7 ou 800 livres. André, seigneur de Budos, voyant arriver cette formidable artillerie dans de petites barques, par la Garonne et par le Ciron, alors navigable, s'aperçut que toute résistance serait inutile ; il offrit de se soumettre, à la condition qu'on lui rendît toutes ses terres dans le Bordelais, et s'obligea, en garantie de l'exécution de ses engagements, à donner son fils en ôtage. Les Bordelais acceptèrent cette proposition et allèrent arborer le drapeau successivement sur les tours de Saint-Macaire, de La Réole, de Rions, Puy-Normand et Montravel, etc.

Toutes ces expéditions finirent, sans grands résultats, par épuiser les finances de la Guienne et par mettre les Bordelais hors d'état de se défendre contre l'étranger. La France était

Marginalia:
Livre VI. Chap. 2. — 1420.

Voir Note 24 et page 400 du 1er volume.

Mémoire historique et *Bulletin polymathique de Bordeaux*, 1812.

encore maîtresse de plusieurs places, et tout semblait annoncer chez elle des idées de représailles. On le craignait, et, sous l'empire de ces idées, on convoqua une assemblée générale du peuple, pour le 14 février 1421, à Saint-André, où se trouvaient les jurats, les officiers du roi, les seigneurs de Duras, de Montferrand, de La Barde et une foule immense de citoyens. On y délibéra qu'il fallait envoyer des députés au roi, pour lui exposer la misère du peuple et l'état déplorable de la province; que la ville de Bordeaux aurait la faculté de nommer un troisième député, et que le tiers des frais serait supporté par les villes de Bordeaux, de Libourne, de Saint-Émilion, de Bourg, et les deux autres tiers par le clergé et la noblesse.

Dans cet intervalle, la France affermissait son pouvoir, recrutait de nouvelles forces et se préparait à un coup décisif. Bazas et quelques villes voisines en avaient épousé la cause en abandonnant les Anglais. Les Bordelais firent des préparatifs pour soumettre ces villes rebelles, s'organisèrent en troupes réglées sous les ordres du captal de Buch et de Jean Radcliff, chevalier, connétable de Bordeaux. Pour attirer sur cette entreprise les bénédictions du ciel, on ordonna une procession générale pour le jour du combat, et les hommes, les femmes et les enfants, qui ne purent pas manier les armes, s'intéressèrent par leurs prières au succès de l'expédition (1). Les Bordelais, après avoir ravagé les environs de Bazas, attaquèrent enfin la ville même où d'Orval, fils de d'Albret, et le vicomte de Narbonne avaient laissé une forte garnison. Le siége fut poussé avec vigueur ; enfin, se voyant en face de forces considérables, le commandant *promit de se rendre à ceux qui s'y montreraient les plus forts dans trois mois de là*. C'était

---

(1) Toutes les confréries de la ville assistèrent à cette procession. Dans le registre de la confrérie de la Sainte-Trinité, établie à Saint-Michel, la dépense, à cette occasion, est constatée dans ces mots : « *Item, plus per portar la crotz à la procession* » *generau au jorn de la batailhe de Bazats*, etc., etc.

se donner le temps de la réflexion; il n'en fallait pas tant. Bientôt après, Bazas ouvrit ses portes aux troupes d'Henry V, et le chevalier Menard de Favas en fut nommé gouverneur, avec 200 francs bordelais par mois; mais ses démêlés avec le clergé le firent remplacer plus tard par le captal de Buch, à qui on recommanda formellement *de ne toucher en aucunes façons aux droits spirituels et temporels de l'évêque de Bazas, et de maintenir les Bazadais dans leurs franchises, priviléges, libertés et Coutumes, et de rendre la justice la plus exacte tant au pauvre qu'au riche.*

Depuis la bataille d'Azincourt, les Anglais marchaient de conquête en conquête; la France était tellement abattue et découragée, qu'elle était devenue presque entièrement la proie de l'Angleterre. Dans cet état de choses, Charles VI mourut et laissa à son fils, Charles VII, de grands embarras sans aucune consolante perspective, sans l'ombre du bonheur ou de la fortune. Henry mourut aussi au mois d'août; mais il laissa à son fils encore au berceau les plus belles espérances, sous la direction du régent de France, le duc de Bedford.

Le roi, par lettres-patentes, établit une commission administrative et gouvernementale pour la Guienne, composée de l'archevêque de Bordeaux, Hughes Despencer, cousin du roi; de Henry Lhoste, docteur en l'un et l'autre droit, et Jean de Grailli, maire de Bordeaux. Toutes les précautions furent prises, toutes les éventualités prévues : tout semblait promettre une paix durable.

L'ardeur militaire se ralentissait en France; on n'osait rien faire, rien entreprendre. Le roi était trop jeune pour pouvoir réveiller le courage des siens; de plus, sans finances, sans armée, il n'eut qu'une seule ville forte; c'est ce qui le fit appeler, par dérision, le *roi de Bourges!* Mais, enfin, honteux d'être privé de ses États, et de voir sa capitale au pouvoir de l'enfant-roi d'Angleterre, le jeune prince fit appel à ses amis et les exhorta à compter sur Dieu et leurs épées. Songer.

avec si peu de ressources, à rétablir son pouvoir, c'était demander un miracle à celui qui abat le fort par le faible. Dieu exauça sa prière : il lui envoya une jeune et pauvre paysanne des environs d'Orléans; ses faits d'armes remplissent les plus belles pages de notre histoire; sa foi en a fait une martyre, ses exploits et son courage la représentent à son pays comme une héroïne inspirée. Jeanne Darc (1), éclairée sans doute d'en haut, montra aux Français la route de la gloire; mais, après avoir relevé la cause de son pays, abattu l'orgueil de ses ennemis et fait couronner son roi, elle tomba au pouvoir des Anglais, qui la brûlèrent vive, le 31 mai 1431 ! Tout l'intérêt historique du XV° siècle se concentre sur cet ange tutélaire de la France ; sa mort fut un deuil général, et sa mémoire, quoi qu'en disent certains philosophes irréligieux, qui rejettent le merveilleux de ce drame national et ignorent ce que peut l'enthousiasme de la foi uni à un patriotisme ardent et éclairé, est et sera toujours chère à tout cœur français, et vénérée parmi les catholiques de tous les pays du monde. Sa mort est, sur le front de l'Angleterre, une tache de boue que toute l'eau de la Tamise ne saurait laver; elle fut aussi le signal du déclin de la puissance anglaise.

Pendant cette période, la Guienne jouit de quelques moments de paix ; il n'y eut que ces petites guerres que des seigneurs jaloux ou vindicatifs se faisaient de temps en temps, ou des déprédations passagères que les amis de la France faisaient parfois chez les seigneurs anglo-gascons, et *vice-versâ*. Des corps de *Routiers* parcouraient aussi le pays, et André de Robert en commandait un qui dévastait sans pitié les propriétés des Français : il fut pris par Rodrigues de Villandraut qui le livra à Charles VII, et exécuté à Toulouse. Dans cette longue période, on ne voit que de misérables es-

---

(1) C'est Darc et non d'Arc qu'il faut écrire; la Pucelle n'était pas de noble extraction. (Voir *Lettres d'anoblissement de la Pucelle*, de décembre 1429, *Procès de la Pucelle*, t. V.)

carmouches ou de honteuses et ignobles déprédations; rien de grand ne s'élève au-dessus de l'horizon commun que la grande et vénérable figure de Pey-Berland; nous lui consacrerons un chapitre particulier dans notre *Histoire de l'Église de Bordeaux.*

Pendant tout ce temps, les Français s'efforçaient de corrompre le peuple et de l'indisposer contre l'Angleterre. La tâche n'était pas difficile à Bordeaux, où tous les esprits impatients du frein, avides de changements et enclins à voir dans un lointain vaporeux un bonheur insaisisable, n'écoutaient que trop les suggestions de la malveillance. Le roi d'Angleterre avait prononcé la peine de mort contre les fauteurs des troubles à Bordeaux; mais comme des personnes puissantes et haut placées penchaient pour la France, les commissaires nommés pour la découverte de ces intrigues politiques aimèrent mieux fermer tout à la fois les yeux et les oreilles, plutôt que d'avoir à dénoncer un concitoyen, un ami, un parent peut-être. La régence ne faisait rien; un courant irrésistible entraînait tout le monde vers la France. Dans de telles circonstances, la clémence eût été le meilleur moyen de pacification; le roi le comprit et donna, en conséquence, une amnistie pleine et entière, qui tranquillisa les esprits, désarma les rebelles et mit fin à l'effervescence populaire et à l'agitation révolutionnaire, vers l'an 1435.

Jeanne Darc avait retrempé le courage des Français; ils voyaient en elle un génie tutélaire envoyé du ciel pour sauver la patrie. Aussi reconquirent-ils bien vite plusieurs places importantes où l'on désirait leur retour; ils portèrent leurs vues sur Paris. Les Parisiens craignaient une réaction dans l'esprit public; ils demandèrent des secours. Les Anglais, pour les maintenir dans leur fidélité à leur roi, Henry VI, le conduisirent à Paris, et le firent sacrer à Notre-Dame le 17 décembre 1431. Cette cérémonie avait eu lieu à Westminster en 1429; mais il fallait le prestige de la religion pour imposer du respect aux Parisiens et consacrer, comme quasi-légitimité, la plus honteuse des usurpations. Son entrée dans la capitale de la France fut d'une magnificence éblouissante : rien n'y manquait, que la justice et le droit (1). Mais la fortune ne suit pas toujours le même drapeau; elle avait été favorable aux Français, que l'immortelle héroïne d'Orléans ne conduisait plus à la victoire. Bientôt après, le traité d'Arras réconcilia le duc de Bourgogne avec le roi de France, et la mort, en enlevant plus tard le duc de Bedford, finit par jeter les Anglais dans un découragement complet. Ils se mirent à ravager les terres des seigneurs connus par leur attachement à la France, et, sous les ordres du captal de Buch, allèrent assiéger la ville de Tartas, appartenant au sire d'Albret. C'est probablement pour payer ces excursions militaires, que le conseil royal fit distribuer en Aquitaine, en 1438, la somme de 1,000 liv., dont l'emploi a été certifié par maître Walter Colle, connétable de Bordeaux. Le siége de Tartas dura plusieurs mois; mais, exténués de fatigue et de privations de toutes sortes, les assiégés consentirent enfin à signer un traité, par lequel ils s'obligèrent à remettre la ville au pouvoir de deux chevaliers, distingués par leur probité et l'élévation de leurs sentiments, le sire de Cognac et Augereau de Saint-Pert, qui la remettraient aux Anglais le 24 juin suivant, si, dans vingt-quatre jours, une armée française ne venait pas les secourir; dans le cas contraire, elle devait rester au pouvoir du sire d'Albret. Il fut aussi stipulé que si les Français venaient à leur secours dans le temps indiqué, et qu'ils délogeassent les Anglais de leurs positions, le sénéchal de Bordeaux remettrait aux d'Albret le vicomté de Tartas, ainsi que Rions, Gensac, Gironde et les autres terres dé-

Livre VI.
Chap. 2.
—
1431.

1435.

Archives
de l'Exchiquier
Kalendars,
tome 2, p. 178.

1441.

---

(1) On trouvera d'intéressants détails sur l'entrée d'Henry VI à Paris, dans la *Collection des documents, etc., etc.*, de Jules Delpit, p. 259, extraite des archives de la mairie de Londres, R. K., fol. 101.

pendantes de cette famille, qui se trouvaient dans le Bordelais.

Ce traité devait être considéré comme nul si un des articles venait à être violé, ou si Charles d'Albret, fils du sire d'Albret, refusait de faire le serment prescrit; s'il ne voulait pas plus tard le garder envers le roi d'Angleterre, il était alors obligé de prévenir, trois mois d'avance, le sénéchal de Bordeaux.

Charles VII, qui avait passé l'hiver dans le Poitou, apprit avec bonheur le succès de ses troupes dans la Gascogne; il recruta une puissante armée et se rendit à Toulouse; il y fut reçu, le 24 juin, d'une manière brillante, et ensuite alla à Tartas avec cent soixante barons ou baronnets, quatre cents lances et huit mille arbalétriers. La ville se rendit, les ôtages furent échangés, et le chevalier de Cognac *se tourna* du côté de la France. Charles VII marcha ensuite sur Saint-Sever, où il fit beaucoup de prisonniers, au nombre desquels Thomas Tameston, sénéchal de Guienne, qui y commandait avec cent hommes d'armes et deux mille arbalétriers. Après avoir soumis Dax, les Français continuèrent leurs excursions jusqu'aux bords de la Garonne : Agen, Marmande, presque toutes les villes de la vallée où coule cette rivière, envoyèrent au roi leurs soumissions et leurs clés. La Réole soutint honorablement un siége de trois jours, et les troupes qui défendaient le château obtinrent l'insigne honneur de sortir, avec les honneurs de la guerre, un bâton blanc à la main.

Après la réduction de La Réole, le roi alla à Montauban vers les fêtes de Noël, avec la reine, le dauphin et toute sa cour; il y resta trois mois. Les seigneurs de La Roquetaillade et de La Mothe y allèrent faire leur soumission. La position de la Guienne était critique : les Français étaient maîtres des Landes, du pays tout entier; ils avancèrent même, à une journée et demie de marche, vers Bordeaux; ils s'étaient ménagé des intelligences dans la ville, et des correspondances clandestines s'entretenaient entre leurs chefs et quelques puissantes familles de notre cité. Le roi le sut par ses agents ; il en écrivit à l'archevêque, Pey-Berland, qui était dévoué à sa cause, et lui recommanda de se tenir en garde contre les séductions et surtout les intrigues du parti français. L'archevêque convoqua les États à Saint-André ; et après avoir lu les lettres de Sa Majesté, il les expliqua au peuple, en gascon, la langue du pays. Le comte de Huttington, arrivé de Londres à Bordeaux depuis quelque temps, avec des troupes, était paralysé dans ses mouvements par les dissensions des Bordelais : sa présence en ville était nécessaire pour maintenir l'ordre ; on ne fit aucune opposition à la marche triomphale des Français. Honteux de son inaction, fatigué des scènes de désordre qui désolaient la ville et le pays entier, il écrivit au roi, de concert avec Pey-Berland, pour lui demander avec instance de prompts secours. Le roi lui répondit par une lettre gracieuse et favorable : l'archevêque s'empressa de la communiquer au peuple. Les Français s'approchaient de plus en plus, ce qui augmenta l'agitation de la place et l'insubordination des citoyens. Les barons ne se souciaient guère de se battre pour l'Angleterre ; leurs intérêts étaient gravement compromis par ces guerres éternelles, et ils allèrent même jusqu'à dire, avec le doyen de Saint-André, que si les troupes de Charles se présentaient aux portes, il faudrait se soumettre et ne pas laisser décimer la population par une résistance meurtrière et inutile. L'impunité accordée à ces propos révélait assez l'état intérieur de Bordeaux et l'impuissance des lois sous l'empire des factions.

Les bourgeois, cependant, prirent les armes et abandonnèrent les nobles et leurs mesquines intrigues : deux cents hommes, munis de lances, montèrent sur les remparts et se placèrent, partout où il était nécessaire, pour défendre la ville et repousser les assiégeants ; leur exemple électrisa le peuple ; des milliers de volontaires se montrèrent en armes, et

Livre VI.
Chap. 2.
—
1442.

1443.

les lâches et les traîtres devinrent, par honte, les auxiliaires de ces héros. Dans cet intervalle, l'archevêque reçut des nouvelles assez favorables d'Angleterre; il convoqua le peuple, et commenta, en gascon, une nouvelle lettre du roi, qui annonçait la prochaine arrivée du duc de Sommerset avec des forces considérables. Sir Bouville devança ces renforts avec huit cents hommes; c'était assez pour Bordeaux, en attendant l'arrivée des troupes expéditionnaires; c'était trop peu pour arrêter les Français.

Saint-Macaire tenait toujours; mais le roi, craignant que les habitants ne se lassassent bientôt, écrivit au maire et aux jurats (1444), en ces termes : « Sachez que nous, considérant » les grandes dépenses et notables services de nos sujets, le » maire, jurats et Commune de Bordeaux, pour retenir dans » notre obéissance la ville et le château de Saint-Macaire, » contre la puissance et la malice de nos ennemis, les Fran- » çais, que la garde de la ville et du château leur avait été » confiée par notre conseil d'Aquitaine, à la demande et réqui- » sition des habitants, qui étaient hors d'état de s'en acquitter » par eux-mêmes; considérant, de plus, que les revenus de » la ville et du château de Saint-Macaire ne sont pas suffi- » sants pour les défendre, et qu'ils ont besoin des secours de » notre ville de Bordeaux, nous donnons au maire, aux jurats » et à la Commune de Bordeaux, et à leurs successeurs, la » ville et le château de Saint-Macaire, ainsi que la paroisse » de Sainte-Croix-du-Mont, avec toutes leurs appartenances » et dépendances. »

Tout se préparait pour une vigoureuse résistance; l'hiver vint suspendre les opérations militaires. On se mit à traiter de la paix : les négociations furent prolongées inutilement au préjudice de la prospérité générale; enfin, le 20 mai 1444, on conclut une trêve, qui fut continuée d'année en année jusqu'en 1449.

Pendant ces trêves, renouvelées tous les ans, les seigneurs

se faisaient toujours la guerre et dévastaient leurs propriétés réciproquement. Les Anglais devenaient faibles, incapables de résister; les Français étaient enhardis et audacieux, en raison de leurs succès. Les barons bordelais, las de tant d'agitations, restèrent tranquilles spectateurs de ces scènes militaires, qui survivaient encore au bruit des camps, et, tout en voyant crouler la puissance anglaise, passaient leur temps à se disputer quelques misérables portions de ces marais qui environnaient alors la ville. En 1445, le captal de Buch se disait maître de tous ces marais; il fit, en conséquence, saisir quelques têtes de bétail appartenant à des bourgeois de Bordeaux, et les fit conduire dans les étables de son château de Puy-Paulin.

Livre VI. Chap. 2. — 1446.

On porta plainte au maire et aux jurats, qui, indignés de cette violation des lois et de la propriété, se firent escorter de gens armés et enlevèrent le troupeau. Les vassaux du captal défendirent contre la milice urbaine le droit de leur maître; le sang coula enfin et créa des haines, des projets de vengeance, des complots. On dévasta les propriétés du captal; la justice informa contre les malfaiteurs; l'irritation fut à son comble. Henri VI, sachant qu'une étincelle suffit pour causer un incendie, crut devoir intervenir dans cette affaire, qui pourrait avoir des suites funestes; il chargea Jean Dudley et Thomas Kent de mettre fin à ce déplorable conflit par des mesures prudentes et des moyens de conciliation. On convoqua une assemblée générale à Saint-Seurin, pour le 21 février; il s'y trouva beaucoup de personnages remarquables, entre autres Pey-Berland, archevêque de Bordeaux; Étienne de Brosses, lieutenant du sénéchal; Bernard Angevin, seigneur de Rauzan; Guillaume Beck, juge de Gascogne; Louis Despoy, chevalier, seigneur de Montcuq; Guillotin de Lansac, chevalier; Pierre Dutastard, doyen de Saint-Seurin; Georges Salington, écuyer; Guillaume de Boissac, etc., etc. L'assemblée décida que le bétail devait être ramené au lieu d'où la

Variétés bordelaises, tome 5, p. 279.

Livre VI.
Chap. 2.
—
1442.

municipalité l'avait fait enlever; que le maire et les jurats ne donneraient pas d'indemnité au captal, dont le droit sur les marais n'était pas suffisamment démontré; qu'à l'avenir, au roi seul appartiendrait le droit de saisir le bétail, de disposer des marais et des prairies dont jouissait le captal; et qu'à dater de ce jour, si des bestiaux étaient confisqués par le garde royal, en cas de contestation entre cet agent et les bourgeois, le maire et les jurats seraient appelés à juger ce différend. Le captal se prétendait lésé par cette décision; le roi lui donna en dédommagement les châtellenies de Gensac et de Blagnac.

CHAPITRE III.

Déclin de la puissance anglaise en France. — Charles VII se prépare à la guerre. — On négocie. — La guerre commence. — La Normandie conquise. — La Guienne envahie. — Charles VII assiège et prend plusieurs villes. — Siége de Blaye, de Bourg, de Fronsac. — Les Bordelais négocient avec Dunois. — Députation bordelaise auprès de Dunois. — Traité de capitulation conditionnelle. — Traités particuliers entre Dunois et le captal de Buch, et le marquis de Montferrand, etc.

Les trèves conclues entre l'Angleterre et la France étaient bien respectées par les Français, mais elles ne l'étaient guère par les Anglais : ils voyaient pâlir leur étoile et la puissance échapper de leurs mains, pendant que celle de Charles VII grandissait de plus en plus. Par dépit, par vengeance, ils reprirent les armes, dévastèrent les cités et les campagnes, ravagèrent les villes et les environs de La Rochelle et de Dieppe, dévalisèrent les marchands et frappèrent le commerce et l'industrie de tout le pays d'une torpeur désolante. Ils se portèrent à de grands excès dans les états du duc de Bretagne, et, pour quelque misérable butin, se chargèrent de la haine et des malédictions du peuple. Le duc, enhardi par l'appui de Charles VII, ouvrit cette campagne qui allait être si fatale aux intérêts de l'Angleterre, et Charles se prépara, de son côté, à en finir avec les Anglais et à les expulser de la Guienne. Il créa une infanterie nationale, en obligeant chaque paroisse à lui fournir un franc archer choisi parmi les meilleurs tireurs à l'arc et à l'arbalète ; il fit donner à ce corps tout ce qu'il fallait pour un équipement complet : *de grosses bombardes, des canons, des serpentines, des veuglaires, des crapaudines, des ribaudequins, des colévrines, de sorte qu'il n'est mémoire d'homme, dit un historien, qui jamais veit à roi*

Livre VI.
1446.

Alain Chartier,
*Histoire
de Charles VII.*

chrétien si grosse artillerie, ni si bien garnie de poudre, manteaux et toutes choses nécessaires pour approcher et prendre châteaux et villes, et grand foison de charroi à les mener.

Enfin les hostilités recommencèrent; Charles VII prit plusieurs places et aurait pu se rendre maître de la province entière; mais de nouvelles négociations furent entamées pour une paix générale. Les Anglais, comptant sur un retour de la fortune, refusèrent les conditions qu'on leur imposait et les sacrifices qu'on leur demandait; ils se montrèrent même très-fiers et exigeants; c'était un tort. Leur domination en France, et même dans le duché d'Aquitaine, était visiblement sur son déclin. L'Angleterre était à la veille d'avoir la guerre civile, par suite d'un impôt onéreux et vexatoire dont le roi avait frappé la ville de Londres : ses forces militaires étaient insuffisantes pour les besoins du service et de l'administration, et même la force morale de l'opinion publique lui manquait; on n'avait plus de foi en la domination anglaise. Ces circonstances tentèrent et réveillèrent l'ambition de Charles VII; il convoqua son conseil, et on y décida que les Anglais ayant rompu la trêve, il fallait recommencer la guerre à outrance et les chasser du continent. Charles réunit ses troupes, enleva aux Anglais, en deux campagnes, toute la Normandie, et, au mois d'août 1450, envoya une armée en Guienne, sous les ordres de Jean de Penthièvre, comte de Périgord, ayant avec lui, comme lieutenants généraux et conseillers, le sire d'Albret, Charles de Culant, maréchal de France, Pothon de Saintrailles, Saint-Belin, Pierre de Louvain, Joachim Rouhault et Jean Bureau, trésorier de France, directeur de l'artillerie; en tout, six cents lances, trois mille hommes, sans compter les archers.

Penthièvre marcha sur Bergerac, qui se soumit, et, de là, se rendit à Gensac, qui le reçut dans ses murs après un assaut violent et opiniâtre. Alors il partagea son armée en deux corps : l'un alla assiéger Sainte-Foy, qui se rendit; l'autre, après avoir réduit Laroche-Chalais, se porta sur Saint-Émilion, Castillon et le château de Montferrand (1).

Étant maître de la vallée de la Dordogne, le commandant en chef détacha un petit corps qui se rendit maître de Bazas le 31 octobre; il avait à sa tête Amanieu, seigneur d'Orval, second fils du seigneur d'Albret. Enhardi par ses premiers succès, d'Orval, secondé par de vaillants capitaines, Robert Petit-Loup, Étienne Vignoles, Lespinasse et quelques autres, à la tête de six cents lances, après ses succès dans le Bazadais, se mit à battre le pays et poussa ses déprédations et ses excursions jusque sous les murs de Bordeaux, et même à Blanquefort. Le lendemain de la Toussaint, le maire et le sous-maire, avec neuf ou dix mille hommes, sortirent pour les poursuivre, et les découvrirent dans un bois, où ils s'étaient retranchés. D'Orval se tint sur la défensive, tout en observant les mouvements incertains de ces troupes urbaines, peu accoutumées à la discipline. L'attaque se fit sans ordre et avec témérité; mais, au fort de la mêlée, les Français s'élancèrent de leurs retranchements avec leur ardeur habituelle, et, tombant à l'improviste sur cette milice bourgeoise peu habituée au combat, tuèrent mille huit cents Anglo-Gascons, poursuivirent les fuyards jusqu'à Talence, et ramenèrent à Bazas plus de prisonniers qu'ils n'avaient de soldats.

Les Bordelais et les Anglais, en général, étaient plongés dans une stupeur profonde; c'était partout l'inaction la plus complète, le silence des tombeaux! On ne songeait plus à défendre la Guienne : Bordeaux n'avait qu'une faible garnison; il n'y avait que quelques soldats à Blaye, Bourg, Fronsac et Castillon; le reste du pays était dégarni : la conquête de la Guienne était chose facile. Charles VII, tout fier de ses succès

Livre VI. Chap. 3.
1450.

Annales d'Aquitaine, de Bouchet.

---

(1) Ce château-fort se trouvait sur la hauteur qui sépare Bassens et Ambarès; on y voit encore les douves et un endroit qu'on appelle la *place de Montferrand;* mais les ruines en ont servi à construire le château de Beauval, le bourg de Bassens et le Carbon-Blanc, qui fut commencé en 1500.

en Normandie, leva une nombreuse armée, qu'il divisa en quatre corps, sous les ordres du célèbre Dunois, comte de Longueville, les comtes de Foix, de Penthièvre et d'Armagnac. Le premier corps avança sur Bordeaux, par Montguyon et Blaye; le comte de Foix devait arriver par Dax, Mont-de-Marsan et Bazas; le comte d'Armagnac avait son itinéraire tracé par Rions et la vallée de la Garonne; le comte de Penthièvre devait arriver par Castillon. Le roi lui-même appela auprès de sa personne le corps de gens d'armes à cheval qu'il avait créé en 1439, et un nouveau corps d'infanterie qu'il avait formé en 1448. Entouré de ces fidèles régiments, il arriva à Angoulême et ordonna à ses généraux de réduire les places intermédiaires et de concentrer leurs forces respectives dans les environs de Bordeaux. Dunois se rendit devant Montguyon, qui se soumit après huit jours de siége, et, de là, porta toutes ses forces devant Blaye, où devait le rejoindre le vicomte de Penthièvre, après la réduction de Castillon : Blaye couvrait Bordeaux et offrait aux Bordelais toutes les ressources de la navigation sur la Gironde. Il y avait une garnison de six cents hommes, avec une grande abondance de vivres et de munitions. Il s'y trouvait aussi le maire et le sous-maire de Bordeaux, messire Gadifer Chartoise, Thomas Gassiet, Pierre de Montferrand, commandant de la place, et son frère le souldich de Latrau, le sire de Lesparre et plusieurs autres seigneurs du pays, accourus pour défendre la place et tenir la ville, pendant quatre mois s'il le fallait, jusqu'à ce qu'ils reçussent des secours des Anglais.

Blaye était bien défendue par le fleuve qui baigne ses murs : cinq gros vaisseaux stationnaient devant la ville, pour favoriser l'importation des vivres et maintenir la navigation libre; tout semblait fait et combiné de manière à rendre la place inexpugnable. Dunois tint conseil : il craignait d'échouer; mais on insista, et l'attaque fut enfin ordonnée, après avoir offert aux Blayais des conditions favorables qu'ils refusèrent. Sur ces entrefaites, une flotille entra dans la rivière, sous les ordres de Jean *le Boursier*, et attaqua la station navale devant Blaye. Après avoir supporté vaillamment le choc des vaisseaux français, les Bordelais se retirèrent devant des forces supérieures en nombre, et regagnèrent avec peine leur port. Cette victoire enhardit les assiégeants; ils pressèrent le travail et proposèrent de nouvelles conditions, que les Blayais rejetèrent. Pendant ce temps, le comte de Penthièvre et Culant, maréchal de Jalonges, faisaient le siége de Castillon, à la tête de trois cents lances, deux mille francs archers et une formidable artillerie. On accorda aux Castillonnais la faculté de sortir, corps et biens saufs, et de se rendre à Bordeaux ou ailleurs, selon leur volonté. Penthièvre et Jalonges se dirigèrent sur Blaye, après avoir laissé Jean Bureau commandant de Castillon (1). Dunois, heureux de les voir venir à son secours, ordonna l'assaut pour le 19 mai, et, après une vigoureuse résistance, y pénétra le 21; la garnison, qui s'était retirée dans le château, demanda à capituler, le 24, et se rendit prisonnière de guerre : la défense fut honorable; la nécessité seule dicta les dures conditions d'une capitulation. Par un traité particulier, Pierre de Montferrand, commandant de Blaye, racheta sa liberté moyennant 10,000 écus.

Si Montferrand renonçait à la domination de l'Angleterre, Dunois s'engagea à le tenir quitte de sa rançon; mais sous la condition qu'il mettrait au pouvoir des Français les cinq forteresses qu'il possédait; il lui accorda six semaines de réflexion. Montferrand accepta les offres de Dunois, qui s'empressa de lui rendre trois de ses châteaux-forts et les revenus des deux autres, avec la promesse de lui restituer tous ses biens après la réduction de Bordeaux. En 1452, au mois de novembre,

Livre VI.
Chap. 3.
—
1451.

Chartier,
p. 222.
—
Monstrelet,
t. 3, p. 36.

---

(1) Le père de Bureau était un petit cadet de Champagne, descendu d'un serf anobli. (Note de Michelet, *Histoire*, t. V, p. 225). Jean Bureau était maire de La Rochelle; il mourut à Paris, le 5 juillet 1463.

le roi rétablit les Blayais dans l'entière jouissance de leurs biens, de leurs antiques franchises et libertés.

De Blaye, Dunois se transporta devant Bourg, place très-importante et bien fortifiée, où commandait Bertrand de Montferrand, frère du commandant de Blaye. Après un siége de six jours, la garnison, se voyant dans l'impossibilité de se défendre, capitula le 29 mai, à des conditions avantageuses et honorables à la fois. Après un repos de quelques jours, Dunois laissa Bourg sous le gouvernement de Jacques de Chabannes, grand-maître de l'hôtel du roi, et alla rejoindre ses troupes devant le château de Fronsac, autre boulevard de la Guienne. Le siége commença le 2 juin. Craignant une sortie des Bordelais, il envoya Chabannes avec quelques compagnies légères dans l'Entre-deux-Mers, et chargea Bureau de réduire Saint-Émilion et Libourne, où commandait David Jeykleston. Bureau s'acquitta de sa mission, et, dès le soir même, ses batteries furent établies devant Libourne et se mirent à tirer sur le fort Édouard, la tour de Saint-Louis, autrement dite la porte de Guîtres, sur la porte de Périgueux et le petit fort Guillaume, près de l'église de Saint-Jean. Les murs furent vaillamment défendus; mais le feu de l'artillerie causa d'immenses ravages dans la ville : les tours et les maisons furent criblées de boulets. Le mardi suivant, les Français envoyèrent en ville un nommé Brun, leur prisonnier, avec un héraut d'armes, pour proposer les conditions d'une capitulation. Arrivé en ville, Jeykleston fit jeter en prison le malheureux Brun avec son compagnon, comme traîtres, rebelles et espions. Le maire, indigné de cette violation du droit des gens, et poussé, d'ailleurs, par les cris de la population, qui demandait la paix, fit valoir le caractère sacré et inviolable de ces députés, et ordonna leur mise en liberté. Ils expliquèrent le but et les conditions de leur mission ; le peuple demanda à traiter, et deux jurats se rendirent avec Brun auprès de Dunois, à Fronsac, pour rédiger le traité de capitulation, qui fut ratifié, le 20 juillet suivant, par le roi, à Taillebourg, en Saintonge. Saint-Émilion se rendit deux jours après, ainsi que le château de Vayres; et toutes les villes de la province, excepté Bayonne, Bordeaux et le château de Fronsac, se soumirent au sceptre du roi de France.

Dans la crainte que les Bordelais ne songeassent à secourir Fronsac, qui comptait sur eux, Dunois se décida à marcher sur Bordeaux : la consternation se répandit de suite dans Fronsac et dans la capitale de la Guienne; par cette démarche, il paralysa l'action de la ville et anéantit les espérances des Fronsadais. Une inondation survint et rendit le château inaccessible : dans cette triste position, sans vivres, sans secours, sans espérances, la garnison demanda à capituler, et promit de se rendre dans un délai de quinze jours. Dunois quitta Libourne, où il s'était établi, et marcha sur Bordeaux ; mais les Bordelais ayant appris la capitulation de Fronsac, et craignant qu'une plus longue résistance n'attirât sur leurs têtes un plus éclatant châtiment, députèrent vers Dunois le captal de Buch et quelques autres seigneurs du pays, pour le prier de retarder ses opérations contre Bordeaux jusqu'au 24 juin, et qu'alors, si le roi d'Angleterre ne venait pas à leur secours, ils se croiraient dégagés de leurs serments et libres de reconnaître Charles VII pour leur roi légitime. Dunois ordonna d'accueillir les députés avec bienveillance, et chargea Jean Bureau, Ogier de Brequit, juge de Marsan, et Pothon de Saintrailles, homme prudent et de grande expérience, Gascon, et, par conséquent, agréable aux Gascons, de les recevoir et d'entendre les raisons qu'ils voulaient donner. Lorsque Dunois eut pris connaissance du Mémoire des Bordelais, il n'y vit ni profit ni honneur pour son maître, et rejeta, en conséquence, la demande de Bordeaux. Le captal rentra en ville et trouva ses concitoyens consternés de la réponse : on appela les trois États, on délibéra sur plusieurs mesures, sans pouvoir convenir d'aucune. Enfin, le temps pressait; Bureau parlait de ses grosses bombardes, Saintrailles de ses archers; d'autres, de la destruction com-

Livre VI.
Chap. 3.
—
1451.

plète de la ville, et presque tous, d'une soumission absolue comme nécessité de la position critique de la cité. Enfin, ils convinrent qu'il fallait accepter les conditions de Dunois. Ils députèrent vers lui Pey-Berland, archevêque de Bordeaux, Bertrand, seigneur de Montferrand, le seigneur de Langoiran, Durfort, seigneur de Duras, Lalande, seigneur de La Brède, Gadifer Chartoise, maire de Bordeaux, Bernard Angevin, seigneur de Rauzan, Guillaume Oderon, seigneur de Landiras, Guillaume Andrieu de Lansac, et Pierre de Bouscat, etc., etc. Ces députés convinrent, avec les trois commissaires de Dunois, des conditions et clauses du traité, qui fut signé le 12 juin : *ils avaient traité au nom des trois États de la ville et cité de Bourdeaux et du pays du Bourdelais et d'autres pays de la Guyenne, étant de présent en la main du roi d'Angleterre.* Il fut stipulé dans ce traité, qu'on trouvera *Note 3*,

« qu'il sera permis aux Bordelais de donner avis dudit traité
» au roi d'Angleterre. S'ils ne sont pas secourus avant le 23
» du présent mois, les trois États rendront la ville de Bor-
» deaux aux Français; et pour sûreté de leur parole, ils leur
» livrent, dès maintenant, les villes et places de Vayres,
» Rions, Saint-Macaire, Blagnac et Castillon-en-Périgord. Les
» habitants des dites places prêtèrent le serment de fidélité
» au roi de France pour toujours. Lorsque le roi, ou le comte
» de Dunois, son lieutenant, fera son entrée à Bordeaux, il
» jurera, sur les Évangiles et sur la Croix, de conserver les pri-
» viléges, franchises, libertés, lois, coutumes, observances et
» usages de Bordeaux et des Bordelais, et le roi leur donnera,
» pour cet effet, des lettres-patentes dans la meilleure forme
» que faire se pourra. Si quelque seigneur ou habitant du pays
» refuse le serment de fidélité au roi de France, il lui sera
» libre de se retirer avec tous ses effets où bon lui semblera,
» et les biens qu'il laissera dans le pays appartiendront à
» ses plus proches héritiers. Le roi accordera une abolition
» générale à tous les habitants, et promettra de ne les re-

» chercher pour aucun fait ayant rapport à la guerre pré-
» sente. Chaque habitant demeurera en possession de ce qu'il
» jouissait avant la reddition de la ville (1). Les Bordelais ne
» seront sujets à aucun nouvel impôt, sous quelque prétexte
» que ce puisse être. Les marchands qui viendront à Bor-
» deaux ne paieront aucun nouveau droit. Le roi établira
» incessamment un Parlement, ou Cour souveraine, à Bor-
» deaux. Le roi ne pourra obliger aucun habitant ni aucun
» seigneur de faire la guerre sans son consentement et sans
» lui donner une paye convenable. On établira une Cour des
» Monnaies à Bordeaux. Les officiers que le roi nommera
» pour régir la province, jureront, à leur réception, de main-
» tenir les priviléges de la ville ! »

Ce traité fut signé le 12 juin, par les seigneurs sus-nommés et par les trois plénipotentiaires de France, qui s'obligèrent, par serment, au nom du roi, *de maintenir les bourgeois, marchands, manans et habitans de ladite ville et pays, en leurs franchises, priviléges, libertés, statuts, lois, Coutumes, usances des pays de Bordeaux et Bordelais, Bazas et Bazadais, Agen et Agenais.*

Le captal de Buch, chevalier de la Jarretière et des ordres du roi, et dont les ancêtres avaient toujours été attachés aux Anglais, et qui, d'ailleurs, avait une grande partie de ses biens en Angleterre, refusa d'être compris dans ce traité. Il demanda une conférence à Dunois, et lui révéla, avec une noble franchise, ses sentiments; il lui exposa l'incertitude où il était relativement à son fils, le seigneur de Candale, qui, de son côté, ne savait pas s'il devait rester à Bordeaux ou suivre son père en Angleterre. Dunois leur donna toute li-

Livre VI.
Chap. 5.

1451.

___

(1) Le fameux captal de Buch, parent du comte de Foix, transmit ses seigneuries à son petit-fils, pour ne pas déroger au serment qu'il avait prêté au roi d'Angleterre. Le commerce aussi tenait beaucoup aux Anglais; les commerçants furent découragés, et, croyant la prospérité de la ville compromise par le triomphe des Français et la cessation des rapports avec l'Angleterre, plusieurs d'entre eux émigrèrent dans ce pays.

berté; il consentit que, dans le cas que le captal, Gaston de Foix, passât chez les Anglais, le seigneur de Candale aurait un an pour prendre une détermination définitive, et que, dans le cas que lui aussi voulût s'expatrier, comme son père, tous ses biens en France appartiendraient à son fils, alors âgé de trois ans, et pourraient être régis, pendant sa minorité, par son oncle, le comte de Foix, qui n'avait pas le même scrupule politique.

Bertrand, seigneur de Montferrand, ne voulut pas non plus s'en tenir à la lettre du traité général. On recherchait sa soumission; il était puissant, avait cinq forteresses sous ses ordres et se qualifiait le premier baron du Bordelais; son exemple aurait pu avoir de bons effets et trouver des imitateurs. Il consentit aussi à la fin à un traité tout personnel, qui, en échange de son adhésion au traité général et de son serment, lui garantissait la jouissance de ses anciens droits, domaines et revenus. Comme gage de sa fidélité au roi de France, il mit son château de Montferrand entre les mains des Français. Tous ces traités furent ratifiés par le roi, qui se trouvait alors à Saint-Jean-d'Angély.

CHAPITRE IV.

Reddition de Fronsac. — Dunois marche vers Bordeaux. — Entrée des Français à Bordeaux. — Ils se rangent sur la place Saint-André. — Ils sont reçus dans l'église par Pey-Berland. — Serment des officiers français. — Serment que font les Bordelais d'être fidèles au roi de France. — Nouveaux impôts à Bordeaux. — Les Bordelais mécontents. — Lesparre et quelques autres vont à Londres, pour travailler à une restauration. — Les Anglais viennent en Guienne sous les ordres de Talbot. — Ils débarquent en Médoc. — Ils marchent sur Bordeaux. — Ils y entrent le 23 octobre 1452, etc.

Le délai de onze jours, stipulé dans la négociation, n'était que de forme seulement; mais, pendant ce temps, Fronsac se voyant sans secours d'Angleterre, ouvrit ses portes aux Français, le 15 juin; Dunois y resta jusqu'au 20, et puis marcha sur Bordeaux à la tête de sa vaillante armée et accompagné d'une nombreuse suite. Arrivé aux Chartrons, il rangea son armée en bataille, et menaça de battre la ville en brèche si on lui en refusait ou disputait l'entrée, et fit jeter en ville des *engins volants*, projectiles enflammés, qui épouvantaient les habitants. Les Bordelais attendaient toujours des renforts anglais, qui n'arrivaient pas; mais, le 24 au soir, lorsque la nuit allait envelopper d'un voile de ténèbres toute la nature, pendant que Dunois parcourait ses lignes sur un cheval blanc, le héraut d'armes éleva tristement sa voix, criant au milieu d'un profond silence : *Secours de ceux d'Angleterre pour ceux de Bordeaux;* mais les rivages seuls répondirent par leur écho! Les Bordelais se retirèrent tristes et découragés. Le principal jurat répondit à la dernière sommation, qu'ils étaient prêts à recevoir les Français. Dunois désigna pour dresser les articles d'une capitulation, Jean Bureau, maître de l'artillerie, et Jean Briquet, bailli de Mont-de-Marsan; les Bordelais choisirent

Livre VI.
—
1451.

Jean Chartier.

les sires de Montferrand, de Lohéac et de Lalande. Ces négociateurs, après de longs débats, fixèrent le mercredi suivant, 24 juin, pour l'entrée des Français en ville. C'était un jour de deuil pour tous les Bordelais; la tristesse était peinte sur tous les fronts; tous les cœurs étaient pour les Anglais, avec lesquels ils avaient été liés d'intérêts et de commerce, et c'était avec une répugnance extrême qu'ils se soumettaient à la domination française. Le 24, à la pointe du jour, on apporta les clés à Jean Bureau, nommé maire de Bordeaux, et à Joachim Rouaut, seigneur du Bois-Ménard, nommé connétable. Accompagnés de Thibaut de Valpargue, ils allèrent prendre possession des portes et tours du Château-Trompette et de l'Hôtel-de-Ville. A l'heure convenue, le vénérable archevêque de Bordeaux, Pey-Berland, suivi de son clergé, des jurats et des barons du pays, alla au devant des Français. Après eux, vint l'avant-garde, composée de douze cents hommes, sous les ordres de Rouaut, connétable, et du sénéchal de Toulouse; ils étaient suivis de trois cents hommes, commandés par les maréchaux de Lohéac et de Jalonges, ayant à leur suite trois cents autres hommes d'armes, avec les comtes de Nevers et d'Armagnac, et le vicomte de Lautrec, frère du comte de Foix. Puis vinrent les archers du comte du Maine, sous les ordres du seigneur de la Beissière, suivis par trois mille archers, ayant en tête le comte de La Rochefoucauld.

Après eux, on vit avancer quelques membres du conseil royal : l'évêque d'Alet, Bernard Gui, archidiacre de Tours, l'évêque de Langres, conseiller d'État, le chancelier de la Marche et plusieurs secrétaires du roi, suivis de Tristan l'Hermite, prévôt des maréchaux, escorté de ses sergents à cheval, de plusieurs hérauts, de quatre trompettes, portant chacun leur cotte d'armes, et faisant retentir leurs bruyantes fanfares d'un bout de ville à l'autre.

Ensuite, on vit s'avancer lentement une haquenée blanche, conduite par un page, couverte d'un drap de velours cramoisi et parsemée de fleurs de lis d'or. A côté de cette élégante monture, se tenaient deux archers, revêtus de la livrée du roi ; sur la selle, qui était d'un velours azuré, se voyait un coffre qui contenait les grands sceaux de Sa Majesté.

Puis, chevauchait Des Ursins, grand-chancelier de France, revêtu d'un corselet d'acier, sous une jaquette de velours cramoisi; il était suivi par Pothon de Saintrailles, grand-écuyer du roi, monté sur un beau coursier couvert de drap de soie, et tenant à la main une des bannières royales, ayant à son côté le comte de Montaigu, son neveu, qui en portait une autre. Ils devançaient de quelques pas le lieutenant du roi, Dunois, monté sur un beau cheval blanc élégamment caparaçonné de velours bleu et étincelant de riches broderies et d'éclatantes dorures; *voulant montrer,* dit une Chronique, *par cette tenue militaire, que la dignité de chancelier n'est point du tout vouée à la robe longue.*

Après lui, venaient les comtes d'Angoulême, de Clermont, de Vendôme, avec leurs pages en grande tenue et beaucoup de seigneurs moins célèbres. Puis, défilait Jacques de Chabannes, maître de l'hôtel du roi, avec quinze cents hommes d'armes, suivis de cinq cent cinquante lances, ayant à leurs têtes Geoffroi de Saint-Melin. Enfin, venait l'arrière-garde, composée de la suite du connétable, des gens d'armes et archers de Pothon de Saintrailles. Jamais cortége plus beau n'avait circulé dans les rues de Bordeaux ; mais jamais ville n'a été plus attristée que Bordeaux, lorsqu'il fallait devenir française. On entrevoyait le déclin du commerce, l'accroissement des impôts, un joug plus lourd, plus vexatoire que celui de l'Angleterre ; on tenait à ce que Bordeaux fût la capitale de la Guienne, le rendez-vous des riches, le centre des affaires, le sol où pussent fleurir les sciences et les beaux arts ; on tenait à ce qui ne pouvait plus être; car Paris devait absorber Bordeaux, et la couronne d'Éléonore ne devait être qu'un diamant de plus attaché à la couronne de France.

Livre VI.
Chap. 4

1451.

Tous ces corps allèrent se ranger sur la place de Saint-André : Dunois et tous les seigneurs de sa suite mirent pied à terre à la porte de la cathédrale, où l'archevêque, en habits pontificaux, à la tête de son clergé, vint les recevoir. Après avoir encensé le représentant du roi, lui avoir fait baiser la croix et un reliquaire qui contenait une partie du bras de Saint-André, il le harangua et le conduisit par la main au maître-autel, où il fit sa prière à côté de l'archevêque. La prière finie, le prélat le conduisit sur un échafaud élégamment décoré, où, en présence de tout le monde, il lui présenta un missel, et lui fit jurer, à lui et aux autres seigneurs, *que le roi les maintiendrait et les garderait toujours en leurs franchises, priviléges et libertés anciennes et accoutumées, et que bien et loyalement ils en feraient leur devoir envers le roi de tout leur pouvoir.* Alors l'archevêque et tous les seigneurs qui avaient suivi le drapeau britannique, à l'exception du captal de Buch, jurèrent, avec les notables de la ville, *d'être à toujours bons, vrais et loyaux sujets du roi de France, en lui obéissant et à sa couronne, et nommément toute la communauté.* La foule, témoin de cette scène imposante à laquelle la religion prêtait une solennité prestigieuse, leva aussi les mains comme pour faire le même serment, et fit retentir la voûte de la vaste basilique des cris mille fois répétés : *Noël,*

Chartier,
p. 165.

Noël! Pey-Berland entonna le *Veni Creator,* puis chanta la grand'messe, qui fut suivie du *Te Deum*, pendant que toutes

Jacq. du Clerc,
page 24.

les cloches, mises en branle à la fois, apprenaient à tous les habitants de la campagne l'étrange nouvelle que Bordeaux appartenait à la France! Dunois fit arborer sur les tours de Saint-Éloi l'une des bannières armoriées de son armée; l'autre fut portée au château de l'Ombrière, où il alla loger. Le chancelier de France, le grand-maître d'hôtel du roi et quelques autres officiers, demeurèrent à l'église pour recevoir le serment d'Olivier de Cotivi, nouveau sénéchal de Guienne. Après qu'on eut fait lecture de ses lettres de nomination, il s'engagea par serment, entre les mains du chancelier, *que bien et loyalement il tiendrait les juridictions, et ferait justice égale aux petits comme aux grands, et au pauvre comme au riche, tant en ladite ville et cité de Bordeaux, comme en icelui pays et duché de Guienne.* Alors le chancelier ordonna *que chacun eût à lui obéir, comme en la propre personne du roi, ès choses concernant son dit office.*

Livre VI.
Chap. 4.

1451.

Dunois crut devoir garder de grands ménagements envers le peuple bordelais, et recommanda à ses troupes la discipline la plus sévère. Il fit publier au son de trompe une défense expresse *de ne rien prendre chez son hôte, ou ailleurs, sans en payer la valeur.* Le peuple se rassura contre toute idée de pillage, et d'autant plus vite, que, le même jour, un soldat ayant contrevenu à l'ordre du général en chef, fut pendu de suite sans autre forme de procès. La confiance se rétablit; et, après quinze jours de séjour parmi les Bordelais, voyant le calme, au moins apparent, de la ville, il nomma le comte de Clermont gouverneur de la province. Désireux de ménager les Gascons, et éloigné, d'ailleurs, d'effaroucher leur susceptibilité nationale, il ne laissa que peu de troupes à Bordeaux, et alla, avec les autres, réduire Bayonne, la seule place qui refusât encore de se donner à la France. Bayonne se rendit le 20 août; les Anglais n'eurent plus rien en France que Calais : c'en était encore trop !

Les Bordelais s'estimaient heureux d'avoir passé la grande crise d'une révolution; mais leur bonheur ne devait pas durer. Le commerce n'allait pas, et, cependant, le commerce faisait la vie de Bordeaux. Les premiers beaux jours de la capitulation furent suivis bientôt d'autres moins agréables; les ménagements de Dunois firent place aux exigences des agents moins politiques que lui. Les Anglais les charmaient par les grands mots de franchise et de liberté; les Français en parlaient moins et se faisaient beaucoup moins estimer et aimer du peuple.

On envoya des députés à Taillebourg devers le roi, pour le supplier de ratifier la convention. Le roi approuva tout et accorda diverses grâces à la ville. Il maintint le chapitre de Saint-André dans son ancien droit de seigneuriage sur la monnaie royale, et dispensa à l'avenir l'archevêque de Bordeaux, les suffragants et les abbés de la province, de l'obligation qu'on leur avait imposée d'aller recevoir en personne l'investiture des mains du roi. Bourg, Saint-Émilion, Dax et Bayonne, furent unis irrévocablement cette année-là au domaine.

Tout semblait bien; mais l'une des plus essentielles franchises des Gascons, c'était de ne pouvoir être taxés sans leur consentement. Un embarras financier arriva bientôt après; les *gouverneurs des finances* du roi voulurent étendre à la Guienne un des impôts de la France, et firent tout ce qui dépendait d'eux pour obtenir le consentement des trois États, afin d'établir en Guienne la *taille des gens d'armes et les aides et les subsides*. Alarmés de cette tentative du despotisme, les États répondirent qu'ils n'avaient pas besoin de gens d'armes, et que la ville et le pays sauraient se garder eux-mêmes sans surcroît de dépense. Les officiers royaux insistèrent, et la perception illégale de l'impôt commença au milieu des murmures d'une population blessée dans ses intérêts et ses priviléges : tous les jours on voyait de nouvelles atteintes portées à leurs droits municipaux; tous les jours quelque nouvel acte du despotisme royal. La liberté de l'Angleterre semblait ne pouvoir pas s'acclimater en France; les institutions y manquaient, qui pussent sympathiser avec elle. Les Bordelais se mirent à dire qu'il fallait faire une nouvelle révolution pour rendre Bordeaux à ses anciens maîtres. *Les nobles et les populaires*, dit Chartier, *étaient toujours contraires à la couronne de France ;* ils voulaient secouer le joug.

Ils s'y décidèrent d'autant plus vite, qu'ils s'étaient aperçus que le sénéchal des Français n'avait pas fait le même serment que les sénéchaux anglais, et qu'il ne s'était pas engagé, comme les autres, à respecter les franchises, priviléges et coutumes de la cité. Avant de rien faire contre le nouveau régime, ils résolurent d'envoyer des députés au roi, à Bourges, pour qu'il fît exécuter les promesses de Dunois et qu'il fît cesser la perception illégale d'un impôt non consenti par les États. La réponse du roi ne fut pas satisfaisante; l'irritation devint extrême; les sympathies des temps passés se réveillèrent avec la haine des temps modernes, et notre ville, si éminemment française, voulut, par aversion pour l'absolutisme des princes français, redevenir anglaise. Des conspirations s'ourdirent en septembre pour s'affranchir du joug insupportable du roi de France et pour rappeler les Anglais. A la tête de ce complot, se trouvaient les seigneurs de Montferrand, de Langoiran, de Rauzan, de Duras, d'Anglade, de Lesparre, le *souldich* de Latrau, Pierre Montferrand, qui avait épousé une fille naturelle du duc de Bedford, le sous-maire de Bordeaux et le doyen de Saint-Seurin. Il existait alors une correspondance secrète entre Lesparre, Montferrand et le captal de Buch, qui était à Londres; ils lui dépeignaient l'état du pays, la situation des affaires et l'agitation des esprits; ils finirent par s'y rendre eux-mêmes, sous prétexte d'intérêts particuliers, et ils exagérèrent les souffrances des Bordelais écrasés par les impôts, les gabelles, tailles et malctotes de toute sorte; ils assurèrent au roi qu'il était facile de chasser les Français de la Guienne, et qu'un léger secours, secondé par l'antipathie du peuple, ramènerait sous son sceptre la population de Bordeaux, qui lui était dévouée. Les seigneurs étaient plus libres autrefois que sous les rois de France: les Anglais leur donnaient des pouvoirs étendus; ils étaient les tyrans du peuple. Le roi d'Angleterre fermait les yeux sur leurs torts; il avait besoin de leur service et de leur coopération. Son éloignement leur inspirait peu de crainte pour leurs exactions, peu de respect pour les ordonnances qui les

Livre VI.
Chap. 4.
—
1452.

contrariaient. Il n'en était plus de même sous le roi de France; il était plus près d'eux. Nourris dans la licence, privés, en quelque sorte, de leur liberté, dans un pays qu'ils avaient gouverné en despotes, la révolution imposa à leur pouvoir un contrôle salutaire; ils furent obligés de se courber sous le joug du roi de France, ennemi de la licence. C'était trop pour l'orgueil de ces fiers barons : l'ancien régime leur convenait mieux. Il fallut secouer le nouveau joug et redevenir Anglais. De leur côté, les Anglais étant enchantés de cette perspective, on convoqua le grand conseil; et après quelques délibérations, on arrêta une expédition en Guienne, dont le commandement serait confié au vieux et vaillant général Talbot, comte de Shrewsbury.

Le brave Talbot, malgré ses quatre-vingts ans, accepta le commandement de l'expédition. Lesparre et ses amis le devancèrent pour préparer le peuple au retour de ses anciens maîtres, et, le 18 octobre, le vieux général s'embarqua avec sept mille hommes, et fut suivi de près par son fils, le comte de Lille, le bâtard de Sommerset, le seigneur de Camus, avec quatre-vingts vaisseaux chargés de farines et de viandes salées. Talbot devança l'escadre, et, comptant sur Lesparre et les autres seigneurs bordelais, débarqua seulement sept cents hommes, le 21, sur la côte du Médoc, près de Grayan, dans les terres du seigneur de Lesparre, qui était l'âme de la conspiration anti-française. Ayant réduit Castelnau, plusieurs villes, châteaux et villages du pays, il marcha droit sur Blanquefort, et, de là, sur Bordeaux. La nouvelle de son arrivée jeta la ville dans une consternation profonde : on s'attendait à une réaction, on désirait un changement, on voulait du nouveau, sans savoir ce qui pourrait en résulter; mais, en général, on craignait que les Anglais ne se vengeassent sur les Gascons, infidèles à leurs serments. Les Français tremblaient à l'approche de leurs ennemis; les bourgeois étaient divisés d'opinion sur leur compte : les uns voulaient qu'on les laissât partir sains et saufs;

les autres désiraient les garder prisonniers. Sur ces entrefaites, Talbot, après deux jours de marche, à la tête de sa petite armée, arriva en vue de la ville, et prit ses positions pour un siége. Voyant toute résistance inutile, on lui ouvrit les portes, le 23, et Bordeaux et les Bordelais saluèrent de nouveau la bannière du roi d'Angleterre (1). Les Français et une grande partie de la garnison restèrent prisonniers de guerre. Toutes les villes se rendirent de suite; mais La Réole seule resta fidèle au roi de France, qui, plus tard, en raison de sa fidélité, lui accorda la faveur de porter dans son écusson trois fleurs de lis (2).

D. Devienne affirme que Bordeaux ouvrit ses portes aux Anglais, et qu'une partie de la garnison se constitua prisonnière. Beaurein le nie, et affirme que Talbot en a fait le siége; mais quel était donc ce siége? Talbot arriva en Médoc le 21 octobre; il fallait au moins deux jours de marche pour arriver à Bordeaux, et tous les historiens s'accordent à dire qu'il y entra le 23. Comment donc peut-on dire que Talbot a fait le siége de Bordeaux? Il n'en avait pas le temps; il ne fit que prendre ses positions et toutes les mesures nécessaires à un siége en règle. On lui ouvrit les portes de la ville, et Talbot fit aussi publier au son de trompe que tout homme qui avait juré fidélité au roi des Français ne pourrait faire ni retenir prisonnier aucun des soldats français demeurant en ville, ni rien retenir de ce qui leur appartenait (3). Malgré cette dé-

---

(1) Lo noble et poyssant senhor Mossen Johan de Cherosbery, senhor de Talbot, loquau aya assitiada la deyta ciutat de Bordeu ab sa grande armada et companhia et l'aya reducida, etc., etc. (*Charte du 4 février 1452*).

(2) Louis XVIII, par lettres-patentes du 15 avril 1824, confirma ces armoiries de La Réole. *Elles sont d'azur, à une porte de ville, flanquées de deux grosses tours d'argent et sommées de deux autres tours de même; le tout maçonné de sable et surmonté de trois fleurs de lis, rangées en chef, avec la légende :* URBS REGULA DUCATUS AQUITANIÆ.

(3) A pro la deyta sa intrada, et la deyta reduction, ed aya feyt cridar et notificar que negun, qui agossa feyt lo segrament aux Frances, no agossa à prene, ne retenir diguns Frances, ni ne los poscossa prene à prisonneys, ne deguns de lors bens retenir. (*Charte du 4 Février 1452*, citée par Baurein, tome III.)

Livre VI.
Chap. 4.
—
1452.

fense, Arnaud Bec, de concert avec Berthalot de La Rivière, et un autre écuyer anglais, Louis de Berthals, retenait prisonniers Olivier de Coëtivy, sénéchal de Guienne, et un autre Français, le seigneur de Messignac. Talbot leur ordonna de porter l'affaire devant lui; et, sachant qu'ils avaient agi ainsi dans l'espoir d'avoir quelques écus de leur prisonnier Coëtivy ou quelque rétribution des Anglais, Talbot leur fit comprendre qu'ils n'avaient aucun droit à faire des prisonniers, ce droit n'appartenant qu'à lui seul; de plus, que la rançon qu'on leur avait payée devait aussi lui être remise comme représentant du roi d'Angleterre. Talbot agit ainsi contre Bec, qui gardait chez lui prisonniers Coëtivy et le sous-maire; mais Baurein ne saurait en conclure, contre D. Devienne, que le reste de la garnison n'avait pas été faite prisonnière par Talbot lui-même, investi de l'autorité suprême, que Bec avait usurpée en violation de la défense formelle du commandant en chef.

CHAPITRE V.

Charles VII se prépare à la guerre. — Il recrute des forces. — Ses généraux prennent Gensac. — Lui-même vient à Lusignan. — Il tient conseil. — On attaque Castillon. — Talbot en est prévenu. — Il va à Libourne. — Il arrive la nuit à Castillon. — Il s'empare de l'ancienne Abbaye. — Il apprend que les Français s'enfuient. — Il veut les poursuivre. — Combat. — Les Anglais battus. — Talbot et son fils meurent à côté l'un de l'autre. — Le cadavre de Talbot est découvert. — Il est transporté plus tard en Angleterre. — Son épitaphe. — Saint-Émilion et Libourne se rendent, etc., etc., etc.

Charles VII apprend avec chagrin, à Lyon, la révolte de Bordeaux; il convoque son conseil, se détermine à en finir avec les Anglais en Guienne et à donner aux Bordelais un exemple de la vengeance qui attend le parjure et l'infidélité. Il charge le maréchal de Jalonges, le sire d'Orval (d'Albret) et Joachim Rouhault, avec six cents lances et quelques milliers d'archers, d'arrêter le progrès des Anglais. Ils arrivent trop tard; le mal était consommé. Après une insurrection si unanime, si générale et si simultanée, les Gascons savaient qu'ils ne pouvaient compter sur la clémence du roi de France, et qu'il fallait, par conséquent, se défendre jusqu'à la dernière extrémité. La réduction de la Guienne était donc devenue plus difficile que la première fois. Charles s'en doutait bien. Il passa tout l'hiver à faire ses préparatifs, appela auprès de lui tous ses vassaux et amis, et donna ordre qu'on réunît sur les côtes de la Gascogne tous les vaisseaux de la Normandie et du Poitou pour renforcer la flotte de la Bretagne et pour défendre aux Anglais l'entrée de la Gironde. Il quitta, au mois de juin, le château de Lusignan, où il s'était arrêté, et se rendit à Saint-Jean-d'Angély, après avoir chargé le comte de Penthièvre et Jacques de Chabannes de réduire

Livre VI.
1452.

1453.
Jean Chartier,
ut suprà, 262,
et
Monstrelet, III.
—
J. Du Clercq,
tome 3, liv. III.

Chalais. Ces capitaines s'acquittèrent avec bonheur de leur mission ; la ville fut prise, le 7 juin, après une vigoureuse résistance : les Gascons, pris les armes à la main, furent décapités et les Anglais mis à rançon. Ce premier succès enhardit les autres généraux : Louis de Beaumont, le seigneur de la Baissière et quelques autres officiers, avec un détachement de six cents combattants, allèrent assiéger Gensac et Montravel; ces deux places, après deux jours de résistance, se rendirent par composition, sous la condition que la garnison et les habitants auraient la vie sauve. Le roi, indécis s'il fallait de suite marcher sur Bordeaux, foyer de tous les désordres, tint conseil : les uns opinèrent pour, les autres contre. Enfin, Jean Bureau fit observer qu'il serait plus sage, plus avantageux et moins difficile de se rendre maître des deux rives de la Garonne, de réduire les petites villes voisines, de couper toute communication entre les campagnes et la métropole, et de priver ainsi les Bordelais de tout renfort et de toutes sortes de provisions pour les hommes et les chevaux ; que c'était impolitique et imprudent d'attaquer une grande ville comme Bordeaux, défendue par une armée anglaise et ravitaillée naguère par quatre-vingts vaisseaux qui en défendaient le port. Cette opinion prévalut dans le conseil, et l'on convint qu'il fallait commencer par Castillon. Bureau, Boussac et le compte de Nevers s'y rendent à la tête de quatre mille hommes ; les archers du comte de Castres étaient commandés par Louis du Puch, sénéchal de la Marche, et Guillaume de Lussac. Ces troupes campent dans la plaine de la Colle, s'emparent d'une métairie, autour de laquelle ils tracent un parc où Bureau devait faire manœuvrer l'artillerie avec sept cents hommes. Environ huit cents archers vont s'établir dans une vieille abbaye, sous les ordres de Rouhault, et tous se tiennent prêts à foudroyer la place. Les Castillonnais, justement alarmés de ce grand déploiement de forces militaires, en écrivent à Bordeaux et demandent des secours. Le grand conseil se réunit et presse Talbot d'envoyer un détachement à Castillon; les Bordelais lui rappellent ses promesses, comment et pourquoi ils s'étaient rendus à lui, et insistent pour que les assiégés soient secourus. Le vieux Talbot écoute froidement ces observations, inspirées, selon lui, par la peur, et répond : «Lais- » sez-les venir encore plus près de nous ; soyez sûrs qu'au » plaisir de Dieu j'accompliray ma promesse, quand je verray » que le temps et l'heure y sera propice. » Cette froide indifférence, ce stoïcisme militaire, indigne les Bordelais; ils murmurent, se croient perdus et parlent de se révolter. Talbot l'apprend avec peine, et se rend enfin aux justes exigences de la prévoyance populaire. Il fait appeler à Bordeaux les troupes des villes voisines; et, les réunissant avec la garnison de Bordeaux, en compose une armée de huit ou dix mille combattants, et part avec eux le lundi suivant, jour de Sainte-Marie-Magdeleine, pour Libourne. Voulant prévenir secrètement les Castillonnais de son arrivée, et connaître d'avance les forces et les positions des assiégeants, il envoie des espions, chargés de lui rapporter les renseignements les plus circonstanciés, et de dire au commandant de Castillon de se tenir prêt le lendemain matin à faire une sortie, pendant que lui, avec ses troupes, tomberait sur le derrière de l'ennemi, qui ne les attendait pas. Heureux de cette bonne nouvelle, les Castillonnais saluent avec joie l'aurore de ce beau jour, bénissent Talbot, jurent tous de seconder ce brave ou de mourir avec lui. Talbot part la nuit, et arrive sans bruit dans un bois, derrière l'ancienne Abbaye (1), occupée par les archers d'Anjou et de Berry, sous les ordres de Pierre de Beauval, seigneur de Baissière, lieutenant de Charles d'Anjou, comte du Maine. Cette abbaye dominait la ville : la position en était belle; il importait beaucoup au succès des Anglais qu'elle fût en leur pouvoir. On se décide à l'attaquer le lendemain matin

Livre VI.
Chap. 5.

1453.

---

(1) Cette Abbaye était aux portes de la ville; il n'en existe plus de vestiges. C'est aujourd'hui un faubourg, sur la route de Sainte-Foy.

> Livre VI. Chap. 5.
>
> 1453.

(mardi). A l'aube du jour, les Anglais poussent des cris, et s'élançant hors du bois, courent vers la vieille abbaye. Les Français s'arment à la hâte, et persuadés que c'était la métairie qu'on avait attaquée, se précipitent en désordre où ils croient leur présence nécessaire; mais harcelés en flanc et pressés par l'ennemi de toutes parts, ils se retirent, toujours en se défendant avec valeur. Beauval et Rouhault les rallient, et se battent en héros; ils voient à la première charge six gentilshommes tués à leurs côtés; Rouhault, renversé plusieurs fois de son cheval et blessé, se replace en selle et conduit ses vaillants soldats au camp retranché, à travers des centaines de cadavres qui gisent sur le sol ensanglanté. Les Anglais s'emparent de l'abbaye; ils y trouvent des cuves de vin qu'ils défoncent, et les laissent, par malheur, à la disposition des soldats.

Cette affaire eut lieu à la pointe du jour, et Talbot, tout joyeux, se préparait à entendre la messe en actions de grâces; mais au moment où son chapelain va monter à l'autel, un espion arrive à sa porte, et s'écrie : « Monseigneur, les Fran- » çais abandonnent le parc et s'enfuient; il est heure, ou ja- » mais, si vous voulez accomplir votre promesse. » Talbot, enivré des succès de la matinée, sort à la hâte, monte à cheval, enflamme l'audace de ses guerriers déjà trop excités par le vin, et va prouver aux Bordelais qu'il veut et peut chasser les Français. On applaudit à sa résolution; il répond aux acclamations des officiers et des soldats : « Jamais je n'oiray la » messe, ou aujourd'huy j'auray rué sur la compagnie des » Français estant en ce parc icy devant moi. »

> Mathieu de Coucy, page 645.

Revenus de leur première frayeur, les Français se disposent à recevoir l'ennemi, et dirigent leur artillerie du côté menacé. Les Anglais arrivent en belle ordonnance, trompettes et clairons sonnants, et criant avec force : *Talbot, Saint-George, Saint-George, Talbot!* Arrivés en vue du retranchement, ils ne voient rien de décourageant, ils n'entendent tout autour que quelques voix qui se perdent, sans échos, dans le lointain. Ils se croyaient sûrs du succès; mais l'inaction des Français, le silence de leur camp et leur attitude assurée, étaient bien faits pour faire réfléchir Talbot; il n'en fit rien : l'heure fatale des Anglais était arrivée; la Providence voulait qu'ils rentrassent dans leur île, et que les Français, comme de raison, fussent enfin maîtres chez eux. Dans ce moment, un officier, qui avait plus d'expérience que les autres, s'approcha de Talbot, et lui dit : « Monseigneur, mon avis serait » que vous retournassiez; car vous pouvez bien découvrir » que le rapport qui vous a été fait n'est pas véritable. Vous » voyez leur camp et leur conduite; vous n'y gagnerez rien » cette fois. » Indigné de ce propos décourageant, le vieux Talbot le regarda, et, pour toute réponse, lui asséna au front un coup d'épée dont il mourut. Il semblait à Talbot que les Français ne voulaient que se rendre; il était encore aveuglé par leur fuite dans la matinée. Il ordonne à un soldat d'aller attacher sa bannière à l'un des pieux de la porte de retranchement; le soldat obéit; mais il tombe mort et roule avec sa bannière dans le fossé. D'autres le remplacent et éprouvent le même sort. Alors cinq ou six cents courent en avant comme pour venger leurs camarades; mais ils ne courent qu'à la mort! L'artillerie moissonne ceux qui les suivent; le feu est vif et meurtrier. Talbot s'aperçoit enfin que la fortune abandonne son drapeau et que le triomphe qu'il prévoyait n'était qu'une défaite très-probable; le désordre se met dans ses rangs; le vin avait fait tourner les têtes, la peur avait glacé les cœurs; alors les Français s'élancent hors de leurs retranchements et tombent à l'improviste sur ces troupes en désordre; c'est un pêle-mêle affreux, un carnage épouvantable! Talbot tombe à terre ayant la cuisse fracassée par un boulet de couleuvrine, qui tua la haquenée; insensible à ses propres souffrances, il n'élève la voix que pour exciter ses braves amis au combat et pour ranimer leur courage.

Livre VI.
Chap. 5.
—
1453.

Livre VI. Chap. 5.

1455.

Son fils le couvrait de son corps et s'interposait généreusement entre son père et la mort. Le vieux général se redresse sur le gazon et fait repousser les assaillants; il ordonne à son fils de se retirer; mais le fils s'obstine à couvrir son père, et au même instant voit un soldat français qui enfonce une dague dans le corps du magnanime capitaine : il se retourne pour le soutenir et venger sa mort; mais, au même instant, il reçoit lui-même un coup fatal, qui l'étend raide mort sur le corps de son père (1). Plusieurs chevaliers anglais sont massacrés dans le même endroit, et plus de quatre mille soldats anglais et gascons jonchent le champ de bataille. Les Français firent deux cents prisonniers, les autres se sauvèrent dans le bois : un grand nombre s'échappa du côté de la Dordogne; mais la plupart des survivants se dirigèrent en désordre vers Bordeaux. Jean de Foix, les seigneurs de Montferrand et d'Anglade, se retirèrent avec mille hommes dans le château de Castillon. Le seigneur de Lesparre, qui était l'âme de la conspiration anti-française, fut assez heureux de pouvoir arriver sans danger à Bordeaux.

Dans ce moment, la mort de Talbot fut pour l'Angleterre une perte immense; c'était un général sage, valeureux et expérimenté. La domination anglaise agonisait depuis longtemps; elle mourut avec Talbot dans les plaines de Castillon : la Guienne, depuis lors, est redevenue française. Le comte de Penthièvre poursuivit des bandes de fuyards jusqu'à Saint-Émilion et en tua près de quatre cents; la garnison du château, qui se composait de mille cinq cents hommes, se rendit à discrétion et resta prisonnière de guerre avec Montferrand, de Latrau, d'Anglade, Jean de Foix, comte de Candale et de

Le P. Anselme, Histoire générale, tome II, ch. 7.

---

(1) La mort glorieuse du jeune Talbot, qui voulait mourir à côté de son père, inspira à Shakespeare ces vers, qui ont scellé l'immortalité de ces deux héros :

Come, side by side, together live and die,
And soul with soul, from France, to Heaven fly.
(*Tragédie d'Henry VI*, acte IV.)

Benauge et vicomte de Castillon, etc., etc. Ils se mirent en la merci du roi ; Chabannes et Beauval moururent de leurs blessures quelque temps après : le premier fut enterré, le 20 octobre, dans l'église des Augustins, à Bordeaux ; le roi gratifia le second, quelques jours avant sa mort, d'une partie de la seigneurie de Montferrand.

Ces nouvelles parvinrent bien vite à Bordeaux et y répandirent une consternation générale ; les Français, au contraire, s'y réjouissaient de leur succès et contenaient difficilement leur joie. Talbot, qui, depuis quarante ans, passait pour un des fléaux de la France, leur inspirait tant de peur, qu'ils ne pouvaient pas encore le croire mort ; ils craignaient que ce ne fut pas vrai, tant ils le désiraient : les uns le croyaient parti pour Bordeaux ; les autres affirmaient qu'il avait été poignardé ; enfin, on ordonna des recherches pour s'assurer du fait ; parmi les morts qui jonchaient le champ de bataille, on trouva le cadavre d'un vieillard, qu'on prenait pour celui de Talbot ; comme il était horriblement défiguré, l'incertitude subsistait toujours. Le lendemain, des parlementaires vinrent au camp et demandèrent la liberté de chercher parmi les morts le corps du regrettable Talbot. « Si vous le voyiez, » leur dit-on, le reconnaîtriez-vous ? — Ils répondirent, oui. » Alors, leur montrant le cadavre, on leur dit : « Voyez, est-ce » là votre maître ? » L'officier le regarda avec étonnement ; et reconnaissant un peu le corps, défiguré par ses blessures et le sang, il tomba à genoux ; et introduisant son doigt dans sa bouche, chercha à s'assurer s'il n'y manquait pas une dent molaire, qu'à sa connaissance Talbot avait récemment perdue. Trouvant la place vide, il le baisa à la bouche, et s'écria : « Monseigneur, Monseigneur, mon maître, ce estes-vous ? Je » prie à Dieu qu'il vous pardonne vos méfaits ; j'ay esté vostre » officier d'armes quarante ans ou plus, il est temps que je » vous le rende. » Ce malheureux Anglais poussait des cris perçants, des lamentations plaintives, pendant qu'un torrent

Livre VI.
Chap. 5.

1453.

de larmes tombait sur le cadavre, qu'elles arrosaient; enfin, il quitta sa cotte d'armes pour en revêtir son maître, et resta abîmé dans sa douleur auprès des deux morts. On les enterra provisoirement dans le lieu même, dans la plaine de Colle, ou Coly; mais les deux corps furent transportés plus tard en Angleterre et enterrés à Whitechurch (1).

On érigea plus tard, sur le lieu même, une chapelle, sous le nom de Notre-Dame-de-Colle; c'était un des plus beaux faits d'armes de notre histoire. Avant la première révolution, on y allait en pèlerinage, en procession et en bateau, le jour de l'Assomption, selon les désirs de Charles VII, en mémoire de la victoire qui expulsa les Anglais du continent, et rendit la France maîtresse chez elle (2).

Saint-Émilion, découragé par la défaite des Anglais, ne résista pas longtemps; le roi reçut les habitants *en sa merci et bonne grâce*. Fronsac résistait toujours, bien déterminé à se défendre. Libourne tenait encore, et la mort de Talbot n'avait pas ralenti le courage du peuple. Les Français, trouvant les portes fermées, ravagèrent la banlieue, démolirent l'antique château de Condate, la prison de Duguesclin et la maison de plaisance des princes anglais; enfin, les bourgeois, voyant que leurs propriétés étaient dévastées et leur fortune ruinée, demandèrent à capituler, contrairement au vœu de la garnison, qui était anglaise; tout ce qu'ils demandaient, c'était le maintien du traité de 1451. Le comte de Penthièvre, les maréchaux de Lohéac et de Jalonges, acceptèrent les conditions proposées; les Anglais se retirèrent devant les Fran-

---

(1) Sur sa tombe, à Whitechurch, on grava cette épitaphe : *Orate pro anima prænobilis D. Joan Talbot, quondam comitis Salopiæ, Domini Talbot, Dom. Furminal, D. Verden, D. Strange, D. Blackmere et marescalli Franciæ, qui obiit in bello apud Burdeaux, VII Julii* 1453. Il y a ici une erreur : ce fut le 23 et non le 7 juillet qu'eut lieu la bataille de Castillon.

(2) L'endroit de la plaine où cette bataille fut livrée est à 2 kilomètres de la ville. La chapelle n'existe plus depuis 1795; on n'y voit que des ronces et des pierres, parmi lesquelles une en forme de croix.

çais, qui entrèrent à leur place et confièrent à la garde de Thomas de Bordes, maire de Libourne, les seigneurs de Montferrand et d'Anglade, et quelques autres, qui avaient été faits prisonniers à Castillon (1).

(1) On ne voit pas dans le nombre des places révoltées la ville de Bourg, quoique à une distance peu considérable de Bordeaux. Ce fut peut-être en considération de sa fidélité, qu'on lui permit plus tard de porter les armes en plein, avec deux lions pour support, privilége unique et honorable dont cette ville jouit encore.
(NOTE DE D. DEVIENNE.)

CHAPITRE VI.

Charles VII à Montferrand. — Siége de Cadillac. — Le roi y va. — Castelnau, Lesparre, Villandraut, se rendent.— Bourg était resté fidèle. — Une députation des Bordelais auprès du roi. — Leur demande.— Sa réponse. — Bureau annonce la prise prochaine de Bordeaux. — La députation rentre à Bordeaux. — État des partis. — Pourparler pour la reddition de la ville. — Les députés bordelais vont au château de Lormont. — Ils y reviennent sans pouvoir rien conclure. — Ils vont trouver le roi à Montferrand. — Discours du chevalier Camus. — Bases d'un traité. — Il est ratifié. — Les Anglais entrent à Bordeaux. — Charles VII fait bâtir la Tour du Hâ et le Château-Trompette, etc., etc.

Livre VI.
—
1453.

Charles VII apprit avec bonheur le succès de ses généraux à Castillon; il se hâta d'arriver à Libourne avec son armée, et ordonna le siége de Fronsac, qui se rendit de suite sans coup férir. Enivré de sa bonne fortune, le roi passa la Dordogne, partagea ses troupes en deux corps; il se mit à la tête de l'un d'eux, et se dirigea sur Montferrand, où il s'établit au château (1). L'avant-garde prit ses positions à Lormont, en vue de Bordeaux. L'autre corps d'armée alla assiéger Cadillac-

(1) Le marquisat de Montferrand comprenait, au XVe siècle, les communes actuelles d'Ambarès, de Montferrand, de Saint-Vincent, de Sainte-Eulalie, une partie de Civrac et cette partie de Bassens qui confine avec les terres du château féodal des archevêques de Bordeaux, d'une part, de l'autre, avec celles qui dépendaient de l'abbaye de Bonlieu (Carbon-Blanc). L'ancien château-fort de Montferrand a disparu; il n'en reste plus que les douves; mais, après la trahison de Montferrand, Charles VII donna ce château, avec un certain périmètre, à Jean de Beauval, autrement appelé *Beaureau*, du pays chartrain, qui mourut de ses blessures reçues à la bataille de Castillon. Il fit la même chose à l'égard de plusieurs de ses amis; il donna le château de Curton à son ami Jacques Chabannes, et le château de Gensac à la famille des La Chassaigne. Le fils de Jean de Beauval fit construire le château actuel, et lui donna son nom. Depuis lors, il a passé dans la possession de plusieurs propriétaires, et, enfin, dans celle de M. Du Roy, premier président de la Cour des Aides, et appartient actuellement à Mme de Conilh.

sur-Garonne, qui tenait encore pour les Anglais. On y transporta des canons et des bombardes, tout ce qui était nécessaire pour en faire un siége rigoureux; mais rien ne put intimider les assiégés; ils résolurent de mourir en se défendant. Au devant de la ville, ils avaient un rempart de palissades, des fossés larges et profonds; ils s'y retranchèrent et se défendirent en héros. Le 19 septembre, à la pointe du jour, Saintrailles fit diriger son artillerie contre ce boulevard et délogea les Anglais, qui se retirèrent dans le château après avoir mis le feu aux palissades, pour que l'ennemi ne pût pas s'en servir; mais à peine sortis de leurs positions, ils se virent poursuivis par les Français, qui, après avoir éteint le feu, ajustèrent leurs canons et leurs bombardes contre la grosse tour et les murs voisins, et y firent bientôt une brèche. Ils comblèrent les fossés de fagots et montèrent à l'assaut. Là, entremêlés avec les citoyens et les soldats, ils se battirent corps à corps et forcèrent, après des prodiges de valeur de part et d'autre, les Anglais et les Gascons de se retirer dans le château. Consternés et sans ressource, ils comprirent alors que toute résistance était inutile; ils proposèrent une conférence avec Saintrailles et lui demandèrent de se retirer, la vie sauve, un bâton blanc à la main, et s'engagèrent, en outre, à payer 10,000 écus. On porta cette demande au roi, à Montferrand; mais ce prince ayant appris que beaucoup de seigneurs rebelles s'étaient réfugiés avec les Anglais dans ce château, refusa les conditions proposées; et quant à leur argent, répondit qu'il n'en avait pas besoin; il déclara qu'il voulait avoir Cadillac à discrétion, y fit porter les meilleures pièces de son artillerie pour réduire le château et y alla pour encourager les travaux.

Les assiégés, consternés en présence de tant d'acharnement, proposèrent de se rendre à discrétion, et s'engagèrent à livrer au roi les villes et châteaux de Cadillac, de Benauge et de Rions, suppliant toutefois Sa Majesté de recevoir les

Anglais à rançon, en *payant finance* comme prisonniers, et de permettre aux Bordelais et autres de se retirer au bon plaisir du roi. Charles, qui désirait aller vite à Bordeaux, arriva à Cadillac le 18 juillet; il accepta ces conditions, et, pour toutes représailles, fit pendre Gaillardet, qui commandait au château.

Toutes les petites villes du pays se soumirent au sceptre du roi de France, dans le mois d'octobre, excepté Castelnau et Lesparre, qui appartenaient aux deux chefs de la conspiration anglo-gasconne. Le comte de Clermont alla, le 14 juillet, par ordre du roi, soumettre Castelnau, et Dunois fut envoyé réduire Blanquefort; ces deux villes se rendirent au roi de France aux mêmes conditions que Cadillac. Saintrailles, en se retirant de cette dernière ville, alla assiéger Saint-Macaire. D'Albret mit le siége devant Langon et Villandraut; toutes ces places se rendirent. L'histoire ne parle pas de Bourg; il est probable que cette ville soit restée fidèle à la France, et que ce soit en récompense de sa fidélité que le roi lui ait permis, comme nous l'avons fait observer plus haut, de porter, par un insigne privilége, l'écu de France en plein avec deux lions pour support.

Alarmés des triomphes successifs des Français, et craignant justement la vengeance du roi, les Bordelais témoignèrent le désir d'entrer en pourparler, et, pour cet effet, demandèrent un sauf-conduit pour leurs députés. On accéda à ce désir, et le grand conseil fut convoqué pour nommer les députés. On désigna cent personnages les plus marquants de la ville et du pays, choisis parmi les nobles, les gens d'église et les bourgeois, ayant à leur tête le vénérable archevêque Pey-Berland, aussi compromis lui-même que les autres. Ils partirent tous pour Montferrand, où était le roi; admis en sa présence, ils se jetèrent à ses genoux, implorèrent sa clémence pour eux et pour leurs concitoyens, disant qu'ils étaient tout prêts à lui rendre la ville, sans autre condition que celle de

conserver saufs leurs biens et leurs vies. Le roi, peu touché de leur prière et de leur attitude de suppliants, les écouta avec calme, et répondit ainsi, avec un ton de voix fortement accentué : « Si n'avez charge d'autrement parler, vous avez
» sûreté de venir devers nous et de vous en retourner; vous
» pouvez dresser le chemin de votre retour, quand bon vous
» semblera, car de la requête que vous nous faites, nous ne
» ferons rien, attendu les grandes fautes que par ci-devant
» nous avons trouvées en vous, et c'est notre intention, à l'aide
» de notre Créateur, d'avoir la ville, tous ceux qui sont de-
» dans et leurs biens à notre plaisir et volonté, pour de leurs
» corps prendre punition, selon ce qu'ils ont offensé, pour
» avoir été, contre leurs serments et féautés à nous faits par
» ci-devant, en telle manière, que ce sera exemple aux autres
» et mémoire aux temps à venir. »

Livre VI.
Chap 6.

1453.

Foudroyés de cette réponse toute sèche et décourageante du roi, les députés allaient se retirer, lorsque Jean Bureau entra, criant tout haut pour être bien entendu : « Sire, je
» viens de faire le tour de la ville; j'ai regardé et visité au-
» tant qu'il m'a été possible les lieux les plus convenables
» pour établir votre artillerie, et si votre bon plaisir est, je
» vous promets, et sur ma vie, qu'en peu de temps je vous
» rendrai la ville toute détruite et ravagée par vos engins
» volants, en telle manière que ceux qui s'y trouvent ne
» sauront où se mettre, et que vous les aurez à votre bon
» plaisir et volonté. » Le roi lui dit de se hâter, que son intention était de ne pas partir sans avoir remis Bordeaux sous son obéissance.

Les députés se retirèrent tristes et affligés; et arrivés à Bordeaux, où le peuple les attendait avec anxiété, ils firent un rapport détaillé sur tout ce qu'ils avaient vu et entendu, sur les dispositions du roi et les préparatifs qu'on faisait pour attaquer la ville par terre et par eau. Des hauteurs de Lormont, ils avaient aperçu, plus loin que le bassin de Montfer-

Livre VI.
Chap. 6.

1453.

rand (1), la flotte française, composée de navires bretons, poitevins, espagnols, et quinze gros et beaux bâtiments, que Philippe de Bourgogne avait fait venir de Hollande et de Zélande sous les ordres de l'amiral de Bueil. Comme les Anglais avaient fait construire un fort sur la rive gauche, à l'entrée du bassin (2), les Français en firent bâtir un autre sur la rive droite, presque vis-à-vis de la première, pour protéger leurs vaisseaux. Du haut des collines de Lormont, une armée nombreuse, sous les ordres du maréchal de Lohéac, de Louis de Beaumont, sénéchal du Poitou, de Chabannes et autres, surveillait les mouvements de la place, où il n'y avait que la milice urbaine, quatre mille Anglais et autant de Gascons sous les armes. La flotte d'Angleterre était dans le port, et il y avait, en outre, plusieurs bâtiments de commerce des puissances étrangères et neutres dans cette affaire : on aurait consenti à leur sortie; mais le commandant de la place fit démâter ces navires, et déclara aux équipages qu'il n'y avait plus pour eux d'espérance de partir, et qu'il fallait vivre ou mourir avec les Bordelais. Ces précautions répandirent partout le mal de la peur au lieu de le prévenir ou le guérir; mais il y avait un autre mal auquel il fallait pourvoir : on avait trop de bouches inutiles, beaucoup de femmes, d'en-

---

(1) Nous avons déjà parlé du vieux château de Montferrand, dont les douves se voient encore à deux pas du château de Beauval, près de Bassens et Carbon-Blanc. Détruit par les ordres du roi et du Parlement, on en a tiré des pierres pour construire le château de Beauval, le bourg de Bassens et celui du Carbon-Blanc, qui fut commencé en 1500. La baie que forme la Garonne en cet endroit, s'appelait, dans tout le moyen-âge, le *bassin de Bordeaux;* de là vient le nom de *Bassens* donné au bourg, qui domine la côte.

(2) Cette bastille fut construite sur le bord de la Garonne, dans la commune de Parempuyre. On appelle ce lieu encore, par un singulier anachronisme, le *Camp de César.* César, ou ses troupes, n'y ont jamais passé. La citadelle de la rive opposée était bâtie à l'extrémité méridionale de Montferrand, dans la propriété de M. de Branne. Les restes de cette ancienne tour ont été démolis il y a une trentaine d'années.

fants et de vieillards ; la disette se faisait sentir de bonne heure, par suite des préoccupations individuelles et des spéculations de la cupidité ; tout moyen d'approvisionnement leur était interdit par le blocus du port ; et les périls d'un siége s'accroissaient tous les jours. Enfin, le peuple prévoyant que, par une capitulation forcée, il serait un jour à la merci du roi de France, qui prendrait infailliblement Bordeaux sans les Bordelais, et ferait sentir à la ville tout le poids de sa colère, se rendit auprès du chevalier Camus, commandant de la place, et lui exprima ses craintes et ses désirs. On le pria d'entamer une correspondance avec le roi, par l'entremise de Rouhault, qui avait demeuré quelque temps à Bordeaux, où il avait encore des amis. Des pourparlers eurent lieu en conséquence : on voulait aller en députation auprès du roi, au château de Montferrand ; mais Sa Majesté désigna Rouhault, le seigneur de Torsis, le sénéchal du Poitou, Louis de Beaumont et Jean Desjambes, pour recevoir les propositions des Bordelais au quartier général, à Lormont, et chargea Rouhault de faire connaître ses intentions aux députés.

Rouhault se hâta d'arriver en ville : on le crut porteur de bonnes nouvelles ; il y fut reçu comme le libérateur du peuple. L'assemblée générale fut convoquée, et après plusieurs jours de discussions passionnées, on convint des bases générales d'un traité ; il fut arrêté que, le vendredi suivant, ils iraient, au nombre de vingt-cinq ou trente, à Lormont, pour traiter avec les commissaires du roi. En effet, le jour fixé, ils arrivèrent chez l'amiral, au château de Lormont, entre dix heures et midi, où l'hôte les invita à dîner. Après le repas, le chevalier exposa l'objet de sa mission ; il s'engagea à livrer la ville et les forts au roi s'il oubliait le passé, en laissant aux habitants leurs biens et leurs vies. Le chancelier leur fit comprendre que ces prétentions étaient déplacées et inutiles dans leur position embarrassée, après tant de fautes si graves commises envers Sa Majesté. Ils passèrent toute la soirée sans rien conclure, et rentrèrent en ville, au coucher du soleil, avec un sauf-conduit pour retourner le lundi suivant.

Au jour fixé, Camus revint à Lormont avec quelques seigneurs et notables de la ville; plusieurs propositions furent faites de part et d'autre. Les Bordelais se voyaient faibles; les Français le savaient et ne cédaient pas. Enfin, les députés se bornèrent à demander une amnistie générale pour les habitants, déclarant en même temps qu'ils étaient prêts à renoncer à leurs libertés et priviléges, et à payer, pour les frais de la guerre, 100,000 écus. Les commissaires se montrèrent inexorables et exigèrent qu'on payât 100,000 marcs d'argent, réservant en outre au choix du roi vingt individus de la ville et du pays auxquels Sa Majesté infligerait le juste châtiment qu'ils méritaient par leur trahison et leur rébellion. L'esprit de vengeance ne se décéla ici que trop; les députés, tristes et indignés, se retirèrent, décidés à s'ensevelir sous les débris de leur ville. Cette résolution parut trop désespérée au peuple : on décida enfin qu'il fallait se confier à la bonté du roi et que la députation se rendrait auprès de lui, le 9 octobre, à Montferrand. En effet, le chevalier Camus s'y rendit avec dix autres, tant nobles que bourgeois, anglais et gascons; le roi les accueillit avec bonté, en présence de toute sa cour, et le chevalier, portant la parole, lui dit : « Sire, je viens devers vous et vous
» amène ces chevaliers, écuyers et bourgeois de la ville de Bor-
» deaux, vous suppliant qu'il vous plaise quitter et pardonner
» l'offense qu'ils ont faite et commise envers vous, et leur
» donner abolition de corps et de biens, meubles et immeu-
» bles, et ils renonceront à tous priviléges; et si je vous bail-
» lerai et mettrai en votre obéissance ladite ville et cité de
» Bordeaux, et, outre plus, ils vous donneront 100,000 écus,
» et si pourrez toujours bien prendre et tirer d'eux ce qu'il
» vous plaira, et, pour Dieu, ayez pitié et merci d'eux. »

Ce discours fini, les députés se retirèrent dans une antichambre, pendant que le roi délibérait en conseil sur ce qu'il fallait faire dans ces circonstances. On lui représenta la maladie épidémique qui ravageait ses troupes, et le danger de rester plus longtemps dans le pays; on lui fit entrevoir la possibilité de voir arriver les Anglais au secours des assiégés et l'effet que l'acceptation des propositions des Bordelais aurait sur l'esprit public, puisqu'elles n'étaient qu'un appel à sa clémence et à la bonté de son cœur; on lui dit que tous les habitants n'étaient pas coupables; qu'il n'y en avait tout au plus qu'une vingtaine, et que, quant à ces vingt individus, il convenait que le roi se réservât leur châtiment. Le roi reconnut la sagesse de ces observations, et, accédant à un traité rédigé de suite sur ces bases, le fit notifier, par un des conseillers, à la députation. On reçut avec reconnaissance cette notification; mais les députés demandèrent avec instance la modification de la clause qui concernait le traitement inconnu que le roi voulait se réserver pour vingt de leurs concitoyens; ils firent observer que cette menace, dont ils ne connaissaient pas les objets directs, ne permettait plus à aucun d'eux de se croire en sûreté; que c'était l'épée de Damoclès suspendue toujours au-dessus de leurs têtes. Enfin, après de longs pourparlers, il fut convenu que la peine de mort ne serait pas prononcée contre eux; que le roi ne ferait que bannir à perpétuité de la France ceux d'entre eux dont il avait plus particulièrement lieu de se plaindre. Les seigneurs de Lesparre, de Duras, de Latrau et de Rauzan en furent les principaux. Il fut stipulé aussi que les Anglais sortiraient de la Guienne et de la France, mais avec la faculté de disposer à leur gré de leurs meubles et immeubles.

Ce traité fut communiqué au conseil de Bordeaux, et ratifié le 12 octobre 1453 : les Bordelais s'engagèrent à livrer la ville le 14, et donnèrent en garantie douze ôtages, six Gascons et six Anglais. On livra réellement ce jour-là les forts; mais quelques difficultés s'étant présentées pour la reddition définitive de la ville, elle fut renvoyée au 19 du même mois. Ce jour-là, le commissaire, Thibault de Valpergue, entra en ville et arbora l'étendard royal sur toutes les portes. Les habitants, se croyant humiliés, se renfermèrent chez eux; la ville était devenue une solitude, et le triomphe des Français en Guienne semblait aux Bordelais le sacrifice de leur nationalité.

Le roi donna un écu à tous les soldats anglais; et, leur ayant accordé la liberté, les fit conduire, sous une escorte de sûreté, dans le pays appartenant aux Anglais. On rendit la flotte au roi : les troupes furent accueillies avec bienveillance; mais on demanda que les francs-archers, dont on craignait la licence et l'indiscipline, fussent éloignés de la ville; on les envoya à Libourne. Les haines politiques faisaient craindre pendant longtemps une réaction et de graves désordres; les Bordelais essayèrent de s'y soustraire par l'émigration; il en partit un si grand nombre, que, pendant plusieurs années, Bordeaux resta presque dépeuplé et sans commerce. Les Anglais emportèrent avec eux tous les papiers de famille, les titres, les documents utiles, qui auraient pu répandre tant de lumière et d'intérêt sur l'histoire du pays. Leur départ découragea leurs amis. Toutes les villes et châteaux-forts se rendirent successivement au roi de France, excepté les places fortes de Rions et de Benauge, qui refusèrent de se rendre, et proclamèrent tout haut que le traité de Montferrand n'avait été consenti que par des lâches, sans l'autorisation nécessaire de leur roi légitime, Henri VI, roi d'Angleterre, qui seul pouvait les délier de leurs serments. Charles, indigné de cette coupable obstination, ordonna la réduction de ces places ; elles ne cédèrent qu'à la force. Ainsi, il a fallu des siècles pour guérir la plaie que l'impolitique divorce d'Éléonore avait faite au cœur de la France. Le premier remède héroïque fut employé par l'immortelle Jeanne Darc : grâce à elle et à Charles VII, la Guienne est française.

Satisfait d'avoir enfin réduit Bordeaux, foyer permanent de

conspirations et de désordres, Charles VII y laissa une forte garnison; et pour contenir cette population turbulente, impatiente de tout frein et inconstante dans ses affections, il fit construire, aux deux extrémités de la ville, le Fort du Phare (du Hâ) et le Château-Trompette, appelés alors, dans la langue du Pays : *lou Fort du Hâ et lou Castet-Troupeyte* (1). Ces constructions nécessitaient de grandes dépenses auxquelles il fallait encore faire face en frappant de fortes contributions sur les villes qui se disaient les filleules de Bordeaux. Libourne,

Liv. VI.
Chap. 6.

1455.

1454.

---

(1) Le nom de *Trompette* est moderne, et ne date que de la fin du XVIe ou du commencement du XVIIe siècle. C'était d'abord une vaste prairie où, en temps de guerre, les bergers faisaient entrer la nuit leurs troupeaux (*troupets*); c'était le *prat aux troupets*. Dans un registre de l'Hôtel-de-Ville, de 1416, on lit : *Lo thesaurey, jurat de Troupeyta, guëytera au portau deü Casse et à la tor d'Audeyola !* Cette tour était près de la Chapelle (place) de Saint-Germain. Dans un titre de 1343, on lit : *Rua quæ dicitur Bernardi de Mos, quæ est apud Tropeytam;* c'était un lieu de pacage, une prairie ou sol aquatique. D'après un titre de 1411, il y avait aux environs une rue dite *deu Prat*, ou prairie, et une autre rue dite *Rua de Cante-Rana*, Chante-Grenouille, à cause de la grande quantité de grenouilles qu'on y entendait coasser.

Le château du *Phare*, appelé plus tard du *Hâ*, fut commencé en même temps, et prit son nom d'un phare qu'on y mettait sur une haute tour pour éclairer ce quartier de la ville, où les gens de la campagne arrivaient dans l'intérieur de la cité. Sa forme était un parallélogramme, ou plutôt un trapèze; il était flanqué, aux quatre angles, de tours rondes et hautes : au levant, il y avait une porte avec un pont-levis, et une autre semblable au couchant, sur de larges fossés remplis d'eau; au midi, comme au nord, il y avait des maisons; on y voyait aussi deux tours et une demi-lune.

La tour ronde de la *Poudrière* était au nord-est; au sud-est, la tour carrée, ayant un pont de communication avec la ville; au sud-ouest, le fort avançait en saillie et communiquait, par un pont, avec un autre ouvrage extérieur, qui prenait naissance au fond des fossés; et à l'angle nord-est, se trouvait la *Tour anglaise*, arrondie à l'extérieur.

On a dit que ce fort s'appelait du *Hâ*, parce qu'il y avait des moulins dans les environs, sur le Peugue, où les habitants allaient acheter de la farine (*harine*). Si cette étymologie était la seule vraie, on aurait dit le *Fort de la Hâ*, parce que, parmi les Gascons, *harine* est du genre féminin. Son nom vient de fanal, ou *phare*, qu'on y allumait la nuit, sur une tour qui existe encore. On sait que les Gascons employaient indifféremment la lettre H pour la lettre F, qui représente, quant au son, le *ph* dans le mot phare.

Cet antique fort est remplacé aujourd'hui par les Prisons départementales, et, sur une certaine partie, par la Cour impériale et ses dépendances. Des quatre anciennes tours, il n'en existe plus que deux.

plongée dans la misère, ne put pas y suffire. Louis XI, par son ordonnance du 12 janvier 1468, exempta les Libournais de cet impôt.

Le Château-Trompette était regardé alors comme une formidable citadelle : il dominait la ville et la rade et servait à contenir la population et à défendre le port. D'une forme quadrilatère, il était renforcé de quatre bastions qui protégeaient les abords de la place, les arrivages par eau et les communications diverses avec la ville. Le bastion nord-est s'appelait le *Bastion de la Mer;* le second bastion se trouvait à l'angle sud-ouest. Les angles nord-est et sud-ouest étaient protégés par des tours rondes, dont la seconde s'appelait la *Tour du Diable;* et sur la façade, donnant sur la rivière, se trouvait une tour carrée, saillante à l'extérieur, tout près de la rivière, de construction postérieure.

D'après le plan proposé à Louis XIV par le célèbre Vauban, ce château fut agrandi d'un espace de 100 toises tout autour, en 1660, avec de nouveaux bastions; il prit alors une forme rectangulaire, ayant à chacun de ses six angles un bastion et un autre au milieu, de chaque côté. Ces six bastions formaient six fronts, dont les côtés extérieurs avaient à peu près 180 mètres, les flancs des bastions 50 mètres environ, les flancs perpendiculaires aux courtines 20 mètres, et les courtines 72 mètres.

Le bastion nord-est s'appelait le *Bastion de la France;* celui du nord-ouest, le *Bastion de la Reine;* celui du sud-ouest, *Bastion du Roi;* celui du sud-est, *Bastion de Navarre;* et celui du côté ouest, *Bastion Dauphin.* Celui du côté est, le *Bastion de la Mer;* c'est là que demeurait le gouverneur : ses appartements donnaient sur la rade et sur les collines boisées et les vignobles de Lormont et du Cypressat.

Sur le mur d'enceinte, il y avait trois demi-lunes : l'une, vis-à-vis des Chartrons, l'autre en face du Chapeau-Rouge, et la troisième à l'ouest. On y avait pratiqué deux portes :

la *Porte du Havre*, donnant sur la rivière; la *Porte Royale*, au côté opposé, et donnant sur les campagnes de Saint-Seurin. Les travaux de Vauban furent commencés en 1660 et continués jusqu'en 1678, entourés de fossés profonds, qu'on pouvait remplir d'eau à volonté.

Livre VI.
Chap. 6.
1454.

CHAPITRE VII.

Triste position des Bordelais. — Ils envoient des députés au roi. — Touché de leurs malheurs, il réduit l'amende à 30,000 écus. — Il leur accorde de nouveaux privilèges. — Le seigneur de Lesparre est écartelé. — Précautions contre le retour des Anglais. — Louis XI à Bordeaux. — Confrérie de Montuzets. — Piété de Louis XI. — Il rappelle les Lalande et Montferrand de Langoiran. — Le Parlement. — Duché de Guienne donné au prince Charles de Berry. — Il arrive à Bordeaux. — Sa dévotion. — La Cour des *Grands-Jours* remplace le Parlement, transféré à Poitiers. — Empoisonnement de Charles. — Le roi accusé. — L'abbé de Saint-Jean-d'Angély accusé. — Accusation absurde. — Le Parlement rétabli à Bordeaux. — Bordeaux dépeuplé. — Le roi accorde de grands privilèges aux étrangers qui y viendraient s'établir. — Bordeaux reprend son ancienne activité.

Livre VI.

1451.

Dépouillés de leurs priviléges, les Bordelais n'avaient que l'espérance de les recouvrer : leur perte était pour eux le plus grand des malheurs (1); ils reconnurent leur faute; mais ce fut malheureusement trop tard. Le traité de 1451 leur était favorable; mais leur insurrection l'avait anéanti. Les principaux coryphées du parti anglo-gascon furent bannis à perpétuité; c'étaient les seigneurs de Lesparre, de Duras, de Rauzan et de Latrau (Montferrand), et seize autres individus moins remarquables, parmi lesquels étaient Pommiers et quelques autres seigneurs. La crainte avait glacé toutes les langues, et, outre la fâcheuse stagnation des affaires, une stupeur générale s'était emparée de tous les esprits. L'avenir des Bordelais

(1) Quelques écrivains ont cru que, par suite de la rébellion des Gascons, les Bordelais furent déclarés déchus de tous leurs droits. Cela est vrai; mais ils y furent rétablis par lettres-patentes de François Ier, données à Orléans, en novembre 1560, et par d'autres lettres-patentes de ses successeurs, jusqu'à Louis XV inclusivement. Ce prince confirma les Bordelais dans la jouissance de leur anciennes libertés et priviléges. Les lettres-patentes se trouvent dans un ouvrage intitulé : *Recueil des priviléges de la ville de Bordeaux*, imprimé chez Boudé-Boé, en 1717.

paraissait sombre; leur sort n'était pas encore déterminé au juste, et le nouvel impôt dont le roi avait frappé la Guienne sentait trop la tyrannie pour ne pas faire regretter la domination anglaise. Cependant, pleins de confiance dans le roi et dans la justice de leur cause, il envoyèrent vers sa Majesté, au Plessis-les-Tours, des députés, pour lui faire une peinture vive et fidèle de leur position et des excès commis par les Anglais avant de quitter leur ville. En effet, ils avaient levé des impôts excessifs, ils avaient emporté les croix, les calices, les vases sacrés des églises, et une grande quantité de documents qui intéressaient le pays et son histoire, les communautés et les familles. Ils ne s'étaient pas bornés là; ils avaient forcé un grand nombre de seigneurs et de riches bourgeois du pays d'émigrer avec eux, afin que leur rançon les dédommageât un jour des pertes qu'ils allaient faire en quittant la Guienne. Le roi fut sensiblement affecté de ces plaintes; il crut que la leçon que les Bordelais et les Gascons s'étaient donnée par la révolte, et les maux qui s'en étaient suivis, serait un bon préservatif contre de pareilles tentatives à l'avenir; il s'imaginait que les Bordelais n'auraient jamais plus de confiance dans ces insulaires, qui promettaient toujours et ne tenaient jamais, et enfin qu'ils auraient appris à l'école de l'adversité la nécessité d'avoir plus de constance dans leurs affections politiques, plus d'horreur que jamais pour les révolutions et les révolutionnaires. Il réduisit l'amende à 30,000 écus au lieu de 100. La Charte qui renfermait ces diverses dispositions est datée du 11 avril 1454; elle fut adressée au comte de Clermont, gouverneur de la province, et enregistrée au Parlement, ainsi que le traité du 9 octobre 1453.

Il accorda à Saint-André, à Saint-Seurin, à Sainte-Croix, à Saint-Jacques et à l'Hôpital, l'exemption du droit de Coutume pour les vins de leurs crûs; il taxa les autres propriétaires à 25 sols tournois par tonneau; il imposa 12 deniers par livre d'entrée et de sortie sur presque toutes les mar-

Liv. VI. Chap. 7.

1454.

D. Devienne, page 99.

chandises; le droit du tiers de la monnaie qu'on frapperait à Bordeaux, fut confirmé à Saint-André et à l'archevêque, à condition qu'ils paieraient le tiers des charges; il ordonna, en outre, que la Guienne ressortirait du Parlement de Paris, promettant, cependant, qu'il enverrait tous les ans, ou au moins tous les deux ans, un président et quatre conseillers du Parlement de Paris, pour rendre la justice, de concert avec les notables de la ville; que la nomination du maire appartiendrait au roi; que les vins de Saint-Macaire ne pourraient pas venir à Bordeaux avant la fête de Saint-André, etc., etc.

Parmi les seigneurs exilés, comme nous l'avons dit plus haut, se trouvèrent les seigneurs de Duras et de Lesparre. Le premier, à cause de son habileté politique, des grandes pertes qu'il avait supportées dans la dernière guerre, et surtout à cause de son grand attachement à l'Angleterre, fut nommé gouverneur de Calais, avec le titre de maréchal.

Le second, Pierre de Monferrand, seigneur de Lesparre, rentra en France, sous la protection d'un passeport qu'on disait faux; il fut arrêté et conduit à Poitiers. Pour faire son procès et le juger, lui et quelques autres arrêtés avec lui, Charles VII nomma huit commissaires: Tristan l'Hermite, Louis de Bernède, Bert..., Malenfans, Maurice Claverier, Robin Petillau, Eugues de Creusay, Denis d'Ausserie et Louis de Beaumont. Les lettres-patentes qui instituèrent ce tribunal furent datées du 14 juillet 1454. Ce malheureux Montferrand fut condamné à être pendu, son corps coupé en morceaux pour être exposés à la vue du peuple à Bordeaux et dans les villes où sa trahison avait provoqué la désobéissance aux lois, et son château de Latrau, à Préchac, rasé. C'était de la rigueur excessive; mais cette rigueur était nécessaire à la paix et au salut de la patrie. Le roi ne se contenta pas de ces exemples de sévérité; il prit des précautions contre les intrigues politiques des Anglais qui viendraient à Bordeaux pour y fomenter l'esprit de rébellion, et ordonna qu'à l'avenir les Anglais, commerçants ou autres, s'arrêteraient à Soulac, près de l'embouchure de la Gironde, en attendant qu'ils eussent obtenu un sauf-conduit pour venir jusqu'à Bordeaux; qu'arrivés à la hauteur de Blaye, ils y laisseraient leur artillerie et leurs munitions de guerre, et qu'à Bordeaux, ils ne logeraient que dans les lieux que leur désignerait le fourrier de la ville; qu'ils ne paraîtraient jamais dans les rues avant cinq heures du matin ni après sept heures du soir; que lorsqu'ils iraient acheter du vin dans les campagnes, ils seraient accompagnés de quelques archers de la ville. Sous le rapport politique, ces mesures étaient très-bonnes; mais elles étaient funestes au commerce et à la prospérité de la ville; il fallait des sacrifices pour paralyser les efforts des Anglais, qui ne désespéraient pas de reprendre la Guienne; car, pendant plusieurs années, leurs rois continuaient de nommer les principaux fonctionnaires du pays, le grand-sénéchal de Gascogne, le maire de Bordeaux, comme si la province reconnaissait toujours leur autorité.

<small>Livre VI. Chap. 7.
—
1454.
Delurbe, Chroniques.</small>

<small>Rôles gascons.</small>

Charles VII avait établi un droit exagéré sur le sel, à Libourne; Louis XI, qui lui succéda en 1461, répara envers les Libournais et les Bordelais les torts que le règne précédent leur avait causés : sévère et exigeant envers le reste de la France, il crut devoir agir par politique et avec douceur à l'égard de la Guienne, afin d'en conquérir l'affection; il y réussit jusqu'à un certain degré; mais il existait toujours une défiance réciproque. En se rendant à la frontière pour avoir une entrevue avec le roi de Castille, il arriva à Blaye le 22 février 1461 : les abbés de Saint-Sauveur et de Saint-Romain allèrent au devant de lui, et lui présentèrent à baiser les reliques de leurs monastères. De là, il passa par le Médoc, à Bordeaux, où il fit célébrer avec une pompe royale les noces de sa sœur Magdeleine avec Gaston de Foix, héritier présomptif de Navarre. Très-dévot envers saint Michel, il institua l'ordre de ce saint; il accorda de grandes largesses aux églises

<small>1461.</small>

<small>Mathieu Paris, Histoire, liv. II.</small>

Livre VI.
Chap. 7.
—
1461.
NOTE 5.

qui étaient sous sa protection, et, en particulier, à Saint-Michel de Bordeaux. C'est dans cette église, et en l'honneur de la Sainte-Vierge, qu'il confirma les franchises et priviléges de la fameuse confrérie de *Montuzets,* association de marins, qui excluaient de leur corps tous ceux qui ne faisaient pas partie de cette pieuse réunion. Louis XI, accompagné de l'archevêque de Bordeaux, alla à Libourne, et, de là, à Saint-Émilion, où il assista, revêtu de la chappe comme chanoine honoraire, à l'office divin, et ne fit pas de difficultés de suivre nu-pieds, en habit de chanoine, une procession qui allait à Lépinette, où il pria devant la sainte épine que Charlemagne avait laissée à cette église ; il affranchit de tout impôt les marchandises qu'on transportait aux foires et aux marchés de Libourne, et laissa aux habitants d'autres souvenirs de sa reconnaissance pour leur accueil bienveillant et amical.

De retour à Bordeaux, il fit droit à la supplique de la famille Lalande, et accorda au jeune seigneur de ce nom des lettres de grâce ; il avait été banni par Charles VII et ses terres confisquées ; elles lui furent rendues à l'intercession du comte de Candale, son oncle. Bertrand de Montferrand avait été banni, son château détruit, ainsi que celui de Latrau, près de Préchac, dans le Bazadais, qui lui appartenait ; une partie de ses terres de Monferrand fut donnée à Pierre de Beauval ; le fils de Pierre se servit des matériaux de l'ancien château pour construire celui qui existe ; mais le roi, en habile politique, rendit à Gaston de Montferrand, fils de Bertrand, les terres de Langoiran, en 1474 ; elles avaient été réunies à la couronne.

Daniel, t. IV. Jean Gaston de Foix, captal de Buch et vicomte de Castillon, traita aussi avec le roi, le 17 mai, et revint dans sa patrie.

On avait formé le projet de le nommer commandant de la place de Calais, sous la condition qu'il livrerait cette ville au roi de France, s'il arrivait que la reine d'Angleterre ne pût pas remettre à ce prince les 20,000 livres qu'il lui avait prêtées. C'est par ce moyen que Louis XI venait d'acheter le dévoûment de l'Anglo-Gascon, Jean Gaston de Foix (1).

Pendant ces affaires, on vit arriver à Bordeaux, le 12 mars 1462, le bon roi René, qui vint prêter foi et hommage à son neveu, Louis XI, pour le duché d'Anjou et ses dépendances. Le roi établit à Bordeaux, le 12 juin 1462, un Parlement, comme il avait été convenu entre Charles VII et les Bordelais, et auquel Parlement devaient ressortir le Bordelais, le Bazadais, l'Agenais, le Périgord, la Saintonge; l'année suivante (1463), on y ajouta l'Angoumois et le Limousin. Le Quercy fut laissé au Parlement de Toulouse, comme il résulte d'une déclaration du roi, du 19 juillet 1471. Ainsi, par une politique sage, ferme et prévoyante, le roi sut se concilier l'amour des Bordelais, se les attacher par ses bienfaits, habilement ménagés, et effacer tous les tristes souvenirs du passé; ils étaient, d'ailleurs, hors d'état de se défendre, et quoique attachés sincèrement aux Anglais, ils finirent par les détester autant qu'ils les avaient aimés.

Le 12 novembre 1462, on installa le nouveau Parlement; il suivait le droit romain et le peu de lois françaises alors en usage; mais il y avait dans le ressort dix Coutumes particulières, qui formaient des jurisprudences locales à l'égard du pays où elles s'étaient établies. Pour l'aider à réaliser la réforme, le roi jeta les yeux sur quelques conseillers du Parlement de Paris, le premier-président du Parlement de Bordeaux, le premier conseiller clerc et le premier conseiller laïque.

Par son édit du 16 février 1464, Sa Majesté permit à toutes

---

(1) L'acte passé à cette occasion se trouve dans les *Archives du Royaume* : « Nos Margareta, regina,...... fatemur...... nos recepisse.... viginti millia libras...... ad quorum solutionem...... obligamus villam et castrum Calesie........ Quam cito Rex Angliæ recuperaverit ante dictam villam........ Constituet ibi prædilectum nostrum comitem Pembrochie, vel dilectum consanguineum nostrum, Johannem de Foix, comitem de Kendale, in Capitaneum, qui jurabit et promittet tradere ante dictam villam in manus.... Cognati nostri Franciæ infra annum, 22 juin 1462. » (*Archives du royaume, Trésor des Chartes*, J. 648.)

sortes de personnes de venir s'établir à Bordeaux dans les biens et maisons qu'ils y trouveraient vides, avec l'assurance qu'elles y jouiraient de toutes libertés, franchises et priviléges anciens, sans avoir besoin de lettres de naturalisation, et que ses représentants à Bordeaux leur feraient partage et donation des terres et maisons vacantes provenant des Anglais qui s'étaient retirés en Angleterre. Cette mesure politique fut nécessaire ; car Bordeaux était devenu misérable et presque désert. On vit arriver alors beaucoup d'étrangers, et la ville s'étant peuplée peu à peu, reprit son ancien aspect et recommença une nouvelle ère de prospérité. Tous ces priviléges de la ville furent approuvés et confirmés par Charles VIII, en 1483, qui y ajouta de nouvelles faveurs, auxquelles les Bordelais ne s'attendaient pas.

Pendant l'espace de six ou sept ans, rien ne se présente dans l'histoire de la Guienne qui paraisse digne de l'attention des lecteurs, à l'exception, toutefois, de la convention faite entre Louis XI et le roi d'Aragon, qui lui avait engagé le Roussillon et la Cerdagne, moyennant 3,000 écus. En vertu d'un traité conclu entre le roi d'Aragon et celui de Castille, Louis XI se chargea de payer à ce dernier prince, au nom du premier, la somme stipulée entre ces deux monarques : les villes de Bordeaux et de La Rochelle se rendirent cautions de cette somme.

Dans ce temps, le roi ne négligeait rien pour s'attacher les Bordelais : la Guienne était administrée successivement par le comte de Clermont, Jean, bâtard d'Armagnac ; Philippe de Savoie ; Jean de Foix, vicomte de Narbonne. Leur gouvernement dut être nécessairement doux et pacifique ; il s'agissait d'arracher les Gascons aux Anglais et de gagner sincèrement la Guienne à la France ; mais les intrigues du duc de Bourgogne et du comte d'Armagnac en faveur de Charles, frère du roi, nécessitèrent une police sévère et de nouvelles mesures de sûreté et de précaution. Pour prévenir les suites fâcheuses de ce complot, il crut devoir désarmer ses ennemis en pourvoyant au sort de son frère et en l'éloignant, lui et ses séides, de sa personne. Il lui offrit le choix entre le duché de Champagne et celui de Guienne; Charles céda aux conseils d'Odet d'Aydie, seigneur de Lescure, génie actif, politique astucieux, intrigant achevé, qui avait été gagné par le roi, et opta pour la Guienne; mais au lieu du vaste territoire qui formait ce duché, on lui fit entendre que ses domaines ne comprenaient que les sénéchaussées de Bordeaux, de Bazas et des Landes (1). Il reconnut quelque temps après le tort qu'on lui avait fait. On étouffa, dit-on, cette affaire, par le crime de son empoisonnement, qu'on prétend avoir lieu plus tard, au moment où il allait faire des réclamations à ce sujet. Louvet affirme que *toute la sénéchaussée des Landes ne fut pas comprise dans les nouvelles limites de la Guienne, d'autant que les vicomtés de Marsan, Tursan et Gavardan, qui appartenaient au sieur d'Albret, en furent distraites, parce qu'elles ne voulaient pas relever de Charles, mais de la couronne, et furent mises sous la sénéchaussée de Gascogne, à Condom.*

Nous croyons que Louvet se trompe : les vicomtés de Marsan, de Tursan et de Gavardan appartenaient à la Maison de Foix, et ce ne fut que plus tard que les d'Albret en devinrent

Livre VI. Chap. 7.

1462.

Philippe de Comminges, *Mém.*, liv. 2, chap. 15.

Mathieu Paris, *Suprà*, lib. V.

Varillas, *Histoire de Louis XI.*

---

(1) Dans un document réimprimé par M. Delpit, du 20 septembre 1370, nous trouvons les noms des sénéchaussées de Gascogne et de Guienne. On y lit : *Les noms des senescalcies de Gascoigne, de Guienne, Bourdeaux, Les Landes, Bygore, Kaorsyn, Agent, Condome, Perigork, Roergue, Englesme, Paytows, Zantonge, Limoges, Armaygnac.* Dans un autre document de Filongleye, il est parlé de ces mêmes sénéchaussées, parmi lesquelles se trouve celle de Bazas, qui est omise, peut-être par la négligence d'un copiste, dans le document précédent. (V. Delpit, *suprà*, p. 132, etc., etc.) Il est permis de conclure de ces anciens documents, que Samazeuilh se trompe quand il dit que Bigorre ne fut ajoutée au duché de Guienne qu'après la défaite de Saint-Jean d'Armagnac et la soumission du duc de Nemours, Jacques d'Armagnac. Cependant, Henry Martin soutient l'opinion de M. Samazeuilh (*Hist. de France*, t. VII, p. 51) et il assure aussi que le roi s'était réservé la souveraineté sur les comtés de Foix et d'Armagnac. Bigorre figure sur le document reproduit par Delpit, comme l'une des sénéchaussées du duché de Guienne, même vers la fin du XIVe siècle.

Collection des Documents, etc., p. 132.

Histoire de l'Agenais, tome II, p. 55.

maîtres. Quoi qu'il en soit, il paraît certain qu'on rogna les ailes au nouveau duc : le roi s'empressa, en 1469, de ratifier ce traité frauduleux. La Guienne était donc l'apanage du duc Charles. Le Parlement, dont les pouvoirs émanaient du roi, ne pouvait plus fonctionner à Bordeaux, qui reconnaissait le duc ; il fut transféré à Poitiers, aux dépens des Poitevins ; les frais de la translation montaient à 5,000 liv., qui furent remboursés par les Bordelais, plus tard, quand le Parlement fut rétabli dans leur ville.

Le nouveau duc arriva à Bordeaux, le 10 avril 1470, et descendit au palais de l'Ombrière : l'archevêque et le clergé allèrent au devant de lui, et le conduisirent à Saint-André. Arrivé à la porte de la cathédrale, on lui présenta la croix à baiser, puis il endossa l'aumusse et la chappe de chanoine, et alla, ainsi habillé, faire sa prière devant le maître-autel. Après quoi, il fut conduit à la chapelle de Saint-Martial, où l'on avait préparé une estrade, revêtue de riches tapisseries et surmontée d'un grand fauteuil recouvert d'un magnifique drap d'or. Assis sur cette espèce de trône, il prêta le serment accoutumé, et reçut celui des trois États de la province. Pendant cette cérémonie, on voyait à son côté l'évêque d'Angers, son chancelier, le fils du comte de Foix, son neveu, François Phœbus et Catherine de Foix, Jean de Foix, captal de Buch et vicomte de Castillon, le baron de Montferrand, seigneur de Langoiran, et le seigneur de Lalande, tous deux rentrés naguère de leur exil. Charles se montra bon et affable envers le peuple, et ne négligea rien pour se concilier son amour ; il alla donner des fêtes et des tournois à Libourne ; il y fut témoin d'un déplorable accident, qu'il prit pour un mauvais augure : il vit tomber, par suite d'une blessure mortelle, son beau-frère, Gaston de Foix, le fils aîné du roi de Navarre, dans un tournoi qu'il avait organisé pour plaire aux Libournais. On enterra le malheureux Gaston dans la cathédrale de Bordeaux.

Depuis longtemps, Jean V, comte d'Armagnac, travaillait en secret contre les intérêts du roi de France, qui n'eut peut-être qu'un seul tort à son égard, celui de lui avoir pardonné des fautes grandes et multipliées. Il s'était rendu odieux au monde par un commerce infâme avec sa sœur. Charles VII lui adressa dans le temps de sévères représentations à ce sujet; mais il n'en persista pas moins dans ses abominables immoralités. Poursuivi par le roi, il se retira en Aragon. Louis XI le rappela en 1461; mais ce misérable comte paya cet acte de bonté par la plus détestable ingratitude, en levant les troupes contre le roi, en faveur de Charles, duc de Guienne, qui, de concert avec le comte de Foix et les d'Albret, avait formé un complot contre Louis XI. Par un arrêt du 7 septembre 1470, il fut déclaré criminel de lèse-majesté; le prince ordonna une seconde confiscation de ses domaines (1). Le duc de Guienne, qui fomentait la conspiration contre son frère, appela le comte à Bordeaux, et le rétablit dans tous ses droits et propriétés; mais il sentit bientôt après tout le poids de la colère du roi Louis, qui venait d'apprendre que son ingrat et immoral vassal avait proposé aux Anglais de favoriser leur retour en France. C'est alors que Louis XI lança une armée à la poursuite des seigneurs rebelles, et fit assiéger d'Armagnac dans son château-fort de Lectoure.

Le duc de Guienne ne jouit pas longtemps de sa nouvelle puissance; il avait confirmé les priviléges de Libourne, de Saint-Émilion, et remplacé le Parlement par une Cour souveraine, qu'on appelait la *Cour des Grands-Jours*. Il voulait

---

(1) Du temps de Louis XI, le mot *Majesté* se voit bien souvent dans les vieux actes; il est employé dans une lettre que Ludovic de Sforza, administrateur du duché de Milan, pour le duc, Jean Galéas, son neveu, adressa à ce roi. Dans une autre lettre de Bonne de Savoie, duchesse de Milan, Louis XI est aussi traité de Majesté. Le P. Daniel parle quelque part d'un certain Jean de Coquillerai, qui lui donne aussi la même qualification. Les États de Navarre donnaient au roi le titre de *Majesté*, qui se trouve également dans un bref de Sixte IV, en 1482. Louis XI fut le premier de nos rois qui prit le titre de *roi très-chrétien*.

le bien du pays; mais, aveuglé par l'ambition et trompé par des intrigues, il ne rougit pas de tremper dans une conspiration, et encourut la colère de son frère, dont il avait comploté la perte. Il mourut au Château du Hâ, le 12 mai 1472, empoisonné, dit-on, par suite d'une misérable jalousie que l'abbé de Saint-Jean-d'Angély avait conçue contre la dame Monsoreau, dame de Thouars et maîtresse du duc. L'abbé Fabre craignait, dit-on, l'influence de la dame sur l'esprit du duc; il était, en outre, gagné par le roi, qui voulait se défaire de son frère. Un jour, à dîner, l'abbé pela une pêche avec un couteau empoisonné et la présenta à la trop confiante dame, qui en donna la moitié à Charles; bientôt après ils ressentirent l'effet du poison : la dame mourut le 14 décembre 1471; le duc expira le 12 mai de l'année suivante, et fut enterré à Saint-André.

Louis XI a été soupçonné d'avoir fait empoisonner le duc de Guienne, pour arrêter ses intrigues avec le comte d'Armagnac et prévenir l'explosion d'une conspiration bien ourdie contre la couronne. Tout ceci nous paraît conjectural, sans preuve, sans ombre même de probabilité; les recherches de la justice ne trouvèrent, dit-on, d'autre accusé que l'abbé, qui paraît réellement innocent aux écrivains non prévenus. Aucune preuve n'a fait remonter au roi l'odieux de ce crime. L'abbé fut jeté en prison : interrogé par l'archevêque et d'autres personnages, ses réponses ne compromirent pas le roi; c'était du moins l'opinion publique, car la déposition de l'abbé n'est guère connue. Il fut transféré à Nantes, où on lui fit son procès. Sur quoi se fonde-t-on pour le dire coupable? Sur l'apparition de spectres effrayants dans la prison où il était détenu; les orages qui menaçaient de renverser le vieux donjon sur l'empoisonneur; les éclairs et le tonnerre qui effrayaient le peuple de Nantes pendant la captivité de l'infortuné abbé! Enfin, le lendemain de ces signes, qui ne paraissaient pas surnaturels, on trouva l'abbé étendu mort sur le carreau, ayant le visage noir, enflé, et la langue hors de la bouche ; mort épouvantable que l'ignorance regarda comme surnaturelle, comme preuve et punition tout à la fois de son horrible crime !.... On ne serait pas tenté, de nos jours, de croire à la culpabilité d'un prévenu sur des preuves semblables. La dernière circonstance, cependant, fit naître des soupçons assez graves. On crut que le roi, craignant que l'abbé ne révélât tout ce qui le regardait, le fit étrangler en prison, afin d'éviter des révélations compromettantes pour son honneur. Tout ceci n'est qu'un soupçon sans preuve ; cependant, Mézeray s'est rendu l'écho des ennemis des prêtres et des rois, pour accréditer cette supposition de la malveillance. Mais quelle preuve a-t-on donnée de l'empoisonnement ? Comment démontrer la culpabilité de Jean-Fabre Versois, abbé de Saint-Jean-d'Angély ? Croit-on à la fable de la pêche empoisonnée ? C'est non seulement incroyable, c'est absurde. Le duc mourut au mois de mai de l'année suivante ; la dame Monsoreau mourut le 14 décembre 1471 ; mais les pêches ne sont mûres à Bordeaux qu'aux mois d'août et septembre ; on peut affirmer qu'il n'y en avait pas à Bordeaux au mois de décembre. Dira-t-on que le crime ne fut commis qu'en septembre 1471 ? mais nous demandons encore des preuves ; on ne nous en donne pas, et, cependant, on veut que nous croyions à la culpabilité d'un roi et d'un prêtre ! Est-il raisonnable d'accuser l'abbé de Saint-Jean-d'Angély d'avoir préparé un couteau empoisonné, de supposer qu'il ait pu le cacher jusqu'au moment du dessert, et que personne ne s'en soit aperçu ? Les historiens contemporains se sont efforcés de disculper le roi pour condamner l'abbé. Nous ne sommes ici ni l'accusateur ni l'apologiste du roi : nous le croyons innocent de ce crime ; mais sa politique s'accommodait assez facilement de mesures promptes et expéditives, quelque abominables qu'elles fussent aux yeux du public. Pourquoi décharger d'un crime affreux le prince dont la conscience n'a jamais

Livre VI.
Chap. 7.
1472.

Livre VI. Chap. 7.

1474.

été réputée délicate, pour en accabler un prêtre qui avait toujours joui de la meilleure réputation et de la confiance de ses supérieurs et du public? L'histoire ne peut rien lui reprocher, et la postérité ne croit plus au crime dont quelques courtisans ont voulu charger sa mémoire, afin de mieux voiler les turpitudes de leur maître accusé. Le poison, pris en septembre, ne fit mourir la dame qu'en décembre, et le prince au mois de mai suivant. Dira-t-on qu'on n'en administra qu'une petite dose, pour que son action fût plus lente? Mais agit-on ainsi quand on veut étouffer des voix accusatrices? Toute cette histoire nous paraît une fable; qu'on n'oublie pas que le duc mourant crut sa maladie très-naturelle, et n'en accusa, après huit mois d'intervalle, ni le roi ni l'abbé; il demanda pardon au roi dans son testament, et, le jour même de sa mort, le nomma son héritier. Brantôme, qui rapporte l'anecdote sur le témoignage du fou, qui affirmait avoir entendu le roi, devant l'autel de la Sainte-Vierge, lui demander pardon de la mort de son frère, est sujet à caution, surtout quand il raconte des aventures ou des historiettes qui ne sont pas contemporaines; et, d'ailleurs, quelle base pour une anecdote si absurdement incroyable, que le témoignage d'un fou! La meilleure justification du roi, c'est la longue maladie de son frère! Un homme empoisonné ne survit pas huit mois.

Michelet, p. 314.

Au lieu de conquérir l'affection du peuple, Louis XI ne fit qu'éloigner ses amis et augmenter le nombre de ses ennemis. On l'accusait d'avoir fait mourir son frère par *poisons, sortiléges et invocations diaboliques;* on lui reprochait sa cruauté, et rien ne fut négligé de ce qui pouvait le rendre odieux au peuple; mais de tous ses adversaires, les plus acharnés, les plus déloyaux et les plus coupables à ses yeux, étaient le duc d'Alençon et le comte d'Armagnac: le premier fut arrêté et condamné à mort; le second échappa à la vengeance du roi; mais Louis, bien résolu d'anéantir la Maison d'Armagnac, seule rivale de sa puissance, se mit à la tête d'une armée formidable et marcha vers la Guienne. A son arrivée, tout le monde reconnut la voix du maître, tous les mécontents se turent et toutes les villes se soumirent à son sceptre et obtinrent de lui, en récompense de leur timide mais honorable docilité, la confirmation de leurs libertés et priviléges ; il jura de les respecter, et les États firent serment après lui d'être fidèles et loyaux sujets. Il rappela le Parlement de Poitiers à Bordeaux ; mais cette cour fut à peine rétablie, le 1er juin, que la peste vint sévir dans cette ville et moissonna des victimes par milliers. Le Parlement, pour échapper à l'influence contagieuse du fléau, se réfugia à Libourne, où le maire, Ernest Trigant, prépara un local convenable et des logements commodes pour tous ceux qui en faisaient partie.

La guerre fut poussée vivement dans le Midi, et les ennemis du roi horriblement maltraités par ses fidèles troupes ; le comte d'Armagnac, comme nous l'avons fait observer plus haut, fut massacré avec ses troupes, à Lectoure ; sa femme, enceinte de sept mois, fut forcée d'avaler un breuvage empoisonné qui tua la mère et l'enfant. Heureux de voir tout le Midi soumis à son autorité, et d'avoir dispersé tous les éléments de discordes intestines, Louis tourna son attention vers Bordeaux, qui, depuis le départ des Anglais, avait perdu son commerce, et décroissait tous les jours de plus en plus ; plusieurs familles riches et commerçantes s'étaient enfuies de la ville, qui était le rendez-vous des mécontents, le centre d'où rayonnait la révolte, le foyer des intrigues politiques. Il rappela plusieurs personnes exilées, entre autres Gaston de Montferrand, et lui donna la seigneurie de Langoiran, qu'il avait ôtée à Bertrand de Montferrand pour la réunir à la couronne ; il accorda des priviléges à tous les étrangers qui viendraient s'établir à Bordeaux, sans les obliger de prendre des lettres de *naturalité,* à l'exception, toutefois, des Anglais, qu'on désirait y avoir, mais qui étaient exclus de cette mesure réparatrice ; en 1480, l'aspect général du pays étant

Livre VI.
Chap. 7.
—
1472.

1471.

Ordonnances des rois de France de la 3e race.

Février 1474.

tranquille, Louis crut pouvoir abolir ce système prohibitif et admettre tous les Anglais à la jouissance des priviléges de notre cité. Grâce à lui, notre ville reprit son ancienne splendeur, et accorda à ce prince, après sa mort, les regrets qu'on donne à un ami qu'on a perdu.

CHAPITRE VIII.

Édouard d'Angleterre croit pouvoir reconquérir la Guienne. — Une trêve de sept ans. — Bordeaux prospère. — Hiver rigoureux. — La famine. — Nouvel impôt. — Conspiration contre Charles VIII. — Soumission des villes de Guienne. — Le roi à Bordeaux.— Le seigneur de Candale, gouverneur de Bordeaux.— Campagne d'Italie. — Les Espagnols repoussés. — État de la société à la fin du XVe siècle.

Pendant ces agitations intérieures de la Guienne, Édouard d'Angleterre cherchait une occasion d'y rétablir son autorité. Le duc de Bourgogne, son allié, flattait sa convoitise pour assouvir sa propre haine contre Louis; il l'engagea fortement à faire une descente en France, surtout dans ses anciens États, et lui donna les plus positives assurances que ses fidèles sujets, surtout les Gascons, se soulèveraient en masse pour le recevoir et pour secouer le tyrannique joug du roi de France. Édouard crut à la bonne foi de son allié; mais, n'osant pas venir sur les côtes de la Gascogne, où se trouvaient tout à la fois la flotte et l'armée royale, il débarqua à Calais; et, se voyant abandonné par les Bourguignons, il entama des négociations avec Louis XI, qu'il croyait embarrassé des factions de l'intérieur. Les ambassadeurs d'Édouard, voulant profiter de ces circonstances, sollicitèrent de grandes concessions dans la vue d'augmenter les embarras de Louis; ils allèrent jusqu'à demander des droits éventuels à la couronne de France, les duchés de Normandie et de Guienne; mais, au fond, c'était pour faire reconnaître à la France un droit que l'Angleterre désirait faire revivre. Ne trouvant pas assez de souplesse dans le conseil du roi de France, ils finirent par demander 75,000 écus comptant, et le mariage du jeune dauphin avec la fille aînée d'Édouard. Louis accepta ces propositions, et une trêve de sept ans fut conclue entre les deux princes, le 29 août 1475.

Livre VI.
1474.

1475.

<small>Livre VI. Chap. 8. — 1480.</small>

Bordeaux recouvrait peu à peu son ancienne splendeur : le commerce cessait d'être gêné; les Anglais commençaient à y apporter leur or en échange de nos vins et des divers produits du sol. Les restrictions établies par Charles furent enfin levées; mais cette belle perspective fut obscurcie bientôt après par la disette, la famine et leurs suites déplorables. Le lendemain de Noël, un froid très-rigoureux commença à se faire sentir, et continua en augmentant pendant six semaines : toutes les rivières étaient prises, et des charrettes lourdement chargées passaient d'une rive à l'autre sur la glace de la Garonne; tout fut gelé : arbres fruitiers, vignes, blé, légumes, etc., etc. A la suite de cet hiver rigoureux, on éprouva toutes les horreurs d'une famine épouvantable; les pauvres n'avaient échappé à l'étreinte du froid que pour succomber aux cruelles angoisses de la faim. Le Parlement fit de grands sacrifices en faveur des pauvres, et, par une visite minutieuse, constata la quantité de grains que renfermaient les greniers publics et privés. La population fut décimée d'une manière affligeante; mais des mesures sages, employées avec à-propos et prudence, sauvèrent la vie à un grand nombre de personnes. L'archevêque, André d'Épinay, se distingua par ses sacrifices en faveur des pauvres nécessiteux; il leur fit distribuer tout ce qu'il avait; il emprunta même sur ses revenus à venir, et laissa sa mémoire en bénédiction parmi les Bordelais.

<small>Annales d'Aquitaine.</small>

Louis XI aimait à s'appuyer sur la force; il le fallait pour réussir à dépouiller les grands, à augmenter les impôts et à imposer le joug de sa tyrannie sur le peuple asservi. Par son ordonnance du 14 janvier 1480, il fixa la taille à lever sur la Gascogne à la somme de 60,099 liv. 2 sols 6 deniers tournois; quoiqu'il l'eût réduite un peu, il paraît certain que la Gascogne continua à supporter cette énorme charge (1).

---

(1) La taxe de toute la Guienne était, en 1455, de 900,000 francs d'or. Louis XI la porta plus tard à 1,800,000.

L'absence des Anglais se faisait encore sentir un peu à Bordeaux ; son port restait presque vide et son commerce quasi-paralysé. On s'en plaignit au roi, en le priant de remédier à cet état de choses, si fâcheux pour ses sujets, et qui pourrait fortifier leurs regrets d'un temps et des alliances qui n'existaient plus, et dont une sage politique devait s'efforcer de détruire le souvenir. Le roi, en conséquence, fit de Bordeaux un entrepôt général pour la province, et ordonna, le 6 septembre 1481, que les marchandises ayant pour destination l'Espagne, l'Angleterre, le Portugal, la Navarre, la Bretagne et la Flandre, seraient expédiées par le port de Bordeaux.

Cette mesure fut sévère, mais d'une importance vitale pour Bordeaux : elle fit des mécontents ; mais elle satisfit les vœux des Bordelais; ils furent reconnaissants et pleurèrent la mort de ce prince, qu'ils avaient tant de raisons d'aimer; mais leurs regrets furent étouffés sous les malédictions presque unanimes de ses sujets. Il mourut entre les bras de saint François de Paule, le 21 août 1483.

Charles VIII, jeune encore, lui succéda ; il grandit sous les yeux et la sage direction de Mme de Beaujeu, femme d'esprit, habile politique et douée d'une grande pénétration ; elle s'efforça de développer, selon ses vues, l'intelligence du jeune prince, qui n'avait rien appris de son père que la vile maxime de la tyrannie : *Pour régner, il faut savoir dissimuler,* QUI NESCIT DISSIMULARE, NESCIT REGNARE. Louis, duc d'Orléans, héritier présomptif de la couronne si Charles venait à mourir sans postérité, disputa la régence à Anne de Beaujeu, et, par des intrigues bien ourdies, suscita de grandes difficultés à l'administration. Il était jaloux de la préférence qu'on avait accordée à une femme ; et, prévoyant que ses intrigues politiques pourraient être dévoilées, il forma des liaisons avec le duc de Bretagne, chez qui, en cas de besoin, il était sûr de trouver un gîte hospitalier. On dévoila, en effet, ses sourdes machinations, et, se voyant compromis, il s'enfuit en Bretagne. Le comte de Dunois trempa dans la conspiration orléaniste; le roi, irrité, lui ordonna de se retirer dans son comté de Longueville, en Normandie; mais ce fier baron répondit : « *Je suis chez moi, je n'en sortirai pas.* » Le roi feignit de lever des troupes contre ce vassal rebelle; mais ce fut en réalité pour marcher en Guienne, où le sénéchal perfide et traître, Odet d'Aydie, de concert avec le comte d'Angoulême et le sire d'Albret (Alain), les ducs de Lorraine et de Bretagne, fomentait la révolte, sous le nom spécieux de *nouvelle ligue du bien public,* et sous le vain prétexte de maintenir les lois, que des courtisans voulaient détruire. Le peuple se laissa duper par des mots; il ne voyait pas que des intrigants se servaient de lui pour réaliser leurs propres désirs; qu'en réalité, l'attaque était dirigée contre le roi lui-même et peut-être contre la royauté. Ce complot fut découvert par le moyen des lettres d'Odet à ses complices, qui se tenaient prêts à agir en temps opportun. La régente écrivit aux bourgeois de Bordeaux et des autres villes de Guienne, de veiller à la paix et de persévérer dans leur obéissance, et leur promit de s'y rendre elle-même bientôt avec le roi.

On le sut; cependant les factieux se réunirent et se concertèrent entre eux, ayant l'évêque de Périgueux en tête, pour enlever le jeune prince; ils échouèrent dans leur projet et furent arrêtés. Mme de Beaujeu traversa le pays le 11 février et se hâta d'arriver à Saintes, où le capitaine Odet d'Aydie, frère d'Odet, sénéchal de Bordeaux, s'était renfermé pour disputer aux troupes du roi le passage de la Charente; mais se sentant incapable de faire une résistance sérieuse, et ne voyant pas venir d'Albret ni le seigneur de Pons, qu'il attendait, il s'enfuit à Pons et ensuite à Blaye; le peuple de cette ville ayant appris que les Bordelais s'étaient soulevés contre la garnison et pour le roi, se prononça contre lui; il se vit réduit à implorer la clémence royale, et s'engagea à livrer à Sa Majesté tous les châteaux et forts que son frère et lui-même avaient en leur pouvoir, à condition que toutes ses pensions lui fussent conservées, et qu'ils fussent maintenus tous deux, lui et son frère, dans leurs postes de sénéchaux de Bordeaux et de Carcassonne. Le roi agréa ces propositions, qu'il croyait plus politiques que sincères, et peu de jours après le Château-Trompette, Fronsac, La Réole, Saint-Macaire, Langon, Dax, furent soumis à l'autorité du roi. Ce prince arriva bientôt après à Bordeaux, le 17 mars, et fit son entrée solennelle par la porte de Cailhau, accompagné de Mme de Beaujeu, sa sœur et régente, au milieu d'une foule immense et avec une pompe extraordinaire; il s'empressa, à la grande satisfaction du peuple, de confirmer les libertés et priviléges de la ville; mais ne pouvant pas y résider, il choisit pour son lieutenant Gaston de Foix, seigneur de Candale et vicomte de Castillon. L'amirauté de la Guienne fut réunie à celle de la France, et le comté de Comminges fut annexé au domaine de la couronne; quant aux administrations particulières dont Odet d'Aydie avait été chargé, le roi les confia à des amis fidèles.

Livre VI. Chap. 8.
1487.

Darnal, Chroniques.

Velly, Histoire.

Villaret, Histoire.

Garnier, Histoire de France, tome 19.

S'étant concilié l'affection des Bordelais, Sa Majesté se dirigea sur Parthenay, à la poursuite de Dunois, qui, n'osant plus se dire *chez lui,* comme il l'avait fait naguère, s'enfuit en Bretagne. A cette époque, les seigneurs bretons, si unis quand il fallait disputer la régence à Mme de Beaujeu, adoptèrent des lignes de conduite divergentes : les uns voulaient une résistance soutenue contre les prétentions de la régence; les autres, découragés par les succès du jeune prince, et devancés partout par la hardie politique de la régente, blâmaient le duc d'avoir donné asile aux ennemis du roi. Charles VIII voulut profiter des dissentiments de ses adversaires, et se mit en rapport avec les plus modérés, par l'entremise d'André d'Épinay, archevêque de Bordeaux, qui réussit à conclure avec le duc un traité favorable, que le roi ratifia.

Le gouvernement de la Guienne avait été donné au sire de Beaujeu, comme nous l'avons déjà fait observer; mais ces fonctions, qui étaient absolument incompatibles avec ses autres devoirs, et qui exigeaient la présence à Bordeaux du gouverneur, furent données à Gaston de Foix, seigneur de Candale, le 27 août 1491. Gaston de Foix était donc devenu sénéchal de Guienne, et tous les éléments de l'ordre semblaient se combiner pour accroître et garantir la future prospérité de Bordeaux ; la ligue était détruite par la soumission de la Bretagne et la réduction des vassaux rebelles. Le souverain avait donné une plus grande extension à son pouvoir : l'obéissance était une vertu, et le silence un devoir ; personne n'osait plus penser à s'insurger contre l'autorité royale. La France était devenue un état compact, homogène, sans pareil en Europe ; les provinces communiquaient entre elles sans danger ; l'industrie et le commerce se développaient sur une plus vaste échelle, et une ère de véritable progrès semblait s'annoncer à la France et au monde ; mais au milieu de ce travail social, Charles VIII avait les yeux fixés sur l'Italie ; son ambition le portait au delà des Alpes. Voulant se faire escorter dans cette campagne de tous les seigneurs et bourgeois du Bordelais, il ordonna à Gaston de Foix, sénéchal, de les convoquer le sixième jour de septembre 1491, et de *faire savoir à haute voix, à son de trompe et cri public, dans les carrefours de la cité de Bordeaux, par les sergents ordinaires de la sénéchaussée, et par cédules attachées aux principales portes de la ville, à tous nobles et bourgeois, d'avoir à se présenter montés, armés et prêts, en habillement de guerre, le douzième jour du mois de septembre, en ladite ville et cité de Bordeaux, pour aller à la guerre servir le roi, notre seigneur.* Gaston de Foix convoqua, en conséquence, le ban et l'arrière-ban de la sénéchaussée, pour que tous nobles et autres tenant fief et arrière-fief se présentassent armés, équipés et tout prêts à suivre Sa Majesté. Le même ordre fut publié à Libourne, Saint-Émilion, Bourg, Blaye, Saint-Macaire, Castillon, Lesparre, et dans tous les bourgs considérables. Tous les archers devaient se réunir, le 19 septembre, à Guîtres, et partir de là, sous les ordres du seigneur de Duras, pour l'Italie. Tous les seigneurs répondirent à l'appel, en personne ou par des représentants; des peines graves furent prononcées contre les archers et leurs maîtres qui ne se rendraient pas. On savait que le roi voulait être obéi. Nous n'empiéterons pas ici sur le domaine des auteurs qui écrivent l'histoire de France ; c'est à eux à nous raconter les faits qui se rattachent à cette mémorable campagne. Bornons-nous à constater qu'à la fameuse bataille de Fornoue, près de Plaisance, où huit mille Français dispersèrent une armée de quarante mille confédérés, l'archevêque de Bordeaux, André d'Épinay, qui avait suivi le roi dans cette expédition, se trouvait à côté de lui, revêtu de ses habits pontificaux et portant la croix. C'étaient les mœurs de l'époque : de nos jours, nous croirions, avec raison, un prélat déplacé au milieu des armes, et beaucoup mieux entouré de son clergé, à l'autel, ou occupé aux saintes fonctions de son ministère.

Rappelé par les incursions que les Espagnols, pendant son absence, avaient faites dans la Guienne, Charles revint victorieux et repoussa ces hordes transpyrénéennes. Deux ans plus tard, il voulut rédiger les Coutumes en un code uniforme; ce travail ne fut achevé que sous Charles IX. Il organisa les corporations et les maîtrises dans une hiérarchie dont il était le chef; il créa des foires et des marchés libres, donna aux nobles et aux prêtres le droit de commercer; il voulut que des vaisseaux français importassent seuls en France des marchandises étrangères, et encouragea par tous les moyens possibles le commerce et l'industrie. Grâce à lui, le port de Bordeaux était alors florissant. Son trésorier des finances avait formé le projet de faire descendre des pays méridionaux, à Bordeaux, les laines, les huiles et autres marchandises étrangères, pour les transporter de là en Flandre et en Angleterre. Il avait conçu d'autres améliorations politiques et sociales, et

Livre VI. Chap. 8.
—
1497.

1498.

la diminution des impôts qui pesaient sur le peuple en était l'une des plus chères à son cœur, et celle qu'on désirait le plus à Bordeaux après la conservation des libertés locales; mais au milieu de tous ses beaux projets, la mort le surprit, le 7 avril 1498. Naturellement bon et doux, il laissa des regrets à Bordeaux; il avait fait un bien immense au peuple en humiliant les grands, et aux grands eux-mêmes en rétablissant l'ordre et en apprenant aux peuples à respecter les seigneurs qui relevaient de lui. Il avait augmenté la Cour du Parlement de Bordeaux en y introduisant trois présidents et dix-huit conseillers; mais le plus important acte de son règne était, sans contredit, la convocation des États-généraux à Tours, en 1485. Les Bordelais y envoyèrent André d'Épinay, archevêque, Gaston de Foix, comte de Lavaur, et Henry de Ferraignes; Bazas, Condom et le comté de Fezensac y envoyèrent sept députés, et la sénéchaussée des Landes trois.

Nous touchons à la fin du XVe siècle : la barbarie disparaît et une nouvelle ère semble s'annoncer au monde; des idées de rénovation sociale se propagent et occupent tous les esprits; des révolutions prodigieuses sont à la veille d'éclore; des génies gigantesques paraissent avec des conceptions hardies et des œuvres colossales; la littérature rejette son linceul et semble ressusciter à une nouvelle vie, et toutes les parties de l'Europe se hâtent vers l'inconnu, par un progrès précipité, sur les pas de la France; toutes mêlent leurs vœux, leurs histoires, leurs existences; et une ardeur nouvelle, inconnue, inexplicable à la raison humaine, s'empare de toutes les têtes, de tous les cœurs et de tous les bras; c'est le XVIe siècle qui s'ouvre au monde comme l'aurore d'un beau jour qui vient après l'orage; c'est la société s'élançant vers l'inconnu, le grandiose, le sublime dans les arts et les sciences, vers le Concile de Trente pour la réformation de l'Église et l'épuration des mœurs. La féodalité disparaît peu à peu dans ce travail social, et le despotisme est répudié comme forme gouvernementale. Constantinople prise ouvre un débouché à la civilisation chrétienne : la renaissance va éclore; l'imprimerie étend le domaine des idées ; l'Amérique se découvre à l'ardente curiosité de Christophe Colomb ; la Maison d'Autriche fait pressentir sa future grandeur; les républiques italiennes s'affaissent; l'Irlande gémit dans les fers; Henry VIII couvert du sang de ses femmes, Léon X avec toute sa grandeur, François Ier avec toute sa gloire, Charles V, *ce démon du Midi,* comme on l'appelait, avec toute sa puissance, Luther et Calvin avec des torches à la main pour incendier le monde, renverser l'autorité, abuser le peuple, joncher l'univers de ruines, où leurs sectateurs s'ensevelissent et sur lesquelles le catholicisme doit s'asseoir un jour pour les ranimer de sa chaleur vivifiante, que les siècles ne détruisent pas. Tout cela n'est pas loin : nous sommes sur les bords d'un nouvel univers.

En 1495, la peste reparut à Bordeaux avec une violente recrudescence ; elle emporta quelques milliers d'individus.

LIVRE VII.

CHAPITRE PREMIER.

NOTICE HISTORIQUE SUR LE PARLEMENT DE BORDEAUX.

Le 12 novembre 1462, le Parlement fut établi, en conséquence des lettres-patentes de Louis XI. — Son ressort se composait des sénéchaussées de Guienne, des Landes, de l'Agenais, du Bazadais, du Périgord et de la Xaintonge. — L'établissement fut fait par le président Tudert. — Les concessions de nos rois en faveur du Parlement. — Exigences de la Cour. — Incapacité de ses membres. — Réduction des frais ou des *épices* des officiers. — Puissance du Parlement. — La Tournelle. — La Chambre des vacations. — Les jurats ont le droit de s'asseoir en Cour sur le banc des nobles. — Charles-Quint. — Marguerite de France. — La Cour à Libourne. — La *Gabelle*. — Montmorency met le Parlement en interdit. — Une commission le remplace. — Les noms des commissaires, etc., etc.

Nous avons eu et nous aurons encore occasion de parler de l'organisation et des modifications des tribunaux et cours de justice, tels que les Cours des sénéchaux, des prévôts, des présidiaux et autres officiers du roi, à Bordeaux. Au commencement du XVe siècle, en 1401, les Anglais instituèrent à Bordeaux une Intendance générale, sous le nom de Commission, avec des pouvoirs très-étendus ; elle se composait de quatre membres : l'archevêque Hugocion, Jean de Grailly, maire, Hugues Despencer et Henry Beaussec.

Outre cette sorte de régence, il y avait une Cour supérieure, composée de quelques conseillers du roi, et présidée par un représentant de Sa Majesté, qui se qualifiait *juge-général des appels en la Cour de Gascoigne*.

Après l'expulsion des Anglais, la Commission et la Cour furent remplacées par un Parlement, institué par suite d'un traité entre Charles VII et les gens des trois États de la ville et cité de Bordeaux, et le pays de Guienne et Bordelais, le 12 juin 1451. Cet établissement fut stipulé dans l'art. 21 de ce traité (1).

<small>Livre VII. Chap. 1.</small>

L'état politique du pays ne permit pas qu'on installât de suite la nouvelle Cour souveraine ; mais l'ordre étant rétabli, et la paix assurée bientôt après, Louis XI, par ses lettres-patentes du 10 juin 1462, ordonna que le Parlement serait enfin installé. Cette cérémonie eut lieu le 12 novembre, dans l'antique palais des ducs de Guienne, le château de l'Ombrière, *castrum Ombrariæ* (2), sous la direction du président Tudert, un conseiller clerc et un lai du Parlement de Paris. Le même jour, furent reçus dans la compagnie deux conseillers lais et deux clercs, dont l'un était l'archevêque de Bordeaux. Le ressort du Parlement comprenait d'abord les sénéchaussées de Guienne, des Landes, de l'Agenais, du Bazadais, du Périgord et de la Saintonge ; mais, par lettres-patentes du 8 mai 1464, le roi l'étendit encore, en y adjoignant le gouvernement de La Rochelle, l'Angoumois, le Limousin et le Quercy, en deçà de la Dordogne.

<small>Papiers de M. de La Montaigne de Castelmoron.</small>

C'était d'abord une Cour de justice, qui ratifiait ou cassait les jugements des tribunaux inférieurs, et, plus tard, on lui accorda le droit d'enregistrement, privilége qu'elle avait déjà usurpé. Le roi ne se doutait pas qu'en lui donnant tant de

<small>Essais histor. sur le Parlem^t de Bordeaux, par M. Eugène de Brezets.</small>

---

(1) On peut se faire une idée de l'influence du Tiers-État au XVe siècle, quand on songe au patriotisme populaire dont Jeanne-Darc, fille du peuple, était l'incarnation, aux yeux même des nobles. Jacques Cœur fondait alors la comptabilité sur des règles fixes ; et dans le Conseil de Charles VII siégeaient les deux frères Bureau et quelques autres bourgeois, Juvénal, Coussinot, etc., etc.

(2) Le local du Parlement, l'antique palais d'Éléonore, est devenu un magasin de roulage. Sur ce local, on a ouvert la *rue du Palais*, et, le 28 janvier 1845, on y transporta la colonne de marbre, surmontée du *tricycle bordelais*, qui se trouvait au centre de la place Royale depuis 1828.

puissance il créait un contre-poids à sa propre autorité, et faisait en même temps du Parlement une Cour souveraine et un sujet de gêne politique. Les Parlements étaient appelés à délibérer sur les lois et ordonnances du roi ; il était défendu d'en publier et d'en exécuter aucune avant qu'elle fût enregistrée et publiée par les Cours de Parlement dans leur ressort. « La première et principale autorité du Parlement, » dit Laroche-Flavin, est de vérifier les ordonnances et édits » du roi ; et telle est la loi du royaume, que nuls édits, nulles » ordonnances n'ont effets, et on ne les tient pour réels, s'ils » ne sont vérifiés aux Cours souveraines, et par libre délibé- » ration d'icelles. » C'est ce qu'on appelait le droit d'enregistrement, qui a fini par être une sorte de contrôle de l'autorité royale.

Le Parlement de Grenoble disputait toujours la préséance à celui de Bordeaux, à cause de la priorité de date de sa création ; les lettres-patentes de sa création sont de 1461, et antérieures, par conséquent, à l'établissement définitif de celui de Bordeaux, en 1462 ; mais on peut dire que le Parlement de Bordeaux remonte à 1461, puisque Charles VII le promit, et s'engagea alors à l'établir. Le Parlement de Grenoble fut établi par le dauphin ; il ne pouvait réclamer la priorité sur celui de Bordeaux, qui était une création faite par le même dauphin devenu roi. La différence est remarquable.

Dans quelques circonstances, et comme à l'assemblée de Rouen, en 1617, où notre premier-président, M. de Gourgues, ne put se rendre à cause de sa maladie, le Parlement de Grenoble fut placé après celui de Toulouse. Cela eut lieu à d'autres époques bien rares, mais pour des causes graves et exceptionnelles.

A l'assemblée de 1626, le Parlement de Grenoble renouvela ses prétentions à la préséance. Louis XIII attribua, par ses lettres-patentes du 30 novembre 1626, la connaissance de cette contestation aux notables réunis. L'assemblée, après avoir entendu Marc-Antoine de Gourgues, premier-président du Parlement de Bordeaux, et Claude Frère, premier-président de celui de Grenoble, ordonna, par provision, que les premiers-présidents et les procureurs généraux de ces deux Cours se précéderaient alternativement, et jour par jour, à commencer par celle de Bordeaux.

Le Parlement de Grenoble se prétendait lésé dans ses droits, et protesta. Le Parlement de Bordeaux était mécontent de cet état provisoire ; il protesta aussi ; mais la même difficulté se reproduisit à la Chambre de justice, instituée au mois de novembre 1661, pour le jugement de M. Fouquet. Le roi, craignant des contestations, fit expédier une lettre de cachet, du 30 décembre, qui portait que l'on suivrait les mêmes règles que pour l'assemblée de 1626. M. Duverdier, commissaire du Parlement de Bordeaux, eut encore la préséance sur le commissaire de celui de Grenoble.

Depuis lors, le Parlement de Bordeaux prenait séance après celui de Toulouse, qui venait directement après celui de Paris ; son origine remonte au traité de capitulation, du 12 juin 1351, fait entre Charles VII et les Bordelais, et dont l'art. 24 porte : « Et sera, le roi, content qu'en la dite cité de Bordeaux » y ait justice souveraine, pour connaître, discuter et déter- » miner définitivement de toutes les causes d'appel qui se » feront en icelui pays, sans qu'iceux appeaux, par simple » querelle ou autrement, soient traités hors de la dite cité. » L'état politique du pays ne permit pas son établissement immédiat ; la Cour ne fut instituée que sous Louis XI, par lettres-patentes du 12 juin 1462, et non du 7 juin, comme le dit Mézerai, et, le 12 novembre suivant, eut lieu son installation définitive au château de l'Ombrière.

Cette Cour souveraine ne fut composée, à son origine, que d'un président, Jean Tudert, maître des requêtes, et de huit conseillers, moitié clercs, moitié lais, parmi lesquels se trouvaient deux conseillers du Parlement de Paris, Jean Aprilis, clerc, et Jean Sansay, lai. On commença par l'enregistrement des lettres-patentes du roi ; puis on procéda à la réception de l'archevêque de Bordeaux et de Jacques du Loup, conseillers clercs, et de Guillaume Palard et Henry Farraigne, conseillers lais, de Jean Bermondet, avocat du roi, de Grimond, bourgeois de Bordeaux ; du maire, de Maurice Lestrige, notaire et secrétaire du roi, d'un greffier des présentations, et de quatre portiers. La Compagnie décida que la messe serait dite par les quatre ordres mendiants, et qu'à celle de la rentrée, tous les ans, à la Saint-Martin, les présidents y assisteraient en robes rouges, avec leurs fourrures et leurs mortiers, les conseillers et gens du roi en robes rouges et chaperons, et les greffiers en chef avec leurs épitoges.

Le 16 novembre, Jean de La Chassaigne fut reçu conseiller lai au Parlement, et, le 15 janvier suivant (vieux style, qui fut maintenu jusqu'à l'ordonnance de Roussillon et ne fut changé à Bordeaux que le 1er janvier 1566), on y reçut un autre conseiller clerc. Les vacances commençaient le 7 septembre, et la rentrée se faisait régulièrement à la Saint-Martin. Saint Hilaire étant le patron du Parlement de Paris, devint aussi celui de la Compagnie de Bordeaux, et sa fête a été toujours célébrée par elle.

Le 11 mai 1463, le roi Louis XI ordonna que les conseillers clercs seraient payés à raison de 10 sols parisis par jour, et les conseillers lais à raison de 15 sols parisis ; le premier huissier 4 sols parisis et les autres trois huissiers chacun 2 sols parisis et 8 deniers ; le premier-président, en 1514, avait 850 liv. de gages et 900 de pension ; les présidents à mortier avaient 960 liv.

Dans ce même mois, le roi crut devoir donner au ressort du Parlement une autre et plus ample circonscription ; il y ajouta alors le gouvernement de La Rochelle, l'Angoumois, le Limousin et le Quercy, en deçà de la Dordogne ; mais, par lettres-patentes du 30 juillet 1464, le Bas-Limousin fut distrait et attribué aux sénéchaux de Brives et d'Uzerche. Cet état de choses fut encore modifié par les lettres-patentes du 20 juin 1574, par lesquelles le même prince incorpora au ressort de la Cour de Bordeaux tout le Quercy, en compensation du gouvernement de La Rochelle et du pays d'Aulnis, réunis alors au Parlement de Paris. C'est alors que la sénéchaussée d'Armagnac fut annexée au Parlement de Bordeaux. Cette sénéchaussée d'Armagnac fut érigée après la condamnation et la confiscation des biens de Jean d'Armagnac comme coupable de lèse-majesté; elle devait ressortir au Parlement de Toulouse; mais le roi voulut qu'elle fût annexée à celui de Bordeaux.

Lorsque Charles, duc de Berry, reçut en apanage le duché de Guienne en échange de celui de Normandie, le 29 avril 1469, le Parlement fut alors transféré à Poitiers; et le nouveau duc établit à Bordeaux, capitale de ses États, une Cour souveraine, qu'on appelait les *Grands-Jours*. Il ne nous est pas resté la moindre trace de l'exercice de cette nouvelle juridiction.

Le duc Charles mourut le 12 mai 1472; la Guienne retomba sous la juridiction du roi, qui ordonna, le 17 mars 1477, que le Parlement rentrât à Bordeaux; ce prince créa aussi, la même année, quatre nouveaux conseillers; ce qui porte le nombre à quinze. Nous trouvons aussi, dans les documents du temps, qu'il y avait à la Cour un procureur du roi; l'époque de sa création nous est inconnue. La place d'avocat du roi datait de l'établissement du Parlement.

Après la reddition de Bordeaux, en 1451, Gaillard de Durfort, seigneur de Duras, se révolta contre son souverain, Charles VII. Le pauvre Charles, duc de Guienne, donna, en août 1469, à l'un de ses fidèles serviteurs, Jean Aubin, seigneur de Malicorne, les château et terres de Blanquefort, qui avaient appartenu à Duras. On ne sait pas si la Cour des *Grands-Jours* approuva ces représailles politiques; mais il paraît certain que le Parlement s'associa de bonne heure à de semblables actes du roi, et, dans certaines circonstances, le prince fut obligé de réprimer les écarts de ce corps trop fier de son indépendance, qui, au lieu de rendre la justice, se laissait aller quelquefois à des actes de vengeance. Ainsi, Jean de Foix, comte de Candale, dans un moment de colère, frappa un sergent et déchira les ordres émanés de la justice; le Parlement prononça la confiscation de ses biens, et le condamna à faire amende honorable. Le comte reconnut sa faute, et se soumit à l'arrêt de la Cour. Le coup était vigoureux, trop hardi peut-être; il portait trop haut; mais le roi prit fait et cause pour le comte de Candale, son cousin; et ne voulant, en France, d'autre despotisme que le sien, réprima cet acte de justice extrême, qui ne servit qu'à dévoiler la tendance de ce corps à agir en souverain. Par ses lettres-patentes du 17 mars 1477, il accorda à Jean de Foix abolition complète, et rendit à son fils les terres et seigneuries que son père avait possédées en Guienne, entre autres celles de Cadillac, Langon, Castillon-en-Périgord, Castillon-en-Médoc, Lamarque, Cussac, Sausac, Mothes, Bonnegarde, Donsic, Gensac, Chalos, Montguyon, etc., etc.

Le Parlement parut contrarié de cette faveur, et crut devoir adresser des remontrances à ce sujet au monarque, qui avait imposé des restrictions à ses ambitieuses prétentions. C'était du prince que le Parlement avait reçu son existence et ses pouvoirs, et bien certainement, son intention, en créant une Cour souveraine, n'était pas de se donner un maître ni même de reconnaître une puissance rivale de la sienne; c'était la première lutte entre le roi et la Cour souveraine, le germe fatal qui a produit tant d'autres luttes dans la suite.

A la mort de Louis XI, son fils et successeur, Charles VIII, confirma, par ses lettres-patentes du 13 septembre 1483, le Parlement de Bordeaux, qui se composait d'un premier-président, de deux autres présidents (le temps de leur création nous est inconnu), de neuf conseillers clercs et d'autant de lais, avec l'avocat et le procureur du roi, dont nous avons déjà parlé. Dans la vue de se concilier l'estime et l'affection de la Compagnie, Charles VIII, par ses lettres-patentes du 8 août 1487, exempta du ban et arrière-ban les présidents, conseillers, greffiers civils, criminels et des présentations, avocats, procureurs généraux, huissiers du Parlement, ainsi que leurs veuves pendant leur viduité, et leurs enfants durant leur minorité, sans qu'ils pussent être contraints d'envoyer personne à leur place. Par ces faveurs, il croyait éteindre pour toujours, ou neutraliser, au moins, les intrigues et les manœuvres ambitieuses de quelques membres du Parlement. Il se trompait : l'esprit de corps ne meurt pas; il survit aux individus, et tend toujours à grandir et à s'affranchir de tout contrôle.

Cette facilité à faire des concessions était trop visible pour échapper aux regards du Parlement, qui, ne demandant pas mieux que de l'exploiter, sollicitait de nouvelles faveurs; le roi, se rendant à ses désirs, affranchit les officiers de la Cour des saisies féodales, du logement des gens de guerre, des cotisations prescrites pour concourir aux subsides en faveur du roi et aux emprunts.

C'étaient là, il faut l'avouer, des concessions importantes, témoignages irrécusables de la faiblesse du prince et de l'insatiable ambition de quelques sujets. Depuis longtemps, la Cour avait sollicité ces grâces; mais le roi attendait toujours, dans la vue d'établir des précédents, de montrer sa supériorité en l'humiliant par des refus adoucis, et en lui faisant sentir qu'outre le devoir de la reconnaissance qu'il lui imposait, il était toujours maître de révoquer ce qu'il avait accordé.

Le roi se trompait encore : ces vues peuvent être efficaces quand il s'agit des individus; mais auprès des corps politiques et souverains, elles sont impuissantes. L'ambition des corporations ne se dit jamais satisfaite ; elle oublie le passé, ne regarde que le chemin qu'elle a devant elle. Aussi, le Parlement faisait parfois des remontrances comme signe de puissance et moyens d'intimidation : parfois il n'avait à la bouche que des prières et les demandes les plus humbles, les plus respectueuses, afin d'obtenir des grâces exorbitantes ; mais toute cette obséquiosité courtisanesque, tout ce servilisme flatteur, pouvaient se traduire par ces mots : *hypocrisie politique, égoïsme sordide, vile ambition de sauvegarder ses intérêts et d'étendre ses priviléges.*

Par lettres-patentes du mois de mai 1514, le roi confirma le Parlement, qui était composé d'un premier-président, trois présidents à mortier, un président d'enquêtes et vingt-un conseillers. Cette confirmation était une approbation explicite des faveurs déjà obtenues de la bonté du prince.

Il serait fastidieux de donner un tableau des exigences des officiers de la cour ; elles étaient si scandaleusement exorbitantes, qu'un procès, quelque simple qu'il pût être, était presque toujours la ruine des plaideurs et la fortune des avocats et des procureurs. Il fallait payer pour assigner, pour être assigné, pour plaider, pour être jugé, pour avoir une copie du jugement ; il fallait payer quand on gagnait son procès, payer quand on le perdait, payer en entrant en prison, payer en sortant, payer partout et toujours, et acheter bien cher même le droit d'avoir raison, ce que l'État doit à tous, la justice : les *épices des juges* dévoraient le pain des plaideurs !

Le premier-président se démit de ses fonctions en 1471, et se retira à Mirebeau, en Poitou, son pays natal, où il mourut le 13 septembre 1473. Louis Tindo lui succéda à la cour de Bordeaux. A cette époque, la magistrature n'était pas à la hauteur de ses fonctions ; il aurait fallu pour cela des connaissances variées et étendues, posséder bien le droit romain, les lois françaises, et même les coutumes des sénéchaussées du ressort de Bordeaux, de Saint-Sever, du pays de Labour, du

Tursan (Aire), de Marsan, de Dax, de Saint-Jean-d'Angély, de Gavardan, de Bayonne, coutumes qui avaient été homologuées et consacrées par le Parlement. Les magistrats ne pouvaient se vanter de posséder ce trésor multiple, et leur ignorance en ces diverses matières ne contribuait pas peu aux longueurs interminables des procès et à la ruine des plaideurs.

Louis XII, en montant sur le trône, s'occupa avec zèle de la réforme de la justice. Par son ordonnance de 1499, il interdit aux juges, sous des peines sévères, de *prendre dépens ni aucune chose* des parties, hors les *épices* réduites à un taux raisonnable; il réprima aussi les odieuses manœuvres des greffiers et des agents subalternes; il ordonna qu'on envoyât les ordonnances royales aux baillis et sénéchaux de Guienne aussi bien qu'aux Parlements, et s'engagea, en outre, pour l'indépendance et l'honneur des cours de justice, de ne jamais vendre les offices de judicature; mais cette bonne volonté disparut plus tard devant les exigences du fisc. Il prescrivit des examens publics pour s'assurer de la capacité des aspirants, et, en 1502, on commença à exécuter cette ordonnance, par l'examen, au Parlement, des candidats qui se présentaient pour y être reçus.

Ce prince réduisit le nombre des procureurs : ils étaient la grande plaie de l'époque et rongeaient toujours impunément le pauvre peuple; mais, malgré ses généreux efforts pour l'épuration et l'honneur des cours judiciaires, il laissa toujours subsister, en matière criminelle, la torture et la procédure secrète. Le XVIIe siècle a fait disparaître ces intolérables abus.

Louis XII mourut le 1er janvier 1514, et François Ier, son successeur, confirma, par lettres-patentes, le Parlement de Bordeaux, qui se composait alors de trois présidents, dont les places étaient fixes, d'un président aux enquêtes, dont la charge était unique, de vingt-un conseillers (dix clercs et onze lais), d'un greffier civil et criminel, d'un greffier des présentations, qui précédaient alors les gens du roi, d'un avocat du roi, d'un procureur du roi, de huit huissiers, d'un receveur et payeur des gages, et d'un receveur des amendes.

Le président aux enquêtes était un ecclésiastique, revêtu d'un office de conseiller-clerc, et se nommait Lancelot Dufau ; il devint bientôt après évêque de Luçon. Le 6 novembre 1516, le roi François Ier, par lettres-patentes, enregistrées à Bordeaux le 26, lui accorda l'entrée et voix délibérative au Parlement, honneur dont avaient joui les évêques de Bazas et de Dax. La commission de la garde du scel de la chancellerie avait été remplie jusqu'alors par le défunt évêque de Bazas ; Mgr Lancelot Dufau, qui avait servi près de trente ans, ou comme conseiller en cour, ou en qualité de président aux enquêtes, remplaça l'évêque de Bazas comme garde du scel ; il était le premier titulaire de la charge de président aux enquêtes.

A cette époque, la puissance du Parlement était tellement étendue et agrandie, qu'elle semblait absorber celle de tous les autres fonctionnaires nommés par le roi. Les gouverneurs de la province eux-mêmes témoignaient la plus grande déférence pour la cour souveraine, au point qu'elle seule semblait représenter et remplacer le roi lui-même. Louis XII avait fait un peu pour étendre l'autorité des gouverneurs ; François Ier en fit davantage, et, par ses lettres-patentes du 26 mars 1514, il nomma Odet de Foix, sieur de Lautrec, gouverneur de Guienne, pays et ville de La Rochelle ; il avait aussi la garde des principales villes de Guienne : Bordeaux, Blaye, Saint-Sever, Bazas, Dax, La Réole et Bayonne. Le 3 mai 1515, il lui accorda, à son entrée dans chaque ville de son gouvernement, le grand privilége de mettre en liberté les prisonniers qu'il lui plairait, d'accorder pardon et abolition de tous crimes et rappels de ban, excepté pour la satisfaction civile seulement entre les parties. Cette mesure avait, aux yeux du Parlement, une immense portée politique : elle élevait le gouverneur au-dessus du Parlement, et lui donnait un privilége que les princes seuls avaient exercé jusque-là ; par le droit de grâce, le sieur de Lautrec serait devenu, pour ainsi dire, vice-roi en Guienne. La Cour protesta, fit plaider sa cause par des amis, à Paris, et finit par avoir raison contre Lautrec et le roi.

Du temps de Louis XII, les procès, tant civils que criminels, étaient jugés par neuf membres. Cette disposition, ordonnée par ce prince, paraissait à François Ier très-défectueuse, par la raison qu'il n'y avait que vingt-cinq présidents et conseillers partagés en deux chambres, la Grand'Chambre et la Chambre des enquêtes, et que, dans les procès criminels, la Grand'-Chambre était obligée d'appeler à siéger des juges de la Chambre des enquêtes. François Ier ordonna, le 22 avril 1515, que les procès criminels seraient jugés en la Grand'Chambre par sept conseillers et un président de cette même Chambre, sans appeler personne de la Chambre des enquêtes, à moins que les circonstances ne l'exigeassent.

M. Mondot de la Marthonie était alors premier-président au Parlement de Bordeaux ; il avait succédé à Louis Tindo ; mais il fut appelé bientôt après à Paris comme premier-président du Parlement de cette ville, et remplacé à Bordeaux, en 1515, par Jean de Selve, qui, lui aussi, fut plus tard nommé premier-président à Paris. Jean de Selve était en même temps vice-chancelier du duché de Milan. Le roi, qui l'affectionnait beaucoup, lui accorda, le 28 décembre 1515, des lettres-patentes pour occuper ces deux offices ensemble et pour cumuler en même temps les gages de premier-président de Bordeaux, qui montaient à 1,450 livres tournois par an. Le Parlement rendit une ordonnance, le 3 février 1517, pour le paiement de cette somme au procureur dudit président Selve.

Par son édit du mois de mars 1549, enregistré à Bordeaux le 25 juin suivant, le roi établit une Chambre criminelle *(la Tournelle)* au Parlement de Bordeaux, et créa huit offices de

Livre VII. Chap. 1.

conseillers, tous laïs. Cette Chambre fut installée le 14 novembre 1519; les titulaires de tous les nouveaux offices ayant été reçus le 30 août précédent, on envoya à la Tournelle le troisième président de la Cour, qu'on appelait le tiers-président, huit conseillers, moitié de la Grand'Chambre, moitié de la Chambre des enquêtes. On fit monter en même temps quatre conseillers de la Chambre des enquêtes à la Grand'-Chambre, à cause de l'augmentation du nombre des offices que le nouvel édit avait produits. C'est cette même année que fut établie la Chambre des vacations. Par ses lettres-patentes du 16 avril 1520, enregistrées le 26 juin, le roi ordonna qu'à l'avenir, si le second président venait à mourir, le tiers-président monterait à sa place, et que le quatrième président irait occuper celle du tiers, comme il se pratiquait à Paris. Depuis lors, on a toujours suivi ces gradations hiérarchiques et honorifiques à Bordeaux.

13 Novembre 1520.

Pour prévenir les jalousies ou les désappointements des vues ambitieuses, la Cour arrêta qu'à la Tournelle il y aurait *muance*, c'est-à-dire que ceux qui seraient élus à la rentrée (à la Saint-Martin) pour être à la Chambre de la Tournelle, y resteraient jusqu'à Pâques, et seraient remplacés par les autres jusqu'à la Saint-Martin. Il y fut aussi arrêté, le 3 mai, conformément aux lettres-patentes du 26 avril, que, lorsque les Chambres s'assembleraient pour quelques affaires importantes, s'il y avait des présidents ou conseillers refusés jusqu'au nombre de sept, ils pourront juger en ce nombre les procès en matière bénéficiale jusqu'à 200 liv. de revenu, en matière féodale jusqu'à 100 liv., et en matière personnelle jusqu'à 1,000 liv.

21 Mai et en août.

Par différents édits de 1522, le roi créa deux offices de conseillers laïques, vingt sergents royaux dans la sénéchaussée de Guienne, et un procureur du roi en chacune des sénéchaussées et juridictions ressortissant au Parlement. Il avait reconnu aussi, par ses lettres-patentes du 24 juillet 1520, l'existence de quarante notaires à Bordeaux. Le 4 avril 1524, il créa six places de conseillers au siége de la sénéchaussée de Guienne, et, le 30 mars de la même année, il avait créé deux offices de notaires-secrétaires au Parlement.

Livre VII.
Chap. 1.

A cette époque, les Bordelais criaient beaucoup contre les droits énormes qui pesaient sur le commerce du vin. On avait établi un impôt de 2 écus par tonneau de vin pendant tout le temps de la guerre. L'amiral et le vice-amiral levaient aussi, pour les besoins de la marine, 1 écu et demi par tonneau. Ces charges étaient trop accablantes pour les pays viticoles et pour le consommateur; le gouverneur, sieur de Lautrec, se rendit l'écho des plaintes du peuple, et la reine régente, faisant droit aux réclamations, abolit ces charges extraordinaires; mais elle laissa subsister les autres droits d'entrée, de grande Coutume, etc., etc.

D'après un usage immémorial, on ne pouvait descendre les vins du Haut-Pays, à Bordeaux, avant la fête de Noël. Charles VII avait levé cette restriction sur le commerce des vins, en autorisant leur descente après le jour de Saint-André (30 novembre). Les Bordelais réclamèrent contre cette violation de leurs antiques droits; et le roi, par ses lettres-patentes de juillet et d'août 1520, annula son ordonnance, confirma les priviléges de la ville, et ordonna que, dorénavant, les vins du Haut-Pays ne pourraient passer les ports de Saint-Macaire et de Langon avant la fête de Noël. En 1542, le comte de Dunois, duc de Longueville, fit entrer à Bordeaux du vin du Haut-Pays avant Noël; le peuple, jaloux de ses droits, se souleva contre leur violation, et ne s'apaisa que par l'intervention des jurats et du Parlement. Cette circonstance fit comprendre au roi la nécessité de ménager les Bordelais, si susceptibles à l'endroit de leurs priviléges.

Registre
du Parlement.

En 1527, le procureur général, car c'est ainsi qu'on qualifiait le procureur du roi, se démit de sa charge pour en prendre une de conseiller au Parlement; il fut reçu conseiller le 23 juillet. Jusqu'ici, il y a eu des exemples de pareils changements; mais celui-ci fut le dernier.

Le 13 novembre 1531, fut reçu conseiller, après la messe du Saint-Esprit, Raymond Fayard. Dans ce temps, il existait une parfaite harmonie entre le Parlement et la jurade ; c'était un échange de courtoisie et de faveurs, et un empressement mutuel à se rendre agréable les uns aux autres. Le Parlement agissait partout ; il exerçait son influence sur toutes les affaires ; et, ce qui mérite d'être remarqué, on voyait alors quelquefois, parmi les jurats, des membres de cette Compagnie. En 1531, les jurats présentèrent une requête pour qu'ils eussent leurs siéges sur les bancs des nobles. La Cour fit droit à leur demande, et ordonna qu'à l'avenir le sous-maire et les jurats seraient reçus au parquet le jour de la prononciation des grands arrêts ou autres actes notables, pourvu qu'ils fussent revêtus de leur grand manteau de jurade, et auraient la préséance sur les nobles, mais pour cette fois seulement, et sans tirer à conséquence.

En 1537, au commencement du mois de novembre, la Cour, ne voyant ni le maire ni les jurats à la rentrée, ordonna, le 14 novembre, au sous-maire et aux jurats, en présence de Capdeville, jurat, et de Lavie, procureur de la ville, d'assister tous les ans à la rentrée de la Cour, le lendemain de la Saint-Martin, et cela sous peine d'une amende de 500 liv. tournois.

En 1536, le roi créa quatre nouvelles charges de conseillers lais, et une seconde charge d'avocat général fut instituée au mois d'octobre de cette année ; elle fut remplie par Fronton de Beraud, qui fut reçu le 26 novembre suivant. Par des lettres-patentes données à Montpellier, le roi l'autorisait à donner des consultations, à plaider et à écrire pour des parties privées et en matières qui n'auraient aucun rapport avec les affaires de l'État. Le nouveau titulaire présenta ces lettres au Parlement le 15 juin. La Cour, les Chambres assemblées, lui permit de jouir des avantages résultant de ces lettres, selon les modifications mentionnées dans les lettres de dispense, qui avaient été précédemment accordées à Jean de Lahet ; l'autre avocat général, dont la charge était restée unique depuis la création du Parlement, Jean Chambon, qui avait exercé cette charge sous Charles VIII, avait obtenu de ce prince une semblable permission, par lettres-patentes du 6 décembre 1497, enregistrées à Bordeaux le 8 janvier suivant, qui portent que ses prédécesseurs audit office avaient une permission semblable.

Le 19 avril 1533, Sauvat de Pommiers fut nommé président à la Chambre des enquêtes, et, le 30 juillet 1534, la Cour enjoignit sévèrement aux avocats de se rendre aux audiences les jours ordinaires, à sept heures du matin, à peine de 1 écu pour les avocats et de 2 pour les procureurs.

Dans ce temps, on avait annoncé l'arrivée en France de l'empereur Charles-Quint, et le projet qu'avait formé Charles de France, duc d'Orléans, de venir à Bordeaux au devant de Sa Majesté; la Cour, les Chambres assemblées, arrêta, le 15 novembre 1539, que deux présidents (le premier et le quatrième), vêtus de leurs robes d'écarlate, avec chaperons noirs et longs par-dessus, accompagnés de quinze conseillers, vêtus de leurs robes noires et chaperons de même, iraient au devant du jeune prince jusqu'à son bateau, et que, devant eux, marcherait le premier huissier, avec trois autres huissiers, vêtus de leurs robes et chaperons longs.

On prétend que, le 20 novembre, on exigea quelque chose de plus en l'honneur du prince; c'était le connétable de Montmorency qui le voulait. On arrêta que deux présidents et quatorze conseillers seulement, tous vêtus de leurs robes noires et de leurs chaperons longs, iraient au logis du duc d'Orléans, pour lui faire *leur révérence* et lui présenter les hommages de la Cour; il fut, en outre, arrêté que le même ordre serait observé à l'égard du connétable; mais que pour ce qui concernait le *recueil* ou *révérence* que la Cour serait tenue de faire à M. le Dauphin, il en serait ordonné, comme de juste, après en avoir conféré avec le connétable. Ici, nous voyons le connétable mis sur le même niveau que le fils de France. Devons-nous regarder tout cela comme une flatterie, ou devons-nous seulement en conclure que les Français d'alors

Livre VII. Chap. 1.

avaient la plus haute idée de l'éminence de cette charge de connétable.

Le 1ᵉʳ décembre 1539, l'empereur Charles-Quint arriva dans nos murs, accompagné du duc d'Albe et d'autres *princes et sieurs*. Le Parlement envoya sa députation, selon le cérémonial convenu, jusqu'au portail du Chapeau-Rouge, par lequel devait entrer l'empereur; comme il pleuvait beaucoup, on arrêta que, pour ne pas retarder le cortége, la Cour de Parlement attendrait, pour faire son *oraison* (harangue), que Sa Majesté fût arrivée à son hôtel. A son entrée, l'empereur daigna accepter le poêle, et fut accompagné du dauphin, du duc d'Orléans et du connétable. On lui présenta les clés de la ville, faites d'argent, et dès qu'il fut arrivé dans ses appartements, le premier-président fut admis à lui adresser ses hommages et son *oraison*, ou compliment. Nous ignorons les honneurs qu'on rendit au dauphin.

Quelque temps après, il s'agissait encore de faire une convenable réception à Marguerite de France, épouse d'Henry d'Albret, roi de Navarre et gouverneur de la Guienne. La Cour, les Chambres assemblées, arrêta, qu'attendu la qualité de cette dame (sœur et femme de roi), elle enverrait au devant de cette princesse deux présidents (le second et le quatrième), vêtus de leurs robes rouges avec chaperons, et dix-huit conseillers, vêtus de leurs robes de drap noir, avec chaperons de même, précédés de six huissiers, avec leurs chaperons accoutumés, tenant leurs verges en main.

Pour former cette députation de dix-huit membres, on devait en prendre six dans la Grand'Chambre, six dans celle des enquêtes, et les autres à la Chambre criminelle; ils devaient aller au devant de la princesse jusqu'au *Chai du roi*, c'est ainsi qu'on appelait l'Hôtel de la Monnaie; après l'avoir saluée et complimentée, ils devaient prendre congé d'elle et rentrer en la Cour, où l'on coucherait sur le registre général que dorénavant on n'enverrait jamais un si nombreux cortége, ni qu'on observerait un pareil ordre pour une femme de gouverneur qui serait d'une qualité inférieure, mais qu'on se bornerait à envoyer, comme par le temps passé, un seul président et huit ou neuf conseillers, vêtus de leurs robes noires et de leurs chaperons rouges ; mais, le 10 du même mois, on acquit la certitude que cette princesse ne ferait aucune entrée solennelle, et qu'elle descendrait par eau jusqu'au Château-Trompette, où elle devait débarquer ; la Cour délibéra d'envoyer au château deux présidents et dix conseillers, au devant desquels marcheraient deux huissiers ; les officiers devaient porter leurs chaperons longs et les huissiers leurs verges à la main.

Cette princesse, qui protégeait beaucoup les protestants, venait alors souvent à Bordeaux, dans l'espoir et dans le but de leur rendre quelques services. Le 28 mai suivant, elle fit une entrée solennelle à Bordeaux, et, le lendemain (29), elle se rendit au Parlement, qui s'était réuni. « La reine s'assit,
» dit le registre, sur une chaise de velours violet cramoisi,
» au lieu où se tenait le greffier de la Cour, et les présidents
» étaient assis au banc des gens du roi ; les hauts siéges
» étaient demeurés vides.

» Derrière elle, dit encore le registre, se sont assises les
» sénéchales du Poitou, la marquise de Saluces et la dame de
» Grammont (il en résulte que les dames titrées n'étaient pas
» exclues du Parlement). » Après avoir exposé le sujet de cette séance, la reine de Navarre dit : « Que, non comme
» lieutenante du roi et gouvernante de Guienne, mais comme
» fille de France et sœur du roi, qui lui a mandé de faire son
» entrée en icelle cité, elle prie la Cour de vouloir la faire
» jouir du privilége octroyé à elle et à ses prédécesseurs,
» étant de sa qualité qu'elle a dit être contenue au *Livre des*
» *Fleurs de Lys*, étant à Saint-Denis de France, et, en ce
» faisant, qu'elle puisse faire ouvrir les prisons aux prison-
» niers, par ses maîtres des requêtes et ses aumôniers, ainsi
» qu'il a été accoutumé, protestant de ne vouloir mettre en
» délivrance aucuns détenus pour crimes que le roi n'a accou-

» tumé de remettre, de n'y toucher ni entreprendre sans » l'autorité dudit sieur. »

Marguerite semblait désavouer les prétentions du gouverneur de Guienne, que le Parlement repoussait; elle réclamait ses priviléges comme *fille de France et sœur du roi;* la Cour n'y fit pas d'opposition, bien qu'elle fût convaincue que cette princesse exercerait ses pouvoirs en faveur des protestants.

La lutte était commencée depuis quelque temps; les gouverneurs réclamaient les grands pouvoirs que le roi leur avait accordés, mais que le Parlement ne voulait pas reconnaître.

Le 15 février 1534, par ses lettres-patentes, le roi défendit à la cour de *s'entremettre* des affaires dont le lieutenant général et le gouverneur étaient chargés. Le gouverneur était de cet avis; mais le Parlement persista dans son opposition.

Depuis lors, la lutte devint de plus en plus violente; des occasions se présentaient rarement, mais trop souvent pour la paix de la ville et le bien public. En 1538, Mgr Charles de Grammont, archevêque de Bordeaux, était lieutenant du roi de Navarre. Le procureur général se plaignit à la Cour, Chambres assemblées, « que ce prélat avait entrepris de con» naître entre les syndics des habitants de Maransin, pour » raison de la cotisation qui avait été faite sur lesdits habi» tants pour les étapes des légionnaires de Guienne, combien » la connaissance en appartînt à la Cour. La Cour ordonna » que ledit archevêque *viendrait en icelle pour lui ordonner* » *ce que de raison.* »

La présence de Marguerite faisait diversion, au moins momentanément, à ces mesquines rivalités de puissance. Femme d'Henry d'Albret, roi de Navarre et gouverneur de Guienne, elle venait de temps en temps à Bordeaux. Le Parlement lui accordait tous les honneurs possibles; mais ses idées sur le cérémonial n'étaient pas toujours celles du gouverneur. Ainsi, en 1545, pour l'entrée en Guienne de Lautrec, il fut arrêté en Cour que quelques magistrats de la Grand'Chambre iraient jusqu'à demi-chemin d'entre le Palais et la Porte-Cailhau, où se trouvait la place du Palais ; mais, pour Marguerite, la Cour alla plus loin, surtout le 8 mai 1541, et se rendit jusqu'au Château-Trompette, pour la complimenter. La reine y fut très-sensible ; elle combla le Parlement de politesses et le traita comme le grand sénat d'Aquitaine.

Marguerite contribua à adoucir un peu la sévérité qu'on employait envers les sectaires, objets des rigueurs judiciaires depuis 1537. Le Parlement n'était favorable alors ni à la liberté des cultes ni à ce que nous appelons les libertés gallicanes, et dans l'assemblée de Bourges, où fut proclamée la *pragmatique sanction*, en 1438, l'archevêque Pey-Berland soutint les droits de l'autorité papale contre le vœu du clergé de France, convoqué par Charles VII. Par le concordat de 1518, François Ier livra l'or du royaume à Léon X, qui lui abandonna en échange les libertés de l'Église ; ce singulier concordat fut présenté au Parlement de Bordeaux, et enregistré et publié sans opposition. Sa jalousie contre les jésuites, alimentée plus tard par le jansénisme et par le protestantisme, n'existait pas encore. Le Parlement tenait à ses priviléges ; mais il faisait bon marché de ceux de l'Église de France, qui tenait à ses libertés. La seule chose sur laquelle il insistait surtout, c'était que le lieutenant criminel ne *fît plus d'exécution sur la place du Palais*.

Quant à ses rigueurs contre les protestants, il en avait déjà donné des preuves. Le jour de Saint-André, 1537, la Cour, revêtue de ses robes d'écarlate, assistait en corps à la procession générale, « à laquelle, dit le registre, onze personnages,
» dont huit en chemise, pieds nus, et trois la tête et les pieds,
» lesquels, sur un échafaud dressé là où est le grand clocher de
» Saint-André, firent amende honorable pour raison du crime
» d'hérésie. »

Marguerite s'indigna de ces rigueurs ; elle obtint du roi l'évocation de toutes les causes d'hérésie du Béarn ; elle s'efforça d'adoucir le sort des hérétiques de Guienne, et réussit à un

Livre VII. Chap. 1.

certain degré. Le 5 janvier 1542, le Parlement enregistra une lettre écrite par le roi à la reine de Navarre, par laquelle « le roi faisait mention de la forme de punition qu'il entendait » être gardée pour tous ceux qui étaient accusés du crime » d'hérésie, savoir que ceux qui seraient trouvés sacramen- » taires auraient punition corporelle ; que les dogmatistes se » dédiraient publiquement avec quelques amendes honora- » bles et quelques abjurations solennelles ; et pour ceux qui » auraient commis quelque faute légère, ils seront tenus d'eux » en confesser. »

Après la lecture de cette lettre au Parlement, « Richard » Duplessis, avocat de la reine, se départit de l'évocation » qu'elle avait obtenue pour ceux de son pays, accusés d'héré- » sie, et la Cour ordonna que punition se fît selon le vouloir » du roi. »

Les sectaires se calmèrent un peu, et la paix fut rétablie dans nos contrées. Quelque temps après, arriva la fameuse émeute de la gabelle ; nous en donnerons tous les détails un peu plus loin.

En 1543, on reçut des lettres-patentes pour la création de quinze offices de conseillers, huit lais et sept clercs ; l'édit fut présenté au Parlement le 30 mars 1543. Sur quoi la Cour députa vers le roi un conseiller et le second avocat général, pour lui remontrer que le ressort de la Cour de Bordeaux était petit et avait été considérablement démembré, et pour supplier le roi de vouloir lui faire rendre les sénéchaussées d'Armagnac et de Quercy, qui avaient été annexées au ressort du Parlement de Toulouse.

Ces quinze officiers devaient former la seconde Chambre d'enquêtes que François Ier avait créée sur la fin de 1542. L'édit fut enregistré, et, le 10 mai 1543, un conseiller de la Cour fut reçu président de la nouvelle Chambre ; le 7 juillet suivant, on reçut quatorze des quinze conseillers de la nouvelle création. Le 22 août suivant, le procureur général et les avocats généraux présentèrent deux édits rendus dans ce même mois, et portant, l'un la création de deux offices de présidents aux deux Chambres des enquêtes; l'autre l'institution de cinq offices de conseillers lais. La Cour, étonnée de cette multiplicité de charges, dont la création n'était au fond qu'une spéculation financière, dans un temps où ces places étaient vénales, fit réunir les Chambres, et ordonna que le premier édit serait enregistré et publié dans les formes voulues; mais qu'il serait fait au roi, au sujet de l'autre, des remontrances respectueuses, par un président et un conseiller de la Cour. Les remontrances furent faites, mais sans succès; il fallait enregistrer l'édit le 21 décembre suivant.

La charge de président était exercée depuis dix ans par Sauvat de Pommiers, digne et vénérable magistrat, trisaïeul de Jacques de Pommiers, qui mourut le 25 décembre 1713, doyen du Parlement, après avoir été trente-deux ans président de la première Chambre des enquêtes, et la seconde charge de président à la première des enquêtes ne fut remplie que le 3 septembre 1543, par Pierre de Lavergne, ancien conseiller du Parlement, aïeul de M. le comte de Guilleragues, Jacques-Léon-Gabriel de Lavergne.

Par un troisième édit du mois d'août 1543, le roi avait créé une Chambre des requêtes du palais, dans le Parlement. L'édit fut enregistré le 25 janvier suivant; cependant, il paraît certain qu'il ne fut pas mis en exécution.

A cette époque, l'infortuné chancelier de France, Guillaume Payet, était en état d'arrestation, sous l'accusation accablante de concussions et de plusieurs autres crimes; il s'agissait de procéder à son jugement. Le 11 février 1543, on communiqua à la Cour une lettre du roi, datée du 16 janvier précédent, avec ordre de donner congé à trois conseillers, nommés dans la missive, pour aller assister, le 1er mars suivant, au jugement de Payet.

Les nouveaux offices étaient l'objet de toutes les conversations, et même des recherches les plus actives. Le roi ne se gênait pas : ses intérêts le portaient à satisfaire tout le monde. Le 7 mai de la même année, le procureur général présenta à la Cour de nouvelles lettres-patentes, portant création des receveurs des deniers communs des villes du royaume. La Cour, tout étonnée, en renvoya la lecture au lendemain, et manifesta, dans cet intervalle, le plus grand mécontentement. Le 10 mai, une nouvelle réunion eut lieu, pour examiner les inconvénients de ces empiétements sur les droits de la municipalité. M. Frédéric de Foix de Candale et l'archevêque firent observer à la Cour qu'il serait convenable et utile de conférer de cette affaire avec le roi de Navarre, gouverneur du pays, qui, mieux que tout autre, préviendrait le roi des inconvénients que la publication de ces lettres pourrait engendrer. L'archevêque offrit ses services auprès d'Henry de Navarre, et un sursis fut ordonné jusqu'à ce que l'archevêque et le conseiller Geoffroy de Pompadour se fussent acquittés de leur commission. Les jurats aussi en écrivirent au roi de Navarre, et lui dépeignirent en termes simples et mesurés les torts que la publication de ce décret ferait infailliblement aux intérêts publics à Bordeaux ; que les nouveaux officiers auraient droit de prendre sur les revenus de la ville 6 deniers tournois par livre ; tandis que, dans le système de perception jusque-là suivi, les employés ne recevaient des jurats que *nonante livres ;* que, par cette innovation, on blessait les libertés municipales et l'on mettait les jurats dans l'impossibilité d'offrir des secours pris sur les économies de la ville, au roi dans ses besoins, comme on l'avait souvent fait, et naguère encore quand on lui envoya plus de *sept vingt mille livres* à Bayonne ; que, d'ailleurs, ledit édit anéantissait l'autorité du gouverneur, qui avait le droit de vérifier les comptes et de désigner les sommes qu'on devait employer aux réparations de la ville et autres besoins du peuple.

Le roi de Navarre écrivit, le 18 mai 1543, à la Cour, pour

savoir son opinion sur l'édit qui nommait un trésorier de la ville et un contrôleur : la Cour répondit par ses deux députés ; et confirmant les détails fournis par les jurats, demanda de surseoir en ce qui regardait la publication de l'édit; ce qui fut accordé.

La seule affaire où le Parlement ait, en outre, pris part pour ce qui regarde les affaires politiques ou administratives, est l'entrée en ville de Marguerite, reine de Navarre. On savait que cette princesse protégeait partout les réformés et ne négligeait jamais une occasion favorable de leur faire du bien et de propager leur culte. La princesse, à Bordeaux, enhardissait les sectaires et mettait un frein à l'intolérance bien connue du Parlement. Les catholiques la détestaient; mais sa haute position sociale commandait le respect, et les cœurs et la raison désavouaient souvent les concessions qu'une dure nécessité arrachait à leur dévoûment aux intérêts de l'Église et de l'État. Son intention, en exerçant ce privilége de reine, de fille de roi et de femme de gouverneur du pays, était de rendre service aux sectaires et de faire mettre en liberté ceux qui étaient alors en prison. Le Parlement comprit ses motifs; il obéit cependant aux ordres donnés, et les grâces furent accordées.

Le 25 août 1544, les avocats généraux présentèrent à la Cour un nouvel édit, donné, à Saint-Maur-des-Fossés, au mois de juillet précédent, portant création d'une cinquième charge de président en la Cour; il fut enregistré le même jour, et, trois jours après (28), le procureur général, Guillaume Le Comte, exerçant sa charge depuis seize ou dix-sept ans, présenta ses provisions en la Cour de nouvelle création; ces lettres de provision furent datées de Saint-Pey, le 7 du même mois.

Il fut délibéré, *qu'attendu la longue expérience que la Cour a du dit* « Le Comte, lequel a longtemps pratiqué en l'office » de procureur général, conseillé et plaidoyé; que sans tirer

» à conséquence pour l'avenir, où aucun procureur général
» serait pourvu de l'office de président, PER SALTUM ET IMME-
» DIATE, que ledit Le Comte sera reçu au serment dudit office
» sans autrement l'examiner; ce qui a été fait le même jour,
» après qu'il eut purgé, moyennant serment, n'avoir baillé ni
» promis bailler directement ou indirectement argent à d'au-
» tre qu'au roi. » (1).

Ces paroles si élogieuses, si honorables pour M. Le Comte, nous donnent une idée de ce qu'était alors la charge de procureur général. Très-souvent, c'est la robe et l'épée qui anoblissent l'homme; ici, c'est l'homme qui agrandit les fonctions et qui les fait rechercher par d'autres. Guillaume Le Comte était bisaïeul de M. le Premier-Président du Parlement, Jean-Baptiste Le Comte, captal de La Teste, homme honorable, chez qui la vertu, la piété, le savoir et l'intégrité étaient héréditaires.

Quant à la déclaration et au serment qu'on exigea de M. Le Comte, ce n'était qu'une suite du règlement fait le 26 août 1530 pour le Parlement. Ce règlement portait que tous les nouveaux officiers du Parlement jureraient à leur réception qu'ils n'avaient point donné de l'argent pour avoir leur place. Le motif de cet antique usage est facile à comprendre : on voulait conserver la vocation aux charges de la magistrature dans toute sa pureté, et empêcher l'ignorance et l'inexpérience, par le moyen de quelques sacrifices pécuniaires, de s'y introduire; mais on comprit, plus tard, les dangers et l'inutilité du serment : une ignorante ambition ne s'arrête pas devant un parjure; aussi on parlait bientôt après de la nécessité où se trouvait la Cour de modifier cet article et de lui donner une autre forme.

La création de cette cinquième charge de président est

---

(1) Le Parlement alla siéger à Libourne, le 2 août 1546, à cause de la peste à Bordeaux; il rentra à Bordeaux le 17 janvier suivant.

la dernière que François Ier ait faite en la Cour de Bordeaux. Ce prince avait besoin d'argent ; il en voulait à tout prix, et croyait s'enrichir en multipliant les charges des Parlements. Aussi se laissa-t-il aller avec une déplorable facilité à cette manière de faire, aussi impolitique que dangereuse ; jamais roi n'en a tant usé ni abusé. Il augmenta de deux la charge de président à mortier, de trois celle de président aux enquêtes, de trente-quatre, ou, selon d'autres, de quarante-quatre celle de conseiller ; il doubla la charge d'avocat général. Il avait même créé une Chambre des requêtes au Palais ; mais cette création, sans base, sans motif, n'eut pas de suite. Par une clause insérée dans son édit de 1543, relatif à l'établissement de la seconde Chambre des enquêtes, et à la création de quinze nouvelles charges de conseillers, il avoua lui-même qu'il improuvait ce qu'il venait de faire. Cette clause portait que, *vacation advenant par mort* de conseillers anciens ou nouveaux, les offices demeureraient supprimés jusqu'à ce qu'ils fussent réduits au nombre ancien ; mais cette clause, comme beaucoup d'autres, demeura sans effet ; car il en donnait des dispenses toutes les fois que ses besoins l'y forçaient ; c'était là un des tristes fruits des malheureuses et trop longues guerres que ce prince eut à soutenir.

Le même jour que M. Le Comte fut reçu président au Parlement, Antoine de Lescure présenta ses provisions de l'office de procureur général. La Cour ordonna que le nouveau titulaire subirait un examen sur la loi. Antoine de Lescure, procureur général au Parlement, était grand-père de Léon de Lescure, conseiller au Parlement, aïeul maternel de feu la marquise de Nesmond, et le bisaïeul de Mme la comtesse de Sezannes.

Le 8 avril 1547, avant Pâques, on vit arriver en poste un secrétaire du roi de Navarre, avec deux dépêches adressées au Parlement : l'une de la part du nouveau roi Henry II, datée du dernier jour de mars ; l'autre pour le roi de Navarre, datée du 5 avril, pour donner avis à la Compagnie que le roi était mort. La lettre d'Henry II portait que le Parlement continuerait ses séances, *nonobstant la mutation intervenue par le décès du feu roi, en attendant que la Cour lui eût fait et prêté le serment accoutumé* (1).

M. de Laage était alors premier-président ; il avait été président aux enquêtes au Parlement de Paris. Ayant reçu les deux lettres un peu avant midi, il manda à la Cour, pour deux heures, tous les présidents et conseillers qu'on put trouver en ville, et leur communiqua les nouvelles de la mort du roi. On arrêta qu'il y aurait une réunion générale pour le 25, et l'on désigna François de Laage, premier-président, l'ancien président de la seconde Chambre d'enquêtes, et deux conseillers, pour aller rendre au nouveau roi le devoir et l'obéissance qui lui étaient dus. On y arrêta aussi qu'on prêterait le serment de fidélité accoutumé. Le président aux enquêtes fut député ; c'était Guy de Gallard de Brassac ; et l'un des deux conseillers députés était Geoffroi de Pompadour, qui devint, l'année suivante, maître des requêtes.

Les deux noms de Brassac et de Pompadour nous apprennent un fait qu'il est bon de constater : c'est que des personnes qualifiées ne dédaignaient pas, vers le milieu du XVIe siècle, de prendre des charges dans le Parlement de Bordeaux. Trois ou quatre ans plus tard, on voyait encore, revêtu d'une charge au Parlement de Bordeaux, un membre de l'une des plus honorables maisons du royaume, Gilles de Noailles, qui parvint plus tard à l'épiscopat ; mais ordinairement, les cadets seuls embrassaient l'état ecclésiastique ; c'étaient souvent des vocations suspectes.

Le commencement du règne de Henry II fut signalé par un

---

(1) Le 25 janvier 1545, la Cour (Chambres assemblées) ordonna « que le jour et
» feste de Saint-Charlemaigne, la Cour n'entrera, et doresnavant, et au tableau et
» kalendrier sera un *vacat*, sur le dit jour, suivant ce qui est gardé en la Cour du
» Parlement de Paris. »

événement très-malheureux pour la ville et pour le Parlement de Bordeaux, et dont nous parlerons ailleurs. Il nous suffira ici de rappeler le fait aussi succinctement que possible.

En 1548, on venait d'imposer une taxe sur le sel. Plusieurs communes de la Saintonge, de l'Angoumois et de la Guienne se soulevèrent, à cause des exactions des gabelleurs, fermiers du sel, objet de première nécessité pour les pauvres; et bientôt après il en vint d'Oléron et de tous côtés, qui grossissaient tous les jours le nombre des insurgés, de manière qu'ils composaient une armée de quarante mille hommes. Les pauvres de Bordeaux imitèrent cet exemple, encouragés par deux jurats, marchands de sel, qui auraient dû et pu s'opposer avec succès aux désordres de la populace, et qui, tout au contraire, agissaient de connivence avec les coryphées des insurgés. L'émeute commença le mardi 28 août 1548; le Parlement entendit le tocsin, et sortit à neuf heures du matin pour en savoir la cause. Le peuple était sous les armes et se livrait à de grands excès; sa fureur était telle, qu'on craignait un instant qu'il ne se portât aux dernières extrémités contre les riches et les propriétés même. Arrivés sur les *fossés des Tanneurs*, les séditieux rencontrèrent Tristan de Moneins, nommé, depuis le 1er juillet 1547, lieutenant du roi en Guienne, en l'absence du roi de Navarre; il venait de sortir du Château du Hâ, avec l'espoir de calmer les têtes et de rétablir l'ordre. Il se trompait, et les paroles échangées ne firent qu'aigrir davantage les anarchistes. On le tua sur les fossés, et avec lui un de ses gentilshommes, nommé Montoléon; et après avoir rempli de sel les deux cadavres éventrés, on les traîna, avec une brutale férocité, dans plusieurs rues de la ville. Quelques amis de Moneins furent poursuivis avec acharnement; ils se réfugièrent dans une chapelle, où les insurgés les firent périr dans les flammes. Après avoir massacré plusieurs personnes et pillé plusieurs maisons des riches, les anarchistes se rendirent maîtres de l'Hôtel-de-Ville, grâce à la criminelle connivence des deux jurats, et finirent aussi par pénétrer au Château-Trompette.

Quelques jours après, le calme se rétablit : la voix publique désigna les coupables à la vindicte des lois ; et le Parlement, après avoir fait faire le procès à l'un des jurats, lui fit trancher la tête. L'autre jurat se réfugia dans le Château-Trompette, avec deux frères d'une famille respectable à Bordeaux, et se mit à couvert d'une pareille punition ; mais il expia sa faute, lui et ses malheureux complices, lorsque le connétable de Montmorency fut arrivé à Bordeaux. Leur crime était grand, le châtiment ne l'était pas moins.

L'émotion populaire s'étant calmée, et l'ordre rétabli, le Parlement députa Guy de Brassac, le 28 août, vers le roi, pour lui exposer la cause de ces désordres et leurs affreuses suites, et un conseiller vers le roi de Navarre, gouverneur de la province, pour l'informer de tout ce qui venait de se passer. Le 1er septembre, on leva deux cents hommes pour la défense de la ville ; la Cour ordonna que les absents comme les présents contribueraient à leur entretien, et, le 4 du même mois, fit inhibition aux avocats, procureurs et autres agents des Cours de justice, de sortir de la ville, sans congé, déclarant, en même temps, qu'elle continuerait ses séances comme en plein Parlement. Le même jour, sur la réquisition des jurats, *on commit le président Geoffroi de La Chassaigne et quatre conseillers du Parlement, pour aller à la Maison de Ville conseiller les jurats, et assister aux affaires et délibérations de la dite ville, tous les jours qu'ils en seront requis.* Cette démarche fut prise en mauvaise part par les ministres, et embarrassa les cinq officiers de la Cour dans une longue et fâcheuse procédure criminelle, qui fut instruite contre eux au Parlement de Toulouse.

La paix se rétablissait peu à peu ; mais le Parlement ayant appris que le roi avait expédié le connétable de Montmorency pour punir les coupables et prendre vengeance d'une si abominable sédition, se réunit pour en délibérer, et commit Jean de Calvimont, second président, et deux conseillers, pour aller le saluer. Montmorency arriva dans le mois d'octobre ; le 3 novembre suivant, il se fit remettre le registre de l'année 1548, signé en due forme par Jean de Pontac, greffier en chef ; de sorte qu'il ne nous est rien resté d'original de cette pièce, rien de ce qui se passa, que des traditions incertaines.

<small>Livre VII, Chap. 1.</small>

On fit au connétable une réception des plus magnifiques. En arrivant, il fit dissoudre la jurade, abolit les priviléges de la ville et fit mettre le Parlement en interdit ; il le supposait coupable. La Compagnie eût pu avoir des torts ; mais le roi voulait sa punition, par suite du récit qu'on lui avait fait des désordres de Bordeaux. Le connétable n'était que l'instrument de la haine du gouvernement ; il est vrai de dire qu'il déploya tant de rigueur et exerça tant de cruautés dans cette ville, que la mémoire ne s'en est point perdue. On cite encore aujourd'hui des faits excessivement odieux, qui sont, peut-être, exagérés. Ce qu'il y a de certain, c'est qu'il fit enlever toutes les cloches, et qu'on l'accusa de n'avoir pas oublié ses intérêts dans ses exactions tyranniques. Il fit brûler une grande quantité de registres et de titres précieux, au grand préjudice des familles respectables de la ville et de la province, et il exigea que le peuple allât, plusieurs matinées consécutives, crier comme des criminels et implorer miséricorde sous ses fenêtres ; il fit pendre et exécuter à mort, de diverses manières, un grand nombre de personnes, et força cent cinquante des principaux bourgeois de la ville de déterrer avec leurs ongles les cadavres de Tristan Moneins et de Montoléon, qu'on avait fait enterrer dans l'église des Carmes, et d'accompagner les corps des victimes jusqu'à Saint-André, où il les fit inhumer avec beaucoup de pompe.

Ce traitement barbare et féroce fut relevé par le contraste que fit paraître le duc d'Aumale, envoyé dans ce même temps pour mettre fin aux troubles de la Saintonge. C'était François de Lorraine, depuis duc de Guise, alors appelé duc d'Aumale, du vivant de son père.

Le Parlement étant interdit, le roi songea enfin aux besoins de son peuple de Guienne, et nomma des commissaires pour rendre la justice à Bordeaux. La commission fut nommée à Saint-Denis, le 12 juin 1549. Les commissaires furent François de Laage, premier-président, et René Brinon, troisième président au Parlement de Bordeaux, dix conseillers du Parlement de Paris ou des requêtes du Palais, huit conseillers du Parlement de Toulouse, six du Parlement de Rouen, Jean de Pontac, greffier en chef, et les deux autres avocats généraux, Bernard de Lahet, faisant les fonctions de procureur général, et Fronton de Beraud, agissant comme avocat général. La nomination de ces cinq officiers du Parlement était une récompense de leur bonne conduite et de leur fidélité au roi dans des jours difficiles. De ces cinq honorables familles, celle de Pontac est la seule qui subsiste, au moins en Guienne.

Nous croyons devoir consigner ici les noms des conseillers des différents Parlements qui furent chargés provisoirement de l'administration de la justice en Guienne.

Commissaires de Paris : MM. Robert Tiercelin, Guillaume Burgoing, Jean Adoard, Louis Chabannes, Jean Bermondit, Gaston de Gryon, François Thomas, Thierry Dumont, André Maillard, Jacques Morin.

Commissaires de Toulouse : MM. Pierre Lagard, Jean de L'Hospital, Antoine Malères, Jean Theula, Jean Dutourner, Jean Eymard, Pierre Robert, Pierre Sabatier.

Commissaires de Rouen : MM. Robert Le Rouy, Nicolas Blanc-Baston, Robert-Jean de Crosmore, Constantin de Bures, Jacques Materel, Nicol Laplame.

A leur arrivée à Bordeaux, les commissaires s'assemblèrent chez M. le Premier-Président, le 1er août 1549, et, le 14, ils tinrent leur première séance au Palais. Après la lecture de la

Commission royale, à la première audience, ils se partagèrent en deux Chambres : l'une civile et l'autre criminelle, et arrêtèrent que l'on ajouterait, tant à leurs arrêts qu'à leurs commissions, cette clause : « Prononcé ou fait par les com- » missaires ordonnés par le roi, pour la justice établie en » dernier ressort durant la survivance du Parlement de Bor- » deaux, selon la forme exprimée par les lettres de la com- » mission du roi. » Enfin, ils ordonnèrent que les requêtes seraient répondues en langue vulgaire et non en latin, comme elles l'avaient été jusqu'alors. Depuis lors (1549), cet usage a été toujours maintenu à Bordeaux.

Quelques jours plus tard, le président Brinon mourut; les commissaires arrêtèrent qu'ils iraient à son enterrement en forme de Cour, et que les présidents et conseillers du Parlement de Bordeaux, s'ils y allaient, seraient reçus selon l'ordre de leur ancienneté.

Le 7 septembre 1549, Me Clauclier, conseiller au Parlement de Rouen, présenta aux Chambres une commission, par laquelle il fut subrogé au lieu de M. Nocol Laplane, excusé pour cause de maladie; il fut mis à la Chambre criminelle.

Quelques jours plus tard (7 octobre), M. le Premier-Président porta au Palais un ordre du roi, donné au mois de septembre précédent, par lequel quatre conseillers de Bordeaux étaient nommés pour administrer la justice, au lieu de M. Brinon, décédé, et des trois conseillers du Parlement de Paris, MM. Burgoing, Gryon et Thomas, que des maladies et des infirmités avaient empêchés de se rendre à Bordeaux. Ces conseillers bordelais étaient Pierre de Carle, depuis président à mortier, Gaillard de Lavie, Antoine Gautier et Jacques Benoist, surnommé de Largebaston, qui devint bientôt après président à mortier, et, plus tard, premier-président, et dont nous aurons souvent occasion de parler.

Il paraît, par le registre du temps, que Sauvat de Pommiers, président aux enquêtes, et Raymond d'Eyquem de

*Livre VII.
Chap. 1.*

Papiers de M. de La Montaigne.

Montaigne, conseiller au Parlement, furent aussi, dans ce temps, remis en exercice ; mais nous n'avons pas trouvé de preuves formelles de l'année précise.

A l'époque où nous sommes arrivés, l'ordre commençait à se rétablir, et les anciennes prétentions du Parlement de Bordeaux semblaient s'être évanouies sous le coup d'autorité dont il avait été l'objet. La famille de Pontac avait conservé l'affection du roi : Jacques de Pontac fut nommé, le 19 octobre 1549, greffier en chef, en survivance de son père, et fut reçu comme tel par les commissaires. Jacques mourut le dernier jour de l'année 1572, et le roi, en témoignage de sa haute estime et affection, lui accorda une seconde survivance de sa charge en faveur de son second fils, Thomas. Le père mourut le 14 avril 1589, à l'âge de cent un ans, sans maladie, sans infirmités, ayant toujours ses facultés saines et laissant à son fils l'une des fortunes les plus considérables du pays. Il avait rempli l'honorable charge de greffier en chef du Parlement depuis 1522, sous Louis XII, François Ier, Henri II, François II, Charles IX et Henri III, dont il vit tout le règne à trois mois et demi près. Son petit-fils, Étienne, qui avait été conseiller au Grand-Conseil, et François, son ancien petit-fils, mort en octobre 1659, ont occupé successivement cette charge, qui a été depuis réunie au Domaine. Le dernier greffier en chef du Parlement fut François-Léon, l'unique mâle descendant du vieux Jean de Pontac. François-Léon ne laissa pas d'enfants ; son oncle, frère aîné de son père, fut premier-président à la Cour des Aides, et transmit cette charge à M. Blaise de Suduirault, mari de sa fille unique ; Suduirault fut reçu premier-président le 10 décembre 1664 (1).

---

(1) Cette illustre famille a fourni à toutes les carrières des hommes très-remarquables : Arnaud de Pontac, évêque pieux et savant de Bazas ; Jacques de Pontac, greffier en chef du Parlement en 1549 ; son second fils, Thomas, son petit-fils, Étienne, son arrière-petit-fils, François, ont rempli successivement la même place, et même le dernier greffier en chef du Parlement fut François-Léon, l'unique mâle

Au commencement du XVIᵉ siècle, la peste ravageait périodiquement la population de Bordeaux. Pour se soustraire à la contagion, le Parlement se vit obligé de transporter son siége à Saint-Émilion, et, en 1514 et 1528, à Libourne. On ne se rappelait que trop les ravages qu'elle y avait faits en 1494. Odet de Foix, sieur de Lautrec, était alors nommé gouverneur de Guienne : le roi lui avait accordé le gouvernement du pays d'Aulnis et de La Rochelle, ainsi que la garde des places fortes de Bordeaux, Blaye, Saint-Sever, Bazas, Dax, La Réole et Bayonne, avec plein pouvoir, lors de son entrée en chaque ville de son gouvernement, de mettre en liberté tel prisonnier qui lui plairait, d'accorder pardon et abolition de tous crimes et rappels de ban, excepté pour le cas de satisfaction civile ; on lui fit une réception brillante. Le Parlement était jaloux de son influence, et ne demandait pas mieux que de pouvoir la restreindre. Dans cet intervalle (1516), un différend survint entre la Compagnie et le sieur Desparres, lieutenant général en Guienne, pour les frais de fermes et pour les offices de la jurade. De chaque côté, on réclamait la connaissance de ces matières. Fatigué des prétentions du Parlement, le roi manda à Paris un membre de la Compagnie ;

Livre VII.
Chap. 1.

descendant de Jean de Pontac. L'oncle paternel de celui-ci fut premier-président à la Cour des Aides, et eut pour successeur Blaise de Suduirault, son gendre, en 1661. Raymond fut président à la première Chambre des Requêtes; son gendre, Geoffroi, fut président à mortier, et Arnaud, fils de Geoffroi, devint premier-président et laissa sa charge à ses deux gendres, MM. d'Aulède et La Tresne. Étienne de Pontac fut trésorier de France ; sa charge passa à son fils, ses petits-fils et arrière-petits-fils. Joseph de Pontac-d'Anglade, arrière-petit-fils d'Étienne, habitait l'Entre-deux-Mers. Jacques, président de la seconde Chambre des Requêtes, fut père de Jean, procureur général depuis 1620 jusqu'à 1664. En 1789, il ne restait dans la robe qu'un seul individu de cette famille, Pierre de Pontac de La Salle, arrière-petit-fils, par un cadet, du premier procureur général, neveu de Pontac, capitaine de vaisseau, et de l'abbé de Pontac, aumônier de feu Mᵐᵉ la dauphine, Marie-Adélaïde de Savoie. Les Pontac étaient alliés avec les familles Geuth, d'Aspremont, Bourbon-Busset, d'Escars et des Maisons des plus anciennes de France. Arnaud de Pontac était seigneur d'Escassefort, Haut-Brion, Saint-Pé, Lalande, Rouaillan, l'Isle-Saint-Georges, Salles, Béliet, Belin, Bisquetan, etc., etc.

et après avoir pris connaissance de toutes les circonstances de ce différend, il écrivit, le 23 juillet, au Parlement, et l'exhorta à vivre en bonne intelligence avec le sieur Desparres, qui, étant chargé de comprimer les séditions, était, par conséquent, investi de pleins pouvoirs d'informer contre les coupables, et de les punir; mais si, malgré son action et son influence, il restait encore des anarchistes, c'était alors son devoir de faire intervenir le Parlement.

Il n'y avait à cette époque au Parlement que trois présidents à mortier, un président d'enquêtes et vingt-un conseillers. Le 26 novembre, on enregistra les lettres-patentes du roi, qui accordait le droit d'entrée au Parlement, avec voix délibérative, au sieur Lancelot Dufau, évêque de Luçon et garde du scel de la chancellerie de Bordeaux ; il avait été président aux enquêtes dans la même Compagnie. Trois ans après, comme nous l'avons fait observer, François Ier (au mois de mai 1519) créa une Chambre criminelle au Parlement, ayant un président et huit conseillers, tous lais. Le Parlement avait donc quatre présidents, et reconnaissait en ville quarante notaires. La vente des charges, qui équivalait à l'abaissement de la magistrature, était, pour le gouvernement, une source intarissable de richesses; le roi finit par en faire un abus. Dans ses lettres-patentes du 24 mai, enregistrées à Bordeaux le 5 juin, il créa vingt nouveaux sergents royaux en la sénéchaussée de Guienne, et, au mois d'août suivant, un procureur du roi en tous et chacun des bailliages, sénéchaussées et juridictions du ressort du Parlement, et, plus tard (en 1534), deux présidents en la Chambre de la Tournelle.

On sait la magnifique réception qu'on fit, à Bordeaux, à François Ier, en 1526; on ne se montra pas moins obséquieux envers Charles-Quint, lors de son passage, en 1539. Cette complaisante docilité à la volonté du prince était une des fâcheuses conséquences de la vénalité des charges parlementaires : la magistrature était avilie par l'ignorance appuyée de la fortune, et la noble fierté des Parlements n'était plus qu'un souvenir. On achetait cher une charge de conseiller ou de président : on l'exerçait tant bien que mal ; mais la haute position ne cachait pas complètement le manque de savoir, et l'on ne voyait presque partout que des Cours sans considération et des magistrats méprisés.

De tous les Parlements de France, celui de Bordeaux se ressentait le moins de la vénalité des charges : on aimait assez ces places honorables ; mais la fortune, sans les talents et le savoir, n'y aspirait presque jamais. Il y avait peut-être aussi peu d'indépendance que partout ailleurs, lorsqu'il s'agissait de quelques personnages haut placés : on n'aimait pas à refuser une faveur demandée ou à résister aux exigences de l'amitié ; mais on n'a jamais révoqué en doute le savoir du Parlement de Bordeaux. Quand il s'agissait, sous Louis XII, de fondre ensemble les diverses Coutumes existant en Guienne, de les codifier et d'en faire un corps de lois fixe, régulier et approprié aux besoins du pays, c'est le premier-président de notre Parlement, M. de La Marthonie, qu'on chargea de cet important travail. La mort empêcha ce savant magistrat de terminer son entreprise ; elle fut achevée par son successeur, M. de Belcier, que François Ier jugea le plus capable de la mener à bonne fin ; le travail fut approuvé et publié le 23 juillet 1521. Michel de L'Hospital gémissait, comme nous l'avons déjà fait observer, des scandales résultant de la vénalité des charges ; mais ce qui révoltait le plus L'Hospital, et même tous les amis de l'ordre, de la morale, et les magistrats eux-mêmes, c'était la disposition législative qui rendait ces charges héréditaires et transmissibles moyennant certains droits annuels. Jamais la France n'a pu s'accoutumer à l'idée d'avoir une aristocratie judiciaire héréditaire. Les magistrats eux-mêmes comprenaient qu'il importait beaucoup à la considération de leur corps de neutraliser la cause de ce désordre : ils imposaient pendant très-longtemps aux

Livre VII. Chap. 1.

récipiendaires l'obligation de déclarer par serment qu'ils n'avaient rien payé pour leurs charges. Ceux-ci le prêtaient, car l'argent qu'ils donnaient était censé un prêt qui rapportait un certain intérêt, ou un don dont personne n'avait le droit de se plaindre.

Esprit des Lois.

Montesquieu condamne la nomination des magistrats par le prince; il aime mieux que les charges soient vénales et héréditaires. Cette opinion nous paraît étrange : nous ne croyons pas qu'il l'ait suffisamment justifiée. Craignait-il, en parlant autrement, de se condamner, lui-même, et les usages de son temps?

Le 7 mai 1544, messire Frédéric de Foix-Candale vint notifier à la Cour la commission à lui donnée par le roi de Navarre, en qualité de gouverneur de la province.

La Cour accéda à ses désirs avec satisfaction ; mais le même jour, le procureur général, Le Comte, présenta un édit qui créait des receveurs des deniers communs des villes du royaume. On en fut non seulement étonné, mais très-mécontent.

Page 116.

Le lendemain (10 mai), une conférence eut lieu, comme nous l'avons dit, entre M. le comte de Foix et l'archevêque; ils convinrent de prévenir le roi de Navarre des inconvénients que la publication de l'édit pouvait avoir. Le Parlement approuva la mesure, et, les Chambres assemblées, ordonna un sursis à la publication. L'archevêque et le conseiller Pompadour furent donc chargés d'aller informer le roi de Navarre, gouverneur du pays, afin qu'il avertît le roi des raisons qu'on avait, à Bordeaux, de ne pas publier l'édit.

Nous ne parlerons pas ici des désordres de la gabelle, pour ne pas répéter plus tard ce que nous aurions à dire de quelques membres du Parlement et surtout de M. de La Chassaigne. Les commissaires, qui remplacèrent la Cour à la suite de cette insurrection à Bordeaux, continuaient leurs travaux parlementaires avec tout le zèle possible, mais au milieu d'un peuple consterné des scènes expiatoires ordonnées par Montmorency, et dont ils étaient témoins.

Une misérable jalousie se glissa, cependant, parmi les membres de ce Parlement provisoire ; il s'agissait de la préséance entre les commissaires des trois Cours : le premier-président en ayant référé au roi, en reçut des lettres-patentes, du 7 octobre 1549, par lesquelles Sa Majesté déclarait qu'elle entendait qu'en tous les actes à faire, les conseillers de Paris précédassent ceux de Toulouse et de Rouen. Sur quoi, après une mûre délibération, il fut arrêté en Cour, que, *sans préjudice des dites lettres octroyées par le roi aux conseillers du Parlement de Paris, et de l'ordonnance du roi Charles VII, comme aussi des priviléges allégués par les Parlements de Toulouse et de Rouen, afin que la justice ne soit retardée ; que, par provision, tous les conseillers du Parlement de Paris soient, à l'audience, à la partie dextre, auquel lieu ait accoutumé les conseillers d'église, comme étant le lieu le plus honorable, et les conseillers de Toulouse et de Rouen de l'autre côté des lais, suivant l'ordre de leur réception ; et, néanmoins, les conseillers de Toulouse et de Rouen pourront, de ce que dessus, avertir respectivement les Cours desdits Parlements, pour avoir d'eux mémoires et instructions, pour, par le roi, icelles vues et entendues, en être ordonné selon son bon plaisir.*

Cet état de choses, à Bordeaux, dura quelques mois ; mais on comprit la nécessité de faire quelques sacrifices pour désarmer le gouvernement et gagner les bonnes grâces de Sa Majesté. On lui députa le célèbre avocat Le Blanc, le Vergniaud de son siècle, qui plaida avec tant d'éloquence et de persuasion la cause des Bordelais, que le roi se rendit à ses désirs, et, comme assurance de sa bienveillance à l'avenir, rendit deux ordonnances, à Fontainebleau, le 28 décembre 1549, adressées, l'une au Parlement de Bordeaux et l'autre aux commissaires. Le premier-président fit lire au Palais ces deux ordonnances, le 7 janvier suivant : par la première, le roi ordonnait que les commissaires se retirassent dans leurs

Cours respectives, et que le Parlement reprît, le 1ᵉʳ janvier, ses fonctions comme par le passé ; mais il était formellement dit que ces lettres contenaient le *pardon* et l'*abolition* pour la Cour, comme Cour et non pour les particuliers, qui étant prévenus pour raison *des dites émotions, lesquels sont, à ces fins, renvoyés* pour se justifier au Parlement de Toulouse.

Le lendemain, 8 janvier 1549 (vieux style), le Parlement recommença ses séances, après une messe basse, et tout semblait rentrer dans l'ordre. Mais, le 2 mai suivant, Arnould, lieutenant particulier, vint prévenir la Cour qu'il était chargé d'exiger de tous les habitants de la ville un certain impôt, dont la Cour avait été jusque-là exceptée, et qui était nécessaire pour solder cinquante mille hommes dont le gouvernement avait besoin. Il dit que le roi comptait sur la coopération de la Cour, qui avait été toujours l'exemple des habitants. Après toutes ces humiliations, on croyait la Cour abattue et asservie ; on se trompait : elle reprit ses anciennes allures vis-à-vis du gouvernement.

Elle arrêta, le 13 mai 1550, de rédiger une remontrance respectueuse au roi, de la faire parvenir à M. de Chaumont, conseiller au Parlement de Paris, avec prière de présenter à M. le Connétable et à M. le Chancelier les réclamations de la Cour de Bordeaux contre la violation de ses anciens priviléges, par la cotisation projetée et confiée à M. Arnould.

On vit bien, à Paris, que toutes les rigueurs de Montmorency n'avaient pas détruit l'esprit de corps qui distinguait la Cour de Bordeaux ; on l'apprit si bien, que de longues années n'en effacèrent pas le souvenir. Le roi ordonna, par lettres-closes du 26 décembre 1550, adressées aux jurats de Bordeaux, et reçues le 3 janvier suivant, qu'on levât sur toutes les villes closes du royaume la somme de 400,000 liv. pour les frais du recouvrement de Boulogne ; mais que, dans la répartition des contingents de la Guienne, il n'entendait pas que les jurats cotisassent les membres du Parlement, dont il avait fixé la taxe lui-même à la somme de 773 liv. 14 sols, qu'ils étaient chargés de répartir entre eux.

La voix du monarque imposa silence à la Cour : on se rendit à ses désirs ; mais si quelque agent inférieur avait été chargé de cette mission, il est possible que le Parlement n'eût pas manqué de réclamer en faveur de ses priviléges.

Le souvenir de la cruauté de Montmorency s'effaçait peu à peu, lorsque la Cour de Toulouse vint applaudir indirectement aux actes de notre Parlement, et encourager, s'il le fallait, toute résistance au despotisme à l'avenir. Le 26 septembre 1550, on présenta à la Cour un arrêt du Parlement de Toulouse, du 12 du même mois, par lequel Jean Ciret, Arnaud Ferron, le même qui a écrit sur la Coutume de Bordeaux, Guillaume Bergouing et Arnaud Guérin, étaient absous du crime de sédition, *à eux mis sus*, pendant les émotions populaires. C'étaient les quatre conseillers que le Parlement avait chargés d'aller, avec le président La Chassaigne, par son ordonnance, rendue le 7 septembre 1548, sur la réquisition des jurats, pour assister aux délibérations de la jurade, à l'Hôtel-de-Ville. Le 2 janvier suivant, le président Geoffroi de La Chassaigne présenta à la Cour un arrêt du Parlement de Toulouse, rendu le 19 novembre précédent, entre lui et le procureur du roi au dit Parlement ; et encore entre lui et dame veuve Françoise de Lomaigne de Tristan de Moneins, chevalier, lieutenant du roi en Guienne, en l'absence du roi de Navarre, et Catherine de Moneins, sœur et héritière du dit Moneins, le procureur général joint à elles ; par lequel arrêt le dit président était déchargé des accusations *à lui mises sus ;* fut dit par la Cour, les Chambres assemblées, qu'elle n'entendait l'empêcher d'exercer son office, etc., etc.

M. de La Chassaigne ne rentra point de suite en exercice ; il passait pour avoir pris plus de part aux désordres de la sédition que tout autre officier du Parlement. Il est certain qu'il marcha quelques moments à la tête des séditieux, dans un équipage plutôt militaire que convenable à sa profession et à son caractère de magistrat. Il prétendait, il est vrai, y avoir été forcé pour sauver sa vie : c'est possible ; mais le roi n'en fut pas bien persuadé. Les adversaires de La Chassaigne, soutenus du crédit du connétable de Montmorency, s'étant pourvus au Conseil contre l'arrêt de la Cour de Toulouse, le rapporteur et le procureur général furent assignés pour en rendre raison et pour expliquer les motifs de leur conduite. Le sort de La Chassaigne parut alors assez douteux : l'acharnement de Montmorency se faisait toujours sentir ; mais le roi, mû probablement par les services de La Chassaigne en la Cour de Bordeaux, lui conserva la vie et les biens autres que son office de président, qu'il supprima ; de sorte que, par cette disgrâce, et par la mort déjà arrivée du président Brignon, dont nous avons déjà parlé, il ne se trouvait plus de président au Parlement que Jean de Calvimont, second président, et Guillaume Le Comte, qui, de cinquième qu'il avait été en 1545, du temps de sa promotion, était devenu *tiers-président*. Le roi créa alors un nouvel office de président, dont il pourvut Jacques-Benoît de L'Agebaston, qui fut reçu le 22 juin, sous le titre de *quart-président*. Plus tard, il devint premier-président, et, se montrant peu hostile aux protestants, devint un objet de haine pour les catholiques du Parlement et du pays (1).

---

(1) Le nom de ce premier-président se trouve écrit de deux manières : quelquefois c'est *Lagebaston* et très-souvent *Largebaston*, et même *De L'Agebaston* ; cette dernière forme est celle qu'on trouve le plus fréquemment employée.

CHAPITRE II.

PARTICULARITÉS HISTORIQUES DU XVe SIÈCLE.

La sorcellerie. — Les duels. — Pèlerinages et processions. — Cierges brûlant devant le Saint-Sacrement. — Confrérie de Montuzets. — Les Recluses de Bordeaux. — Le roi des Harlots. — Obsèques taxées. — Corvées. — Tremblement de terre. — L'artillerie. — L'état des monnaies. — Les grandes foires de Bordeaux. Monnaie de mauvais aloi portée à Londres par les marchands bordelais. — Monnaies anglo-gasconnes. — Droits du chapitre sur le tiers du monnayage de Bordeaux. — Les taxes à Bordeaux. — La Porte-Cailhau. — Les tours de Saint-Éloi achevées. — Les armoiries de Bordeaux. — Les présents. — Les bourgeois de Bordeaux.

Pendant tout le XVe siècle, la magie et la sorcellerie occupaient les esprits et les langues, et faisaient tourner toutes les têtes. Dans les malheurs publics et privés, dans les maladies et les chagrins, on accusait les sorciers, qui, disait-on, avaient fait un pacte avec le diable, et reçu, en échange de leurs âmes, qu'ils lui avaient livrées, un pouvoir surnaturel. On brûla, par ordre du Parlement, plusieurs prétendus sorciers ; mais on ne brûlait pas les idées ; elles ont survécu à cette sotte législation du XVe siècle, et la sorcellerie, qui se cachait, de crainte du bûcher, se propageait toujours avec les croyances superstitieuses d'un pauvre peuple, qu'il eût fallu instruire et éclairer : sa faute était dans son ignorance.

Livre VII.
SORCELLERIE.

Les duels étaient en honneur à Bordeaux au XVe siècle ; il était difficile d'effacer les dernières traces de la barbarie en fait de combats, ou d'étendre les lumières de la civilisation chrétienne dans les ténèbres du moyen-âge. Ainsi, on vit, en 1406, deux chevaliers, armés de toutes pièces, se combattre sur la place de la Corderie : l'un pour la France et l'autre

DUELS.

pour l'Angleterre. Un autre duel eut lieu, en 1444, sur la place de l'Ombrière (du Palais), entre Bertrand de Castetja et Bertrand de Grimon.

Le peuple aimait les processions publiques et les pèlerinages; on les regardait comme d'excellents moyens d'expier les péchés, de détourner des malheurs imminents, des fléaux, des épidémies, et même d'obtenir du ciel le bienfait de la paix. La Foi était plutôt vive qu'éclairée; dans les moments de danger, les bourgeois faisaient des vœux, et, abandonnant leurs pays, leurs affaires et leurs familles, se rendaient, en robes de pèlerins, à Saint-Jacques, à Rome ou à Jérusalem, ou à quelque autre oratoire de la Vierge, comme Verdelais et Talence. On voyait fréquemment des processions générales à Bordeaux; on prévenait le peuple du jour, de l'heure et du but de ces réunions. Dans une circonstance, le comte d'Arcet sollicitait la rentrée immédiate d'un subside que les Bordelais avaient promis; les jurats s'excusaient du retard sur ce qu'un grand nombre de bourgeois avaient quitté la ville pour des pèlerinages.

La piété des fidèles ne se contentait pas de la lampe qui brûlait toujours devant le Saint-Sacrement; les églises étaient éclairées par un grand nombre de cierges que fournissait, à cette fin, la piété des fidèles.

Louis XI, dont l'âme n'était qu'un odieux mélange d'une effrayante cruauté et d'une dévotion hypocrite, toujours asservie à ses passions, encouragea les corporations et les confréries; c'était pour lui un acte de haute politique plutôt que de religion; c'était donner à l'opinion publique une autre direction. Il confirma, au mois de mars 1461, les priviléges attachés à la fameuse confrérie de Montuzets, établie dans l'église de Saint-Michel, à Bordeaux, depuis un temps immémorial.

D'après les statuts de cette association, moitié civile, moitié religieuse, aucun Bordelais ne pouvait faire profession de l'état de marin sans avoir été agrégé à cette confrérie. Cette institution servit puissamment les intérêts du commerce et de la marine, si fatalement compromis par Charles VII; elle ne contribua pas peu à former de bons marins dans nos contrées et à donner de l'éclat à cette profession.

Livre VII. Chap. 2.

Particularités historiques du XVe siècle.

Il existait alors à Bordeaux une institution bizarre, qui contraste trop avec nos mœurs actuelles pour ne pas trouver une place dans ce tableau des particularités historiques du XVe siècle ; nous voulons parler des *Recluses*.

RECLUSES.

Variétés bordelaises, tom. II, p. 337.

Par recluse, on entendait une fille pieuse et retirée, qui fuyait le monde, où elle ne croyait pouvoir vivre sans perdre son âme; elle se renfermait dans une cellule, après avoir fait vœu, entre les mains de l'évêque, de ne jamais sortir (1). La cellule était construite en pierre; elle avait 12 pieds carrés, trois ouvertures : l'une donnant dans une église, par où elle pouvait entendre la messe et recevoir la communion ; l'autre servait à lui faire passer les aliments que des personnes charitables lui apportaient; la troisième était fermée avec du verre ou avec une feuille de corne, et laissait pénétrer un peu de lumière dans cette ténébreuse demeure (2). Au XIIIe et aux siècles suivants, il y eut des recluses à Bordeaux. Dans une bulle de Grégoire IX, de l'an 1287, citée par Lopes, il est parlé d'une recluse de Saint-Éloi, dont la cellule bordait la rue Saint Jâmes. Par son testament du 14 novembre 1287, la noble dame Rose de Bourg, fille du seigneur de Verteuil, veuve du seigneur de Lesparre, Ayquem Guillem, laissa 10 sols à la recluse de Saint-Lazare, près de Saint-Seurin, dont la cellule bordait, au couchant, la grande rue Saint-Seurin,

Histoire de St-André. page 381.

---

(1) Reclusa, dit Ducange, sanctimonialis ab aliis segregata et in cellâ reclusa, ut Deo sibique tranquillius vacet.

(2) Domus inclusi debet esse lapidea longitudo et latitudo in duodecim pedes habeat tres fenestras, unam contra chorum, per quam corpus Christi accipiat; alteram in opposito, per quam victum recipiat; tertiam unde lucem habeat, quæ semper debet esse clausa vitro vel cornu. (BAUREIN, *Variétés bordelaises*, tome III.)

au nord, la rue de la Petite-Taupe (rue Huguerie), et au levant, les anciens fossés de Ville.

Livre VII. Chap. 2.

Particularités historiques du XVᵉ siècle.

Il y en eut une autre près de la Porte-Dijeaux, comme il paraît par une délibération des jurats, en date du 24 juillet 1414, portant qu'on lui donnerait un écu (1); la chapelle était détruite en 1469, dit Baurein, t. III, p. 351.

ROI DES HARLOTS.

En 1420, il fut ordonné que le *roi des Harlots* serait vêtu, chauffé et payé de ses gages (2). Le *roi des Harlots*, c'était le bourreau; le mot *harlots*, en anglais, signifie *filles de mauvaise vie*. Ces infortunées étaient reléguées dans le quartier de Sainte-Croix, dans la *rue des Anglais*, qui, en 1420, portait le nom de *Harlots;* elles étaient placées sous la surveillance du bourreau, qui avait tout pouvoir de les châtier en cas d'infraction aux règlements de conduite qu'on leur avait donnés. Dans une assemblée, convoquée par le maire et les jurats, il fut décidé qu'elles porteraient un vêtement distinctif.

En 1420, on fixa la dépense des obsèques d'un clerc de ville et d'un jurat à 20 fr. Lorsque Pierre du Bouscat, clerc de ville, fut député à Londres, en 1424, on lui alloua 14 fr. par jour pour son voyage.

OBSÈQUES.

Par délibération des jurats, en date du 5 juillet 1424, les charretiers du comté d'Ornon étaient tenus de se rendre au siége de Budos : ceux de Bègles devaient fournir quatre paires de bœufs; ceux de Cadaujac trois; Portets avec ceux de Bègles onze; Léognan trois; et Gradignan deux, etc., etc.

TREMBLEMENT DE TERRE.

Le 2 février 1427, un grand tremblement de terre se fit sentir violemment à Bordeaux : la voûte de la grande nef de Saint-André, à l'endroit où sont aujourd'hui les orgues, fut renversée.

REVENUS DE LA VILLE.

Les revenus de la ville s'élevaient, au commencement du XVᵉ siècle, à environ 120,000 livres bordelaises (chaque li-

---

(1) Et plus ordenan que la reclusa de la porta Dijaux aya un escut.
(2) Item ordenan que lo rey deus Arlots sia vestit et cauffat et paguat du sos gualges.

vre bordelaise équivalait à 12 sous tournois). La ville avait des seigneuries, de vastes domaines autour de ses murs, et en outre la ville de Rions, que les jurats affermaient pour 200 liv.

Dans la réception des princes et des grands personnages qui passaient à Bordeaux, on leur faisait des présents de quelques bouteilles de bordeaux ou de quelques pots de confitures du pays, que l'on connaissait de réputation dans toutes les parties de l'Europe.

Les priviléges des bourgeois de Bordeaux furent religieusement respectés par les rois de France et d'Angleterre; ils étaient grands, considérables et très-honorifiques, comme nous l'avons vu dans notre tableau du XIVᵉ siècle. Louis XI, pour se concilier leur affection, déclara les bourgeois de Bordeaux *francs* et *immunes* de tous subsides, tailles et emprunts, et défendit à ses maréchaux-de-logis, à l'exemple de son père, en 1451, de loger des troupes à Bordeaux sans en avoir eu préalablement l'avis du fourrier ordinaire de la ville et le consentement du maire et des jurats. Les bourgeois composaient la milice urbaine; c'était à eux qu'était confiée la garde de la ville; ils étaient parfois invités à concourir à la défense de la province; mais ils n'étaient, de rigueur, obligés de suivre l'*ost* du roi ou de son lieutenant que dans l'étendue du diocèse; il avaient le droit de porter des armes, ne marchaient qu'avec le drapeau ou l'étendard de la Commune, que les sieurs de Lalande avaient seuls le privilége de porter, et toujours sous les ordres de leur seul chef militaire, le maire de Bordeaux. S'il arrivait qu'un bourgeois de Bordeaux fût condamné au dernier supplice, on lui accorderait l'honneur de la décapitation, comme on faisait à l'égard des gentilshommes. Ces sortes d'exécutions avaient lieu devant l'église de la Visitation, entre les fossés des Carmes et ceux des Tanneurs; cet endroit s'appelait la *Place de l'Échafaud*. On peut juger de l'importance qu'on accordait dans les XIVᵉ et XVᵉ siècles, au titre de bourgeois de Bordeaux, par le trait suivant : Le roi

Livre VII.
Chap. 2.

Particularités historiques du XVe siècle.

d'Angleterre, en reconnaissance d'un sincère dévoûment et des services rendus à sa cause, donna à Bertrand de Lesparre le château de Marmande, le droit de péage au passage d'Aiguillon, avec les importantes fonctions de sénéchal de l'Agenais. Toutes ces faveurs étaient lucratives; mais le fier baron eût préféré quelque titre honorifique; le roi le comprit, et crut mettre le comble à son bonheur en lui accordant le titre de bourgeois de Bordeaux.

ARTILLERIE.

Dans ce temps, on fabriquait à Bordeaux des pièces d'artillerie d'un énorme calibre, et qui devaient tirer des charges de la pesanteur de sept quintaux. En 1420, lorsqu'on voulait faire le siége du château de Budos, on résolut de faire une grande bombarde, qui pût faciliter et hâter la destruction de ce fort. La fabrication en fut confiée à Jean Gautier, officier de l'artillerie bordelaise, et eut lieu à la Porte-Cailhau; les jurats s'engagèrent à fournir tout le fer et le charbon nécessaires (1). Le transport de cette *grande bombarde*, et de deux autres de moindre calibre, fut effectué dans une barque du port de 19 tonneaux, appartenant à un nommé Fongodau, qui était assisté de six autres matelots. La barque mouilla devant Podensac, où l'on devait prendre des boulets de pierre pour les canons, et, de là, se rendre à Budos en remontant le Ciron, alors rivière navigable (2).

Archives de l'Hôtel-de-Ville

En 1420, Jean Gautier était canonnier de la ville; mais c'est le trésorier de la ville qui devait tenir inventaire *des*

Registre des délibérations, de 1420.

(1) Tot lo fer, et tot lo carbon que besomh sera affar le deyt canon. (BAUREIN, *Mém. sur l'esprit et la forme*, etc., etc.)

(2) Ces détails peuvent surprendre de nos jours, où les arts sont parvenus à un grand degré de perfection; mais ce ne fut pas un fait rare : Mahomet II se servit de canons qui portaient des boulets de 400 liv., pour assiéger Constantinople, en 1453. Les habitants de Gand avaient des bombardes d'une grandeur étonnante : « Ils firent » ouvrer, dit Froissart, une bombarde merveilleusement grande, laquelle avait 50 » pieds de long, et jetait pierres grandes, grosses et pesant merveilleusement. » Il ajoute que, quand on la déchargeait, on l'entendait bien « cinq lieues loing le jour » et dix par nuit, et menait si grand noise au decliquer, qu'il semblait que tous les » diables d'enfer fussent en chemin. » (BAUREIN, *Mém.*, etc., etc.)

artifices, machines et *artilleries* de la ville. Gautier fut récompensé du travail qu'il avait fait à Saint-Macaire, et on dédommagea Pierre Depeyre des pertes qu'il avait éprouvées au siége de Rions.

<small>Livre VII. Chap. 2. — Particularités historiques du XVe siècle.</small>

Il paraît certain qu'à cette époque on se servait de pierres, et qu'on n'employait pas encore des boulets de fer. Les particuliers étaient souvent condamnés à fournir des pierres pour les canons. L'arbalétrier et le canonnier portaient la livrée de la ville.

Après le siége de Saint-Macaire, le sol était jonché de pierres propres aux canons; Peyron, du port, en ramassa un grand nombre pour la ville de Bordeaux, et reçut, pour sa peine, 2 *nobles*.

<small>*Ibid.*</small>

En 1421, on acheta deux canons pour le prix de 18 liv. Dans ce temps, le captal de Buch pria les jurats de lui prêter la grande bombarde et deux petits canons pour aller réduire Montguyon; on lui fit donner bonne et suffisante caution.

<small>*Ut suprà.*</small>

L'histoire des monnaies du moyen-âge est bien peu connue : cette partie de nos annales n'a pas été suffisamment explorée; c'est un travail immense et dont nous ne ferons qu'effleurer ici la surface. Dans le moyen-âge, l'altération des monnaies, qui, d'après nos lois actuelles, est un crime capital, n'était qu'un simple délit, et l'on n'attachait que peu d'importance au droit de battre monnaie. En 1325, l'argent monnayé était très-rare en Guienne, et, pendant la domination du Prince-Noir, on n'y voyait d'abord que des *guyennois noirs* et des *guyennois sterling* : un *guyennois sterling* valait cinq *guyennois noirs*. On ignore presque tout ce qui concerne le monnayage du cuivre. Les bénéfices sur le monnayage d'or s'élevaient à quatre fois les frais de fabrication, et environ trois fois seulement sur le monnayage d'argent.

<small>MONNAIES.</small>

<small>Delpit, *Collection générale des Documents*, etc., p. 175, et ailleurs.</small>

On suppose généralement, dit Delpit, que nos rois se contentaient d'un sixième de la valeur; mais ce bénéfice serait bien inférieur à celui dont nous venons de parler. Comme le

> Livre VII.
> Chap. 2.
>
> Particularités historiques du XVᵉ siècle.

prince ne fit frapper que des monnaies d'argent dans l'Agenais et le Bigorre, et n'en fit d'aucune espèce dans l'Angoumois et le Rouergue; il en retirait, par compensation, diverses sommes très-fortes, sous le nom de *transgressiones et emendationes monetarum*; il levait aussi la dîme sur les produits des mines d'argent du Rouergue; il avait encore, à Bordeaux, les produits du change, dont il s'était réservé le monopole.

Au commencement du XVᵉ siècle, les marchands bordelais apportaient à Londres une grande quantité de monnaies de mauvais aloi, qu'ils échangeaient contre des marchandises ou des objets d'or ou d'argent. Les magistrats de Londres publièrent une ordonnance qui portait qu'on saisirait désormais les monnaies défectueuses; que la récidive entraînerait la saisie de toute la monnaie bonne ou mauvaise du délinquant, et que, dans le cas d'une troisième faute, on confisquerait, non seulement l'argent, mais même les meubles du coupable. On établit un Hôtel des Monnaies à Bordeaux; c'était tout à la fois un tribunal et une administration; on y exerçait une surveillance sévère sur la fabrication des monnaies diverses du pays; on y jugeait aussi toutes les contraventions aux lois sur la garantie des matières d'or ou d'argent travaillées qui se vendaient à Bordeaux.

> *Compte Rendu de la Commission des Monuments de la Gironde*, anno 1849-1850, p. 22, 23.

Les Anglais avaient introduit en Guienne des *nobles*, des *demi-nobles*, des *quarts de nobles*, des *sterlings* (qui valaient quatre deniers et maille tournois), des *léopards*, des *anglots* en or, des *gros* et des *demi-gros* en argent fin, des *sols*, des *demi-sols* d'argent dits de Bordeaux, du Poitou, etc., etc., des *deniers*, dans lesquels l'aloi l'emportait sur l'argent frappé en France par les rois d'Angleterre ou le Prince-Noir. On a trouvé de nos jours plusieurs pièces de monnaies anglo-gasconnes, à La Réole et à Belin.

Il fut défendu de faire sortir des billons hors de la province de Guienne. Les trois États du pays bordelais engagèrent le sénéchal, vu la rareté du numéraire, à faire battre de la *monnaie blanche et noire (des guyennois)*. Le sénéchal n'avait pas les ordres du roi, et ne demanda qu'à mettre sa responsabilité à couvert. Les trois États y consentirent et en écrivirent au prince, qui répondit, au sénéchal et au connétable de Bordeaux, le 23 mars 1433 :

<small>Livre VII. Chap. 2.

Particularités historiques du XVe siècle.</small>

« Ayant appris que les monnaies d'or et d'argent, et la
» monnaie noire, que nous avions ordonné de fabriquer dans
» notre Château de Bordeaux, ne l'a pas été, contrairement
» à nos intérêts et à ceux de nos sujets d'Aquitaine.

<small>Rymer, *Acta*.</small>

» Nous vous donnons plein pouvoir pour procéder à cette
» fabrication. Vous aurez soin que ces monnaies soient de
» mêmes poids et aloi, et marquées au même coin que celles
» qui furent fabriquées sous notre aïeul, Richard II, après la
» conquête. »

Par le traité de Charles VII (1451), le chapitre de Bordeaux fut maintenu dans son droit seigneurial sur le tiers du monnayage à Bordeaux. Quant aux ouvriers monnayeurs, ils étaient richement salariés en bel or ou en bel argent. Ils étaient exempts de tous les impôts établis ou à établir ; ils étaient aussi exempts de corvées, de chevauchées, d'*ost*, de guerre, du logement des gens de guerre.

Après l'expulsion des Anglais, en 1453, la quote-part de la Guienne s'élevait, dans la taille de toute la province, à 900,000 liv. d'or; cette somme fut doublée sous Louis XI, et bientôt après fut portée à 4,404,000 liv., dont 60,000 liv. devaient être payées par la Gascogne. Maintenant, pour se faire une juste idée de cet impôt, il ne faut pas perdre de vue la dépréciation des monnaies. Pour cela, il faut considérer le tableau des réductions que la livre de Charlemagne a souffertes jusqu'aux temps modernes, et que nous avons données dans notre premier volume, pages 309, 338, 564.

<small>TAXES.</small>

Le XVe siècle a été, pour les arts, une période de transition ; on était à la veille de la renaissance. Plus nous nous éloignons des grandes et imposantes conceptions des architectes du

<small>NOTE 8.

ARCHITECTURE.</small>

Livre VII. Chap. 2.

Particularités historiques du XVᵉ siècle.

XIIIᵉ siècle, moins nous voyons dans nos monuments religieux l'empreinte de la foi. La froide indifférence, qui naît de l'ignorance, s'était emparée des populations ; on ne voyait plus, comme aux XIIᵉ, XIIIᵉ et XIVᵉ siècles, des multitudes d'hommes accourir de loin, avec des pierres ou des aumônes, pour ces *travaux de Dieu,* ces magnifiques cathédrales, que nous devons à la piété de nos pères. Le monde était tourmenté par des discordes civiles ; la paix ne se trouvait qu'aux pieds des saints autels. Le peuple était religieux et l'art l'était aussi : l'architecture, dans ces deux siècles, était l'expression la plus naïve et la plus grandiose de la pensée chrétienne ; les conceptions des architectes étaient grandes et simples à la fois, comme les sentiments du peuple. On voyait partout l'empreinte de l'enthousiasme religieux ; mais en se rapprochant du XVᵉ siècle, l'art s'éloigne des traditions primitives ; les formes ogivales, si délicates, si élancées et si pittoresques, prennent plus d'ampleur aux dépens de la beauté ; la sculpture seule progresse ; elle devient savante, affectée et prétentieuse ; il y a plus de richesse dans ces fleurs, dans ces élégantes broderies, dans ces moulures, dans ces admirables fenêtres géminées, avec leurs resplendissantes rosaces, qui s'épanouissent sur nos églises comme des corbeilles de fleurs ; il y a plus de hardiesse dans ces minces aiguilles qui percent les nues, dans ces flèches pyramidales qui s'élancent jusqu'au ciel, emblèmes de la prière qui s'échappe de la poitrine du chrétien pour s'envoler jusqu'au trône de Dieu même. Tout cela est beau encore au XVᵉ siècle ; mais tout cela n'est que l'exécution d'une pensée antérieure ; c'est le beau siècle de l'architecture religieuse se survivant à lui-même. Le XVᵉ siècle est riche, mais de souvenirs ! Hélas ! tout change ; nous sommes à la veille du déclin, de ce que les froids admirateurs de l'art païen appellent si improprement la *renaissance.* L'esprit public devient novateur ; l'art se prodigue en merveilles sur les tombeaux et les mausolées ; l'orgueil des familles riches s'appuie sur les arts pour jeter un défi à la mort; les palais remplacent les châteaux-forts et les constructions féodales; les guerres civiles ne ravagent plus nos campagnes ; on n'a plus besoin de remparts; le maître-maçon mercenaire remplace le pieux et désintéressé architecte des siècles précédents ; le style fleuri succède au style flamboyant; l'ogive cède sa place au plein-cintre et au plafond, et une ornementation surabondante se substitue à la sublime simplicité du XIIIe siècle et à l'élégante gravité du XIVe.

<small>Livre VII. Chap. 2.
Particularités historiques du XVe siècle.</small>

Les Anglais, dit Michelet, laissèrent peu sur le continent, si ce n'est des ruines; ce peuple sérieux et politique, dans cette longue conquête, n'a presque rien fondé. A Bordeaux, ils nous ont laissé une grande partie de Saint-André, la Tour de Pey-Berland, dont nous parlerons plus tard, le portique de Saint-Seurin avec la chapelle de Notre-Dame des Roses et la chapelle de la Vierge, dans la même église, quelques parties de Saint-Michel, le chœur de Saint-Pierre, et quelques autres monuments de leur domination à Bordeaux. « Quel- » ques églises, en Guienne, dit un écrivain moderne, ont un » assez grand nombre de tours et de bastilles : les villes et » les bastilles anglaises sont très-reconnaissables; elles ont » été fondées, non sur les montagnes, mais près des eaux, en » plaine ; elles se composent ordinairement de huit rues qui » se coupent à angles droits. Il y avait au centre une place, » avec des portiques grillés, qu'on pouvait fermer en cas de » danger. » Telle est encore Sainte-Foy (Gironde), et quelques petites villes du Périgord et de l'Agenais. Il semble que sous Louis IX on ait imité cette disposition ; on en trouve des traces dans plusieurs localités.

<small>Tome V.</small>

<small>Dessalles, élève de l'École des Chartes.</small>

Sur la fin du XVe siècle (1495), on fit bâtir la *Porte-Cailhau* (Porte du Palais), appelée quelquefois dans nos anciens titres Porte-Royale, comme arc de triomphe, pour perpétuer la mémoire de la bataille gagnée à Fornoue par Charles VIII. Au sommet de cette construction épaisse et massive se trouve un parapet sur machicoulis; elle est surmontée de trois flèches coniques, percées, vers la naissance, d'une ou deux fenêtres à pignon et à meneaux rectangulaires. Sur la façade, donnant sur la rivière, on voit une niche, où les jurats firent placer une statue du roi Charles VIII, qu'on renversa en 1793, quoiqu'elle rappelât à la postérité le triomphe des armes de la France et l'héroïsme de son roi; elle resta longtemps sur la voie publique. On la voit aujourd'hui, mutilée, dans la cour du Musée des Antiques. Dans les titres des XIIIe et XIVe siècles, cette porte s'appelait *Porte-Cailhau*, du nom d'une ancienne famille très-considérée de Bordeaux, qui a fourni plusieurs maires à notre cité, et dont l'hôtel se trouvait à côté. Des chroniqueurs modernes l'ont appelée improprement la *Porte-Caillou*.

De chaque côté de cette niche, sur un plan supérieur, on voit d'autres niches vides, et, plus haut encore, une grande fenêtre.

En 1449, on acheva les tours de Saint-Éloi; elles figurent dans les armoiries de la ville, qui consistent en un champ de gueules en rouge, un château à quatre tours, ouvert, azuré, maçonné et pavillonné d'argent, girouetté d'un lion léopardé de haute grandeur, du même, au chef d'azur, parsemé de fleurs de lis d'or sans nombre, et portant un croissant renversé d'argent, en pointe, et figurant au bas de l'écu. Partout la cloche se trouve dans un jour situé entre les deux principales tours du château; elle est d'argent. Sur un des écussons, on lit cette devise : LILIA SOLA REGUNT LUNAM, UNDAS, CASTRA, LEONEM. *Les lis seuls commandent au port*, qui est figuré par une demi-lune, aux *eaux*, à la *forteresse*, ou ville fortifiée, et au *lion*, qui représente le courage des Bordelais et leurs forces en temps de guerre. Nous parlerons plus tard des trois croissants entrelacés, autrement appelés le tricycle de Bordeaux.

Delurbe dit que *ces tours furent élevées jusqu'au haut en*

1449. En 1548, le connétable de Montmorency ordonna d'en commencer la démolition; mais cet ordre fut révoqué, et on leur donna une mesquine couverture, en 1556, qui fut changée en 1757.

Livre VII. Chap. 2.

Particularités historiques du XVᵉ siècle.

Sur la cloche, on lit l'inscription suivante :

« Cette cloche a été faite par Jean-Jacques Turmeau fils
» aîné, et aidé de Jean Turmeau, son frère, sous la conduite
» de Jacques Turmeau père, fondeur de la ville, le 25 juin
» 1775. »

Convoco Arma.	Signo dies.	Noto horas.	Compello nubila.	Concino læta.	Ploro rogos.

On voit, sur cette belle cloche, les armes du roi, de la ville, du duc de Richelieu, de Mme la duchesse d'Aiguillon et du maréchal duc de Mouchy. Nous aurons occasion d'en parler encore.

Quant aux couvents qui furent fondés au XVᵉ siècle, nous en parlerons dans notre *Histoire de l'Église de Bordeaux*.

CHAPITRE III.

Le Parlement transféré à Saint-Émilion à cause de la peste. — Anne de Candale épouse le roi de Pologne. — Émeute pour l'entrée des vins de Dunois. — Rédaction des Coutumes de Bordeaux. — Prodigalité de François Ier. — Ses guerres. — Il arrive à Bordeaux. — Sa réception. — Le Traité des Dames. — Le mariage d'Éléonore et de François Ier. — Leur réception à Bordeaux. — Charles-Quint à Bordeaux. — Commencement du Protestantisme. — État moral de la France et de Bordeaux. — Mort de quelques sectaires à Bordeaux.

Livre VII.
—
1501.

Rien de bien remarquable ne se présente dans l'histoire de Bordeaux sous le règne de Louis XII ; les relations extérieures étaient d'une nature peu alarmante : à l'intérieur, tout était tranquille ; le Jubilé et des pensées religieuses occupaient tous les esprits. Lassés de tant d'agitations et de luttes sous les règnes précédents, les Bordelais commencèrent à s'apercevoir qu'il valait mieux s'occuper de leurs propres affaires, raviver leur industrie, étendre leur commerce, et guérir ainsi les plaies que la guerre avait faites à leur bien-être social. La crainte des Anglais n'existait presque plus ; eux-mêmes ne conservaient plus l'espoir de rétablir leur domination en Guienne, et notre cité était devenue toute française. Les châteaux-forts n'étaient plus nécessaires ; les forteresses étaient négligées ; des villages s'élevaient autour de ces vieilles ruines, et les pierres des vieux châteaux servaient à construire des demeures pour l'artisan et l'industriel (1). Au milieu de ces douces perspectives, la peste reparut à Bordeaux, et assombrit les belles espérances des Bordelais : on se rappelait

---

(1) En 1500, on commença à bâtir le bourg du Carbon-Blanc, dans un endroit appelé jusqu'alors *Bonlieu ;* on y portait les pierres du château de Montferrand, qu'on avait commencé à démolir.

avec tristesse les ravages qu'elle y avait faits en 1495, quand le Parlement crut devoir se retirer à Bergerac. Conformément à ce précédent, la Compagnie transporta son siége à Saint-Émilion, et, en 1514 et 1528, s'établit, pour la même raison, à Libourne. La peste disparut, emportant de nombreuses victimes, et la population reprit le cours de ses occupations habituelles.

Livre VII.
Chap. 3.

Parmi les grands seigneurs du pays bordelais, nos lecteurs ont distingué le captal de Buch : ils jouaient tous un grand rôle ; mais le captal était celui que toutes les classes considéraient le plus. Son influence était très-étendue ; sa puissance en Guienne était si grande, que Ladislas, roi de Hongrie et de Bohême, ne crut pas dégénérer en épousant une jeune Bordelaise, fille du sieur de Candale, captal de Buch ; l'extraction d'Anne de Candale l'élevait presque au niveau du monarque : sa beauté effaça la distance. Les Bordelais furent enchantés qu'une jeune personne de leur pays allât s'asseoir sur un trône, dont elle était digne par ses vertus, sa beauté et son illustre naissance. Du temps des Anglais, les Bordelais avaient de grands priviléges et des franchises nombreuses ; l'esprit de leur ancienne indépendance avait passé intact et entier à travers les âges et les révolutions du temps. On avait respecté leurs droits, et les princes français avaient juré de ne pas leur porter préjudice. Ces serments, ces promesses, servaient à merveille les intérêts des conquérants, et n'eurent souvent pour effet que l'asservissement des vaincus. Le despotisme du roi de France absorbait peu à peu tous les droits du peuple ; mais la liberté avait jeté ses racines dans la profondeur du sol bordelais, et l'esprit public se montrait toujours jaloux de la conserver intacte et de la transmettre tout entière aux générations futures. Les rois d'Angleterre, dans la vue de favoriser le commerce de Bordeaux et les travaux vinicoles des environs, avaient strictement défendu de faire descendre les vins du Haut-Pays et de les faire entrer en ville avant Noël. Charles VIII et Louis XII avaient juré de maintenir ce privilége, ainsi que les autres, comme moyens indispensables à la prospérité commerciale de leur cité. Dunois, duc de Longueville, s'avisa un jour, contrairement aux statuts municipaux, d'introduire en ville, pour son usage, des vins du Haut-Pays avant le temps déterminé; mais le duc faillit être victime de son imprudence : tous les Bordelais se levèrent comme un seul homme pour s'opposer à la violation de leurs droits; il fallut des forces imposantes pour les faire rentrer dans le devoir (1).

Il n'y avait pas alors un code fixe et régulier : les provinces étaient régies par leurs Coutumes respectives, qui différaient entre elles, et qui, pour mille raisons majeures, devaient être refondues en un seul corps de lois. Sous Louis XII, Mandot de La Marthonie, premier-président du Parlement, s'était occupé de ce travail; mais la mort l'empêcha de mettre la dernière main à cette louable entreprise; François Ier en chargea son successeur, François de Belcier. Quand le travail fut achevé, il convoqua les trois États, afin de leur soumettre le travail. La réunion était nombreuse; le clergé y était représenté par Jean Symonet, vicaire général, l'abbé de Guîtres, et par les délégués des chapitres de Bordeaux et de St-Émilion.

Parmi les nobles qui y assistaient en personne ou par représentants, nous voyons figurer les noms de Gaston de Foix, comte de Candale et de Benauge, représenté par Jean André, avocat à la Cour, le seigneur Alain de Foix, vicomte de Castillon, les seigneurs d'Albret, de Vayres, de Puynormand, de Fronsac, de Savignac, de l'Isle, d'Uza, de Fargues, Belin, Franc, etc., etc.

On approuva la rédaction des Coutumes de Bordeaux, et le roi en ordonna la publication le 23 juillet 1524.

A cette époque, la France, débarrassée des Anglais, semblait

---

(1) A cette époque (1520), le nombre des notaires royaux fut fixé à quarante pour Bordeaux.

respirer enfin et rentrer dans l'ordre. Bordeaux participait à la prospérité générale et jouissait des biens de la paix. On commença à oublier les Édouard, et on cessa enfin de regretter les Anglais et leur liberté, plutôt nominale que réelle. François Ier, couvert de lauriers, enchanté de son expédition en Italie, ne dormait, ne se réveillait qu'au sein des plaisirs. La féodalité était abattue ; le pays se courbait sous son sceptre, et de tous les souverains de l'Europe le roi de France était celui qu'on respectait le plus (1). Pour les amours de ce prince et les prodigalités de sa cour, il fallait de nouveaux impôts ; le peuple commença à murmurer ; il aimait bien son roi, lui pardonnait les écarts de sa jeunesse ; mais il aimait mieux les écus et criait contre les exactions. François vendit les offices judiciaires ; c'était avilir la magistrature. Le *concordat,* avec la Cour de Rome, lui donnait des droits sur les biens ecclésiastiques ; il les conféra *en commande* à des courtisans, des favoris, des laïques dépravés, qui jouissaient des revenus et faisaient desservir leurs bénéfices par des prêtres mercenaires et peu considérés ; c'était la dégradation du sacerdoce. Les exemples du souverain influèrent sur les mœurs du peuple, et un torrent d'immoralité semblait inonder le royaume très-chrétien. La religion perdait chaque jour de son influence divine sur les cœurs et les esprits, et tous les vœux appelaient une sage réforme. Un Concile devait y pourvoir à Trente ; mais des moines apostats, des sectaires ambitieux et immoraux, des

Livre VII.
Chap. 3.
—
1521.

---

(1) Par suite d'un traité passé entre François Ier et Henry VIII, en avril 1527, ce dernier prince renonça, pour lui et pour ses héritiers, aux prétentions de l'Angleterre et à la couronne de France. François Ier promit au monarque anglais, pour cette renonciation, une pension perpétuelle de 50,000 couronnes d'or par an ; plus, la valeur de 15,000 couronnes d'or en gros sel noir, livrable à Brouage, en Saintonge. On commença le paiement ; mais, malgré le traité, les rois d'Angleterre continuèrent longtemps après de prendre, dans leurs actes et sur les monnaies, le ridicule titre de *roi d'Angleterre et de France.*

La couronne d'or valait 58 sous tournois. Le taux du marc d'argent était à 12 liv. 15 sous. Louis XII, père de François Ier, fut le premier roi qui fit graver son buste sur la monnaie. De là vient le nom de *testons,* ou pièces à tête.

prédicants sans mission, devancèrent ses travaux : Luther abjure sa foi, répudie son passé, et répand l'hérésie et l'immoralité en Allemagne; Calvin parcourt la Guienne, la Bible dans une main, une torche incendiaire dans l'autre; et fort de la protection du roi de Navarre et de Marguerite, sœur de François Ier, souffle partout, jusqu'aux portes de Bordeaux, l'esprit de révolte et d'hérésie, et commence, dans l'Église, cette affreuse révolution qui déborda plus tard dans la politique, et dont nous sentons encore les fatales et dernières conséquences.

1525.

Au milieu de tous ces éléments de désordre, François Ier se jette étourdiment dans une guerre longue et dispendieuse. Charles-Quint venait d'être proclamé empereur ; jaloux de la gloire de ce prince, François Ier se laisse entraîner, par une ambition trompée et un orgueil blessé, dans une entreprise qui ne finit qu'à Pavie, et où il perdit ses soldats, sa gloire et sa liberté ! C'est de sa prison qu'il écrivit à sa mère désolée cette lettre, qui dépeint la tristesse de son âme, lettre qui a été si étrangement défigurée, et où il lui dit : « De toutes » choses, ne m'est demeuré que l'honneur et la vie, qui est » sauve. » Les lettres à Charles-Quint prouvent bien qu'il avait perdu, dans la captivité, les chevaleresques sentiments qui l'avaient toujours distingué ; il lui demande la *pitié* du vainqueur, et s'humilie jusqu'à se dire son *esclave*.

Le traité de Madrid fut une honte pour la France, quoiqu'il eût assuré la liberté du roi ; cette tâche à notre histoire est encore aujourd'hui l'une des grandes gloires de l'Espagne. François Ier laissa ses enfants à Madrid en ôtage, et mit le pied sur le sol de la France le 18 mars 1526 ; il arriva à Bor-

---

Claude Coulomb et Jean Mackenna, Irlandais d'origine, natifs et citoyens de Bordeaux, se trouvèrent au siége de Rhodes, où ils se distinguèrent par de brillants faits d'armes. (Voir Delurbe, à l'an 1525, *Chronique.*) Les Coulomb étaient très-distingués à Bordeaux. En 1480, d'après Darnal Étienne, Mc Kenna, qu'il écrit *Machanan*, à tort, était sous-maire à Bordeaux. Ses propriétés étaient à Bruges.

deaux accompagné de quelques amis, la tristesse dans l'âme et en proie à ses regrets, à mille fâcheuses prévisions. A deux heures environ du soir, il débarqua à Bordeaux, au bruit de l'artillerie, au milieu d'une foule immense, sympathique, mais attristée comme lui-même. Il fit son entrée à cheval par la Porte-Cailhau, qu'on avait ornée d'un arc de triomphe, de bannières et d'un pavillon, où se tenaient les membres du Parlement, en robes rouges, avec le premier-président, Belcier, en tête, qui le harangua. La ville n'était pas riche, ni ses revenus considérables; cependant, les magistrats lui présentèrent une somme d'argent, qu'il leur rendit pour être employée aux réparations des murs et des fortifications de la ville (1). Le clergé vint le conduire processionnellement à la cathédrale, par des rues richement tapissées; on fit des largesses aux pauvres, et, dans la *rue du Loup,* sur le passage de Sa Majesté, une fontaine élégante versait du vin à tous les passants par des robinets dorés. L'archevêque, Jean de Foix, le reçut et le complimenta à la porte de Saint-André; conduit dans le chœur, il pria à genoux sous un dais de drap d'or; et après avoir baisé respectueusement le bras de Saint-André et les Saints Évangiles, que le prélat lui présenta, il prononça le serment accoutumé. Il fut ensuite conduit au Palais archiépiscopal, à travers une foule immense qui encombrait les rues, et faisait retentir la ville de ses chants d'allégresse, de ses *vivats* et de ses acclamations, auxquels venaient se mêler le bruit de l'artillerie et les sons des instruments de musique. Tous les seigneurs du pays vinrent complimenter Sa Majesté, et l'accompagnèrent à Cognac, où devaient s'assembler les princes, les seigneurs et tous les députés des villes du royaume; les ambassadeurs du Pape et des

Livre VII.
Chap. 3.
—

1526.

NOTE 9.

H. Martin,
*Histoire
de France,*
tome 8, p. 91.

---

(1) En 1524, les recettes de la ville de Bordeaux montaient, pour les six premiers mois, à 25,885 liv.; et pour les autres six mois, à 23,726. En 1526, la recette annuelle monta à 60,000 liv. Un peu plus tard, la ville de Bordeaux paya, pour le rachat des enfants de France, 10,000 écus.

princes d'Italie s'y rendirent aussi. On y décida que le traité de Madrid ne saurait se maintenir, la force l'ayant imposé au malheur, contre le droit et la raison ; que la France paierait une rançon pour les princes ; qu'on signifierait à l'empereur de mettre en liberté les enfants de France, qu'on avait laissés à Madrid comme ôtages, et que, s'il n'acceptait pas ces conditions, on l'y contraindrait par la force. Le roi fit appeler Gabriel de Grammont, évêque de Tarbes, et Jean de Calvimont, second président, et les chargea d'aller notifier cette décision à l'empereur. Les affaires se compliquèrent beaucoup par les conventions matrimoniales d'Henry d'Albret avec Marguerite, sœur du roi, *cette quatrième grâce et dixième muse, cette noble sœur et épouse des rois* (1). Les événements d'Italie créèrent des difficultés qui fatiguèrent la France et le monde, et finirent par disposer tous les esprits à la paix. Alors deux femmes se constituèrent plénipotentiaires, Louise de Savoie pour la France, et Marguerite d'Autriche pour l'Empire ; elles choisirent pour lieu d'entrevue la ville de Cambrai ; et après bien des négociations, convinrent d'un traité définitif, qui fut signé au commencement de 1530, et nommé le *Traité des Dames* (2). Par un article de ce traité, il fut stipulé que François Ier, alors veuf, épouserait Éléonore, sœur de Charles-Quint, qui viendrait en France, accompagnée des enfants du roi. Le roi adhéra à ce projet ; et vivement épris de sa future épouse, il se hâta d'arriver à Bordeaux, où il attendit la nouvelle de son arrivée sur le territoire français, et alla au devant d'elle jusqu'à un couvent de religieuses, à Verin, lieu situé dans les Landes, entre Captieux et Roque-

---

(1) Musarum decima et Charitum quarta,
Inclita Regum et soror et conjux,
Margaris illa jacet.
(*Épitaphe de cette reine, par* VALENTINE D'ASSINOIS, *l'une de ses femmes.*)
(2) Par le même traité, la rançon des princes fut stipulée à 12,000 écus d'or ; cette dette fut couverte par des dons volontaires. Le clergé fit, à cette occasion, plus de sacrifices qu'aucun autre corps.

fort, où, à deux heures du matin, le cardinal de Tournon leur donna la bénédiction nuptiale. La famille royale vint à petites journées à Bordeaux.

Son entrée fut magnifique ; c'était le 11 juillet, vers les quatre heures du soir, que la princesse Éléonore arriva dans un galion devant Bordeaux : les quais étaient couverts d'une foule immense, dont les *vivats* se mêlaient au feu continuel de plus de cent cinquante bâtiments qui se trouvaient dans la rade, et au bruit de l'artillerie des châteaux. La princesse fut accueillie par tout ce qu'il y avait de distingué dans la ville, ayant en tête les magistrats, qui, après la harangue d'usage, lui offrirent, au nom de Bordeaux, un navire d'or à trois mâts, avec tous ses agrès de pareil métal, et plein d'*écus au soleil*. La princesse monta ensuite dans une litière ; les corps de métiers, qui ouvraient la marche, furent suivis du clergé, monté sur des chevaux et des mules. Venaient ensuite le prévôt de l'Hôtel-de-Ville et ses archers, le capitaine des Suisses à cheval, un bâton blanc à la main, à la tête de trois cents Suisses ; les hautbois et quatorze trompettes, qui sonnaient par intervalle ; le Parlement, les hérauts d'armes, la tête nue et la cotte sur le dos ; les gentilshommes, seigneurs titrés, ambassadeurs, cardinaux et princes du sang. La marche était fermée par le légat du Pape, chancelier de France. A quelque distance, on voyait les deux cents gentilshommes de la Maison du roi, à pied, dont la moitié accompagnait le dauphin et le duc d'Orléans, qui étaient à cheval. Les autres marchaient devant la litière de la reine et précédaient les archers de la garde du roi. La duchesse de Nassau, qui avait le titre de grande gouvernante, était à cheval à côté de la reine. Les dames françaises et espagnoles suivaient la litière deux à deux : les premières étaient montées sur des haquenées et les secondes sur des mules ; en sorte, néanmoins, qu'une Espagnole était à côté d'une Française. La reine entra dans la ville par la Porte-Cailhau : les rues par où elle passait

Livre VII.
Chap. 5.
—

Cérémon. franç.,
t. 1er, p. 777.

furent tapissées ; sa litière fut portée par les gentilshommes de la garde du roi jusqu'au Palais, et, de là, par les Suisses, qui la conduisirent d'abord à l'église de Saint-André et à l'hôtel du premier-président, où on lui avait préparé son logement ; le roi s'y rendit sans pompe à l'entrée de la nuit.

Quelques années plus tard, Bordeaux vit dans ses murs le personnage le plus célèbre de son siècle, Charles-Quint, ce *Démon du Midi*, comme on l'appelait alors *(à Demonio meridiano libera nos Domine)*. Voulant châtier les Gaulois révoltés, et n'osant pas passer par l'Italie et l'Allemagne, à cause des protestants, il demanda la permission de passer par la France. Enchanté de pouvoir lui être agréable, François Ier s'empressa de donner des ordres pour qu'il fût reçu partout avec tous les honneurs dus à son haut rang ; il envoya même au devant de lui, à Bayonne, le dauphin, le duc d'Orléans avec le connétable de Montmorency ; et, au cas que l'empereur eût l'air de douter de la loyauté du roi de France, les jeunes princes eurent ordre d'offrir de rester comme ôtages en Espagne jusqu'à ce que Sa Majesté impériale fût arrivée dans les Pays-Bas. Charles-Quint refusa cette offre généreuse, et répondit que, pour lui, la meilleure garantie possible était la parole du roi de France. Sachant qu'il devait passer par Bordeaux, le Parlement s'assembla pour régler le cérémonial de la réception ; on arrêta que le premier et le quatrième président, en robes rouges et chaperons noirs, avec quinze conseillers revêtus de leurs robes noires et chaperons de même couleur, iraient recevoir les princes à la descente du bateau, et qu'ils seraient précédés du premier huissier et de trois autres en costume.

Ces honneurs étaient destinés pour l'empereur et le dauphin ; mais il restait encore à décider de quelle manière on devait agir vis-à-vis du duc d'Orléans et du connétable Montmorency, qui s'élevait, dans ses prétentions, à la hauteur des princes du sang. En effet, le 20 du même mois, la Compagnie s'assembla de nouveau, et décida qu'on observerait pour le connétable le même cérémonial que pour le second fils du roi de France. Que faut-il en conclure? Est-ce là, comme nous avons dit plus haut, une preuve de la haute influence et de l'importance de la charge de connétable? ou ce fait ne caractérise-t-il que le servilisme du Parlement en présence des vaniteuses prétentions de ce grand personnage?

> Livre VII. Chap. 3.

Le 1er décembre, l'empereur fit son entrée à Bordeaux, ayant à ses côtés les enfants de France, le connétable, le duc d'Albe et plusieurs seigneurs français et espagnols. La députation du Parlement alla au devant de lui jusqu'à la porte du Chapeau-Rouge : les présidents avaient leurs manteaux et mortiers; les conseillers et gens du roi avaient leurs chaperons courts et leurs robes d'écarlate; le greffier portait aussi sa robe d'écarlate et son épitoge, et le premier huissier sa toque. Il pleuvait à verse; de sorte que le premier-président fut obligé d'attendre, pour haranguer l'empereur, qu'il fût entré dans son hôtel. Les jurats lui offrirent un dais et lui présentèrent les clés de la ville, faites d'argent. Charles-Quint, pendant le peu de temps qu'il resta à Bordeaux, tint le chapitre de la Toison-d'Or, à Saint-André; il délivra tous les prisonniers qui étaient à la Conciergerie et accorda plusieurs autres grâces aux Bordelais. Cet exercice de la souveraineté, de la part d'un prince étranger, a de quoi nous étonner; il est présumable que ce fut seulement une politesse de François Ier envers un allié; autrement, le Parlement, toujours si jaloux de ses droits, s'y serait opposé. De Bordeaux, il se dirigea vers le château de Verteuil; il y fut magnifiquement reçu par Anne de Polignac, veuve de François de La Rochefoucauld (1).

> Dupleix, *Histoire de France.*

A cette époque, l'aspect moral de la France n'était rien

---

(1) Ce château, avec ses magnifiques dépendances, fut acheté, en 1827, par le vicomte de Lavilléon, gendre de M. le comte de Peyronnet, garde-des-sceaux sous la Restauration; il a été racheté, en 1856, par la famille de La Rochefoucauld-Liancourt.

moins que rassurant : ses ressources financières étaient épuisées, et les dépenses folles et énormes du prince nécessitaient la création de nouveaux subsides. On établit des taxes vexatoires, telles que l'impôt sur le sel, dont nous parlerons plus bas, et qui souleva le peuple ; les charges judiciaires furent rendues vénales ; c'était diminuer la considération de la magistrature et porter une atteinte mortelle à sa moralité ; c'était ouvrir la carrière de la justice à l'ignorance en habits d'or, donner à la France des magistrats incapables, et partant méprisés et avilis.

Cette œuvre, qui faisait maudire le chancelier Duprat, indigna tous les amis de l'ordre et du bien en France. Michel de l'Hospital gémissait sur cet état de choses, et a laissé échapper de son cœur le chagrin qu'il en éprouvait, dans des vers qui sont parvenus jusqu'à nous (1). Les abus et les scandales se multiplièrent sous ce régime (vers 1522). Les charges vénales devinrent bientôt héréditaires et transmissibles, moyennant certains droits annuels ; mais, ce qu'il y a de certain, c'est que, comme nous l'avons fait observer ailleurs, malgré la puissance et la popularité des Parlements en certaines circonstances, jamais la France n'a vu avec plaisir l'établissement d'une aristocratie judiciaire héréditaire.

Pour cacher son avilissement, la magistrature imposait longtemps après aux récipiendaires l'obligation de déclarer par serment qu'ils n'avaient rien payé pour leurs charges : ils le faisaient, et l'argent qu'ils donnaient était censé un prêt fait à l'État ; mais ce serment, au lieu d'être une honorable protestation, n'était qu'un parjure et un scandale de plus.

(1) Egregius quondam, nunc turpis, et infimus ordo,
Temporibus postquam cœpit promiscuus esse,
Omnibus, et pueris passim probroque notatis,
Qui vix prima tenent elementa........

Ordre jadis illustre, aujourd'hui déshonoré et avili depuis qu'il a commencé d'être prostitué à tous venants, à des hommes notés d'infamie, à des jeunes gens qui possèdent à peine les premiers éléments de la science. (L'Hospital, *lib. I, epist.* 5.)

Montesquieu, comme nous l'avons vu, préfère la vénalité et l'hérédité des charges à la nomination par le souverain : « Dans une monarchie, dit-il, où, quand les charges ne se » vendraient pas par un règlement public, l'indigence et l'a- » vidité du courtisan les vendraient tout de même, le hasard » donnera de meilleurs sujets que le choix du prince. » Mais, comme le fait observer très-bien M. H. Martin, la question était moins entre l'hérédité et la nomination royale qu'entre l'hérédité et l'élection.

A tous ces embarras de l'intérieur, ajoutez ceux du dehors, et surtout les abus et les empiètements dans les matières religieuses. Par une faiblesse que les circonstances seules peuvent justifier, la Cour de Rome, dans le concordat de 1515, accorda au roi la collation des bénéfices. Le prince en abusa à satiété ; il conféra des bénéfices à des laïques flatteurs et courtisans, qui faisaient exercer les fonctions ecclésiastiques par des prêtres perdus de mœurs et fléaux du peuple : la discipline était affaiblie, l'ignorance et l'immoralité étaient devenues le partage des fidèles et du bas clergé. Les choses saintes étaient profanées, les censures ecclésiastiques méprisées, tout frein moral brisé, et le désordre partout ; voilà l'état de la France au commencement de ce siècle. La réforme par des voies et agents légitimes, que saint Bernard appelait de tous ses vœux, que le haut clergé désirait, que tous les bons catholiques réclamaient et que le Concile de Trente entreprit plus tard et aurait réalisée pour le bonheur de la France et du monde, fut saluée partout avec enthousiasme. Le mot de *réforme* était beau, il promettait des merveilles ; mais au lieu d'attendre les lentes et sages réformes de l'Église, des sectaires hardis, révolutionnaires et corrompus, la devancèrent dans son travail ; et voulant fouler l'autorité et briser, non pas seulement la houlette des pasteurs, mais le sceptre des rois, ils annoncèrent, au monde étonné et séduit, une réforme qui n'était autre chose qu'une révolution dans l'Église et dans l'État. Les disciples de Luther et de Calvin parcouraient

Livre VII.
Chap. 3.

Esprit des Lois.

1539.

le pays : leurs personnes et leurs promesses n'étaient accueillies à Bordeaux qu'avec indifférence et mépris; leurs doctrines étaient nouvelles, la source en était suspecte; ils étaient sans mission; et comme la liberté civile n'était presque plus qu'une ombre, la nouvelle liberté religieuse, c'est-à-dire le despotisme décoré de ce nom, trouva des partisans. La liberté civile d'autrefois vivait encore dans les souvenirs du peuple; il était las de toute autorité, à cause des agitations du pays, des désordres du prince et de l'accablant fardeau des impôts; il était amené naturellement à regarder les nouvelles élucubrations de quelques mauvais ecclésiastiques comme l'aurore d'une liberté civile et politique (1531). L'érudition, l'étude des saintes Écritures, étaient la grande passion de l'époque; la philologie, la science favorite; la littérature disputeuse offrait aux gens du monde de bien grands attraits.

L'esprit de Marot enfanta quelques vers, dont les protestants ont exagéré les grâces et le mérite. Le dogmatisme protestant étouffait son imagination, qui était riche, mais peu éclairée et sans goût; le calvinisme, par son prétendu rigorisme, ôtait à la poésie toute sa grâce, et, par sa polémique hargneuse, toute sa majesté à la prose. Ses doctrines iconoclastes annihilaient la sculpture et la peinture; les beaux-arts n'eurent qu'à maudire les conceptions impies et révolutionnaires des prétendus réformateurs d'Allemagne. Cependant, ces déplorables nouveautés, qui devaient partager la société religieuse en autant de fractions dissidentes et ennemies, eurent d'abord pour le peuple de grands attraits; c'était, à ses yeux, la résurrection de son antique liberté; et tout en voulant embrasser ce fantôme qu'il aimait, il ne fit que précipiter la patrie dans toutes les horreurs de la guerre et substituer Luther et Calvin à la place du pasteur universel de Rome. La haute noblesse partageait les sentiments de la Cour, toujours contraire aux innovations; les bourgeois croyaient retrouver une image des libertés municipales; le peuple, en général, respectait les vieilles croyances de ses pères et détestait les prétendus apôtres que le Parlement proscrivait comme ennemis de l'Église et de l'État. Les adeptes de la nouvelle école se multiplièrent insensiblement à Bordeaux, à Libourne, à Saint-Émilion et à Langon. François Ier comprit de bonne heure tous les dangers que la nouvelle doctrine renfermait dans son sein, même sous le rapport politique. « Il haïssait, dit Brantôme, il haïssait fort la doctrine de » Luther, disant qu'elle et toute autre secte nouvelle ten- » daient plus à la destruction des monarchies et des domi- » nations nouvelles qu'à l'édification des âmes. » Marguerite, au contraire, protégeait les coryphées du parti protestant ; elle offrit avec empressement un asile aux novateurs même dans son palais. Clément Marot, Lefèvre, Vatable et Calvin, furent accueillis à sa cour, à Nérac, où l'on montre encore la maison que Calvin occupait, et où il réunissait ses partisans. On donna de nouvelles formes au culte ; c'étaient des symboles auxquels les peuples s'attachaient pour la réalisation de leurs rêves de liberté, objet de leur enthousiasme, prétexte de leur insubordination et de leur colère. Pour les uns, c'était une révolution sociale et politique, sous l'imposant nom de réforme des abus ; pour les nouveaux prédicants, c'était la liberté de leurs passions et de leurs débauches. L'inexorable histoire est là ; elle ne se gêne plus pour dire la vérité et pour étaler au soleil ses nombreuses et accablantes preuves. La religion est un tout homogène et d'origine divine, c'est un corps compact et solidement cimenté par la puissance de Dieu même : l'homme n'y porte la main que pour le profaner ; il ne lui est pas donné de changer l'irréformable ouvrage de la Sagesse éternelle. Les anciennes sectes avaient une apparente consistance ; le protestantisme n'en a pas. Le lendemain de sa naissance, il se transforma en mille sectes différentes, et le luthéranisme et le calvinisme ne sont pas plus aujourd'hui les conceptions primitives de Luther et de

Livre VII.
Chap. 5.

1539.

Vie
de Marguerite,
page 220.

Calvin, que l'anglicanisme n'est celle de Henry VIII, d'Élisabeth et de Cranmer. Le protestantisme est une révolution politique, voilée d'abord à sa naissance du beau nom de réforme, grandissant à l'ombre, dictant la loi aux rois, devenue enfin aux yeux des princes désabusés un fait anarchique, promulguant le droit indéfini et saint de l'insurrection contre tous ceux qui lui opposent un obstacle! On sait l'origine du protestantisme; mais en connaît-on les enfants? C'est d'abord le scepticisme, le jansénisme, Voltaire et Rousseau, et, enfin, 1793 ! ! !

A Bordeaux, on s'appuya sur la force et la violence; elles furent impuissantes contre les idées. Les rois se croyaient forts : le droit d'insurrection contre l'autorité de l'Église d'abord, puis contre celle du prince, les convainquit de leur faiblesse; la sanglante révolution de 1793, fille de la révolution religieuse, nous montre l'échafaud du roi-martyr comme une irréfragable preuve de tous les dangers que l'hérésie peut enfanter. On organisa contre les sectaires, à Bordeaux, des moyens de répression; on arrêta plusieurs prédicants dans les villes; et le Parlement, voyant enfin la paix générale compromise par des doctrines que la loi civile proscrivait comme contraires au bien de la France, condamna onze calvinistes à suivre, nu-pieds et têtes découvertes, une procession qui devait partir du palais de l'Ombrière pour se rendre à Saint-André, où, montés sur un échafaud, à la porte de l'église, à l'endroit où est aujourd'hui le clocher de la cathédrale, ils firent au public une amende honorable (1538). Cette même année, le roi envoya à Agen un agent particulier, avec M. La Chassaigne, alors conseiller du Parlement de Bordeaux, avec mission de s'assurer des croyances religieuses de Jules-César Scaliger, établi dans cette ville depuis 1532. Cité à comparaître devant eux, il se défendit bien et fut absous. Aymond de La Voie, prédicateur fougueux de Sainte-Foy, fut arrêté, et mourut dans les flammes sur la place de Bordeaux. Ces rigueurs n'arrêtèrent pas les progrès de la réforme : les nouveaux principes, démocratiques dans leur allure, mais despotiques dans leur but et leurs moyens, pénétrèrent partout, jusque même dans les couvents. Plusieurs religieuses du couvent de l'*Ave Maria* (les *Annonciades*), abandonnèrent leurs tranquilles demeures pour goûter la liberté des enfants de Calvin ; mais le Parlement intervint, et les unes, tourmentées par leur conscience, ou, peut-être, plutôt par les menaces de la justice humaine, firent leur soumission à leur supérieure ; les autres, plus opiniâtres, plus amies de la nouvelle secte, subirent la peine du fouet sur la place publique. La sévérité du Parlement n'empêcha pas l'hérésie de s'étendre : des désordres eurent lieu sur plusieurs points de la province ; de nouvelles victimes furent immolées à la vindicte des lois ; mais l'esprit de parti les préconisa comme des martyrs de la liberté, et ne cessa de crier contre le clergé et les autorités civiles : toutes les mesures qu'une sage politique crut devoir prendre contre ces fauteurs de discordes civiles furent représentées comme autant d'actes de tyrannie et de manœuvres liberticides. Un nouvel impôt sur le sel servit de prétexte à de nouvelles clameurs et à de grands désordres dans la Guienne : le calvinisme en était, disait-on, la cause, la *gabelle* l'occasion, la liberté le nom écrit fastueusement sur le drapeau ; la démocratie dans l'État et le protestantisme à la place du catholicisme, voilà le but.

Nous parlerons ailleurs de La Boëtie et de Montaigne, son ami, deux hommes de génie, Montaigne surtout, que ses incomparables et naïfs *Essais* ont rendu immortel. Le *Discours sur la servitude volontaire*, de La Boëtie, n'a de remarquable, selon nous, que la hardiesse de la conception, la précocité du talent et l'esprit novateur et ami des institutions politiques de la Grèce et de Rome. C'était, à en croire Montaigne, un très-grand homme : la postérité ne lui accorde pas un si grand tribut d'admiration, qui n'était au fond que l'offrande peu rai-

Livre VII.
Chap. 3.

sonnée d'une rare amitié. Quant à Montaigne lui-même, c'était autre chose : grands mérites, grands défauts, paresse, insouciance, dévergondage de paroles, scepticisme et pratique extérieure du catholicisme, une excessive liberté de penser, de dire et de faire, tolérance extrême, qui n'était au fond qu'indifférence unie à la réprobation la moins tolérante du protestantisme, peintre admirable, coloriste naïf, naturel et sans égal, qui nous donne son portrait, et en lui celui de l'humanité, génie vaste, penseur profond, pénétrant et subtil, écrivain gracieux et attrayant, voilà Montaigne.

CHAPITRE IV.

L'impôt dit la *Gabelle*. — Le peuple se soulève. — Il s'oppose à sa perception. — Une émeute à Bordeaux. — Tallemagne, *couronnal* (colonel ou chef) des Gascons. — Sa lettre aux jurats de Bordeaux. — Tristan de Moneins. — Sa conduite. — Des pillards arrivent en ville. — Moneins massacré. — Andraut mis à mort. — La Chassaigne se met à la tête des émeutiers. — Il se montre ferme et résolu de réprimer les désordres. — Il fait massacrer les plus obstinés. — L'ordre se rétablit.

Nous venons de voir l'état des choses et des esprits en Guienne vers l'an 1540, quand le roi crut devoir pourvoir aux besoins du fisc (1), en étendant à toute la France le droit de *gabelle*, ou l'impôt odieux et vexatoire sur le sel, dont nous avons déjà dit un mot. Pour percevoir cet impôt, il fallait créer de nouveaux agents, dont les impolitiques exigences augmentèrent les embarras et le nombre des mécontents (2). Les

Livre VII.
Voir page 92.
1540.

Page 150.

---

(1) Le désordre des finances était augmenté par les monnaies étrangères qui circulaient en France, et dont la valeur réelle était différente de celle des monnaies nationales; c'était une confusion nuisible aux transactions. Dans le but de mettre fin à cet état de choses, l'édit de Nantouillet, 5 mars 1535, désigna les monnaies dont le cours était autorisé, détermina leurs valeurs en sous et deniers tournois. Le noble à la rose, le noble d'Henry et l'Angelot, ou Anglot, furent évalués à 100 sous, 92 sous et 66 sous; l'écu au soleil, à 45 sous; l'écu à la couronne, 40 sous 6 deniers; l'écu vieux, 51 sous 6 deniers; le franc à pied et le franc à cheval, 48 sous 6 deniers; le royal, 47 sous 3 deniers; le salut et les ducats de Venise, Gênes, Florence, Portugal, Hongrie, Sicile et Castille, 45 sous 6 deniers; le double ducat, 91 sous; le ridde, *rider*, c'est-à-dire cavalier, 40 sous; le lion, 53 sous; le florin et le Philippe, 27 sous; le carolus de Flandre, 22 sous; l'impérial de Flandre, 69 sous; l'écu d'Angleterre, 44 et 41 sous; l'obole de Lorraine, 32 sous; le teston de France, monnaie d'argent, 10 sous 6 deniers, etc., etc.

(2) Marguerite de Navarre venait souvent à Bordeaux, pour favoriser les protestants. Le 24 mars 1543, elle fit une entrée solennelle, et alla au Parlement, accompagnée de deux dames d'atour, Mme la marquise de Saluce et Mme de Grammont, qui se tenaient derrière son fauteuil de velours, et réclama le privilège accordé à ses prédécesseurs, d'ouvrir la porte des prisons aux détenus et de les mettre en liberté. Nous en avons parlé plus haut, t. II, p. 110.

peuples de la Saintonge, de La Rochelle et du Poitou refusèrent d'obéir à l'édit du roi : une résistance vive et opiniâtre fut aussi organisée à Guîtres, Libourne, Montferrand, Bordeaux, Bourg, Cadillac, Saint-Macaire, ainsi que dans l'Agenais et le Périgord ; mais comme tout annonçait une guerre avec Charles-Quint, le roi se montra clément et miséricordieux envers les mécontents. Il ordonna une levée de cinquante mille hommes, et imposa, pour les solder, toutes les villes du royaume, pour un subside de 45,500 liv. tournois, dont Bordeaux devait payer les six septièmes. Voyant que le Bordelais et les pays limitrophes persistaient toujours dans leur aveugle opposition, il chargea, par ses lettres-patentes du 28 août 1546, Pierre Secondat, son conseiller général des finances, d'aller soumettre à son édit sur la Gabelle ces peuples réfractaires. Le Parlement siégeait alors à Libourne, à cause de la peste qui sévissait à Bordeaux : Secondat lui communiqua ses ordres ; la Cour lui adjoignit le conseiller Guillaume Boyer. Malgré la rigueur des employés et l'exemple de la soumission de quelques contrées, la résistance s'organisa sur une plus vaste échelle, et l'exaspération devint presque générale et profonde, surtout quand on se mit à crier aux oreilles du peuple que les agents du Gouvernement mêlaient du sable blanc au sel, denrée indispensable. Les paysans se réunirent partout en bandes indisciplinées, au bruit du tocsin, armés de faulx, de piques et de bâtons ferrés, au nombre de quarante mille hommes : les villes suivirent l'exemple des campagnes ; la malveillance enfanta mille contes, que la crédulité populaire accepta comme des vérités. On repoussa partout les percepteurs de cette odieuse taxe sur le sel, chose *qu'on tenait*, disait-on, *de Dieu et de la libéralité du soleil*, et plusieurs d'entre eux tombèrent victimes de l'aveugle fureur d'une multitude sans frein. Le tour de Bordeaux arrive : l'émeute y éclate ; on assure que les protestants y poussaient de toute leur force ; c'est peut-être une calomnie. On sonne le tocsin :

tout Bordeaux est sur pied, et une foule immense se précipite dans les rues, criant : *Mort aux gabelleurs !*

Comme l'attention du gouvernement s'était portée sur l'Espagne, dont les mouvements inquiétaient le roi de France, les anarchistes eurent plus de liberté, et l'insurrection se fortifia. Voyant que les désordres populaires prenaient un caractère alarmant, le Parlement envoya Guy de Gaillard de Brassac pour apaiser le peuple et faire respecter les lois ; Brassac réussit au delà de ses espérances ; mais le calme ne fut pas long, et le mouvement insurrectionnel comprimé n'en devint que plus formidable. Après avoir tué les *gabelleurs,* les insurgés tombèrent sur les propriétaires riches et paisibles, comme partisans de la nouvelle taxe ; plusieurs châteaux furent brûlés et des gentilshommes massacrés ; l'anarchie devint générale. Le Parlement ordonna une levée de deux cents hommes ; tous les membres de cette Compagnie se cotisèrent pour en payer la solde ; les avocats, les procureurs, furent requis pour garder les portes, faire le guet et veiller à ce qu'on n'emportât pas dehors les armes ou munitions du dedans, ni qu'on n'en introduisît sans une autorisation spéciale. On désarma tous les suspects, et on expédia un courrier au roi de Navarre, Henry d'Albret, alors gouverneur de Guienne, pour lui demander des secours. Henry leur envoya trois cents gens d'armes ; mais les paysans ameutés les repoussèrent avec perte. Ces succès leur valurent un triomphe et un accroissement inespéré de partisans ; ils furent bientôt si nombreux, qu'on crut qu'ils étaient cinquante mille hommes ! La désolation était à son comble ; la terreur régnait partout. Une partie de ces bandes indisciplinées se dirigea vers Saintes, sous la conduite de Tallemagne, qui s'intitulait le *couronnal* des Gascons (1) ; ils saccagèrent Saintes, et après avoir pillé Cognac et Ruffec, ils brûlèrent

Livre VII.
Chap. 4.

1548.

Am. Thierry.

Massiou dit qu'il s'appelait Puymoreau. (*Histoire de la Saintonge,* tome IV.)

---

(1) Le mot *couronnal* signifie *colonel,* mot que les Anglais prononcent encore presque comme le mot anglo-gascon du XVIe siècle.

presque tous les châteaux du pays et condamnèrent les *gabelleurs* aux plus affreux supplices. L'infortuné Bouchoneau, directeur général de la Gabelle, en Guienne, tomba entre leurs mains; ils le tuèrent après des supplices barbares, et jetèrent son cadavre dans la Charente. Guîtres était le *rendez-vous* des insurgés : le seigneur de La Roche s'y rendit pour prendre des renseignements sur l'origine, le progrès et les fauteurs des troubles ; on s'empara de lui et on l'assassina avec une sauvage cruauté. Cette infâme bande, Tallemagne en tête, parcourut l'Entre-deux-Mers, s'empara de Saint-André, de Bourg, et voulut pénétrer dans Blaye ; mais le commandant Le Roy fit jouer l'artillerie et la dissipa ; elle se vengea sur les maisons des riches et emporta un butin immense. Après avoir pris le bourg et le château de Montferrand, Tallemagne rentra à Libourne, où il se posa comme une autorité supérieure, et dicta des lois en maître à la ville et au pays. Enflé d'orgueil, à la suite de ses succès, il écrivit la lettre suivante au maire et aux jurats de Bordeaux :

« Nous, Tallemagne, grand couronnal de Guienne, par la
» volonté du peuple, nous vous envoyons cette lettre, pour
» faire savoir qu'il a plu à Dieu, par notre main et celles de
» nos confédérés, de délivrer les habitants de cette province
» de l'impôt du sel mis sur eux, au mépris de leurs droits et
» privilèges. Guîtres, Bourg, Libourne et le pays environ-
» nant, ont reconnu notre autorité. Nous avons établi notre
» quartier général à Libourne. Aussitôt la présente reçue,
» vous viendrez nous y joindre à la tête de deux mille bour-
» geois armés et équipés ; vous apporterez 15,000 francs
» bordelais, et nous ferez conduire sous bonne escorte des
» vivres pour dix mille hommes pendant deux mois. Vous
» chasserez les gabelleurs de Bordeaux, et laisserez libre la
» vente du sel, comme nous la laissons libre partout où nous
» avons passé. A ces conditions, nous ne marcherons point
» contre vous ; mais si, dans cinq jours, elles ne sont pas rem-

» plies, nous viendrons, avec notre armée, assiéger votre
» ville, et je ne répondrai plus de la colère du peuple. »

Les Bordelais, effrayés, s'assemblèrent et discutèrent la ligne de conduite à suivre, au milieu de tant de dangers et en présence de ces insolentes prétentions ; mais, dans cet intervalle, les émissaires de Tallemagne arrivèrent en ville, et, ayant exalté le peuple contre les gabelleurs et leurs fauteurs, conseillèrent aux émeutiers de s'emparer de l'Hôtel-de-Ville, et réussirent, avec des discours incendiaires, à faire sonner le tocsin durant la moitié de la journée, pendant que trente ou quarante mille anarchistes répandaient la terreur dans tous les quartiers de la cité. Le Parlement s'assembla à la hâte; presque tous les membres crurent que leur présence était nécessaire au dehors; ils ne se trompaient pas; le peuple écouta leurs remontrances, et le calme se rétablit. Un religieux, qui passait sur les fossés de l'Observance, eut l'imprudence de blâmer les excès du peuple : on le hua, on le battit, et, enfin, on l'étendit mort sur le pavé. Beaucoup d'autres dégâts et de désordres eurent lieu : Le Parlement s'assembla de nouveau, afin de prévenir, par des mesures d'une sage prévoyance, le retour de pareils excès : on doubla les postes ; le prévôt de la ville fut chargé de garder la grosse cloche avec vingt hommes; on expédia un courrier à Bayonne pour prévenir Tristan de Moncins, lieutenant du roi de Navarre, gouverneur de la province. Les membres du Parlement se réunirent chez M. de La Chassaigne, avec les jurats, afin de se concerter sur les mesures à prendre contre les anarchistes, qui s'approchaient de la ville. On arrêta que les présidents et conseillers qui étaient absents sans congé seraient mandés, sous peine d'être suspendus de leur charge, et qu'aucune permission de sortir de la ville ne serait accordée (1).

Tristan de Moneins, lieutenant du roi en Guienne, arrivé en vue de Bordeaux, entendit sonner le tocsin à l'Hôtel-de-

Livre VII.
Chap. 4.

1548.

(1) Nous en avons parlé succinctement dans notre notice historique sur le Parlement, *page* 121. La nature de notre sujet nous y obligeait.

Ville, à Saint-Michel et à Sainte-Eulalie. Il courut au Château-Trompette, convoqua la municipalité ; et, plus courageux que réfléchi, il sortit pour se rendre à cheval à l'Hôtel-de-Ville ; mais le président La Chassaigne lui fit observer qu'il y aurait une haute imprudence à réunir le peuple dans ce lieu ; qu'il valait mieux laisser les mécontents dispersés et séparés, et, enfin, que, s'ils étaient réunis sur un seul point, il y aurait nécessairement des désordres ; qu'on n'en serait pas maître. Moneins insista ; et arrivé à l'Hôtel-de-Ville, rencontra quatre mille hommes en armes, vociférant des injures en présence des jurats qui s'efforçaient de les calmer. Moneins, plein de courage, se mit à haranguer cette foule exaspérée ; il promit de faire sortir de la ville tous les agents de la gabelle, et ne se gêna pas pour blâmer les propos séditieux qu'on tenait et les attroupements désordonnés, si contraires aux lois, si pernicieux à la paix et à la prospérité de la ville. Mais un cri d'improbation s'éleva dans la foule ; des sifflets se firent entendre, et, enfin, on vit sortir des rangs un de ces hommes audacieux qui grandissent dans les désordres, et qui, par leurs passions fougueuses et la hardiesse de leur langage, savent dominer la foule dans toutes les révolutions, et l'entraînent au crime ; son nom était Guillotin. Il se présenta devant le lieutenant du roi, et se croisant les bras, il s'écria : « Sachez
» que l'insurrection est un devoir sacré, et ceux que vous
» traitez de rebelles n'ont eu pour mobile de leur conduite
» que le bien de la patrie. Nous sommes pleins d'admiration
» pour ceux qui ont osé donner le signal ; nous suivrons leur
» exemple ; peu nous importe la prison et la torture quand il
» s'agit de sauver la liberté ! »

Ces paroles furent accueillies avec de frénétiques applaudissements ; la populace vociféra des cris menaçants. Moneins se vit entouré de misérables, qui l'insultaient et le huaient ; il rentra tout consterné ; les jurats sortirent et firent entendre aux émeutiers des paroles de paix, et conseillèrent aux imprudents auteurs de ces graves insultes d'aller en faire des excuses au lieutenant du roi. Guillotin et quelques autres y consentirent; mais la foule resta sourde aux conseils et voulut piller la ville ; elle courut partout en désordre, arrêta les gabelleurs, et exigea de Moneins qu'il les punît de leurs prétendues fautes ! Moneins se contint et dissimula son indignation : sa patience les enhardit, sa bonté se transforma en faute; ils devinrent insupportables. Les jurats crurent à la nécessité de l'énergie, et lui conseillèrent de pendre les coryphées, comme leçon pour les autres; mais il vit de grands dangers et crut devoir s'interdire tout acte de rigueur ; il se contenta de blâmer l'arrestation illégale des officiers de la gabelle et de les faire mettre en liberté. Les anarchistes s'attroupèrent devant la maison du directeur de la gabelle, qu'ils désiraient piller ; ils y éprouvèrent une vigoureuse résistance et laissèrent plusieurs de leurs camarades sur place.

Moneins enfin ouvrit les yeux , et vit que l'insurrection gagnait du terrain; c'était la terreur organisée qui frappait ses regards. Il fit apporter au Château-Trompette des provisions de guerre et de bouche. Le peuple s'en irrita; on lui persuada que tout cela ne serait dirigé que contre les anarchistes véritables; mais il s'indigna bien davantage quand il apprit que c'était par les ordres de Moneins que l'officier Monléau se promenait en ville avec des gens d'armes, comme pour empêcher les réunions des citoyens. La populace cria à la trahison et courut enfoncer les portes de l'Hôtel-de-Ville, disperser les gardes et sonner le tocsin. Tout le monde était sur pied, la consternation générale. Par ordre du Parlement, le président La Chassaigne et quelques conseillers allèrent supplier Moneins de retirer Monléau et ses gens d'armes, qui ne faisaient qu'offusquer le peuple. On invita tous les bourgeois à s'armer et à défendre toutes les entrées de la ville; mais en vain : on enfonça les portes, et plus de vingt-cinq mille hommes étrangers à Bordeaux y pénétrèrent et coururent vers le Château-Trompette, dans l'espoir de s'en rendre maîtres; mais ce poste était bien défendu : ils furent repoussés avec perte. La Chassaigne, que son nom, son influence et son titre de chancelier rendaient recommandable au peuple, arriva sur la scène de ces désordres; il harangua les émeutiers, leur représenta les suites de leurs excès, la colère du roi et l'indigne conduite des anarchistes qui soulevaient le peuple, et après avoir plongé dans le malheur des familles entières, échappaient à la vindicte des lois, qui, souvent, n'atteignent que les innocents; il les engagea, en conséquence, à rentrer dans le devoir, leur donnant l'assurance que le roi pardonnerait les fautes qu'ils n'avaient commises que d'après les perfides conseils des méchants. Cet austère langage d'un homme de bien imposa le respect aux factieux; ils se calmèrent et promirent de rentrer dans le devoir; mais ils insistèrent pour que Moneins se rendît à l'Hôtel-de-Ville, où il serait plus à même d'entendre les doléances du peuple et de faire droit à ses demandes. La Chassaigne porta cette nouvelle au Château. Moneins hésita un peu; mais, se reposant sur la haute influence de La Chassaigne, il consentit, à condition que les jurats le garantissent de tout danger; il exigea, de plus, qu'en signe de repentir et de résipiscence, les coryphées des factieux vinssent lui demander pardon à genoux, et que quinze des principaux bourgeois de Bordeaux restassent en ôtage dans le Château. La Chassaigne rapporta aux émeutiers la réponse du lieutenant du roi, excepté, toutefois, la condition qu'on voulait imposer aux chefs, de demander pardon à genoux. On promit de tout faire, on insista pour qu'il allât à l'Hôtel-de-Ville. La Chassaigne le lui conseilla; ils sortirent tous deux ensemble avec les jurats et quelques amis; le peuple criait : *Vive la France!* c'était le signal de l'humiliation de l'autorité et du triomphe de la populace; mais, arrivée sur les fossés des Tanneurs, la foule grossit de quatre mille forcenés qui avaient pillé les bureaux publics et qui demandaient les clés du Château-Trompette. Moneins s'efforça de flatter la populace; sa douceur affectée leur donna de la hardiesse (1). La Chassaigne, prévoyant trop

---

(1) Montaigne dit que sa faute fut, non pas d'être sorti, comme on l'en a blâmé,

tard les dangers qui les menaçaient tous, perça la foule pour aller chercher main-forte; on s'en aperçut, et on se mit à crier mille fois, de toute la force des poumons : *Vive Guienne!* cri des séditieux de tout temps depuis l'expulsion des Anglais. Les jurats eurent peur, ils s'enfuirent; Moneins resta seul, entouré, insulté, mais calme. La Chassaigne revint avec des soldats; le peuple cria à la trahison et tomba sur les bourgeois et soldats, qui furent refoulés. Moneins, se voyant seul au milieu d'une horde de misérables, crut pouvoir offrir une distraction à leur colère : il détacha de son cou sa chaîne d'or et la jeta parmi la foule : on se pressa, on se heurta pour l'avoir; Moneins, à l'aide du tumulte, voulut fuir; mais un forcené, qui l'observait, lui asséna un coup d'épée à la joue ; Moneins voulut se défendre ; on se précipita sur lui, on le perça de mille coups, lui et Monléau, qui l'accompagnait; les officiers de sa suite furent dispersés : les uns s'échappèrent dans des maisons particulières, les autres se réfugièrent dans la chapelle de la Magdeleine, qui faisait face à l'Hôtel-de-Ville. Le peuple ne respecta pas même cet asile de la prière : il ferma les portes, y mit le feu, et les condamna, sans pitié, à mourir dans les flammes !

La vue des cadavres n'apaisa pas ces tigres affamés de sang humain ; ils songèrent à La Chassaigne, qui avait été chercher

Livre VII. Chap. 4.

1548.

Chroniques, De Belleforest.

---

mais d'avoir pris des allures de soumission et de mollesse, et d'avoir voulu endormir la rage populaire plutôt en la suivant qu'en la guidant, en requérant plutôt qu'en remontrant. « J'estime, dit Montaigne, qu'une gratieuse sévérité avecques un com-
» mandement militaire plein de sécurité, de confiance convenable à son rang et à la
» dignité de sa charge, lui eust mieulx succédé, au moins avecques plus d'honneur et
» de bienfaisance. Il n'est rien moins esperable de ce monstre (le peuple) ainsi agité,
» que l'humanité et la douleur; il recevra bien plustost la reverence et la crainte. Je
» lui reprocherai aussi, qu'ayant prins une résolution plustost brave à mon gré que
» téméraire de se jecter foible et en pourpoint, emmy cette mer tempestueuse
» d'hommes insensez, il la debvait avaller toute et n'abandonner ce personnage. Au
» lieu qu'il luy advient, après avoir recogneu le danger de prez, de saigner du nez et
» d'altérer encores depuis cette contenance desmise et flatteuse, qu'il avait entre-
» prinse, en une contenance effroyée. »

des soldats. Après de minutieuses perquisitions, on le trouva dans l'église des Dominicains, au pied de l'autel, qu'il tenait embrassé comme si c'était un asile. Les anarchistes l'en arrachèrent; mais voulant couvrir leurs torts en l'en rendant complice, ils lui offrirent la vie, à condition qu'il allât avec eux. Craintif et lâche, il y consentit, et cette horde de forcenés, mêlée de dupes, courut, avec lui et quelques jurats qu'ils forcèrent à les suivre, chez M. d'Andraut, receveur des gabelles, où, après lui avoir fait souffrir des tourments affreux, elle lui permit de se confesser avant de mourir. Le prêtre arriva et s'acquitta de ses devoirs auprès de cette victime de la rage populaire : on voulut qu'il révélât la confession; il refusa de se soumettre aux exigences de cette sacrilége cruauté; on l'égorgea sur le corps de l'infortuné Andraut. Ils parcoururent la ville; et comme si ce n'était pas assez d'avoir assassiné le malheureux Moneins, ils allèrent ouvrir son corps, qui était resté le jouet de ces misérables; et après l'avoir rempli de sel, en proférant les injures les plus grossières, ils le traînèrent dans les rues. Enfin, fatigués d'une barbarie sans profit comme sans exemple, ils recommencèrent le pillage, et, pendant quinze jours, Bordeaux fut un triste théâtre de carnages, de sacriléges, de forfaits de toutes sortes, où ni âge, ni rang, ni sexe, ne furent épargnés!

Le soir du premier jour, les jurats voulurent faire enterrer le corps de Moneins; plus de deux cents personnes les suivaient, dans la louable pensée de réparer, aux yeux de sa famille, le crime de la populace; mais les émeutiers s'y opposèrent, et le corps resta sur le pavé jusqu'au soir; alors les Carmes vinrent l'enlever et l'enterrèrent chez eux.

Dans ce déchaînement général de la haine populaire, les malveillants trouvèrent un moyen de satisfaire leurs animosités privées : des citoyens inoffensifs furent pillés et massacrés par des ennemis particuliers et cachés; des magistrats respectables tombèrent victimes de ces scélérats; le président

Le Comte, le conseiller Boyer et Jean de Pontac, greffier en chef du Parlement, les contrôleurs Du Périer et Andraut, virent piller leurs maisons; personne ne se croyait en sûreté. Le conseiller Arnaud de Saint-Simon assembla sa famille et ses parents, un soir, chez lui, pour délibérer sur les mesures de sûreté à prendre dans des circonstances si critiques; mais, tout à coup, il entendit les cris des émeutiers devant sa porte; il se persuada qu'on venait le tuer comme Moneins et les autres; sa frayeur fut telle, qu'il en mourut au milieu de sa famille consternée.

Livre VII.
Chap. 4.

La Chassaigne, qui avait, malgré lui et par peur, suivi le torrent, commença enfin à rougir de sa position. Entouré de misérables assassins et voleurs, il était le complice apparent de leurs crimes. Ne pouvant pas, par lui-même, contenir cette foule, il essaya la puissance de l'autorité, et ordonna que tous les habitants de la ville, les magistrats, les religieux et les prêtres, prissent les armes; c'était une garde nationale de sûreté et de répression; c'était organiser l'ordre en face des affreux désordres que tout le monde désirait faire cesser.

Tous les honnêtes gens prirent les armes; mais les anarchistes, trompés dans leurs espérances, crièrent contre cette mesure, et allèrent s'en plaindre à La Chassaigne lui-même, qu'ils menacèrent du sort atroce de Moneins. La Chassaigne écouta leur plainte, et les fit massacrer sur-le-champ comme rebelles à l'autorité. Ce coup de maître consterna les émeutiers : les armes tombèrent de leurs mains; les campagnards, qui étaient accourus pour piller la ville, se retirèrent sans bruit, pour cacher leur butin et se mettre en sûreté. Le Parlement, les jurats et les bourgeois s'emparèrent, le lendemain, des portes de la ville, et les factieux se cachèrent chez eux, en présence des généreux efforts des gens de bien. Il était temps que le calme se rétablît, car il se trouvait à La Bastide, ce jour-là même, plus de cinq mille misérables de l'Entre-deux-Mers, qui allaient passer la rivière pour achever de piller toutes les maisons des riches.

<small>Livre VII.
Chap. 4.

1548.</small>

Le Parlement, au lieu de commencer les vacances le 7 septembre, selon la contume, continua ses séances, et défendit aux avocats, procureurs et autres officiers de la Compagnie, de sortir de la ville; le président La Chassaigne et quatre conseillers allèrent, à la réquisition des jurats, à l'Hôtel-de-Ville, pour les assister et les diriger dans leurs délibérations.

Enfin, la ville reprit son aspect accoutumé : on se calma, on réfléchit, et l'on frémit à la pensée de tout ce qui s'était passé. Un morne silence, le calme du désert, succéda aux <small>Livre III.</small> bruyantes agitations de la foule, dit D. Devienne; la honte remplaça l'audace, le repentir se peignit sur toutes les physionomies, et à l'attente d'une punition sévère et bien méritée, se joignirent la terreur et le désespoir. Les coupables tremblaient à leur tour; ils ne se trompaient pas dans leurs prévisions : la peine, qui marche toujours lentement et d'un pied boîteux, dit Horace, suivit cependant bien vite et de près leurs abominables atrocités.

CHAPITRE V.

Intrigue pour rendre la Guienne aux Anglais. — Montmorency marche sur Bordeaux. — Ses menaces contre Bordeaux. — Sa conduite en ville. — Les dures conditions imposées aux Bordelais. — Le peuple humilié les accomplit. — L'échafaud et le gibet moissonnent la population. — Les cloches descendues et brisées. — Les libertés de la ville anéanties. — Sort de M. de La Chassaigne. — Le Parlement interdit. — Le Conseil municipal remplacé par vingt-quatre prud'hommes. — Les jurats punis. — Henry II modifia l'atroce sentence de Montmorency et chargea le Parlement de Toulouse d'examiner la conduite de celui de Bordeaux. — Le prince rend aux Bordelais leurs priviléges. — La Chassaigne réhabilité.

L'empereur, pendant tous ces troubles, n'oubliait pas sa vieille haine contre les Français; il fit comprendre aux Anglais qu'il était temps de reprendre la Guienne, qui les regrettait, et qui était prête à se détacher de la France; il offrit même de faire une descente dans la Champagne, afin de développer davantage les projets insurrectionnels des Bordelais, et de faciliter aux Anglais leur entreprise sur la Guienne. Henry II, qui était alors dans le Piémont, apprit avec peine cette intrigue impériale; pour prévenir les suites fâcheuses qu'elle pourrait avoir, il envoya à Bordeaux une commission extraordinaire, pour témoigner aux Bordelais la surprise que lui avait causée l'insurrection d'une population fidèle, et pour leur promettre qu'il serait toujours prêt à écouter leurs plaintes et à y faire droit, si elles étaient fondées. Le commissaire, M. de Sainte-Foy, envoyé sur les lieux par le roi, l'instruisit de l'état des esprits à Bordeaux, et lui apprit que M. La Devèse, gentilhomme du pays, à la tête de soixante hommes seulement, s'était rendu maître du Château-Trompette, qui, depuis la mort de l'infortuné Moneins, était resté au pouvoir des

Livre VII.

1548.
Hume,
History,
ch. 35.

De Thou,
Histoire,
lib. X.

Mézeray.

insurgés. Le prince, indigné, crut devoir enfin faire un exemple, et chargea le connétable Anne de Montmorency de pleins pouvoirs pour faire rendre justice et punir les malfaiteurs. Cette nouvelle plongea Bordeaux dans une profonde consternation. Montmorency était parent de Moneins ; on le savait d'un caractère dur, sévère, peu sensible aux pleurs, peu accessible aux sentiments de pitié, et même de repentir ; on prévoyait déjà le sort de la ville.

Dupleix, Histoire, etc.

Montmorency partit de Toulouse avec dix mille hommes à pied et mille chevaux. Dans une ordonnance qui devançait son arrivée, il exposa la nature et l'objet de sa mission, et ordonna que toutes les personnes qui étaient sorties de la ville y rentrassent dans six jours, et défendit à qui que ce fût d'en sortir, sous peine d'être déclaré traître à la patrie, rebelle aux lois, et d'avoir ses biens confisqués. Arrivé à Langon, il y fut rejoint par le duc d'Aumale, à la tête de quatre mille lansquenets, qui venaient de pacifier le Poitou, la Saintonge et le Rochelais. Les Bordelais lui envoyèrent un grand et magnifique bateau, où l'on avait pratiqué des chambres et des salles vitrées, peintes d'*or et d'azur,* dit un historien, et *semées des armoiries du connétable.* Le Parlement y envoya aussi Jean de Calvimont, second président, avec deux conseillers, pour le complimenter et le disposer à la clémence en faveur d'une population séduite et égarée. Arrivés en sa présence, ils se jetèrent à ses genoux, lui présentèrent les clés de la ville, et le supplièrent de ne pas laisser entrer dans les murs de la cité les troupes allemandes, dont on craignait les excès et la rapacité. Montmorency leur fit un accueil glacial et refusa le bateau qu'ils lui avaient amené; il leur répondit seulement qu'il n'avait besoin ni de leurs conseils ni de leurs prières, qu'il savait ce qu'il avait à faire, et que, quant à leurs clés en argent, il ne les prendrait pas; qu'il en avait d'autres en bronze, qui sauraient ouvrir les portes; que c'était dans la ville même, après avoir marché sur les ruines de leurs rem-

Carloix, Mémoire sur Vieilleville, t. III, ch. 11.

parts, qu'il leur ferait connaître les volontés du roi. Les députés se relevèrent en silence et rapportèrent ces désespérantes paroles à leurs concitoyens. Bordeaux s'attendait à être traité en ville conquise : pas une seule âme ne parlait de résistance ; pas un seul homme n'éleva la voix pour ranimer ses concitoyens ; tous se soumirent, et quoiqu'ils eussent pu braver la colère vindicative du connétable, dont les forces n'auraient pas osé se mesurer avec les habitants, ils se résignèrent à leur sort, et se préparèrent, avec une faiblesse déshonorante, à exécuter sur eux-mêmes l'atroce sentence de leur tyrannique maître. « Le connétable, dit un auteur, désarma le peu- » ple, ôta, brûla tous les titres, registres et documents des » droits et franchises des citadins de tout le Bordelais. »

Livre VII. Chap. 5. — 1548.

Jean de Serres.

Montmorency arriva, accompagné du vidame de Chartres, du comte de Sancerre, de Saint-André, de Burie et de plusieurs membres du Parlement de Provence. Les portes étaient ouvertes ; mais, pour effrayer la population et se donner la gloire d'une entrée triomphale, il fit tirer quelques coups de canon contre les murs de la ville, dans cet espace qui sépare la porte Saint-Julien de celle de Sainte-Eulalie, et entra par la brèche, comme dans une ville prise d'assaut ; il plaça son artillerie dans les endroits les plus spacieux et des gardes dans toutes les principales rues, quoiqu'on eût la lâche attention de les tapisser ; il ordonna aux bourgeois de porter leurs armes dans le fort, mit le Parlement en interdit, et chargea Neuilly et dix membres des Parlements de Toulouse et d'Aix de faire le procès à la ville. Neuilly fit appeler une foule de témoins sur cette malheureuse affaire ; il interrogea les jurats et entendit la défense des habitants, qui fut présentée par Guillaume Le Blanc, le Vergniaud de son siècle.

Inventaire, année 1548. — Annales d'Aquitaine, page 4.

Belcar, Histoire gall., page 25.

Tout cela ne fut que la moquerie d'un despote ; il voulait un simulacre de justice, tout en ayant l'intention de rester sourd à sa voix. Ayant terminé la procédure, Neuilly rendit,

Livre VII.
Chap. 5.
—
1548.
D. Devienne,
page 114.

le 26 octobre, une sentence par laquelle les Bordelais furent déclarés « atteints et convaincus des crimes de sédition, ré-
» bellion et lèse-majesté, pour la réparation desquels ils furent
» privés de leurs immunités et priviléges, du droit du com-
» merce, de tenir des assemblées, de toute juridiction, d'avoir
» un sceau et des armes, une caisse et aucune espèce de re-
» venus. Il fut ordonné, de plus, que l'Hôtel-de-Ville serait
» rasé ; qu'on bâtirait à la place une chapelle, où l'on prierait
» Dieu annuellement pour l'âme de Tristan de Moneins ; que
» toutes les cloches de la ville seraient transportées dans les
» châteaux, lesquels seraient entretenus et ravitaillés aux
» dépens des habitants ; qu'ils fourniraient à l'entretien de
» deux galères, dont les gouverneurs de la province se ser-
» viraient contre eux en cas de besoin ; que les jurats, avec
» cent vingt des plus notables bourgeois, portant chacun une
» torche allumée, vêtus de deuil, suivis de tout le peuple,
» iraient processionnellement en l'église des Carmes, où ils
» exhumeraient le corps dudit sieur de Moneins avec leurs
» ongles, sans se servir d'aucun instrument pour soulever la
» terre ; qu'ils porteraient son cadavre à l'église de Saint-
» André, où il serait honorablement inhumé et où on lui fe-
» rait à perpétuité un service annuel ; et que, pour tous les
» frais de l'armée du roi, ils paieraient la somme de 200,000
» livres. » (1).

Le peuple était si consterné et avait tellement perdu le sentiment de sa force et de sa dignité, qu'il se hâta, sur-le-champ, sous l'empire de la terreur, d'exécuter cette dégradante sentence. On procéda d'abord aux obsèques de Moneins ; cent cinquante des principaux bourgeois furent obligés de

(1) Cette circonstance de l'exhumation du corps avec leurs ongles, imposée aux jurats et à cent vingt notables de la ville, a été omise, par M. H. Martin, dans son *Histoire de France*, t. VIII, parce que Paradin n'en parle pas; mais Paradin n'a pas reproduit le texte tout entier, et, d'ailleurs, le témoignage constant et unanime de *tous les historiens du temps*, comme l'avoue M. H. Martin lui-même, t. VIII, p. 584, est d'un plus grand poids que le silence de Paradin.

déterrer le corps sans aucun outil quelconque, avec leurs ongles ; puis, portant sur leurs épaules ces restes inanimés, déjà en putréfaction, le cortége avança en silence vers la cathédrale ; et en passant devant l'hôtel de l'implacable connétable, tout le monde se jeta à genoux, criant : *Miséricorde et pardon.* De là, on alla enterrer le corps dans le chœur de la cathédrale ; et après ces humiliantes circonstances, les Bordelais curent la bassesse de remercier tout haut le roi de les avoir traités avec tant d'indulgence ! L'esprit bordelais était anéanti ; les cœurs de nos vaillants ancêtres ne battaient plus dans leurs poitrines !

Tout cela ne toucha pas le farouche connétable ; il fit établir, sur la place de l'Hôtel-de-Ville, des échafauds et des gibets, et les fit travailler à son œuvre de vengeance pendant cinquante jours. Le soir même, il fit exécuter cent cinquante individus, fit brûler vif le nommé Guillotin, et pendre au battant de la cloche le premier qui avait sonné le tocsin à l'Hôtel-de-Ville ; les oscillations du corps publiaient partout son glas funèbre, et portaient, aux oreilles des Bordelais, l'annonce du terrible sort qui attendait les malfaiteurs ; il fit trancher la tête aux deux frères Dusault, dont l'un était jurat et l'autre commandant du Château du Hâ. Le jurat Lestonac fut condamné au même sort ; le jour même, sa femme, remarquablement belle, alla en pleurs se jeter aux pieds de Montmorency, demander la grâce de son époux. Sa beauté lui parla plus fort que les larmes : il accorda sa demande, mais à une condition infâme. Faible et sans conseil, elle sacrifia sa vertu à son amour ; elle cessa d'être honnête femme pour être toujours tendre épouse ; elle eut tort. L'impitoyable connétable, selon certaines traditions du pays et l'annaliste de Toulouse, fit tomber la tête du malheureux mari au moment même où il déshonorait cette infortunée ! chaque jour appelait son tribut de sacrifices et de larmes ; les peines étaient différentes, selon le plus ou le moins de part que chacun avait prise à la

Livre VII.
Chap. 5.
—
1548.

La Faille,
*Annales
de Toulouse.*

Livre VII. Chap. 5.

1548.

Carloix, Mémoire sur Vieilleville, liv. III, ch. XL.

rébellion : quelques-uns furent pendus, décapités, roués ou empalés; d'autres tirés à quatre chevaux ou brûlés vifs; d'autres, dit Carloix, furent attachés par le milieu du corps sur l'échafaud, ayant les bras et les jambes libres, pendant que le bourreau, avec une barre de fer, brisait, à force de coups, leurs membres palpitants et décharnés. Jamais spectacle plus horrible, plus dégoûtant, n'avait souillé les yeux des hommes! Ce dernier supplice ne fut qu'un acte de la loi du talion; les insurgés avaient pris deux fermiers à sel à Angoulême, et après les avoir attachés tout nus sur une table, et avoir rompu leurs os à force de bastonnades, ils les jetèrent à la rivière, disant : « *Allez, méchants gabelleurs, saler les poissons de* » *la Charente !* » Par une vengeance inspirée par la loi du talion, les bourreaux bordelais, après avoir fait calciner les cadavres dans un bûcher, les jetaient dans la Garonne, disant : « *Allez, canaille enragée, rôtir les poissons de la Ga-* » *ronne, que vous avez salés des corps des officiers de votre* » *roi.* »

Peu satisfait de ces cruautés, il se vengea même sur les choses qui avait servi à la rébellion : toutes les cloches, toutes les horloges, furent brisées, fondues et transportées au Château-Trompette; la tour de l'Hôtel-de-Ville, où se trouvait la grosse cloche, fut démolie en partie, l'artillerie enlevée; les titres, priviléges et libertés, furent anéantis par les jurats eux-mêmes, qui furent obligés de jeter leurs registres et vieux parchemins dans un bûcher public; plusieurs conseillers du Parlement furent destitués, le Conseil municipal remplacé par vingt-quatre prud'hommes, plus de cent jeunes gens fouettés dans les rues, et tous ceux que des soupçons souvent injustes, ou des haines particulières, signalaient aux agents du connétable, furent obligés de demander pardon, à genoux dans la boue, devant l'implacable Montmorency, qui se tenait dédaigneusement sur son balcon, témoin impassible des faiblesses d'un peuple qui avait perdu le sentiment de sa dignité et de sa force.

Bordeaux était devenu un véritable désert, et Élie Vinet, en arrivant de Portugal, le 2 juillet 1549, en dépeint l'état misérable en ces mots : « Je trouvai la ville moult triste et » dans un silence non accoutumé...... Il n'était pas demeuré » une seule cloche aux clochers. Celles mêmes qui servaient » à sonner les heures avaient été abattues, les pauvrettes ! et » cassées. On avait eu recours aux cadrans, et pauvres gens » se mêlèrent d'en faire qui n'y entendaient guère. »

Livre VII. Chap. 5. — 1548.

C'est pour l'instruction des malheureux Bordelais, et pour leur apprendre l'art de remplacer les horloges, qu'il composa son ouvrage : *Manière de faire des solaires ou cadrans;* in-4°, Poitiers, 1564.

La Chassaigne, qui s'était trouvé par force engagé dans cette affaire, et qui avait puissamment contribué à ramener le calme dans la ville, ne fut pas trouvé sans blâme ; il eut l'ordre d'aller rendre compte de sa conduite au roi. Piron fut découvert à Libourne, et pendu sans autre forme de procès ; Tallemagne, qui s'était caché quelque temps à Guîtres et dans les environs, fut enfin reconnu par Jean Baron, prévôt de la connétablie, et rompu vif avec Galafre, ayant sur leurs têtes des couronnes de fer rougies au feu. Montmorency parcourut le pays ; il abolit partout les franchises et les priviléges, leva des amendes énormes, et fit pendre les habitants accusés de rébellion, aux fenêtres ou aux clochers ; la route, dit un auteur, resta longtemps marquée de fourches patibulaires, où pourrissaient les cadavres de ceux qui avaient joué un rôle dans la sédition.

Bouchet, *Suprà*. — Daniel, *Histoire, etc.*, tome 9. — Am. Thierry.

Maintenant, après avoir marché trop longtemps dans le sang, arrêtons-nous un instant, et considérons l'espace que nous avons parcouru. Montmorency était un homme dur, impitoyable ; sa conduite l'a prouvé. Il avait de grandes et belles qualités ; ses atrocités à Bordeaux les ont effacées aux yeux de l'histoire. Pourquoi s'en prendre aux innocents, aux édifices, aux cloches, pour les crimes de quelques forcenés ? Les coryphées seuls étaient coupables; le peuple n'était que trompé. Le sel était chargé d'un lourd impôt; le peuple ne demandait pas mieux que de ne pas le payer; on lui persuada qu'il pouvait braver la loi et le roi, et s'affranchir de la taxe; il crut ce qu'il désirait; il eut tort de se laisser duper; mais des dupes ne sont pas des félons, et l'homme crédule ne devrait pas être traité comme le scélérat qui organise le complot et la résistance.

Pourquoi interdire le Parlement, qui avait fait tout ce qui dépendait de lui pour arrêter le désordre? La Chassaigne se montra énergique : en engageant Moncins à se rendre à l'Hôtel-de-Ville, il comptait sur son influence personnelle; il n'était donné à personne de prévoir les fâcheuses conséquences qu'une sage démarche pourrait avoir; il était naturel de penser que les insurgés, qui n'en voulaient qu'aux gabelleurs, respecteraient le gouverneur de la province, qui allait, avec les jurats, entendre leurs plaintes à l'Hôtel-de-Ville. Il alla chercher des soldats pour défendre le lieutenant du roi, et ce ne fut qu'à la dernière extrémité qu'il crut devoir songer à sa sûreté personnelle. On le punit de s'être mis à la tête des insurgés; si l'acte était volontaire, la punition était méritée. On sait que ce fut un effet de la force brutale de la populace : résister, c'était mourir; sa mort, dans ces circonstances, eût été sans fruit; céder, c'était vivre pour une occasion favorable, et elle se présenta; il en profita avec succès pour rétablir la tranquillité à Bordeaux et réprimer tous les excès avant l'arrivée de Montmorency. Les membres du Parlement qui suivirent la populace, ne le firent que par force; et quand la violence est certaine et constatée, est-on libre? Si l'on n'est pas libre, peut-on être coupable? Les jurats furent punis, ainsi que les commandants du château et du fort du Hâ, pour n'avoir pas déployé assez de force; mais l'emploi de la force n'est-il pas quelquefois contraire à la prudence et au bien? Ils accompagnèrent le malheureux Moncins dans les moments les plus critiques ; ils ne l'abandonnèrent qu'à l'extrémité et par force ; ils firent leur devoir. Nous croyons donc que le jugement de Neuilly était trop sévère ; que la vengeance se ressentait un peu de la parenté de Moneins avec Montmorency ; que la passion agissait plus que la justice, et que les Bordelais étaient trop maltraités. Il se soumirent très-humblement, trop servilement peut-être ; cependant, il existe une médaille qui semble démentir l'histoire, et qui atteste qu'il entra par force dans Bordeaux comme dans une ville prise d'assaut. C'est un mensonge historique, perpétué sur l'airain.

Livre VII. Chap. 5.
1548.

Bernadau, Viographe, page 285.
NOTE 10.

Henry II trouva la sentence trop sévère ; il se hâta de la modifier, en rendant à Bordeaux et à la province leurs libertés et leurs antiques priviléges ; il ne fit abattre de l'Hôtel-de-Ville que la tour du beffroi, où était la cloche qu'on avait sonnée pour le tocsin. Il maintint les autres conditions, et chargea le Parlement de Toulouse d'examiner la conduite que celui de Bordeaux avait tenue, tant en corps qu'individuellement. Enfin, il institua, par lettres-patentes datées de Saint-Denis, le 12 juin 1549, une nouvelle Chambre, chargée de rendre justice à Bordeaux, et composée d'hommes remarquables pris dans plusieurs Parlements ; c'étaient le premier-président du Parlement de Bordeaux, François de l'Agebaston, René Brinon, troisième président du même Parlement, dix conseillers du Parlement de Paris, huit conseillers de celui de Toulouse et six conseillers de celui de Rouen, Jean de Pontac, greffier en chef, et les deux autres avocats généraux (1).

1549. Registre du Parlement.

Ces nouveaux commissaires se réunirent, le 11 août 1549, au Palais ; ils constituèrent deux Chambres : l'une civile, l'autre criminelle ; ils ordonnèrent que les requêtes seraient répondues en langue vulgaire et non en latin, comme on faisait jusqu'alors.

Archives de l'Hôtel-de-Ville

---

(1) Dans notre notice sur le Parlement, nous avons été obligé, par la nature du sujet, d'en parler bien succinctement.

Affligés, désolés de la perte de leurs priviléges et des mauvais traitements qu'ils avaient subis, les Bordelais députèrent vers le roi M. Le Blanc, célèbre avocat, dont nous avons eu occasion de parler, pour lui exposer leurs regrets, leur douleur et leurs besoins, et pour implorer sa clémence. La forte et persuasive éloquence de ce généreux Bordelais désarma Sa Majesté et conquit sa bienveillance à la cause de ses commettants ; il lui fit comprendre qu'il ne fallait pas traiter si cruellement une ville trop longtemps anglaise pour ne pas conserver le souvenir de son antique liberté et pour ne pas éprouver le besoin, en redevenant anglaise, de s'affranchir du joug brutalement despotique de Montmorency. Le prince se rendit à ses désirs et lui donna l'assurance de sa bienveillance.

Il ordonna, le 28 décembre, aux commissaires extraordinaires, de retourner dans leurs ressorts respectifs, et aux membres du Parlement de Bordeaux, de reprendre de suite leurs séances comme par le passé, ce qu'ils firent le 8 janvier 1550. Il accorda pardon et amnistie entière à la Compagnie, sans dispenser toutefois les individus qui étaient poursuivis, en raison de la sédition passée, d'aller se justifier devant le Parlement de Toulouse, seule Cour compétente pour cette affaire. Par un édit du mois d'août 1550, le roi rétablit le Corps-de-Ville, qu'on avait composé momentanément de vingt-quatre bourgeois, pour vaquer aux affaires, comme les jurats faisaient : ils n'en avaient pas les mêmes attributions ; ils n'étaient que simples commissaires, et leur pouvoir ne dura qu'un an. Il exempta la province de la gabelle ; mais, tout en ayant l'air d'être généreux envers les Bordelais, il leur vendit cher, à eux comme aux autres habitants de la province, cette exemption de monopole ou de l'achat forcé, moyennant 200,000 écus d'or une fois payés (d'autres disent 400,000 livres tournois), en se réservant toujours le droit de rétablir l'impôt du quart et demi.

Tout s'arrangea peu à peu, et, enfin, après de longs débats, le Parlement de Toulouse rendit un arrêt, le 19 décembre, qui déchargea le président La Chassaigne des accusations intentées contre lui par la veuve de Tristan de Moneins. Le procureur général se pourvut en conseil contre cet arrêt; mais La Chassaigne n'eut pas la liberté de reprendre son siége au Parlement. Le roi fut si mécontent, qu'il supprima l'office de président qu'exerçait La Chassaigne; cependant, quelques années plus tard, il alla se jeter aux genoux de François II, à Orléans; ce prince lui accorda des lettres-patentes qui levaient les *inhibitions à lui faites* d'entrer en la Cour; il reprit son siége, à la satisfaction de tous ses concitoyens. Le procureur général fut aussi innocenté par un arrêt du Parlement de Toulouse, du 29 mars 1551, et réintégré dans sa charge; mais les jurats furent réduits de douze à six; les fonctions de sous-maire furent supprimées et rétablies plus tard; le maire, qui était perpétuel, devait s'élire tous les deux ans, et ses honoraires furent considérablement diminués.

Trois ans après, cet énorme impôt fut racheté par les Bordelais et les pays limitrophes, au prix de 1,200,000 liv., et, pendant quelques années, ces provinces conservèrent dans la langue financière le nom de *Provinces rédimées*.

Dans le préambule de l'édit du mois d'août 1550, le roi rappelle les tristes événements de 1548; puis il réorganise les différents offices, et règle tout ce qui regarde la municipalité et les priviléges de la ville. C'est un document précieux; il mérite d'être conservé; nous le reproduirons dans notre travail sur la Mairie et les libertés de la ville, à la fin de la première partie de cette histoire.

CHAPITRE VI.

Progrès de la Réforme. — Les jésuites l'arrêtent. — Les religionnaires protégés par Marguerite de Valois. — Le Parlement se prononce contre eux. — Ils s'en moquent. — La Réforme devient politique. — Arrêt contre ceux qui chantaient les psaumes de Marot. — Désordres des Huguenots. — Quelques-uns d'entre eux étranglés et brûlés vifs. — Un emprunt. — Remontrance du Parlement. — Intrigues de Charles-Quint contre la France. — Le roi de Navarre à Bordeaux. — Mesures de sûreté pour la ville. — Images mutilées à Saint-Seurin. — Procession générale. — Élisabeth de France à Bordeaux. — Les Guise. — Rigueurs nouvelles. — Les religionnaires nombreux à Bordeaux. — Leurs assemblées, etc.

Livre VII.
1549.

Pendant ces affligeants désordres de notre cité, la réforme trouva une grande facilité d'expansion ; elle y fit des progrès étonnants et enrôla sous sa bannière de nouveaux et de nombreux prosélytes. Les affaires civiles et politiques absorbaient l'attention du public, mais les jésuites se trouvaient là comme des sentinelles avancées du catholicisme; ils arrêtèrent un peu l'audace des novateurs; et pendant le silence des lois et l'inaction, ou plutôt la quasi-absence des magistrats, leur admirable ordre fut le seul et le meilleur rempart qu'on pût opposer à l'envahissement de ces nouvelles doctrines, subversives à la fois de la vieille religion de nos pères et des mœurs politiques de la France. L'état des affaires, à Bordeaux, ne servit que trop les intérêts des réformés : ils se mêlaient à la foule, encourageaient la résistance du peuple, et, qualifiant de tyrannie les actes de l'autorité, fomentaient les séditions qui avaient attiré sur la ville la colère du prince. Sans protecteur et sans appui, ils tramaient leurs complots dans le silence et les ténèbres; mais ils trouvèrent une amie à Nérac, Marguerite de Valois, qu'une basse flatterie appelait *la quatrième grâce et la dixième muse ;* elle leur ouvrit un asile à sa cour, et y accueillit Calvin, Le Febvre, Bèze et plusieurs autres coryphées de la faction révolutionnaire. Cette protection les enhardit et les multiplia : les princes minaient imprudemment leurs propres trônes; on s'attendait à voir bientôt des ruines ! Exaltés par leurs succès, ils crurent pouvoir braver l'autorité du Parlement et se moquer de ses arrêts. La commission établie par le roi fut témoin des excès et de l'audace de leurs prédicateurs ; elle crut que le mal provenait de l'ignorance du peuple ; et ayant fait appeler devant elle Jean de Lana, vicaire général, elle lui enjoignit de faire venir plusieurs prédicateurs capables et orthodoxes, de les examiner avec soin avant de leur conférer des pouvoirs, et de s'assurer de leurs mœurs et de la pureté de leurs doctrines. Tel était l'état des esprits quand le Parlement reprit ses fonctions.

Sachant la part active que les réformés avaient prise aux troubles qui avaient amené la désorganisation de leur Compagnie, les membres du Parlement, dirigés par un esprit réactionnaire qui déplut à beaucoup de gens, adoptèrent des mesures répressives qui irritèrent les sectaires et indisposèrent contre eux les hommes peu religieux ; ils ordonnèrent qu'il fût procédé par censures ecclésiastiques « contre tous ceux » qui savent aucuns tenants et dogmatisants doctrine réprouvée » contre la détermination de l'Église, des saints Conciles, et » contre les constitutions et déterminations de l'Église gallicane, mangeant chair à jour prohibé, et font autres actes » semblables contrevenant à la détermination de l'Église. »

Toutes ces mesures étaient inefficaces ; l'opinion s'était prononcée en sens contraire, et l'opposition était devenue une féconde source de popularité. Grâce à la connivence du peuple et aux prétextes qu'on avait allégués pour justifier leurs démarches illégales, les prédicants réformés devinrent très-nombreux ; c'étaient des laïques exaltés, des moines défroqués et des prêtres apostats. Avec un zèle digne d'une meilleure cause, ils bravaient les menaces de la justice, toute la sévé-

Livre VII. Chap. 6.

1549.

8 Janvier 1551.

rité des magistrats : ils criaient contre le luxe, on les crut désintéressés contre les princes et les riches, on les prit pour des amis de la liberté ; contre la corruption des mœurs, on les regarda comme des saints. Le Parlement, enfin, manda plusieurs de ces fougueux prédicants ; mais les réprimandes, les admonitions n'eurent pas d'effet. On fut obligé enfin de faire un exemple. Bernard de Borda, révolutionnaire non seulement aux yeux de l'Église, mais de la politique, persista à mépriser les ordres de ses supérieurs, les lois et les arrêts du Parlement. Il fut arrêté, jugé et pendu (1). Cette sévérité ne désarma point les mécontents ; elle ne fit qu'aigrir les esprits contre le Pouvoir : on cria à la tyrannie ; la force semblait, aux novateurs, dicter la loi ; on résolut de résister, et on le fit. La réforme, d'abord religieuse, prit une couleur politique ; beaucoup d'âmes énergiques se prononcèrent pour les persécutés ; beaucoup de mécontents dans l'ordre politique se jetèrent dans l'opposition contre la cour et le clergé ; tous soupiraient après un état de choses où la liberté civile, l'ordre et la tolérance religieuse pussent se réaliser dans la société. L'usage de chanter les psaumes de David, traduits en français par Marot, commença à s'établir. Le clergé s'y opposa, parce que ces psaumes étaient infidèlement rendus, et parce que cet usage était contraire à la discipline de l'Église. L'archevêque François de Mauny présenta une requête au Parlement sur ce sujet. La Compagnie, par arrêt du 30 avril 1556, ordonna qu'on informât contre ceux qui chanteraient les psaumes de Marot ou qui publieraient des livres censurés par la Faculté de Théologie. Malgré toutes ces précautions, la réforme gagnait toujours du terrain, et les sectaires continuaient à violer la loi et à miner la religion ; ils poussaient l'audace jusqu'à se promener dans l'église pendant les offices, à se moquer des prêtres et

---

(1) En 1553, le Parlement alla siéger à Libourne, à cause de la peste qui ravageait Bordeaux.

des cérémonies, et à troubler la paix publique dans les saints lieux, où on la devrait le plus respecter. Le Parlement chargea le prévôt de la ville de veiller, avec la force armée, à ce que ces scènes ne se renouvelassent pas. Tous ces arrêts, toutes ces ordonnances ne furent que de vaines menaces; on ne se borna pas à les mépriser, on les foula aux pieds. Les plus audacieux de ces forcenés étaient Arnaud Monnier, de Saint-Émilion, et Jean de Cazes, de Libourne. Ils furent arrêtés, et ne pouvant nier les charges à eux imputées, ils furent condamnés à être brûlés vifs. C'étaient des jeunes gens très-exaltés; leur sort excita la commisération du peuple, mais ne ralentit en rien la marche de la réforme : Jean de Cazes, interrogé par M. d'Alesme, président, répondit avec une fermeté fanatique; il fut condamné à être traîné, dans les rues et carrefours, sur une claie, par le bourreau ; et après avoir demandé pardon à Dieu, au roi et à la justice, qu'il avait offensés, il fut brûlé vif, avec son compagnon, à la porte de Saint-André. Bèze, d'Aubigny et les écrivains protestants nous les représentent comme des martyrs; l'erreur peut trouver des défenseurs, elle ne fait pas des martyrs : il aurait fallu une cause sainte, la leur n'était qu'une révolte contre l'Église et la loi. Ils prétendent, en outre, que les spectateurs étaient jetés, par la barbarie du supplice, dans une si effrayante consternation, qu'ils s'enfuirent avec précipitation. Les gardes mêmes abandonnèrent leurs postes; on pénétra dans les maisons dont on n'avait pas eu le soin de fermer les portes; le greffier de Pontac fut renversé de sa mule dans la rue Poitevine et porté moitié mort chez Mme veuve de Pichon, où, revenu à lui-même, il ne cessait de crier : « Sauvez-moi, cachez-moi, cachez ma mule de peur qu'on ne la reconnaisse.» Le désordre était grand; mais les détails que nous en donnent des auteurs protestants portent l'empreinte d'une exagération intéressée.

Pendant ces désordres, les finances étaient loin d'être dans un état prospère ; les services publics étaient mal rétribués et

Livre VII.
Chap. 6.
—

Histoire
des Martyrs
persécutés
et mis à mort,
publiée
par Crespin.

1556.

Bèze,
Histoire
ecclésiastique,
tome I.

De Thou,
liv. XVII.
—

D'Aubigné,
Histoire
universelle,
liv. II, chap. 8.

mal faits. Pour soulager le peuple, la gabelle avait été réduite au droit dit du *quart et demi* (1); mais le roi se trouva dans la nécessité de faire un emprunt de 100,000 écus, auquel le Parlement lui-même devait prendre part. Le Parlement réclama et fit des remontrances; il fit observer au roi que pendant deux ans il n'avait pas touché de gages et que ses priviléges étaient inviolables. Le roi insista et ordonna aux jurats d'exécuter sa volonté. Fatigués du despotisme du Parlement, les jurats se prêtèrent complaisamment aux intentions du roi, en humiliant la Cour souveraine du pays; mais ayant appris que les noms des membres du Parlement étaient inscrits sur les rôles des contribuables, la Cour se fit apporter les registres et manda à sa barre les quatre principaux jurats, qui furent sévèrement admonestés. Ils n'en persistèrent pas moins dans leur projet, et inscrivirent les noms des membres du Parlement sur les rôles publics. Nouvelles plaintes, nouvelles exigences : les jurats déclarèrent qu'ils avaient cru devoir obéir au roi, que le mal était sans remède, et que les rôles étaient clos, scellés et remis aux collecteurs. La Cour indignée en appela au roi, qui, enfin, lui donna gain de cause.

Les affaires allaient si mal dans la province, qu'on ne craignait plus d'exprimer tout haut ses regrets de l'ancienne prospérité dont le pays avait joui sous les Anglais. Charles-Quint entretenait à Bordeaux des agents secrets pour fomenter les discordes et les haines; il engagea les Anglais à faire une descente dans le midi de la France, promettant de son côté d'occuper Bordeaux et d'entrer en Champagne pour faire une diversion. Le Parlement invita le roi de Navarre à défendre, par tous les moyens possibles, la ville et le pays, dont la position allait devenir très-critique. Le prince envoya à Bordeaux

---

(1) Au commencement on prélevait, sur la vente du sel, le quart, c'est-à-dire 5 sous par livre de sel; Louis XII augmenta cet impôt de la moitié, c'est-à-dire 2 sous et 6 deniers, ce qui porta l'impôt à 7 sous 6 deniers, et le fit appeler le *quart et demi*. (BOUCHET, *suprà*, 4ᵉ partie.)

le fils du comte de Lude, accompagné de M. de Lanta, abbé de Sainte-Croix, qui proposa au Parlement d'armer le peuple pour la défense commune. Cette proposition parut dangereuse; les sectaires étaient très-nombreux et ne demandaient que des armes et l'occasion de provoquer de nouveaux désordres. La Compagnie crut mieux faire en convoquant l'arrière-ban, et en autorisant, d'ailleurs, le comte de Lude à prendre toutes les mesures convenables pour la défense de la ville et des côtes. Cette décision fut notifiée au jeune comte par MM. de Roffignac, de Faugerolles, d'Alesme et de La Verge, présidents aux enquêtes. On se réunissait tous les soirs chez de Lude; le procureur général Lescure et plusieurs membres du Parlement y assistaient toujours.

Livre VII.
Chap. 6.
—
1557.

Un peu plus tard, le roi de Navarre lui-même vint à Bordeaux (20 août) et se présenta, avec le duc de Candale, au Palais, où il fut reçu par le président Faugerolles et six conseillers : il s'avança, le bonnet à la main; et après avoir accepté un fauteuil vert qu'on lui présenta, salua la Compagnie, se couvrit et fit signe aux assistants de faire de même. Dans un long discours sur les besoins publics et la position du pays, il réclama un généreux concours, comme gouverneur et lieutenant général de la Guienne, et fit l'éloge des bonnes dispositions des habitants, qu'il voyait avec plaisir prêts à se sacrifier pour la défense de la province. Le président de Roffignac lui renouvela l'assurance d'un concours actif et bienveillant. On discuta plusieurs mesures de résistance; on proposa la démolition de l'église de Saint-Seurin, position sans défense en dehors des murs, dont l'ennemi pourrait facilement s'emparer. On décida que le chapitre serait transféré dans un des couvents de l'Observance, et tous les meubles mis en sûreté. Le chapitre demanda un délai, attendu que le danger n'était pas imminent. Le prince y accéda; mais peu après, il quitta Bordeaux, laissant, après lui, Burie comme lieutenant général. On respecta la basilique de Saint-Seurin.

D. Devienne.

1557,
3 Décembre.

Pendant tout ce temps, la réforme religieuse ne négligea rien pour étendre ses conquêtes : l'ignorance, et, par suite, la crédulité, l'impiété, les passions politiques, tout semblait concourir à lui donner de nouvelles recrues.

Le but était tout à la fois religieux et politique ; mais l'opposition était la règle de conduite adoptée par la nouvelle secte. Beaucoup de personnes, amies d'une sage liberté, se firent protestantes pour réaliser cette indépendance : des généraux, mécontents du gouvernement, se mirent à la tête des huguenots ; de grands seigneurs, qui voyaient dans les évêques et les abbés de redoutables rivaux, embrassèrent les nouvelles doctrines, qui semblaient plus en harmonie avec les libertés de la patrie et servir plus efficacement leurs petits intérêts. On tenait publiquement des assemblées, on prêchait en plein jour, on répandait avec profusion les écrits de Calvin, de Bèze et de quelques autres novateurs moins célèbres, et bientôt les réformés devinrent si nombreux et si forts, qu'ils se rendirent maîtres de plusieurs places importantes du Midi. C'était un gouvernement dans le gouvernement, une république couverte du manteau de la religion, et croissant rapidement à l'ombre du trône. « Il n'y a ici, disait le maréchal de Montluc, » enfant de famille qui n'ait voulu tâter de cette viande. » Les bourgeois penchaient vers les nouvelles doctrines ; le peuple aussi était persuadé qu'un changement quelconque ferait son bonheur. Mais le Parlement seul et ses amis résistaient au torrent et soutenaient la saine partie du clergé et de la population contre les audacieuses entreprises des sectaires. Cependant, on profanait les églises, on brisait partout les croix et les images des saints ; rien n'était négligé pour discréditer ou tourner en ridicule le clergé et les doctrines catholiques. Dans la nuit du 24 avril 1559, on mutila les bas-reliefs d'une croix, érigée près de Saint-Seurin, qui représentaient Jésus-Christ, la Sainte-Vierge, saint Paul et saint Jean. L'abbé de Sainte-Croix, doyen de Saint-Seurin et conseiller au grand-conseil du Parlement, vint en prévenir la Compagnie. Après les informations sollicitées par Lahet, avocat général, le Parlement chargea Charles de Malvin et Eymeric de Gascq, conseillers, de faire un rapport sur ce nouveau scandale. La Cour fit observer qu'il serait bon d'enlever les images jusqu'à ce qu'elles fussent entièrement réparées. L'abbé de Sainte-Croix se conforma à cet avis. Le 26 avril, toutes les Chambres assemblées, la Cour ordonna une procession générale pour le dimanche suivant. Tous les membres du Parlement étaient tenus d'y assister en robes rouges et chaperons noirs, un cierge à la main, pour la réparation du scandale. L'archevêque devait aussi procéder par censures ecclésiastiques contre les auteurs des dites profanations. Par suite des informations faites avec soin, Pierre Feugère, riche marchand protestant, fut arrêté comme coupable et brûlé vif.

Livre VII. Chap. 6.

1559.

Bientôt après, le roi de Navarre vint à Bordeaux pour recevoir Élisabeth de France, qui avait épousé Philippe II, d'Espagne. On lui avait préparé un somptueux logement dans un hôtel du Chapeau-Rouge. Henry voulait que la Cour allât au devant d'elle et se mît à genoux en l'approchant. La Cour répondit que cela se pratiquait pour le roi seul et n'avait pas eu lieu même pour l'empereur, quoique le roi lui eût recommandé de rendre à ce potentat les mêmes honneurs qu'à lui-même; que, cependant, s'il insistait, et que telle fût la volonté de Sa Majesté, elle obéirait (1).

D. Devienne, Histoire, page 152.

La princesse arriva, le 6 décembre, accompagnée de son frère, le cardinal de Bourbon, et de plusieurs autres seigneurs. On fit mettre l'inscription suivante, en son honneur, sur le

1559. Registre du Parlement.

---

(1) Il y avait au Parlement de Bordeaux, en 1559, cent seize procureurs.
(*Regist. du Parlement.*)

portail du Chapeau-Rouge, par où elle devait faire son entrée :

« Gallia tale decus non permississet Iberis,
» Ornaret populos ni satis una duos. »

La princesse étant arrivée au Chapeau-Rouge, où elle descendit, la Cour, pressée par le roi de Navarre, qui l'avait fait prévenir par MM. d'Alesme et de Malvin des intentions du roi, mit genoux en terre et lui adressa le compliment d'usage ; elle se souleva un peu par déférence pour la Cour : à sa droite était la reine de Navarre, debout, avec la fille du duc de Montpensier ; derrière elle, se trouvaient le sieur de Lansac et plusieurs gentilshommes ; à gauche, le roi de Navarre, le prince de Laroche-sur-Yon (Bourbon-Vendée) et Noailles. Le président de Roffignac lui adressa un compliment, auquel la princesse répondit et le remercia. Après avoir entendu les compliments du clergé et de l'Université, elle monta une haquenée blanche, et fut conduite chez M. de Pontac.

A cette époque, les Guises dominaient dans l'État. La reine-mère faisait cause commune avec eux pour gouverner la France, à l'exclusion des premiers princes du sang, le roi de Navarre et le prince de Condé. Les esprits étaient irrités : la conduite de Catherine était peu politique et très-imprudente ; elle lui aliéna l'affection de beaucoup de monde. Les princes exclus ne cachaient pas leur ressentiment : mus par un esprit de vengeance, ils favorisèrent secrètement les religionnaires, qui, fiers de leur appui, tenaient partout des assemblées, le jour et la nuit, contrairement aux ordonnances. Les choses allaient mal : un principe d'insubordination, de calomnie, de résistance à l'autorité dominait toutes les classes ; la société se désorganisait, la loi était méprisée, l'anarchie partout. Enfin, les huguenots prirent la résolution de se défaire des Guises et de leur substituer le prince de Condé, leur ami et l'âme de la conjuration d'Amboise. Le complot échoua, mais l'esprit de révolte était toujours le principe fondamental de l'hérésie, et le pouvoir le but désiré.

Le roi en conçut de grandes inquiétudes : il interdit les réunions nocturnes, où, sous prétexte de religion, il se commettait toute sorte d'excès, et ordonna qu'on démolît les maisons où elles auraient lieu. On ne se borna pas à ces faibles défenses, on créa, dans chaque Parlement, une *Chambre ardente* ou tribunal spécial, pour juger et condamner les crimes commis contre la religion et les auteurs et fauteurs des doctrines nouvelles.

Ce déploiement de force et d'énergie ne fit qu'aigrir les esprits ; on publia clandestinement des libelles incendiaires et diffamatoires. On y disait que les femmes et les étrangers (la reine et les Guises) ne devaient pas faire partie du gouvernement ; la religion, pas plus que la loi, n'était respectée dans ces écrits ; la vie même du prince était menacée.

L'inefficacité des mesures enhardit les huguenots ; abattus naguère, ils relevèrent la tête, prirent des armes partout et grossirent leurs rangs de tous les mécontents de Libourne, Sainte-Foy, Coutras et des contrées circonvoisines. Ils parcoururent le Bordelais et l'Agenais, pillèrent les églises, dispersèrent les processions, insultèrent les prêtres et organisèrent partout la guerre civile et religieuse. Condé se retira à Nérac, où, par haine contre le parti opposé, il déclara ne plus vouloir aller à la messe. C'était une honteuse apostasie, le résultat d'un mécontentement en matière purement civile ; c'était un triomphe pour les sectaires, un scandale et une cause d'indignation pour les catholiques. On redoubla de précautions et de vigilance ; c'était presque trop tard : les étudiants et les clercs des procureurs s'étaient joints aux sectaires ; un conflit eut lieu et le sang coula sur la place de Bordeaux. Le Parlement admonesta les régents du collége et défendit aux clercs de la *Basoche* d'élire un roi avant d'avoir obtenu l'autorisation de la Cour et des jurats (1).

Informé de tous les désordres de la Guienne, et connaissant

Livre VII.
Chap. 6.
—
1560.
Belcar,
In Com.,
lib. 28.
—
Gasp. de Saulx,
Mémoires,
tome 2.

Fleury,
Histoire,
t. 31, ch. 153.

---

(1) Juridiction des clercs et procureurs dont le chef s'appelait le *roi de la Basoche*.

Livre VII.
Chap. 6.

1560.

d'ailleurs les projets des huguenots, François II fait prévenir le Parlement, par M. de Lansac, gentilhomme ordinaire, qu'on tramait une conspiration contre l'État, et qu'il comptait, comme par le passé, sur sa fidélité et sur son concours pour maintenir la paix dans le ressort. Le président de Roffignac lui en donna l'assurance la plus positive.

L'archevêque de Sansac déploya, dans ces circonstances, un zèle intelligent et actif; les Jésuites lui rendirent de grands services, et surtout le P. Augier, qui laissa à Bordeaux d'impérissables souvenirs. Malgré tout cela, les intrigues des princes, l'activité des religionnaires, les fautes politiques des Guises, ne firent qu'accroître le nombre des mécontents et ôter au gouvernement la force morale dont il avait besoin. En 1561, toutes les petites villes de la province étaient pleines de sectaires; on en comptait jusqu'à sept mille dans Bordeaux même. Nous croyons que Bèze en exagère ici le nombre (1). Ils y avaient deux ministres, Neufchâtel et Philibert Gréné, dit *La Fromentée*. Leurs réunions étaient fréquentes et nombreuses; mais la première qu'ils tinrent à Bordeaux fut celle qui eut lieu à Saint-Laurent d'*Escures* ou d'*Obscures,* ancienne église abandonnée, dans la paroisse de Sainte-Eulalie, à droite du chemin du *Tondut*. Burie, lieutenant général, y envoya le capitaine du guet, qui, n'y trouvant pas d'armes, aucun signe de rébellion, rien de séditieux parmi les trois cents individus qui composaient cette assemblée, ne s'y opposa pas, et se fit calviniste plus tard.

Dans ce temps, l'infortunée Marie Stuart résolut d'aller en Écosse; elle s'embarqua à Calais le 15 août 1561, les yeux toujours fixés sur la France. Elle se fit préparer un lit sur le tillac, et en se réveillant, elle aperçut encore les rivages de ce beau pays, qui allaient disparaître. Triste et émue, elle s'écria

Bèze,
Histoire ecclésiastique,
tome Ier.

Baurein,
Variétés bordelaises,
tom. III, p. 380.

(1) Il y en avait deux mille quarante-deux de bien reconnus.

plusieurs fois : « Adieu, France, adieu, je ne te reverrai plus ! » Elle exhala sa douleur dans des vers, qui sont consacrés par le souvenir que toute âme élevée et sensible garde de cette infortunée princesse ! Les voici :

> « Adieu, plaisant pays de France !
> » O ma patrie la plus chérie,
> » Qui as nourri ma jeune enfance !
> » Adieu, France ! adieu mes beaux jours !
> » La nef qui disjoint nos amours
> » N'a eu de moi que la moitié ;
> » Une part te reste, elle est tienne :
> » Je la fie à ton amitié !
> » Pour que de l'autre il te souvienne.

Victime de la haine des sectaires, elle ne revit plus son tant plaisant pays de France.

CHAPITRE VII.

Réunion de Protestants à Saint-Michel. — Leur audace. — La conduite de Burie. — Nouvelles rigueurs contre les sectaires. — Désordre de Saint-Remi. — Un syndicat catholique. — Les jurats s'en plaignent. — L'avocat Lange le défend. — Il accuse les jurats de pencher vers les Huguenots. — Les jurats se justifient. — Des commissaires du roi en Guienne. — Montluc. — Sa lettre au Parlement. — Nouvelles précautions. — Le procureur général envoyé à Paris. — L'édit des *Noces* en faveur des Protestants. — Tous les membres du Parlement font leur profession de foi, l'archevêque aussi, ainsi que les officiers du roi et des sénéchaussées du ressort.

<small>Livre VII.
1560.</small>

Les religionnaires étaient devenus insupportables : sans être aussi nombreux à Bordeaux que Bèze le prétend, ils étaient audacieux et entreprenants; ils parlaient tout haut de leurs succès et de leurs espérances, et effrayaient de leurs menaces et de leur hardiesse les trop timides catholiques du pays. Le mouvement était plutôt politique que religieux; dans les assemblées secrètes de quelques nobles et de la bourgeoisie huguenote de Guienne, on débattait la déposition des Valois, <small>H. Martin, *Histoire de France*, liv. LII.</small> si nous en croyons Montluc, et l'élévation d'un *roi des fidèles*; c'était le prince de Condé qu'ils avaient en vue.

Cependant, il faut le reconnaître, ce n'était point la forme monarchique que les huguenots voulaient réaliser par une révolution et l'intronisation d'une nouvelle dynastie usurpatrice; ils ne la désiraient qu'à défaut du système gouvernemental prêché par les ministres du Saint-Évangile, qui n'était autre chose que le républicanisme théocratique de la Bible; c'était une véritable république fédérative qu'ils désiraient <small>T. XI, p. 125.</small> tous organiser; le plan en est conservé dans La Popelinière <small>T. XI, p. 34, 12.</small> et dans les *Mémoires de l'Estat de France sous Charles IX;* il fut arrêté dans un synode tenu en Béarn sur la fin de 1572. Cependant, ce programme ne fut pas suivi : pour le réaliser, ce n'était pas l'audace qui manquait aux huguenots; c'était la force morale et physique. Enfin, voyant qu'ils pouvaient tout faire avec impunité, ils tenaient des assemblées dans la ville même : le quartier de St-Michel était le lieu de leurs réunions. On ne les inquiétait plus; la tolérance augmenta leur audace et agrandit leur puissance, ainsi que la sphère de leurs prétentions. Ils invectivaient les catholiques, tournaient en ridicule les prêtres, les religieux et les cérémonies du culte. Il s'ensuivit des récriminations et de fâcheuses collisions qui provoquèrent toute la sévérité du Parlement. Leurs prêches étaient ouverts au public, leurs assemblées connues et même annoncées. Ils s'étaient mis de niveau avec les catholiques; et désireux de se rendre maîtres du Château-Trompette, et, par suite, de la ville, ils formèrent un complot qui fut découvert le 26 juin. On condamna à mort plusieurs de ces conspirateurs; mais Burie ne voulut pas user de la loi et les punir d'une manière si exemplaire. Son indulgence eut le triste effet de les encourager à mal faire.

Dans ce temps, il se tenait un Chapitre des Cordeleliers; on y soutenait des thèses publiques. Les huguenots étaient enhardis au point de s'y présenter pour argumenter contre ces religieux sur plusieurs articles de la nouvelle doctrine. On cria contre l'inaction et le silence de l'autorité : Burie défendit enfin les réunions et prononça des peines sévères contre les novateurs réfractaires. Ils firent des réclamations; et, dans une assemblée des citoyens à l'Hôtel-de-Ville, l'avocat Langalerie prit hautement la défense de la nouvelle secte et demanda la liberté pour la religion réformée. On se contenta de lui répondre que telle n'était pas la volonté du roi. Il y avait de meilleures raisons à donner, ce nous semble; on ne les fit pas valoir. Burie penchait très-probablement vers la nouvelle secte; il ne donnait pas suite aux ordonnances; il semblait agir de connivence avec les sectaires; car, malgré les édits du roi, ils se préparaient à célébrer la Cène. Le 25 décembre, se trou-

Livre VII. Chap. 7.
1860.

Registre du Parlement, 1561-62.
De Thou, liv. 55.

Voir chapit. sur le Parlement, page 94.

5 Septembre 1561.

1561.

Livre VII. Chap. 7.

1561.

vant au Palais, on lui représenta les conséquences de sa conduite ; il répondit qu'il n'avait pas permis qu'ils célébrassent leur Cène en ville, mais bien aux Chartrons ; qu'il y enverrait, pour maintenir la paix, quatre-vingts ou cent hommes, et, au besoin, se tiendrait lui-même au Château-Trompette.

On lui rappela les édits qui défendaient la célébration de la Cène en aucun lieu ; il s'épuisa en promesses, mais ne fit rien pour faire respecter la loi. Alors le Parlement ordonna qu'on informât sur l'assemblée des sectaires aux Chartrons, sur les propos scandaleux, séditieux et malsonnants qu'on y avait tenus contre le roi, la religion et la justice ; que le roi serait prévenu de tout ce qui se faisait à Bordeaux par et contre les protestants ; que tout vagabond et étranger serait obligé de quitter la ville dans les vingt-quatre heures ; qu'on ne laisserait entrer personne en armes, à l'exception des gentilshommes et de ceux à qui on aurait accordé la permission de porter l'épée ; que le sieur de Burie serait engagé à faire exécuter les édits du roi touchant le rétablissement des temples et prêches ; que défense serait faite à tout individu quelconque, sous diverses peines et une amende de 10,000 livres, d'assister à aucune Cène, de se trouver en consistoire, colloque ou synode qu'on tiendrait sans l'exprès commandement du roi ; que le sieur de Burie serait averti de faire sortir les ministres de la ville et du ressort.

Registre du Parlement.

Ces dispositions mirent le comble à l'irritation des protestants : quelques-uns d'entre eux, plus fougueux et moins politiques, se récrièrent contre cette rigueur ; on en arrêta six pour être entendus sur la célébration de la Cène et les faits à eux imputés ; et, en attendant, on députa au roi le procureur général, pour l'instruire de tout.

Quelques jours plus tard, les religionnaires voulurent enterrer un des leurs dans le cimetière de Saint-Remi ; les catholiques s'y opposèrent. Les deux partis en vinrent aux mains, et le désordre fut si grand, que le Parlement crut devoir prescrire l'exécution des ordonnances qui défendaient qu'on inhumât les protestants dans les cimetières de la ville.

Les catholiques modérés gémissaient en secret sur ces désordres ; les plus fervents se plaignaient que l'autorité ne se fût pas montrée plus vigilante et plus rigoureuse. Ils se réunirent au nombre de trois ou quatre mille, sous la direction de quelques ecclésiastiques zélés ; ils nommèrent six syndics pour suppléer à l'inaction de l'autorité, poursuivre les coupables, veiller à l'exécution des lois et défendre les intérêts de la religion et de la société. Ils avaient à leur tête le président de Roffignac, ennemi de la réforme, et le célèbre avocat Lange, comme secrétaire, chargé de rédiger les mémoires et de formuler les demandes. Ces syndics se partagèla ville en six districts. Dans la crainte d'une collision prochaine, ils se pourvurent d'armes, et faisant valoir la haute importance politique et sociale du syndicat, ils obtinrent des lettres-patentes. Pleins de méfiance pour les sentiments religieux de Burie, ils supplièrent la Cour de désigner, pour partager les fonctions de lieutenant général avec Burie, le célèbre Montluc, homme habile, sévère, impitoyable, et la terreur des protestants.

Les jurats, qui voyaient avec peine l'établissement du syndicat, prévinrent Burie, alors absent ; il revint en ville. Les jurats se plaignirent d'une autorité rivale et persécutrice d'une doctrine pour laquelle ils n'avaient que trop de penchant ; ils représentèrent ce nouveau pouvoir comme une source de haine, de sédition et de mille inconvénients. Burie, plus politique qu'eux, dissimula ses sentiments, et croyant réussir par la douceur, réunit chez lui les chefs des catholiques et des protestants, et leur proposa une réconciliation. Ce fut en vain ; les partis politiques et religieux n'abdiquent pas. Il se rendit alors au Parlement, où M. Lange devait lire un long *Mémoire* sur ce sujet. En effet, M. Lange y donna lecture de son travail, dans lequel il reconnut que, dans un temps de

Livre VII.
Chap. 7.
1561.

Mémoires de Condé, tome III.

De Thou, liv. 52.

paix, on ne pouvait créer ni un syndicat ni aucune autorité sans le roi; il ajouta que, les schismes et les hérésies ayant désolé la ville et la province, de manière à séparer le mari de sa femme, le père de son fils, les frères même et les parents, la ruine de l'État en devait évidemment résulter si l'on n'y apportait un prompt et efficace remède. Que c'était dans ce louable dessein que le syndicat s'était formé ; qu'il ne demandait que l'exécution de la loi, le rétablissement d'une paix durable ; que le vrai frein des peuples consistait dans l'observation des lois ; que les sectaires foulaient aux pieds les édits et ordonnances ; qu'ils détruisaient les églises, abattaient les images des saints, pillaient les maisons catholiques, s'assemblaient armés, traînaient les statues dans les rues avec une corde au cou, et termina en réclamant l'emploi de la force, si la douceur, les remontrances et la patience ne suffisaient pas.

Après avoir lu ce *Mémoire*, M. Lange insinua que les jurats étaient plus coupables que Burie, et supplia le Parlement de savoir en quoi et comment ils avaient exécuté les ordres de Burie et les arrêts de la justice. A cette interpellation, le jurat Dubois répondit que les jurats étaient, avaient été et voulaient être obéissants aux commandements et ordonnances du sieur de Burie et du Parlement, et n'avaient jamais manqué à leur devoir. Ram, lieutenant, se plaignit alors des jurats qui avaient fait élargir des personnes inculpées d'avoir abattu la croix de Saint-Michel. Les jurats en convinrent; mais ils firent observer qu'après une minutieuse enquête, de longues et sérieuses informations, on n'avait rien trouvé à leur charge; les mettre en liberté était donc pour eux un devoir. L'auditeur de l'archevêque de Bordeaux parla au nom du clergé des excès des prétendus réformés; et les députés d'Agen, de Marmande, de Libourne et de Bazas, portèrent aussi leurs plaintes sur le même sujet.

Les jurats alors exposèrent les mesures qu'ils avaient prises pour la sûreté publique; ils se plaignirent de l'élection des syndics, faite par quatre mille personnes, comme d'un acte contraire à leur autorité et au bon ordre; ils déclarèrent que, sous le bon plaisir du lieutenant du roi et du Parlement, ils avaient organisé une garde de cent vingt hommes, dont quarante feraient le service pendant la nuit et quarante pendant le jour. Burie ajouta que, conjointement avec Noailles, maire de Bordeaux et commandant du château du Hâ, il pourvoirait à tout ce qui était nécessaire pour le service du roi.

<small>Livre VII. Chap. 7. 1561.</small>

Antoine de Noailles avait réussi à faire entrer un corps de troupes fidèles au château du Hâ, sous les ordres de M. de Montbadon; mais elles étaient en danger d'être surprises; car Duras Durfort devait descendre la Garonne en bateau pour les attaquer, de concert avec Pardailhan et Vaillac, gouverneur du Château-Trompette, la nuit du 25 au 26 juin 1562. Pardailhan recula à la vue du danger, Duras s'éloigna, et les conjurés échappèrent en escaladant les murailles.

Le soir, le Parlement se réunit de nouveau et rendit un arrêt renouvelant les mesures dont nous avons parlé; mais toutes ces précautions restèrent sans effet; le conflit était trop imminent, presque inévitable. Les jurats se plaignirent de nouveau des empiétements illégaux du syndicat catholique; ils exposèrent que l'avocat Lange avait demandé au lieutenant du roi que les jurats eussent à s'expliquer sur leur religion, ce qui était pour eux une injure personnelle et gratuite; ils assurèrent qu'ils allaient se pourvoir devant le roi, qui, seul, avait établi le Corps-de-Ville, et à qui seul, vu l'importance de l'affaire, en appartenait la connaisssance. A leur demande, la requête fut inscrite sur les registres, ainsi que la réponse de Lange.

Le roi apprit avec chagrin ces troubles; il venait de permettre aux Bordelais de replacer sur les tours de l'Hôtel-de-Ville la grosse cloche, descendue par les ordres de Montmorency; haut témoignage de sa bienveillance, récompense de leur soumission et de leur repentir, et un gage pour l'avenir.

<small>Par arrêt du 21 sept. 1561.</small>

Livre VII.
Chap. 7.

1561.

Il avait même écrit à Louis de Lur, vicomte d'Uza, sénéchal du Bazadais, dans le mois d'octobre, qu'il accordait pleine amnistie à tous les religionnaires qui avaient porté les armes contre son gouvernement, s'ils consentaient à faire partie des troupes qu'il armait contre les Anglais et les Allemands ; mais ayant appris que les protestants continuaient toujours à troubler la paix à Bordeaux, il envoya Nicolas Campaing, conseiller au Grand Conseil, et Girard, lieutenant de la prévôté de l'Hôtel-de-Ville, comme commissaires en Guienne. Les religionnaires en conçurent des craintes ; ils se réunirent en consistoire à Sainte-Foy, et élurent quelques chefs, avec mission de faire ce qui était nécessaire pour défendre la réforme contre les Parlements de Bordeaux et de Toulouse. Comme les commissaires devaient visiter plusieurs localités de la province, le roi désigna, pour les remplacer à Bordeaux, les conseillers d'Alesme et Ferron. Pour éviter toute collision et ôter tout prétexte de rivalité entre les habitants, Burie informa le Conseil que les lettres-patentes, qui autorisaient la création du syndicat catholique, n'avaient pas été enregistrées ; le Conseil, pour le bien de la paix, cassa le syndicat, et chargea Burie de l'exécution de son arrêt. C'était une concession nouvelle faite aux perturbateurs ; ils n'en devinrent que plus audacieux.

De Bèze,
Histoire
ecclésiastique,
liv. V.

Burie, homme faible, sans énergie, sans résolutions et de douteuses intentions, avait besoin de quelqu'un pour le guider et le soutenir. Les catholiques, comme nous l'avons vu, avaient demandé Montluc, que Brantôme dépeint comme un *grand, brave et bon capitaine ;* il était, en outre, royaliste ardent et implacable ennemi des protestants, non pas seulement à cause de leurs nouvelles doctrines, qui troublaient l'Église et l'État, mais surtout à cause de leurs crimes et de leur insubordination.

Blaise de Montluc est une des plus belles figures du XVIe siècle, le type du vrai soldat, l'incarnation de la science militaire et de l'art; on admire en lui le savant et profond tacticien, le guerrier intrépide et le véritable chevalier du moyen-âge, le dévoué serviteur de son roi. Rude produit de la simple nature, il était bon, expansif et cordial dans l'intimité, cruel seulement par représailles contre les protestants; mais, au fond, antipathique au carnage et aux moyens de destruction. « Plût à Dieu, disait-il naïvement, que l'arquebuse n'eust » jamais esté inventée....; ce sont artifices du diable pour » nous faire entretuer. »

Ayant appris que les huguenots de Marmande avaient massacré les Franciscains et incendié leur monastère, il résolut de les venger; c'était le droit de la guerre. Il se mit en campagne, et apprit qu'une bande de forcenés avait dévasté le château de M. de Fumel, et avait tué ce malheureux gentilhomme de la manière la plus féroce : « Ils le mirent demi-» mort, contre un carreau, sur le lit, et tiraient à la butte » contre son cœur, pillant et saccageant tout, et, après, ces » bonnes gens criaient : *Vive l'Évangile!* »

Nommé gouverneur de la Guienne, Montluc eut toute liberté d'action. Son caractère était trop connu pour ne pas inspirer des craintes sérieuses aux protestants; il était, d'ailleurs, *persuadé que la douceur ne gagnerait pas ces méchants, et délibéra d'user de toutes les cruautés qu'il pourrait, même sur ceux-là qui parlaient mal de la majesté royale.* Il entra en fonctions, se fit faire des rapports par ses agents, et acquit une connaissance certaine et complète de la position et des projets des protestants. Dans les premiers jours de janvier, il écrivit au président La Chassaigne la lettre suivante, que celui-ci communiqua, le 17, au Parlement : « J'ay descouvert » des choses et des menées depuis mon arrivée dans ce pays-» ci, que je n'eusse jamais crues. J'en aurais répondu à la reine » sur ma vie et sur mon honneur; mais je lui ai écrit par un » gentilhomme que je ne voulais plus répondre que de moi-» même. Je vous prie, prenez garde à votre ville; car vous

» n'en eûtes jamais plus besoin qu'à cette heure. J'en ai écrit
» à M. de Burie fort au long. Votre meilleur et fidèle ami, à
» vous faire plaisir.

Blaise de Montluc. »

Il écrivit aussi à M. de Burie, que les protestants voulaient l'assassiner et que les ministres excitaient à la révolte et soufflaient partout le feu de la guerre civile. Burie informa le Parlement que, d'après une lettre du roi, le prince de Condé arriverait incessamment à Bordeaux avec des troupes.

L'autorité redoubla d'activité et prit des mesures de précaution et de sûreté; on mit des gardes aux portes de la ville; c'étaient un président ou un conseiller, un chanoine de Saint-André et un officier de la Chancellerie, avec dix bourgeois et deux soldats de la garde municipale. Dans ces conjonctures, le roi manda auprès de lui le premier président De Lagebaston; quelques jours plus tard, voyant que l'état politique de la province empirait de plus en plus, le Parlement députa à Paris le procureur général avec une lettre pour le roi de Navarre. Le lendemain de son arrivée, ce magistrat exposa l'état des affaires; il déclara qu'on avait commis de grands désordres dans les douze évêchés du ressort; il ajouta que, dans cinq de ces évêchés, il n'y avait pas une église qui ne fût souillée et profanée par les protestants, au point de ne pouvoir y dire la messe; qu'il s'y était commis des meurtres et des crimes de toute sorte, et que le peuple prenait les armes partout, et ne respectait ni les choses, ni les personnes, ni la loi, ni le Parlement. Tous ces détails affligèrent la cour; mais, par un déplorable revirement de la politique, la reine s'était réunie à Condé et à Coligny contre le connétable et les Guises; l'édit de Romorantin, à la suite de la conjuration d'Amboise, fut remplacé par celui dit des *Noces*, qui accordait aux protestants tout ce que le premier édit leur avait refusé. Elle croyait s'assurer de l'affection du prince, et calmer, par des concessions, l'effervescence des passions religieuses et politiques; elle se trompait : elle les rendit plus fortes, moins dociles et plus exigeantes.

<small>Livre VII. Chap. 7.

1562.</small>

Voilà enfin les protestants fiers des succès de Condé et de la faiblesse de la reine. Le Parlement fit enregistrer l'édit, mais déclara « que la Cour entend qu'il ne sera loisible à
» aucun officier du roi, soit de la Cour ou autre, dans tout le
» ressort, d'aller et assister aux prêches des ministres; que,
» pour prier pour la conservation de la paix, l'union des
» princes chrétiens et la prospérité du roi et de l'État, il sera
» fait une procession, à laquelle la Cour assistera en corps. »

<small>Registre du Parlement.</small>

Toutes ces démonstrations furent vaines : la politique de la reine, l'adresse du prince, l'audace des sectaires, neutralisèrent les efforts du Parlement et réchauffèrent les espérances des mécontents. Les novateurs avaient des amis partout, même au sein de la Compagnie. Dans la crainte que le silence pût servir à cacher les coupables ou à propager la contagion du mauvais exemple, la Cour, toutes les Chambres assemblées, rendit l'arrêt suivant :

« Au premier jour, tous et chacun des présidents, conseil-
» lers, procureurs et avocats généraux, greffiers, huissiers,
» receveurs, payeurs, clercs des dits huissiers et autres mi-
» nistres quelconques; ensemble, les avocats et procureurs
» en icelle Cour, feront leur profession de foi jouxte et selon
» la forme qui a été faite, gardée et observée en la Cour du
» Parlement de Paris, en présence de l'archevêque ou de ses
» vicaires, qui seront, à cet effet, créés du corps de la dite
» Cour, et qu'en outre, le dit archevêque fera aussi en icelle,
» en qualité de conseiller seulement, la dite profession de foi
» et serment. »

<small>17 Juillet. Registre du Parlement.</small>

L'archevêque, Prévôt de Sansac, demanda que l'on fît cette profession de foi et le serment entre ses mains. La Cour fit valoir ses priviléges : elle représentait le roi; elle voulait agir comme le Parlement de Paris, et, comme Cour souveraine, ne saurait jamais acquiescer aux prétentions de l'archevêque.

<small>Voir notre *Histoire de l'Église de Bordeaux.*</small>

Livre VII. Chap. 7.
1562.

On se borna à coucher sur les registres la demande du prélat; il nomma pour ses vicaires les conseillers La Guionnie et Pontac, et fit sa profession entre leurs mains, en son rang. Alors le premier-président vint faire la sienne entre les mains du second président La Chassaigne, qui tenait dans les mains un tableau représentant la Passion.

Le premier-président reçut ensuite les serments et profession de foi de tous les autres membres, à l'exception de treize conseillers absents.

On arrêta qu'ils ne feraient aucune fonction de leur charge, qu'au préalable ils eussent rempli le même devoir avec les mêmes formalités.

Des mesures semblables furent adoptées à l'égard des officiers du roi et des sénéchaussées de Guienne, d'Agenais et de Saintonge. Ils s'y conformèrent le 1er août 1562. Les curés, vicaires et tous les habitants de la ville en firent autant le 4 novembre suivant; mais, par décision de la Cour, du 22 août, c'était entre les mains du vicaire général que les maire et jurats, et les officiers de la ville, devaient faire leur profession de foi.

Registre du Parlement.

CHAPITRE VIII.

L'état des esprits. — La conduite peu patriotique des Réformés. — La guerre civile éclate. — Insolence des Huguenots. — Duras veut s'emparer de Bordeaux. — Vaillac, gouverneur du Château-Trompette, ne se prête pas à l'intrigue. — Déprédations de Duras et de ses partisans. — Burie demande des secours à Montluc. — Montluc marche sur Bordeaux. — Ses cruautés. — La bataille de Targon. — Montluc fait pendre les Huguenots du bourg de Gironde. — Attaque et prise de Monségur. — Massacre des habitants. — Fuite de Duras. — Montluc le rejoint. — Bataille de Vergt, en Périgord. — Le roi accorde à Montluc le glorieux titre de *Conservateur de la Guienne.* — Mort de Guise. — Édit d'Amboise. — Montluc le fait enregistrer à Bordeaux, etc.

Au temps où nous sommes arrivés, la France était bien près de sa perte, et le parti protestant grossissait tous les jours. Ses chefs entouraient le trône, et la régente, par une singulière politique, souriait alternativement au prince de Condé et aux Guises, à d'Andelot, à Montmorency, à Coligny et au maréchal de Saint-André. En flattant les deux partis tour à tour, elle croyait les tenir dans sa dépendance et se rendre nécessaire aux uns et aux autres. Les catholiques se méfiaient d'elle, et voyaient bien que le dépôt de leur foi et le salut de la France ne reposaient plus dans des mains sûres. Les protestants prétendaient que le roi était captif dans les mains du triumvirat catholique; c'est ainsi qu'ils désignaient le duc de Guise, le connétable et le maréchal de Saint-André; ils avaient, dès le mois d'avril 1562, signé un traité avec les princes allemands, et se disposaient à sacrifier la nationalité au triomphe de leur cause.

Pour justifier cette honteuse démarche, ils publièrent un traité contraire, passé entre le roi d'Espagne et les triumvirs français, et prétendirent qu'il avait été délibéré et confirmé au Concile de Trente; c'était une insigne calomnie contre

Livre VII.
—
1562.

De Thou, tome 4, p. 184.

l'Église catholique. De Thou a reconnu que cette pièce était apocryphe.

Les protestants ne s'en tinrent pas là; ils firent, au mois de septembre suivant, un traité avec Élisabeth d'Angleterre, en vertu duquel elle fit transporter six mille Anglais en France, dont trois mille au Havre et trois mille pour être employés à la garde de Rouen et de Dieppe; outre cela, elle prêta 140,000 écus d'or au prince de Condé, et, à ces conditions, dit de Thou, on ajouta la clause ordinaire, tache ineffaçable sur le prétendu patriotisme des huguenots, « sans » que ce présent traité puisse préjudicier au droit de la reine » d'Angleterre sur Calais! »

Hume, quoique Anglais et protestant, se montre, en cette occasion, plus Français que la plupart de nos historiens philosophes du dernier siècle.

La Réforme et la Ligue, p. 474, 3ᵉ édit.

« Toute la France, dit-il, fut généralement indignée du traité » du prince de Condé avec Élisabeth. Il était naturel qu'on fît » la comparaison de la conduite de ce prince avec celle du duc » de Guise; et celui-ci, après avoir chassé les Anglais du » royaume, en avait interdit pour toujours l'accès à ces fiers » et dangereux ennemis; l'autre, par sa trahison, les rappe- » lait dans sa patrie et leur en ouvrit l'entrée jusqu'au centre » de l'État. »

On applaudit donc à la noble franchise de M. Capefigue, qui, rendant hommage à la vérité historique, proclame à la face du monde, ce que tant d'écrivains ont laissé en doute, savoir que : « Les calvinistes sont le parti anti-national, un » parti de morcellement, un fédéralisme provincial; ils font » ravager la France par les reîtres et les lansquenets, et il » faudra bien dire, une fois pour toutes, que le parti catho- » lique des ligueurs conserva seul la nationalité française. »

Coligny ne démentait pas non plus Luther et ses coreligionnaires; dans un *Mémoire* adressé à Charles IX, en 1572, il accorda aux Turcs la préférence sur les catholiques. « Pour-

» quoi, dit-il, la haine que l'on a pour les Turcs doit-elle
» tourner à l'avantage d'un prince (Philippe II), qui doit être
» plus détesté des chrétiens que le Turc même, par la raison
» qu'un chien qui dévore un chien est plus odieux qu'un loup
» qui exerce la même violence. »

Livre VII. Chap. 8.
1562.
De Thou, tome 6, p. 345.

Ce langage n'a rien d'étonnant dans la bouche des sectaires ; Jurieu, fidèle aux traditions de la secte, n'a-t-il pas déclaré, sous Louis XIV, qu'il n'hésitait point à regarder les Turcs comme envoyés en Europe par la Providence, *pour travailler avec les réformés au grand œuvre de Dieu.* L'esprit de secte ne connaît que ses propres avantages ; il ne tient aucun compte de la civilisation, de la liberté ou du bonheur de la patrie !

Ce n'est pas, à proprement parler, l'état des esprits et des choses à Paris que nous venons d'esquisser ; c'est celui des provinces, et du Midi en particulier. Bordeaux n'était pas plus tranquille que la capitale ; et malgré toutes les sages précautions du Parlement et des honnêtes gens, dont nous venons de parler dans le chapitre précédent ; malgré toute l'activité de Montluc, ces divisions intestines prirent un développement épouvantable : la guerre civile éclata. Louis de Condé venait de s'emparer d'Orléans ; enhardis par ce succès et par la présence de la reine de Navarre, les sectaires se croyaient sûrs de la victoire : ils pénétraient dans les églises, brisaient les images, faisaient sortir les religieuses de leurs couvents, pillaient les maisons catholiques et remplissaient le pays de vols, de meurtres et de forfaits de toute sorte. L'opposition au gouvernement et au clergé était chose à la mode ; la révolution, toute religieuse, allait s'imprégnant de plus en plus d'une forte teinte de démocratie ; les nobles eux-mêmes croyaient recouvrer leurs anciens privilèges en se rangeant sous l'étendard de Condé et en se faisant chefs des huguenots. La minorité du roi semblait encourager ces aveugles perturbateurs de l'ordre ; tout concourait à lui ôter les prestiges de la majesté royale et à lui préparer un lamentable avenir. Quand on leur parlait du roi,

1562.
Gasp. de Saulx, tome 2.
Castelnau, liv. III, ch. 8.

ils répondaient avec moquerie : « *Quel roy ? Nous som-* » *mes les roys ; celui-là que vous dites* (Charles IX, mineur) » *est un petit royot........ Nous luy donnerons des verges* » *et luy donnerons un métier pour lui apprendre à gagner* » *sa vie comme les autres!* » Les villes, voyant que la fortune souriait aux entreprises des protestants, se déclarent indépendantes; la souveraineté du peuple est prônée comme un principe nécessaire; Montauban proclame la république et frappe une nouvelle monnaie, portant cette inscription : *République de Montauban.* Les Toulousains restent fidèles à leur devoir et expulsent les religionnaires, qui, descendant la Garonne, en pillent les deux rives et s'apprêtent à donner la main aux sectaires et insurgés du pays bordelais. Burie avait eu l'imprudence de laisser Bordeaux sans garnison; on le savait. Le seigneur de Duras se dispose à y pénétrer, et, par l'intermédiaire de Pardailhan, beau-frère de Vaillac, gouverneur du Château-Trompette, à entrer dans le fort et s'en emparer.

Le sieur de Noailles en prévint la Cour; elle arrêta que tous les présidents et conseillers feraient le guet, la nuit, en personne et en armes, à Saint-André.

Symphorien Duras, autrement dit Durfort, commandait les huguenots; c'était le fils cadet de François Durfort, seigneur de Blanquefort, militaire décidé et brave, qui avait toute la confiance de Condé. Ce gentilhomme bordelais s'était ménagé des intelligences avec Savignac et quelques autres officiers, sous les ordres de Vaillac; mais, soit que Vaillac eût changé de sentiments ou qu'il eût manqué de courage pour concourir à la trahison, il refusa l'entrée du château à son beau-frère, Pardailhan, et fit échouer l'entreprise des huguenots. Cette tentative eut lieu après minuit : on sonna le tocsin; les habitants prirent les armes et chassèrent les traîtres; quelques-uns se sauvèrent, les uns en franchissant les murailles, les autres en s'échappant sous une palissade qui conduisait à la rivière; on en arrêta plusieurs. Plus de trois cents de ces sectaires furent expulsés de la ville; ils se dirigèrent vers la Dordogne, et pillèrent les églises et les maisons catholiques dans leur fuite précipitée (1).

Les huguenots parurent consternés de cet échec; mais ils ne furent ni découragés ni abattus. Les chefs s'étaient partagé la conquête du pays. Armand de Clermont assiégea Bourg; François de Pons, baron de Mirabeau, attaqua Blaye, occupée par une bonne garnison catholique; ses efforts furent sans succès. L'un de leurs plus hardis chefs rentra, avec une bande de protestants, la nuit de Noël, dans la ville de Bazas, pendant que les fidèles assistaient aux offices, et enlevèrent, soit en argent, soit en objets précieux, la valeur de 15,000 écus; mais le sénéchal, Louis de Lur, fit assembler la garde civique, et, avec les militaires, fit expulser les factieux, qui se dispersèrent dans les campagnes. C'est à cette occasion que le prince de Condé lui adressa, le 6 octobre 1562, une lettre flatteuse, en reconnaissance du bien qu'il avait fait en *conservant la ville de Bazas* en l'obéissance du roi, et pour le prier de ne point abandonner cette ville.

Duras lui-même se tenait à Monségur; il avait à ses ordres un grand nombre de bateaux pour transporter ses troupes à Bordeaux; des traîtres lui en avaient promis la possession; mais il apprit bientôt après que ses espérances étaient vaines, et que ses amis avaient été honteusement expulsés de cette ville. Il s'avança, cependant, vers Caudrot, avec mille deux cents hommes, et descendit, par la rivière, à Cadillac, d'où, après avoir fait prisonnier Henri de Candale, qui avait chassé les religionnaires de Langon, il pénétra dans la Benauge, dé-

Livre VII. Chap. 8.
1562.

Voir notre *Histoire de Bazas*, p. 155.

---

(1) Les deux factions qui se disputaient le sol de la patrie prirent des livrées distinctives dans le Bordelais : les huguenots portaient la casaque et l'écharpe blanche; les catholiques, la casaque et l'écharpe rouge. Pendant toute la guerre civile, on conserva ces couleurs caractéristiques.

vastant le pays, interceptant les grains et les vivres dont on voulait approvisionner le marché de Bordeaux.

Burie, qui menait une vie très-active et qui se voyait entouré de dangers, prévint Montluc de l'état des choses et demanda des secours : « car autrement la ville était perdue ; » qu'il n'avait aucune force avec lui, et, d'autre part, qu'il » n'y avait aucun grain de blé dans la ville et qu'ils étaient à la » faim, à cause que les ennemis tenaient toute la rivière de » Garonne et celle de Dordogne, qui sont les deux mamelles » de Bordeaux. » Quelques jours après le départ de Razé, qui lui avait apporté ces dépêches, Montluc vit arriver chez lui M. de Corré, neveu de Burie, qui le pria et le supplia de secourir Bordeaux, lui assurant que si, dans six jours, la ville n'était pas secourue, les protestants en seraient maîtres, et que tous les habitants du pays se soulèveraient contre le gouvernement, les uns de leur gré, les autres par force. Le lendemain, Montluc rassembla toutes ses forces et marcha sur Bordeaux. Après plusieurs escarmouches en route, il rencontra enfin le capitaine Doazan, qui se préparait à l'attaquer, à la tête de cinq ou six cents hommes. Montluc, qui n'avait avec lui que deux cents hommes et soixante-dix chevaux, marcha droit sur l'ennemi et passa sur le ventre à cette horde indisciplinée ; c'était un affreux carnage. « Nous étions si peu, dit » Montluc, que nous ne pouvions suffire à tuer tout ; car, de » prisonniers, il ne s'en parlait point en ce temps-là. » Les réformés de Nérac abandonnèrent la ville et se retirèrent au Béarn. Casteljaloux se rendit ; Xaintrailles en fut nommé gouverneur. Montluc nomma le capitaine La Salle commandant de Port-Ste-Marie, et marcha sur La Réole, alors assiégée par des bandes accourues de Bazas et ailleurs. Il fut rejoint par une partie des troupes de Burie, qui venaient à sa rencontre, sous les ordres de M. de Corré. Les réformés, se voyant en présence de l'impitoyable Montluc, levèrent le siége et abandonnèrent le pays. Ces attaques, ces représailles des partis bel-

ligérants et des factions diverses, étaient une source de grandes calamités pour le pays : commerce, industrie, agriculture, sciences et arts, tout était paralysé, et la misère et la famine venaient parfois accroître les malheurs de la guerre civile. Le nom de Montluc était pour les factieux un juste sujet d'épouvante; ils avaient sa personne en horreur. Cela n'étonne pas, car on sait qu'il ne pardonnait jamais les crimes et qu'il n'avait qu'un but, une seule pensée, la destruction complète des ennemis de l'État et de l'Église. Il se faisait accompagner partout de deux bourreaux, qu'il appelait *ses laquais*. Le trait suivant nous peint à la fois son impassibilité, son esprit, son caractère impitoyable. On lui dénonça, comme coupables de propos séditieux et irréligieux, quatre huguenots, dont un était diacre; il les fit conduire dans un cimetière et s'y rendit pour les interroger. « Comme j'arrivai, dit-il, M. de Fontenilles me pré-
» senta les trois huguenots et le diacre, tous attachés dans le
» cimetière où se trouvait encore le bas d'une croix de pierre
» que les huguenots avaient rompue, et qui pouvait être de
» deux pieds de haut. Je fis venir les consuls, et leur dis
» qu'ils me dissent la vérité, sous peine de vie, quels propos
» ils avaient ouï tenir contre le roi............ J'avais les deux
» bourreaux derrière moi, bien équipés de leurs armes, et
» surtout d'un *marassau* bien tranchant. De rage, je sautai au
» col de ce Verdier (l'un des huguenots), et lui dis : Oh ! mé-
» chant pillard, as-tu bien osé souiller ta méchante langue
» contre la majesté de ton roi? Il me répondit : Ah ! Monsieur,
» à pécheur, miséricorde. Alors la rage me prit plus que ja-
» mais; je le poussai rudement en terre, et son cou alla juste-
» ment sur ce morceau de croix, et dis au bourreau : Frappe,
» vilain! Ma parole et son coup furent aussitôt l'un que l'au-
» tre, et encore emporta plus de demi-pied de la croix. Je
» fis pendre les deux autres à un orme, qui était tout contre;
» et pour ce que le diacre n'avait que dix-huit ans, je ne le
» voulus faire mourir; mais bien lui fis-je bailler tant de

Livre VII.
Chap. 8.
—
1562.

Livre VII. Chap. 8.

» coups de fouet aux bourreaux, qu'il me fust dit qu'il en
» estait mort au bout de dix ou douze jours après. Et voilà la
» première exécution que je fis au sortir de ma maison, sans
» sentence, ni escriture ; car en ces choses, j'ai ouï dire qu'il
» faut commencer par l'exécution. » Voilà Montluc, et voilà
surtout son siècle !.....

Blaise Montluc, Commentaires, liv. V.

Le terrible maréchal, après avoir secouru La Réole, où commandait son cousin, M. d'Eymet, marcha sans opposition sur Bordeaux ; il y trouva Montferrand, Claude de Durfort, baron de Civrac, Verdusan, sénéchal du Bazadais, Saint-Orens et plusieurs autres seigneurs et chevaliers. La disette commençait à se faire sentir dans la ville ; il y séjourna trois jours, et se dirigea avec un nouveau renfort vers La Sauve. Trouvant partout le pays libre, il poussa ses excursions jusqu'à Targon, terre de M. de Candale. L'ennemi y avait pris ses positions. Montluc l'avait su à La Sauve ; mais il ne s'attendait pas à le voir encore ; il comptait, d'ailleurs, qu'il serait bientôt rejoint par Burie ; mais se trouvant, sans s'en douter, en présence des huguenots, il se vit forcé, quoique avec des troupes inférieures en nombre, à leur présenter la bataille. L'ennemi était préparé ; les positions étaient belles, les troupes fraîches et animées par la faiblesse des forces catholiques. MM. de Saint-Orens et de Fontenilles n'écoutant que leur imprudente ardeur et ne pouvant modérer le courage de leurs soldats, prirent le devant ; et, poussant en toute hâte aux premières maisons de Targon, y tuèrent quinze ou seize huguenots. L'alarme se répandit parmi les religionnaires : ils coururent aux armes et s'échelonnèrent sur une longue ligne, pendant que leur cavalerie se plaçait sur les rives du ruisseau. Vers sept heures du matin, l'attaque commença sur l'aile où commandait Saint-Orens ; Montluc se tint sur une hauteur, derrière un petit village, et fut rejoint bientôt par M. de Candale fils, M. de Seignac et ses deux fils, avec leurs compagnies respectives. Peu après, les huguenots s'ébranlèrent ; Montluc réunit son conseil, et l'on s'accorda à dire qu'il était imprudent de faire une attaque générale ; que c'était hasarder la fortune de la Guienne que de mettre en ligne un contre vingt, et qu'il fallait attendre l'arrivée de Burie et de Thermes, qui passaient alors la rivière. Montluc voyant un peu d'hésitation parmi les siens, s'écria : « Perdre pour perdre, il vaut mieux encore se » perdre en combattant qu'en fuyant; croyez bien, ils ne nous » attendront pas, nous les enfoncerons. M. de Seignac ap- » prouve ces observations, et tous crient avec force : *Allons* » *combattre, allons combattre!* »

A l'instant même, ils marchèrent en avant : Montluc assigna des postes à son fils, à Saint-Orens, à Verdusan, sénéchal de Bazas, à Charny et à tous les officiers. Il fallait monter au tertre qu'occupaient les huguenots : l'assaut était difficile ; mais, enfin, arrivés à trente pas de distance, l'ennemi ouvrit son feu ; les arquebusiers de Saint-Orens y répondirent avec courage. Le fils de Montluc se rua sur les cavaliers, pendant que le père tomba sur l'infanterie, à gauche ; la cavalerie se dispersa ; l'infanterie se renferma dans les taillis et se sauva à travers les vignes. « C'est, dit Montluc, la charge la plus furieuse, » sans bataille, où je me sois trouvé. » Duras se retira vers Marmande, et, après s'être abouché avec la reine de Navarre, à Caumont, il alla s'établir à Montauban.

L'affaire de Targon rassura les Bordelais et ranima les espérances des catholiques. Monluc et Burie se concertèrent pour leurs futures opérations : Burie se chargea d'aller, avec trois canons, réduire Monségur et les autres villes sises sur la Garonne, afin de faciliter le passage des bateaux qui approvisionnaient Bordeaux. Ils crurent nécessaire d'envoyer des secours à Cubzac et à Bourg, dont Charles de La Rochefoucauld s'était rendu maître. Dans cet intervalle, on leur apprit que les fuyards de Targon se rassemblaient à Gironde. Montluc s'y rendit sur-le-champ, et fit pendre soixante-dix huguenots aux piliers de la halle. Cette affreuse exécution répandit la terreur

> Livre VII.
> Chap. 8.
> —
> 1562.

dans le pays; les habitants les plus compromis allèrent rejoindre les troupes de Duras, que Montluc poursuivait de près. « On pouvait connaître, dit-il, par où j'étais passé ; car par les
» arbres sur les chemins, on trouvait les enseignes. Un pendu
» étonnait plus que cent tués. »

> Archives
> curieuses,
> par Cimber et
> Danjou,
> 1re série, t. 6.

C'étaient là des représailles abominables. Les malheureux réformés, dans leur fuite, avaient commis des horreurs. « A
» Saint-Macaire-en-Gascoigne, dit un écrivain, ils ouvroient
» les ventres des prêtres, et, peu à peu, enrolloient les en-
» trailles d'iceux entour de battons.......... »

Du temps que François du Casse était lieutenant pour le roi de Navarre en la ville de Bazas, deux de ses soldats maltraitèrent, d'une manière aussi cruelle qu'infâme et abomina-

> Archives
> curieuses,
> Ibid.

ble, une pauvre femme veuve ; notre plume se refuse à en retracer la peinture ! Le crime était affreux ; mais il fut affreusement vengé !

Montluc trouvait Burie trop doux, trop miséricordieux ; il croyait qu'il penchait peut-être trop en faveur des huguenots. Ils se rejoignirent devant La Réole. S'étant entendus pour les travaux qu'ils avaient encore à exécuter, ils marchèrent vers Sauveterre, et y passèrent la nuit. Le lendemain, avant son départ, Montluc fit pendre quinze ou seize religionnaires, sans forme de procès, et se dirigea sur Monségur, précédé de la terreur.

Arrivé devant la ville, il ordonna l'assaut du côté du midi, après avoir placé, la nuit, son artillerie sur une petite éminence, à cent et quelques mètres du mur. Après quelques coups de canon, la muraille croula, et quelques soldats de Montluc pénétrèrent dans la tour, d'où ils repoussèrent les huguenots, et s'avancèrent, suivis de plusieurs compagnies de renfort, jusque sur la place publique, où trois cents hommes étaient rangés en bataille. L'action s'engagea avec fureur ; les assiégés repoussèrent les assaillants ; mais, refoulés à leur tour, ils se dispersèrent en pleine déroute. On en massacra un grand nombre, et

Monségur vit ses rues jonchées de sept cents cadavres. Les soldats qui escaladaient les murs, tombaient entre les mains de l'inflexible Montluc, qui les faisait égorger. Il fit pendre tous les officiers et les consuls avec les chaperons sur le col, et il ne se réserva point de rançon, dit-il, sinon pour les bourreaux. « La tuerie, dit l'impitoyable lieutenant général, dura dix heures et plus ! » Le capitaine Héraud, qui avait défendu la place, fut fait prisonnier : *Brave soldat s'il y en avait en Guienne,* dit Montluc, *et que beaucoup de gens voulaient sauver pour sa vaillance ;* « mais je dis que s'il échappait, il » nous ferait tête à chaque village, et que je connaissais bien » sa valeur. Voilà pourquoi je le fis pendre ! »

Burie reprit le chemin de Bordeaux et Montluc celui d'Agen, tandis que son artillerie, embarquée à La Réole, le suivait sur la Garonne. Duras étant rejoint par Pardailhan, le jeune Montferrand, dit Langoiran, et plusieurs autres capitaines moins illustres, s'étaient mis en route pour Orléans, où se trouvait le prince de Condé. Informé de son projet de réduire Cahors, Montluc accourut au secours de cette ville, et rencontra les troupes de Duras, le 9 octobre, au village de Vergt, dans le Périgord. L'armée protestante, composée de huit mille hommes, était découragée par la fuite et fatiguée de ses longues marches ; la discipline y était à peine observée et le service si mal fait, qu'elle se trouva en face de Montluc sans qu'elle s'en doutât. Le combat commença avec acharnement ; il fut long et meurtrier : l'infanterie protestante résista avec héroïsme ; mais l'ardeur des catholiques, stimulée par l'impitoyable Montluc, remporta la victoire, qui sembla devoir assurer le repos de ce malheureux pays, trop longtemps la proie des factions fanatiques. Cette sanglante affaire valut à Montluc la confiance de la régente et le titre de *conservateur de la Guienne,* que le roi lui donna. Le duc de Montpensier se retira à Barbezieux, et Montluc dans son château près d'Agen. Il crurent la Guienne tranquille ; ils se trompaient : les partis politiques ou religieux

Livre VII.
Chap. 8.
—
1562.

1565.

savent se taire, mais ils ne meurent point. L'un des coryphées protestants, Armand de Clermont, parcourait le pays en maraudeur, et y entretenait l'esprit de révolte et d'insubordination. Il dévasta les environs de Coutras, menaça Libourne, pénétra dans Sainte-Foy, et, enfin, revenant sur ses pas, s'empara, par trahison, de Libourne, où il commit de grands dégâts. Montluc, prévenu trop tard, arriva pour châtier ces pillards ; ils étaient partis. Mais il fit pendre, sur la place publique, deux individus que la voix publique accusait de complicité.

Dans ce temps, Guise tomba victime du fanatisme de Jean Poltrot de Méré ; les désordres se reproduisaient partout, et rien ne semblait indiquer une fin prochaine à ces guerres sanglantes. Désolé de ce déplorable état de choses, le roi crut devoir essayer des voies de douceur et de conciliation ; c'était à ses yeux une nécessité, la politique le lui conseillait. Par son édit du 19 mars, daté d'Amboise, il accorda donc aux religionnaires le libre exercice de leur religion *prétendue réformée*. Cette nouvelle fut de suite transmise à Montluc, qui se préparait à en finir avec les anarchistes. Il avait levé douze compagnies de fantassins et allait rejoindre le roi ; mais ayant reçu les dépêches, il fit enregistrer le traité et licencia ses troupes.

CHAPITRE IX.

L'édit d'Amboise mécontente tous les partis. — On se plaint du Parlement au roi. — Des commissaires à Bordeaux. — Mésintelligence entre le premier-président et M. de Noailles, maire. — Le premier-président se défend contre la charge de protestantisme. — Montluc vient à Bordeaux. — Il apaise les troubles. — Son discours. - La peste à Bordeaux. — Réaction des catholiques. — Leurs excès. — Voyage de Charles IX dans le Midi. — Il arrive à Bordeaux. — Il passe quelques jours chez M. d'Agès, à Thouars, à l'extrémité de Talence. — Sa réception à Bordeaux. — Il va au Parlement. — Discours de l'Hospital. — Le maréchal de Bourdillon, etc., etc.

Malgré l'édit d'Amboise et les bonnes intentions du roi, la paix ne fut qu'apparente. L'édit, qui n'était qu'un acte de tolérance, fut interprété comme une concession et une marque de faiblesse. Les catholiques étaient mécontents; les protestants, enhardis et plus exigeants que jamais; c'était la guerre civile organisée. Cet état de choses ne pouvait durer. Comme le Parlement ne se prêtait pas avec empressement à l'exécution de l'édit, les calvinistes se plaignirent au roi qu'on oubliait ses volontés, et allèrent jusqu'à citer les noms des opposants et des infracteurs. Le roi, mécontent de ce qu'on n'exécutait pas son édit de pacification, et voulant faire preuve de bonne volonté envers les huguenots, envoya à Bordeaux Antoine Fumée et Jérôme Angenoust, conseillers au Parlement de Paris, pour faire des informations et exécuter son édit. Arrivés à Bordeaux, on trouva leur commission exorbitante et même inutile; on s'opposa à ce qu'ils fissent usage de leurs pouvoirs jusqu'à ce que le roi eût entendu les raisons, qu'on chargea le président de Roffignac, le conseiller Poynet et l'avocat général Ferrière d'aller lui exposer. Le roi refusa toute explication, insista sur la soumission du Parlement et ordonna que la commission eût son effet, faute de quoi on lèverait sur les

Livre VII.

1563.

gages de la Compagnie une somme pour fournir aux frais du séjour de ces deux magistrats à Bordeaux. Le Parlement devint docile et leva les défenses ; il n'en garda pas moins son ressentiment contre les ennemis de l'Église et de l'État. Le premier-président, de L'Agebaston, ne partageait pas tout à fait les sentiments de sa Compagnie ; homme fin, adroit courtisan, il paraissait dévoué à la cour, et penchait en même temps en faveur des sectaires. Le comte de Noailles, maire, l'accusait de s'entendre avec les ennemis de l'ordre ; d'autres taxaient de Noailles de calomniateur ; enfin, la ville se partagea en deux camps, mais le peuple se prononça généralement en faveur du maire. Le 16 mars, le conseiller Malvin présenta au Parlement une requête qui contenait toutes les plaintes de la noblesse et du peuple bordelais contre le premier-président : on l'accusait d'avoir protégé les religionnaires, de les accueillir chez lui avec une bonté significative, de faire informer contre les prédicateurs catholiques, sous prétexte qu'ils montraient trop de zèle contre les novateurs ; d'avoir dit que, si on examinait les choses de près, on trouverait les catholiques plus coupables que les protestants ; que l'opinion publique le désignait comme partial aux anarchistes ; qu'il avait témoigné sa joie en apprenant que l'édit de 1564 avait accordé aux sectaires des temples et des priviléges ; que, le lendemain de la découverte de la conspiration de Duras et de Pardailhan contre le Château-Trompette, le Parlement ayant ordonné qu'on prendrait les armes, le premier-président, au contraire, se trouvait à cheval, à la tête des conspirateurs. On conclut que, dans tous les procès et affaires qui concerneraient, à l'avenir, la prétendue réforme, le premier-président et d'autres conseillers suspects n'assisteraient plus aux délibérations. Cette enquête était signée par Frédéric de Foix et un autre gentilhomme nommé *Vignac*.

Le premier-président se justifia de son mieux, et protesta de son dévoûment au roi et de son zèle constant pour le maintion de la paix, la conservation des droits et de l'honneur de la Compagnie. Il pria la Cour de remarquer que la requête, signée seulement par le comte de Foix, ne pouvait pas être censée émanée de la noblesse, qui n'avait pas délibéré, ni ne pouvait se réunir pour le faire sans l'autorisation du roi, qui ne l'avait pas accordée ; que Vignac était un homme inconnu et sans qualité ; que ladite requête, étant dénuée des formes légales et requises, devrait être rejetée. Enfin, on finit par mettre l'affaire entre les mains du procureur général, qui se vit obligé de requérir qu'avant tout, le comte de Foix eût à se faire avouer par la noblesse. Le premier-président garda rancune contre le comte de Foix, qui ne cessait de le traduire à la barre de l'opinion publique ; la mésintelligence était extrême. Enfin le 30 juillet (1), le comte présenta au Parlement une nouvelle requête, signée de lui et de quatre autres gentilshommes ; elle fut communiquée au procureur général et à la partie accusée.

Toute cette affaire paraissait se calmer, lorsque, le 12 novembre, un incident inattendu vint donner lieu à une scène assez scandaleuse. M. d'Escars, grand-sénéchal de Guienne, se présenta au Palais, escorté de ses hallebardiers, qu'il plaça en haie jusque dans la salle d'audience. Le premier-président s'opposa à cette mesure, qui blessait la dignité, la liberté et les usages de la Cour, et descendit de son siège. D'Escars fit retirer l'escorte ; mais, le 10 décembre suivant, il proposa au Parlement une récusation générale contre le premier-président Lagebaston (2), et fonda sa demande sur ce que lui, d'Escars, avait été déjà chargé, par le roi de Navarre, de solliciter de Sa Majesté l'éloignement du premier-président.

Largebaston répondit que, s'il était récusé, les amis de M. d'Escars, « qui vont, dit-il, boire et manger chez lui, et faire » autres actes de familiarité, jusqu'à se rendre *contemptibles*, »

---

(1) D. Devienne dit le 1ᵉʳ août ; c'est une erreur.
(2) Dans les vieux documents, on trouve ce mot écrit : Lagebaston, de l'Agebaston et Largebaston.

Livre VII.
Chap. 9.

1563.

1563.

Registres
du Parlement.

devraient se récuser dans une affaire qui intéressait M. d'Escars, et désigna, le 18 décembre 1563, comme tels, en conformité avec l'injonction de la Cour, MM. La Chassaigne, Roffignac, Faugerolles, Ant. Prévost, archevêque, Malvin, Gautier, Bellot, La Guionie, d'Eymar, Le Comte et Michel de Montaigne.

La Cour délibéra que l'affaire se traiterait en mercuriale, et qu'en attendant, le premier-président n'assisterait plus aux procès où M. d'Escars serait partie. Mais, le 23, M. d'Escars arriva au Parlement avec une lettre de la reine, qui l'autorisait à se faire escorter au Palais de ses archers et hallebardiers. Le 8 janvier suivant, 1564, la Cour délibéra sur cette affaire; et, ayant égard aux nécessités du temps et aux qualités du sieur d'Escars, lui permit de mener ses archers comme bon lui semblerait. C'était une humiliation pour Largebaston et le triomphe de d'Escars et des conseillers catholiques.

L'exaspération du peuple était alors très-grande; il avait tant souffert et souffrait tant encore, qu'il s'en prenait aux religionnaires, à leurs partisans, aux amis des agitations politiques et religieuses; à des gens inoffensifs, mais suspects à tort ou à raison : Bordeaux semblait se reposer sur un volcan ! Chaque jour on s'attendait à une explosion déplorable. Dans cet état de choses, M. de Pontac va en prévenir Montluc, et le prie d'y venir au plus tôt. Il part, va coucher à Cadillac, où M. de Candale le reçoit et va l'accompagner à Bordeaux. Ils apprennent en route que M. de Noailles, le maire, venait de mourir. Montluc se rend au Palais, et, dans une vigoureuse allocution, leur déclare que si le sang coulait, la ville serait détruite, et eux-mêmes ensevelis sous les décombres. Il leur rappelle les désastres qui suivirent la mort de Moneins, quand le peuple usurpa l'autorité. Il les exhorte à l'accord et à l'union, menace les coupables de toute la rigueur de la justice, et se montre décidé à avoir raison des délinquants. De là, il se rend à l'Hôtel-de-Ville, où il tient aux jurats et au

Conseil un semblable langage. Il s'y trouvait beaucoup de mécontents; mais le nom, l'attitude, le langage de Montluc intimident tellement ces agitateurs, qu'ils changent tous d'opinion et adoptent ses sages conseils. A quatre heures, il convoque le clergé à l'Archevêché; et après avoir rappelé les désordres passés, l'engage à suivre une ligne de conduite pacifique et à prêcher l'union et la concorde : « En ce jour-là, dit-il, j'a- » paisai la ville. » Cette affaire ne fut qu'assoupie, car les rancunes subsistèrent après les conseils de la raison. L'année suivante, le sang ensanglanta les rues de Bordeaux. La peste décimait la population; on ne pouvait faire un pas sans rencontrer des morts et des mourants; et au milieu de ces scènes lugubres, il est désolant de penser que la vengeance couvait encore au fond des cœurs et excitait les catholiques à exercer de regrettables représailles sur leurs frères égarés. A dix heures du soir, au son du tocsin, les soldats enfoncèrent les portes des maisons calvinistes et égorgèrent sans pitié un grand nombre de sectaires. On eût dit que la peste ne moissonnait pas assez de victimes; la plus basse vengeance lui prêtait son secours.

Comme on le voit bien, l'édit de pacification, loin d'éteindre les haines et de rallier tous les partis autour du trône et du même autel, ne fit qu'enhardir les faibles et irriter les plus forts : un sentiment de défiance réciproque survivait aux désastres des factions; et la politique incertaine et astucieuse de la cour ne contribua en rien à modifier cette disposition des esprits. Croyant se concilier l'affection de ses sujets, le roi, d'après les conseils de sa mère, entreprit un voyage dans le Midi; le vrai motif est encore un mystère; mais, outre des pensées de conciliation, les partis crurent y voir le commencement d'une ligue entre le roi et Philippe II d'Espagne, dont les ambassadeurs devaient venir rejoindre la cour de France à Bayonne. Les catholiques s'en réjouissaient, mais les calvinistes s'en alarmaient très-vivement. La remise des armes, ordonnée par le roi, fut effectuée le 28 juillet. Le célèbre

Livre VII. Chap. 9.

Blaise Montluc, *Commentaires.*

1564.

<small>Livre VII. Chap. 9.

1564.
Jean Deserre, *Inventaire*, 1565.
Castelnau, *Mémoires*, liv. V, ch. 9.

1565,
Registres du Parlement.

Baurein, *Variétés bordelaises*, t. IV, p. 97.</small>

L'Hospital conseillait ce voyage comme devant faire taire bien des antipathies, réformer bien des abus et effacer bien des haines. On l'entreprit avec ardeur, on y déploya une pompe extraordinaire, dans la conviction qu'une cour nombreuse et brillante allait frapper les imaginations et imposer le respect et une plus grande réserve aux mécontents, gagner les grands personnages des deux partis et relever l'autorité trop affaiblie du roi (1). On apprit avec bonheur que la cour viendrait à Bordeaux. Le Parlement s'assembla et délibéra sur la manière dont il fallait recevoir le prince et sa suite. Parmi les nombreuses dispositions qu'on crut devoir prendre, on ordonna, le 2 janvier 1565, que, pour donner plus de solennité à la réception de Sa Majesté, il serait créé un *roi de la Basoche*, c'est-à-dire de la communauté des clercs de ville, office et titre qu'on avait supprimés pour de graves raisons de discipline, et qu'on ne rétablit que pour cette circonstance. Tous les procureurs et clercs s'assemblèrent et élurent trois sujets, le 10 février, parmi lesquels la Cour choisit le roi de la Basoche. Le 6 mars, jour du mardi-gras, la Cour ordonna que l'amende de 75 liv., à laquelle une demoiselle avait été condamnée le matin, à l'audience, serait donnée au roi de la Basoche, *suivant ce que de tout temps a été pratiqué.* Le 9 du même mois, *François, roi de la Basoche, fut mandé en Cour; étant entré, lui a été commandé « de se couvrir, ce qu'il a fait, et enquis*
» *s'il avait délibéré faire sa monstrée en armes; a dit qu'il en*
» *avait communiqué à son conseil, et que dimanche il assem-*
» *blerait ses suppôts au Palais, pour faire entière résolution;*
» *et qu'il avoit délibéré faire chose si honneste qu'il espéroit*
» *que le roi et sa cour en recevraient contentement.* »

<small>(1) « Et d'autant, dit Castelnau, que le roy et les commissaires n'estoient entiè-
» rement obeys, comme il estoit nécessaire pour le bien de la paix : cela fit conti-
» nuer la délibération que Leurs Majestés avoient prise d'avancer leur visite, par
» toutes les provinces du royaume, afin d'autoriser les officiers de la justice et en-
» tendre les doléances de chacuns, faire exécuter les édits et connoistre la volonté
» de leurs peuples. »   (CASTELNAU, *Mém.*, liv. V, ch. 9.)</small>

Le 26 janvier, il fut arrêté au Parlement que Sa Majesté serait priée de déclarer qu'il serait permis à la Cour, pour l'exécution de ses arrêts, en cas de rébellion ou résistance obstinée, d'user de main-armée et ordonner aux sénéchaux du ressort de convoquer le ban, l'arrière-ban et d'autres forces, même le canon, si besoin était, et de pourvoir aux frais nécessaires.

Livre VII.
Chap. 9.
—
1565.

On voit que la Cour avait le sentiment de sa faiblesse : elle voulait y suppléer par la force brutale, qui ne saurait jamais remplacer l'influence morale des corps politiques ou judiciaires : les vestiges de l'autorité disparaissaient dans les luttes où la charité pouvait seule en assurer le triomphe.

Le 8 mars, un président à mortier, trois présidents aux enquêtes et deux des plus anciens conseillers partirent pour Agen ; mais ils rencontrèrent le roi à La Réole, et lui furent présentés par le roi de Navarre. Ils lui demandèrent, selon leurs anciens priviléges, d'être exemptés du logement. Le roi leur fit répondre que, partout où il séjournait, personne n'en était exempt ; que les princes et les seigneurs de sa suite formaient sa maison et étaient toujours et partout logés chez les habitants les plus respectables. Le connétable Anne de Montmorency étant arrivé en ville, le premier-président, avec les présidents La Chassaigne et Roffignac, alla le saluer à son hôtel ; le lendemain, il fut reçu au Parlement avec les formalités accoutumées, et occupa le siége du lieutenant du roi, ayant derrière lui d'Escars, l'archevêque, et Thoré, fils du connétable. Tout réglé, toutes les dispositions étant prises, le connétable, la tête découverte, présenta un édit du roi, portant création d'un impôt sur le papier. Le premier-président lui répondit au nom de la Compagnie. Le cérémonial de la réception fut réglé plus tard avec le chancelier.

Le 29 mars, le roi vint coucher à La Réole et y séjourna tout le lendemain ; le samedi 31, il descendit à Cadillac, chez M. de Candale, et le lendemain, 1ᵉʳ avril, après avoir dîné,

Journal d'Abel Jouan, l'un des serviteurs de Sa Majesté.

*Livre VII.
Chap. 9.*

1565.

*Baurein,
tome 4, p. 103.*

NOTE 11.

*D. Devienne,
Histoire
de Bordeaux.*

partit pour Bordeaux, où il entra sans solennité, à deux heures après midi (1). Il était accompagné de Catherine de Médicis, sa mère, de M. d'Orléans, son frère, de Mme Marguerite, sa sœur, du roi de Navarre, et de plusieurs autres grands seigneurs. Toute la famille royale logea à l'archevêché. Il paraît que Sa Majesté arriva plus tôt qu'on ne pensait; les préparatifs n'étaient pas terminés. Elle entra à Bordeaux sans cérémonie, y passa le lundi 2 avril, et alla, le mardi 3 avril, à Thouars, maison noble de Talence, appartenant à M. d'Agès, où il resta jusqu'au 9 avril, jour fixé pour son entrée solennelle.

Ce jour-là, le Parlement s'assembla le matin et dîna au Palais, aux dépens du roi. D'après le cérémonial convenu entre les commissaires et le chancelier, il avait été arrêté que les jurats harangueraient le roi les premiers et lui offriraient le dais à la porte du Chapeau-Rouge; que les officiers du sénéchal et les présidiaux marcheraient avant la Cour, à droite, et le recteur, les docteurs de l'Université se tiendraient à gauche, ayant devant eux, à trois pas, le lieutenant général en Guienne; que la Bourse ne ferait qu'un corps avec les jurats; que dix huissiers précéderaient le Parlement, et seraient suivis des notaires et secrétaires du roi, des secrétaires de la Cour, du greffier des présentations, du greffier civil et criminel, du premier huissier, de quatre présidents, du premier-président, ayant sur l'épaule droite et sur son manteau trois petites bandes de drap d'or, et trois autres d'hermine blanche; des conseillers, des gens du roi, de quatre huissiers; de trente des plus anciens avocats, avec leurs chaperons fourrés; de vingt procureurs, avec leurs chaperons à bourrelets.

Le cortége devait passer par les rues Poitevine, de Pignadoux, la place Saint-Projet, les rues Sainte-Catherine et du

---

(1) D. Devienne ne parle pas de cette entrée; c'est une omission regrettable, ainsi que quelques autres de date sur le séjour du prince à Bordeaux.

Chapeau-Rouge, et, de là, aux Chartrons, où on avait élevé une tente élégante sur le port. Le lundi, 9 avril, le roi se dirigea de chez M. d'Agès vers Bègles, à la Maison de Francs, où il dîna, dans un lieu appelé *Pichaduy de la Reina* (1). Là, il trouva deux maisons navales élégamment équipées et meublées dans le dernier goût, l'une pour la famille royale et l'autre pour les seigneurs de sa suite. De la Porte-Cailhau, on vit arriver la flotille royale ; le Parlement, prévenu à temps, se mit en marche vers les Chartreux (Chartrons), où il n'y avait que des celliers et quelques rares habitations. Le roi débarqua au milieu des *vivats* enthousiastes du peuple, et alla se reposer sous la tente, d'où il vit passer les différents corps du cortége, selon le cérémonial arrêté entre le Parlement et le chancelier. En tête, étaient douze cents hommes en armes ; venaient ensuite les corps et métiers, le roi de la *Basoche* monté sur un beau cheval, accompagné de plusieurs basochiens à cheval et à pied, des gens habillés en Grecs, Turcs, Arabes, Égyptiens, Éthiopiens, Maures, Canariens, Brésiliens, Américains, Tartares, Indiens, Sauvages, et ayant, chacun de ces douze peuples, leurs étendards particuliers (2). Après eux, venait le guet, puis les quatre corps des religieux mendiants, le clergé des paroisses de la ville, une troupe de petits enfants habillés de blanc, appartenant aux premières maisons de Bordeaux, tous à cheval, en chapeaux, chausses et souliers de damas blanc, et portant de petites bannières, où étaient peintes les armoiries royales, et criant : *Vive le roi*. A leur suite, venait le chapitre de Saint-André, avec sa bannière, ayant après lui l'archevêque de Bordeaux ; le clergé de Saint-Seurin arriva un peu trop tard et ne put pas percer

Livre VII.
Chap. 9.

1565.

Variétés bordelaises, tome 4.

Favyn, *Histoire de Navarre.*

---

(1) Ce lieu appartenait à la famille de Ségur ; en 1596, on reconstruisit l'église de Bègles ; Eymar de Ségur, chevalier, *sieur de Francs*, en posa la première pierre.
(*Variétés bordel.*, t. 4.)
(2) De Thou dit que chaque chef fit un compliment dans sa langue ; c'est une erreur : c'étaient tous des Gascons déguisés.

la foule ; puis venaient l'Université, le sénéchal, le Parlement et la Maison du roi. Le prince marcha depuis son bateau jusqu'à la tente, sous un magnifique pavillon, porté par quatre jurats ; jamais plus beau cortége n'avait passé dans les rues de Bordeaux (1).

Le roi s'assit sur une estrade de velours rouge, ayant derrière lui, debout, Monsieur, son frère, le prince de Navarre, le cardinal de Bourbon, le prince de la Roche-sur-Yon, les ambassadeurs étrangers, Cypière, Candale, grand écuyer, Carnalavet, comte de Villars, Montpezat, Lansac, messire Thorré et plusieurs autres chevaliers de l'ordre, les évêques de Valence et de Riez.

Après les compliments des différents corps, vint le tour du Parlement : le premier-président, qui n'était guère dans les bonnes grâces de la cour, à cause de son penchant vrai ou supposé vers les religionnaires, prit la parole et s'étendit sur les désordres des années passées ; mais le roi l'interrompit, parce que, dit un historien de Bordeaux, il avait trouvé sa *harangue trop longue ;* c'était bien plutôt parce qu'on était mécontent de lui ; puis, se levant brusquement, le prince lui répondit : « Je loue ma justice d'avoir fait son devoir ; si quel- » qu'un a encore les armes à la main, j'en fairai telle justice, » qu'elle sera exemplaire aux autres. » Puis, répondant à quelques paroles, relativement à la réforme religieuse, il dit que, par sa manière de vivre, il faisait assez connaître la religion qu'il pratiquait, et qu'on pouvait comprendre qu'il avait ses vues particulières sur le temps et la tolérance qu'il voulait accorder à la diversité des religions. Alors le cortége défila vers le Chapeau-Rouge, où l'on avait élevé un superbe arc-de-triomphe, orné de devises françaises et latines. Neptune y était représenté comme cédant son trident au roi, et lui adres-

---

(1) On trouvera dans le *Cérémonial français*, par Godefroy, t. 1, p. 910, t. 2, p. 237, tous les détails relatifs à ce qui s'est passé au Parlement et au lit de justice ; voyez aussi Favyn, *Hist. de Navarre*, année 1565 ; De Thou, *Hist.*, liv. 37.

sant, dans le style du temps, des vers bassement flagorneurs (1).

Auprès de cet arc-de-triomphe, dit D. Devienne, se trouvaient les six jurats en costume officiel, tenant les six bâtons du poêle, qui était d'une étoffe d'or. Près d'eux, se voyait le grand écuyer, monté sur un beau cheval caparaçonné de velours violet, semé de fleurs de lis d'or; il portait en écharpe l'épée du connétable, qu'une maladie empêcha d'assister à cette cérémonie. Le cortége passa par le Chapeau-Rouge, par les rues Sainte-Catherine et du Loup, qui étaient tapissées et élégamment décorées. La reine vit toute cette cérémonie d'une fenêtre, où étaient, avec elle, Madame, sœur du roi, et quantité de dames et de seigneurs. Quand le roi arriva à la Porte-Médoc, au coin de la rue Sainte-Catherine, on vit descendre, dans une conque marine, une jeune fille représentant Thétis, qui remit au roi les clés de la ville. Toute la cour pénétra dans l'église de Saint-André et prit place dans les hautes stalles : l'archevêque, entouré de son clergé, et ayant à son côté le maire, le sieur de La Rivière, ayant robe et chaperon de velours cramoisi, rouge et blanc, harangua le roi à la porte, et reçut de lui le serment accoutumé. Ensuite, en entrant dans la basilique, on entonna le *Te Deum;* après quoi, le roi se retira à l'Archevêché, à six heures du soir.

Le 12 avril, le roi alla tenir un lit de justice au Palais; l'intérieur de la Cour était magnifiquement décoré : des fauteuils de velours cramoisi, des siéges pour tous les corps ecclésiastiques et civils, furent arrangés et disposés avec ordre. Sur les dix heures, on annonça au Parlement assemblé l'arrivée de messire Michel de L'Hospital, chancelier de France; il fut complimenté à la porte par le président de Roffignac et quatre conseillers, précédés des huissiers. Arrivé à la porte de la Chambre des huissiers, il y fut reçu par le président La Chassaigne et trois conseillers; lorsqu'il fut entré dans la

Livre VII.
Chap. 9.
—
1565.

Registres
du Parlement.

(1) Cedimus imperio pelagi; Deus advenit alter
    Qui regat et terras, qui regat unus aquas.

Grand'Chambre le premier-président et le président de Faugerolles se rendirent au banc des gens du roi ; ceux-ci et les conseillers occupèrent le banc des gentilshommes, des ecclésiastiques et des avocats. Le chancelier entra avec les évêques de Valence, de Limoges et l'abbé de Casc-Dieu, et suivi des maîtres des requêtes. Peu après, les clairons et les trompettes, en passant dans la salle des procureurs, annoncèrent le roi, qui entra avec la reine-mère ; ils prirent leurs places. La reine s'assit avant que le roi se plaçât sous son dais de drap d'or ; puis le prince, voyant tout le monde à sa place, ôta son chapeau ; et après avoir fait à sa mère une profonde révérence, il s'exprima ainsi : « Ayant fait mon entrée dans cette ville, j'ai
» bien voulu venir voir ma Cour, pour savoir comment la
» justice s'administre, déclarant que je veux être obéi doré-
» navant mieux que je ne l'ai été jusqu'à ce jour ; qu'aucun
» de mes sujets ne prenne les armes sans ma permission, et
» que mes édits soient observés ; mon chancelier vous dira le
» reste. » Alors, à la demande du chancelier, et avec la permission de Sa Majesté, les présidents et les conseillers s'assirent et se couvrirent. L'Hospital développa la pensée du roi ; il se plaignit de ce que le Parlement s'opposait à l'exécution de ses ordonnances, de ce que des magistrats abandonnaient leurs siéges de juges pour se faire militaires, et, enfin, de ce qu'on n'y administrait pas la justice avec une rigoureuse exactitude et une impartialité convenable.

Ce discours, plein de nobles sentiments, mérite d'être reproduit ; il fut transcrit sur les registres du Parlement, et n'est, d'un bout à l'autre, qu'une leçon rude et sévère, une véhémente mercuriale, une censure mordante d'un corps dont il était le chef. Il dut blesser profondément ces fiers magistrats de Bordeaux, qui voulaient s'élever à la hauteur du prince et faisaient peu de cas de ses ordres.

« Voici une maison mal réglée, dit-il ; c'est vous autres qui
» en devez rendre compte. La première faute, c'est la déso-

» béissance que vous portez à vostre roi ; car encore que ses
» ordonnances vous soient présentées, vous les gardez, s'il
» vous plaist....... Je pense que vous croyez estre plus sages
» que le roy ; mais votre prudence est limitée à juger les
» procès...... Il a acquis la paix, et à présent, il a la guerre
» entre lui et son Parlement... Je sçay bien qu'il y en a d'en-
» tre vous qui disent : Ce n'est pas le roy qui fait cela.....
» Vous méprisez la reine et le conseil du roy.... J'ai veu vos
» registres et j'ai trouvé que quelquefois vous venez aux in-
» jures, et presque à vous battre........ Il y en a de la Cour
» qui sont grandement scandalisés de faire des mariages par
» force ; et quand on sait quelque héritière, quant et quant,
» c'est pour Monsieur le Conseiller, on passe outre... Il y en
» a d'entre vous qui, pendant les troubles, se sont faits capi-
» taines, les autres commissaires des vivres ; ce sont gens qui
» ne savent faire leurs états et se mettent à faire ceux des
» autres......... Je crains qu'il n'y ait ceans de l'avarice ; car
» on dit qu'il y en a qui prennent pour faire bailler des au-
» diences et autrement ; par quoy ayez les mains nettes......
» L'on dit que l'on prend de gros présents à la Cour et que les
» gros larrons sont *in aulâ*........ On m'a dit qu'il y en a qui
» baillent leur argent à intérêt aux marchands ; ceux-là de-
» vraient laisser leurs robes et se faire marchands..... »

Mais il faudrait citer tout le discours ; nous en donnons les passages les plus saillants dans la *Note* 12.

L'émotion fut grande parmi les membres de la Cour, si rudement admonestés en présence du roi ; ils députèrent tous les présidents et huit conseillers pour faire des observations justificatives au chancelier.

Le 16, la députation rendit compte à la cour de son entrevue avec le chancelier et de sa réponse. L'Hospital déclara qu'il avait parlé généralement, « soit de mariages faits par
» force et de la vente des *placets* d'audience, et que c'estoit
» par affection paternelle, et qu'il n'avoit rien dit qu'on ne luy

Livre VII.
Chap. 9.
—
1565.

NOTE 12.

> eust rapporté, sans nommer personne. Sur quoi fust arrêté
> que le dit sieur premier-président, estant appelé au conseil
> du roy, supplieroit Sa Majesté et les dits sieurs de son con-
> seil, vouloir tenir la Compagnie en telle et si bonne opi-
> nion que le dit sieur chancelier l'a tenue, après les avoir
> ouys sur tout ce qui s'est passé sur le faict des édicts. »

Après lui, le premier-président fit, sur l'autorité de la justice, un long discours, que les autres présidents et conseillers, avec tous les officiers de la Cour, entendirent debout et découverts, mais dont leur antipathie pour celui qui le prononça empêcha la transcription sur leurs registres. Après quoi, on plaida une cause en présence du roi. Le chancelier demanda les opinions de Sa Majesté, de la reine-mère, des seigneurs de la cour, des présidents et des conseillers, et prononça l'arrêt. Alors le jeune prince se retira avec sa suite.

Le 18 mai, à neuf heures, on vit entrer en la Cour messire Michel de l'Hospital, chancelier, et avec lui l'abbé de la Caze-Dieu, conseiller au conseil privé, et quelques autres personnages. On ne l'attendait pas. Il prit la parole et détailla les défauts et vices du Parlement de Bordeaux. « Entre vous
> autres, leur dit-il, il y en a aucuns qui se rendent fort
> serviteurs et amis des grands seigneurs de votre ressort.
> Vous ne sauriez excuser que cela ne vienne d'une vileté de
> cœur. » Ce discours était sévère, mais plus fraternel que celui qu'il avait tenu en présence du roi.

Parmi les personnages remarquables qui formaient la suite de Charles IX à Bordeaux, se trouvait le maréchal de Bourdillon. Homme courageux et habile, il apaisa les troubles causés à Cadillac par la Ligue catholique, entre le comte de Foix-Candale, l'évêque d'Aire, le comte de Lausan, Merville et Gaston de Trans. Le maréchal accomplit son devoir, sans égard pour personne : la justice seule l'anima dans cette affaire difficile; il s'en acquitta en homme d'honneur et ami du devoir.

CHAPITRE X.

Les Calvinistes deviennent exigeants. — Le roi accueille et accorde leur demande. — Le Parlement refuse d'enregistrer les lettres-patentes. — Charges contre le premier-président. — Nouvelles foires de Bordeaux. — Guerre civile. — Tilladet, gouverneur de la ville. — Lettre du roi en faveur du Parlement. — Mesures de sûreté. — Le maire, Lansac, mécontent de Tilladet. — Montluc mécontent des jurats. — Il revient à Bordeaux. — Charges contre Tilladet. — Zèle des jurats. — Le roi les remercie. — La Salle soupçonné comme traître. — Activité de Montluc. — Prise de Bourg. — Montluc revient défendre Bordeaux. — Le seigneur de La Roche-Châlais. — Sa rançon. — La saisie des biens de Jeanne d'Albret.

Charles IX ne négligea rien qui pût désarmer les factieux ; sa condescendance devenait pour lui une cause de grands embarras, et pour eux une source de nouvelles et de plus exorbitantes exigences. Ils lui avaient présenté une requête, tendant à ce qu'on leur accordât certaines libertés dans l'intérêt de la paix et de l'ordre public.

Livre VII.
—
1565.

En réponse à cette requête, le roi répondit « qu'il leur per-
» mettait de chanter les psaumes dans des maisons particu-
» lières et non en lieux publics ; il ordonna que tous ceux
» qui étaient détenus pour l'avoir fait, fussent élargis. Il dis-
» pensa les réformés de fournir le pain bénit, de quêter pour
» les pauvres, de payer les deniers des confréries, d'être
» poursuivis en justice pour avoir chez eux ou pour avoir
» vendu les Saintes-Écritures commentées. Ils furent aussi
» dispensés de tapisser le devant de leurs maisons les jours
» de procession, de subir des recherches pour des travaux
» faits dans leur intérieur, sans scandale, les jours de fête,
» les dimanches et fêtes solennelles exceptés, de faire ser-
» ment sur le bras de saint Antoine ou autres serments con-

Archives curieuses, par Cimber et Danjou, 1re série, t. 6.

» traires à leur religion, sans être tenus de présenter aux
» juges une dispense de leurs prélats.

» Sa Majesté défendit d'enlever les enfants des protestants
» pour les faire baptiser ailleurs qu'en l'Église réformée ; de
» forcer qui que ce fût, en liberté de sa conscience ; de re-
» procher aux réformés les griefs passés. Il ordonna qu'à l'a-
» venir, il serait procédé pour les élections du maire et jurats,
» et autres fonctions publiques, sans distinction de religion,
» et que les réformés seraient appelés indifféremment à toutes
» les assemblées où il s'agirait de la police, de la bourse,
» taxes et subsides, et que l'accès des lieux où l'exercice de
» leur religion était autorisé leur serait libre, sans opposition
» ou voies de fait, et assurant à chacun sa liberté de con-
» science. »

Comme ils représentèrent que la ville de Saint-Macaire, où l'exercice de la religion réformée se trouvait autorisé, était le lieu le plus incommode de toute la sénéchaussée, et que la plus grande partie des plus notables familles de la cité était de la religion réformée, ils demandèrent un lieu plus rapproché de Bordeaux, où ces familles pourraient aller pour l'exercice de leur religion et retourner chez eux le même jour.

Le roi renvoya cette demande au gouverneur, pour y pourvoir, ordonna que les prisonniers pour les faits précédents seraient mis en liberté, les amendes rendues, et qu'il serait fait main-levée des biens saisis à cette occasion, contrairement aux édits de Sa Majesté. Le roi termina ses réponses à leurs demandes, en défendant sévèrement à tous ses sujets de *s'injurier ou de mesfaire les uns aux aultres.*

Les catholiques se plaignaient de ces concessions ; c'était à leurs yeux l'organisation politique et religieuse du protestantisme ; c'était trop avancer pour reculer plus tard, et sanctionner un ordre de choses pour lequel le peuple n'était pas encore mûr et qui devait produire de si lamentables résultats.

Le Parlement refusa d'enregistrer cette ordonnance; les calvinistes obtinrent encore du roi des lettres de jussion, et ce ne fut qu'à la troisième lettre de Sa Majesté, que la Cour en ordonna l'enregistrement, non chez elle, mais par le sénéchal de la Guienne, formalité nouvelle, peu régulière, qui en affaiblissait la teneur et qui ménageait au Parlement un moyen de revenir sur plusieurs de ces concesssions.

Pendant le séjour du roi à Bordeaux, les catholiques voulaient se défaire du premier-président; ils renouvelèrent les charges qu'on avait déjà alléguées contre lui comme ami et protecteur des religionnaires; l'archevêque, les seigneurs de Foix et de l'Ile, signèrent cette nouvelle dénonciation; mais les protestants n'étaient pas moins actifs dans leurs attaques contre les chefs des catholiques, et ils dénoncèrent au roi une ligue formée contre eux par le comte de Foix-Candale, l'évêque d'Aire, Montluc, Caumont-Lauzun, Prévôt de Sansac, archevêque de Bordeaux, d'Escars, Merville et Gaston de Trans, de la Maison de Foix. Le roi se réserva la connaissance de cette affaire, que la conduite des catholiques contre le premier-président semblait accréditer. Il désirait concilier tous les intérêts; c'était impossible : il finit par les mécontenter tous, et répondit aux catholiques, que si quelques membres du clergé ou de la noblesse avaient à se plaindre du premier-président, il était prêt à leur rendre justice; mais qu'il n'entendait pas que qui que ce fût se mît en avant comme représentant et organe de tout un corps, attendu qu'il n'y avait, pour tous ses sujets, qu'un seul chef, lui-même. Cette réponse déconcerta les catholiques.

Au moment du départ de Charles IX, le 18 mai, comme nous l'avons dit plus haut, le chancelier se présenta de nouveau au Parlement, et s'étendit longtemps sur les abus qu'on remarquait dans la Compagnie. Le premier-président le remercia de ses sages conseils, et s'engagea, au nom de tous ses collègues, de s'y conformer, en le priant de vouloir bien *les*

Livre VII.
Chap. 10.

1565.

27 Avril 1565.

maintenir en ses bonnes grâces. Comme les Bordelais l'avaient accueilli avec respect et amour, le roi, dans la vue de favoriser leur commerce et de contribuer ainsi à leurs prospérité et bien-être, leur accorda, en 1565, deux foires franches, de quinze jours chacune(1). Il fit remettre, par ordonnance du 11 mai 1566, les clés de la ville au maire et aux jurats comme gouverneurs de Bordeaux, et par des ménagements prudents et convenables, s'efforça de calmer les catholiques et de se concilier l'affection des protestants. Mais les Bordelais étaient trop attachés à la religion de leurs pères et désiraient trop la paix, pour se montrer empressés et zélés à exécuter les ordres du roi en faveur des ennemis de l'Église et de l'État Les sectaires se plaignaient de ce que le roi ne s'était pas montré plus favorable à leur cause; ils ne pouvaient pas cependant croire aux mauvaises intentions de Catherine, surtout après avoir entendu les assurances si formelles de l'Hospital, qui, dans le lit de justice de Bordeaux, 12 avril 1565, s'était exprimé ainsi, en s'adressant au roi, au milieu du Parlement: «Vous » voulez que vos ordonnances soient gardées, quelque chose » que l'on souffle aux oreilles que vous ne le voulez ainsi: » vous ne trompez personne, et ne voulez point faire autre-» ment que ce que vous avez déclaré par vos ordonnances, » etc., etc. » Ils recommencèrent leurs agitations et choisirent Bergerac pour le siége de leurs opérations. Ils ouvrirent une correspondance active avec Condé et l'amiral de Coligny, à qui la reine d'Angleterre avait fait passer des sommes considérables pour révolutionner et protestantiser la

---

(1) Les deux grandes foires de Bordeaux avaient lieu régulièrement, en 1357, huit jours avant et huit jours après l'Ascension, et le lendemain de la Saint-Martin; cet état de choses fut consacré par une Charte d'Édouard, en 1344. Charles VII, par son édit de 1453, en fixa l'ouverture au premier lundi du carême et au 15 août. Henry II, par ses lettres-patentes de 1560, ordonna qu'on tînt ces foires le 15 février et le 15 octobre. Enfin, en 1565, Charles IX, par son édit donné à Bazas, au mois de juin, en fixa l'ouverture aux époques actuellement suivies, le 1er mars et le 15 octobre.

France (1). Ils avaient, en outre, dans le pays même, un chef hardi et obstiné, le seigneur de Piles, Armand de Clermont, dont Brantôme vante la vaillance, les succès et les belles qualités, qui le rendirent l'idole des troupes protestantes des bords de la Dordogne, *pays où,* dit le même auteur, *il y en a d'aussi bons qu'en contrée de Guienne, qu'en un rien il fournissait trois ou quatre mille hommes.* Enhardis par leurs premiers succès, les sectaires se répandirent dans le Bordelais après avoir ravagé Aymet, et se réunirent en dernier lieu sur les hauteurs de Cenon, au château du Cypressat, en vue de Bordeaux. Montluc apprit de bonne heure ces coupables projets; il en écrivit à M. de La Touche de la Faye, maire de la ville, avec prière de communiquer sa lettre au Parlement, qui l'invita à s'y rendre. Montluc se mit en route, et trouva à Langon un jurat, et une maison navale pour le porter à Bordeaux. A son arrivée, les anarchistes abandonnèrent leurs positions sur le Cypressat.

L'organisation municipale ne parut point suffisante à Montluc : les jurats, de tout temps, faisaient les fonctions de gouverneurs de la ville; Montluc n'approuva pas ce monopole de pouvoirs entre leurs mains; et désirant d'ailleurs une autorité unique, afin qu'on pût agir à la fois avec plus d'ensemble et de vigueur, il nomma Tilladet gouverneur de Bordeaux, et ordonna que les clés de la ville lui seraient remises. Les jurats alléguèrent leurs anciens priviléges sous les Anglais, que Louis XI avait confirmés; ils se plaignirent au Parlement de cette ordonnance, qui violait leurs droits; mais le Parlement ne s'en occupa pas alors; il avait besoin de Montluc, et approuvait peut-être la nouvelle organisation.

---

(1) Nous devons aux recherches intelligentes de M. J. Delpit, à la Tour de Londres, un document curieux et d'une grande importance historique, qui constate, avec la signature de Coligny, les diverses sommes que l'Angleterre, la vieille ennemie de la France, avait envoyées aux protestants pour renverser le trône de Saint-Louis, et y établir la religion de Luther et de Calvin. (Voir NOTE 15.) (*Collect. générale des Documents français,* etc., par J. Delpit, pag. 285 et suiv.)

Le plan des insurgés était connu : il était hardi, et inspirait des craintes sérieuses; mais la présence et l'activité de Montluc déjouèrent leurs perfides desseins. Le roi vit enfin que ses concessions et ses ménagements ne lui servaient à rien, et que l'obstination du Parlement de Bordeaux à ne pas se prêter à des mesures préjudiciables à la France, était plutôt méritoire que blâmable. Plusieurs fois le roi avait reconnu et loué les services du Parlement, et enfin, le 11 octobre 1568, le maître des requêtes, Belcier, présenta à cette Compagnie des lettres de créance, où il était dit : « Que Sa Majesté était contente
» des bons et louables devoirs que la Cour du Parlement a
» faits et fait pour son service en temps de troubles, quand
» l'État a plus besoin de la fidélité de ses bons et loyaux su-
» jets; que le roi et la reine la remercient, et la prient de
» continuer le même soin et diligence, et de veiller à la con-
» servation de leur ville et pays, et aux entreprises des élevés
» qui ne tâchent qu'à la surprendre. D'autant plus satisfaite est
» Sa Majesté de sa Cour de Parlement, qu'elle a su prévoir,
» comme elle le lui a écrit, les choses les plus nécessaires et
» de plus d'importance, savoir : à fortifier d'un bon nombre
» de navires et vaisseaux, la rivière de la Gironde et l'em-
» bouchure d'icelle à la mer, pour empêcher le passage de
» ceux qui voudraient entreprendre sur leur pays et ville par
» mer; d'avoir appelé la noblesse du pays en leur ville, en-
» semble des capitaines et compagnies en ville; pourvu à la
» fortification d'icelle, et aux deniers et finances qui étaient
» nécessaires pour cet effet. »

Le Parlement, dit un historien, répondit à la haute opinion et à la confiance du roi, en redoublant de zèle et d'activité; toutes les éventualités étaient prévues, toutes les mesures nécessaires étaient prises pour l'approvisionnement de la ville et pour la garantir contre les attaques de Condé. Il fut arrêté, en outre, qu'on inscrirait sur un registre les noms de tous les individus en état de porter les armes, et qu'il y aurait, le dimanche suivant, une procession générale pour implorer le secours du ciel en faveur des armes du roi, et que la Compagnie y assisterait en robes rouges.

La nomination d'un gouverneur de Bordeaux paraissait, comme nous venons de le voir, un amoindrissement de l'autorité du maire et des jurats, une violation de leur constitution municipale; elle l'était en effet, mais on la regardait nécessaire; il fallut donc s'y résigner. M. de Lansac supportait avec peine cette humiliation : de premier magistrat de la cité, il était devenu une autorité inférieure; il voulut se retirer. Le président Belcier lui représenta qu'il donnerait un mauvais exemple dans un moment critique. Lansac lui répondit qu'il était toujours aux ordres du roi; mais qu'il ne gardait plus les clés de la ville, et qu'il n'était plus, depuis l'acte arbitraire de Montluc, qu'un agent subalterne, un simple officier de police; sa démission était une nécessité. Le président opposa à son amour-propre blessé la volonté du roi et le devoir de l'obéissance à ses ordres; il lui fit comprendre que si ses obligations étant moindres, sa responsabilité l'était aussi; qui si ceux qui devaient donner le bon exemple agissaient ainsi, les classes inférieures se croiraient autorisées à les suivre, et qu'enfin le Parlement lui enjoignait de remplir ses devoirs. Tilladet, gouverneur de Bordeaux, pour apaiser Lansac, lui offrit le commandement de quatre mille hommes. Lansac se rendit à leurs avis, et fut chargé d'aller inspecter les fortifications de Blaye et la défendre contre l'ennemi. On arrêta, en outre, que si on avait besoin de fonds, on se cotiserait pour la défense de cette place importante; que les religionnaires videraient les maisons qu'ils occupaient près des murs de la ville, et que les habitants de l'Entre-deux-Mers garderaient les ports de la Garonne et de la Dordogne pour empêcher la descente de l'ennemi. Malgré toutes ces précautions, les protestants attaquèrent Blaye, et grâce à un corsaire Anglais au service des insurgés, ils s'en rendirent maîtres. La crainte d'une invasion se répandit bien vite dans Bordeaux et jeta l'alarme partout. On pensait que les religionnaires traverseraient la Gironde pour ravager le Médoc et marcher ensuite sur leur ville. Le Parlement ordonna que les reliques de Notre-Dame de Soulac seraient transportées à Saint-Remi, en ville; le chapitre de Saint-Seurin y porta aussi les Corps-Saints dont il était en possession. Le Parlement assista à cette translation.

Montluc, mécontent de la conduite équivoque des jurats, qui, par jalousie contre le gouverneur, ne firent rien pour le seconder, leur écrivit qu'il allait quitter son gouvernement et ne se souciait plus de la ville de Bordeaux; mais les Bordelais avaient besoin de lui, et le Parlement ayant réussi à calmer la colère du maire et des jurats, le supplia de ne pas les abandonner aux ennemis du roi.

Ces prières, jointes aux ordres positifs du duc de Montpensier, le décidèrent à revenir sur ses pas; il en était temps. Le seigneur de Piles avait des amis dans la ville; Condé, à la tête de ses brillantes troupes, menaçait tout le Midi, appuyé sur la noblesse, confisquant et partageant les terres entre ses partisans, levant des impôts, recrutant des soldats, négociant avec l'Angleterre et les puissances du Nord, et à la veille de se voir maître, non seulement de la Guienne, mais de la France. Montluc arrive et se rend au Parlement; il y fait appeler Tilladet, gouverneur; Vaillac, commandant du Château-Trompette; Merville, grand-sénéchal, commandant du château du Hâ; les jurats, toutes les autorités; et se voyant entouré de tout ce qu'il y avait de distingué dans la ville, il leur dit: « Messieurs, je vois bien à vos visages que vous n'êtes pas
» hommes pour vous laisser battre; ceux qui ont la barbe et la
» tête blanches seront pour le conseil; mais un bon nombre
» que je vois ici sont propres à porter la pique. Combien
» pensez-vous que cela encouragera le peuple, quand il verra
» ceux qui ont puissance sur les biens et sur la vie, prendre
» les armes pour sa défense? Nul n'osera gronder; vos enne-

» mis seront en peur, quand ils apprendront que la Cour du
» Parlement s'arme; ils verront que c'est à bon escient; et
» puis, tant de jeunesse que j'ai vue dans votre salle, plus
» propre à porter un corselet qu'une robe longue, fera de
même. » Il les exhorte à l'union et à faire tous les sacrifices nécessaires pour la conservation de la ville et le service du roi. Le président Belcier, au nom de la Compagnie, protesta de son bon vouloir, de son dévoûment à Sa Majesté, et de son empressement à fournir aux dépenses qu'exigeraient les circonstances. Persuadé qu'on ne lui avait pas dit tout, Montluc demande des renseignements plus exacts et plus circonstanciés sur l'état des choses et sur les personnes. Le Parlement lui remit un Mémoire où il exposait que le roi, au mois de juin précédent, avait ordonné le désarmement des religionnaires; mais que Tilladet n'avait pas exécuté l'ordonnance, et que, tout au contraire, il avait fait rendre les armes à ceux qui en avaient fait la remise; qu'il permettait aux sectaires de l'intérieur d'aller à cheval et en armes rejoindre ceux du dehors et de fréquenter leurs assemblées; qu'il était logé chez l'un des principaux chefs de la réforme, et que son secrétaire même était de la nouvelle religion; qu'il laissait ouvrir les portes de la ville avant que les gardes y fussent; qu'on lui avait souvent remontré qu'autour de la ville il y avait des armes cachées par les protestants chez des gentilshommes et autres, et que jamais il ne voulait ni prévenir ni réprimer ce désordre; qu'il n'avait jamais fait exécuter les ordres de Montluc, prescrivant l'évacuation des maisons protestantes autour des murs; qu'il devait avoir toutes prêtes deux compagnies de quatre cents hommes chacune, et qu'elles n'en avaient pas cent vingt; qu'il n'y avait pas de croix dans les enseignes; que la ville n'avait pas assez de munitions de guerre; que, d'après certaines gens, il avait comploté de livrer la ville à Condé; qu'à l'égard des châteaux, Vaillac était justement suspect, comme parent du huguenot Pardaillan et d'une certaine

Livre VII.
Chap. 10.
—
1568.

D. Devienne.

dame qui ne faisait qu'aller et venir de Blaye à Bordeaux, et que, par conséquent, il y avait danger de lui confier plus longtemps le Château-Trompette; que Merville accueillait, dans le château du Hâ, les seigneurs de Portets et de Roquetaillade, suspects de calvinisme; que les soldats logeaient chez les catholiques et non chez les protestants, ce qui est contre les ordres du roi. Enfin, on finit par prier Montluc de pourvoir aux garnisons de Blanquefort, de Montferrand, de Langoiran et autres lieux suspects près de la ville. On l'avertit, en outre, que le vicomte d'Uza, qui commandait les navires du roi devant la ville, se comportait avec beaucoup de négligence.

Ne pouvant pas décemment, et ne voulant pas rester en arrière du Parlement, les jurats écrivent au ministre pour lui faire connaître les sacrifices qu'ils avaient faits pour la conservation de la ville, l'équipement d'une flotte, le subside de cinquante-deux mille livres que les Bordelais avaient fourni, et en même temps pour lui apprendre que, malgré leurs généreux efforts, les protestants étaient maîtres de Blaye et des pays circonvoisins, jusque même à Cubzac. Ils prient Sa Majesté de rappeler Montluc à Bordeaux, de faire fortifier la ville; de les autoriser à acheter les canons du vaillant capitaine de Gourgues, avec un impôt levé exclusivement sur les sectaires; et, en cas que de nouvelles taxes fussent nécessaires, d'imposer tous les habitants sans distinction.

Le roi fit droit à leur demande presque sur tous les points, et autorisa le maire et les jurats d'établir un nouvel impôt sur tous les habitants, à l'exception des ecclésiastiques. D'après les plaintes des jurats, Tilladet fut remplacé, sur la recommandation de Montluc, par le baron de Montferrand. Le Parlement fut heureux d'avoir un homme sûr, bon catholique et militaire courageux; mais il fut sensiblement affecté de se voir sous le contrôle de ce nouveau gouverneur, et lui ordonna de solliciter de Sa Majesté d'autres lettres-patentes, moins injurieuses pour la dignité de la Compagnie. Ces Messieurs étaient tout puissants ; ils ne voulaient pas d'égal, encore moins d'un supérieur ; l'autorité royale même leur pesait trop parfois : leur orgueil s'efforçait de l'abaisser ou de s'élever jusqu'à elle.

Toutes ces précautions indiquent assez clairement l'état de l'opinion publique à Bordeaux : on y était inquiet; on avait des ennemis au dedans et au dehors ; tout annonçait une crise prochaine. Le roi en écrivit au Parlement, et l'engagea fortement à s'entendre bien avec Montferrand et à expulser tous les suspects. Montluc veillait aussi au salut du pays ; il était au courant de tout ce qui se faisait, et prévint le Parlement qu'il avait de grandes raisons de soupçonner quelques individus du Château-Trompette, notamment le lieutenant La Salle et quelques autres officiers. Le Parlement communiqua cette lettre à Vaillac, commandant du château, qui devina bien vite pourquoi ; il répondit qu'il ne pouvait pas ainsi abandonner un poste si important que le roi avait confié à son zèle; mais qu'il correspondrait, soit par lettres, soit par des commissaires qu'on voudrait lui envoyer, protestant toutefois de son dévoûment à la Compagnie. On se décida à lui envoyer l'archevêque de Bordeaux et l'évêque de Valence. Après les avoir entendus, Vaillac répondit que si Monsieur, frère du roi, lui adressait des ordres, il les exécuterait sur-le-champ; mais que l'ordre étant envoyé à d'autres, il n'avait rien à y voir; que, cependant, il enverrait La Salle et les trois autres suspects dans une de ses terres, ne croyant pas convenable de congédier durement et avec brusquerie un vieux gentilhomme, longtemps éprouvé au service du roi. Il ajouta qu'il n'avait que peu de monde, et qu'il demandait un renfort. Le Parlement ordonna aux jurats d'envoyer au Château, à la solde du roi, quarante bourgeois bien aguerris, avec un capitaine fidèle.

Vers ce temps (septembre), la reine de Navarre arriva de Pau à Nérac; sa présence était pour les factieux un encouragement et pour les catholiques le signal de nouveaux désastres; elle trompa la vigilance habituelle de Montluc et de ses capitaines, et parvint jusqu'à Bergerac, sans danger, grâce à la protection du seigneur de Piles, qui avait à ses ordres quatre-vingts chevaux. Les Bordelais virent bien qu'on allait les envelopper de manière à rendre inévitable la prise de Bordeaux. L'alarme se répandit partout; les calvinistes se réunirent aux troupes de la reine, et un détachement alla assiéger Angoulême, où le jeune prince de Navarre, le bon Henry, commença ses premières armes. Condé était alors le généralissime des troupes protestantes, en France, et avait sous ses ordres de bonnes et brillantes troupes, et d'excellents officiers. L'un d'eux, le seigneur de Piles, après avoir pris Bergerac, se dirigea sur Bourg, qui était la clé de la Gironde; le temps paraissait opportun, car les princes faisaient tout ce qui était possible pour dégarnir Bordeaux de ses troupes et les attirer dans le Périgord, afin de donner au seigneur de Piles le temps et les moyens de s'emparer de Bourg. Montluc balayait en attendant les deux rives de la Dordogne, et se multipliait en quelque sorte pour atteindre les ennemis. Enfin, après de pressantes invitations, Montluc se prépara à se rendre dans le Bordelais, où il espérait se réunir aux troupes de Fontenilles, de Goudrin, de Giversac, sénéchal de Bazas, et de La Valette, le père du fameux duc d'Épernon; mais voyant Dacier, avec seize ou dix-huit mille hommes, s'avancer hardiment dans le pays, pillant les terres, recrutant des soldats et menaçant d'emporter Bordeaux, il mit des garnisons dans les villes de Sainte-Foy, de Libourne et de Bergerac, avec ordre de surveiller les mouvements de l'ennemi. Sur ces entrefaites, on poussait activement le siége de Bourg, sous la direction du capitaine Dupleix. Les vivres commençaient à y devenir rares; la garnison sortit pour ravitailler la place; mais Dupleix, qui guettait le moment favorable, attaqua la ville en plein jour et l'emporta par escalade; on épargna les catholiques, parce qu'ils n'avaient pas fait de résistance. On permit aux soldats restés au Château de sortir vies et bagues sauves. Vers le soir, Dupleix alla au devant des ravitailleurs, qui rentraient harassés, en désordre, et ignorants de tout ce qui était arrivé ; il les attaqua, les dispersa, en tua plusieurs, et fit un grand nombre de prisonniers.

Livre VII.
Chap. 10.
—
1568.

La prise de Bourg jeta la consternation dans Bordeaux ; les calvinistes étaient maîtres de l'une des plus importantes places du pays. Le Parlement en écrivit au duc de Montpensier, qui manda de suite à Montluc, alors dans l'Agenais, d'aller secourir Bordeaux. L'ordre était pressant comme le danger ; Montluc partit en toute hâte, et rencontra, près de La Réole, quelques seigneurs, entre autres le jeune de Lansac, qui lui firent connaître le progrès de l'ennemi et la consternation des Bordelais. Il coucha à Langon, et, le lendemain, vers midi, arriva à Bordeaux. Il se rendit au Parlement et se plaignit de ce que les jurats ne lui avaient pas rendu les honneurs qui lui étaient dus ; cependant, il fit pour le moment le sacrifice de son amour-propre blessé, et ne négligea rien pour dissiper les craintes et mettre la ville à l'abri d'un coup de main. Après avoir pourvu à toutes les éventualités, il se mit, de concert avec son neveu Leberon, le seigneur de Savignac, Nompar de Caumont, comte de Lauzun et quelques autres seigneurs, à pourchasser le seigneur de Piles, qui se réfugia à La Rochelle. Sur ces entrefaites, Montferrand, gouverneur de Bordeaux, écrivit à Monsieur et à Montluc, que Coligny était arrivé en rivière, et avait débarqué des troupes sur la côte du Médoc, qu'elles venaient de ravager. Montluc n'en crut rien : il eut raison ; c'était tout simplement un corps de trois cents Béarnais et Basques, qui, après la prise de Bourg, avaient passé quelque temps dans le pays et voulaient s'en retourner chez eux.

Montluc,
liv. VI.

Sur la fin de cette année, les circonstances étaient si graves, que le Parlement crut devoir prendre de nouvelles mesures de sûreté. Il ordonna que des patrouilles, ayant à leurs

Livre VII.
Chap. 10.

têtes un jurat et un conseiller, circuleraient toutes les nuits dans les différentes jurades, en ville. Ce moyen était nécessaire; car Montferrand informa, le 14 décembre, le Parlement, que les troupes de Montgommery s'étaient emparées de Langon et menaçaient Barsac et Podensac; il se plaignit en même temps de la négligence des jurats. Le Parlement, alarmé, rendit un arrêt, leur enjoignant de mieux faire leur devoir.

1569.

Après avoir parcouru l'Agenais, Montluc revient à Bordeaux; il savait, par les dépêches de Montferrand, que le seigneur de Laroche-Châlais ravageait la Saintonge et interceptait les convois de vivres et toutes les communications avec Bordeaux; il se rend avec Gironde, gouverneur de Fronsac, à Coutras, où arrive le même jour Montferrand, conduisant l'artillerie par l'Isle. Les religionnaires, surpris dans leurs dépôts, se débandent; le seigneur de La Roche-Châlais tombe

Montluc,
liv. VI.

au pouvoir des catholiques : on lui laisse la vie, à cause de son parent Montferrand; mais tous ses compagnons, à l'exception de son valet de chambre, son laquais et son cuisinier, sont passés au fil de l'épée. Le Parlement fait instruire le procès du seigneur de Laroche-Châlais, et le condamne à avoir la tête tranchée; mais Merville, commandant du Fort du Hâ, refuse de le livrer. Le Parlement, indigné, lui fait notifier un ordre de le livrer entre les mains de la justice, sous peine de 100,000 liv. d'amende. Merville répond que

Dupleix,
Histoire,
chap. 5.

puisque Montluc lui avait confié le prisonnier, il fallait un ordre du roi ou de Montluc pour dégager sa responsabilité;

Montluc,
Commentaires,
liv. VI.

mais on s'arrangea de manière que le seigneur fut rançonné, moyennant 6,000 écus, qui furent partagés entre Montluc, Montferrand et le gouverneur de Fronsac.

La conduite de la reine de Navarre avait profondément irrité Charles IX; elle rallumait la guerre civile et exaltait le fanatisme des sectaires. Le roi ordonna la saisie de ses biens par le Parlement de Bordeaux. Des commissaires furent nommés; mais la saisie fut retardée par des circonstances imprévues et surtout l'état fâcheux des esprits. Le roi, voyant ses lettres du mois d'octobre sans effet, adressa, le 21 mars, de nouvelles lettres closes, dont les commissaires s'empressèrent d'envoyer une copie, le 26 avril, au gouverneur catholique du Béarn, le priant de leur faire savoir s'ils pouvaient s'y rendre pour accomplir les ordres de Sa Majesté.

La mesure fut sévère et très-délicate; l'exécution en eût été difficile, parce qu'elle blessait les priviléges des Béarnais; mais la paix, survenue bientôt après, épargna aux commissaires la peine, et aux Béarnais une fâcheuse résistance aux ordres du roi. « Cette nouvelle chanson, dit un auteur, leur » écorchait les oreilles. »

Nous venons de parler du capitaine de Gourgues ; il ne convient pas de passer sous silence la noble conduite de cet enfant de Bordeaux, dont le nom et la famille brillent dans les annales de la Guienne.

Au XVIe siècle, le Portugal, alors la première nation maritime du monde, délivra les mers de la Chine du célèbre pirate Van-Foo, qui fut envoyé prisonnier à Lisbonne, et établit des factoreries à Macao; les expéditions de Diaz, de Vasco de Gama et le génie d'Albuquerque, assurèrent aux Portugais la domination dans ces mers. Excités par leurs succès et par l'exemple des Espagnols, qui avaient conquis le Mexique, le Pérou, de généreux Français allèrent explorer ces régions lointaines, et, sous la conduite d'un marin célèbre de Dieppe, François Ribaut, eurent le bonheur d'arborer le drapeau blanc sur les côtes de la Floride, et firent construire une petite citadelle à l'embouchure de la rivière de Santa-Cruz, qu'ils appelèrent *Charles-Fort*. La guerre civile, la misère et les autres malheurs qui en composent le cortége, forcèrent bientôt après le généreux Ribaut de rentrer en France. Coligny chargea le capitaine Laudonnière d'y aller rétablir l'autorité de la France. Ce marin partit du Havre en avril 1564, et alla bâtir la for-

Livre VII.
Chap. 10.
—
1569.

Olhagaray,
*Histoire
de Foix, de
Béarn et de
Navarre*,
page 699.

teresse la *Caroline,* à l'embouchure de la rivière de Mai ; mais ces parages furent bientôt après abandonnés, et l'indiscipline des marins français attira sur eux la haine et la vengeance des Espagnols des Antilles, qui s'emparèrent du fort Caroline, et, par les ordres de leur chef, Melendez de Avila, firent pendre presque tous les Français.

Ribaut y arriva quelques jours après, avec trois cents colons, nantis de leurs instruments de labourage, et lui et les siens éprouvèrent le même sort.

Cette déplorable affaire produisit, en France, les plus douloureuses impressions : l'indignation était générale, la vengeance dans toutes les pensées. Un Bordelais se chargea de satisfaire le vœu de la nation.

Dominique de Gourgues, né à Bordeaux, d'une famille illustre, originaire de Mont-de-Marsan, fait équiper deux *ramberges* (bâtiments allongés) et une *patache,* ou brick de guerre ; ayant fait porter à bord des subsistances, des piques, des armes de toute sorte et des engins pour les besoins de la guerre, il met sa flotte aux ordres du capitaine Lague, enfant de la Guienne, et part pour sa lointaine expédition des Florides, avec cent arquebusiers et quatre-vingts matelots ; ses projets et ses intentions n'étaient connus d'homme qui vive, excepté son lieutenant Cazenove, du pays bordelais.

Le 2 août 1567, il quitta le port de Bordeaux ; et après quelques jours passés à Royan, il cingla vers les côtes de l'Afrique, puis vers les Indes, et, enfin, à l'île de Cuba, où il déclara tout haut, devant l'équipage assemblé, qu'il voulait venger ses compatriotes massacrés par les Espagnols ; et après avoir, par une chaleureuse allocution, électrisé ses braves Gascons, il fit voile pour la Floride.

Les Espagnols étaient depuis longtemps les maîtres du pays, leurs positions étaient bonnes et défendues par leur artillerie et huit cents hommes. De Gourgues avait à bord un marin qui avait été de l'expédition de Ribaut ; il connaissait le pays et se faisait facilement comprendre des indigènes. Sous sa direction, la flottille bordelaise alla jeter l'ancre dans une baie éloignée des ports espagnols. Les habitants se préparèrent à une vigoureuse résistance, se croyant attaqués par des Espagnols ; mais Dominique de Gourgues se fit connaître comme Français, et fut accueilli comme un libérateur et traité avec bonté. Le chef des Indiens vint parler à Gourgues, lui raconta toutes les infâmies dont lui et les siens avaient été abreuvés par les Espagnols. Le généreux Gascon sympathisa avec lui et lui offrit son concours pour tirer vengeance de ces oppresseurs de son pays, qui avaient massacré les Français inoffensifs. Des présents furent échangés, et l'attaque fut résolue pour le troisième jour après.

Livre VII. Chap 10.

1569.

Aux lieu et jour convenus, les Français et les Indiens marchent vers les forts ; l'attaque fut vigoureuse ; la résistance ne le fut pas moins ; mais les forts tombèrent enfin au pouvoir des marins bordelais, et des quatre-vingts hommes de la garnison, il n'en resta que trente, que le valeureux de Gourgues fit attacher aux branches des mêmes arbres auxquels les Espagnols avaient, quelques années auparavant, pendu les Français, et sur lesquels le commandant des forts, Pedro Melendez de Avila, fit mettre un écriteau avec cette inscription, en Castillan :

Archives curieuses, tome 6.

De Thou, liv. 44.

> Je ne fais ceci comme à Français,
> Mais comme à Luthériens.

De Gourgues fit enlever cet écriteau, et mit à sa place un poteau, sur lequel il fit graver, avec un fer rouge, cette inscription :

> Je ne fais ceci comme à Espagnols,
> Ni comme à mariniers,
> Mais comme à traîtres, voleurs et meurtriers.

Grâce à nos intrépides Bordelais, la Floride devint française ; le nom de la France, nos souvenirs, nos succès, y sont encore en bénédiction ; mais malheureusement de Gourgues,

Livre VII.
Chap. 10.

1569.

n'ayant que peu de monde, ne pouvait pas songer à s'établir définitivement dans ce pays; il quitta ces parages lointains le 3 mai 1568, et arriva à La Rochelle, après une périlleuse traversée, le 6 juin, n'ayant eu pendant quinze jours qu'un quart de biscuit pour chaque homme de son équipage, mais emportant dans sa patrie l'artillerie des forts espagnols. Il eut le malheur de perdre sa *patache* avec huit marins; le capitaine Deux, qui commandait la seconde *ramberge*, fit fausse route, et n'arriva en France qu'un mois plus tard. En sortant du port de La Rochelle pour se rendre à Bordeaux, l'intrépide de Gourgues fut poursuivi, jusque même dans la Gironde, par une escadre espagnole; il arriva sain et sauf à Bordeaux, où ses nombreux amis, c'est-à-dire tout Bordeaux, lui firent l'accueil le plus empressé.

L'Espagne était alors trop formidable pour ne pas demander la punition du Bordelais, qu'elle qualifiait de hardi aventurier; la cour de France était fière de la conduite de Gourgues; mais elle désapprouva par politique sa brillante conduite, et lui fit défense de paraître à la cour.

Cette hasardeuse expédition eut beaucoup de retentissement en Europe; la reine d'Angleterre et le roi, prétendant du Portugal, firent à M. de Gourgues les offres les plus séduisantes pour l'attirer dans leurs États; on le nomma amiral de la flotte qu'on armait contre l'Espagne; notre illustre compatriote quitta Paris pour aller occuper l'honorable poste qu'on lui offrit; mais arrivé à Tours, il y mourut, en 1582, ou, selon Feller, en 1593.

LIVRE VIII.

CHAPITRE PREMIER.

Montluc s'oppose au passage de Montgommery. — Les députés du Parlement prisonniers à Blaye. — Désordres à Bordeaux. — Mesures de sûreté ordonnées par le Parlement. — Langon pris par les Calvinistes. — Montferrand fait démolir le pont du Ciron. — La Godine, fougueux prédicateur catholique, à Bordeaux. — Courses des Calvinistes. — Montluc les poursuit. — Son discours au Parlement. — Montferrand charge l'archevêque du gouvernement de la ville. — Montluc blessé à la figure au siége de Rabastens. — La paix signée. — Les conditions de la paix. — Le commandant de Blaye refuse de faire publier l'édit de pacification. — De Largebaston, premier-président, destitué. — Il est rétabli quelques jours après, etc., etc.

Malgré toutes les sages précautions de Montluc, la Guienne était sérieusement menacée : Montgommery refoulait le capitaine Terride dans le Béarn et se dirigeait sur Agen; Montluc y accourt pour s'opposer à sa marche. Dans ces conjonctures, le Parlement député au roi le président La Chassaigne, les conseillers Poynet, Gentils et La Roche; ils descendent la Gironde jusqu'à Mortagne; mais le pays était au pouvoir des insurgés; il sont faits prisonniers et conduits à Blaye. Le Parlement, par représailles, ordonne qu'on mette en prison tous les religionnaires de la ville et du ressort, même ceux qui avaient été ci-devant conseillers; qu'on vende à l'encan leurs effets. Lansac, maire de Bordeaux, fut chargé de l'exécution de cet impolitique arrêt. Non content de ces mesures, et pour prévenir les trahisons et l'espionage, il fit expulser de la ville tous les gens sans aveu, et poussa la sévérité de son zèle jusqu'à excès. Les catholiques se croyaient tout permis; les magistrats s'opposaient aux désordres avec tant de fermeté, qu'un jour l'un des soldats de Montferrand, se fiant au crédit de son capitaine, donna un soufflet à un jurat; il fut condamné par

Livre VIII.

1569.

Livre VIII. Chap. 1.

1569.

le Parlement, le 13 mai, à être traîné sur la claie dans tous les carrefours de la ville, et à faire, devant l'Hôtel-de-Ville, amende honorable, nu-pieds et en chemise, tenant une torche ardente à la main; et après avoir demandé pardon à Dieu, au roi et à la justice, au maire et aux jurats, à avoir le poing coupé devant la maison du jurat offensé, et à être ensuite pendu et étranglé par le bourreau, devant l'Hôtel-de-Ville.

6 Décembre 1569. Registre du Parlement.

Le Parlement ne se donna pas de repos; le danger lui paraissait imminent; il ordonna que des sentinelles seraient mises aux postes à six heures du soir; que les jurats feraient faire le recensement des citoyens et s'assureraient de leurs croyances et de leurs armes; que le baron de La Garde, qui commandait les navires en rade, défendrait la ville depuis la Porte-Sainte-Croix jusqu'au portail de Saint-Julien; que les habitants feraient la garde partout ailleurs; qu'on ferait des ponts-levis aux portes qui ne se fermaient pas; qu'on nettoyerait les fossés; qu'on visiterait les bateaux qui montaient et descendaient; qu'on examinerait tous ceux qui entreraient en ville ou qui en sortiraient; qu'on ferait faire du biscuit pour l'approvisionnement des galères; que tous les étrangers venus dans les navires du commerce iraient toutes les nuits coucher à leurs bords et ne pourraient rentrer sans congé que deux de chaque navire; que les visiteurs de la rivière feraient tous les jours leur rapport au maire; que la garde se ferait par tout le monde indistinctement, les présidents, conseillers et officiers de la Compagnie, par les gens d'église, les secrétaires du roi, les officiers de la sénéchaussée, etc., etc.; que toutes les nuits chaque jurat serait accompagné d'un membre du Parlement quand il ferait sa ronde dans sa jurade. En un mot, la ville prit une physionomie toute militaire, et n'avait jamais vu des préparatifs si forts, si nombreux et si bien dirigés pour une résistance opiniâtre.

Sur ces entrefaites, Montferrand partit pour La Réole, afin de s'entendre avec Montluc sur ce qu'il convenait de faire pour s'opposer à la marche triomphante de Montgommery et des huguenots du Béarn. Ayant appris en route que La Noue, à la tête de deux ou trois cents chevaux, s'était emparé de Langon, et, qu'après y avoir massacré un Carme et plusieurs prêtres, il ravageait les environs de Barsac et avait incendié l'église de Preignac, il fit détruire le pont du Ciron pour les empêcher de s'approcher de Bordeaux, et rentra en ville pour en donner connaissance le même jour (14 décembre) au Parlement. Ayant demandé des renseignements sur le service de la garde, il se plaignit de la négligence des jurats sur ce point, et ajouta que, voyant la ville si mal gardée, il ne put s'empêcher de s'écrier avec le roi prophète : *Nisi Dominus custodierit civitatem, frustra vigilat qui custodit eam.* Le Parlement rendit un arrêt qui enjoignit sévèrement aux jurats de mieux faire leur devoir.

<small>Livre VI Chap. 1.

1570.</small>

Pendant tout ce temps, les calvinistes parcouraient les environs de Casteljaloux et de Bazas ; leurs courses à travers les campagnes paralysaient l'agriculture et l'industrie, et arrêtaient le paiement des impôts. Au moyen de bateaux, retenus sur la Garonne par de gros pieux ferrés enfoncés dans la rivière, ils passaient d'une rive à l'autre et ravageaient tout le pays. Montluc s'avisa de détacher quelques moulins flottants, auxquels il adjoignit des bateaux chargés de pierres. Toute cette lourde masse, emportée par le courant, alla heurter contre le pont et en entraîna les débris jusqu'à Saint-Macaire, et même à Bordeaux. Montluc fit partir à la hâte des marins pour porter cette heureuse nouvelle à M. de Lansac et à M. de La Garde, amiral. Bordeaux se livra pendant quelques jours à la joie la plus vive ; Montluc devint l'idole des catholiques ; on le considérait comme l'ange gardien de la Guienne : son caractère rude, inflexible, imposait le respect à tout le monde ; sa haine contre les novateurs était extrême ; mais sa cruauté contre les huguenots a imprimé à sa mémoire une tâche ineffaçable. Au mois de juillet 1570, il écrivit à l'un de ses amis

<small>Montluc, *Suprà.*

Scip. Dupleix, *ut suprà.*

Vraie histoire des Troubles, etc.

Collection de Petitot, page 445.</small>

ces lignes, qui révèlent la tournure originale de son esprit et son caractère impitoyable : « Vous avez perdu un frère, et
» mon fils, Fabien, capitaine, a perdu son premier lieutenant,
» qui joignait à sa noble source un courage de César, qui
» remplissait son ventre. Vous ne lui cédez pas; car Barate,
» mon maître d'hôtel, qui vient d'Estillac, m'a porté un billet
» de votre part, où vous m'apprenez qu'avec les cent hommes
» de votre compagnie, vous avez mis en déroute quatre cents
» Huguenots; il fallait, morbleu! en remplir mes deux puits
» d'Estillac. »

Montluc était venu à Bordeaux au commencement de l'année; et après avoir offert ses services au Parlement et s'être informé de l'état des esprits et des choses, s'exprima ainsi : « Je n'entends pas qu'il y ait des discussions, et s'il y en avait,
» il vous plaira de me le dire, afin d'y mettre ordre.... Vous
» avez eu Montferrand auquel le roi se fie; vous avez eu aussi
» les seigneurs de Lansac et l'évêque de Valence (frère de
» Montluc), lesquels sont si bons serviteurs du roi, que, eux
» et vous étant ici, ma présence n'y était nécessaire.... Nous
» avions assoupi cette religion nouvelle en Guienne; on aurait
» dû suivre en France ce que nous avions commencé ici; mais
» le roi était jeune et la reine ne pouvait pas faire ce qu'elle
» voulait. Il y a eu un édit de paix, par lequel d'un huguenot
» il s'en est fait dix. La paix a duré cinq à six mois. Vous
» avez vu la peine que j'ai eue de maintenir un chacun en sa
» religion; au bout de six mois, la guerre a recommencé. J'ai
» envoyé au roi trente-deux enseignes de gens de pied et
» quatorze cents gentilshommes; il n'est demeuré avec moi
» que quelques casaniers. Toutefois, cette ville n'est demeu-
» rée dégarnie; je m'approchais toujours près des ennemis.
» Voilà une autre paix. Je fus malade. Je m'en allai au de-
» vant des Provençaux. Le seigneur de Joyeuse et plusieurs
» autres m'avertissaient toujours qu'ils n'étaient que quatre à
» cinq mille pendards et canailles; nous les eussions combat-

» tus; mais, enfin, il s'est trouvé dix-huit à vingt mille hom-
» mes; tout cela est mort depuis. »

Après un compte-rendu de ses faits d'armes, il se mit aux ordres de la Compagnie. Le président de Roffignac le remercia de ses offres, et le pria de continuer ses bons services et de purger le pays de tous les mauvais sujets qui l'infectaient.

Le langage et les exploits militaires de Montluc et de ses capitaines rassurèrent les esprits à Bordeaux; on commença enfin à respirer; mais ce n'était qu'un calme momentané. Le danger extérieur semblait disparaître, un autre venait compliquer les embarras intérieurs; on dirait qu'il n'y avait pas de paix possible pour la Guienne. Avant de partir pour Libourne, où l'avait mandé le lieutenant du roi, Montferrand alla prendre congé du Parlement et recevoir ses avis. Il fit observer que la ville étant paisible, il n'y laissait que peu de troupes, et qu'il avait chargé l'archevêque, pendant son absence, de veiller à la garde de la ville. Le Parlement s'étonna de ce discours, et lui fit l'observation que, n'étant que délégué lui-même, il n'avait pas le droit de subdéléguer, et que, pendant son absence, le Parlement commandait de droit. Montferrand supplia la Compagnie de ne pas mettre en question l'étendue de son pouvoir, et se retira. Le procureur général exprima son étonnement, et dit qu'il ne croyait pas que l'archevêque accepterait des fonctions si peu en harmonie avec son ministère. On interrogea à ce sujet les jurats; ils répondirent que le gouverneur leur avait dit le matin, à l'Hôtel-de-Ville, qu'il allait s'absenter pendant deux jours, et que l'archevêque le remplacerait au besoin tant qu'il serait en campagne. Les jurats lui firent comprendre que, d'après les statuts, la garde des clés de la ville leur appartenait pendant son absence; mais le gouverneur leur assura qu'il n'entendait nullement toucher à leurs priviléges, et qu'en partant, il remettrait les clés au plus ancien jurat. Il paraît que cette affaire n'eut pas de suites sérieuses; on avait besoin d'un homme de

Livre VIII. Chap. 1.

1570.

Registres du Parlement,

Livre VIII. Chap. 1.

1570.

caractère comme Montferrand ; les circonstances étaient trop critiques et son absence trop courte pour réveiller à un degré fâcheux la susceptibilité des corps constitués de la ville; on ne pouvait pas regarder la conduite de Montferrand comme un précédent dont on abuserait dans la suite. Dans un moment plus calme, cette violation des droits du Parlement aurait fait naître des réclamations plus sérieuses.

Pendant tout ce temps, Montgommery dévastait l'Agenais et s'était avancé jusqu'à Condom ; ses coreligionnaires de Blaye semblaient vouloir effectuer leur réunion avec lui; ils étaient

Am. Thierry, Résumé de l'histoire de Guienne.

maîtres de la Gironde ; ils interceptaient les transports, capturaient les bâtiments de commerce et montaient jusque dans la rade de Bordeaux, où ils insultaient le pavillon royal. Montluc accourut au secours de la place, et s'offrit à emporter Blaye de force, moyennant 30,000 liv., frais de l'expédition. Le Parlement les refusa; il proposa d'en avancer une partie sur ses biens; on répondit à cette généreuse offre par un second refus. Alors, indigné de l'égoïsme de ces hommes de robe, qui possédaient à eux seuls, dit-il, plus de revenus que la moitié de la bourgeoisie, il alla guerroyer dans le Haut-Pays. Au siége de Rabastens, il reçut un coup d'arquebuse, qui lui perça les deux joues et lui emporta le nez; il en resta tellement défiguré, qu'il fut obligé de porter une espèce de masque le reste de sa vie. La cour donna sa lieutenance au marquis de Villars. Indigné de se voir privé de la récompense due à ses services pendant cinquante-six campagnes, Montluc

Archives curieuses, par Cimber et Danjou, 1re série, t. 1.

écrivit au roi, le 25 novembre 1570, pour se plaindre, qu'en lui ôtant le gouvernement de la Guienne d'une manière si peu honorable pour lui, on donnait à comprendre au monde qu'il avait fait des fautes dans l'emploi des ressources financières mises à sa disposition, ou dans les mesures stratégiques qu'il avait cru devoir employer. Il se justifia sur ces deux points par de grands détails, et termina en disant : « Puisque ainsi vous » plaist, je me retire, n'ayant d'autre marque de mes peines

» et services depuis cinquante-un ans que six harquebousa-
» des, qui serviront à me ramentevoir tous les jours l'humble
» et affectionnée dévotion que j'ay eue à faire très-humble
» service à vos prédécesseurs. »

Le roi répondit, le 15 décembre suivant, par une lettre flatteuse, où il lui dit que, s'il avait nommé le marquis de Villars à sa place, c'était en raison de sa demande antérieurement faite, d'être déchargé de son gouvernement, à cause de ses fatigues et ses infirmités, et lui assura qu'il ne perdrait jamais le souvenir de ses services. « J'auray à jamais toute
» souvenance de vos longs et grands services, desquels, si
» vous ne pouvez recevoir la récompense condigne, vos en-
» fants acheveront d'en cueillir le fruict, etc. »

Rien ne paraissait stable ; tout semblait flotter au hasard, et la guerre civile, qu'on éteignait avec peine sur un point, semblait se ranimer de suite sur un autre. Bourg fut repris par les troupes royales, et cette circonstance rendit la paix moins précaire et releva le courage abattu des Bordelais. Une nouvelle ère s'annonçait avec de nouvelles espérances; cependant, les princes ne cessèrent pas d'être formidables; leur opiniâtreté était interprétée comme un signe de puissance; leur hardiesse en imposait tellement à la Cour, qu'on crut devoir entrer en pourparler avec les chefs. Espérait-on tranquilliser les esprits par de sages concessions, ou était-ce pour mieux se préparer à un coup-d'État pour en finir avec les anarchistes? Il est difficile de le dire; mais nous croyons que le déplorable massacre du chef des protestants, auquel la religion a été étrangère, fut l'inspiration subite d'une politique peureuse qui prévoyait de plus grands maux.

Quel que fût le motif de cette transaction, elle eut lieu; la paix fut signée à Saint-Germain-en-Laye, le 11 août 1570. On accorda aux calvinistes une amnistie pour le passé, la liberté de conscience, l'admissibilité aux charges publiques; l'abolition des procédures criminelles, avec le droit de récuser, sans en alléguer le motif, trois juges dans chaque chambre des Parlements de Rouen, de Dijon, d'Aix, de Bretagne, de Grenoble, et même quatre dans celui de Bordeaux, comme s'étant toujours montré hostile aux novateurs en religion, parce qu'ils étaient en même temps les perturbateurs de la paix publique; traité honteux, qui abaissait la royauté au niveau des factions, consacrait l'existence de la nouvelle secte, et justifiait ses exigences! Ce n'est pas tout; ce trop complaisant souverain, qui trempa plus tard ses mains cruelles dans le sang de ces factieux, alla jusqu'à leur donner quatre places de sûreté, La Rochelle, Montauban, Cognac et la Charité. Ils y mirent des garnisons protestantes, ou commandées par des protestants, payées par le roi, contre la religion et la royauté! C'était s'abaisser, s'avilir et abdiquer; c'était reconnaître un gouvernement à côté de son gouvernement, deux drapeaux rivaux, deux puissances qui se surveillaient, deux religions qui s'anathématisaient! C'était faute sur faute. Un grand travail social s'effectuait; le roi devançait par faiblesse son siècle, comme il l'outrepassa plus tard en cruauté : la charité chrétienne n'avait pas encore produit la tolérance religieuse, et le principe révolutionnaire, qui, depuis lors, ne cesse de ravager la France, ne faisait que naître du contact impur du protestantisme et de la haine de la monarchie. Le roi, sans s'en douter, berça dans ses bras le monstre naissant qui devait plus tard étouffer la royauté! On aurait pu entrevoir, ou, au moins, deviner 1793!

Quelques jours plus tard (23 août), un valet de chambre du roi vint présenter au Parlement un édit de pacification, avec ordre de l'enregistrer. La Compagnie le fit, et ordonna qu'il serait publié, comme de coutume, dans la cité et dans les principales villes du ressort. Raoul, juge de l'Université, fut envoyé à Blaye; mais Pardailhan, qui y commandait, refusa d'en autoriser la publication et même de recevoir le commissaire en ville. Le Parlement le décréta de prise de corps.

Mais comment faire exécuter cet arrêt contre le commandant du fort de Blaye? On en prévint le roi, déjà indisposé contre lui parce qu'il refusait toujours de rendre à la liberté les quatre membres du Parlement qu'il retenait prisonniers. Lansac, maire de Bordeaux, fut alors nommé commandant de Blaye, et intima à Pardailhan l'ordre de quitter la place; mais cet obstiné officier allégua, en excuse de son refus, que puisqu'on n'exécutait pas avec ponctualité l'édit de pacification, les princes lui avaient ordonné, en termes précis et formels, de ne pas la remettre. Cette nouvelle circonstance fit renaître les anciennes sollicitudes : on comprit bien qu'on n'était pas encore arrivé à la fin de tous les maux de la guerre civile.

Le premier-président, de Lagebaston, dont la position à Bordeaux, par suite de ses opinions équivoques en matière de religion, était devenue très-pénible, s'était absenté, avec un congé, depuis le mois de septembre de l'année précédente. Ses relations avec le seigneur de Larochefoucauld accréditaient tellement les soupçons qu'on avait formés sur son compte, que Montluc défendit au gouverneur de Bordeaux de le recevoir à son retour, qui devait avoir lieu à la Saint-Martin, à la rentrée du Parlement. Ne pouvant rien contre l'influence de Montluc, et sous le poids des antipathies des Bordelais, il resta à Angoulême, son pays natal, où les calvinistes pénétrèrent bientôt après, et le mirent dans l'impossibilité de venir reprendre son siége. Il s'excusa auprès du Parlement; mais, soit défiance, soit précautions politiques, soit comme épreuve de sa bonne foi, la Compagnie lui manda de venir reprendre ses fonctions. L'archevêque, qui craignait son influence pour la défense de la cause des hérétiques, présenta une requête contre son retour. La Compagnie n'y fit pas droit; mais, tout en écartant les obstacles qu'on suscita à sa rentrée, elle n'arrêta pas le cours des accusations qu'on dirigeait contre la foi du premier-président et sa connivence avec les sectaires. Lagebaston demanda qu'on soumît sa cause au roi, ou qu'au moins on attendît son retour pour

Livre VIII.
Chap. 1.

1570.

qu'il pût défendre sa propre cause et récuser les juges qu'il savait indisposés contre lui. On ne tint pas compte de sa légitime réclamation, et le président La Ferrière obtint, du conseil privé du roi, un arrêt qui déclara Lagebaston déchu de sa présidence et en investit La Ferrière. Cet édit fut enregistré par le Parlement, et le rival de Lagebaston installé à sa place.

L'ambition de La Ferrière était satisfaite, mais son triomphe ne fut qu'éphémère. Lagebaston obtint, après de pénibles démarches (17 mars 1571), que sa cause fût revisée et jugée par le Parlement de Paris, se déclarant prêt à faire sa profession de foi catholique, que ses ennemis avaient calomniée. Il la fit, en effet, entre les mains de M. de Thou, premier-président du Parlement de Paris, et ami caché des huguenots. Un arrêt du 22 août le réintégra dans sa charge et annula les provisions faites en faveur de La Ferrière. Lagebaston revint à Bordeaux, et alla, le 12 novembre, occuper son ancien siége du Parlement, et pria la Cour de prendre connaissance d'un arrêt du Parlement de Paris et des lettres du roi, qui le rétablissaient en sa charge, comme catholique. Il sortit alors, et laissa toute liberté à la Cour de délibérer. Après avoir pris connaissance de ces documents, la Cour décida que messire Benoît de Lagebaston continuerait d'exercer sa charge.

Le lendemain, 13 novembre, La Ferrière, qui exerçait la charge de premier-président depuis la suspension de Lagebaston, fit observer au Parlement que les lettres-patentes du roi révoquaient, en quelque sorte, l'arrêt du Parlement de Paris, et requit la vérification de ces lettres. Lagebaston, qui était à l'autre bout du bureau, répondit que le roi avait voulu que messire La Ferrière restât premier-président avec lui, et le remplaçât au besoin ; mais cela portait préjudice au second président, Martin de Roffignac, à qui il appartenait de remplacer le premier : il s'écria, de sa place, qu'il s'opposait à cette prétention, par la raison que les lettres-patentes paraissaient obreptices et subreptices, puisque ni lui ni d'autres, également intéressés dans cette affaire, n'avaient été consultés dans une circonstance où leurs droits étaient mis en question.

La discussion fut vive, mais le Parlement prit le parti de renvoyer l'affaire au roi, le 23 novembre. A leur rentrée, Lagebaston alla s'asseoir au bout du bureau et La Ferrière à l'autre bout, et de Roffignac alla se placer au rang des conseillers, près du bureau du greffier.

Le 30 janvier suivant, on lut en Cour l'arrêt du conseil privé du roi, les Chambres assemblées. Le roi ordonna que M. de Roffignac restât second président; et attendu que messire La Ferrière avait été reçu premier-président avant les autres présidents de la Compagnie, il serait regardé comme tiers président et présiderait après le premier-président Lagebaston. Il y eut quelque opposition, quelques débats sans importance; l'arrêt fut exécuté, et La Ferrière jouit tranquillement de ses effets.

De Roffignac mourut quelques jours après, regretté des catholiques et des amis de l'ordre. C'était un magistrat très-éclairé et très-zélé contre les ennemis de l'Église, qui étaient en même temps les perturbateurs de la paix de l'État. C'est à cette circonstance qu'il faut attribuer les diatribes de Bèze contre les mœurs.

Note. — En 1571, Charles IX établit une commission composée de deux présidents et de sept conseillers au Parlement de Bordeaux pour juger les affaires des francs-fiefs. Il fut déclaré, sur le vu et après un consciencieux examen des pièces, que les maires, jurats et bourgeois de Bordeaux ne devaient aucune finance au roi pour les terres, rentes et possessions par eux tenues noblement, et autres biens à eux appartenants et sujets aux droits et devoirs de francs-fiefs et nouveaux acquêts.

CHAPITRE II.

Le roi invite les chefs protestants à la cour.—Les catholiques mécontents.—Mariage de Henry de Navarre avec Marguerite de France. — Coligny blessé. — Les protestants irrités.—La Saint-Barthélemy. — Les Jésuites. — Conduite de Montferrand.—Massacre à Bordeaux.—Sa cause et son but.—Le Parlement prend des précautions contre les protestants.—Blanquefort pris par les Protestants.—Querelle de Montferrand et du premier-président.—Conduite de Montferrand.—Langoiran.—Lettres de noblesse accordées aux jurats.—Éloge du Parlement de Bordeaux.

Livre VIII.

1570.

Le désordre était partout, non seulement dans les esprits, mais dans les choses, dans le Parlement et dans la famille ; les circonstances semblaient concourir à l'accroître et à l'étendre, et la faiblesse de la cour n'était pas le moindre des éléments de dissolution qui tourmentaient l'état social. Malgré toutes les concessions du roi, les huguenots ne se fiaient pas à sa parole, ni ne comptaient sur la paix ; ils gardaient leurs armes et se tenaient sur le *qui vive*. Le roi se plaignit de cette attitude hostile en présence de ses bienfaits; dans l'espoir d'effacer jusqu'à la moindre trace des dissensions civiles, il invita à la cour les coryphées du parti protestant, et on traita même sous ses yeux du mariage du prince de Navarre avec Marguerite de France. Jeanne d'Albret fut enchantée de cette circonstance; l'avenir lui semblait s'ouvrir avec de plus brillantes perspectives. Elle accueillit avec bonté Armand de Gontaut-Biron, que le roi députa auprès d'elle à La Rochelle. Elle alla à Blois avec cinq cents gentilshommes protestants, et rencontra partout des visages amis et les démonstrations les plus affectueuses. Les protestants étaient contents; leur cause triomphait. Mais les catholiques, indignés, criaient contre les lâches concessions faites aux rebelles, contre l'impunité de leurs crimes et leur audace toujours croissante. Les chaires retentissaient de cris contre l'hérésie; les Jésuites, toujours à l'avantgarde de la société catholique, s'entendaient, disaient les sectaires, avec le Pape, qui refusait les dispenses du mariage. Les futurs époux, d'ailleurs, ne s'aimaient pas : Henry aimait d'autres femmes, et n'eut jamais le cœur de celle qu'il allait épouser; les mœurs de tous les deux étaient également corrompues, et tout présageait une union malheureuse. Cependant, l'imprudent Charles IX persistait dans son projet, et disait, dans son langage grossier : « Si le Pape fait la bête, je » prendrai Marget par la main, et je la marierai en plein prê- » che. » Ce propos, et d'autres semblables, irritèrent les catholiques contre le prince, et lui aliénèrent leur affection. La reine Catherine voyait avec peine le penchant de son fils pour les huguenots, ses implacables ennemis. La sombre défiance que la cour manifestait contre ces éternels fauteurs de divisions dans l'Église et dans l'État finit par rallumer les haines assoupies, au point que l'austère et rigide Jeanne d'Albret crut devoir se méfier à son tour de la cour perfide, corrompue et intrigante de Paris. Enfin, après dix-huit mois de pourparlers, le mariage fut conclu le 18 août 1572; mais Jeanne mourut le 9 juin : sa mort jeta un voile de deuil sur la fête nuptiale, et donna lieu à bien des conjectures; les calvinistes la disaient empoisonnée, mais sans preuves.

Les noces célébrées, on se livra aux rêves les plus doux; mais la haine des partis ne s'endort pas. L'amiral de Coligny, en sortant du Louvre, eut le bras fracassé par un coup d'arquebuse, que lui tira un fanatique nommé Maurevel. C'était le signal de la guerre. Les protestants se soulèvent et reprennent les armes. Le roi ordonne de rechercher l'auteur du crime et ses complices; mais, aux yeux des calvinistes, on ne les poursuit pas avec assez d'ardeur; ils crient à la trahison et protestent que, s'ils n'obtiennent justice, ils se vengeront eux-mêmes.

Livre VIII.
Chap. 2.

1570.

1572.

Livre VIII. Chap. 2.

1572.

Tout était en mouvement, tous les esprits à la guerre et à la vengeance; le désordre était à son comble. Le seigneur de Piles, suivi de huit cents gentilshommes, se présenta à Sa Majesté, et lui dit audacieusement que si on ne leur faisait pas rendre justice, ils se la feraient eux-mêmes, et si bien, que les catholiques n'auraient plus envie de recommencer. Charles, naturellement fier et impérieux, en fut irrité; le ton insolent du sujet, son air menaçant et décidé, les désordres passés et ceux qu'il prévoyait dans un avenir peu éloigné, lui inspirèrent une pensée de vengeance. Le bruit circulait au dehors que les calvinistes conspiraient pour se soustraire à l'autorité du roi, et pour favoriser les vues ambitieuses des princes et de Coligny. Charles, jeune et irréfléchi, voyant que les religionnaires ne fléchissaient pas le genou devant lui,

Scip. Dupleix, tome 3.

De Thou, t. 4, page 264.

prend la résolution de les faire massacrer tous! Résolution déplorable, qui fit répandre à flots le sang français! Il se rappelait que, dans le synode de Saintes (1562), on avait décidé que la prise d'armes était *juste, légitime et même necessaire.* Il se souvenait encore que, dans la même année (1562, mois d'avril), ils avaient juré et promis obéissance au prince de Condé, *légitime protecteur et défenseur du royaume de France,*

Ibid., p. 184.

et qu'ils s'étaient imposé d'autres charges et obligations préjudiciables à ses droits royaux et contraires à leurs devoirs de

Delpit, Collection des Documents, page 283.

sujets. Ce n'est pas tout encore: la reine d'Angleterre Élisabeth, qui avait fait passer des sommes immenses à Coligny, avait signé un traité, le 20 septembre de la même année, en vertu duquel elle prêta cent quarante mille écus d'or au prince

NOTE 15.

de Condé, et lui envoya six mille Anglais en France pour garder le Havre, Rouen et Dieppe, sous la condition *que ce traité ne préjudicierait en rien aux droits de la reine d'Angleterre sur Calais.*

1572.

La Garonne glaçait si fort devant Bordeaux, aux fêtes de Noël, qu'il était loisible, dit la Chronique, de naviguer et traverser la Garonne.

Ce traité, dit Hume, indigna la France entière, et inspira à un écrivain moderne cet aveu formel, si conforme à la vérité historique : « Les calvinistes sont le parti anti-national, » un parti de morcellement, un fédéralisme provincial; ils » font ravager la France par les reîtres et les lansquenets, » et il faudra bien dire, une fois pour toutes, que le parti » catholique et des ligueurs conservera seul la nationalité » française. » Tout ceci est vrai, non seulement pour le temps de Louis XIV, mais aussi pour celui de Charles IX et de Coligny. Le roi se crut obligé de prévenir de plus grands maux : la reine effrayée, le duc d'Anjou, les courtisans applaudirent à cette pensée inhumaine; cette fausse et horrible politique prévalut, enfin, dans le conseil. Aucun ecclésiastique ne prit part à cet acte barbare; la religion n'en n'était pas, n'en pouvait pas être le prétexte. Le désir de sauver sa couronne, d'épargner à la France de plus grands malheurs et de conserver la paix, furent les seuls motifs de la funeste détermination du jeune roi. Les protestants mêmes le disent, et en particulier Cobbett.

Charles IX crut que sa cruelle ordonnance ne s'exécuterait qu'à Paris; il se trompait ou voulait tromper. Les gouverneurs des provinces crurent être agréables au roi en suivant ses exemples : l'esprit de vengeance se généralisa et se répandit partout comme un feu électrique; chaque ville eut ses massacres. Le 24 août, le roi écrivit à M. de Montpesat, qui commandait en Guienne en l'absence de son beau-père, le marquis de Villars, maréchal de Savoie; et après avoir parlé de la mort de Coligny et de quelques autres chefs des huguenots, déclara qu'il voulait que *l'édit de pacification fût entretenu autant que jamais*. Cette dépêche royale fut adressée par Montpesat à Montferrand, gouverneur de la ville, qui se hâta de la communiquer, le 29 août, au Parlement, et de lui demander des forces pour dominer l'effervescence causée par les événements de Paris. La Cour rendit un arrêt, en vertu duquel

Livre VIII. Chap. 2.

1572. Hume, tome 4.

Capefigue, *La Réforme et la Ligue,* p. 474 de la 3ᵉ éd. in-18.

History of the protestant Reforme Letter X.

24 Août 1572.

Livre VIII.
Chap. 2.

1572.

trois cents hommes furent mis à sa disposition pour la garde de la ville jusqu'à ce que M. de Montpesat fût arrivé. Le lendemain, Montferrand déclara que cent cinquante hommes suffisaient pour maintenir dans le devoir toute la population.

Le 1er de septembre, la Cour régla tout ce qui concernait l'entretien et la subsistance de ces soldats, et autorisa Montferrand à les loger dans les maisons qu'il lui plairait de désigner. Le 4 septembre, Montferrand, alité, envoya à la Cour une lettre du roi, en date du 28 août, et par laquelle il déclara que la cause de la mort de l'amiral et de ses complices n'était pas la différence de religion, mais une nécessité politique; qu'il fallait ainsi prévenir une vaste conspiration contre le roi, la reine-mère, les princes et seigneurs de la cour. Montpesat fit publier cette lettre apologétique dans toute la province.

Pendant tout ce temps, des misérables, incités au désordre par l'amour du pillage, et emportés par un zèle exalté et condamnable, parcouraient la ville, s'excitant mutuellement à massacrer les Huguenots de Bordeaux comme on avait fait à Paris. Montferrand et Romain Mulet, procureur général, firent tout ce qu'ils pouvaient pour déjouer les mauvais desseins de ces catholiques égarés.

Le jour de Saint-Michel (29 septembre), le P. Augier, fougueux prédicateur de la ville, monta en chaire, et parla avec chaleur des Anges, missionnaires divins, dispensateurs des grâces de Dieu et exécuteurs de ses vengeances, messagers invisibles qui avaient présidé aux massacres de Paris, d'Orléans et de plusieurs autres villes de France. « Il faut, dit-il, » que l'Ange exterminateur exécute les hérétiques dans Bor- » deaux, ou il exécutera Bordeaux. » — « L'épée du gouver- » neur tient au fourreau », disait-il encore; et jouant sur le » nom du procureur général, Mulet, il ajouta : « Le mulet » est une bête bâtarde, qui n'avait point entrée dans l'arche, » non plus que le procureur-général dans l'église. » Ces paroles étaient imprudentes, nous en convenons bien; c'était manquer au respect que le prédicateur devait à son propre caractère et à la chaire chrétienne; c'était une blâmable témérité que celle qui le portait à condamner, dans le premier magistrat, comme une tiède indifférence et une lâche apathie, ce qui n'était, en réalité, que prudence et modération.

Mais il faut se méfier de tout ce que disent d'Aubigné, Bèze, Crespin et autres, sur ces matières. On sait qu'ils imputent les choses les plus odieuses à Montpesat et à Montferrand, et aux Jésuites surtout, qui, partout et toujours, ont l'heureux privilége d'être le point de mire des ennemis de l'Église et de l'État. Nous reproduisons quelquefois ces imputations; mais leur réfutation est dans l'exagération de leur récit. Nous reconnaissons, avec notre impartialité habituelle, que les catholiques ont eu des torts; mais ces torts n'ont jamais été si grands que les protestants le prétendent. On sait que de Thou était l'implacable ennemi des Jésuites, l'ami, le panégyriste des protestants, le détracteur du Saint-Siége, et l'adversaire, moitié catholique, moitié protestant, de l'Église romaine. Il faut donc se méfier de lui, comme de Bèze, de Crespin et de tous les sectaires qui ont écrit sur cette malheureuse époque.

Au milieu de cette effervescence générale, Montpesat arriva à Blaye, et ne témoigna qu'une froide et déplorable indifférence pour le massacre des quelques protestants qui, dit-on, y eut lieu. On prétendait qu'il l'avait ordonné, mais il n'en existe pas de preuve, et rien n'autorise cette assertion, que le caractère fanatique de l'homme et ses faits subséquents; on n'a jamais pu désigner une seule victime à Blaye. Arrivé à Bordeaux, il eut une conférence avec M. de Montferrand, et fit appeler, dans son cabinet, Guillaume Blanc, avocat distingué à la Cour de Parlement. Il l'exhorta à se séparer des sectaires et à revenir à la foi de ses pères; Blanc s'y refusa; et au même moment, les séides de Montpesat le menacèrent de la mort; ils allaient exécuter leur projet sans la défense de

Livre VIII.
Chap. 2.

1572.

leur maître. Il manda ensuite auprès de lui le jurat Lestonnac, pour lui donner des ordres : il le trouva peu disposé à seconder ses criminels desseins; et Crespin même, dans son *Histoire des Martyrs*, avoue que Montferrand ne voulait pas trop se prêter à l'abominable projet de Montpesat; qu'il était indécis et honteux d'assister au lâche assassinat qu'on lui proposait.

Le 4 septembre 1572, fut lue en Cour une copie d'une lettre que le roi avait écrite, le 28 août précédent, à Montferrand, gouverneur de Bordeaux. Dans cette lettre, le roi déclare « que la cause de la mort de l'amiral et autres de ses » adhérents et complices, advenue en la ville de Paris, le » 24 août dernier, n'est pour aucune cause de religion, ains » (mais) pour obvier à l'exécution d'une malheureuse conspi- » ration faite par le dit amiral, chef et auteur d'icelle, et ses » dits adhérants et complices de la personne du dit seigneur » roi, etc., etc. »

Quand on eut appris à Bordeaux les tristes nouvelles des massacres à Paris, la ville était plongée dans une consternation profonde. Montferrand, qu'on représente mal à propos comme l'instigateur du massacre, prit, au contraire, toutes les précautions possibles pour le prévenir. Affligés et ne sachant que faire, les protestants se réunissent et se décident à aller entendre le prêche dans une prairie, à trois lieues de Bordeaux, entre la jalle et la Garonne : ce ne fut là qu'un prétexte; le but était tout politique. Témoin de l'effervescence populaire, et prévoyant les suites qu'elle pourrait avoir, Montferrand leur défendit de s'embarquer, et donna des ordres sévères pour qu'aucun protestant ne sortît de la ville sans passeport. Cette police protectrice et prévoyante mérite les louanges de la postérité, et Crespin, l'auteur du *Martyrologe protestant* lui-même, avoue, avec une louable franchise, que c'était une sage précaution, *pour éviter que le peuple ne leur courût sus.*

Tous les jours, dit Crespin, *des forcenés exaltés allaient solliciter Montferrand de mettre la main à l'œuvre;* il se sentit dans un *état de perplexité*. On prétend, ce qui est faux, que le sieur de Vesins et d'autres, arrivés de Paris, lui disaient ce qui n'était pas vrai, *que le roi trouvait étrange qu'il tardait tant, et qu'il ne saurait faire une œuvre plus agréable à Sa Majesté......* D'un autre côté, Strossi, qui cherchait à réduire La Rochelle, lui défendait de se porter à de si horribles extrémités. Montferrand ne savait que faire; il se borna à assurer la paix de la ville et la sûreté des personnes. Il tomba malade et fut obligé de garder la chambre.

L'effervescence se propageait cependant, et les pillards n'attendaient qu'un ordre pour se livrer à toute sorte d'excès. Montpesat, fanatique et lâche, se disposait à quitter la ville; il ne voulait pas assister aux horreurs qu'il prévoyait, et dont il était, en partie, la cause et l'instigateur; mais, avant de partir, il alla trouver Montferrand, retenu au lit par une fièvre quarte, et lui fit promettre et jurer qu'il exécuterait le massacre des huguenots, conformément aux ordres du roi, dont il se disait à tort le porteur.

Le vendredi, 3 octobre, Montferrand parut en public, et invita les jurats à se rendre auprès de lui à l'Hôtel-de-Ville, où il leur communiqua les ordres de Montpesat, qui commandait en Guienne, à la place et au nom de son beau-père, le marquis de Villars. Pendant cet entretien, les pillards se réunirent sur la place publique : quelques coryphées haranguèrent la populace, et lui apprirent le massacre de Paris et de quelques autres villes du royaume, en termes qui n'étaient qu'une invitation à en faire autant à Bordeaux.

Ce langage était facilement compris, et un moment après traduit en faits! Les ordres de Montpesat étaient formels; c'étaient, disait-on, les ordres du roi. Montferrand, ne pouvant plus s'y opposer, pas plus que les jurats, qui n'y consentaient pas, abandonna ces misérables à leur féroce instinct, et laissa faire, au nom du roi, ce que le roi n'avait pas ordonné. Ces pillards, qui ne reculaient devant aucun crime, parcoururent la ville et excitèrent le peuple au carnage ; ils étaient coiffés de bonnets rouges et s'appelaient la *bande cardinale*. Jean de Guilloche, sieur de La Loubière, conseiller au Parlement, rencontra ces hordes sanguinaires : protestant exalté, homme de cœur, il se permit des observations sur des scènes si coupables ; mais ces misérables, qui n'avaient d'autre guide que leurs passions, d'autres règles que leurs intérêts, lui tombèrent dessus, le tuèrent et coururent piller sa maison. Les écrivains protestants accusent Montferrand d'avoir ordonné ce meurtre : cette assertion nous paraît toute gratuite, nous n'en avons pas trouvé de preuves. Henri Martin avoue que Montferrand *avait longtemps hésité*, ce qui est vrai ; mais ce qui ne l'est pas, c'est qu'*il se mit à la tête des massacreurs et tua de sa propre main un conseiller au Parlement*. Il ne tua personne : il avait des griefs contre Lagebaston ; mais celui-ci s'était sauvé au Fort du Hâ ; Montferrand *hésita* longtemps et ne laissa faire cette populace furieuse, que parce qu'il lui fut impossible de la contenir. Crespin, lui-même, avoue que Montferrand se sentit dans un *état de perplexité* entre les ordres du roi, qu'il croyait positifs, les exigences du peuple, qui désirait répandre le sang, et les cris de sa propre conscience, qui lui défendait d'y consentir. Il crut devoir obéir à son roi ; il eut le tort de laisser le peuple libre ; mais, quoique nous condamnions son inaction, nous ne pouvons pas, dans l'absence de preuves, l'accuser d'avoir donné des ordres si cruels. Dans des circonstances si épouvantables, la populace n'attend pas d'*ordres*; elle n'en reçoit de personne, des hommes en place moins que de tout autre. Sa propre volonté est sa seule loi ; l'autorité n'existe pas pour elle. Aussi, après avoir assassiné Guilloche, elle courut chercher d'autres victimes.

Guillaume de Sevin, conseiller au Parlement, s'était distingué par l'exaltation de ses idées de réforme : hautain et arrogant, peu aimé et très-peu estimé, il devait partager le sort de son voisin, Guilloche. On courut chez lui; il se présenta hardiment, mais il tomba à l'instant même percé de mille coups de poignard! Son clerc, M. Simonet, accourut et embrassa en pleurant son maître agonisant; on lui demanda s'il était protestant, et, sur sa réponse affirmative, on le tua sur le corps de son malheureux patron. Les assassins se rendirent ensuite à la prison, où se trouvait un ministre protestant; on le traîna dehors, et on l'égorgea, sans pitié, à la porte du Palais. L'huissier de la Cour, La Graulet, eut l'imprudence de braver la colère du peuple, de condamner ces scènes de pillage et de meurtre, et de manifester son attachement aux nouvelles doctrines des prétendus réformateurs; il fut poignardé impitoyablement et sa maison livrée au pillage.

Au milieu de tous ces désordres, la populace se souvint qu'il y avait un prêtre, en ville, qui s'était fait diacre de la nouvelle secte; on courut chez lui, et la mort fut la punition de sa scandaleuse apostasie. M. Du Boucher, conseiller au Parlement, devait aussi être la victime de ces forcenés; sa maison fut livrée au pillage et lui-même laissé pour mort devant sa porte.

Voilà le triste effet de la colère d'une populace livrée à ses instincts brutaux et se portant à toutes sortes de désordres, avant que l'autorité légitime et régulière pût s'interposer entre les victimes et les bourreaux. Dans ces circonstances, comme dans toutes les émeutes et insurrections, les haines privées agissaient autant et plus, peut-être, que des motifs politiques; la religion servait de masque à des vengeances particulières, et c'est au nom de cette messagère céleste qu'on commettait alors des crimes dignes de l'enfer, comme on a fait plus tard en France et ailleurs des révolutions, pour livrer le peuple à l'anarchie ou l'enchaîner au char triomphal du despotisme, en invoquant la liberté!

Tremblants, désespérés à juste titre, les malheureux sec-

Livre VIII. Chap. 2.

1572.

taires erraient çà et là, ne sachant où se cacher. Repoussés par des amis, les uns allaient se réfugier chez des prêtres vénérables, en ville, où la charité leur offrait un asile et ne se permettait pas de s'enquérir de l'orthodoxie de leur symbole; c'étaient des hommes égarés et persécutés; c'était assez pour ces ministres de Dieu, pour qui tous les hommes sont des frères qui n'ont qu'un seul père dans les cieux. Les dames catholiques accueillirent aussi avec un empressement religieux les malheureux persécutés; la vieille foi abritait ainsi ses enfants infidèles, ces malheureux sectaires, qui, dupés par les coryphées, croyaient tout bonnement qu'on allait reconstruire la vieille Église de Jésus-Christ et réformer l'ouvrage de Dieu! Plusieurs calvinistes se réfugièrent au Château du Hâ; Lagebaston, premier-président, craignant les séides de Montferrand, qu'il regardait comme des ennemis, s'y fit conduire aussi. Guillaume Blanc essaya d'y aller, à la faveur des ténèbres; mais, arrêté en route, il promit quatre cents écus à celui qui l'avait reconnu, s'il voulait le conduire au Fort du Hâ. On le fit.

Dans ces effroyables conjonctures, des protestants allèrent se déclarer catholiques et affichèrent leur croyance, en portant une croix à leurs chapeaux! Plusieurs essayèrent de sortir de la ville, travestis en marchands ou affublés d'emblèmes que leur timide hypocrisie empruntait au catholicisme; quelques-uns d'entre eux furent reconnus et ramenés en ville; c'était là le sort de M. Bernard La Burthe, avocat en la Cour du Parlement; il fut rançonné et sa maison pillée. Les boutiques des marchands calvinistes devinrent la proie de ces pillards: un certain Lalanne, marchand, promit deux cents écus à un soldat, pour qu'il ne le conduisît pas devant le gouverneur. Le soldat prit l'argent; mais, craignant le gouverneur, il lui livra le malheureux Lalanne, qui fut obligé de payer encore cinq cents écus à Montferrand. Les écrivains protestants assurent qu'après lui avoir extorqué cette somme, le gouverneur le fit mourir plus tard; nous n'en avons pas trouvé de preuves.

On a dit que le massacre fut continué pendant trois jours à Bordeaux et tout le long de la Garonne; d'Aubigné l'a dit d'abord, et de serviles copistes l'ont répété; c'est une erreur : les individus que nous venons de nommer furent massacrés le vendredi et le samedi ; et tout le long de la Garonne, et même dans tout le diocèse, hors de Bordeaux, il n'y eut pas un seul protestant assassiné. Dans les deux nuits qui suivirent le 3 octobre, un grand nombre de sectaires s'échappa de la ville et s'enfuit à la campagne : quelques-uns se réfugièrent, comme nous l'avons dit plus haut, chez des prêtres charitables, dont les demeures leur servirent d'asiles. Crespin, lui-même, dans son *Histoire des Martyrs*, l'avoue, et fait ainsi l'éloge du clergé bordelais, dont la calomnie n'a jamais pu flétrir la mémoire. Le baron de Merville, sénéchal de Guienne, ouvrit aux sectaires les portes du Château du Hâ, dont il était le gouverneur. Des familles catholiques en accueillirent un grand nombre avec une affectueuse sollicitude, et prouvèrent aux sectaires qu'on peut aimer les hommes qui s'égarent, tout en condamnant leurs erreurs.

Le vendredi et le samedi se passèrent dans une profonde tristesse : d'un côté, on n'entendait que les vociférations de ces pillards; de l'autre, les gémissements et les cris des femmes et des enfants : les uns cherchaient un père, les autres un frère, des parents, des amis, et comme ils ne paraissaient pas le dimanche, 5 octobre, jour où enfin Montferrand crut devoir défendre le pillage des maisons et les voies de fait contre les individus, on les crut massacrés ou jetés à la Garonne. On signalait en public l'absence de plus de deux cent cinquante individus, y compris les sept hommes dont l'histoire atteste le massacre et les noms; c'est là-dessus que se fonde Crespin pour dire qu'il y eut deux cent soixante-quatre individus tués à Bordeaux, y compris quatorze ou quinze mas-

Livre VIII.
Chap. 2.
—
1572.

Page 800.

sacrés dans une cave! Mensonge officieux que D. Devienne a eu le grand tort de reproduire sans examen.

Nous reculons d'horreur en présence de ce gros chiffre de deux cent soixante-quatre victimes! Quoi! à Bordeaux on aurait massacré plus de huguenots que dans toute autre ville du Midi! C'est absurde. Les lundi, mardi et mercredi, les protestants n'osaient pas se montrer en public; les deux cent cinquante qui avaient disparu ne sortaient pas encore de leurs cachettes ou retraites hospitalières; on les comptait au nombre des victimes. C'est avec cette conviction que Montferrand parut le jeudi au Parlement; il avait été accusé par quelques misérables de n'avoir pas fait son devoir, comme n'ayant égorgé que dix ou douze individus. Voulant s'épargner la colère du prince et la vengeance de l'amiral de Villars, lieutenant du roi en Guienne, à qui on l'avait dépeint comme un lâche, Montferrand se fit le fanfaron du crime et déclara, en plein Parlement, et le 9 octobre, que la charge alléguée contre lui était *chose du tout fausse, sauf correction de la Cour, attendu qu'il y en avait eu plus de deux cent cinquante occis,* et affirma qu'il *ferait voir le rôle à celui qui le désirerait, pour prouver qu'il avait été bien opéré en cette exécution.*

Montferrand était probablement bien convaincu de ce qu'il avançait; mais, en parlant de ses *bonnes opérations en cette exécution*, il flétrissait sa propre mémoire et soulevait d'indignation tous les cœurs honnêtes! Son mensonge officiel fut consigné dans les registres secrets du Parlement, le 9 octobre. La terreur qui régnait en ville, les exagérations de la renommée, le désir de faire valoir son zèle et de mériter l'approbation du prince, et d'imposer silence, en même temps, à ceux de ses ennemis qu'il voyait devant lui en la Cour, avaient inspiré et autorisé cette croyance mensongère, et n'avaient contribué que trop à l'accréditer dans le public; mais la raison plus éclairée des catholiques et des protestants est enfin parvenue à la réduire à ses justes proportions. Nous ne voulons pas excuser les assassins ; la saine politique, comme la religion, les flétrit ; rien ne saurait atténuer, pallier et encore moins justifier la déplorable journée de la Saint-Barthélemy, pas plus que les innombrables crimes de 1793 ! C'est en parlant de ces horreurs que nous pouvons nous écrier avec Stace : « Que ce » jour néfaste s'efface de nos annales, et que la postérité ne » croie jamais possibles ses indicibles horreurs ! Passons-les » sous silence, et souffrons qu'une nuit obscure ensevelisse » dans les ténèbres les nombreux crimes de notre nation (1). »

<small>Livre VIII. Chap. 2. — 1572.</small>

Mais pourquoi, par une imputation mensongère, accuser d'un acte barbare les Bordelais, qui ne l'ont pas commis, et qui se sont toujours distingués par leurs sentiments de tolérance et d'humanité, et la douceur de leurs mœurs ? Il y eut du sang répandu ; mais, qu'on s'en souvienne, c'était, dit M. Amédée Thierry, *à l'aide de plusieurs étrangers ;* les véritables Bordelais ont caché les proscrits ; pas un seul n'a trempé ses mains dans le sang de ses concitoyens.

<small>Résumé de l'Histoire de Guienne, page 222.</small>

Mais revenons sur cet énorme chiffre de deux cent soixante-quatre victimes. Dans le *Martyrologe calviniste,* publié en 1582, dix ans seulement après la Saint-Barthélemy, on ne trouve que sept victimes ; nous en avons donné les noms : les auteurs calvinistes eux-mêmes le reconnaissent ; ils devaient savoir toute la vérité à cet égard, car ils étaient non seulement contemporains, mais même témoins oculaires de ces horreurs. Il y a quelque chose de plus fort encore : c'étaient les *ministres protestants eux-mêmes* qui furent chargés de recueillir tous les renseignements sur ces affligeants événements, et de fournir au Martyrologe, non seulement le nombre, mais les noms des victimes. Les ministres firent les recherches les plus minutieuses. Dans leur compte-rendu, ils

<small>Marchandon, Réfutation de l'histoire de Bernadau.</small>

<small>Cobbet, Protest. Reformat., Let. X, n° 292.</small>

---

(1) Excidat illa dies ævo, nec postera credant
    Secula ! Nos certe taceamus, et obruta multa,
    Nocte tegi nostræ patiamur crimina gentis.
              STATIUS, *lib. V, cap. 2.*

ne donnèrent, pour toute la France, que les noms de 786 individus! C'est Cobbet, écrivain protestant d'Angleterre, qui le dit, et personne, que nous sachions, n'a osé contester sa véracité.

Mais ouvrons les relations des écrivains protestants; il n'y en a pas deux qui s'accordent sur le chiffre; tous affirment, mais aucun n'apporte des preuves. Quelques-uns, entre autres l'auteur du *Réveille-Matin,* portent, pour toute la France, le nombre des victimes à 100,000; Sully parle de 70,000; le *Martyrologe des Réformés* donne le nombre 30,000; De Thou le croit exagéré; La Popelinière s'arrête à 20,000, et Capilupi à 25,000; Papyre Masson descend à 10,000; H. Martin, dans son *Histoire de France,* voulant concilier toutes ces opinions divergentes, prend une position de juste milieu, et dit que *le nombre d'une vingtaine de mille semble le plus probable.* Mais sur quoi fonde-t-il cette probabilité? N'ajoute-t-il pas à ces détails ces mots : « Il y a dans le Martyrologe et » dans les *Mémoires de l'Estat de France,* de Villeroi, d'évi- » dentes exagérations. Suivant de Thou, il y eut environ 800 » morts à Lyon, 500 à Rouen et à Orléans, 200 à Toulouse » et à Meaux. » Ne dit-il pas ailleurs : « On ne peut rien » affirmer de certain sur le nombre total des victimes? » Pourquoi donc met-il en avant le chiffre rond de 20,000, comme les autres calculateurs intéressés, sans autre raison pour le justifier qu'un *peut-être?*

A Paris, le *Réveille-Matin* dit qu'il y avait 10,000 victimes. De Thou, Tavannes, le *Tocsin contre les Massacreurs,* disent environ 2,000; Brantôme dit plus de 4,000, et sans autres preuves que celles fournies par des hommes intéressés à soulever la France contre le roi. H. Martin affirme « que » le jour de la Saint-Barthélemy coûta *vraisemblablement* la » vie à 2,000 victimes de tout âge et de tout sexe. » Mais suivons les *peut-être,* les *probabilités* et la *vraisemblance* invoqués par M. H. Martin. Il avoue « qu'il pouvait y avoir à

» Paris environ 1,200 gentilshommes huguenots, dont la
» moitié, *peut-être*, périrent avec bon nombre de leurs do-
» mestiques. Quant aux bourgeois et artisans de la religion,
» ils n'étaient pas très-nombreux ; les persécutions, qui les
» avaient si souvent assaillis depuis 1562, et la privation
» de tout exercice de leur culte, avaient décidé une foule de
» protestants à quitter la capitale, et la paix de 1570 ne les
» avait certainement pas ramenés tous. » Quel singulier raisonnement ! La moitié de ces 1,200, *peut-être*, périt.—Voilà donc 600 victimes, *peut-être*. Il n'y avait pas beaucoup de bourgeois ni d'artisans à Paris ; ils avaient fui la capitale et n'étaient pas rentrés ! Et cependant H. Martin, dont la partialité n'a jamais été un sujet de doute pour les catholiques, ose dire qu'il y eut vraisemblablement 2,000 victimes à Paris ! Où les trouve-t-il ? Ne sait-il pas qu'on falsifia les registres paroissiaux en certains endroits aux environs de Paris, au point d'y constater, par des chiffres fictifs, des nombres ronds, sans donner les noms des individus massacrés ? Nous avons insisté sur ce point, pour montrer la dissidence entre les auteurs, et l'exagération incroyable de plusieurs d'entre eux. Il est à remarquer que tous, à l'exception de Cobbet, fournissent des nombres ronds, ni plus ni moins ; ils diffèrent tous les uns des autres, et, chose étrange, ils s'accordent tous sur des chiffres ronds, comme si certains nombres avaient la puissance d'émousser la pointe du poignard et d'arrêter le bras de l'assassin ! Mais voici le *Martyrologe calviniste*, fait et publié en France : l'auteur a dû s'en tenir, non pas aux exagérations de l'esprit de secte, mais à la stricte vérité, puisqu'il aurait été facile de le réfuter. Eh bien ! d'après ce document authentique, voici le nombre des calvinistes qui furent massacrés par toute la France à cette époque. A Paris, le bruit public avait porté le nombre des victimes à 468 ; mais, après des recherches consciencieuses, on n'a pu en nommer, en dernier lieu, que 152. Ainsi :

Livre VIII.
Chap. 2.
—
1572.

Livre VIII. Chap. 2. 1572.	A Paris, on disait qu'il y avait	468	victimes ; on n'en a nommé que. . . .	152
	A Meaux.	225	— il n'y en a de nommées que	30
	A Troyes, on a dit.	37	— on a les noms de ces.	37
	A Orléans, selon le *Martyrologe*	1,850	— il n'y en a de nommées que	156
	A Bourges.	23	— on a les noms de.	23
	A la Charité, on a dit	20	— on n'a pu nommer que. . . .	10
	A Lyon, on a dit.	1,800	— on n'a pu nommer que. . . .	144
	A Saumur et Angers.	26	— on n'a pu nommer que.. . . .	8
	A Romans.	7	— on a les noms de.	7
	A Rouen.	600	— on n'a que les noms de. . .	212
	A Bordeaux.	264	— on n'a trouvé que les noms de	7
			Total.	786

Voilà le véritable chiffre (786), appuyé sur les comptes-rendus officiels des ministres résidant dans ces villes, et reconnus incontestables par Cobbet et par M. de Saint-Victor, dans son *Tableau historique de Paris*.

A Toulouse, on porta le nombre des victimes à 306 ! On disait que sept ou huit écoliers ou batteurs des pavés avaient massacré, au pied de l'escalier de la Conciergerie, 300 prisonniers ; on les laissa tout nus, sur la place, pendant deux jours. Quant aux conseillers huguenots, ils furent massacrés, puis suspendus, avec leurs robes longues, au grand orme de la cour du Palais. Des écrivains de Toulouse s'inscrivent en faux contre cette relation mensongère. Quant à Bordeaux, nous avons lu avec soin un très-grand nombre d'écrits publiés sur ces malheureuses journées (1), et nous n'avons jamais trouvé que le nombre des victimes y ait dépassé sept.

Quelques écrivains n'ont pas rougi de justifier ces lâches massacres comme des représailles méritées, dont les protestants ne sauraient se plaindre. Nous n'adoptons pas cette sorte

---

(1) J'ai lu avec attention le *Tocsin contre les Massacreurs*, la *Relation de la Saint-Barthélemy*, le *Réveille-Matin des Français*, les *Mémoires de l'Estat de France*, par Villeroi, le *Martyrologe des Calvinistes*, Soldan, et la *Saint-Barthélemy*, traduit de l'allemand, par Ch. Schmidt, et plusieurs relations des massacres dans les provinces, en anglais, en allemand et en français ; et toujours, quand il s'agit de Bordeaux, on ne peut nommer que sept victimes !

d'apologie : le catholicisme ne prêche pas la vengeance, et la loi du talion n'est pas inscrite dans son code.

On sait et on convient, de nos jours, que le protestantisme était une conspiration permanente à la solde d'Élisabeth d'Angleterre ; on sait les sommes énormes qu'elle fit passer aux calvinistes français, par l'entremise de Coligny, pour renverser le trône et protestantiser la France : personne, aujourd'hui, n'ignore la tentative d'Amboise, le complot général de Monceaux et de Meaux, en 1567 ; le soulèvement conçu, mûri, en 1569, ainsi que les affreuses boucheries qui en furent la suite ; le massacre des catholiques à Nîmes, par les protestants ; le puits de l'Évêché comblé des cadavres de deux cents catholiques mutilés avec rage ; les massacres de la Roche-Abeille, de Navarreins et d'Orthez ; les gentilshommes lâchement poignardés à Pau ; les pillages, les meurtres, les mille et un crimes commis par des sectaires fanatiques, en violation de toutes les lois civiles et religieuses, dans le Bordelais, l'Agenais et le Quercy. Tout cela fut l'œuvre de quelques forcenés ; il serait aussi injuste de l'imputer à tous les protestants, que d'accuser tous les catholiques des horreurs de la Saint-Barthélemy ; mais tout cela fut plus que suffisant pour provoquer la vengeance d'une population irritée et pour y pousser un jeune roi, qui n'était sûr de conserver *ni sa vie ni l'État,* comme il le dit à cette occasion dans une lettre à M. Louis de Lur, l'un des illustres ancêtres des Lur-Saluces de nos jours :

« Monsieur le Vicomte, je me promets tant de l'affection
» que vous portez à mon service, que je suis tout assuré qu'il
» n'y a rien qui vous soit plus recommandé. Vous avez aussi
» fait tant de preuves de bon serviteur, que vous devez croire
» en être aimé et estimé de votre maître autant que vous
» le sauriez désirer. Il est aujourd'hui plus que jamais ques-
» tion de me servir ès-occasions, lesquelles ont fait naître ce
» qui s'est passé (la Saint-Barthélemy), pour *assurer ma vie*

Livre VIII.
Chap. 2.
—
1572.
NOTE 13, page 268.

Delpit,
Collection générale des Documents,
page 283.

» *et mon État.* Je considère bien la dépense que vous avez
» faite et combien vous êtes en arrière, ayant engagé tout ce
» que vous avez et celui de vos amis pour vous équiper, pour
» faire ce voyage de mer, en intention de me servir (1)......
» La partie se peut remettre à une autre fois; cependant je
» vous prie de demeurer ensemble (avec Strozzi) et être con-
» tent me servir..... et je ne vous oublierai jamais, comme
» j'ai donné charge au capitaine Berda vous dire. — Je prie
» Dieu, Monsieur le Vicomte, qu'il vous tienne en sa garde.»

» Escrit à Paris, le 14 septembre 1572. CHARLES. »

Le même jour, 9 octobre, Montferrand fit sommer Merville, commandant au Fort du Hâ, de déclarer le nombre des huguenots qu'il avait retirés au château. Il répondit qu'il n'avait qu'un catholique, le premier-président Lagebaston, et trois protestants, l'avocat Leblanc, son propre tailleur et son apothicaire. Montferrand prétendit avoir été averti que messire Joseph Feydeau, conseiller, s'y était aussi réfugié; qu'il en était sorti moyennant un passeport donné il ne savait par qui, mais qui n'était pas émané de ses bureaux; qu'à la prière du sieur Canteloup et de sa femme, il lui avait accordé la permission de sortir pour rentrer chez lui, et non pour s'échapper hors de la ville. La Cour, dans la crainte d'un soulèvement général des protestants, rendit un arrêt portant que Charles de Malvin et cinq autres conseillers, assistés chacun d'un jurat,

---

(1) Il est ici question d'une expédition pour conquérir la côte d'Afrique, vers le canal de Mozambique, afin d'y former une expédition. Une première expédition partit de Bordeaux en 1568, sous la conduite des deux fils de Montluc, Pierre et Fabien, en compagnie de messire de Lur, vicomte d'Uza. Une tempête jeta quelques bâtiments sur les côtes de Madère; l'équipage fut reçu à coups de canon par les Portugais. Les Français firent alors une descente, enveloppèrent les Portugais et en tuèrent huit cents; puis, ayant emporté la ville de Madère d'assaut, ils y perdirent le fils aîné de Montluc, et revinrent en France. Il s'agissait, en 1572, de reprendre cette expédition de Mozambique, pour laquelle Louis de Lur avait fait les préparatifs dont le roi Charles IX parle ici.

(Voir MORERI, article *Montluc*, et les *Commentaires de Montluc*.)

feraient la visite des maisons protestantes, prendraient toutes les armes pour les déposer chez les jurats ou chez des familles respectables, après un inventaire et une description préalables. Elle ordonna, en outre, que tous les religionnaires seraient renfermés dans les couvents des Carmes, des Jacobins et au grand couvent des Cordeliers, pour y demeurer sous bonne et sûre garde jusqu'à nouvel ordre. Quant à ceux qui avaient commandé les séditieux ou pris une part plus active aux complots, ils devaient être appréhendés au corps et leurs biens saisis. Le 13 du même mois, il fut aussi arrêté que les conseillers en la Cour, les magistrats présidiaux et l'avocat Vaissière, qui étaient de la nouvelle secte, tiendraient prison en leurs maisons. Mais ce qu'il y a de particulièrement remarquable dans la séance du 9 octobre, c'est la phrase suivante, consignée dans le registre du Parlement : « Du discours de ce jour (de Mont-» ferrand), il appert que maistre Jean de Guilloche et Pierre » de Sevin furent tués comme estant de la nouvelle religion. » Qu'en conclure ? Qu'on ignorait même, le 9 octobre, le nombre et les noms de ceux qu'on avait massacrés les 3 et 4 octobre ; que la terreur imposait le silence aux parents des victimes, et que Montferrand lui-même, aussi bien que le Parlement, pouvait être induit en erreur par la police, qui basait ses calculs sur les individus qu'on ne voyait plus. Les parents durent cacher leurs morts et leur douleur pour s'épargner de plus grands malheurs, et les *occis*, dont parlait Montferrand, n'étaient en très-grande partie que les absents, dont la non-apparition les faisait passer pour morts.

Peut-on dire que tous les torts se trouvent d'un côté ? Non, mille fois non : nous en rougissons pour les Bordelais du temps ; nous blâmons, nous abhorrons ce grand forfait, prémédité ou non par une aveugle politique. Les catholiques avaient souvent pardonné les provocations sanglantes des protestants ; ils auraient dû continuer de le faire et se défendre plus loyalement ; ils ne le firent pas : ils eurent tort ; mais nous nous

Livre VIII.
Chap. 2.

1572.

inscrivons en faux contre certains écrivains, qui représentent les protestants comme persécutés et les catholiques comme persécuteurs ; tandis que ceux-ci ne défendaient que la loi, l'ordre, la propriété et la religion, que leurs adversaires désiraient détruire par la violence, la rébellion et la guerre civile. C'est une vérité, aujourd'hui incontestée, que la réforme ne s'est élevée et maintenue partout que par l'aggression, la spoliation et la persécution la plus furieuse, en criant toujours à la tolérance. « Les huguenots, dit Louis d'Orléans, » ressemblent au loup d'Ésope, qui reprenait les brebis d'a- » voir des dents, chiens et bergers, comme chose contraire à » la douceur dont elles faisaient profession. »

La cause des catholiques était celle de la nationalité française : les protestants avaient appelé à leur secours les étrangers ; le gouvernement se défendit, c'était son droit ; il le fit avec cruauté, c'était un tort ; mais la cause des catholiques n'en est et n'en sera jamais moins juste, c'était celle de la vérité, de la propriété, de la religion, quoique étrangère à ce forfait, de l'honneur national, et, quoi qu'on dise, de la civilisation, que les guerres religieuses, en France et en Allemagne, ont retardée d'un siècle.

A Bordeaux, on pleura le sort des sept malheureuses victimes de la barbarie de quelques fanatiques étrangers ; mais la population entière ne fut pas responsable de ces forfaits ; l'odieux de cette fatale journée reste attaché au nom de Montpesat, car Montferrand ne le voulait pas ; ses auxiliaires étaient de la lie du peuple : ils n'étaient pas Bordelais ; c'était une poignée d'étrangers, dit A. Thierry, avec raison.

Enfin, le vrai peuple bordelais conçut une profonde horreur de ces crimes, et une réaction commença à se faire sentir dans l'opinion publique.

Le 16 du même mois, la Cour délibéra, conformément à une lettre du roi, du mois de septembre, que les magistrats et officiers des finances protestants devaient exercer leurs charges, mais qu'ils auraient cependant la faculté de s'en démettre en faveur des catholiques capables; que les prisonniers qui feraient profession de la vraie Foi, seraient mis en liberté; que les veuves et les orphelins des protestants massacrés rentreraient dans leurs biens, en promettant, toutefois, de vivre sous l'obéissance du roi, faisant, au surplus, inhibitions et défenses à toutes sortes de personnes de tuer ou de piller, sous peine de vie, qui que ce fût de la nouvelle opinion. Le 23, on exigea la profession de foi et le serment de fidélité des conseillers suspects, des avocats, des procureurs et des huissiers; on ne négligea rien pour assurer la sûreté des habitants et la paix de la province. Mais le roi, sachant que les assassins se vantaient d'avoir, pour leurs sanguinaires exploits, sa permission ou celle de son conseil, écrivit au baron de Merville, sénéchal de Guienne, d'informer des massacres commis dans le ressort, et contre ceux qui tenaient ces propos si injurieux pour Sa Majesté, et de les obliger d'exhiber les ordres qu'ils prétendaient avoir reçu du roi. Merville alla, le 8 novembre, montrer cette lettre au Parlement, qui en autorisa la publication. Les fanatiques commencèrent à avoir peur (1).

Irrités de tant d'atrocités, les huguenots se soulevèrent en masse; ils se rendirent maîtres de La Rochelle et dévastèrent les environs de Bordeaux; les calvinistes de Nérac se joignirent à ceux qui avaient échappé au massacre de Bordeaux, et s'emparèrent d'Uzeste, où ils profanèrent tout, même les tombeaux, et du château du pape Clément V, à Villandraut, qu'ils dégradèrent. Ceux de Coutras et de Guîtres menacèrent Libourne; Montferrand voulut y mettre une garnison; mais les habitants, se sentant assez forts contre les assaillants, refusèrent ses offres; cependant, sur les injonctions du Parlement, et dans la crainte d'une seconde attaque, ils consentirent

Livre VIII.
Chap. 2.
1573.

Registres du Parlement.

---

(1) Peut-on dire que cette enquête constatait plus de sept victimes? Nous l'avons cherchée, cette enquête, dans les bibliothèques de Paris, nous n'avons pas été assez heureux pour la trouver.

à recevoir dans leurs murs le capitaine Mabrun, avec vingt-cinq soldats. Le 10 février, la Cour envoya M. de Mabrun et le procureur général, inspecter le château de Blaye, que les sectaires voulaient surprendre.

Le malheureux coup d'État de Charles IX, loin d'abattre le courage des protestants, ne fit que l'accroître et leur inspirer une pensée de vengeance ; ils parcoururent le pays en armes et réussirent, au mois de juin, à s'emparer du château de Blanquefort, à la porte de Bordeaux. Le Parlement, effrayé, voulut savoir comment l'ennemi s'était emparé de ce fort. Du Sault, avocat du roi, requit qu'on mandât le gouverneur, qui devait en savoir toutes les circonstances ; Montferrand prétexta des affaires, et ne s'y rendit pas. Mais la Cour ayant appris que La Plane, commandant de Blanquefort, avait découché la nuit que cette place avait été surprise, considéra sa conduite comme un acte de connivence avec les religionnaires, et le condamna, en conséquence, à être emprisonné à la Conciergerie du Palais, en attendant son procès, et ordonna à Montferrand de réduire, au plus vite, le château de Blanquefort, sous l'obéissance du roi. On arrêta, en outre, que le roi serait informé de la conduite peu respectueuse de Montferrand pour les ordres de la Cour, afin qu'il plût à Sa Majesté de le faire rentrer dans son devoir. Montferrand, après avoir expulsé de Blanquefort la petite troupe protestante, se présenta au Palais, le 15 juin, et y rendit compte de la reprise du château. La Cour lui fit des reproches de ce qu'au mépris des ordres du roi, il employait des protestants ; il répondit qu'il ne savait pas que La Plane était un calviniste ; qu'au surplus, ce n'était point au Parlement, mais au roi ou à Monsieur qu'il devait rendre compte de ses actions ; qu'en tous cas, à moins de force majeure, il ne le ferait jamais devant Benoît de Lagebaston, premier-président, son ennemi personnel et plus suspect que La Plane lui-même. Le premier-président répondit qu'il n'avait rien fait ni dit qui pût justifier ce propos ou excuser les emportements du gouverneur; qu'il ne lui avait fait ces observations que par l'ordre de la Cour ; que s'il avait des raisons de se plaindre de lui, il n'avait qu'à se pourvoir en justice ou à le lui dire en particulier, et qu'il serait toujours disposé à lui donner une réponse et une satisfaction convenables. Cette réplique, ferme et modérée à la fois, ne fit qu'irriter le caractère bouillant du gouverneur; il s'oublia au point de traiter le premier-président de calomniateur, et s'attira un démenti humiliant. La Cour, offensée dans la personne de son premier-président, se souleva d'indignation, et rendit un arrêt portant que le gouverneur n'y siégerait plus, et que le roi serait instruit de sa conduite ; que s'il avait des communications à faire au Parlement, relativement au service du roi, il ne le pourrait faire que par l'intermédiaire de quelque membre de la Compagnie. La mort du roi mit fin à cette querelle; la Cour, avec Montferrand en tête, assista à une procession publique et à des prières ordonnées par l'archevêque pour le repos éternel de l'âme de Sa Majesté.

Livre VIII. Chap. 2.

1573.

Registres du Parlement.

Enfin, la paix fut conclue à la satisfaction de tous les partis. Un édit de pacification, qui ne pacifia rien, fut publié à Boulogne : en donnant aux religionnaires pleine amnistie, il leur rendit leurs biens, leurs honneurs, la liberté de conscience et de leur culte dans un certain nombre de villes. Mais cette paix ne fut qu'un morceau de papier : la méfiance, la vengeance, la guerre, voilà l'état normal de la société d'alors. Les calvinistes, quoique faibles et battus, n'avaient pas remis l'épée au fourreau; les catholiques ne pouvaient pas encore s'accoutumer à un nouveau culte de fabrique humaine, et, malgré la paix, on était toujours à la guerre. Gourdon désolait le Quercy ; Montferrand de Langoiran dévastait les environs de Bordeaux ; il poussa la hardiesse jusqu'à dire qu'il irait, un beau jour, mettre le feu aux chais des Chartreux (Chartrons), et au bourg de St-Seurin. Le Parlement, alarmé, le décrèta de prise de corps, et chargea son frère, le gouverneur

Livre VIII. Chap. 2.

1573.

de Bordeaux, de l'exécution de son arrêt. Le gouverneur demanda une copie de cet arrêt pour couvrir sa responsabilité aux yeux du roi et du monde, dans cette affaire qui lui paraissait une petite malice de Lagebaston. La Cour y voyait des inconvénients; elle se contenta d'envoyer son arrêt au roi. Langoiran, poussé à bout, et enhardi par les timides procédés du Parlement, continua ses ravages et se vanta d'aller prendre le Château-Trompette. Tout le monde prit les armes; les jurats redoublèrent de zèle, et leurs généreux efforts pour le bien public leur valurent plus tard (1577) des lettres de noblesse de la part d'Henry III (1). Le Parlement aussi se comporta avec une activité admirable et un dévoûment sans bornes : le roi Henry lui en témoigna sa reconnaissance, en disant publiquement : « que le Parlement de Bordeaux lui avait » rendu plus de services en Guienne, que n'aurait pu faire la » plus forte armée. »

(1) Les jurats d'alors étaient : MM. le président d'Aymar, *maire;* François de Cornier, François de Sentout, Jean Turmel, François de Pontcastel, Jean Boucaut, Simon de Lanfranque, *jurats;* François de la Rivière, *procureur-syndic;* et Richard Pichon, *clerc ordinaire de ville.* (Voir D. Devienne, p. 529, etc.) Dans ces lettres données à Blois, au mois de février 1577, les jurats sont qualifiés du titre de *gouverneurs de la ville.*

Note. — A la fête de Noël 1572, un froid extrême se fit sentir; bien des vignes périrent, des arbres se fendirent, et, pendant dix jours, les hommes, les chevaux, les charrettes, même chargées, passaient sur la rivière à Saint-Macaire et Langon. Tout annonçait une grande disette. Le Parlement défendit, le 28 janvier 1573, toute exportation de blé, sans congé des jurats et des commissaires de la Cour, sous peine de 1,000 liv. et de la confiscation des dits blés.

CHAPITRE III.

Les Protestants désolent le pays. — Langoiran et ses déprédations. — Montluc conseille le siège de Gensac. — Montferrand y est tué. — Les jurats reconnus de nouveau gouverneurs de la ville. — Henry de Bourbon rejoint Condé. — Édit de pacification du mois de mai. — Bulle du Pape. — La Ligue. — Henry adresse son manifeste aux nobles, etc., etc. — Sa lettre aux jurats. — Refus du Parlement de le recevoir en ville. — Les États-généraux à Blois. — Conduite de Favas et des Protestants. — Siège de Saint-Macaire. — Mésintelligence entre les Protestants. — Henry et Condé. — Paix signée. — La reine-mère et la reine de Navarre à Bordeaux.

Dans ce temps, on partagea le gouvernement de la Guienne entre Losse et Lavalette : le premier eut sous ses ordres tout le pays sur la rive droite de la Garonne ; le second eut toutes les contrées situées au sud de cette rivière. Montluc, qui, tout vieux et tout cassé qu'il était, s'était traîné au siége de La Rochelle, prévit bien les mauvaises suites de ce partage ; le siége de Clairac, où les forces de Losse furent repoussées, ne justifia que trop les sages prévisions du vieux Montluc, et démontra aux moins clairvoyants la nécessité de l'unité dans le commandement. La mésintelligence se mit entre les deux gouverneurs ; les Huguenots (1) en profitèrent pour consolider

Livre VIII.
1573.

1574.
Montluc, liv. VIII.

(1) On a dû remarquer que nous employons indifféremment les mots *sectaires* et *huguenots*, pour désigner les réformés ou protestants. On s'est efforcé d'expliquer de diverses manières ce terme, *huguenot*, qui n'est qu'un mot allemand francisé. En voici la vraie origine. Lorsque les calvinistes suisses s'allièrent avec les protestants allemands pour s'affranchir du joug du duc de Savoie, ils prirent le titre distinctif de *eignots* confédérés, qui vient du mot suisse *eidgnossen*, alliés dans la foi nouvelle. Ce dernier mot est composé de *eid*, foi, et *genossen*, participe de *geniessen*, jouir, ceux qui jouissent des avantages du serment commun qui lie les réformés dans la confédération de la foi nouvelle. Ce mot passa en France et devint la qualification populaire des sectaires à Tours, où, selon la fable, un esprit mauvais, nommé le roi *Hugon*, effrayait et maltraitait les passants attardés. Comme les protestants se

leur puissance ; Langoiran recommença ses courses dévastatrices, suspendues un moment par l'insignifiant traité du 25 juin 1573, et se fortifia dans Montflanquin avec deux mille hommes. Le capitaine De Broca se réfugia dans le château de Cours, près Bazas, et ne se rendit aux forces imposantes de Lavalette qu'après une honorable capitulation. Le Parlement, alarmé de la tournure que prenaient les affaires, commit Sarrau de La Lanne pour examiner les forces des villes voisines de Bordeaux, et constater leur état de défense ; il apprit aussi que Montluc arrivait de Paris, et député vers lui le président Nesmond, Merville, de Gourgues et Montferrand, à La Réole, où il s'était arrêté. Ils le trouvèrent au lit ; et après lui avoir fait un triste tableau des désordres du pays, ils firent un appel à son patriotisme, le priant de se mettre à leur tête et de combattre de nouveau les ennemis de l'État et de la Foi. Montluc s'excusa sur sa vieillesse et ses infirmités ; il leur montra ses plaies et leur assura qu'il avait fait serment de ne plus porter les armes ; on insista, on le pressa ; enfin il céda à leurs instances, et leur conseilla de diriger des troupes sur Gensac, qui était alors le point central des opérations des Huguenots; Montferrand y conduisit lui-même *une belle troupe de noblesse,* dit Montluc. Les faubourgs et les barricades furent emportés de suite. MM. de Duras, de La Marque, de La Devèse et autres, enhardis par ce premier succès, eurent l'imprudence d'avancer jusqu'aux portes de la ville ; Montferrand y reçut un coup d'arquebuse au travers du corps, le 12 juillet 1575 ; le cadavre fut transporté à Bordeaux et enterré à Saint-André ; l'archevêque, avec son clergé et le corps de ville, alla le recevoir à la descente du bâteau.

réunissaient la nuit, et comme on les voyait rôder dans l'ombre, on les disait les agents du roi *Hugon*, qui tenaient leur Sabbat dans les ténèbres. Dans la bouche des catholiques c'était une injure ; mais les protestants s'en firent un titre de gloire, et voulurent que *huguenots* signifiât défenseurs de la race de Hugues-Capet contre les Lorrains. (Voir notre 1er vol., p. 662, sur Hugues-Capet.)

Les catholiques, irrités de ce malheur, jurèrent de venger la mort de Montferrand, et apprêtèrent l'artillerie pour raser Gensac; mais les habitants demandèrent à capituler ; leurs conditions furent acceptées, et la place rendue à Jean de Durfort, seigneur de Rausan, frère du marquis de Duras, que le vieux maréchal voulait faire nommer gouverneur de Bordeaux, après Montferrand. Le maire et les jurats réclamèrent leurs anciens droits. D'après les vieux usages, ils étaient de temps immémorial, les gouverneurs de la ville; c'était l'un de leurs plus beaux droits et la plus importante de leurs fonctions. Merville se rendit l'écho de leurs plaintes, et pria le roi de ne pas donner suite à la demande de Montluc. Le prince comprit la pensée de Merville, et écrivit aux jurats pour leur remettre le gouvernement de la ville, les exhortant à s'acquitter loyalement de leurs fonctions. Le président Eymar, qui était alors maire, n'avait plus, comme ses prédécesseurs, à se plaindre d'avoir un supérieur à Bordeaux.

Pendant tout ce temps, Henry de Bourbon était sévèrement surveillé et comme prisonnier à la cour ; voyant toutes ses espérances trompées, il songea à recouvrer sa liberté ; et profitant d'une partie de chasse, au mois de février, passa la Seine ; et ayant rejoint Condé, il arriva à Tours (à Saumur d'après D. Devienne), où il abjura le catholicisme. Il se rendit à La Rochelle, où il fut reçu avec enthousiasme. Le vieux Montluc, éclairé par sa longue expérience, prévit dès lors que la Guienne aurait beaucoup à souffrir. Henry était jeune, bon, populaire et plein d'avenir ; il pouvait naturellement espérer qu'il finirait par gagner la noblesse, le clergé et même le peuple. Il le croyait, et, en effet, ne se trompait pas: des recrues lui arrivèrent de toutes parts, même de la Suisse, et, le 12 mars, les troupes huguenotes étaient toutes réunies. Tous ces bruits, tous ces mouvements importunaient le roi Henry ; sa mollesse s'effrayait de tant de dangers, et des craintes sérieuses ne le réveillaient que trop souvent au sein des plaisirs

Livre VIII. Chap. 5.

1575.

Ibid.

1576.

Dupleix, tome 4.

enivrants, qu'il remplaçait, de temps en temps, par des pratiques religieuses, comme pour conjurer le péril ou calmer ses remords. Enfin, croyant pouvoir assoupir ses craintes, désarmer ses ennemis, et peut-être se soustraire à de si grandes difficultés, qu'aggravaient ses finances obérées, il accorda un édit de pacification, au mois de mai, avec de grands avantages aux protestants : la liberté illimitée de conscience et de culte, des places de sûreté, une autorisation générale pour leurs écoles, leurs consistoires, et pour bâtir des temples, et, enfin, des Chambres mi-parties dans les hauts Parlements du royaume.

Ces concessions, loin de contenter les protestants, ne firent qu'accroître leurs exigences et lui aliéner l'affection des catholiques : les premiers eurent l'air de congédier leurs troupes, tandis que le roi, à la tête des seconds, devait garder à sa solde les soldats étrangers. C'était une mesure impolitique, qui compromettait le prince en le faisant garder par des Suisses, achetés par les protestants, dont ils étaient aimés et estimés. Il fallait, pour ces troupes mercenaires, de l'argent, et le roi n'en avait pas. Il obtint du Pape une bulle qui l'autorisa à aliéner des biens ecclésiastiques, en France, pour une valeur capitale de 3,900,000 liv., ou 50,000 fr. de revenu, dont 545 écus furent répartis sur l'archevêque, les abbés, les prieurs, les curés et autres dignitaires ecclésiastiques du diocèse de Bordeaux. Les finances des protestants étaient aussi très-obérées. La guerre était devenue impossible, et une paix, au moins apparente, une nécessité. Mais les partis restèrent armés, et les catholiques ne cachèrent pas leur mécontentement au sujet des lâches concessions faites à des sujets rebelles. Enfin, dans la vue de rendre la paix à leur malheureuse patrie, et de poursuivre, sans relâche, la destruction complète du protestantisme, cause ou prétexte des désordres politiques, les catholiques organisèrent une ligue dont le duc de Guise était à la fois le chef et l'idole; tous les ligueurs prêtèrent serment de vivre et de mourir pour le roi Henry, et pour la religion catholique ; ils s'obligèrent aussi, par serment, à se défendre réciproquement, et arrêtèrent que celui qui violerait ses serments serait puni de mort, sans que celui qui lui infligerait ce châtiment mérité pût jamais être repris en justice, ni en public, ni en particulier ; ils jurèrent une obéissance aveugle à leur chef, et s'engagèrent à fournir, selon leurs facultés et les besoins, des hommes, de l'argent et des armes, et de regarder comme ennemi quiconque refuserait d'embrasser les intérêts de la Sainte-Ligue ! Cette redoutable association, réseau immense qui s'étendit sur toute la France, où la religion n'était qu'un voile pour en couvrir les horreurs, fut signée à Péronne, le 13 juin 1577. Bientôt après, le duc de Guise et son frère, le cardinal, vinrent à Bourg, chez M. de Lansac, et réussirent à faire entrer dans la Ligue un grand nombre de catholiques bordelais.

Livre VIII. Chap. 3.

1576.

Hist. Thuan, lib. 65.

Archives de l'Hôtel-de-Ville de Bourg.

Pendant tout ce temps, les Huguenots se préparaient aussi aux éventualités, et Henry de Bourbon parcourait le pays, conquérant non des villes, mais des cœurs et des amis. Il se dirigea sur Bordeaux, avec Condé, et vint jusqu'au château de Montferrand, le 17 août, où la Cour envoya MM. de Mérignac et d'Alesme le complimenter.

Mais ayant appris que le Parlement avait délibéré de leur refuser l'entrée de la ville, il se retira un peu mécontent de ce procédé si peu respectueux envers lui et si peu conforme aux assurances que quelques Bordelais lui avaient données. Le 31 octobre, il écrivit d'Agen aux jurats, relativement aux assemblées des États, les engageant à mettre de côté, dans des circonstances si graves, toutes les haines et antipathies des années précédentes, dans l'intérêt du royaume, « comme » je fais de ma part, dit-il ; laissant tout le déplaisir que j'auroy » eu occasion de recevoir du reffus qui m'a esté faict de passer » par vostre ville ; combien qu'il ayt produit de mauvais effets » en l'endroit de plusieurs villes, etc., etc. Je vous prie par

Livre VIII. Chap. 3.

1576.

» ung contraire exemple qu'ung chascung se contienne en son
» devoir, et que dorenavant l'hautorité du roy mon dit sei-
» gneur soit mieulx reconnue en moy qu'elle n'a esté par le
» passé, vous asseurant qu'elle n'a jamais esté et ne sera en
» mains de personne qui porte plus d'affection à vostre bien
» et soulagement que je feray. »

Le 24 décembre, étant encore à Agen, Henry adressa un manifeste *à la noblesse, villes et communautés du gouvernement de Guienne*. Il s'y plaignit de l'amiral de Villars, qui avait indisposé les Bordelais contre lui, et donné des ordres à *plusieurs membres de la noblesse catholique du pays de se tenir prêts en armes et chevaux*. « La religion, dit-il, se plante au
» cœur des hommes par la force de la doctrine et persuasion,
» et se confirme par l'exemple de vie et non par le glaive.
» Nous sommes tous Français et citoyens d'une même patrie;
» partant il nous faut accorder par raison et douceur, et non
» par la rigueur et cruauté, qui ne servent qu'à irriter les
» hommes....... Prenons cette bonne et nécessaire résolution
» de pourvoir à notre conservation générale contre les prati-
» ques et artifices des ennemis de notre repos ...... en quoi,
» je n'épargnerai ma vie. »

Berger de Xivrey, t. 1, p. 110.

Le Parlement et les jurats restèrent sourds aux observations d'Henry; ils savaient que, s'il était reçu en ville, les religionnaires se lèveraient en masse et donneraient lieu à de grands désordres. Le premier-président fut chargé de répondre au prince; il rédigea sa réponse de suite, et le lendemain la communiqua à la Cour. Il fit comprendre au prince qu'il n'y avait, dans la conduite du Parlement, rien d'hostile pour sa personne, rien de contraire à ses droits; mais que, dans la malheureuse affaire de Moneins, on avait blâmé le Parlement de n'avoir pas pris des mesures convenables pour prévenir le désordre; que, quoique à cette époque, la présence du gouverneur semblât couvrir la responsabilité de la Cour, il n'en était rien aux yeux du roi, qui lui imputait comme faute

Registres du Parlement.

cette prétendue négligence, qui n'était qu'une inaction nécessitée par les pouvoirs du gouverneur qui était sur les lieux; que, dans ce moment, on voulut profiter de l'expérience du passé; que, dans l'état des choses, les dispositions pour la réception n'étaient pas prêtes, mais qu'on l'en préviendrait quand le moment favorable serait arrivé, et qu'en attendant, on le priait de faire exécuter l'édit de pacification et de réprimer les coupables excès des religionnaires dans le Périgord.

L'amiral de Villars assista à cette séance; il était l'ami du prince, et s'était déjà distingué dans plusieurs affaires contre les réformés; il était depuis longtemps dans le pays, avec huit mille hommes de pied et deux mille cavaliers, et avait, en 1574, expulsé de Bordeaux tous les étrangers, à l'exception des Espagnols, des Portugais et quelques autres étrangers mariés en ville. Sa présence ne contribua pas peu à rassurer les Bordelais contre les désordres que la présence de Henry de Navarre aurait pu produire dans le pays.

Mais le démon des discordes civiles semblait se réveiller de nouveau : des maux de toute espèce s'accumulaient sur la France. Le roi crut devoir, pour y remédier, convoquer, le 6 août, les États-généraux; ils devaient se réunir à Blois, le 13 novembre. La Ligue avec ses tendances, les efforts renaissants des religionnaires, la gravité des circonstances, tout cela préoccupait beaucoup le prince et la cour. Pour prévenir toute violence, le roi envoya à Bordeaux le général de Gourgues, avec ordre d'interdire toute association politique. C'était trop tard : la Ligue y avait déjà jeté des racines profondes. Le général y porta la nouvelle de la convocation des États; mais une dépêche officielle, à cet égard, fut transmise un peu plus tard au sénéchal et au Parlement. Les jurats écrivirent aux *villes filleules* pour qu'elles envoyassent, à l'Hôtel-de-Ville de Bordeaux, des députés chargés de pleins pouvoirs pour élire deux représentants de la province, et dresser les cahiers des charges et des doléances. Aymard, président au

Parlement, et de Laymière, procureur d'office de Bordeaux, réunirent la majorité des suffrages et furent proclamés représentants (1).

Les États de Blois s'occupèrent avec zèle des affaires du pays; ils regardèrent le péril comme grave et imminent; mais croyant follement que les factions se tairaient à leur voix, ils révoquèrent impolitiquement les concessions faites aux calvinistes, et, biffant d'un trait de plume les traités les plus solennels, ils approuvèrent la Ligue et se prononcèrent formellement contre les religionnaires. C'était le signal d'une nouvelle guerre. Les sectaires et les rebelles ne se continrent plus : Condé, indigné, en appela à Dieu et à son épée, et se prépara à la guerre. Dans les premiers jours de l'an 1577, le capitaine Favas, de Saint-Macaire, qui avait servi avec distinction, dit un auteur, dans la guerre contre les Turcs, s'empara de La Réole. L'un de ses proches parents, M. de Gascq, avait demandé la main d'une belle et riche héritière d'une famille noble et opulente de Bazas; la mère lui refusa sa fille; elle l'avait promise à un jeune catholique, le capitaine de Bazas; mais Favas, avec les secours des frères Du Casse, de cette ville, enleva la jeune personne et la donna à de Gascq. Le peuple se révolta contre le ravisseur; mais Favas avait des troupes armées, il refoula les opposants, s'empara de la ville, dévasta l'église de St-Jean, étendit ses ravages jusqu'à Langon, Villandraut et Uzeste où ils profanèrent de nouveau le mausolée de Clément V. Favas se livra à toute sorte de déprédations et mit sa responsabilité à l'abri de tout reproche, en affirmant qu'il n'agissait que d'après les ordres du roi Henry de Navarre. Henry n'en savait rien, mais il se garda de désavouer un officier si hardi, si heureux

---

(1) Aux États-généraux de Tours, en février 1485, les représentants de Guienne étaient André d'Epinay, archevêque; Gaston de Foix, comte de Lavaur, Henry de Ferraignes, premier-président. Puis chaque ville envoya un député particulier, chargé des cahiers des charges et doléances; ils étaient entretenus aux frais des villes de la province.

et si utile à sa cause. Favas revint sur Saint-Macaire, et chargea Langoiran d'y pénétrer par escalade du côté de la rivière, pendant que lui et les siens attaqueraient la place du côté opposé. On prépara à La Réole des échelles de 20 mètres de long ; on cacha, dans des bateaux, deux cent soixante gens d'armes, bien décidés à monter sur les remparts. Cette petite flottille arriva sous les murs et répondit au *qui vive* des sentinelles : « C'est du blé que nous vous apportons! » On débarqua sur les rochers, on dressa les échelles; mais les hommes, les femmes, les enfants mêmes, accoururent et culbutèrent, dans leurs bateaux, dans la rivière ou sur les rochers, les hardis assaillants : « Il ne sortit de cette affaire que douze » hommes qui ne fussent morts, blessés ou prisonniers. » D'Aubigny et Rosny, mieux connu sous le nom de *Sully*, avaient servi avec distinction à la prise de La Réole, et se trouvèrent à cette attaque de Saint-Macaire.

Langoiran se retira honteux de son entreprise manquée. Favas était plus heureux : il parcourut en vainqueur la Benauge, défit à Targon les gens d'armes de Vesins, et alla attaquer des troupes catholiques entre Auros et Bazas; il les poursuivit dans les bois d'Aillas, et, de là, à Pondaurat, où se trouvait une petite garnison. Favas emporta cette place, mit le feu à toutes les maisons; et de tous les soldats ou habitants, il ne se sauva qu'une seule femme à demi-brûlée.

Les nouvelles de ces succès arrivèrent bien vite à Bordeaux, et y jetèrent l'alarme et une profonde inquiétude. Le Parlement prit diverses mesures de sûreté; Villars ordonna qu'on enfermât dans les couvents tous les suspects. Comme cette ordonnance n'excepta personne, pas même les membres de la Cour, cette Compagnie lui en témoigna sa surprise et sa peine; mais la gravité des circonstances et l'imminence des dangers servirent d'excuse à la sévérité de la mesure. Malgré la mercuriale de l'Hospital, en 1565, M. le président de Pontac et le conseiller La Rivière allèrent servir, en qualité de commissaires généraux, dans l'armée de l'amiral de Villars.

Dans cet intervalle, la mésintelligence s'était glissée dans l'armée du roi de Navarre, composée d'éléments disparates et hétérogènes, de catholiques et de protestants. Henry semblait pencher en faveur des catholiques, c'est-à-dire du côté de Lavardin, de Grammont, de Duras, de Roquelaure, de Sainte-Colombe, de Miossens, etc., etc. Les chefs s'en offensèrent au point que Montgommery, Turenne, de Guitry, de Favas, de Lusignan, de Sully, de Pardailhan, d'Aubigny, grand-père de Mme de Maintenon, et autres, menacèrent de se retirer. Le roi de Navarre et Condé, se voyant entravés par ces dissensions, écrivirent de Marmande au Parlement, lui offrant une suspension d'armes; mais cette Cour refusa de leur répondre, attendu qu'ils portaient les armes contre le roi.

Cependant les Bordelais n'étaient pas rassurés : mille bruits couraient en ville; on disait qu'on n'avait offert une amnistie que pour mieux se préparer à une nouvelle attaque, qui serait cette fois plus heureuse, attendu qu'on s'était ménagé des intelligences à Bordeaux, dont l'ennemi profiterait pour surprendre la ville. Sur ces entrefaites, le roi de Navarre et le prince de Condé écrivirent aux jurats qu'ils allaient bientôt passer par Bordeaux. Les craintes se réveillèrent plus vives que jamais; leur présence pourrait être une occasion de désordre en ville; on leur envoya des députés pour les prier de prendre une autre route; le prince de Condé était venu jusqu'à Castres. Les deux princes se prétendirent offensés, et dirent qu'ils s'en plaindraient au roi; les députés et le Parlement n'en persistèrent pas moins dans leur refus, et s'apperçurent bien que leurs prévisions n'avaient été que justes; ils les crurent, du moins, telles, et la conduite des princes et de leurs partisans ne démentit pas cette croyance. Mais la paix fut conclue enfin à Bergerac, le 17 septembre, et publiée le 5 octobre suivant à Poitiers; elle mit fin, au moins pour un moment, à ces tiraillements politiques dont le pays se plaignait; mais elle ne les éteignit pas. Jamais paix ne fut si mal observée; jamais convention ne fut plus illusoire; ce n'était pas une paix, c'était un relâche aux guerres civiles, une suspension d'hostilités qui n'avait pas plus de consistance que le parchemin sur lequel on l'avait écrite. Les Huguenots seuls en profitèrent. En vertu de cet édit de Poitiers, on établit à Bordeaux une Chambre mi-partie, composée de deux présidents et de seize conseillers, pour juger les affaires de religion : on garantit aux protestants la liberté de conscience, et le libre exercice de leur culte, à quelques restrictions près; on les reconnut admissibles à tous les emplois, à tous les honneurs, à toutes les dignités de l'État. C'était un triomphe, au moment même où les religionnaires l'espéraient le moins. C'est dans ce temps que le maréchal de Biron fut nommé lieutenant du roi en Guienne, en remplacement de M. André de Brancas, marquis de Villars, vieux et cassé, qu'on avait appelé à la cour. Comme la Ligue ne désarmait pas, les calvinistes ne le firent pas non plus; ils s'observaient et paralysaient par là l'action du gouvernement et de la police : les gouverneurs étaient devenus des despotes et ressuscitaient, sans s'en douter, la féodalité et ses abus; les villes s'érigeaient en républiques; le régime républicain avait des attraits pour certains bourgeois appauvris et les classes mécontentes; il régna quelque temps à Toulouse, Bordeaux et Montauban. Nérac gardait encore quelque chose de la royauté; Catherine y résidait, parfois aussi à Agen; la cour ne voyait que duels, que désordres, qu'intrigues et débauches de toute sorte; Henri lui-même, par ses amours inexcusables, par ses violences sur des jeunes personnes de familles respectables, mais peu fortunées, dégoûta de lui le peuple de l'Agenais, dont il avait été l'idole. Témoin de tant d'immoralités et de scènes scandaleuses, le peuple ne demandait pas mieux que de se défaire de ce simulacre de puissance royale et de se gouverner lui-même. Les ministres, les hommes d'État et d'expérience désiraient la paix; les *Amoureux*, c'est ainsi qu'on appelait l'entourage d'Henri IV, ne demandaient que la guerre, les plaisirs et les aventures. La guerre recommença : les religionnaires se soulevèrent; mais Biron les poursuivit, et, dans les premiers jours de 1578, surprit Goutaut, Agen et Villeneuve. Henry de Bourbon se plaignit au roi de cette violation du traité de Poitiers ; les catholiques surprirent la ville de Langon ; ils étaient commandés par Largimarie, et y commirent toutes sortes d'horreurs. Biron accourut trop tard ; la ville était pillée, et ses dépouilles furent transportées à Bordeaux sur des bateaux. Biron fit démanteler le château; c'était punir les innocents et opprimer les faibles, comme le dit Henry de Bourbon dans ses plaintes à la cour de France.

Non content de réclamer par écrit, il envoya Miossens auprès de Henry III, et le chargea, en même temps, d'insister auprès de ce prince pour qu'on lui envoyât sa femme, Marguerite, qui était restée à Paris. Le roi consentit à cette demande, la reine-mère, probablement dans l'espoir de rendre la paix plus durable et plus efficace, résolut de l'accompagner; elles arrivèrent, en effet, avec une nombreuse suite, à Bourg, au mois d'août. Des bateaux élégants, richement pavoisés, furent apprêtés pour les deux princesses et leurs suites, et conduits à Blaye. Le Parlement avait désigné, le 1er septembre, le premier-président de Lagebaston, Sarrau de Lalanne, Gabriel de Cousseau, François de Merle, Jean Lange et Geoffroy de Montaigne, pour se rendre au devant d'elles; ils allèrent jusqu'à Mirambeau; et après l'avoir complimentée, la conduisirent jusqu'à Blaye. Il fut aussi arrêté par la Cour (15 septembre), qu'elle ferait aux deux princesses une entrée aussi solennelle que possible, et qu'elle y assisterait en robes rouges, chaperons fourrés, et à cheval; que le maréchal de Biron, gouverneur et maire de Bordeaux, et, en l'absence du roi de Navarre, lieutenant du roi en Guienne, serait vêtu d'une robe de velours cramoisi et de toile d'argent ou de velours blanc; que les parements et le chaperon seraient de brocatelle; que les jurats et les clercs de la ville auraient des robes de satin cramoisi et blanc; que le poêle serait de damas blanc; qu'il serait fait à la reine-mère un présent d'un pentagone d'or massif, du poids de 2 marcs, ayant les bords richement émaillés, et que sur les angles et sur chaque face de ce pentagone, seraient gravées les lettres qui forment le mot grec ΥΓΙΕΙΑ, *salut;* que, sur un des côtés, serait représentée une nuée d'azur, à rayons d'or, et surmontant deux sceptres violets, entrelacés d'une chaîne; que, sur le revers et au centre, serait gravée l'inscription :

A L'IMMORTELLE VERTU DE LA DIVINE MARGUERITE DE FRANCE,
REINE DE NAVARRE, FILLE DE ROI ET SŒUR DE TROIS ROIS.
BORDEAUX.

Le 18, la reine-mère fut reçue sur le port, au *Portau-Barrat,* par les autorités de la ville; elle fut conduite avec pompe chez M. de Pontac, trésorier, où elle devait loger (1); on lui présenta un dauphin de 8 pieds, qu'on venait de pêcher. La reine de Navarre logea chez M. Guérin, conseiller, près du Palais.

(1) D'autres disent qu'elle logea chez M. de Villeneuve, président au Parlement.

CHAPITRE IV.

Règlement pour la garde et la défense de la ville.— Plaintes de la reine contre le Parlement.—Langon pris.—Les vignes arrachées.—La reine rencontre Henry de Navarre à La Réole. — La conduite de Henry et de Marguerite.— Conférence de Fleix.—Matignon à Bordeaux.—La Chambre mi-partie supprimée.—La conduite de Matignon à Bordeaux. — Du Casse de Bazas. — Henry devient l'héritier présomptif de la couronne.— Mayenne vient avec une armée en Guienne.— La peste à Bordeaux.—Henry convoque les députés à Guîtres. — Castets-sur-Garonne pris. —Billet de Henry à M. de Batz.

Livre VIII.
—
1578.
22 Septembre.

Registres du Parlement.

Pendant son séjour à Bordeaux, la reine se concerta avec les autorités et les principaux personnages du pays, pour la défense de la ville, et Biron annonça au Parlement que Sa Majesté avait nommé pour ses intendants Sarrau de Lalanne et Thomas de Pontac; et pour capitaines, Guillaume d'Alesme et Gratian Du Roy, conseillers. La reine se plaignit, par l'organe de M. de Foix, des nombreux désordres qu'on remarquait dans le Parlement, et de ses abus dans la dispensation de la justice. Le premier-président répondit respectueusement qu'ils s'efforceraient de retrancher les abus, si on parvenait à les connaître, et que la Compagnie avait régulièrement gardé les ordonnances du roi. Pendant ce temps, les Huguenots menaçaient de reprendre Langon, comme ils s'étaient emparés de La Réole. Ennuyés de ces vicissitudes et appauvris par ces incessantes guerres, les Langonais firent preuve d'une complète indifférence politique, et refusèrent des secours et des subsides au capitaine La Salle, qui tenait le château. Le Parlement ordonna qu'on payât la solde des soldats; mais les jurats de cette petite ville refusèrent d'obtempérer à cet ordre : alors le Parlement rendit un arrêt qui ordonnait un prélèvement de 100 livres tournois par mois, pendant trois mois, tant sur le péage de

Langon que sur les habitans, pour la solde de la petite compagnie de La Salle. Sur ces entrefaites, Favas attaqua la ville ; La Salle se vit abandonné de tout le monde, à l'exception de sa femme, qui le soutint d'armes et de courage tant qu'il lui fut possible ; il périt dans sa noble défense, et Langon tomba au pouvoir des religionnaires. Le Parlement ordonna l'emprisonnement des jurats.

Livre VIII. Chap. 4.

1578. D'Aubigné, tome 3, liv. II.

Encyclopédie, au mot Langon.

Enchantés de leurs succès, les sectaires résolurent une attaque sur le Château-Trompette. Le Parlement en fut prévenu, et, à la demande de Lansac, les jurats furent mandés pour rendre compte de l'état des esprits et de leurs moyens de défense. Leur réponse fut si satisfaisante, que Biron alla au devant de l'ennemi avec des troupes et un train d'artillerie ; les sectaires furent obligés de renoncer à leurs projets et de quitter la campagne.

Pendant ce temps, une question d'économie politique vint faire diversion aux discordes civiles. Les propriétaires vinicoles, harassés des déprédations des partis, s'en plaignaient amèrement, et tous les jours : leurs vignes étaient dévastées, leurs revenus anéantis ; ils demandaient des secours qu'il était impossible au gouvernement de leur accorder. Croyant étouffer pour toujours ces plaintes toujours bourdonnantes à ses oreilles, le gouvernement ordonna (28 décembre 1575), chose étrange ! l'arrachement des vignes sur une grande étendue du pays. Cette folle et impolitique mesure souleva partout de vifs mécontentements, surtout à Bordeaux. Les populations menaçaient, dans leur désespoir, de se porter à tous les excès. L'ordonnance n'en fut pas moins exécutée ; mais il fallait un grand déploiement de forces pour comprimer la révolte.

1578.

Guienne monumentale, tome II.

La reine-mère ayant séjourné quelques jours à Bordeaux, se rendit à une maison de campagne entre Saint-Macaire et La Réole, où elle fut rejointe par Henri de Navarre, escorté de six cents gentilshommes du Haut-Pays. Ce prince passait alternativement sa vie à Nérac, Bergerac, Sainte-Foy, Li-

Livre VIII.
Chap. 4.
—
1578.

bourne, Aillas, Le Fleix et Coutras ; c'étaient là ses séjours de plaisirs. L'entrevue était tout amicale : on convint, par traité, qu'on ne ferait la guerre qu'à la distance de deux lieues de l'endroit où se trouverait la cour. Singulière trève, qui caractérise bien le désordre du temps et des esprits ! On se comblait de caresses et on voyait avec indifférence ses partisans s'égorger à deux lieues de là ! La politique en faisait peu de cas ; tout cela paraissait fort indifférent à la cour corrompue de Nérac. Là, peu soucieux des intérêts de leurs sujets, Henri et Catherine rivalisaient de débauches : les belles qualités du bon Béarnais ne suffisaient guère pour voiler ses grandes faiblesses, qu'il ne se donnait pas la peine de cacher, et que sa femme semblait s'efforcer de surpasser ! En moralité, l'hypocrisie était le nécessaire ; en politique, on ne demandait que de surprendre ses ennemis et de déchirer les traités comme d'inutiles parchemins, que les sots seuls pouvaient se croire obligés de respecter ! Telle était l'opinion des religionnaires à l'égard du traité de Nérac ; ils furent les premiers à l'enfreindre. De son côté, la Ligue était devenue une puissance ; elle comptait dans son sein des hommes décidés et opposés à tout esprit de conciliation. Biron agissait avec énergie ; il craignait de nouveaux désordres dans le Bazadais, et, pour les prévenir, crut devoir mettre une garnison à Langon et démanteler le château de cette ville, qui appartenait à Candale. Henri IV en fut instruit ; il en écrivit de suite au maréchal de Biron, le 7 août 1579, et lui recommanda, non seulement de respecter le vieux château d'un particulier qui n'avait rien à se reprocher, mais même de retirer la garnison de Langon, où il allait prier la famille de Candale de s'établir, ou d'y envoyer un homme de confiance, afin de contenir dans le devoir et les catholiques et les protestants. Il écrivit dans le même sens à Mme de Candale, qu'il appelle *sa cousine*, et aux consuls de Langon, de tenir la main à ce que les choses se passassent convenablement et qu'on y respectât la volonté de leur Dame. Vaillac, de son côté, au Château-Trompette, partageait les sentiments guerroyants de Biron. L'attitude calme, mais imposante, des catholiques, était faite pour refroidir l'ardeur martiale des calvinistes; mais, malgré tout cela, malgré le traité, un incident nouveau vint compliquer les affaires et ramener les partis en présence les uns des autres. Henri III avait appris, par le bavardage des femmes, la conduite scandaleuse de Marguerite, et il en écrivit à Henri de Navarre, lui assurant qu'elle entretenait de coupables relations avec Turenne et autres. Henri, coupable de pareilles faiblesses, n'osa pas en faire des reproches à Marguerite; il rougit, cependant, de voir *sa femme barbouillée de boue par son frère;* il en fut indigné, et montra la lettre à la jeune reine. Dès ce moment, cette princesse fit tout ce qu'elle put pour pousser à la guerre; et ayant gagné, par les dames de la cour, les bonnes grâces des chefs des huguenots, elle les détermina à la reprise des armes. Favas, sage et prévoyant, et à l'abri de la séduction des femmes et de la cour, fit entendre le langage de la prudence et de la raison : l'amour et la vengeance d'une femme triomphèrent malgré lui, et la guerre des *Amoureux* fut enfin résolue.

Ces circonstances attristèrent l'âme d'Henri III; il se repentit de sa lettre confidentielle et prévit les fâcheuses suites qu'elle allait avoir. Le duc d'Anjou s'offrit comme médiateur, dans l'espoir de s'établir, avec le secours des forces royales, sur le trône des Pays-Bas; sa proposition fut acceptée, et il partit immédiatement pour Bordeaux, où il fut reçu avec une pompe quasi-royale. Le lendemain de son arrivée, il se rendit au Palais, où, après avoir fait l'éloge du Parlement et des Bordelais, il les pria de continuer leurs services au roi et à la patrie. Il alla voir Henri, à Coutras, et convint d'avoir, au sujet de la paix, une conférence avec lui à Fleix, chez le comte de Gurson, marquis de Trans; les conditions d'une paix furent échangées et acceptées le 26 novembre; le traité fut signé plus tard à Coutras, où se tenait la cour. Biron, qui

Livre VIII.
Chap. 4.
—
1578.
D'Aubigné,
tome II.

1580.

D'Aubigné,
liv. IV.

*Mémoires
du vicomte de
Turenne.*

Dupleix,
Suprà, etc.

avait pourchassé le roi de Navarre et les huguenots à Tonneins, au Port-Sainte-Marie, Casteljaloux et dans tout l'Agenais, fut envoyé en Flandre, et remplacé, à Bordeaux, par le maréchal de Matignon, homme d'opinions modérées, courtisan rusé, militaire de tête et de cœur, bien décidé à faire respecter les traités et à réprimer les ennemis de l'ordre, à quelque drapeau qu'ils appartinssent (1).

Il fut reçu avec une pompe extraordinaire. Le lendemain, il se rendit au Parlement avec le maréchal de Biron; et après avoir félicité le pays sur la paix qu'on venait de conclure, pria la Compagnie de continuer ses travaux dans l'intérêt de la province et de la monarchie. Trois jours après, on fit une procession générale pour remercier Dieu de la paix; toutes les autorités de la ville, tous les fonctionnaires publics, les paroisses avec leurs croix, la musique de Saint-André et de Saint-Seurin, l'archevêque portant le Saint-Sacrement et suivi des évêques de Bazas et de Dax, y assistèrent. Après eux venaient le duc d'Anjou, la reine de Navarre, appuyée sur le bras du grand-sénéchal et suivie des dames de Lansac, de Duras, du Parlement et des jurats. Jamais Bordeaux n'avait été témoin d'un spectacle si imposant et si solennel.

La Chambre mi-partie, instituée à Bordeaux pour juger les affaires de religion, ne répondait plus aux besoins de l'époque et ne réalisait pas les espérances qu'on avait fondées sur elle; tout au contraire, la diversité des sentiments reli-

---

(1) « Après que mon dit mareschal de Biron fut parti de la Guienne, fut en
» sa place subrogé le mareschal de Matignon, un très-fin et trinquat Normand, et qui
» battoit froid d'aultant que l'autre battoit chaud; et c'est ce qu'on disoit à la cour,
» que le roy et la royne disoient qu'il fallait un tel homme au roy de Navarre et au
» pays de Guienne; car cervelles chaudes les unes avec les autres, ne font jamais
» bonne soupe. » (Brantôme, *Discours sur Jacques de Matignon*.)

Tout nous porte à croire que Matignon fut nommé à la lieutenance générale de Guienne, à la fin de 1580 ou au commencement de 1581; mais ses nombreuses occupations l'empêchèrent de se rendre à Bordeaux avant le mois d'octobre 1581. Le père Anselme dit qu'il ne fut nommé lieutenant général en Guienne qu'en 1585; c'est une erreur. (Voir Darnal, *Chronique*.)

gieux de ses membres, la haine des partis qu'ils représentaient, furent un obstacle de plus au bien public et un grand embarras.

Il fut arrêté dans la conférence de Fleix, qu'on supprimerait cette Chambre et qu'on en établirait une autre, qui ne serait composée que de membres du conseil privé et de conseillers du Parlement de Paris, tous étrangers aux influences locales (1).

Les membres de cette nouvelle Chambre arrivèrent à Bordeaux au mois de mars; mais plusieurs circonstances retardèrent leur réunion jusqu'au mois de janvier 1582. Alors, ayant surmonté toutes les difficultés, ils fixèrent leur première séance au 26 du même mois, au couvent des Jacobins. Cette commission se composait de quelques membres du conseil privé et de plusieurs conseillers du Parlement de Paris : c'étaient MM. Antoine Seguier et Jacques Violle, présidents; MM. Jean Seguier, Jean Delavaux, Étienne Fleury, Jérôme de Monthelon, Jean Scarron, Guillaume Benard, Adrien du Drac, Pierre Seguier, Lazare Coqueley, Jean de Thumery, Claude du Puy, Jacques de Thou, Michel Hurault, de l'Hospital, conseillers, avec Loysel, avocat général, et Piton, procureur général.

Le jour de leur première séance (26), ces messieurs se rendirent, avec une certaine solennité, au couvent des Jacobins; la foule se pressait sur leurs pas et saluait avec bonheur ces nouveaux juges, étrangers à la localité, et, partant, impartiaux entre les divers partis du temps et du pays; ils fu-

Livre VIII.
Chap. 4.
—
1580.

1582.

J.-A. de Thou,
Mémoires,
liv. II,
Édit. Petitot.

De Thou,
*Histoire
universelle*,
liv. 74.

(1) L'article 2 porte : « Le roy envoyera au pays et duché de Guienne, une Cham-
» bre de justice, composée de deux présidents, quatorze conseillers, un procureur et
» un avocat de Sa Majesté, gens de bien, amateurs de paix, intégrité et suffisance
» requises. Lesquels seront, par Sa Majesté, choisis et tirés des Parlements de ce
» royaume et du grand conseil..... Lesquels présidents et conseillers ainsi ordonnés,
» connoistront et jugeront toutes causes, procès et différents, et contraventions à
» l'édit de pacification.... Serviront deux ans entiers au dit pays, et changeront de
» lieux et séances de six mois en six mois, afin de purger les provinces et rendre
» justice à chacun sur les lieux, etc., etc. »

rent accueillis comme des libérateurs chargés de porter la paix dans nos contrées.

Le discours d'ouverture fut fait par Loysel, dont quelques éloquents plaidoyers avaient fondé la célébrité. Michel Montaigne assista à cette première séance et alla exprimer à l'orateur la satisfaction qu'il avait éprouvée à l'entendre. Dès lors on vit se former des liaisons entre le philosophe, maire de Bordeaux, et Loysel, et M. de Thou aussi, qui appartenait à cette nouvelle Chambre.

Dans le cours de cette année (1582), le roi, probablement à la demande de Michel Montaigne, maire, accorda, par une grâce particulière, l'extinction ou suppression complète de la traite foraine, c'est-à-dire des droits de douane imposés sur les marchandises qui entraient au port de Bordeaux ou en sortaient. On en avait obtenu la suppression en 1553, moyennant 2,000 écus payés au roi ; mais cette suppression ne fut que temporaire, car M. de La Rivière, maire, et M. de Lagebaston, premier-président du Parlement, furent députés, en 1576 et 77, pour solliciter à la cour, entre autres choses, la suppression de la traite foraine. On avait envoyé, à cette occasion, vingt tonneaux de vin, comme cadeau, à MM. le Cardinal de Lorraine, connétable, et au maréchal de Saint-André ; mais, malgré ces libéralités intéressées, il ne paraît pas que les Bordelais aient réussi, puisque nos chroniqueurs disent que la suppression n'en fut accordée qu'en 1582. Comme Montaigne, maire de Bordeaux, fut député cette année-là à Paris, on présume que ce fut à sa demande que le roi accorda la suppression de cette traite, qui violait les droits des Bordelais ; plus tard, il confirma (en juillet 1583) la liberté et les privilèges de la ville.

Au commencement de son administration, Matignon se montra doux et pacifique ; mais cette apparente mansuétude du maréchal n'était qu'un acte de prudence ; il croyait qu'il fallait ainsi surprendre les ennemis et se préparer en secret à déjouer leurs coupables entreprises. En effet, quelques jours plus tard, dans le même mois, il invita à une conférence M. Montaigne, maire, les jurats, les présidents du Parlement, les agents du roi, les principaux officiers et fonctionnaires de la ville, et, entre autres, le baron de Vaillac, commandant du Château-Trompette et chef des Ligueurs à Bordeaux. Quant il eut réuni chez lui tout ce monde, il se plaignit, dans une allocution un peu vive, des projets des Ligueurs, qu'il déclara connaître ; il s'éleva fortement contre leur peu de respect pour les ordres du roi, et contre la coupable conduite de ceux qui devaient donner l'exemple des vertus civiques et favorisaient cependant les injustifiables prétentions de quelques ambitieux qui voulaient élever leurs fortunes sur la ruine de celles de leurs paisibles concitoyens, et précipiter la Guienne dans la guerre civile, en reconnaissant plusieurs souverains et en élevant drapeau contre drapeau. Il déclara qu'il les avait convoqués chez lui pour leur découvrir ce secret si important pour leurs vies et pour leurs fortunes ; que, puisque le danger était grand et imminent, le remède devait être prompt, et que, dans des circonstances si graves, il fallait commencer par l'exécution. Puis, se tournant vers Vaillac, il lui dit que sa fidélité étant suspecte au roi, Sa Majesté lui ordonnait de remettre le château entre ses mains.

Fier de son influence et du grand nombre de ses partisans, Vaillac s'excusa et protesta qu'il n'avait jamais eu l'intention de rien faire contre les ordres du roi ; il le suppliait de se contenter de sa parole, de lui donner le temps et les moyens de se justifier sans le déshonorer si complètement, et déclara qu'il aimait mieux mourir que de vivre avec honte.

Matignon lui répondit que sa résistance était une preuve de sa culpabilité, et que, s'il n'obéissait pas, il allait le pendre *haut et court,* en vue de la garnison ; et pour lui faire voir qu'il était en mesure d'exécuter ses ordres, il fit entrer le sieur Le Londel Auctoville, capitaine de ses gardes, et lui ordonna de désarmer Vaillac et de lui donner des gardes. Puis,

Livre VIII.
Chap. 4.
—
1582.

D'Aubigné,
Vie
de Matignon,
tome XII.

s'adressant à M. Montaigne, maire, il lui commanda de faire savoir dans toute la ville la volonté du roi et celle de son lieutenant général, afin que les bourgeois, bons et fidèles sujets du roi, eussent à se joindre à ses troupes, pour forcer la garnison à se rendre, si le supplice de Vaillac ne les décidait pas à se soumettre.

Vaillac, tremblant, s'épuise en prières et en promesses : ses amis intercèdent pour lui ; le premier-président l'exhorte à se soumettre. On le conduit dehors, au lieu du supplice ; mais, enfin, il se soumet, et promet de rendre le château à l'instant même.

Le maréchal, suivi de ses gardes et de Vaillac, marche tout droit à la porte du château ; mais la femme de Vaillac refuse d'ouvrir et de se rendre, et déclare qu'*elle laisserait plutôt périr son mari, que de le voir vivre sans honneur*. Matignon, indigné, fait pointer quelques pièces d'artillerie contre la porte; mais Vaillac, tremblant à la vue de la corde, et voyant toute résistance inutile et même dangereuse, ordonna à sa femme de se rendre. Les soldats sortirent la mèche éteinte, et Le Londel établit ses troupes à leur place et mit des gardes à la porte. Ce coup inattendu tua la Ligue à Bordeaux et affermit l'autorité du roi dans le pays. « Si le maréchal, dit Brantôme, » n'eust attrapé lors cette place et par finesse et par adresse, » Bourdeaulx eust eu de l'affaire. » — « Ledit seigneur, dit Darnal, par sa prudente et sage conduite, sauva la ville de Bordeaux. »

Le lendemain, Matignon fit dresser un procès-verbal de toute l'affaire ; il fut signé de tous ceux qui étaient présents à la séance, et envoyé au roi, avec une dépêche circonstanciée de tous les détails.

La cour de France apprit, avec une vive satisfaction, la prise du Château-Trompette. Henri III en écrivit, le 3 mai, au maréchal, pour l'en remercier, et lui dit : « Vous avez » conduit cette exécution non moins sagement que fidèlement,

» dont je vous répéteray, derechef, que je vous sçay très-bon
» gré. »

Conformément aux ordres que le roi Henri III lui donna dans cette lettre, le maréchal Matignon se rendit à Agen pour maintenir la paix dans cette ville et la garantir contre les projets insensés des ennemis de l'ordre. Dans cet intervalle, M. de Montaigne apprit qu'on méditait une grande revue de toutes les compagnies des bourgeois de Bordeaux ; c'était une sorte de démonstration politique, qui, dans l'état d'irritation des esprits et après l'émotion que dut exciter la prise du Château-Trompette, pouvait avoir de fâcheuses conséquences. Montaigne prit ses précautions et résolut de se montrer ferme et bien décidé à réprimer toute tentative que pourraient faire les partis, qui se croyaient plus libres pour agir dans l'absence du maréchal.

On se mit à répandre mille bruits alarmants dans le pays : on parlait de l'arrivée du maréchal Biron, d'une flotte envoyée de Nantes pour s'emparer de Brouage ; d'une armée de Ligueurs marchant du Poitou, sous les ordres de M. d'Elbœuf, sur Bordeaux. Montaigne veilla à tout et pourvut à tous les services, de manière à se tenir en garde contre un coup de main et à maintenir la paix.

Dans ces pénibles circonstances, Montaigne écrivit à Matignon, le 22 mai, une lettre où il l'instruisit de tout ce qui se passait et de tous les bruits faux ou véritables qu'on faisait courir en ville.

Depuis le traité de Fleix, le roi de Navarre, fatigué de sa vie agitée, sentit le besoin du repos et fit tout ce qu'il put pour prouver sa bonne foi et pour faire respecter les traités ; mais ses partisans pensaient et agissaient différemment.

Parmi eux se trouvait Du Casse, de Bazas, qui, de concert avec Favas, avait enlevé, en 1577, et donné à M. de Gascq une jeune et riche héritière que sa mère avait promise en mariage au capitaine Bazas, du même pays. Il s'obstina dans ses

Livre VIII.
Chap. 4.
—
1585.

Delurbe.

1585.
British Museum miscellan., letters and papers.

Payen, *Nouveaux documents*, page 10.

Voir plus haut, p. 298, 299.

habitudes de pillage et d'insubordination ; et pour se mettre à l'abri d'un coup de main, il fit fortifier sa maison, à Bazas, malgré les représentations du roi de Navarre, dont il suivait le drapeau. Sur ces entrefaites, on apprit que plus de cinq cents aventuriers de la Saintonge marchaient sur Bordeaux. Henry comprit les fâcheuses suites que ces nouvelles pourraient avoir dans le pays ; il en conféra avec Matignon, et, comme gouverneur de la Guienne, ordonna à ses capitaines de courir sus à ces maraudeurs, pendant que lui-même se porterait, avec le capitaine De Broca et autres, sur Bazas, afin de réduire l'insoumis Du Casse ; il fit raser son hôtel dans les journées des 19 et 20 juillet, et envoya le baron de Roquetaillade démolir d'autres maisons qu'il avait fortifiées dans le même but, à Meilhan, sans égard pour ses représentations.

Malgré tous les efforts du roi de Navarre, malgré sa bonne volonté, les affaires se compliquaient de plus en plus, et de nouveaux dangers menaçaient le repos général. Matignon fit occuper Agen, Condom et Bazas. Fatigué des désordres que les partisans de Du Casse renouvelaient sans cesse dans cette dernière ville, au point que les catholiques furent obligés de se fortifier dans le palais épiscopal, il y envoya des prévôts pour informer contre les infracteurs des traités et les perturbateurs de la paix. Les religionnaires furent expulsés de la ville, et on entama des poursuites contre les auteurs du meurtre du capitaine Bazas. C'était une violation du traité de paix de Fleix, où l'on convint qu'on ne devait plus s'occuper de cette affaire. Henri en fut chagrin, et pour augmenter sa peine, il apprit toutes les infamies que Henri III débitait contre sa femme et qui l'avaient forcée de quitter Paris. Abreuvée d'injures et de mauvais traitements en route, elle en fit part à Henri, qui en demanda satisfaction. Pour le calmer, on retira les garnisons d'Agen et de Condom, et on ne laissa à Bazas que cinquante soldats (1).

(1) Dans ce temps, le seigneur de Belcier était prisonnier au Château-Trompette.

Bordeaux contenait alors dans son sein deux peuples pour ainsi dire bien opposés : les catholiques et les huguenots. On n'y entendait parler que des intrigues, des complots et des démarches intéressées de ces partis rivaux. L'administration municipale était douce et paternelle; et quoique Montaigne, alors maire, eût fait tout ce qui dépendait de lui pour conserver l'estime et l'affection de ses concitoyens, il apprit, par une ennuyeuse expérience, qu'avec toute sa modération il lui était impossible de plaire à tout le monde et de satisfaire toutes les exigences. Les catholiques auraient voulu qu'il se fût prononcé plus formellement contre les sectaires; les protestants blâmaient son attachement à ses principes et sa fidélité à la foi de ses pères et à son roi; ils auraient voulu pour maire et pour jurats quelques-uns de leurs coreligionnaires. Ils furent tout à fait désappointés dans leurs espérances : Montaigne fut réélu maire en 1583; les trois nouveaux jurats aussi furent élus parmi les catholiques.

On se mit à crier à l'intrigue et à dire que la liberté électorale n'était qu'un mot, et que l'on devait supplier Sa Majesté de casser une élection qui n'était que le résultat d'une intrigue électorale. L'affaire fut portée d'abord devant le Parlement de Bordeaux; mais n'étant pas trop assurés de réussir dans le pays, les réclamants adressèrent leurs plaintes et leur demande au Conseil d'État. Dans cette pétition, ils se fondèrent sur les statuts de la ville, et prétendirent que la réélection de Montaigne était contraire à ces statuts et à l'ordonnance de 1550; ils déclarèrent que l'élection des trois jurats était radicalement nulle, attendu que la noblesse, au moins en grande partie, ne s'était pas présentée pour voter; et qu'à cette absence ou à cette insuffisance du concours des nobles, on n'a-

Livre VIII.
Chap. 4.

1583.

Sa femme, Olympe de Ségur, était seule admise à le voir. Un soir, elle changea de vêtements avec lui; il s'évada, Olympe resta prisonnière. Hérodote parle d'un semblable dévoûment de la part d'une dame lacédémonienne. La dame Sanche, femme de Ferdinand de Castille, fit la même chose en 954.

vait pas rougi d'ajouter l'emploi de manœuvres indignes, pratiquées pour obtenir la majorité des suffrages.

Le Conseil d'État, réuni, le 4 février 1584, pour délibérer sur cette réclamation d'une partie de la population de Bordeaux, crut devoir maintenir l'élection de Montaigne ; mais il assigna les nouveaux jurats, les sieurs Budos, Lapeyre et Claveau, devant lui, pour entendre leur défense et pour vérifier les faits qu'on leur imputait ; leur défendant, en même temps, de s'immiscer dans les charges de jurats jusqu'à ce que Sa Majesté eût donné des ordres à cet égard.

Le maire et les jurats se sentirent blessés dans leur honneur ; ils voulurent envoyer des députés à la cour, pour exposer les circonstances où ils se trouvèrent ; mais, d'après le conseil du maréchal de Matignon, ils écrivirent au roi, le 5 mars 1584, une lettre respectueuse, où ils affirmèrent que toutes les formalités légales, tous les statuts et priviléges avaient été soigneusement et religieusement gardés dans les dernières élections. Ils exposèrent à Sa Majesté que depuis que leur interdiction leur avait été signifiée, les trois jurats en place étaient surchargés de travail, et que les services publics de la ville exigeaient une prompte solution dans l'intérêt de la population, et pour leur propre honneur, et enfin pour la conservation des antiques priviléges de la ville. Ils supplièrent Sa Majesté de ne jamais souffrir de semblables désordres, et de prévenir, par sa décision, le retour de ces scènes de confusion, d'insubordination et de divisions intestines.

Ne sachant que faire, dans ces circonstances embarrassantes, le ministre, M. de Neufville, seigneur de Villeroy, demanda l'avis du maréchal ; l'avis, daté de Saint-Maur le 3 mai 1584, fut favorable aux jurats attaqués ; ils restèrent en place tout le temps voulu par les statuts.

A cette époque, on avait concédé aux protestants des villes de sûreté, par suite de l'édit de pacification ; mais les garnisons, et surtout celle du Mas-de-Verdun, ville située sur la

Garonne, était très-mal payée ; les habitants de cette ville, qui en supportaient les frais, résolurent, en 1583, de s'indemniser en arrêtant les bateaux de commerce qui descendaient ou remontaient la Garonne. Les maire et jurats, justement alarmés de ce bruit, et convaincus que l'interruption des relations avec Toulouse et le Midi porterait un coup mortel au commerce de Bordeaux, firent une adresse au roi de Navarre, gouverneur de la province, le priant de maintenir les communications libres pour tous les bateaux de commerce qui navigueraient sur la Garonne.

Ce furent MM. de Montaigne, maire, et Delurbe, procureur-syndic, qui furent députés par la ville vers le roi de Navarre, pour lui faire entendre les doléances des Bordelais. Après avoir insisté sur la nécessité de conserver au commerce toute sa liberté, dans l'intérêt, tant de l'artisan qui travaille que du marchand qui trafique, ils représentèrent au prince que les Bordelais faisaient de grandes affaires avec Toulouse et les villes et bourgs intermédiaires, sis sur les bords de la Garonne, en vins, blés, pastels, poisson, laine, etc., etc. ; et que si on arrêtait leurs bâtiments de commerce, ce serait la ruine de la ville et du pays.

Ils remontrèrent, en outre, « que le pauvre peuple se ressent tellement des misères du passé, qu'il est comme réduict au dernier désespoir, et que d'ailleurs la trêve de six ans, destinée pour l'entretenement des dictes villes de seureté, est expirée, etc., etc. »

Ils supplièrent le prince, en conséquence, d'intervenir auprès du roi, pour que *ce pauvre* peuple fût déchargé de paiement des garnisons des villes de sûreté, et qu'il ne fût plus surchargé, comme par les deux années précédentes, du paiement des gages des membres de la Chambre de la justice-haute, séante à Périgueux, surcharge que le peuple, par le louable motif de ne pas entraver l'édit de pacification, avait supporté sans se plaindre.

Livre VIII.
Chap. 4.
—
1583.

Mélanges et documents inédits, pour servir à l'Histoire de France, par Champollion-Figeac.

L'accusation dirigée contre les habitants du Mas était injuste : le peuple n'était pour rien dans l'arrestation des bateaux; elle était tout simplement le fait des soldats, qui, abandonnés depuis longtemps, sans solde, sans fourniture, se trouvaient dans la triste nécessité de rançonner la population. Le roi de Navarre l'avait appris avec de la peine, mais il en fut profondément affligé après avoir reçu la plainte des Bordelais. Il en écrivit au maréchal de Matignon, le 17 décembre 1583 (1); il instruisit aussi M. de Meslon, son conseiller, gouverneur de Monségur, de la démarche des Bordelais, qui s'étaient engagés à faire payer les garnisons des places de sûreté, moyennant quoi, il avait pris, vis-à-vis d'eux, l'engagement de patienter et de ne rien entreprendre de nouveau (2).

Le roi de Navarre ne voulait pas s'aliéner l'affection des Bordelais, déjà mal disposés envers lui, et, en grande partie, favorables à la Ligue. Il ne négligea rien pour arrêter les désordres dont on se plaignait, et pour prouver à tout le monde sa bonne volonté. Matignon ne demandait pas mieux que de raffermir les bases de l'ordre, d'humilier les Guises et de faire respecter l'autorité du roi. Il voyait le progrès de la Ligue et la hardiesse de ses partisans : les esprits s'échauffaient dans la ville et la population se montrait de plus en plus antipathique au roi de Navarre, hérétique relaps, gouverneur de la province. La position du maire (Montaigne) et de Matignon était devenue délicate au milieu de ces éléments inflammables : s'ils

(1) « Je vous ay mandé que les soldats qui sont ez villes de seureté sont reduits
» à la faim, parce qu'estant en places povres et desgarnies de commoditez, ils n'ont
» aucun moyen de vivre, n'ayant rien receu jusqu'icy depuis quatre mois de leur
» entretenement. Messieurs de la ville de Bordeaulx m'en ont fait parler..... La né-
» cessité presse, etc., etc. »

(2) « Monsieur Meslon, parce que les maire et procureur de la ville de Bordeaulx
» me sont venus trouver et m'ont promis de s'employer à ce que vostre garnison et
» aultres estant des villes de vostre costé seront payées pour le plus tard dedans
» quinze jours; je lui ai aussi assuré que durant le dict temps seulement, je patien-
» teroys et ne permettroys qu'il feust rien innové d'extraordinaire. »

(*Lettre d'Henri IV*, tom. I, pag. 620.)

combattaient l'ardeur excessive des catholiques, ils s'exposaient à encourir l'accusation de favoriser les hérétiques; ils ne pouvaient pas se prononcer contre Henri IV, leur ami commun; le roi de France ne lui faisait pas la guerre, et ils savaient qu'il n'était pas éloigné d'appeler ce prince huguenot à son aide, pour se débarrasser des Guises. Cet état de neutralité étonnait le roi de Navarre; il en fut si inquiet, qu'il en écrivit au maréchal pour provoquer une explication, que la prudence de Matignon ne lui permit pas probablement de donner (1). Ayant prévenu le maréchal des désordres qu'il prévoyait devoir s'effectuer à Bordeaux, il crut prudent aussi d'en informer, le 3 avril 1585, le maire et les jurats, leur donnant en même temps à comprendre qu'il savait tout ce qui se passait dans leurs murs, et qu'il agissait toujours d'après les ordres du roi de France (2).

Livre VIII.
Chap. 4.

1585.

L'insurrection prévue par Henri IV éclata enfin; le peuple se souleva, et pour se rendre maître de la ville, il éleva des barricades autour de la maison de Matignon, comme pour le faire prisonnier chez lui. Matignon sortit et fit arrêter les plus mutins; mais ne croyant pas le moment opportun pour un acte de sévérité éclatant, il se montra clément et les mit en liberté.

La mort du duc d'Alençon rendit Henri de Navarre héritier présomptif de la couronne : la Ligue le repoussa comme hé-

---

(1) « Sy vous verrez ce qui est apropos pour la façon comme je me doibs gouver-
» ner, comme aussy pour adviser si en ce nouveau mouvement que j'ay entendu estre
» actuellement à Bordeaulx, j'ay quelque moyen de vous ayder pour le service de
» Sa Majesté, pour lequel et pour le bien de l'Estat il vous fault estre vray. »

(*Recueil des lettres d'Henri IV*, par M. B. de XIVREY.)

(2) « Messieurs (les maire et jurats), je vous ai desja adverty par le sieur de
» Lezignan des advis que j'avois de toutes partz de ces nouveaulx mouvements et
» des commandements que j'avois du roy. Maintenant nous voyons le mal continuer
» et les autheurs sur le poinct d'exécuter plusieurs entreprinses desquelles j'ay mandé
» les particularités à mon cousin, M. le maréchal de Matignon, etc., etc., etc.
» Escript à Lectoure, le IIIe jour d'avril 1585.
» Votre bien bon amy, HENRI. »

rétique, et le cardinal de Bourbon devint son idole. Elle leva des troupes, fit des préparatifs pour expulser Henri de Navarre et pour affermir le pouvoir des Guises, au grand mécontentement de Henri III de France, qui écrivit, le 23 mars 1585, à son beau-frère : « Je n'ai pu empêcher, quelque résistance que j'aie faite, les mauvais desseins du duc de Guise. Il est armé, tenez-vous sur vos gardes, et n'attendez rien. » Le roi de France n'en avait que le nom ; son autorité ne servait qu'à voiler les projets des Ligueurs. Les réformés allemands furent invités à faire un mouvement pour secourir leurs frères en France, et portèrent l'alarme jusque dans la cour de Henri III. Il chargea le duc de Guise de défendre, à la tête d'une armée considérable, les frontières du Nord, et envoya le duc de Mayenne, avec 12,000 hommes et 2,000 chevaux, pour contenir la Guienne. Mayenne était frère du duc de Guise, et haï personnellement du roi, qui, vu l'influence des confédérés, ne pouvait pas s'en défaire. Ses pouvoirs étaient très-étendus ; mais Matignon avait reçu de Sa Majesté des instructions contraires, qui rendirent sa position délicate et embarrassante. Il sut remplir à souhait les volontés du roi, ne prêta que peu de secours aux Ligueurs et ne se hâta pas de s'opposer aux avantages des religionnaires. Il paraissait favorable aux Ligueurs ; mais ceux-ci le soupçonnaient d'être partisan du roi de Navarre. Son rôle était difficile, parce que les Ligueurs agissaient au nom du roi et dans le but apparent du bien de la Guienne. C'était assez pour Matignon ; il traversa la Dordogne et alla rejoindre le duc, qui venait de la Saintonge. S'étant concertés pour leurs opérations stratégiques, ils se donnèrent, en se séparant, *rendez-vous* devant Sainte-Bazeille, pour le 25 février 1586.

Parmi les grands personnages qui se rendirent alors auprès du roi de Navarre, se trouvait Sully, qui, bravant tous les périls du voyage, pénétra jusqu'à Bergerac, où se trouvait le prince ; il fut accueilli en route, avec un généreux empressement, chez M. de Lur, seigneur de Longa, de l'illustre Maison des de Lur, en Périgord (1).

Ces arrangements étaient d'une facile exécution : Bordeaux était paisible ; la Ligue essaya mille moyens de paralyser les efforts de Matignon ; mais sa présence d'esprit et son incessante circonspection déjouèrent les complots et maintinrent les factieux en respect. La politique, avec ses ruses et ses intrigues, était impuissante sur la population, déjà lasse des guerres civiles et épuisée d'hommes et d'argent. Les Bordelais plaignaient Henri de Navarre à cause de ses erreurs en religion ; ils faisaient des vœux pour sa conversion, et distinguaient en lui le prince, qu'il fallait respecter, de l'hérétique, qui s'égarait par ignorance ou par des séductions intéressées. Il y avait, d'ailleurs, un autre motif assez puissant pour faire diversion dans ces crises politiques : c'était la peste, fléau plus meurtrier encore que la guerre civile, qui moissonnait la population et avait emporté plus de quatorze mille personnes depuis le mois de juin jusqu'aux fêtes de Noël.

Défendus du côté de la terre, les Bordelais n'eurent rien à craindre ; ils avaient partout de nombreux postes et des forces imposantes pour protéger les environs de la cité et repousser l'ennemi. Mais le Parlement, dans la crainte d'une attaque nocturne, et désireux de détruire tout ce qui pourrait en faciliter le succès, crut devoir ordonner, le 8 août 1585, qu'on démolît toutes les maisons et qu'on arrachât toutes les vignes qui se trouvaient dans un périmètre déterminé autour de la ville. Cette mesure avait été prescrite en 1575, le 28 décem-

Livre VIII.
Chap. 4.

1585.

---

(1) Cette illustre Maison de Lur, originaire de Franconie, vint s'établir, au Xe siècle, dans le Limousin et le Périgord : ce nom se rencontre souvent dans les fastes militaires de la France pendant le moyen-âge. Isabelle de Montferrand apporta, dans cette Maison, les seigneuries de Fargues, de Belin, d'Aureilhan, par contrat de mariage passé entre elle et Pierre de Lur, le 21 août 1472. Le marquis de Lur Saluce, de Sauternes, est le onzième descendant de Pierre et d'Isabelle. (*Généalog. de la Maison de Lur.*)

bre, par lettres-patentes du roi. Elle était impolitique et insuffisante pour la défense de la ville; elle fit des ennemis de tous les propriétaires qu'elle ruinait, indisposa contre le gouvernement les classes inférieures, qui désiraient conserver leur boisson favorite, et paralysa pour longtemps le commerce de notre port.

Du côté de la mer, les Bordelais étaient à l'abri de toute surprise. É^{ne} de Ségur avait si bien défendu Talmont, dont les religionnaires s'étaient efforcés de se rendre maîtres, que le Parlement le remercia, le 25 mai 1587, par une lettre pleine de sentiments de reconnaissance pour sa belle défense de cette place, alors très-importante sur la Gironde.

Henri de Bourbon, en présence de tant de forces, semblait découragé. Ses troupes occupaient Puynormand, Castillon, Sainte-Foy et Bergerac; l'armée catholique ravageait les campagnes. Cependant, comptant encore sur sa fortune et son épée, et fortifié dans ses espérances par des lettres de Montauban, Henri convoqua les députés des provinces dans la grande salle de l'antique abbaye de Guîtres, où, après une courte allocution de ce prince, ils jurèrent tous de se défendre jusqu'à la mort, et de maintenir en leur pouvoir leurs trois principales places : Bergerac, Sainte-Foy et Castillon.

Des circonstances impérieuses firent changer ces projets; Henri confia la garde de ces places à Turenne, et s'en retourna à Montauban, où sa présence fut plus nécessaire. Turenne appela auprès de lui, à Bergerac, les commandants de Sainte-Foy, de Castillon, de Monségur, et se concerta avec eux sur les mesures à prendre pour les intérêts de leur religion et de leur politique.

M. de Paillas battait les campagnes tout autour; mais Henri de Navarre, craignant qu'il ne tombât au pouvoir du parti opposé, lui écrivit, le 1er mai 1586, de se retirer à Gensac avec les vivres, pour *ne pas les laisser prendre à l'ennemi, comme il était advenu à d'aultres.*

Jusqu'ici, Mayenne n'avait rien fait de bien remarquable; il parcourut le pays, sans aucune opposition sérieuse, et se rendit enfin devant Castets, où commandait Favas. Ce château, qui domine la Garonne, dans une position charmante, avait été assiégé, au mois de février, par Matignon, avec quatre mille hommes de pied, quatre cent cinquante chevaux et huit pièces de canon ; mais l'intrépide Favas était là avec des hommes dévoués ; Matignon y dépensa mal à propos son temps, ses menaces et sa poudre. Enfin, sachant que Henri arrivait au secours du château avec deux cent cinquante chévaux, dix-huit cents arquebusiers, et ne voulant peut-être pas engager un combat avec Henri lui-même, l'héritier présomptif de la couronne, il s'enfuit à Langon, où il se barricada. Henri entra au château et y dîna ; il était accompagné de Sully, qui lui avait apporté 40,000 fr. Après avoir ravitaillé le château et y avoir fait entrer 8 quintaux de poudre, Henri partit pour Montauban, emmenant avec lui Favas et quelques autres capitaines. Matignon revint sur Castets; mais il fut encore repoussé. Cependant Mayenne, dans l'espoir d'être plus heureux, s'y rendit avec d'imposantes forces. Les assiégés furent épouvantés : n'ayant à leur tête que Gurson, gouverneur de Casteljaloux, qui était loin d'avoir le courage et les talents militaires de Favas, ils demandèrent à traiter. Mayenne, enchanté d'avoir l'honneur de prendre ce château-fort, accepta leurs conditions et promit même au propriétaire 12,000 écus pour la perte de ses meubles et la dégradation de sa belle demeure. Cette capitulation, fruit de la vanité de Mayenne et de la peur des assiégés, jointe à l'avarice de Gurson, mécontenta Matignon : elle fut faite à son insu ; il devint, de ce moment, l'ennemi juré du duc.

Se voyant poursuivi par Mayenne, Henri de Bourbon ne sut que faire ; sa position devenait de plus en plus critique, quoique Matignon, par haine contre le duc, s'efforçât de le protéger, tout en s'opposant, au moins en apparence, aux

Livre VIII. Chap. 4.
1585.

D'Aubigné, Histoire, t. 1, II, ch. 8.

Histoire des choses mémorables advenues sous la Ligue, in-12.

Histoire des derniers troubles de France, sous les règnes des rois, etc., in-12.

Cayet, Chronologie, Introduction.

Livre VIII. Chap. 4.
1585.

succès des huguenots. Ne trouvant pas son fidèle serviteur, M. de Batz, à Eauze, dont il était gouverneur, Henri lui écrivit ce billet, l'un des plus remarquables qui soient jamais sortis de la plume du *Béarnais* : « Mon faucheur, mets des ailes à
» ta meilleure bête ; j'ai dit à Montespan (qui lui portait le
» billet) de crever la sienne. Pourquoi ? Tu le sauras de moi à
» Nérac ; hâte, cours, viens, vole ! c'est l'ordre de ton maître
» et la prière de ton ami. » Il échappa aux embûches de ses ennemis, et gagna enfin Sainte-Foy, où il eut le bonheur de recueillir ses compagnons d'armes, débris des corps dispersés par les Ligueurs.

CHAPITRE V.

Siège de Monségur. — Mayenne quitte la Guienne. — Craintes de Henri III. — Bataille de Coutras. — Conduite de Matignon. — Mort de Condé. — États-généraux. — Meurtre du duc de Guise et du cardinal, son frère. — Discours de Matignon au Parlement. — Désordres à Bordeaux. — Police de Matignon. — Les Jésuites expulsés de Bordeaux. — Henri III et le prince de Navarre marchent sur Paris. — Conduite du Parlement et de Matignon. — Discours du maréchal. — Conduite de l'Archevêque, etc.

Mayenne, comme nous venons de le voir, crut pouvoir se saisir de la personne de Henri de Navarre, et le mettre à la disposition de la Ligue; le prince échappa à ces piéges et parvint, à travers mille périls, à Sainte-Foy, et de là à La Rochelle. Le duc, se voyant désappointé, dirigea ses forces sur Sainte-Bazeille et Monségur; cette dernière ville, quoique bien défendue par sa position et quinze pièces d'artillerie, fut obligée de capituler, après avoir reçu deux mille quatre cents coups de canon! De là, il alla assiéger Castillon pendant deux mois, et y dépensa des sommes immenses (800,000 écus); mais la garnison, décimée par la peste, fut réduite à capituler, le 31 août. Les gentilshommes eurent la permission de sortir avec leurs armes et leurs chevaux; tous les autres gens d'armes furent conduits dans un lieu de sûreté et la ville livrée au pillage; on n'y laissa que deux femmes pour secourir les pestiférés! Dans les premiers jours de l'année 1588, cette place fut reprise par Turenne; il fit appliquer une échelle de corde à un endroit mal gardé, parce qu'on le croyait inaccessible, et y fit monter ses hommes. Ce succès donna lieu à bien des plaisanteries; on disait que les huguenots étaient meilleurs financiers que les catholiques; que Castillon avait coûté 800,000 écus (d'Aubigné dit 400,000) à ces mauvais économes catho-

Livre VIII.
1586.

Pierre de l'Estoile, *Journal de Henri III*, tome Ier.

D'Aubigné, Ibid., ch. 8, Ibid., liv. II, chap. 1er.

liques, et que Turenne n'y avait dépensé que 4 fr., le prix de la corde !

La mésintelligence qui éclata entre Mayenne et Matignon nuisit à leurs intérêts communs et servit à merveille les desseins de Henri ; ils ne s'entendaient pas, ils se contrariaient même et rendaient infructueux tous les efforts des Ligueurs. Mayenne se décida à partir en octobre, et ne laissa en Guienne qu'une pauvre idée de ses talents militaires ; mais, avant de partir, il enleva de force Mlle de Caumont, fille du maréchal de Saint-André, qui n'avait que douze ans, et qu'il voulait marier avec son fils, qui n'en avait que dix. D'une beauté remarquable, cette jeune demoiselle était très-riche ; après la mort de sa mère, elle devait être dame de Fronsac, de Caumont, de Listrac et de quelques autres belles terres de la province. C'était assez pour tenter la cupidité du vieux Mayenne. Il enleva la jeune et riche héritière ; mais le roi refusa d'approuver ce mariage. Les Gascons se moquaient de lui : « S'il n'a pas pu prendre toute la Guienne, comme il le voulait, il l'a fait en partie ; car il a pris une jeune fille ! »

Les huguenots devenaient réellement formidables ; leurs succès inspiraient enfin des craintes réelles à Henri III : il aurait voulu s'entendre avec le prince de Navarre ; mais ne voulant aucunement tolérer l'hérésie dans ses États, il exhorta le *Navarrois* à se faire catholique. Henri répondit que la Ligue avait des desseins plus mauvais que les siens ; que la religion était le dernier de ses soucis, et, sans attendre un moment de plus, recommença la guerre dans le Poitou. Il conçut le hardi projet de s'unir aux Allemands et de marcher sur Paris. Henri III, craignant pour lui-même et pour la religion, songea enfin à s'opposer aux progrès du roi de Navarre, et chargea de cette tâche un de ses favoris, le duc de Joyeuse. Le duc marcha sur le Poitou ; mais voyant ses troupes décimées par la peste, il les mit en garnison dans les villes catholiques, et s'en retourna à Paris. Dans cet intervalle, Henri de Navarre reçut des renforts de Turenne, de La Trémouille, de La Rochefoucauld ; il sortit de La Rochelle et parcourut le pays en vainqueur, quoique rigoureusement surveillé par Lavardin, qui remplaçait, par *interim,* le duc de Joyeuse, avec des troupes fraîches. Désirant pénétrer dans le Poitou, Henri voulait traverser la Dordogne et l'Isle, pour occuper Coutras et Guîtres ; mais Matignon fit prévenir le duc de se hâter vers Coutras, tandis que lui, avec de belles troupes de Bordeaux, suivrait Henri par derrière et de manière à le renfermer entre les deux rivières (l'Isle et la Dordogne) et les deux armées. En effet, les catholiques s'approchèrent de Coutras le 19 octobre ; mais arrivant vers la ville, ils aperçurent une compagnie qui y entrait du côté opposé : c'était La Trémouille avec 200 chevaux. Lavardin, qui commandait l'avant-garde, n'ayant avec lui que 120 chevau-légers, rétrograda jusqu'à La Roche-Chalais. Henri suivait de près La Trémouille, avec 4,500 fantassins et 1,300 chevaux. Le duc, qui s'approchait du côté opposé, avait 5,000 fantassins et 3,000 chevaux. Les deux armées restèrent en présence : celle de Joyeuse était magnifique et resplendissante d'élégantes casaques de velours et de soie, brodées d'or et d'argent, et n'avait pour cri de guerre que ces terribles mots : « Point de quartier aux huguenots ; demain, nous partirons pour Paris avec le Navarrois, pieds et mains liés. » A neuf heures, le canon commença à gronder ; Henri s'écria, en se séparant de Condé et de Soissons : « Souvenez-vous que vous êtes du sang des Bourbons, et, vive Dieu ! je vous ferai voir que je suis votre aîné ! — Et nous, répondirent-ils, nous vous prouverons que vous avez de bons cadets ! » La bataille, commencée à neuf heures, fut gagnée à dix par Henri de Navarre, qui y combattit comme un simple soldat. Il était accompagné, dans le fort de la mêlée, de Favas, Constant, et quelques autres de ses capitaines : c'est à leur vigilance et à son courage qu'il dut bien des fois, ce jour-là, sa vie, compromise trop souvent par son héroïque témérité.

Livre VIII.
Chap. 5.
1587.

Mémoire de la Ligue, tome II.

D'Aubigné, tome III.

Mémoires de Joyeuse ou Vie du cardinal de Joyeuse.

Livre VIII.
Chap. 5.
—
1587.

Dupleix,
Ibid., p. 144.

1588.

Jusque-là, vaincu toujours, aujourd'hui vainqueur, le parti protestant aurait pu retirer plus de profit de sa victoire. Henri était naturellement bon : il traita les vaincus en père ; il fit soigner les blessés, rendit les honneurs funèbres aux morts et fit relâcher les prisonniers, donna des présents aux uns, des conseils aux autres, et conquit tous les cœurs. Matignon, qui avait promis de suivre de près l'armée huguenote, se mit en route pour Libourne et Coutras ; il avait sous ses ordres sept mille hommes de pied et huit cents chevaux, et semblait, par la lenteur de sa marche, vouloir satisfaire sa haine personnelle et celle du roi lui-même, jaloux de la puissance des Guises. Quel que fût le motif qui fit avancer si lentement le maréchal, sa présence au champ de bataille eût fait pencher la balance du côté des Ligueurs et eût décidé la victoire. Il apprit en route la défaite des siens à Coutras ; il fortifia Guîtres, revint sur Libourne, pour en expulser les protestants, déjà enhardis par leurs succès, et rentra à Bordeaux pour y maintenir l'ordre.

Henri de Bourbon, enivré de sa victoire, au lieu de continuer rudement la guerre et de profiter des sourires inespérés de la fortune, s'achemina, par Sainte-Foy, vers le Béarn, pour déposer aux pieds de la belle comtesse de Grammont les vingt-deux drapeaux pris sur les Ligueurs. Turenne alla assiéger Guîtres, fit tirer quatre-vingts coups de canon contre le château, qui se rendit enfin ; il fut plus heureux à Castillon.

Pendant cette malheureuse époque, le désordre était général : on ne savait à qui ni à quoi s'attacher : tous les liens étaient brisés ; le roi était, pour ainsi dire, un rouage inutile dans une société dont la toute-puissante Ligue avait la direction. Le protestantisme triomphait partout et dictait des lois à la France ; la religion servait de voile à l'ambition des Guises et ne couvrait que trop imparfaitement les excès, les projets criminels et la déplorable immoralité des partis belligérants. Le prince de Condé fut empoisonné le 5 mars par un page, disait-on, ou peut-être par sa femme, Charlotte de Trémouille ; le royaume tombait en dissolution et s'en allait en lambeaux, que se disputaient les factions ; les chaires servaient de tribunes publiques et soufflaient la révolte ; la vraie charité éteinte ; les lois méprisées ; la religion bannie des campagnes, méconnue dans les villes ; tout le pays ne présentant qu'un vaste et horrible tableau de meurtres, de haines, d'immoralité, de pillage, d'incendies !!!.....Voilà une faible esquisse du tableau de ce temps malheureux, de la fin du XVIe siècle !

Henri III, désolé à la vue de tous ces désordres, et ne voulant pas traiter avec Mayenne, devenu chef de la Ligue, songea à s'unir enfin au roi de Navarre, dont la cause ne fut, au fond, nullement différente de la sienne. Il quitta Paris à la suite de la fameuse journée des barricades, et profita d'une paix momentanée pour convoquer les États-généraux à Blois, le 15 septembre : il espérait que les députés, las des agitations politiques, prendraient enfin fait et cause pour leur roi contre la Ligue. Il écrivit aussi aux jurats de Bordeaux, se plaignant des intrigues de certains malveillants qui recouraient à la brigue, à la corruption, à toutes sortes de basses manœuvres, pour faire élire des hommes factieux, mal affectionnés à son service, et leur ordonna de tenir la main à ce que de tels *monopoles* ne se continuassent plus dans sa *bonne ville* de Bordeaux. Au jour des élections générales, la noblesse de la sénéchaussée élut messire Jacques d'Escars, conseiller du roi, chevalier et gouverneur du château du Hâ, et le grand-sénéchal de Guienne, le seigneur de Merville ; les *villes filleules* élurent Thomas de Pontac, baron de Scassefort, greffier civil et criminel du Parlement, frère de l'évêque de Bazas, homme de grand mérite et l'un des chefs de la Ligue, et Pierre Mestivier, avocat au Parlement ; M. de Vergier, jurat, fut élu par le Tiers-État. Deux de ces députés étaient très-attachés à la Ligue, quoique leurs commettants ne le fussent pas en général. L'un d'eux fut poignardé à son retour à Bordeaux ; le troisième,

Livre VIII.
Chap. 5.
1588.

1588.

Scip. Dupleix,
Ibid.
De Thou,
liv. XCIV.

royaliste déclaré (de Pontac), fut bien accueilli par Henri III, et coopéra, d'une manière active et zélée, aux mesures adoptées à Blois.

Les affaires, cependant, se compliquaient d'une manière fâcheuse : Blaye se prononça pour la Ligue ; M. de Lussan y leva des subsides, sous le prétexte que la garnison n'était pas payée. Le Parlement et l'Hôtel-de-Ville se chargèrent de la solde ; malheureusement le désordre, l'insubordination, le pillage, étaient devenus des habitudes sociales : Lussan continua, avec impunité, ses exactions vexatoires. Cependant les États s'assemblèrent, mais les Ligueurs y dominèrent. Le roi en fit l'ouverture le 16 octobre et s'épuisa en protestations d'amitié envers le duc de Guise : c'était un véritable drame, une série d'actes d'une abominable hypocrisie ; car, le 23 décembre suivant, le même prince fit assassiner le trop confiant duc et le cardinal, son frère !

Paris, indigné de cet assassinat, se remplit de barricades, et les Ligueurs, furieux, jurèrent la mort du roi parjure ! Toulouse, Agen se soulevèrent ; Bordeaux aussi eut sa journée de barricades ; mais Matignon, homme de tête, avait sagement préparé une vigoureuse résistance ; il réprima ce mouvement, qui allait se généraliser en Guienne, et resta fidèle au roi, que tout le monde abandonnait. Il venait de recevoir une lettre de Henri III, qui, comprenant de quelle importance il était pour lui de garder Bordeaux, chargea Matignon de veiller à ses intérêts en Guienne. Le maréchal se rendit, avec cette lettre, au Parlement, et harangua cette Compagnie en ces termes : «Vous » reconnaissez, Messieurs, tenir votre autorité du roi ; vous » savez que je n'ai rien oublié pour faire mettre vos arrêts à » exécution. Notre union a produit le repos de la province et » la ruine de ses ennemis. Nous n'en connaissons d'autres que » ceux de la religion ; mais nous voyons aujourd'hui naître » parmi nous une autre espèce de révolte, qui a l'ambition » pour principe et pour objet la ruine de la monarchie : je

» parle de la Ligue. Après avoir, pendant longtemps, ca-
» lomnié les intentions du roi, elle ose aujourd'hui entre-
» prendre de punir comme un crime une action de justice,
» violente, à la vérité, mais devenue nécessaire à la sûreté
» de l'État. Deux rebelles, dont on connaît les attentats, ont
» été mis à mort. On aurait observé à leur égard toutes les
» formalités de la justice, s'ils n'en avaient ôté le pouvoir.
» La révolte de Paris, à qui on donne pour prétexte la juste
» punition de deux coupables, est, à la vérité, un exemple
» dangereux pour le reste du royaume : vous n'en êtes, Mes-
» sieurs, que plus obligés d'en donner un tout contraire aux
» peuples de la Guienne. Sa Majesté l'attend de vous : l'hon-
» neur et le devoir vous y engagent; l'intérêt de la province
» l'exige, et votre fidélité m'en assure. Concourons donc à nous
» mettre en état de punir ceux qui entreprendraient de s'é-
» carter de leur devoir : les armes que le roi m'a confiées ne
» seront employées qu'à donner de la force à la justice de vos
» arrêts. »

Livre VIII. Chap. 5. 1589.

Le premier-président répondit au maréchal en l'assurant de la fidélité et de la bonne volonté de la Compagnie, en tout ce qu'exigeraient ses devoirs envers son souverain. L'avocat général requit qu'on punît les coupables avec la dernière rigueur; le maréchal établit partout des gardes pour prévenir des mouvements séditieux et garantir les propriétés et la vie des habitants. Tout cela était sage, mais trop insuffisant : la révolte fermentait dans presque toutes les têtes; les Ligueurs avaient gagné les bonnes grâces et le concours du clergé; on ordonna des processions; on crut que le maréchal s'y opposerait, et rendrait, par cela seul, sa foi suspecte au peuple. C'était, d'ailleurs, un moyen de réunir le peuple et de provoquer, sans en avoir l'air, une démonstration contre les ennemis de la Ligue; mais ces coupables espérances furent déçues : le maréchal y assista avec ses gardes. Il arriva cependant que, pour des raisons majeures, Matignon resta un jour

D. Devienne, Histoire de Bordeaux. liv. IV.

Livre VIII. Chap. 5.

1589.

chez lui; les conjurés crurent qu'il fallait profiter de son absence; et les coryphées des conjurés, avec Pontac, baron de Scassefort, frère de l'évêque de Bazas, à leur tête, marchèrent vers la porte St-Julien, pour s'en rendre maîtres. Quelques magistrats présents à la procession s'efforcèrent de calmer le peuple et de prévenir les désordres; on les chargea de coups, et les séditieux s'emparèrent de la porte St-Julien, du clocher de St-Michel et de quelques autres positions avantageuses. Mais, informé de ce désordre, Matignon sortit du Château-Trompette, à pied et en simple pourpoint, le pistolet à la main et suivi seulement d'une trentaine de soldats. Sa contenance effraya un peu les factieux; ils résistèrent avec fermeté; mais la noblesse, craignant de graves désordres, accourut au secours du gouverneur; et ayant atteint les révoltés sur une chaussée, près de St-Julien, les gens d'armes la jonchèrent de plus de deux cents cadavres! Le lieu rougi de leur sang conserve encore un nom *(chaussée rouge)* qui perpétue le souvenir de ce déplorable événement! Le maréchal, indigné, permit à ses soldats de tailler en pièces tous les bourgeois qu'ils rencontreraient armés. On en tua six; le maréchal fit pendre deux conjurés et en garda d'autres comme gages de la bonne conduite de leurs parents et amis, et fit planer pour quelques jours la terreur sur la population bordelaise. Si nous en croyons Amédée Thierry, il mit en œuvre une invention de police digne des plus mauvais jours de nos révolutions : au milieu de la nuit, il faisait sonner le tocsin, tirer des coups d'arquebuse et pousser des cris qui servaient de ralliement aux partis; ses espions observaient tous les mouvements et lui rendaient compte des impressions des habitants; plusieurs se laissaient aller à ces provocations perfides et tombaient victimes de cette police infernale.

D'Aubigné, Histoire universelle, t. II, ch. 18.

Résumé de l'histoire de la Guienne, page 229.

Un jour, les veuves et les enfants de ces hommes séduits vinrent demander, au corps municipal, justice contre les traîtres séducteurs : Matignon les repoussa, en disant que les accusés *avaient bien agi pour le service du roi!* Scassefort quitta Bordeaux ; on en chassa tous les ecclésiastiques soupçonnés de connivence, ainsi que les magistrats qui se trouvèrent compromis, *ne voulant pas,* disait le maréchal, *que les Ligueurs conservassent autre chose dans Bordeaux que le souvenir de leurs vaines entreprises.* Les Jésuites, toujours ennemis de l'hérésie, furent accusés de connivence avec les révoltés ; leur antipathie pour les innovations en religion et les désordres en politique, qui n'en étaient que la conséquence, les rendit suspects. On leur avait permis de faire un passage souterrain, depuis leur collége jusqu'à la chapelle de Saint-Jacques, qu'ils desservaient ; leurs ennemis prétendaient qu'ils y tenaient des assemblées favorables à la Ligue. Matignon fit fermer le passage, en punition de leur prétendue faute. Quelque temps après, ils refusèrent de prier pour la prospérité des armes du roi : le Parlement leur ordonna de fermer leurs écoles et de sortir de la ville ; ils se retirèrent, les uns à Blaye, les autres à Saint-Macaire, à Périgueux et à Agen.

La Ligue était encore puissante et l'autorité royale affaiblie ; se sentant délaissé de tout le monde, le roi se retourna du côté de Henri de Navarre. Ces deux princes réunirent leurs forces et marchèrent à la tête de 42,000 hommes sur Paris. Mais, au milieu de leurs succès, le poignard de Jacques Clément, esprit faible, fanatique, termina la vie de Henri III. Il mourut, en regrettant de laisser la France dans un état si malheureux ; il embrassa Henri de Navarre, et lui dit avec tristesse : « Soyez » certain que vous ne serez jamais roi, si vous ne vous faites » pas catholique. »

Henri de Navarre arriva au trône à travers des flots de sang : la nouvelle de la mort de Henri III circula en France avec une étonnante rapidité ; elle arriva à Bordeaux, et y produisit une douloureuse et profonde impression. Toutes les autorités d'alors se réunirent et décidèrent qu'il serait enquis des auteurs, fauteurs et complices de l'horrible parricide

Livre VIII.
Chap. 5.
—
1589.

1er Août.

commis en la personne du roi. Le lendemain, dans une autre réunion, le Parlement arrêta qu'il fallait reconnaître Henri de Navarre comme le vrai et légitime héritier de la couronne; mais que, pour ne pas exciter de nouvelles séditions parmi les catholiques, et pour d'autres puissantes considérations, il était prudent de différer cette reconnaissance officielle de ses droits; qu'en attendant, on observerait les édits de Henri III en faveur du catholicisme, et que les lettres de chancellerie continueraient d'être expédiées au nom de Henri III.

<small>Livre VIII. Chap. 5. — 1589. Registres du Parlement. — De Thou, liv. XCVII. Dupleix, *Histoire de Henri IV*, tome 4, p. 21.</small>

Le maréchal envoya son fils, le comte de Thorigny, informer le nouveau roi des dispositions du Parlement, de l'esprit général de la population et de la tranquillité de la province; il lui fit dire aussi qu'on n'attendait que la nouvelle d'une victoire ou de sa conversion, pour le reconnaître ouvertement; et que, si l'on eût suivi une autre ligne de conduite, le pays se serait infailliblement levé comme un seul homme en faveur de la Ligue. Henri accueille avec bonté le comte, et, après l'exposé de ces motifs, lui dit :

« Je ne suis pas roi par ma religion, mais par ma naissance. » Mes sujets veulent exiger de moi, par la force, ce qu'ils crai- » gnent que je ne les contraigne de faire par autorité, c'est- » à-dire à changer de religion. Si je n'ai point droit sur leur » conscience, en peuvent-ils avoir sur la mienne? Et est-il » juste de se déclarer par soupçon contre un roi légitime? Au » moins que l'on m'accorde, ce qui ne peut se refuser à per- » sonne, que j'aie le temps de reconnaître la vérité que mes » peuples veulent que j'embrasse. »

Henri avait des doutes; il voulait s'éclairer, et, sans rien précipiter, s'instruire et acquérir, par l'étude et l'instruction, des convictions certaines et inébranlables. Il avait autour de lui des amis sincères, parmi lesquels le fidèle Sully; ils lui conseillèrent tous de se faire catholique et d'ôter aux mécontents tout prétexte d'opposition et d'hostilité. Le maréchal de Matignon l'avait fortement pressé aussi de se rendre aux

vœux des catholiques; mais Henri, convaincu de l'amitié du maréchal, ne demanda que du temps et des instructions; il répondit par une lettre où l'on voit toute la noblesse de sa grande âme, toute sa franchise avec son ami et toute la prudence qu'il mit à une affaire d'une si vitale importance pour son salut. « Vous et mes affectionnés serviteurs, lui dit-il, faites
» le principal établissement de mes affaires sur la religion :
» je crois avec vous que cet article vidé, on en viderait bien
» d'autres; mais je ne dois changer de croyance que *pour mon*
» *salut* et pour le bien de mon État.... Et une affaire de cette
» importance mérite bien qu'on me donne quelque loisir et
» repos. Mes ennemis me donnent tant d'occupation, que j'ai
» peu de moments à donner aux docteurs, et ils choisissent,
» pour prendre des villes, le temps que je voudrais employer
» à m'instruire : si je précipitais un si grand ouvrage, mes
» ennemis, dont l'orgueil n'est point encore assez abaissé, ne
» répandraient-ils pas que j'aurais cédé à la force, afin qu'on
» n'y ajoutât aucune créance ?...... J'espère en peu de temps
» tellement ouvrir le passage des provinces, que mes bons
» serviteurs pourront se trouver à la convocation que je ferai
» pour mon instruction..... *où je porterai une bonne et sainte*
» *résolution..., n'ayant pour but et fin que mon salut* et le bien
» de la paix, voulant me porter à ce qui sera du bien public,
» avec le jugement et avis de ceux qui s'y trouveront, que je
» n'appelle pas seulement comme officiers de cette couronne,
» mais aussi comme coadjuteurs de mon autorité, pour laquelle
» ils délibéreront comme pour leur propre fait; et plût à Dieu
» que ceux que vous voyez si ardemment désirer une plus
» grande précipitation, y apportassent une aussi bonne intention. »

Débarrassé de plusieurs affaires temporelles, Henri s'occupa de la grande affaire de sa conversion et des instructions religieuses. Il fit appeler l'archevêque de Bourges et plusieurs autres prélats distingués, et se fit résoudre les difficultés qu'il

Livre VIII.
Chap. 5.
—
1589.

D'Aubigné,
Vies
des hommes
illustres,
tom. 12, p. 502.

Livre VIII.
Chap. 5.
—
1589.

De Burry,
*Histoire
de Henri le
Grand*, p. 112.

éprouvait à admettre la confession auriculaire, le culte des saints, le purgatoire et la puissance du pape. Il faisait appeler quelquefois les ministres huguenots, entre autres Morlas, Rotan et Salètes, qui l'engagèrent à se faire catholique, et avouèrent qu'il pouvait se sauver comme catholique romain. Enfin, Henri appela à une conférence les docteurs catholiques et les chefs des sectaires; et voyant, après quelques débats, que les ministres tombaient d'accord, qu'on pouvait se sauver dans la religion des catholiques, Sa Majesté prit la parole, et dit à l'un de ces ministres : « Quoi ! tombez-vous d'accord qu'on puisse » se sauver dans la religion de ces messieurs-là? » Le ministre répondant qu'il n'en doutait pas, pourvu qu'on y vécût bien, le roi répartit très-judicieusement : « La prudence veut donc » que je sois de leur religion et non pas de la vôtre, parce qu'é- » tant de la leur, je me sauve selon eux et selon vous, et étant » de la vôtre, je me sauve bien selon vous, mais non pas selon » eux. Or, la prudence veut que je suive le plus assuré. » Ainsi, après de longues instructions dans lesquelles il voulut avoir tous ses doutes complètement éclaircis, il abjura son erreur, fit profession de la foi catholique, et reçut l'absolution dans l'église abbatiale de Saint-Denis, au mois de juillet, par le ministère de Renaud de Baume, archevêque de Bourges.

Quelques jours avant qu'on reçût cette nouvelle à Bordeaux, Matignon se rendit au Parlement, et après avoir fait l'éloge de Henri de Navarre et de sa victoire à Ivry, il ajouta qu'il serait à désirer qu'on pût reconnaître de suite un prince si grand, si magnifique et si bien fait pour régner sur la province. On lui répondit qu'il fallait avant tout être assuré de sa conversion. — « J'avoue, dit alors Matignon, que le roi » de Navarre étant d'une religion contraire à celle de l'État, » nous devons assurer nos consciences avant que de confir- » mer sa succession par vos arrêts et par notre obéissance ; » mais quant à la Bulle de Sixte-Quint, qui défend de » reconnaître le roi de Navarre, je soutiens qu'elle est

» opposée aux lois de la monarchie, qui n'a jamais reconnu
» les prétentions de la cour de Rome sur la succession de nos
» rois. Ce point est si important à la France, qu'il doit entrer
» en considération avant tout autre; vous n'y pouvez déférer
» sans attribuer au Pape un droit qu'il n'eut jamais et auquel
» il n'est pas de bon Français qui ne doive s'opposer. Le Pape
» peut fermer la porte du ciel aux hérétiques, mais non pas
» priver nos princes légitimes de la succession au trône ; et si
» on rejette, comme on le doit, ces prétentions de Rome, si
» injurieuses à la nation, qui fut jamais plus digne d'être roi
» des Français que ce prince brave, généreux, plein de
» reconnaissance pour ceux qui le servent, juste et compa-
» tissant pour ceux mêmes qui le combattent, victorieux à
» regret, l'ami et le père de ses sujets? D'ailleurs, nous savons
» qu'il a promis de se faire instruire; jamais il n'a manqué à
» sa parole; nous pouvons donc, dès ce moment, le regarder
» comme catholique, car qui peut douter qu'en choisissant,
» il ne prenne le parti de la vérité. » Dans ce moment, un
Ligueur s'écrie : « Les six mois demandés par le Béarnais,
» pour se faire instruire, sont expirés, et il n'est pas encore
» catholique. — Oui, répliqua le maréchal ; mais ses en-
» nemis ne lui ont donné aucun relâche depuis la mort du
» feu roi ; est-ce au milieu des troubles et des combats que
» ce prince a pu s'instruire? » Un conseiller lui répond que
les gens de la cour ou des militaires étaient peu en état de
décider ce qui concerne la religion ; les docteurs seuls doivent être crus sur ce sujet, et ils disent que quand même
le prince voudrait revenir sincèrement à l'Église, la cour
de Rome ne lèverait pas la censure de Sixte-Quint, confirmée par son successeur; qu'ainsi les vrais catholiques ne
pourraient jamais le reconnaître en sûreté de conscience.
« La France, reprend vivement le maréchal, ne veut qu'un
» roi catholique de croyance et de profession ; après qu'il
» aura rendu ses soumissions au Saint-Siége, si le Pape lui

Livre VIII.
Chap. 5.
—
1590.

» refuse l'absolution, les bons Français la lui donneront. »
On applaudit à ces paroles généreuses ; mais Matignon ne put pas obtenir ce qu'il demandait ; il répugnait au Parlement de faire quelque chose pour un prince hérétique. Matignon se montra mécontent et ne chercha que l'occasion d'intimider les opposants par un acte de vigueur. On lui parla d'un religieux qui avait dit que la cour de Rome pouvait seule donner la couronne à Henri ; mais que, ce prince étant revenu à l'hérésie, après une première abjuration, on ne pourrait jamais s'assurer de la sincérité d'une seconde, qu'il serait, par conséquent, difficile et même impossible de lui donner l'absolution. Le maréchal fit venir ce religieux et le questionna ; il persista dans son dire, et répondit : « Je ne vous crains » pas ; et, comme ecclésiastique, je ne reconnais d'autre sou- » verain que le Pape. » Le maréchal le fit conduire en prison : on instruisit son procès, et on le condamna à être pendu ! Son exécution n'excita pas de soulèvement ; le peuple comprit la nécessité de respecter et de faire respecter les lois, et l'autorité de qui elles émanaient.

Voyant que tout fléchissait devant sa volonté, le maréchal fit entrer des troupes en ville, ce qui était une violation des statuts et des libertés du peuple ; il continua sa perfide police, et fit pendre tous ceux qui parlaient mal du roi. Le Parlement lui rappela la promesse qu'il avait faite de maintenir le *statu quo* jusqu'à la conversion du roi ; mais il répondit avec adresse : « On ne doit pas croire que j'ai changé de senti- » ments, parce que je me comporte avec rigueur dans l'exer- » cice de ma charge. Je souhaite aussi ardemment que per- » sonne la conversion du roi ; mais je ne souffrirai pas dans » mon gouvernement des séditieux qui indisposent le peuple » contre sa conversion même. Il faut au moins faire régner » les lois, puisque les malheurs des temps ne permettent pas » que le législateur règne encore. »

Le Parlement fut content de cette réponse : il était d'ailleurs favorable à Henri de Navarre ; sa foi seule retardait la reconnaissance du roi. Comme preuve de sa bonne volonté, il sollicita l'archevêque de chanter un *Te Deum* et de faire une procession pour rendre grâces à Dieu de la bataille d'Ivry. Le prélat répondit qu'on ne pouvait ni ne devait remercier Dieu des succès d'un hérétique sur les catholiques. Le Parlement se contenta de se rendre à Saint-André, en robes noires, et de remercier le Seigneur de la victoire obtenue sur les armes des catholiques. Le soir, le peuple épancha sa joie en acclamations, en réjouissances et fêtes.

CHAPITRE VI.

Députation bordelaise auprès de Henri de Navarre. — Blaye au pouvoir de la Ligue. — Siéges de Villandraut, de Blaye. — Matignon part pour Paris. — Son discours d'*adieu*. — La conversion du roi. — Insubordination des Protestants. — Le Parlement refuse d'enregistrer l'édit de Nantes. — Mesures de police. — Mort de Matignon. — Conduite des partis. — Conduite des Calvinistes. — Joutes et tournois au Chapeau-Rouge, à Bordeaux.

Livre VIII.
—
1590.

On resta plusieurs jours dans l'incertitude relativement à la conduite à tenir à l'égard du prince de Navarre et des Ligueurs, ses ennemis. Presque toutes les villes des bords de la Garonne et de la Dordogne se prononcèrent pour le principe catholique et la Ligue. Bordeaux en grande partie inclinait pour le prince ; mais le Parlement craignant de rallumer la guerre civile, crut devoir agir avec une prudente réserve et garder la neutralité. Cependant, cet état de choses ne pouvait durer ; il nuisait aux affaires et pourrait avoir de graves inconvénients, si l'on venait à s'emparer des deux rivières qui portaient à la ville les provisions et les vivres de toute espèce. Les Bordelais avaient déjà, sur la fin de 1589, député auprès du prince légitime, MM. le premier-président d'Affis (1), les conseillers d'Alesme, Montaigne, cousin de l'auteur des *Essais,* Seyssac et Desaigues, pour le prier « d'abjurer l'hérésie de
» Calvin et d'embrasser la religion catholique de ses augus-
» tes prédécesseurs, le seul fondement des États et le meil-

(1) Frère de l'avocat général, égorgé à Toulouse.

» leur moyen d'attirer sur lui la bénédiction du ciel et d'ac- » quérir une gloire immortelle. » Le Parlement arrêta aussi avec son zèle habituel, que l'archevêque et les évêques du ressort seraient exhortés à ordonner des prières publiques pour la paix de la province et la conservation de la religion catholique. Le premier-président s'acquitta de cette mission avec tant de dignité, de délicatesse et d'éloquence, que le roi témoigna, en termes les plus flatteurs, le plaisir que la démarche du Parlement lui faisait éprouver, et remercia en particulier le premier-président de son beau discours. Le parti catholique s'agita beaucoup en cette occasion, à Bordeaux ; mais, surveillé de près par Matignon, il se vit réduit à un état complet d'impuissance. Désolés cependant de voir le Parlement se rapprocher du *Béarnais* protestant, les Ligueurs parcoururent le pays et s'emparèrent de plusieurs villes du ressort. Matignon, se méfiant de la Cour de Bordeaux, souffrait tout cela par politique ; il voulait se rendre nécessaire, connaître l'esprit du peuple et indisposer les Bordelais contre les Ligueurs, qui créaient ces désordres et arrêtaient le commerce et l'industrie. Blaye était tombée au pouvoir d'Esparbès de Lussan et de Saint-Gelais-Lansac ; l'esprit de révolte se propageait dans les campagnes, et tout annonçait un soulèvement général. Le Parlement, indigné de ces désordres, pria le maréchal d'en délivrer la province. Matignon se mit en campagne et se dirigea sur Rions ; il en expulsa les huguenots, qui s'en étaient rendus maîtres et avaient abattu le couvent des Cordeliers, fondé par le duc d'Albret. Ayant plusieurs raisons de soupçonner la fidélité de Merville, commandant du Fort du Hâ, il le priva de sa place et se dirigea vers Villandraut, d'où les Ligueurs faisaient des courses jusque sous les murs de Bordeaux. Cette petite ville ne se rendit qu'au mois d'août, après avoir essuyé mille deux cent soixante coups de canon. On voulut démolir le vieux manoir du pape Clément V, et détruire la ville ; mais le duc de Duras obtint du roi des

Livre VIII.
Chap. 6.
—
1590.

1591.

Chronique bordelaise.

lettres d'inhibition ; ce contre-ordre arriva au moment où toutes les dispositions étaient prises (1).

Matignon revint sur Blaye, où Jean-Paul d'Esparbès de Lussan régnait en maître, ayant acheté à Lansac le gouvernement de la ville pour 6,000 écus. Matignon essaya des voies pacifiques ; mais Lussan continua à agir contre le roi et à lever des tributs arbitraires sur les navires qui montaient ou descendaient la Gironde ; c'était un ardent catholique et dévoué à la Ligue. Le maréchal fit venir neuf vaisseaux hollandais et anglais qui se trouvaient à La Rochelle ; avec ce puissant secours, il s'approcha de la ville pour en faire le siége, et le continua pendant trois mois. Jusqu'alors, les Anglais étaient assujétis à plusieurs mesures vexatoires ; ils étaient obligés de relâcher à Blaye et d'y laisser leurs canons avant de monter à Bordeaux ; mais les impôts vexatoires que Lussan levait sur les Anglais, sans l'autorisation du Parlement, indisposèrent contre lui cette Compagnie ; elle avait accordé, dès 1591, aux bâtiments anglais, la permission de pénétrer dans la Garonne, sans s'arrêter à Blaye, et de venir déposer leurs canons à Bordeaux ; elle voulait maintenir cette permission : c'était une humiliation pour Lussan, une petite vengeance du Parlement. Les Anglais vinrent avec empressement au secours de Matignon ; il attaqua le faubourg avec violence, et, après un combat acharné de deux heures, réussit à s'y loger, malgré la courageuse résistance de Lussan et de sa garnison. Ayant su d'avance les projets de Matignon, Lussan avait fait demander des secours à M. François de La Mothe, baron de Castelnau, gouverneur de Marmande, qui s'empressa de lui envoyer vingt-cinq bateaux, portant huit cents hommes. Cette flottille descendit, la nuit, et passa devant Bordeaux ; arrivée au Bec-d'Ambès, elle rencontra les vaisseaux anglais, qui lui lâchèrent plusieurs volées ; n'ayant pas besoin de beaucoup

---

(1) Le 8 novembre 1592, Catherine (Madame), sœur du roi, fit son entrée à Bordeaux, par la Porte-Caillau, et logea chez M. de Pontac.

d'eau, ces bateaux s'éloignèrent, à force de rames, le long de la côte, et allèrent échouer près de Blaye ; les hommes se rangèrent en bataille, sur le rivage, et repoussèrent les paysans accourus pour les rejeter dans leurs embarcations. Fiers de ce premier succès, ils avancèrent vers la ville et se frayèrent un passage à travers une portion du camp du maréchal, mal défendue et même dégarnie de soldats. Furieux de cet échec, Matignon déploya une nouvelle activité, et fit pousser la tranchée jusqu'au pied d'une demi-lune, qui fut emportée ; mais les fortifications étant palissadées à la gorge, les assaillants en furent délogés. Un second assaut fut livré, mais sans succès. On se retira pour délibérer ou pour mieux se préparer à une troisième attaque ; mais, sur ces entrefaites, seize vaisseaux espagnols arrivèrent au secours de la place, et forcèrent les six navires qui bloquaient la ville, de gagner le large vers le Bec-d'Ambès. Le combat fut chaud et obstiné : les navires s'abordèrent ; mais les Anglais, entourés de forces numériquement supérieures, mirent le feu aux poudres et se firent sauter avec les Espagnols passés à leurs bords. Pendant ce combat naval, Lussan faisait des sorties contre les assiégeants, qui perdirent six cents hommes, et, entre autres, Antoine de Gourgues, marin distingué de Bordeaux, qui s'était signalé l'année précédente à la prise de Castillon-en-Médoc. De Lussan resta maître de Blaye ; vers la fin de l'année, cette ville se rendit par composition et reconnut le roi. Henri appela auprès de lui le maréchal ; il avait besoin de ses conseils et de son expérience ; mais avant de partir, Matignon se rendit au Parlement et s'exprima en ces termes : « Je rendrai compte » au roi du zèle que vous avez fait paraître pour son service » et le bien de l'État. Vous avez été les plus fermes appuis » de sa couronne ; vous serez les plus tendres objets de son » affection. Le roi est sur le point de se convertir ; ses der- » nières victoires sur la Ligue lui ont ôté le scrupule qu'il » avait, qu'on n'attribuât son changement à la crainte, et ce

Livre VIII.
Chap. 6.
—
1593.

Scip. Dupleix,
*Histoire
de Henri IV.*
—
De Thou,
Histoire,
liv. CVII.

» sentiment était digne du plus grand roi du monde. » Le premier-président le remercia et le supplia d'employer toute son influence à décider le roi à embrasser la religion de ses ancêtres.

Quelques jours après (25 juillet), Henri IV écrivit aux jurats pour leur apprendre son abjuration (1). On crut à la sincérité du prince : sa conversion lui gagna plus de sujets que toutes ses victoires. Voulant profiter des circonstances et de la bonne volonté du roi, les jurats lui adressèrent des réclamations contre la levée de plusieurs subsides onéreux. Sa Majesté trouva leur demande inopportune et embarrassante ; et, en leur exprimant le déplaisir qu'il en ressentait, leur répondit, le 4 août 1596, de sa main : « Ne me donnez plus » la peyne de vous escryre de cette afere, d'aultant que c'est » chose que je veus, et que je ne puys autrement par la né- » cessité de mes aferes, assurés que comme elles seront myeux, » je vous gratifyeray en tout ce qu'yl me sera possyble. »

Cette réclamation en resta là ; on ne s'occupa plus que de la grande affaire de la conversion du roi et des réjouissances publiques. Le Parlement ordonna, en action de grâces, une procession solennelle, qui partirait de Saint-André pour se rendre aux Carmes, où l'on devait assister à la grand'messe et au *Te Deum*. Il y eut le soir des illuminations et des feux de joie sur les places publiques. Les catholiques modérés étaient satisfaits, les Ligueurs étaient moins fiers ; leur politique était sapée à sa base. Les calvinistes mécontents se crurent trahis et se mirent à vociférer contre le roi ; il avait été leur idole, il était devenu l'objet de leur haine. On chassa quelques religionnaires, mais on protégea les hommes paisibles. Sainte-Foy devint le *rendez-vous* des sectaires fanatiques du pays ; ils y

---

(1) En 1595, la ville de Bordaux fit présent au roi, par le sieur de Boucaut, d'une pièce d'ambre gris, pesant 80 onces.

rédigèrent des règlements particuliers et établirent un conseil politique supérieur pour la direction de leur parti, avec pouvoir de lever des subsides et de saisir les deniers royaux pour solder les garnisons protestantes.

Livre VIII.
Chap. 6.
—
1594.

Jamais l'esprit de rébellion ne fut poussé plus loin ; c'était un État dans l'État, une république dans une monarchie; c'était l'anarchie introduite dans le gouvernement et dans l'Église. Henri, naturellement bon, crut pouvoir calmer les protestants en confirmant l'édit de Poitiers, les conférences de Fleix et de Nérac ; il publia une amnistie générale ; mais on regarda ces actes de bonté comme des concessions ou des preuves de sa faiblesse ; les religionnaires devinrent plus exigeants, et, par leurs clameurs, leurs violentes réclamations et leur attitude hostile, l'amenèrent à signer le fameux édit de Nantes (1er avril 1598).

Scip. Dupleix,
Ut suprà.

L'édit fut envoyé à Bordeaux ; mais le Parlement refusa de l'enregistrer, comme illégal et funeste. Tous les partis exaltés éprouvaient pour cet acte un sentiment profond de mépris et de répulsion. Les Ligueurs le regardaient comme un acte d'hypocrisie : Henri de Bourbon leur paraissait toujours un huguenot voilé ; sa loyauté était toujours méconnue. Les protestants le considéraient comme un apostat ; leurs réunions à Ste-Foy n'avaient d'autre but que de s'opposer à son succès, et les ducs de Bouillon (Turenne) et La Trémouille les poussaient à une nouvelle levée de boucliers ou, au moins, à des démonstrations hostiles, afin de reconquérir certains priviléges dont Henri les avait dépouillés. Le refus du Parlement, d'enregistrer l'édit, était un nouvel élément de discorde ; il affligea le cœur du roi. Ce prince envoya à Bordeaux des lettres de jussion ; mais le Parlement ne crut pas devoir leur obéir ; le roi menaça d'interdire la Compagnie et de faire rendre la justice par d'autres magistrats ; Matignon appuya fortement cette dernière lettre, et, après une longue délibération, il fut arrêté que l'édit serait enregistré.

Depuis lors, on voyait deux religions à Bordeaux et plusieurs factions. Les calvinistes avaient un temple et un cimetière à Bègles, et un second temple dans le voisinage de l'église de Sainte-Eulalie ; ils affectaient de se rendre en foule aux enterrements de leurs coreligionnaires et de braver les catholiques, qui, de leur côté, ne se contenaient pas toujours. Le Parlement intervint et ordonna plus tard, conformément aux usages déjà suivis à Paris et à Orléans, qu'il n'y aurait pas désormais plus de dix personnes à chaque enterrement ; qu'on n'en ferait aucun après huit heures, en hiver, et neuf heures, en été, et qu'on y appellerait deux archers du guet. Les catholiques ne respectaient guère les cimetières protestants ; ils en faisaient des lieux de passage ; on permit aux religionnaires de les entourer de fossés ou de murs de 4 pieds de hauteur. Toutes ces précautions, la sage vigilance des magistrats, étaient impuissantes contre la haine des partis qui divisaient la Guienne. On vit alors les immenses avantages pour un État d'avoir l'unité de la religion, et les inconvénients graves qui résultaient pour l'ordre social de la diversité des croyances dans un État homogène comme la France. Les règles de conduite ne sauraient être les mêmes parmi les hommes qui embrassent des principes différents.

Les protestants ne désarmaient pas ; ils voulaient se faire craindre : le seul obstacle à leurs succès, c'était Matignon ; mais il mourut le 26 juillet 1597, à table, frappé d'apoplexie, dans son château de Lamarque, en Médoc ; la voix publique attribua cette mort à des ennemis cachés et acharnés à sa perte. Son corps fut déposé dans la chapelle des Chartreux, à Bordeaux (aux Chartrons), et embaumé ; on renferma son cœur dans un coffre de plomb, le corps dans un autre, et le tout fut porté dans l'église de Saint-Seurin, à Bordeaux, où on célébra, pour son âme, des services solennels pendant quarante jours.

Le 24 octobre, le corps fut transféré, la nuit, dans le couvent de la Petite-Observance ; sur les six heures du matin, le Parlement, les corps constitués et le clergé, assistèrent à la translation du corps à Saint-André ; après le service religieux, on prononça son oraison funèbre ; le cœur fut laissé à Saint-André ; mais on transporta le corps en Normandie. Il fut généralement regretté à Bordeaux par tous les amis de l'ordre ; les jurats élurent à sa place son fils, M. le comte de Torigny.

La mort de Matignon ranima la faction protestante ; elle crut voir renaître toutes ses espérances. Moins gênés dans leurs actions, ils se montrèrent plus hardis dans leurs plaintes et leurs réclamations ; ils allèrent même jusqu'à les appuyer de menaces. Leur irritation venait en partie de ce que les Ligueurs obtenaient toutes les places, tous les honneurs ; il y avait de l'égoïsme au fond de leur haine ; c'était une passion intéressée. Ils murmuraient contre tout ce qui se faisait sans eux ; ils accusaient leur ancien chef, Henri de Bourbon, qui, par bonté autant que par politique, ne voulait ni déplaire aux uns ni nuire aux autres, et qui, après avoir pardonné aux ennemis de Henri III et aux siens, ne pouvait plus, raisonnablement, repousser des amis fidèles mais irrités, sincères autrefois, maintenant obstinés dans des erreurs dont il avait lui-même reconnu le danger. Cependant, ne pouvant pas, après beaucoup de tâtonnements et des conférences sans nombre, réussir à calmer les vieilles haines des partis en France, le roi crut devoir rassurer les protestants sur leur avenir, tout en croyant ménager la susceptibilité des catholiques, et publia le fameux édit de Nantes, dont nous avons déjà parlé.

Aux yeux des catholiques, cet acte politique paraissait trop favorable aux protestants, qui, de leur côté, s'en plaignaient comme trop restrictif de leurs libertés. Henri croyait contenter tout le monde ; c'était l'illusion d'un bon cœur. Les concessions faites à ses anciens amis étaient d'une haute portée ; mais les catholiques modérés composaient l'immense majorité de ses sujets; les Ligueurs ou les exagérés étaient peu nombreux, mais puissants; et les calvinistes, quoique leurs rangs se fussent grossis de tous les mécontents de l'époque, de tous les brouillons dans l'ordre politique et religieux, ne formaient qu'une bien faible minorité; comme Français, ils avaient tous des droits à la protection et aux bontés de leur prince. Il le voulait bien; mais il fallait agir avec prudence. Établir une parfaite égalité entre les différents partis, c'était devancer son siècle et vouloir l'impossible; restreindre les concessions faites aux religionnaires, c'était rallumer la torche de la guerre civile, à laquelle les maréchaux de Biron et de Bouillon ne demandaient pas mieux que de fournir de nouveaux aliments.

A cette époque, on voit paraître en même temps trois hommes qui ont joué un grand rôle dans l'histoire de Bordeaux; ce sont M. d'Escoubleaux de Sourdis, le maréchal d'Ornano et notre fameux compatriote d'Épernon. Le premier était un ecclésiastique jeune, pieux, zélé, très-estimable sous tous les rapports; il fut recommandé au roi par la marquise de Monceaux, duchesse de Beaufort; le pape Clément VIII, à la demande de Sa Majesté, le nomma archevêque de Bordeaux, en 1599; Pierre Darnal prit possession du siége pour lui, en juillet, et il arriva lui-même à Bordeaux en janvier 1600.

Le maréchal d'Ornano vint en Guienne en qualité de lieutenant du roi. Nous en parlerons plus tard, ainsi que de Jean-Louis de Nogaret, duc d'Épernon, qui avait épousé, le 22 août 1581, Marguerite de Foix de Candale, au château de Vincennes. Le roi honora de sa présence le mariage de ce noble seigneur, dont le nom et les actes occupent une si grande place dans nos annales.

D'Ornano jouissait de la confiance du roi; il eut ordre, en venant à Bordeaux, de s'entendre avec le seigneur de La Force, pour la pacification de la Guienne et l'exécution de l'édit de Nantes. En arrivant, il se mit à étudier les hommes et les lieux, et apprit que Merville, commandant du Fort du Hâ, faisait partie d'un complot qui avait pour but de livrer Bordeaux aux Espagnols. Le Parlement s'assembla de suite, et ordonna que le président De Cadillac entrerait dans le fort pour en prendre le commandement, jusqu'à ce que le roi en eût autrement disposé, et que Merville se fût justifié. Merville, à son retour du Limousin, n'eut pas de peine à le faire; il fut rétabli dans sa place, au Fort du Hâ. Le complot existait réellement; mais il était purement calviniste; il avait des ramifications dans le Limousin et dans l'Auvergne; les religionnaires, à Sainte-Foy et à Castillon, firent cause commune avec les insurgés de ces pays; ceux de Bordeaux n'osèrent pas bouger; mais une sourde fermentation s'y faisait sentir. Le prétexte à cette prise d'armes était un impôt, dit *pancarte,* établi pour trois ans, à compter de 1596, et qu'on continuait encore à percevoir illégalement. Biron souleva le peuple en criant contre le despotisme; il souffla partout le feu de la révolte et fut puissamment secondé par le comte d'Auvergne, Bouillon et autres. Il fut enfin arrêté et exécuté sans pitié; c'était une rigueur nécessaire. Ce coup d'autorité du nouveau roi plongea tous les calvinistes dans une morne stupeur; la paix se rétablit.

En ce temps, les joutes et tournois qui faisaient jadis l'amusement du peuple, furent assez suivis à Bordeaux. Le comte de Grammont était alors (1604) à Bordeaux; on convint qu'il ferait une partie de bague avec le maréchal d'Ornano, et, pour cela, on dépava le milieu de la rue du Chapeau-Rouge pour y établir une palissade ou barrière convenable. Le maréchal fut accompagné de M. de Losse et d'un autre seigneur; ils étaient tous trois élégamment revêtus d'une étoffe d'argent. M. de Grammont était accompagné de M. de Saint-Legier, de la Saintonge, et de MM. de Montolieu, de La Lande, tous trois vêtus de gaze d'argent verte et orangée. Il s'y trouva aussi le

Livre VIII.
Chap. 6.
—
1599.

Sully,
Mémoires,
tome IV.

Favyn,
*Histoire
de Navarre,*
liv. 18, p. 18.

*Variétés
bordelaises,*
tome II, p. 13.

sieur de Castets et trois autres seigneurs, en habits de deuil, le sieur de Fontenil, natif de Cadouin, avec trois autres, élégamment habillés en Maures. Il y avait encore quatre autres personnages vêtus de rouge, avec un bonnet rouge chacun, en forme de pages, et quatre autres habillés en Sauvages; c'étaient le fils du président Cadillac, le sieur Dandissans et deux gentilshommes de l'Agenais. On courut deux bagues : la première, donnée par Madame la comtesse de Grammont, fut gagnée par le sieur de Castets; la seconde, demandée par M. de Grammont à Madame d'Affis, femme du premier-président, fut gagnée par M. de Grammont; le maréchal ne fut pas heureux ce jour-là.

Voilà les paisibles et innocents amusements qui commencèrent le XVIIme siècle; mais ils ne firent pas longtemps diversion aux affaires de la guerre et aux graves et nombreuses préoccupations civiles et religieuses de l'époque.

CHAPITRE VII.

La peste à Bordeaux. — Le cardinal de Sourdis et les pestiférés. — Conduite des autorités de Bordeaux dans cette occasion. — Opposition du Parlement à l'édit du roi. — La réponse de Sa Majesté. — Mort d'Ornano. — Mort du roi. — Roquelaure à Bordeaux. — Mouvement des Protestants. — Attaque contre l'abbaye de Saint-Ferme. — Le roi à Bordeaux. — Son mariage à Bordeaux. — Entrée solennelle du roi et de la reine. — Leur séjour à Bordeaux.

Malgré tous les efforts du bon Henri, la méfiance régnait partout : les partis se surveillaient ; ils regardaient la stabilité comme un malheur et désiraient un changement, que chacun espérait comme préférable à l'état présent. Enfin, la peste, fléau bien plus meurtrier que la guerre, vint ajouter ses maux et ses horreurs à l'anarchie des esprits, et décimer la population de Blaye et de Bordeaux. Les familles riches émigrèrent ; un grand nombre s'établit à Libourne et à St-Émilion, où l'air était pur. Les éléments étaient impuissants contre l'impitoyable visiteur (1) ; le peuple, abandonné des hommes, tourna ses regards vers le ciel, se livra aux pratiques de piété, aux inspirations plus ou moins éclairées de sa foi. Le cardinal de Sourdis se distingua dans cette déplorable conjoncture ; il visitait deux fois la semaine, et quelquefois tous les trois jours, les pestiférés, et alla même porter des consolations à ceux de Libourne, où cette épidémie avait pénétré. Comme le fléau continuait ses ravages, le cardinal chercha tous les moyens possibles pour en arrêter le cours. A Bordeaux, les secours

Livre VIII.
1604.

Lacolonie,
Histoire curieuse, t. II.

---

(1) Froid extrême à Bordeaux le 21 décembre ; il dura deux mois. Toutes les vignes furent gelées.

étaient nombreux et efficaces; on avait d'ailleurs la ressource des ordres religieux; mais il n'en était pas de même à Libourne, où les pestiférés étaient délaissés. Le cardinal y établit des religieuses Ursulines pour les soigner. Zélé pour la foi, plein de charité, possédant les plus hautes vertus épiscopales, il désarma les calvinistes par ses brillantes qualités et son désintéressement apostolique : il fit aimer la religion; son grand cœur ne se démentit jamais, et il justifia entièrement la belle opinion qu'avaient conçue de lui le roi et le peuple. Enfin, voyant tous leurs efforts inutiles, les secours de l'art inefficaces contre le fléau, d'Ornano, les jurats et plusieurs bourgeois se réunirent pour se concerter sur la ligne de conduite à tenir ; après plusieurs observations inspirées par des sentiments de foi et de charité, ils reconnurent que cet épouvantable fléau devait être une punition du ciel, infligée à un peuple coupable, aux riches comme aux pauvres; et, d'un commun accord, ils firent vœu : 1° que s'il plaisait à la divine Miséricorde d'apaiser son courroux et d'arrêter les déplorables ravages de la peste, la ville offrirait à la bienheureuse Vierge Marie une lampe du poids de 18 marcs d'argent, portant les armes de la ville, et qui serait déposée dans l'église de Notre-Dame de Lorette; 2° que le maire et les jurats, en costume municipal, iraient faire chanter une messe et les litanies de la Vierge dans l'église de Notre-Dame du Chapelet, le jour de la Visitation; 3° qu'à perpétuité, ils feraient chanter les litanies de la Vierge, tous les samedis, dans le couvent du Chapelet, et donneraient, en récompense de ce service, tous les ans, 30 liv., payables par le trésorier de la ville ; s'engageant, en outre, d'aller à la procession, le jour de l'Annonciation. Dès que le cérémonial fut réglé, le vœu fut signé par les autorités, au nom de la ville, et la lampe commandée, faite et portée, avec toutes les marques d'un profond respect, par le curé de Sainte-Colombe, en l'église de Notre-Dame de Lorette. Sur le globe de cette lampe furent inscrits des vers composés par l'avocat Lasmezas, et qu'on peut rendre ainsi en français : « *Vierge et mère, Bordeaux a fait un vœu, et l'a* » *accompli en vous offrant cette lampe ; soyez propice à ces* » *citoyens affligés.* » (1)

Livre VIII. Chap. 7.
—
1607.

Dans ce temps, Henri IV créa, par un édit, de nouveaux offices relatifs au greffe du Parlement de Bordeaux. Cet édit, appelé *du Parisis,* devait diminuer, par la concurrence, la valeur des autres charges. Le Parlement refusa de l'enregistrer, et députa vers le roi, à Paris, quelques membres de la Compagnie, ayant à leur tête le président Dubernet, pour lui expliquer les motifs de son refus. A leur retour, les Chambres s'assemblèrent ; le maréchal d'Ornano y assista, et les députés rendirent compte de leur mission et de la réponse du roi ; c'était le 19 janvier 1608. On approuva le langage du sieur Dubernet ; mais la réponse du roi leur parut *très-aigre,* et avec raison ; en voici la substance, telle qu'on la retrouve dans les registres secrets du Parlement :

1608

Registres secrets du Parlement.

« Vous avez bien dit, M. Dubernet, et en bon orateur, ré-
» pondit le roi ; aussi le papier souffre tout. Je vous répondrai
» en grand roi, bon soldat et grand homme d'État. Vous dites
» que mon peuple est foulé, et qui le foule, que vous et votre
» Compagnie ? O la méchante Compagnie !..... Et qui gagne
» son procès à Bordeaux, que ceux qui ont la plus grosse
» bourse ? Tous mes Parlements ne valent rien ; mais vous êtes
» le pire de tous. Je sais bien qu'il y en a de bons (parmi
» vous), mais le nombre des méchants est plus grand. —
» Mettez la main sur la conscience ; si je vous dis un mot à
» l'oreille, vous me l'accorderez..... O la méchante Compa-
» gnie ! Je vous connais tous ; je suis Gascon comme vous.
» Qui est le paysan duquel la vigne ne soit au président ou
» au conseiller, ou le pauvre gentilhomme duquel il n'ait la
» terre ! Il ne faut qu'être conseiller pour être riche inconti-

(1) Vovit et exsolvit tibi, lampada Virgo parensque
Burdigala ; afflictis civibus affer opem.

» nent. Les procureurs, les clercs, tous aussitôt riches ! Voilà
» pourquoi les offices y sont plus chers qu'aux autres Parle-
» ments. — Quand j'étais simplement roi de Navarre, je sais
» bien les arrêts qu'on donnait contre moi ; je n'osais en ap-
» procher que déguisé.

» Vous dites que la peste afflige Bordeaux, et qui en est
» la cause, que votre méchanceté? Ce n'est pas moi. Y a-t-il
» aucune requête présentée contre moi, par mon peuple, en
» votre Parlement? Si fait bien, contre vous, en mon Conseil.
» — Je vous avais dit, M. le Chancelier, d'y mettre ordre ;
» c'est ce que je veux que vous fassiez. »

Le roi continua longtemps sur ce ton ses reproches contre le Parlement de Bordeaux, et finit par dire aux députés qu'il voulait *être obéi*, et leur donna des lettres de jussion pour la vérification et l'enregistrement de son édit. Le Parlement, qui s'était cru presque tout-puissant, fut tout étonné de ce langage ; trois jours après cette séance (le 23 janvier), la Compagnie se rendit aux désirs du roi, et enregistra l'édit.

De tous les hommes de Bordeaux, d'Ornano était celui que le roi affectionnait le plus. Ayant appris son courageux dévoûment auprès des pestiférés, ce prince lui enjoignit d'aller s'établir à Libourne, et de ménager sa vie et sa santé dans l'intérêt du roi et de la patrie. Le maréchal obéit à regret ; il aurait désiré rester auprès de ses concitoyens dans leurs douleurs, et donner aux grands le noble exemple d'un esprit de dévoûment et de sacrifice. Appelé bientôt après à Paris, il prit congé des Bordelais, qui l'affectionnaient sincèrement ; mais il ne devait plus les revoir : il arriva à Paris malade, et mourut de la pierre en janvier 1610, à l'âge de 62 ans. Il aimait Bordeaux, comme il y était aimé ; c'était pour lui une patrie adoptive : il voulut y être enterré. Son corps fut porté à Blaye le 16 février, et, de là, sur le quai de la Grave, où le curé de Saint-Michel vint, avec son clergé, en faire la levée. Ses obsèques ne furent célébrées que le 3 avril. Bientôt après, on lui érigea, dans l'église de la Merci, un superbe mausolée, dont il n'existe qu'une statue en marbre blanc, conservée dans la salle des antiques du Musée de Bordeaux. Le vide fut grand dans la province : le roi comprit la nécessité d'y avoir un serviteur fidèle et dévoué ; il y nomma M. de Roquelaure, lieutenant général en Guienne, et pria les jurats de lui offrir la place de maire ; ils se rendirent aux désirs du roi, le 18 mars, et n'eurent pas lieu de s'en repentir. Roquelaure arriva à Bordeaux le 26 novembre 1611. Henri voulait le bonheur de la Guienne ; cependant d'aveugles catholiques le combattaient, neutralisaient ses projets et calomniaient ses intentions ; un fanatique, Ravaillac, exalté par les passions des partis, assassina le meilleur des rois, le 14 mai, et priva la France du prince qui seul pouvait alors guérir les plaies de la patrie. D'Épernon se trouvait dans la voiture, à côté du roi ; voyant mourir le prince, il baissa les mantelets et dit sans émotion, et avec un prudent sang-froid, à la foule : « Le roi n'est que légèrement blessé. » Mais songeant aux partis et à leurs espérances diverses, il expédia Montferrand, gentilhomme bordelais, à la cour, pour prévenir la reine, faire assurer les portes et les avenues du palais et mettre la garde sous les armes. Arrivé à la cour, Montferrand rencontra, dans le mouvement tumultueux de la foule curieuse et inquiète, le chancelier, qui lui demanda ce que c'était que tout cela. « Le roi est mort ! » s'écria l'autre ; mais le chancelier le regarda fixement, et ne pouvant pas se faire comprendre du regard, le saisit par le bras, et lui dit tous bas : « Savez-vous ce que vous dites-là ? » Montferrand comprit toute son imprudence et se tut.

On s'attendait à voir les partis exploiter la mort du roi ; le vide était immense, et on avait raison de craindre de graves désordres. Roquelaure se hâta de venir en Guienne ; il arriva le 2 juin, et traversa la Garonne, à Lormont, dans un bateau élégamment tapissé ; sa réception fut magnifique, mais il trouva Bordeaux en larmes et inconsolable de la mort du bon Henri. On envoya deux jurats complimenter la reine et faire soumission de la ville à Louis XIII, dont l'avènement avait été annoncé à la France. Le 15 novembre, on chanta un *Te Deum* en réjouissance du sacre du nouveau roi, qui avait eu lieu le 17 octobre.

A cette époque, Concini, célèbre intrigant et favori de la reine, absorbait toutes les faveurs de la cour; il se fit nommer maréchal d'Ancre. Sa conduite indisposa contre le roi les grands seigneurs, et, en particulier, le prince de Condé, qui se voyait avec peine écarté, pour confier l'administration du royaume à un étranger. Condé se retira donc avec le duc de Vendôme, Henri d'Orléans, duc de Longueville, le duc de Bouillon et plusieurs autres; ils se prononcèrent contre la cour et poussèrent activement au soulèvement du peuple. Les protestants ne demandaient pas mieux que de profiter de cette occasion, en épousant la querelle de leurs anciens chefs. La cour, prévoyant de grands embarras, et sentant son extrême faiblesse en présence de tant de dangers, entama des négociations avec les mécontents; c'était une faute; elle montra ainsi ses craintes et donna de l'énergie aux malintentionnés, qui voilaient leurs intrigues contre Marie de Médicis et son favori, mis à la place de Henri IV. Dans cet intervalle, le roi fut déclaré majeur. Concini conseilla à la reine de s'unir avec l'Espagne; on arrêta le mariage du roi avec l'infante d'Espagne, Anne d'Autriche, et celui de Madame avec l'infant, le prince de Castille, fils de Philippe III. Ces dispositions déplurent aux protestants; il leur sembla voir leur religion proscrite, l'inquisition d'Espagne transplantée en France, et leurs temples renversés; ils prirent la résolution de s'opposer, par tous les moyens en leur pouvoir, à la célébration de ce mariage, qui devait avoir lieu à Bordeaux au mois d'octobre. Ils offrirent en même temps le commandement de leurs troupes au duc de Rohan, qui paraissait indécis entre les deux partis ; c'était un bon moyen de le gagner à leur cause ou de le compromettre aux yeux de la reine.

Favas, de Castets-sur-Garonne, agissait d'intelligence avec le comte de Saint-Paul, seigneur de Caumont et duc de Fronsac ; ils se donnèrent des peines incroyables pour soulever la Guienne ; ils parcoururent les pays limitrophes du Bordelais ; et, d'après une résolution prise à Sainte-Foy, Boisse-Pardaïlhan vint, avec un corps de deux mille hommes, attaquer l'abbaye de Saint-Ferme. Cette bande pénétra dans l'église ; mais les religieux, sous la direction du capitaine Pauquet, se retranchèrent sur la voûte et se défendirent avec courage : chaque coup de mousquet d'un moine tuait deux calvinistes ; ces religionnaires y perdirent un grand nombre de leurs partisans et furent forcés de se retirer avec honte. En Médoc, ils furent plus heureux ; ils démolirent les fortifications de Castillon, et la guerre civile y dressa partout avec audace sa hideuse tête ; dans les environs de Bordeaux, ses effets furent moins sensibles ; on y avait pourvu à toutes les éventualités.

Le roi savait toutes ces pénibles circonstances ; mais, jeune et confiant dans ses agents et ses troupes, il partit de Paris le 17 août, suivi d'une brillante et nombreuse cour et escorté de mille deux cents chevaux et quatre mille fantassins. Il arriva à Bourg le 6 octobre et y fit son entrée en habits de guerre. Quelques membres du Parlement s'y étaient rendus pour le complimenter. Pendant son séjour à Bourg, Sa Majesté apprit que les religionnaires, informés de son intention d'aller à Libourne avant d'entrer à Bordeaux, concentraient leurs forces dans les environs de Guîtres, avec la résolution de l'arrêter au passage de l'Isle ; ces avis lui parurent suspects et n'ébranlèrent pas sa résolution. Depuis les limites de la province, il n'avait pas vu le moindre péril, grâces aux soins du Parlement et surtout du président de Gourgues, qui avait préparé le chemin et qui devait présider à la réception

Livre VIII.
Chap. 7.

1615.

de Sa Majesté à Bordeaux ; il répugnait à supposer des difficultés sérieuses à son voyage ; il comptait d'ailleurs sur la fidélité éprouvée de Roquelaure, qui s'était rendu à Guîtres avec quatre mille arquebusiers et deux mille hommes à cheval, auxquels s'étaient réunis trois cents autres, envoyés par la municipalité de Bordeaux, et cent bourgeois que Pierre Eymar, maire de Bourg, avait chargés d'escorter le roi. Ces forces auraient suffi pour dissiper les craintes de la cour ; mais des avis plus sérieux et plus circonstanciés décidèrent le roi à retourner en arrière. Il rentra dans la ville de Bourg, où les Bordelais, prévoyant qu'il ne voudrait pas risquer sa vie en passant par Guîtres, avaient envoyé le jurat Fontencil avec une maison navale tirée par soixante matelots, habillés des livrées de la ville et distribués dans quatre grandes barques. Le bateau royal était élégamment décoré et parsemé de croissants et de tours : « Sur l'un des côtés, dit un auteur, un personnage » allégorique, représentant la Garonne, sortait à demi des » ondes ; il portait sur sa tête un paquet énorme de joncs et » de roseaux, et se tournait vers Neptune, en suppliant, comme » pour se plaindre de la pesanteur du fardeau et le solliciter » de l'en décharger, en considération du spectacle brillant » qui décorait son empire. » Louis XIII ne comprit pas, peut-être, ou feignit de ne pas comprendre cette décoration emblématique ; il ne fit rien pour diminuer les charges de la province : les impôts devinrent plus lourds que jamais, suite des malheurs du temps.

La maison navale aborda aux Salinières, à cinq heures du soir, le 7 octobre, au milieu d'une foule immense de curieux accourus de toutes parts pour fêter l'arrivée du roi : on n'entendait que des acclamations de joie, des *vivats* mille fois répétés et des salves d'artillerie. Le roi monta dans un élégant carrosse, et le cortége, précédé des gardes, se rendit à Saint-André, où le prince fut reçu et complimenté par le cardinal de Sourdis, à la tête de son clergé. Après avoir fait sa prière devant l'autel et prêté le serment accoutumé, il fut conduit à l'Archevêché ; la reine-mère logea quelques jours au château du Hâ ; mais ne trouvant pas les appartements assez convenables, elle alla demeurer chez le sieur Martin, rue du Mirail : Madame descendit chez M. de Beaumont, doyen des maîtres des requêtes ; M. de Guise, chez le sieur Martin, au Chapeau-Rouge ; et M. le Chancelier, chez le président de Gourgues.

Livre VIII.
Chap. 7.
—
1615.

Quelques jours plus tard, on sut à Bordeaux que le duc de Rohan avait pris les armes et menaçait les contrées méridionales du Bordelais. Le roi tint conseil ; et, présumant que cette petite armée pourrait grossir et tenter un coup de main sur la cour, il envoya au duc, M. de La Brosse, pour lui demander raison de sa conduite. De Rohan passait la Garonne quand il vit arriver de La Brosse. Il voulait entrer dans l'Armagnac, avec Favas et le marquis de La Force, et créer des embarras et même des périls pour la cour. Tout étonné de la mission de de Brosse, il répondit avec franchise qu'on craignait pour la nouvelle religion, puisque le roi levait des troupes exclusivement catholiques, et que, de plus, le mariage entre les deux Maisons royales de France et d'Espagne ne justifiait que trop ces appréhensions ; mais que, du reste, ses amis n'avaient fait aucun acte hostile, excepté l'affaire de Saint-Ferme, où ils n'avaient fait que se défendre contre une attaque injuste. Cette réponse ne parut pas sincère à Louis XIII ; d'après l'avis de son conseil, il ordonna de traiter de Rohan en ennemi de l'État.

Le 18 octobre, le duc de Lerme épousa, à Burgos, l'infante par procuration et au nom de Louis XIII, et, le même jour, le duc de Guise, représentant du prince espagnol, épousa en son nom Madame de France, à Bordeaux. A deux heures, Madame parut dans la galerie de l'Archevêché pour la cérémonie des fiançailles ; elle portait une couronne d'or, le manteau royal à fleurs de lis, fourré d'hermine ; elle était suivie du prince de Conti, qui portait la queue de sa robe. Après cette cérémonie, on se présenta à l'église, où se trouvaient les magistrats, tous les personnages marquants du pays. Le roi prit Madame par la main droite et la reine par la gauche, et ils la placèrent sur une estrade devant le maître-autel. Le cardinal de Sourdis officia ; l'archevêque de Reims lui servit de diacre et l'évêque de Bazas de sous-diacre. Le trône du roi était plus bas que celui du cardinal ; le pieux prince ne crut pas s'humilier en cédant le pas, dans l'église, au ministre de Dieu.

Deux jours après (24 octobre), la princesse partit pour l'Espagne, sous la garde du duc de Guise et d'une forte escorte. Le roi l'accompagna à un quart de lieue de la ville. L'échange des deux princesses se fit dans l'île des Faisans, sur la Bidassoa, le 9 novembre. La princesse espagnole rencontra à Bazas deux jurats de Bordeaux, qui allèrent la complimenter. Le roi lui-même, qui avait entendu parler de sa beauté, alla la voir *incognito* à Castres. Elle arriva à Bordeaux le 24 novembre, à neuf heures du soir, dans une litière ouverte, entourée d'une population ivre de joie.

Le 25 novembre, on procéda au mariage du roi. Le cardinal de Sourdis ayant eu une fâcheuse affaire avec le Parlement, dont nous parlerons dans la suite, ce fut l'évêque de Saintes qui officia à sa place. La messe commença à quatre heures du soir et tout fut fini à six. L'église était décorée d'élégantes tapisseries envoyées exprès de Paris. La cérémonie achevée, on jeta dans la foule, qui entourait la cathédrale, une grande quantité de médailles d'or et d'argent, portant cette inscription : Æternæ foedera pacis. *Monuments d'une paix éternelle!*

Quatre jours après (29 novembre), Leurs Majestés sortirent de la ville, pour faire leur entrée solennelle. Après la messe, elles s'embarquèrent à Ste-Croix, sur une maison navale élégamment décorée, qui était remorquée par quatre bateaux et suivie d'une centaine de barques portant leur suite, les musiciens et les gardes. On débarqua aux Chartrons, où, après une légère collation, Leurs Majestés s'assirent sur un trône, vers les deux heures. Le chancelier et les officiers de la cour avaient des siéges réservés. Après avoir entendu la harangue de de Trans, premier jurat, au nom de la ville ; de l'évêque de Dax, doyen de Saint-Seurin, au nom du clergé ; de Brassier, recteur, pour l'Université, et du président de Lalande pour le Parlement, le roi, monté sur un beau coursier, précédé du grand-prévôt et des Suisses, suivi des maréchaux, des chevaliers des ordres du roi, de toute la noblesse, se dirigea vers la cathédrale : la reine était portée dans un brancard découvert ; elle était précédée du duc d'Uzès, son chevalier d'honneur, et avait à ses côtés les ducs de Guise et d'Elbeuf. La noblesse française et la noblesse espagnole étaient mêlées. Au dernier rang venaient les carrosses de Leurs Majestés, puis les carrosses des dames françaises et espagnoles. Arrivé à la porte de la ville, le roi reçut les clés des mains des jurats et avança par des rues tapissées et bordées des milices de la ville, au milieu d'une foule ivre de joie. Arrivé devant l'hôtel où se trouvait la reine-mère, il s'avança pour la saluer, en faisant, d'après notre chroniqueur, caracoler son cheval avec grâce. Enfin, il fit son entrée à Saint-André, à la lumière des flambleaux ; après le *Te Deum*, il jura de garder les statuts et les priviléges de la ville. La journée fut terminée par des salves d'artillerie, tirées des châteaux et des navires. L'ambassadeur espagnol fit présent au roi de vingt beaux chevaux, au nom de son maître. La ville donna à Leurs Majestés deux médailles d'or, de la grandeur, chacune, d'une assiette ; celle du roi le représentait à cheval, à demi-relief ; derrière lui, on voyait un amphithéâtre de montagnes, et sous son cheval des géants qu'il foulait aux pieds : c'était une allusion aux troubles qu'excitaient les réformés et à leur futur sort. La légende était en latin et signifiait : *Ainsi périront les impies qui voudront nous chasser du ciel* (1). Sur le revers, on avait figuré la ville de Bordeaux,

(1) Sic pereat, nostro qui nos detrudere cœlo,
Impius audebit..........

le port et le Cypressat ou côte de Cenon : on y reconnaissait la plupart des édifices remarquables. Sur la médaille de la reine, Leurs Majestés paraissaient, se tenant par la main : le Saint-Esprit rayonnait sur leurs têtes ; un dauphin, environné d'étoiles, paraissait dans le ciel ; d'autres dauphins nageaient dans la mer ; la légende latine signifiait : *Comme il brille dans le ciel et nage dans la mer, qu'il règne donc sur l'univers* (1).

La ville fit présent à la reine-mère de deux morceaux d'ambre gris, d'une grosseur remarquable, trouvés sur la côte de La Teste. On les mit dans une boîte de vermeil, enrichie de figures et de devises.

Le 10 décembre, le roi tint un lit de justice au Parlement, et, entre autres choses, dit qu'il honorait la justice ; qu'il entendait qu'elle fût si bien rendue à ses sujets, que les méchants seraient punis et les bons récompensés et honorés. Enfin, le départ de la cour fut fixé au 17 : le Parlement pria le roi de prendre les mesures nécessaires pour la défense du pays ; il le promit, et fit désarmer les réformés. Il leur fut expressément défendu de troubler l'ordre ; et aux catholiques, aussi sous des peines très-graves, de faire aucune provocation qui pourrait exciter des troubles dans la province.

Pendant les deux mois et demi que la cour séjourna à Bordeaux, Louis XIII faisait souvent des promenades sur la rivière, où l'on tirait des feux d'artifice ; il vivait familièrement avec les jeunes gens de la ville, qui formaient sa garde ; il se mêlait à la foule, faisait des courses à la campagne et visitait avec soin les édifices et les curiosités de la ville et des environs. Un jour, il alla à l'Hôtel-de-Ville, il y trouva une collation superbe et très-somptueuse, servie sur deux longues tables dressées en potence. Il mangea peu et fit réserver un plat très-curieux, où l'on avait représenté en sucre le temple

---

(1) Ut fulget in cœlo, natat æquore, regnet in orbe.

de Salomon. Mais il eut à peine fini, que les nobles, les assistants se jetèrent avec avidité sur les tables : tout fut pillé et renversé, les plats et les assiettes brisés, et le roi lui-même fut tellement pressé par la foule, que, dans un moment d'impatience, il donna un soufflet à un enfant qui s'était jeté entre ses jambes. Le soir, il y eut des feux d'artifice et un spectacle d'un combat entre des géants et des pygmées : les premiers étaient des hommes montés sur des échasses, les seconds étaient de petits enfants. C'était alors une croyance générale, en France, que les rois de la race de Saint-Louis avaient le pouvoir, en les touchant, de guérir les écrouelles : le jour de la Toussaint, Louis XIII toucha quinze cents personnes atteintes de ce mal.

En partant de Paris, le roi avait pris deux millions à la Bastille ; ils suffisaient à peine à la moitié du voyage : le président de Gourgues, Desaigues, procureur général au Parment, et quelques autres, se cotisèrent dans le but de prêter une somme assez considérable au roi, pour ses dépenses ordinaires. Le 17 décembre, Leurs Majestés quittèrent notre cité, après avoir assuré les Bordelais de leur reconnaissance affectueuse. Elles arrivèrent, par d'affreux chemins, à Créon, où elles passèrent la nuit, et, le lendemain, traversèrent la Dordogne à Branne, sur un pont de bateaux, et furent accueillies avec enthousiasme à Libourne.

Après le départ de la cour, le maréchal de Roquelaure prit plusieurs mesures pour la sûreté de la ville. D'après les ordres du roi, on désarma les religionnaires ; on chargea douze conseillers de faire, deux à deux, la visite des maisons des huguenots ; on défendit, sous des peines sévères, qu'on molestât les réformés de la ville ou des faubourgs ; et, par ces sages dispositions, on fit avorter tous les projets que les chefs des protestants avaient formés pour se rendre maîtres de Bordeaux. Quelques mois plus tard, le roi fit un traité avec les princes insurgés ; il contenait cinquante-quatre articles, tous

Livre VIII.
Chap. 7.
—
1615.

6 Mai 1616.

Livre VIII.
Chap. 7.

1616.

favorables à la réforme. Le Parlement de Bordeaux ne les enregistra qu'avec des modifications, dit D. Devienne, qui réduisirent ce traité à peu près aux termes de l'édit de Nantes.

Nota. Le froid de l'an 1405 fut intense, l'hiver de 1572 le fut davantage; celui de 1608 fut extrême et long : les vignes furent gelées, et le peuple eut beaucoup à souffrir ; le froid dura deux mois sans interruption, et la chaleur de l'été suivant fut très-violente. En 1616, le froid fut si fort à Bordeaux, que le prix de cent fagots monta à 8 fr., la bûche à 9, et le faissonnat à 18 fr.

CHAPITRE VIII.

PARTICULARITÉS HISTORIQUES DU XVIᵉ SIÈCLE.

Les Coutumes. — Les Corporations. — Les Gahets. — Les Pauvres. — Les Truands. — Les Bohémiens. — Jeux de hasard. — Les Enfants trouvés. — Le Gabarier. — La Peste. — Les Bourgeois de Bordeaux. — Leurs Priviléges au XVIᵉ siècle. — Bordeaux appelé *sa bonne ville* par le roi. — Étendue et Embellissement de Bordeaux. — Cloche de l'Hôtel-de-Ville. — Clocher de Saint-Michel. — Château de Montferrand. — Dessèchement des marais. — Impôts. — Fabrique de Soieries. — La Peste. — L'Hôpital de la peste. — Enclos d'Arnaud-Guiraud. — Confitures de Bordeaux. — Monnaies. — Femmes de mauvaise vie.

Au XVIᵉ siècle, il s'opéra de notables changements dans l'administration civile, politique et judiciaire de Bordeaux. Jusqu'alors, la jurisprudence variait selon le pays et même les petites localités ; la Coutume régnait à Bordeaux et servait presque toujours de règle dans les tribunaux ; le droit romain ou écrit prévalait ailleurs, et très-souvent en opposition aux usages sanctionnés par le droit coutumier. On attendait une main habile pour coordonner ces Coutumes diverses et souvent divergentes, et pour en faire un tout homogène et compact, et s'harmonisant, autant que possible, avec le droit romain. Cet utile travail fut entrepris par M. de La Marthonie, premier-président du Parlement sous Louis XII, continué par son successeur, M. de Belcier, et publié le 23 juillet 1521.

<small>Livre VIII.
COUTUMES.</small>

Les *corporations* ou corps de métier avaient une organisation légale, des priviléges et des statuts particuliers ; leur contraste avec leur état, au XIXᵉ siècle, fournirait à la politique comme à la morale des leçons instructives.

Dans le *Livre des Coutumes* de Bordeaux, comme dans les registres du Parlement, il est fréquemment parlé des *gahets*,

<small>GAHETS.
Histoire de Bazas, p. 461.</small>

Livre VIII.
Chap. 8.

Particularités historiques du XVIe siècle.

que les Gascons appelaient *cagots*, *capots*, et les Basques *agots*, et qui, en plusieurs autres contrées de l'ancienne Guienne, prenaient le nom de *chrétiens*. C'était une classe d'êtres malheureux et maudits, atteints d'une lèpre dégoûtante, comme l'éléphantiasis, et qui mettait ces malheureux dans la triste nécessité de vivre isolés, proscrits et exclus des jouissances et des commodités de la vie sociale; c'étaient des parias au sein de la société française, des êtres qui inspiraient la crainte et le dégoût, et qui, repoussés partout et de tous, se cachaient dans les bois, au bord des lagunes, ou dans des endroits déserts et inhabitables. Dans les églises même, ils avaient une porte séparée, des bénitiers particuliers, et une place distincte pour assister aux offices divins; ils ne pouvaient pas épouser les filles des citoyens non *gahets*, ni porter des armes, ni sortir de leurs bordes, sans avoir, sur leur habit extérieur, une marque de drap rouge. On les fuyait avec soin; on ne conversait ni ne marchait avec eux, crainte d'aspirer une atmosphère infecte. Il leur était défendu d'entrer en ville, de faire partie d'un groupe de citoyens, de marcher sur la voie publique sans avoir des sandales ou sabots, de peur que la sueur de leur peau n'infectât le pavé que devaient fouler des pieds non ladres. Ils ne pouvaient exercer d'autres professions que celle de bûcheron ou de charpentier; plus tard, il leur fut permis d'apprendre les métiers de cordier et de tonnelier. Comme charpentiers, ils étaient tenus de courir les premiers aux incendies, et de se charger des travaux pénibles et avilissants.

Du temps de Gaston II, en Béarn, on avait tellement perdu de vue leur qualité d'hommes libres, qu'un certain seigneur fit présent d'un *cagot* à ses parents! Ils déposaient devant la justice; mais on exigeait sept témoins *cagots* pour valoir un témoignage! En Aquitaine, dit Scaliger, il y a autant d'injure à appeler un homme *gahet*, que de dire qu'une femme est adultère : *In Aquitaniâ, tantum est convicium appellare aliquem leprosum, ut mulierem adulteram.*

Le nom et l'origine des *gahets* ou *cagots* ont donné lieu à de longues discussions entre les savants.

Le savant de Marca et les encyclopédistes du XVIIIe siècle ont regardé les *gahets* comme les restes des Sarrasins. « Je » pense, dit M. de Marca, que les *cagots* sont descendus des » Sarrasins, qui restèrent en Gascogne après que Charles » Martel eut défait Abdérame...... On leur conserva la vie » en faveur de leur conversion à la religion chrétienne, d'où » ils tirent le nom de *chrétiens*, et, néanmoins, on conserva » tout entière, en leurs personnes, la haine de la nation » sarrasinesque. »

Livre VIII.
Chap. 8.
—
Particularités
historiques
du XVIe siècle.

Cette opinion nous paraît hasardée. La lèpre était une maladie endémique en Syrie et en Judée ; mais on ne dit pas qu'elle fut populaire parmi les Maures ou les Sarrasins. Nous savons que les Sarrasins, vaincus à Poitiers, se retirèrent dans la Septimanie ; mais il est constant qu'il y eut, dans ce pays-là, moins de *gahets* ou de *cagots* que dans le Bordelais, le Béarn et le Toulousain. Les Sarrasins ne furent expulsés des Gaules que par Pepin, père de Charlemagne, vers l'an 755, et cependant l'époque de la lèpre en Occident, et surtout en Guienne, ne remonte pas au-delà du Xe siècle, de l'aveu de M. de Marca lui-même.

Le même auteur dit que, par haine pour les Goths, qui étaient ariens, le peuple appelait ces Maures *caa-Goths* (chiens de Goths). C'est aller loin à la recherche de la vérité, qu'il aurait pu trouver plus près : ces infortunés lépreux s'appelaient *cagots* dans nos contrées, du mot celtique *cacods*, ladres ; *cacous*, en bas-breton, et *gahets*, du mot patois ou roman *gahads*, qui veut dire : atteints du mal, attrapés, infectés. On les désignait, dans la Navarre, par le nom *gaffos*, qui correspond à notre terme *gahets*; on sait que les Gascons substituent la lettre *h* à la lettre *f*, et *vice versâ*.

Pourquoi M. de Marca veut-il qu'on les ait appelés *chiens de Goths?* On avait oublié les Goths en Aquitaine lorsque les

Livre VIII. Chap. 8.

Particularités historiques du XVIe siècle.

cagots ou *gahets* commencèrent à y être connus. Les Goths ou plutôt les Visigoths furent chassés de l'Aquitaine dans le VIIIe siècle, et le plus ancien document qui se rapporte aux *gahets* ne remonte pas au-delà de la fin du IXe. Le cartulaire de l'abbaye de Luc parle, en l'an 1000, des *gahets*, mais sous le nom de *chrétiens*.

L'étymologie donnée par M. de Marca ne saurait satisfaire les exigences d'une saine critique; nous préférons celle que Vénuti fournit sur le même sujet. Selon cet auteur, les premiers *gahets* étaient des pèlerins chrétiens, qui, étant allés visiter, selon l'antique usage de l'Église, les Lieux-Saints, rapportèrent de la Syrie et de l'Égypte, où la lèpre était devenue endémique, cette affreuse maladie, que la médecine a combattue si longtemps, sans succès, dans nos contrées. Un motif louable de piété dirigeait les chrétiens vers Jérusalem dans les premiers siècles; mais au Xe siècle, cette piété dégénéra en une sorte de fanatisme, et le voyage de la Terre-Sainte devint une chose à la mode; il suffisait seul, disait-on, pour effacer les plus grands péchés; la contrition ne venait probablement qu'en seconde ligne; telle était la fausse croyance du temps. Robert VIII, duc de Normandie; Foulques III, comte d'Anjou; des milliers d'individus, riches et pauvres, couraient à Jérusalem avec la pensée salutaire de faire pénitence et de se réconcilier avec Dieu. Parmi les maux résultants de ces courses lointaines, l'un des plus grands était, sans contredit, la lèpre, maladie de ces pays. C'est à cause de cette maladie que les *gahets* furent appelés *gézits* ou *gézitains*, de Giézi, serviteur d'Élizée, qui fut frappé de la lèpre pour ses péchés à l'égard de Naaman. C'était la maladie de la Palestine, où Giezi avait habité; et cette punition céleste était tellement connue dans le monde chrétien, que dans beaucoup de contrats solennels on demandait au ciel de les affliger du mal de Giezi, si on ne les observait pas. *Si verò non hæc omnia servavero... habeam partem cum Judâ et leprâ Giezi. (Nouvelle 8, tit. 3).* Le nom de *gézits* s'attachait donc à tous ceux qui, atteints de la lèpre, paraissaient maudits de Dieu; les *gahets* ou *cagots* étaient de ce nombre. Ils prenaient le nom de *chrétiens*, parce qu'ils avaient fait le voyage de la Terre-Sainte; ce qui, à leurs yeux, caractérisait les vrais *chrétiens*. Les écrivains latins les appellent *cacosos*, et *cacosomium*, la maison des *cagots* ou *gahets*.

Livre VIII. Chap. 8.

Particularités historiques du XVIe siècle.

Dans les XIIe, XIIIe et XIVe siècles, on comptait beaucoup de *gahets* à Bordeaux et dans le Bazadais. Les *gahets* demeuraient, à Bordeaux, dans le quartier de Saint-Nicolas; dans le Bazadais, on en voyait un grand nombre dans les paroisses de Savignac, Uzeste, Saint-Pierre-de-Mons, Saint-Michel-de-Prades; à Lignan, l'endroit où ils demeuraient s'appelle encore *au Gahereau* ou *los Gahets de Lignan*.

On lit dans la Coutume du Mas-d'Agenais, article 13 (année 1398) : « *Item es establit que nul Juzin (Gezitain) ni Juzia* » *ne tocquian pan ni fruyta, al Mas, quand la volran comprar* » *ab los Mas; mas que se fassan balhar par aquets qui las ditas* » *causas vendran, et qui encontra fara, paguera V. S. Arn.* » *de gatge et aquel qui vendré paguera autres V. S. de gatge.* »

En 1460, les États de Béarn défendirent aux *cagots* de marcher nu-pieds dans les rues, afin que leur ladrerie n'infectât pas les personnes saines, et cela, sous peine d'avoir les pieds percés d'un fer rougi au feu. Il leur était défendu de sortir de leurs hameaux ou bordes sans avoir cousu à leur veste extérieure, comme signe distinctif, un morceau de drap rouge, coupé en forme de patte d'oie ou de canard, symbole d'ablution ou de purification caractérisé par ces oiseaux aquatiques.

En 1514, on conçut des soupçons sur la pureté de leur foi, et le clergé de Navarre leur refusa les sacrements. Ils présentèrent une requête à Léon X, et exposèrent que, bien qu'ils fussent et s'appelassent *chrétiens*, et professassent la religion catholique, on les persécutait comme descendants des Albigeois, qui étaient hérétiques. On voit ici tout à la fois l'ignorance

Livre VIII. Chap. 8.

Particularités historiques du XVIe siècle.

des *gahets* persécutés et des chrétiens persécutants. Les Albigeois ne commencèrent à prêcher leurs doctrines erronées que sur la fin du XIIe siècle (1180), en Languedoc; tandis que les *cagots* et *gahets* étaient connus, en Aquitaine, dans le Xe. Léon X fit droit à leur demande, et ordonna qu'on les traitât comme les autres chrétiens. Cependant, les Parlements furent obligés d'intervenir pour leur faire donner la sépulture chrétienne; mais ce fut un pape qui, le premier, les fit réhabiliter dans leurs droits sociaux.

Chronique bordelaise.

« *En* 1555, dit Darnal, *MM. les Jurats firent ordonnancer*
» *que les* gahets *qui résident hors la ville, du costé de Saint-*
» *Julien, en un petit faubourg séparé, ne sortiraient sans porter*
» *sur eux, en lieu apparent, une marque de drap rouge. C'est*
» *une espèce de ladres, non du tout formez, mais desquels la*
» *conversation n'est pas bonne, qui sont charpentiers et bons*
» *travailleurs, qui gagnent leur vie, en cet art, dans la ville*
» *et ailleurs.* »

La police de Bordeaux continua longtemps, à leur égard, ces mesures vexatoires. On lit dans le *Livre des anciens et nouveaux Statuts de la ville de Bordeaux*, à *l'article* Gahets : « *Qu'aucun de ceux que l'on nomme* chrétiens *ou* chrétiennes,
» *ou autrement* gahets, *de quelques lieux qu'ils soient, ne*
» *pourra sortir de leurs maisons, ou habitation, ni entrer dans*
» *la ville pour aller par les rues, sinon qu'ils portent une*
» *enseigne de drap rouge de la grandeur d'un grand blanc*
» (pièce de monnaie), *cousue et bien attachée au devant leur*
» *poitrine, et en lieu découvert et apparent, et qu'ils n'ayent*
» *les pieds chaussés, sous peine de fouët ou autre amende arbi-*
» *traire.*

» *Et ne pouvant entrer, lesdits* gahets, *ès boucheries, ta-*
» *vernes, cabarets, paneteries de la ville, et participer avec*
» *l'autre peuple à mesmes peines que dessus.* »

Le Parlement de Bordeaux, en 1596 et en 1604, sanctionna ces règlements et quelques autres également vexatoires, qu'on trouve dans les arrêts du 14 mai 1578 et du 12 mai 1584 ; il ordonna aux gahets et aux cagots du pays de *Soule* de « *porter sur leurs vestements et sur la poitrine, un signe* » *rouge, en forme de patte de canard, pour être séparés du* » *résidu du peuple ; leur inhibe de toucher aux vivres qui se* » *vendent au marché, à peine de fouët ; leur défend de toucher* » *l'eau bénite dans les églises, où les autres habitants la* » *prennent.* »

En 1606, le Parlement de Toulouse, comme premier pas vers l'émancipation de ces parias de la France, ordonna une enquête sur la nature de la maladie ; c'était fournir les moyens de dissiper bien des préventions et de réhabiliter bien des gens souvent soupçonnés à tort d'être lépreux.

En 1640, les États du Béarn ordonnèrent la démolition de leurs colombiers, et leur défendirent de porter des armes, bottes, épées ou manteaux. Mais toutes ces mesures rigoureuses, prescrites par la police contre une maladie qu'on croyait contagieuse, cessèrent peu à peu avec les préjugés qui les avaient fait naître. En 1688, le Parlement de Navarre accorda aux gahets les droits de citoyens, et une libre et entière participation aux avantages de l'état social. Le Parlement de Bordeaux suivit cet élan philanthropique, et ordonna en 1723, le 9 juillet, et en 1735, le 22 novembre, qu'on *traitât les gahets comme les autres habitants du lieu, sans distinction, et cela, sous peine de 500 liv. d'amende* (1).

Par son arrêt du 27 mars 1738, le Parlement fit inhibition et défense d'injurier les prétendus descendants de la race de Giézi et de les traiter d'*agots, cagots, gahets, ladres,* et ordonna l'exécution des arrêts précédents. Le Parlement de Toulouse adopta la même jurisprudence à leur égard, dans son arrêt du 11 juillet 1746, et sous les mêmes peines.

---

(1) On trouvera beaucoup de détails intéressants sur ces êtres malheureux dans l'*Histoire des Races maudites*, par Francisque Michel.

Livre VIII. Chap. 8.

Particularités historiques du XVIᵉ siècle.

Variétés bordelaises, tome 4.

Les familles nobles de Bordeaux, par compassion pour ces malheureux lépreux, laissaient souvent par testament de petites sommes à leurs maisons, qu'on appelaient *mezeleries*. Comme leur résidence obligée était en dehors du quartier de Saint-Julien, à Bordeaux, ils assistaient aux offices divins dans l'église de Saint-Nicolas *des gahets* et dans celle de Saint-Vincent *de lodors* (ladres), qui n'existe plus. Par son testament du 2 avril 1328, Assalhide, de Bordeaux, laissa 10 liv. à chacune des maisons des gahets *(mezeleries)*, qui se trouvaient dans les juridictions de Benauges, de Castillon-sur-Dordogne et de Castelnau de Médoc. Nous pouvons en conclure qu'il y avait beaucoup de *gahets* dans ces contrées, puisqu'ils y avaient des maisons ou hôpitaux particuliers.

Quand un homme ou une femme se trouvaient atteints de la lèpre, on les séparait de la société commune par une cérémonie religieuse dont les détails, que nous devons à la plume de M. Monteil, ne seront pas sans intérêt pour nos lecteurs :

« Vers l'heure de none, tout le monde étant rendu, la cérémonie pour retrancher du milieu du peuple cet infortuné jeune homme, a commencé. Le lépreux, revêtu d'un drap mortuaire, attendait au bas de l'escalier. Le clergé de la paroisse est venu en procession le prendre et l'a conduit à l'église. Là était préparée une chapelle ardente, dans laquelle il a été placé. On lui a chanté les prières des morts; on lui a fait les aspersions et les encensements ordinaires. Il a été ensuite mené par le pont Saint-Ladre, hors de la ville, à la maisonnette qu'il doit occuper. Arrivé à la porte, au-dessus de laquelle était placée une petite cloche surmontée d'une croix, le lépreux, avant de dépouiller son habit, s'est mis à genoux. Le curé lui a fait un discours touchant, l'a exhorté à la patience, lui a rappelé les tribulations de J.-C., lui a montré, au-dessus de sa tête, prêt à le recevoir, le ciel, séjour de ceux qui ont été affligés sur la terre, où ne seront ni malades, ni lépreux, où tous seront éternellement sains, éternellement purs, éternellement heureux. Ensuite ce jeune infortuné a ôté son habit, mis sa tartarelle de ladre, pris sa cliquette, pour qu'à l'avenir tout le monde ait à fuir devant lui. Alors le curé, d'une voix forte, lui a prononcé en ces termes les défenses prescrites par le rituel :

Livre VIII. Chap. 8.

Particularités historiques du XVIe siècle.

» Je te défends de sortir sans ton habit de ladre.

» Je te défends de sortir nu-pieds.

» Je te défends de passer par des ruelles étroites.

» Je te défends de parler à quelqu'un lorsqu'il sera sous le vent.

» Je te défends d'aller dans aucune église, dans aucun moutier, dans aucune foire, dans aucun marché, dans aucune réunion d'hommes quelconque.

» Je te défends de boire et de te laver les mains, soit dans une fontaine, soit dans une rivière.

» Je te défends de toucher les enfants; je te défends de leur rien donner.

» Je te défends, enfin, d'habiter avec toute autre femme que la tienne. »

« Ensuite le prêtre lui a donné son pied à baiser, lui a jeté un pelletée de terre sur la tête, et après avoir fermé la porte, l'a recommandé aux prières des assistants; tout le monde s'est retiré. (*Hist. des Français des divers états*, tom. 1, ép. VI.)

» Ils étaient obligés d'avoir un puits à eux devant leur *borde*, ou, s'il n'y en avait point, d'avoir une écuelle attachée au bout d'un bâton, pour puiser de l'eau sans danger pour les voisins. Un *gahet* ne pouvait boire *en autre vaisseau qu'au sien*, ni sortir sans avoir vêtu *sa hausse de quamelin, sans couleur aucune*, ni passer sur un pont de bois sans sandale, ni travailler des planches sans gants, etc.

» On comprend aisément, dit Baurein (*Variété bord.*, tome IV), que ce n'était pas en haine de la personne de ces gahets qu'on leur faisait des défenses aussi sévères, mais uniquement pour préserver les personnes saines des atteintes de la maladie dont on les croyait attaqués. » — N'importe ; le cœur se soulève à l'idée de ces règlements restrictifs, et notre surprise augmente, lorsque nous voyons qu'au XVIII° siècle, ces vieux préjugés existaient encore, et que les Parlements appliquaient, aux gens réputés *gahets,* une absurde jurisprudence, qui restera comme un stigmate ineffaçable de honte sur ce qu'on appelle bonnement le siècle des lumières. Il a fallu l'épouvantable cataclysme social de 1793, pour abolir ces lois absurdes, pour restituer à ces victimes d'un code pénal trop rigoureux, leurs droits d'hommes et de citoyens, et pour empêcher qu'une partie de la population ne parquât l'autre comme autant d'animaux immondes, indignes des bienfaits de la religion, des lois et de la civilisation. On se révolte aujourd'hui à la vue du tableau de leurs souffrances, et nos idées de liberté, d'égalité et de progrès se trouvent froissées par les humiliations auxquelles une jurisprudence peu éclairée assujétissait ces parias de la société française. »

Au XVI° siècle, la police étendait sa sollicitude à toutes les classes. Les pauvres étaient reçus à l'hôpital de Saint-André (*rue des Trois-Conils*), qui fut fondé au XV° siècle, par Vital Carle, et restauré en 1563, par M. Boyer, vicomte de Pommiers et président du Parlement. Le chapitre de Saint-André donnait, par mois, 22 liv. 10 sous pour la nourriture des pauvres, et M. Boyer, dont nous venons de parler, laissa une grande partie de ses propriétés pour *alimenter et nourrir à jamais les pauvres de Dieu.* Le syndic de cet hôpital rendait ses comptes tous les ans, en présence du chantre de Saint-André, de l'official et de quelques membres du Parlement. Un prêtre devait y dire la messe tous les jours et prier sur la tombe du restaurateur de cet hôtel-Dieu.

En 1599, pendant une affreuse disette à Bordeaux, les pauvres mouraient de faim; on prit des mesures pour les placer chez tous les bourgeois, sans distinction de charge ou de qualité. Les pauvres avaient, au XVI° siècle, un receveur général chez qui on portait les offrandes et les dons pour l'hôpital; deux médecins étaient payés pour visiter les pauvres de l'hôtel-Dieu deux fois par semaine; des prudhommes et des demoiselles pieuses quêtaient, pour les pauvres, de l'argent, du vin, de la laine, etc., etc. Tout notaire, en écrivant les testaments des malades, était tenu, sous peine de 100 sous d'amende, de recommander les pauvres au testateur; il y avait, dans les boutiques des marchands, des boîtes pour les pauvres. On ne recevait pas en ville les pauvres étrangers, et ceux qui n'y étaient pas inscrits sur les rôles des différentes paroisses, étaient tenus de sortir de la ville dans les vingt-quatre heures, sous peine du fouet. Tout individu, sain et valide de corps, qu'on voyait mendier, était attaché au carcan, employé à traîner les chariots, à recurer les fossés de la ville et à nettoyer les rues, et, en cas de récidive, était condamné au fouet.

Les *truands*, ou ceux qui, par des maux simulés, cherchaient à provoquer la commisération du public, étaient fouettés sur la place publique par le bourreau. On voyait alors à Bordeaux, comme dans toutes les autres villes de Guienne, des bandes vagabondes de Bohémiens, qui, spéculant sur la curiosité et la crédulité publiques, chantaient, dansaient et disaient la bonne aventure; quelques-uns d'entre eux faisaient le métier de devins, et soutiraient, par leur adresse, de l'argent des poches de l'ignorant vulgaire. Ils étaient, en général, vêtus comme des baladins de nos jours, en pourpoint bleu, à passepoil jaune, deux plumes au bonnet, sans barbe, sans longue chevelure.

Les jeux de hasard étaient sévèrement défendus, et ceux qui les tenaient étaient mis au pilori, puis employés aux réparations des murs de la ville.

Les enfants-trouvés étaient élevés aux frais de l'hospice destiné à les recevoir; et après quelques années, et une instruction élémentaire, ils étaient confiés, jusqu'à leur majorité, à des familles bourgeoises.

Livre VIII. Chap. 8.

Particularités historiques du XVIe siècle.

GABARIERS.

Les gabariers qui faisaient le trajet de Langon à Bordeaux, et *vice versâ*, prenaient, pour un homme seul, 6 deniers, et pour un homme et son cheval, 5 sous de port; ils ne pouvaient refuser personne à ce prix, sous peine de fouet. L'équipage devait se composer au moins d'un patron et de deux tireurs. Le passage de Bordeaux à Blaye se faisait sur une gabare qu'on nommait l'*Anguille*. Les gabariers qui passaient l'eau aux pauvres étrangers et les portiers qui les laissaient entrer en ville, étaient condamnés à 10 livres tournois d'amende.

LA PESTE.

En 1515, la peste moissonna un grand nombre de personnes à Bordeaux; elle reparut encore en 1546, 1556 et en 1579, et toujours avec une violence qui allait en croissant; mais sa plus désastreuse recrudescence eut lieu en 1585; elle emporta alors 14,000 victimes!

La peste revenait toujours avec la disette; son retour était devenu périodique, et son invasion ne rencontrait point d'obstacles. Il y avait bien, près de Sainte-Croix, un hôpital pour recevoir les pestiférés; mais il était trop près de la ville et trop petit pour les besoins toujours croissants de la population. Pour remédier à cet état de choses, les jurats résolurent d'acheter un bourdieu ou grande maison de paysan, appartenant à Arnaud Guiraud, qui l'avait fait construire contre la volonté de l'autorité supérieure, en 1550. En 1585, la peste vint encore ravager la ville d'une manière si effrayante, que Michel Montaigne, dans une lettre adressée aux jurats, le 30 juillet 1585, ne cache pas ses craintes de cet épouvantable fléau, et la répugnance qu'il éprouvait d'entrer en ville :

« Je n'espargneray, dit-il, ny vie ne aultre chose pour
» votre service, et vous laisseray à juger sy celuy que je vous
» puis faire par ma présence à la prochaine élection vault que
» je me hazarde daller en la ville, veu le mauvais estat, en quoy
» elle est notamment pour des gens quy viennent dun s'y bon
» air comme je fais. Je m'approcheray mercredy le plus près

» de vous que je pourrai, et à Feuillas si le mal n'y est
» arrivé. »

Depuis juin jusqu'en décembre 1585, la peste moissonna 14,000 victimes; elle y reparut encore en 1599. Le mal était grand; il fallait un nouvel hôpital, plus vaste que celui qui se trouvait dans le voisinage de Sainte-Croix. Les jurats, qui ne voulaient pas qu'Arnaud Guiraud fît bâtir cette grande maison, dont les ennemis de la ville pourraient un jour faire une forteresse, obtinrent un arrêt de la Cour, en date du 1er février 1586, qui ordonna la vente de cet enclos d'Arnaud Guiraud, pour y établir l'hôpital de la peste. Ce n'était pas tout que d'en ordonner la vente; on établit un nouvel impôt, en vertu des lettres-patentes du 19 novembre 1586, pour solder le prix de cette maison et de ses dépendances, qui appartenaient alors à un pâtissier du nom de Dupuy. L'acte de vente fut passé le 9 octobre 1587, en faveur des maire et jurats, moyennant 1,200 écus, dont le vendeur Dupuy reçut, au moment même, un à-compte de 750 écus.

On agrandit cet établissement en 1601, avec des fonds prélevés sur la ferme du *pied-fourchu,* ou le droit d'entrée des bestiaux. Cet agrandissement fut constaté par une inscription sur le portail, qui rappelait le généreux dévoûment des Pères Capucins en faveur des pestiférés, et nous donne les noms des magistrats qui présidèrent à ces travaux (1).

En 1607, une certaine dame Duplessis, née Bordes, légua à cet hôpital trois cents pièces d'or (*trecenti aureos*), pour la construction d'une chapelle sous l'invocation de la Sainte-Vierge, et pour l'établissement de quelques nouvelles cellules. En considération de cette libéralité, les jurats, à la demande du P. Castera, religieux de la Grande-Observance, et parent de la testatrice, consentirent qu'on plaçât dans cette chapelle

---

(1) Voir cette inscription dans Darnal, pag. 113. Nous la donnerons dans notre *Histoire de l'Église de Bordeaux.*

les armes de la famille de Bordes, avec une inscription commémorative (1).

En 1614, on entoura l'enclos d'un mur, et on y renfermait les mendiants infirmes; et en 1618, la ville fit de nouvelles dépenses pour un nouvel agrandissement. En 1622, on y renferma des *soldats pauvres* et malades. Les jurats demandèrent à cette occasion, au roi, une somme de 15,000 liv., mais ils n'en reçurent que 500, les gages des officiers de l'hôpital.

Il paraît qu'à cette époque, la vie des internes de cet hôpital n'était pas très-douce; car le Parlement, par son arrêt du 6 septembre 1629, autorisa les jurats à faire donner le fouet aux pestiférés, pour insubordination et en cas d'évasion.

En 1632, grâce au cardinal de Sourdis, on avait tellement assaini les environs marécageux de Bordeaux, que les maladies endémiques dont on s'était tant plaint jusqu'alors, avaient totalement disparu. N'ayant plus de malades dans l'hôpital de la peste, les jurats l'affermèrent, avec ses dépendances, à un nommé Chambon, qui ensemença les terres vacantes et fournit une occasion aux religieux de Sainte-Croix de faire valoir certains droits d'agrière sur ces cultures. Cependant, on éprouvait encore de temps en temps le retour des fièvres ou de ces maladies épidémiques si funestes au pays depuis des siècles. On confia, en 1637, l'administration de cet hôpital à un hospitalier, avec pouvoir de louer les cellules qu'on avait construites au mur de clôture.

Le 28 mai 1644, les jurats hébergèrent, dans l'hôpital d'Arnaud Guiraud, des captifs que les religieux de la Merci venaient de racheter. On autorisa une quête en leur faveur.

En 1675, par une sage prévoyance, on résolut de construire,

---

(1) Cum nummi publici civitatis non sufficerent ad hujus sacelli sub titulo pietatis Dei parae dicati constructionem, Anna de Bordes, uxor quondam Bertrandi Duplessis senatoris Regii preces superstitum optavit; pia liberalitate trecenti aureos largita est, tum ad hoc opus faciendum, tum ad quasdam hujus nosocomii cellulas ædificandas.

tout autour de cet établissement, vingt chambres ou échoppes nouvelles, de 20 pieds de profondeur chacune, avec un lavoir commun de 20 pieds de large; elles devaient servir au *désinfectement* des malades qui auraient *fait quarantaine*, et qui devaient y achever leur guérison avant de circuler de nouveau dans le monde.

Mais la ville était pauvre et ses finances en mauvais état; un nommé Lentillac, chirurgien et bourgeois de Bordeaux, offrit d'achever ces projets de construction, moyennant qu'on lui donnât la jouissance de l'enclos et des chambres à construire, et, en outre, une somme de 1,780 livres. Ces conditions furent acceptées, et, le 27 mai 1675, on signa le bail qui ne devait durer que tout le temps que requerrait la maladie qui ravageait le pays.

Depuis 1692 jusqu'en 1710, on y renfermait les mendiants, et, le 1er juillet 1711, on vendit une partie du mobilier au prix de 1,015 liv. 12 s. 4 den., et le local fut livré à un nommé Aubert, en 1713, par un bail qui se trouve dans le registre de la Jurade. En 1718, les jurats y établirent un dépôt de mendicité. En 1726 et 1728, MM. Grégoire et Peris, avec l'approbation des jurats, y établirent le premier jardin des plantes qu'on ait vu à Bordeaux. En 1760, on y renfermait les femmes de mauvaise vie; mais, le 15 avril 1766, le local et ses dépendances furent affermés à un nommé Herbaut; et, en 1785, on trouve un autre bail consenti en faveur de Pierre Lavergne, menuisier, à raison de 1,600 liv. par an.

Sous la révolution, on y renfermait les marins atteints du mal vénérien, et dans une aile de l'établissement se trouvaient les femmes condamnées par les tribunaux publics, jusqu'à l'an 1809. En 1792, on y établit un asile pour les aliénés. La municipalité dépensait, pour son entretien, 8,000 livres tous les ans.

En 1800, on y établit un hôpital pour les convalescents qui sortaient de l'hôpital Saint-André, et, deux ans après, on dis-

Livre VIII. Chap. 8.

Particularités historiques du XVIe siècle

tribua cette maison de manière à recevoir, non seulement les convalescents, mais les femmes condamnées à la détention, les aliénés et le dépôt de mendicité. Cet état de choses dura jusqu'en 1810. Alors, dans la vue d'agrandir l'hospice des aliénés, Bonaparte ordonna la construction d'un nouveau dépôt de mendicité, à la place des vieilles échoppes et sur les jardins de l'ancien enclos. Ce nouvel établissement fut occupé, en 1818, par les Jésuites, sous le nom des *Pères de la Foi;* mais ils l'abandonnèrent en 1828, au mois d'octobre, pour ne pas faire un serment qui répugnait à leur conscience. Le Petit-Séminaire remplace aujourd'hui les Pères de la Foi; on y compte plus de trois cents jeunes lévites qui se consacrent aux travaux du sacerdoce.

LES BOURGEOIS DE BORDEAUX.

Suite de l'Histoire des Bourgeois de Bordeaux au XVIe siècle.— (Voir vol. 1, p. 443, et vol. 2, p. 139.

Le titre de *bourgeois de Bordeaux* était encore très-recherché au XVIe siècle. Depuis l'expulsion des Anglais, on avait facilité aux étrangers l'acquisition de ce titre honorifique; mais, pour être reçu comme bourgeois, il fallait avoir été domicilié dans la ville pendant deux ans; une absence de deux ans faisait perdre ce titre, avec les droits et priviléges qui lui étaient attachés. Cependant, ce titre, si respecté autrefois, était devenu si commun, que beaucoup de gens crurent pouvoir l'usurper. Le Parlement arrêta que tout bourgeois serait tenu de présenter ses lettres de bourgeoisie dès qu'il en serait requis par les officiers de la Cour.

Les bourgeois avaient de grands priviléges; les rois, en arrivant à Bordeaux, étaient tenus de jurer qu'ils les conserveraient. La municipalité s'appuyait sur la bourgeoisie; elle agissait en famille; c'était une petite république qui s'administrait elle-même sous la haute protection d'un roi. Le trésorier des deniers de la ville était nommé par les bourgeois et rendait ses comptes devant eux et en présence du maire et des jurats. En 1531, le roi confirma ces priviléges. En 1544, François Ier, ayant besoin d'argent, se fit payer, par Libourne, la somme de 1,000 écus, et, en échange, y établit un siége de sénéchaussée. Les bourgeois de Bordeaux reclamèrent fortement contre l'exécution de cet édit, et en obtinrent la révocation, en se chargeant de rembourser la somme aux magistrats de Libourne.

Livre VIII. Chap. 8.

Particularités historiques du XVIe siècle.

Les bourgeois de Bordeaux avaient le droit d'empêcher l'introduction des vins étrangers au *diocèse*, et même le transport par eau des vins du Haut-Pays avant Noël. Cette mesure singulière favorisait la consommation des vins bordelais et nuisait beaucoup aux vignobles des pays situés au midi. En 1550, les Langonnais expédièrent leurs vins pour Bordeaux avant l'époque déterminée par les usages; mais les jurats les firent répandre sur le quai des Chartrons. En 1556, des marchands normands essayèrent de faire descendre des vins du Haut-Pays avant le temps permis; ils furent condamnés à une forte amende. Le port de Toulenne était le dernier du *diocèse*, en montant; c'est là qu'on expédiait les vins qu'on devait recevoir à Bordeaux. Langon, qui est tout près de ce bourg, appartenait au diocèse de Bazas : il n'avait pas ce privilége; mais Henri IV, par sa lettre de Fontainebleau, au mois de décembre 1605, ordonna qu'on accordât à l'avenir le droit de passage aux vins de Langon. Le vin de Blaye n'était reçu à Bordeaux qu'après la Saint-Martin.

En 1552, les bourgeois de Bordeaux avaient seuls le droit de faire pacager leur bétail dans les palus de Montferrand et d'Ambès, aujourd'hui convertis, presque tous, en magnifiques vignobles; et, en 1561, le roi respectait tellement leurs influences sur la population du pays, qu'à leur demande il les autorisa à remettre aux tours de l'Hôtel-de-Ville la grande cloche que Montmorency en avait fait descendre. Enfin, grâce aux efforts des bourgeois de Bordeaux, le peuple fut toujours maintenu dans sa fidélité au roi pendant la guerre de religion en Guienne; le roi en fut si satisfait, qu'il écrivit, le 5 septembre 1588, pour leur témoigner sa reconnaissance, et, dès lors, appela Bordeaux *sa bonne ville*. Les bourgeois

Livre VIII. Chap. 8.

Particularités historiques du XVIe siècle. Delurbe, Chronique.

avaient toujours un haut sentiment de la dignité de l'homme et un grand amour de la liberté. En 1571, un marchand normand ayant conduit des Noirs à Bordeaux pour les y vendre comme esclaves, le Parlement ordonna qu'ils seraient mis en liberté: la *terre de France, mère de la liberté,* dit notre Chronique, *ne permet pas chez elle des esclaves.* Quand il s'agissait de cas majeurs, et surtout de nouveaux impôts, les bourgeois étaient consultés; leurs représentants siégeaient dans le grand conseil, qui se composait de cent trente membres; en 1597, ce conseil accorda, à la demande du roi, un secours de 18,000 écus.

Embellissements de Bordeaux.

Sur la fin du XVe, et pendant la première moitié du XVIe siècle, Bordeaux fut considérablement embelli. D'après un document qui se trouve aux archives de la ville, Bordeaux n'avait alors que 3,200 brasses de circonférence. Outre la milice, il fallait pour sa défense, en temps de guerre, une garnison de 3,200 hommes de troupes régulières, savoir : 2,800 arquebusiers et 400 piquiers. Chaque arquebusier brûlait trois brasses de mêche par vingt-quatre heures. Une livre de poudre lui servait à tirer dix-huit à vingt coups. Certains canons consommaient vingt livres de poudre pour chaque coup.

Au commencement du XVIe siècle, il n'y avait à Bordeaux qu'un moulin ; il était dans la rue Ségur ; plus tard, il y en avait six. Il y avait une fonderie de canons près de Saint-Éloi

Les revenus de la ville s'élevaient à la somme de 60,000 livres. Les jurats employèrent toutes leurs ressources pour faire construire le boulevard de Sainte-Croix et réparer les tours de Saint-Éloi, que Montmorency avait fait abattre en partie, en 1548. En 1560, on fit du cimetière de Saint-Jean une place publique (le *Marché-Neuf*); les forains n'y pouvaient vendre, sinon en gros, les bourgeois en détail, toute menue quincaillerie. Sept ans plus tard, on commença à bâtir les maisons qui bordent cette place, du côté de Saint-Michel. En 1580, on éleva une muraille entre les deux tours qui se trouvaient à l'embouchure du Peugue, près le pont Saint-Jean. C'est aussi à cette époque que le commerce crut devoir réclamer auprès du roi, pour la construction d'un phare à l'embouchure de la Gironde; le projet fut approuvé, et Louis de Foix, ingénieur du roi, posa, en 1584, les fondements de la nouvelle tour. En 1594, on fit construire la halle de Saint-Projet pour la vente de la volaille et du gibier. En cette même année, le 21 juillet, on découvrit dans un champ, hors la ville, près du prieuré de Saint-Martin, le long de la Devèze, les statues de Drusus Cæsar, de Claude, empereur, et de Messaline. Le maire les fit mettre dans des niches, à l'Hôtel-de-Ville, avec des inscriptions constatant la découverte et les noms des autorités alors en place. La statue de Messaline était admirable de beauté. Sa physionomie était un mélange de douceur et de fierté; elle était habillée à la romaine, les cheveux entortillés élégamment autour de sa tête, sa pose gracieuse et le sein droit tout découvert. Louis XIV la fit demander, par l'intendant de Bezons, pour son château de Versailles; les jurats n'osèrent pas la refuser; mais le bâtiment qui la portait à sa destination glissa sur un rocher, à l'entrée de la Gironde, en octobre 1686, et Versailles, comme Bordeaux, eut à regretter l'une des plus belles statues de l'antiquité.

A peu près dans le même temps, on trouva dans d'autres lieux des marbres chargés d'inscriptions et de noms de plusieurs empereurs et impératrices, entre autres, de Claude, de Domitien, d'Antonin, de Commode, de Gordien, de Victorin, de Constantin, de Licinius, de Faustine, etc., etc. On découvrit aussi une médaille en bronze qui représentait le cachet de Néron et le combat d'Apollon et de Marsyas.

Plus tard, on a trouvé d'autres antiquités dans l'ancienne maison de Duras, près de la Petite-Observance, et dans l'hôtel de l'Intendance, lors de sa reconstruction, en 1745. Toutes

Livre VIII. Chap. 8.

Particularités historiques du XVIᵉ siècle.

NOTE 16.

NOTE 17.

Livre VIII. Chap. 8.

Particularités historiques du XVIe siècle.

Cloche de l'hôtel-de-ville.

Clocher de Saint-Michel.

Château de Montferrand.

Dessèchement des marais.

ces antiquités furent portées à l'Hôtel-de-Ville; on les voit encore au Musée.

En 1572, la grande cloche fut fondue pour l'Hôtel-de-Ville, par les libéralités de Mme de Gourgues; la charpente de cette cloche fut renouvelée par un charpentier de Venise. Deux ans plus tard (1574), un violent orage emporta le bout du clocher de Saint-Michel, qui, commencé en 1472, fut achevé vingt ans après, grâce aux encouragements et à la protection de Louis XI. Ce clocher avait 100 mètres d'élévation; il devait être surmonté d'une croix; mais aucun ouvrier ne voulut y monter. Il fallut stimuler le zèle des maçons, en leur offrant, en récompense, pour la pose de la croix, deux beaux habits complets, de drap gris, qui coûtèrent 15 fr. 13 liards, y compris la façon.

Jusqu'ici le vieux château de Montferrand, que Charles VII avait démantelé, servait souvent, dans les guerres de religion, de boulevard aux ennemis de la paix publique, qui s'y logeaient, y tenaient garnison, et, à l'abri de ses vieux remparts, se défendaient contre les agents de la justice et ravageaient les environs, jusque même sous les murs de Bordeaux. En 1590, le maire et les jurats, dans un conseil général des notables, décidèrent que, pour arrêter ces désordres, il fallait acheter ces vieilles ruines. Le roi leur donna, à cet effet, 20,000 livres; et le Parlement, approuvant le projet, arrêta que ce château serait rasé; mais il réserva cependant aux Montferrand le droit d'en prendre le titre de baron, à condition qu'ils n'y fissent jamais une forteresse.

La municipalité étendit sa sollicitude à toutes les conditions et partout. L'état sanitaire de la ville étant alors très-mauvais, la peste ou des fièvres endémiques y moissonnaient périodiquement la population. On crut que cet état de choses provenait des marais non desséchés qui entouraient la ville; les jurats passèrent, en 1599, un contrat avec un Flamand, Conrad Gaussens, pour leur dessèchement. Le duc de Candale, se disant seigneur de ces terrains, s'y opposa ; le Parlement reconnut ses prétentions sur une partie des marais, et ordonna de passer outre pour l'exécution des travaux.

Le projet de dessèchement fut généreusement encouragé par Henri IV, et ne pouvait être confié à des hommes plus expérimentés que Gaussens et ses associés, Bradley et Van-Ens, qui s'étaient déjà fait connaître, par une longue expérience, dans des entreprises semblables en Hollande et le pays de Flandre. Les premiers essais de ces dessèchements devaient se faire dans le Bas-Médoc; à la demande de Sully, ils y firent faire des digues, des levées et chaussées, à l'instar de celles qu'on voit aux *Polders,* dans le Pays-Bas.

Henri IV conçut aussi le louable projet de faire exécuter des travaux pour améliorer les landes et les rendre propres à la culture. Il aurait désiré y appeler les Maures, qui, depuis la prise de Grenade, en 1492, menaient une vie vagabonde et malheureuse dans les montagnes de l'Espagne ; mais il y prévoyait bien des difficultés, dont la moindre n'était pas la répulsion des chrétiens pour ces malheureux infidèles. Beaucoup d'entre eux se convertirent ou feignirent de le faire ; mais, tout en agissant ainsi, ils élevèrent leurs enfants dans les doctrines de Mahomet. Les catholiques d'Espagne s'en doutaient bien et les rendaient malheureux ; ils les considéraient, malgré leur apparente conversion, comme des mahométans obstinés. Ceux-ci, connaissant de réputation la grandeur d'âme d'Henri, roi de Navarre, implorèrent son secours; ce prince n'osait pas et ne pouvait pas alors leur rendre de grands services ; mais en réponse à une nouvelle demande, en 1595, il envoya des agents confidentiels en Espagne, pour s'assurer de la fidélité du rapport de ces proscrits, et leur promettre des secours en échange de leur coopération contre le roi d'Espagne, auquel il faisait la guerre. Ces négociations traînaient en longueur au préjudice des Maures; mais, instruit que ce malheureux peuple comptait sur lui, il crut devoir

Livre VIII.
Chap. 8.
—
Particularités historiques du XVIe siècle.

Livre VIII. Chap. 8.

Particularités historiques du XVIe siècle.

leur répondre, en refusant leurs services, que sa qualité de roi très-chrétien et le traité de Vervins l'empêchaient de prendre ouvertement leur défense ; cependant, il leur donna l'assurance que si l'Espagnol venait à enfreindre le traité, il les recevrait sous sa protection ; ils étaient alors plus de neuf cent mille, tous ennemis des Espagnols, et, en cas de guerre, de bons auxiliaires pour Henri IV.

Instruit de ces dangereuses menées, Philipe III, par son édit du 10 janvier 1610, fit expulser de l'Espagne, ces Maures ; quelques-uns se sauvèrent en Afrique ; d'autres, au nombre de cent cinquante mille et plus, pénétrèrent en France par Saint-Jean-de-Luz et le Pays-Basque, et dans d'autres parties du royaume, par le moyen des navires français qui se trouvaient alors en Espagne. Ils rencontrèrent en France, et, en particulier, entre les Pyrénées et la Loire, les mêmes répugnances que les Espagnols leur avaient témoignées. Le généreux prince, qui aurait pu et aurait voulu les envoyer à la culture des landes et au dessèchement des marais, mourut assassiné, au mois de mai de la même année ; et les Maures, sans protecteur, sans amis, crurent devoir abandonner le midi de la France. Il en resta, cependant, quelques familles dans le pays, à Bordeaux, dans nos landes, à Royan et dans la Bretagne. Si Henri avait survécu à l'odieux attentat de Ravaillac, il est probable que nos marais seraient aujourd'hui desséchés et nos landes rendues à l'agriculture.

Dans les premières années du XVIIe siècle, on fit faire des chaussées, des endiguements sur certaines plaines de Queyrac et dans le Bas-Médoc, que les Flamands, employés à cette œuvre, appelèrent *polders ;* sous ce nom, qui est encore employé dans ces contrées, on désigne les plaines endiguées de Lesparre, de Saint-Vivien, de Talais et des Mothes. En 1640, quelques Flamands, secondés par les propriétaires du sol, entreprirent de nouveaux travaux de dessèchement sur le polder du Gua ; mais Henri IV était mort! son génie et ses secours manquèrent à l'entreprise ; elle resta inachevée.

A cette époque, le système de taxation prit un grand développement à Bordeaux. Nous avons déjà vu qu'il fallait le consentement du Conseil général pour l'établissement des subsides. Peu à peu le roi crut pouvoir empiéter sur les droits des jurats et obtenir de nouveaux impôts, en gagnant à ses prétentions quelques membres influents du Parlement. En 1530, les habitants de la sénéchaussée devaient au roi de Navarre la somme de 12,050 livres tournois. De cette somme, les habitants de l'île de Macau devaient fournir leur quote-part, qui montait à 68 francs bordelais. Ils s'y refusèrent ; mais ils furent poursuivis par Galiot-Mandet, secrétaire du roi. Les familles de l'île vivaient sous la dépendance de Sainte-Croix ; l'abbé intervint et fit valoir ses priviléges, qui furent reconnus, et Mandet arrêta ses poursuites vers l'an 1536, en vertu de ces légitimes réclamations. En 1564, on établit régulièrement un nouvel impôt de 5 sous sur chaque *muid* de vin, et, en 1564, 10 sous sur chaque tonneau de vin venant de l'étranger. En 1573, la guerre paraissait imminente. Pour faire face aux éventualités et aux besoins du moment, le roi mit un impôt de 15 sous tournois sur chaque tonneau de vin, malgré l'opposition des jurats Cet acte d'absolutisme triompha si bien de toute opposition, qu'en 1584 un édit royal porta cet impôt à 20 sous. En 1593, les mauvais succès du maréchal de Matignon, devant Blaye, donnèrent un nouvel essor au patriotisme des Bordelais; ils établirent un impôt de 3 écus par tonneau de vin, et de 4 p. 100 sur les autres marchandises. C'est dans ce temps qu'on créa un bureau pour la perception des impôts extraordinaires sur les vins et les blés. Comme il fallait organiser la milice, on préleva sur ses impôts la somme de 10,000 liv. pour le salaire des vingt-quatre capitaines de ce corps. Les habitants n'ayant plus d'argent, par suite de cette imposition extraordinaire, le Parlement

Livre VIII.
Chap. 8.

Particularités
historiques
du XVIe siècle.
IMPÔTS.
T. 1er, p. 284.

Livre VIII. Chap. 8.

Particularités historiques du XVIe siècle.

offrit de s'imposer, et les bourgeois se cotisèrent de manière à fournir chacun deux soldats. Par lettres-patentes du roi, on établit à Bordeaux un droit de 10 sous par chaque balle de pastel et de laine, pour les réparations de la Tour de Cordouan (1584).

En 1558, le Parlement autorisa les jurats à affermer le droit du *pied-fourchu* (impôt sur les bestiaux et les viandes), afin que la municipalité pût solder les 50,000 hommes, ainsi qu'elle s'y était obligée, et que ses membres ne fussent pas emprisonnés pour dettes.

En 1562, on imposa Bordeaux pour 12,000 liv., et, le 22 août de la même année, on chargea d'une contribution forcée les protestants de la ville. En 1572, on les frappa encore d'une nouvelle imposition. En 1575, on fit à Bordeaux un emprunt de 25,000 liv. au profit du maréchal de Montluc, qui levait de nouvelles troupes; le roi exigea de Bordeaux 8,000 liv. pour la réparation de la tour de Cordouan, et les bourgeois de la ville de Bordeaux furent obligés de concourir au rachat de la ville de Bazas. Ainsi, on voit avec quelle facilité on recourait alors aux impôts ou emprunts extraordinaires; la puissance royale se passait bien souvent des restrictions et des limites que lui imposait la liberté des peuples. Ce système trop arbitraire de taxation toujours croissante, augmenta le nombre des pauvres : sans biens, sans argent, ils ne demandaient que du travail ou du pain. Dans la crainte du pillage, les habitants s'engagèrent à pourvoir au logement et à la nourriture des individus qui se trouvaient sans moyens d'existence. Les confréries et corporations rendirent alors de grands services à la société. Ainsi, en 1565, les avocats et procureurs donnaient chacun 10 sous par an pour la confrérie de Saint-Yves, leur patron, afin de servir au soulagement des pauvres. Le commerce percevait un droit de *begueyrie* ou de marché.

NOTE 18.

CABARETS.

Dans le XVIe siècle, les cabarets se multipliaient tellement, que l'autorité, y voyant des dangers pour la moralité publique, défendit de tenir cabaret, à Bordeaux, ailleurs que dans les rues du *Petit-Judas*, des *Faussets*, de la *Porte-des-Paux* et sous les auvents de Saint-Michel.

Dans tout le moyen-âge, et surtout dans les XVe et XVIe siècles, les confitures de Bordeaux étaient réputées délicieuses et formaient une branche de son commerce ; on en présentait aux princes et à tous les personnages célèbres qui passaient à Bordeaux. En 1579, les jurats, dans leur visite de cérémonie au maréchal de Biron, lui firent un présent de confitures bordelaises ; ils en avaient agi de même, en 1571, à l'égard du marquis de Villars, lieutenant du roi en Guienne.

L'histoire monétaire du XVIe siècle, comme celle du moyen-âge, est peu connue ; nous n'en parlerons qu'avec beaucoup de réserve. D'après un document précieux, trouvé par M. Delpit, dans les *Archives de l'Échiquier (Press. St-John)*, qui constate les sommes immenses que Coligny avait reçues d'Angleterre pour protestantiser la France, il y avait en circulation, alors, une grande quantité d'espèces de monnaies, dont quelques-unes sont peu connues aujourd'hui. On y trouve les noms des pièces suivantes : Des *anges*, des *angelets*, *carolus* d'argent, *chiling*, *croisade*, *ducat*, *écu d'Angleterre*, *écu sol*, *écu sol de France*, *écu sol de Portugal*, *écu sol pistolet*, *Henri de France* (double), *impériale* d'argent, *jocondale*, *noble Henri*, *noble roi*, *Philippe*, *pistolet*, *portugaise*, *réale* d'argent, *réale demye*, *réale simple*, *réale double*, *réale quadruple*, *réale octave*, des *pièces de deux sous*, *souveraine*, *souveraine double*, *testons*, *crowns*, etc. (Voyez d'autres détails sur ce sujet dans la *note 8 de ce volume*.)

Quant à l'état des juifs à Bordeaux, en ce temps, nous en parlerons dans la suite de ce travail.

A toutes les époques, le corps municipal a fait de généreux efforts pour arrêter les désordres de la prostitution à Bordeaux. Henry, roi d'Angleterre, le maintint dans sa juridic-

<small>Livre VIII. Chap. 8.</small>

<small>Particularités historiques du XVIe siècle.</small>

tion sur les femmes de mauvaise vie, par la Charte du 21 avril 1401.

Par un acte d'échange avec le prieur de l'abbaye de Sainte-Croix, en date du 20 juillet 1514, les jurats acquirent un établissement situé rue Permentade, à l'endroit même où se trouve le couvent des Carmélites, établissement connu alors sous le nom de *Castel-Gaillard*. On ordonna à toutes les *femmes de mauvaise vie et cantonnières* de se retirer dans ce quartier, sous peine du fouet.

Pour ne pas revenir sur ces particularités, nous nous permettons d'anticiper sur le récit historique du XVIIIe siècle, qui avait hérité des immoralités du XVIe et du XVIIe, non moins corrompus que lui.

Comme le désordre allait toujours croissant, les jurats, pour arrêter l'affreux débordement de l'immoralité, songèrent un instant, en 1750, à purger la ville des filles publiques. M. de Tourny manifesta son étonnement de ce qu'on ne l'avait pas consulté dans une matière si grave, et demanda aux jurats, le 17 août, une liste nominative des femmes publiques, avec l'indication de leur âge, de leur profession, de leur domicile à Bordeaux, et du lieu de leur naissance.

Les jurats ne se trouvant pas, sans doute, en état de répondre de suite, M. l'Intendant leur écrivit la lettre suivante, le 24 août 1750 :

« J'ai, Messieurs, lieu d'être surpris de n'avoir point encore
» reçu l'état que je vous ai demandé par ma lettre du 17 de
» ce mois. Vous seriez-vous mis dans le cas de n'y pouvoir
» satisfaire que très-difficilement, en négligeant de prendre
» les connaissances que je vous ai marquées m'être nécessai-
» res? Ce n'aurait pas été agir avec beaucoup de prudence.
» En général, Messieurs, il n'y en a guère, comme je vous l'ai
» fait entendre, à vouloir expulser d'une grande ville comme
» celle-ci toutes les filles qu'on peut savoir être entretenues.
» Votre zèle aurait dû se restreindre à celles qui font un scan-

» dale, constaté par les plaintes des curés et des voisins, ou
» par les gémissements des familles dont elles causent la ruine
» en débauchant les époux ou les enfants.

» Les autres, qu'on ne voit point marquées au coin dont je
» parle, sont plus du ressort des pasteurs vigilants et de cer-
» taines bonnes âmes, pour tâcher de les retirer du liberti-
» nage, qu'un objet de la sévérité de la police pour les punir
» ou les chasser de la ville.

» Si, tandis que les hommes sont aussi vicieux, il n'y avait
» point de filles de plaisir, on aurait bien à craindre que le
» vice ne s'introduisît davantage dans les maisons bourgeoises,
» et même dans celles d'un état plus élevé, par les sollicita-
» tions, les manéges, les libéralités qu'y porteraient des gens
» qui n'auraient d'autres ressources pour satisfaire leurs dé-
» sirs. C'est là un des inconvénients que, par ma lettre du 17,
» je vous disais ne pas se sentir d'abord, quoiqu'il ait beau-
» coup de réalité. Les courtisanes sont, malheureusement, un
» mal en quelque sorte nécessaire, pour éviter, dit un auteur
» fort estimé, de tomber dans d'autres désordres incompara-
» blement plus dangereux à la religion et à l'État. *Ad vitanda*
» *stupra et adulteria.*

» Comportez-vous donc, je vous prie, dans la matière dont
» il s'agit, avec la plus grande circonspection, et que je puisse
» en être certain par ce qui résultera de l'état que je vous
» ai demandé, qui me doit servir, d'ailleurs, pour d'autres
» vues. »

Les jurats renoncèrent à leur projet; mais désireux, cependant, de remédier aux excès de l'immoralité, ils se concertèrent avec de Tourny, et obtinrent du gouvernement l'autorisation d'avoir une maison de force, qui offrirait des logements aux filles de mauvaise vie, et renfermerait des infirmeries pour les hommes et pour les femmes. (Décembre 1757). En attendant cette nouvelle construction, on appropria, à leur dessein, une partie de l'hôpital d'*Arnaud-Guiraud* (l'hôpital

Livre VIII. Chap. 8.

Particularités historiques du XVIe siècle.

de la peste), situé où est aujourd'hui l'hospice des aliénés.

La nouvelle maison de force fut commencée le long de la plate-forme de Sainte-Eulalie ; mais, après y avoir dépensé 130,000 liv., on fut obligé, faute de fonds, d'abandonner l'entreprise. L'emplacement et les bâtisses furent cédés, par échange, en septembre 1768, aux religieuses Carmélites ; puis, à leur défaut, à l'archevêque, qui y établit son séminaire, aujourd'hui la caserne Saint-Raphaël.

On continua donc à renfermer dans l'hôpital d'Arnaud-Guiraud les femmes de mauvaise vie ; mais le Parlement, d'accord avec M. l'Intendant, en fit une prison pour les femmes accusées ou condamnées pour des crimes. En 1794, il ne renfermait que vingt-cinq femmes appartenant à cette dernière catégorie.

La même question fut souvent débattue, et l'administration, en plusieurs circonstances, s'occupa d'un établissement pour ces malheureuses femmes ; mais le temps n'était guère favorable, et ce ne fut qu'en 1816 que Louis XVIII autorisa la municipalité à fonder, dans le local anciennement occupé par le guet à cheval, l'hospice spécial qui s'y trouve aujourd'hui, sous le nom *Hospice de Saint-Jean*.

LIVRE IX.

CHAPITRE PREMIER.

Le cardinal de Sourdis. — Ses démêlés avec le chapitre et le Parlement. — Excommunication des conseillers. — Le Parlement déclara la sentence nulle et abusive. — Réponse du cardinal au roi. — Le chapitre de Saintes. — Le curé de Ludon. — Nouvelle mésintelligence entre le cardinal et le Parlement. — Le roi et le Pape interviennent. — L'affaire est assoupie. — Le curé de Ludon suspendu. — Il est absous et condamné à une pénitence publique.

Nous avons déjà parlé du séjour de Louis XIII à Bordeaux; mais avant de reprendre le fil de notre histoire, il est nécessaire d'arrêter l'attention du lecteur sur quelques événements religieux qui vinrent compliquer les affaires civiles et politiques de notre cité au commencement du XVIIe siècle.

Quelque prudentes que fussent les dispositions du gouvernement, et quelque sages et persévérantes que fussent les mesures qu'il crut devoir prendre pour la conciliation des partis et l'extinction des haines et des querelles, les protestants songeaient toujours, non seulement à se maintenir, mais à se fortifier, à se rendre indépendants de l'autorité, et à mettre en avant de nouvelles prétentions. La discipline ecclésiastique était tombée et méprisée; les mœurs déréglées des simples fidèles, et même du clergé, offraient aux sectaires trop d'occasions pour décrier le catholicisme. Dans cet état de choses, la Providence envoya à Bordeaux un pieux archevêque, inflexible dans l'application de la règle et strict observateur de la discipline; c'était le cardinal de Sourdis. Arrivé

Page 338.

1600.

à Bordeaux dans les premiers jours de janvier 1600, il se fit rendre compte de l'état religieux de la ville et de la province, et prit la résolution de corriger de nombreux abus qu'une longue vacance du siége n'avait que trop facilement favorisés. Son zèle rencontra partout les obstacles les plus sérieux, même de la part du clergé, trop habitué à vivre dans la licence, et assez puissant pour échapper avec impunité au châtiment de ses désordres. Mais, quelque enracinés que fussent les vices du peuple ou des cloîtres, le zèle du pieux archevêque ne voulait pas d'accommodement avec le désordre ; il se mit à travailler activement à la réforme. A chaque pas, chaque jour, il trouvait de nouveaux obstacles ; mais il semblait grandir avec eux et s'encourageait par la résistance : combattu et contrarié, il supporta avec patience les calomnies, les injures et les menaces des coupables ; il se montra plus fort que le mal, et digne de la victoire ; car dans ces combats du zèle religieux, il n'eut qu'un noble but en vue, le triomphe de l'ordre, la pureté des mœurs, le rétablissement de la discipline ecclésiastique.

Il ne manquait à la colère des opposants, pour éclater, qu'une occasion, et elle se présenta bientôt après. Il y avait à S*t*-André, du côté du midi, deux autels, sans ornements, sans balustres ; le peuple ne se faisait pas scrupule de s'y asseoir les dimanches, et même, en temps des grandes solennités, d'y monter et de s'y tenir debout. L'archevêque pria le chapitre de faire cesser cet abus ; le chapitre, qui se croyait indépendant du prélat, ne fit pas droit à sa juste demande, et ferma les yeux sur l'indécence qu'on désirait faire cesser. L'archevêque fit démolir les deux autels ; le chapitre présenta une requête au Parlement, qui fit dresser un procès-verbal du fait, par deux commissaires ; mais, ce jour-là même, le prélat se rendit à l'église, leur fit connaître ses intentions, et leur défendit de passer, sous peine d'excommunication. Ils persistèrent cependant, et le cardinal les déclara excommuniés. Le Parlement s'indigna, ordonna d'arrêter les ouvriers, et les condamna à rebâtir les autels, qu'il fit entourer de balustres. Le jeune archevêque, fâché de trouver de l'opposition de la part de ceux qui devraient l'aider à faire le bien, et désolé de voir ses pauvres maçons dans la prison du chapitre, s'y rendit, fit enfoncer les portes, donna la liberté aux prisonniers, et même, dans un moment de vivacité, repoussa violemment le trésorier Desaigues et le chanoine Bureau, qui s'opposaient à l'exécution de son projet. Le lendemain (3 mars), dit D. Devienne, de qui nous tenons ces détails, le cardinal alla chanter la messe à Saint-André. Comme il y avait beaucoup de monde préparé à la communion, il envoya chercher la custode du Saint-Sacrement des églises de Saint-Projet et de Saint-Paul, et, la communion finie, alla rapporter lui-même les saintes espèces à Saint-Projet. Le curé faisait le prône au moment où le prélat arriva; mais les conseillers excommuniés se trouvant à la messe et sur son passage, le cardinal ordonna au curé de descendre; de l'autel, il adressa au peuple un discours sur le pouvoir que Jésus-Christ avait donné à son église, à St-Pierre et à ses successeurs, et s'écria à la fin, en s'adressant aux conseillers : *Amalvi et Verdus*, dit *Bonau*, *je vous excommunie, et en signe de ce*......... et aussitôt il fit éteindre les cierges de l'autel. Il ordonna aux excommuniés de sortir; ils s'y refusèrent, tout en disant qu'ils respectaient sa personne, mais fort peu son excommunication. Le cardinal fit cesser le service, donna la communion au curé, et emporta les hosties consacrées. Les conseillers portèrent plainte au Parlement et au maréchal d'Ornano.

Le lendemain, le Parlement s'assembla et invita le prélat à s'y rendre. Pendant qu'on entendait les deux conseillers, l'avocat du roi entretint l'archevêque dans la chambre de la Tournelle. Quelques moments après, il fut introduit avec l'évêque d'Agen, et alla à sa place; il raconta tous les détails de l'affaire, et allégua, comme cause de l'excommunication

*Livre IX.
Chap. 1.*

1602.

qu'il avait lancée à regret, la violence qu'on lui avait faite à la cathédrale. Voyant avec peine qu'il ne révoquait pas la sentence, le premier-président le pria de leur donner, en se retirant, la liberté de délibérer; il sortit à l'instant, et le Parlement, après une courte délibération, déclara nulle, abusive et contraire aux libertés de l'église gallicane, l'excommunication que l'archevêque avait lancée, lui enjoignant de la lever, le jour même, sous peine d'une amende de 4,000 écus, à quoi il serait contraint par la saisie de son temporel; de faire publier cet arrêt, le dimanche suivant, dans l'église de Saint-Projet, et que, jusqu'alors, l'entrée du Palais lui serait interdite; on arrêta, en outre, qu'on instruirait le roi de toute l'affaire, et que, puisque la conduite du prélat provoquait au désordre et à la sédition, Sa Majesté serait priée de le garder à la cour ou de le tenir éloigné de Bordeaux. Le lendemain, le cardinal se rendit à la Cour pour lever l'excommunication; mais voyant que l'on continuait la procédure et que les deux députés, l'avocat général Du Sault et le jurat Galatheau allaient

1603. partir pour Paris, il prit la plume, prévint le roi de tout ce qui s'était passé, et écrivit au Pape contre le chapitre. Le roi, qui désirait maintenir la paix qu'on avait eu tant de peine à rétablir à Bordeaux, accueillit avec bonté les députés, loua la modération du Parlement et lui ordonna de surseoir jusqu'à ce qu'il eût entendu l'archevêque, qu'il avait mandé. Le cardinal se rendit à Paris : le roi lui adressa des reproches très-vifs, lui rappela les agitations passées des Bordelais et la mission pacifique qu'il avait donnée à d'Ornano et à lui, pour ce peuple trop longtemps égaré; il ajouta qu'il voulait le pardon et l'oubli du passé; mais, qu'en cas de nouvelles divisions, il se verrait dans la nécessité de le faire sortir de son diocèse. L'archevêque écouta avec sang-froid cette rude réprimande, et répondit avec fermeté : Que pour ce qui concernait le bien spirituel de son diocèse, il ne consulterait jamais la prudence humaine; qu'un évêque trahirait sa conscience, s'il conservait la bonne intelligence aux dépens de la justice et de la gloire de Dieu, et au mépris des lois de l'Église ; qu'il ne s'écarterait jamais des Canons, pas plus à l'avenir qu'il n'avait fait dans les tracasseries du chapitre et du Parlement ; que Sa Majesté même était obligée de les respecter et de les maintenir ; que s'il s'était écarté de son devoir, il s'empresserait d'y rentrer aussitôt qu'on lui aurait fait connaître ses torts ; qu'il était convaincu que le Saint-Père approuverait sa conduite ; qu'il aimait son chapitre, dont les membres les plus sages et les plus respectables partageaient sa manière de voir ; qu'il affectionnait le Parlement, comme un corps confié, pour ce qui regardait son salut, par la Providence à ses soins ; qu'il reconnaissait sa puissance, mais pas son infaillibilité, et que ses arrêts, comme ouvrage des hommes, n'étaient pas au-dessus de son autorité épiscopale ou à l'abri de ses censures ; qu'il croyait n'avoir fait que son devoir et qu'il en agirait toujours de même dans l'occasion ; que pour le faire sortir de son diocèse, il faudrait l'arracher de l'autel, etc., etc. Le cardinal se révéla tout entier ; le roi vit qu'il avait affaire à un évêque et apprit bientôt après que le Pape approuvait sa conduite. En effet, Clément VIII blâma le chapitre de s'être adressé à la puissance séculière ; il exhorta l'archevêque à continuer ses efforts pour le bien, et lui promit son appui, l'engageant, toutefois, à adoucir les esprits par la patience et la prudence. Dans un Bref adressé au chapitre, il lui fit sentir le déplaisir que sa conduite lui avait fait éprouver et lui enjoignit, en termes mortifiants, de donner toute satisfaction à son évêque, sous peine d'encourir son indignation et d'en ressentir les effets. Le roi renvoya l'archevêque à Bordeaux, fit mettre en liberté ses domestiques, et ordonna au Parlement et au chapitre de ne plus remuer cette affaire ; il écrivit en même temps à Rome, chargea le cardinal d'Ossat et Henri de Béthune, son ambassadeur, de faire part à Sa Sainteté de la manière dont il avait arrangé l'affaire, mais aussi de lui témoigner combien il avait été surpris de voir qu'elle blâmait le chapitre d'avoir eu recours à la puissance séculière. Cette affaire en resta là : les esprits se calmèrent ; mais un nouvel incident vint renouveler la mésintelligence et les troubles.

Dans toutes les importantes affaires de l'époque, le Parlement jouait le rôle d'une cour souveraine ; c'était un corps tout-puissant : rien n'échappait à son contrôle ; le roi lui-même le ménageait beaucoup ; son autorité était une émanation de la royauté et se trouvait plus en rapport avec les populations diverses de la province, et empiétait quelquefois sur les droits de la couronne. L'Église même n'était pas à l'abri de son influence, qui lui était souvent nécessaire comme frein au dérèglement des mœurs : les tribunaux ecclésiastiques étaient impuissants en certains cas ; le Parlement suppléait à leur inaction. En 1604, le chapitre de Saintes avait de grands priviléges : les chanoines, fiers et peu fidèles à leur règle, croyaient pouvoir vivre en *hauts et puissants seigneurs* et percevoir les fruits des prébendes, quoiqu'ils n'assistassent qu'un seul jour dans l'année au service divin. Cette conduite était non-seulement étrange, mais coupable ; elle reçut, cependant, la sanction d'une ordonnance capitulaire. Le Parlement fut saisi, par appel, de cette affaire ; et, se fondant sur les décrets d'un Concile de Bordeaux, où l'évêque de Saintes s'était trouvé, rendit, le 4 février, un arrêt pour réformer cet abus et repousser les prétentions ridicules du chapitre.

Pendant tout ce temps, le cardinal de Sourdis continuait activement la réforme du clergé ; la résidence était l'un des points les plus négligés, et, cependant, l'un de ceux qui importaient le plus au bien spirituel des paroisses. Le clergé sentait la main du maître et se rendait aux vœux ou aux ordres de l'archevêque ; un seul se fit remarquer par une coupable résistance ; c'était Philippe Premier, curé de Ludon, bénéficiaire de St-Michel et aumônier du maréchal d'Ornano.

Le prélat le fit avertir de résider dans sa cure, au milieu de ses paroissiens ; mais, fier de la protection du maréchal, le curé ne tint aucun compte de l'avis et répondit à son supérieur en termes déplacés et pleins d'arrogance. Le cardinal, qui ne connaissait que le devoir, le déclara rebelle et contumace, l'excommunia et ordonna à tous les fidèles de le fuir comme un membre pourri, capable d'infecter tout le troupeau. Le curé interjeta appel et pria d'Ornano, alors à Agen, de lui accorder sa protection. Le Parlement intervint et déclara l'excommunication nulle et abusive ; il ordonna au cardinal, sous peine de 4,000 fr. d'amende, de donner, le jour même, absolution *ad cautelam*, à l'excommunié. Un huissier se présenta à la porte et demanda à parler à l'archevêque, qui se trouvait alors dans une réunion d'ecclésiastiques : « Qu'il » entre, dit le prélat ; il ne peut me trouver en meilleure compagnie. » Il entra, en effet, lut l'arrêt qu'il était chargé de lui notifier, et demanda une réponse. « Je réponds, dit le » cardinal, que je n'ai jamais lu qu'autre que le diable ait » commandé à Notre-Seigneur, et que les seuls ministres du » diable peuvent avoir la hardiesse de commander à un évê- » que. Quant à la partie excommuniée, qu'elle se présente, » le jour de Noël, à une heure et demie après-dîner, à Saint- » André, et je lui parlerai. » Le prélat ne se gênait pas pour tenir ce langage ; mais il refusa de signer sa réponse écrite. Voyant la gravité du cas, l'archevêque déclara et fit savoir à tout son clergé qu'il se réservait, à lui et au pénitencier, l'absolution d'une si grande faute commise contre l'autorité ecclésiastique. Cette démarche inquiéta la Cour ; elle s'assembla le 22 novembre et chargea deux commissaires de demander à l'archevêque s'il avait réellement fait à leur arrêt la réponse rapportée par l'huissier. Le cardinal avoua sa réponse et déclara qu'il était prêt à la signer de son sang. On arrêta alors qu'aucun membre du Parlement n'assisterait au sermon, le jour de Noël, et que le conseiller de Brons et le procureur

<small>Livre IX. Chap 1.</small>
<small>1606.</small>

général Desaigues, iraient instruire d'Ornano, qui se trouvait à Agen, et le prier de venir appuyer les arrêts du Parlement et prévenir les troubles qui pourraient résulter des circonstances, attendu que le peuple paraissait fort attaché au cardinal.

Le jour de Noël, l'archevêque monta en chaire; et n'ayant aperçu dans l'auditoire un seul membre du Parlement, prit pour texte ces paroles que Dieu adressa à Adam, après sa prévarication : *Adam, où êtes-vous ?* et en fit l'application aux circonstances avec une prudente habileté qui mit le peuple de son côté.

<small>D. Devienne, page 205.</small>

Le Parlement, froissé dans sa toute-puissance, envoya chercher le confesseur et le grand-pénitencier; ils répondirent que le prélat leur avait toujours dit de *craindre Dieu et de respecter le roi.* On s'efforça de donner un mauvais sens à ces paroles : la malice voulait s'appuyer sur la calomnie; ne pouvant pas encore trouver assez de prise contre le clergé, on répandit le bruit que les prédicateurs attroupaient le peuple sur les places publiques et l'excitaient contre le Parlement. N'ayant pas de raisons, il fallait au Parlement un prétexte plausible; on en trouva un dans ces bruits calomnieux, et, en conséquence, on rendit un arrêt par lequel les mêmes hommes qui voulaient s'ingérer dans les affaires du sanctuaire, qui avaient déclaré l'excommunication nulle et abusive, et qui voulaient forcer l'archevêque de donner l'absolution à un homme excommunié, ces mêmes hommes rendirent un arrêt abitraire; après avoir donné des détails, tantôt vrais, tantôt faux, sur ce qui s'était passé, « la Cour déclare les défenses faites aux
» prêtres et religieux, confesseurs, par le cardinal de Sourdis,
» archevêque de Bordeaux, de donner l'absolution aux dits
» présidents, conseillers et procureur général, nommés en
» icelle liste, et l'avocat plaidant pour la partie; ensemble,
» la réserve faite par le dit cardinal, à lui ou à son péniten-
» cier, nulles, abusives et scandaleuses, et comme des entre-
» prises sur l'autorité du roi et de son Parlement; inhibe et

» défend aux dits curés, prêtres, religieux, confesseurs et
» autres, de déférer aux dites défenses, et leur enjoignant de
» recevoir au sacrement de confession, les présidents, conseil-
» lers, procureur général et avocat de la partie plaidante, et
» de leur impartir le bénéfice de l'absolution, sans s'arrêter
» aux dites défenses, sous peine d'être punis comme pertur-
» bateurs du repos public ; ordonne, en outre, que les paroles
» injurieuses proférées contre le roi et son Parlement, dans
» la réponse faite par le dit cardinal en l'exploit de la signi-
» fication du dit arrêt du 19 du présent mois, par lui avouée
» par-devant les dits commissaires ; ensemble, la liste d'iceux
» noms seront rayés et biffés ; et attendu la gravité des paroles
» injurieuses, abus et scandales commis par le dit archevêque,
» ès-dites défenses de donner l'absolution, la Cour a condamné
» et condamne le dit cardinal de Sourdis en quinze mille livres
» d'amende, applicables, moitié au roi, moitié aux hôpitaux
» et couvents de cette ville ; ordonne qu'il sera contraint au
» payement de cette somme, par la vente et exécution de ses
» biens propres, fruits et revenus temporels, lesquels, à cette
» fin, seront saisis sous la main du roi ; et, en cas d'afferme
» d'iceux, fruits et revenus, seront les deniers saisis et les
» fermiers contraints de les délivrer ; et, en outre, la dite Cour
» interdit l'entrée d'icelle au dit cardinal, et lui inhibe et dé-
» fend de proférer aucune parole injurieuse contre le roi et
» son Parlement, à peine d'encourir le crime de lèse-majesté ;
» fait inhibition, tant au dit archevêque qu'à tous autres évê-
» ques et prélats du ressort, de faire telles et semblables dé-
» fenses aux confesseurs d'absoudre les officiers du roi qui au-
» raient opiné en leurs causes, ou de procéder par excommu-
» nication contre iceux, à peine de trente mille livres d'amende
» et autres plus grandes peines, si le cas y échoit ; de plus,
» inhibe aux curés et ecclésiastiques de prêcher ès-carrefours,
» marchés et places publiques, contre l'ancienne forme et
» coutume ; de faire aucune assemblée nouvelle ou extraor-

» dinaire hors les églises, lieux et jours accoutumés, sans per-
» mission des magistrats, sous peine d'être punis comme in-
» fracteurs des édits du roi et perturbateurs du repos public,
» etc., etc., etc. »

Ce document du despotisme parlementaire peint à merveille la société au XVIᵉ siècle. L'archevêque était très zélé; il défendait la cause du bien et de l'église. Le Parlement déploya une tyrannie sans borne; il alla même dans les confessionnaux dicter aux confesseurs la sentence qu'ils devaient prononcer, et désigner les coupables qu'ils étaient tenus d'absoudre, sous des pénalités accablantes; il tortura les paroles du prélat et leur attribua un sens qu'elles n'avaient pas; il mit en avant le nom du roi, pour abriter ses prétentions despotiques, et tendit de toutes ses forces à asservir l'Église et la conscience du clergé à l'autorité civile, essentiellement incompétente. L'archevêque n'en fut pas étonné; il s'attendait à ces empiètements; il implora la protection du roi, le pria de maintenir l'autorité ecclésiastique et d'évoquer au grand conseil la connaissance de toutes ses affaires et de ses démêlés avec la Compagnie, dont l'hostilité était palpable. Il envoya aussi un ami à Rome, pour instruire le Pape de cette entreprise du Parlement sur l'autorité de l'Église.

Ces démarches auprès du roi et du Pape étaient nécessaires; c'était un acte de sage prévoyance : il le devait à lui-même; il le devait aussi à ses diocésains; et, en conséquence, il publia un manifeste contre l'arrêt du Parlement, où il leur exposa : « Qu'ayant eu connaissance d'un arrêt, sous le nom du
» Parlement de Bordeaux, menaçant de peines et de supplices
» les curés, prêtres et autres qui refuseront l'absolution à au-
» cun de leur Compagnie et le chargeant de plusieurs injures
» et calomnies, il n'a pu empêcher les entrailles de sa charité
» de s'émouvoir; et craignant que, par silence, ce qu'il y a
» de plus cher ne périsse, et que Dieu ne lui demande compte
» un jour de leurs âmes, quoique nous n'ignorions pas, *con-*

» *tinue-t-il,* que ceux qui ont consenti à cet arrêt du 30 dé-
» cembre soient excommuniés *de jure ;* néanmoins, nous ne
» voulons pas encore dénoncer cette excommunication, par
» égard pour plusieurs personnes pieuses, qui sont obligées
» d'avoir affaire à eux ; nous aimons mieux attendre, sur ce,
» le jugement de notre saint père le Pape ; déclarons, néan-
» moins, à eux et à tous qu'il appartiendra, que nous nous
» réservons l'absolution de tous ceux qui ont consenti ou prêté
» main-forte au dit arrêt..... Déclarons toutes les absolutions
» qui pourraient avoir été données en vertu de cet arrêt, de
» nul effet et valeur, comme extorquées par force et violence ;
» les prions et exhortons, par le jugement terrible du Fils de
» Dieu, qui jugera entre eux et nous, de reconnaître la gravité
» de leur faute, la brièveté de leur vie, et notre affection pa-
» ternelle ; que, quand toutes les mères oublieraient les en-
» fants de leur ventre, nous ne pourrions les oublier, et ne
» faisons ceci que pour leur bien et salut, etc., etc. »

Cette circulaire fut affichée aux portes des églises ; mais les agents du Parlement l'arrachèrent aussitôt. Le curé de Puy-Paulin et le vicaire de St-Siméon la lurent cependant en chaire ; mais l'office fini, le premier-président manda les deux curés. Celui de Saint-Siméon jeta tout le tort sur son vicaire, qui était porté pour la Compagnie ; celui de Puy-Paulin s'était réfugié à l'archevêché, comme dans un asile. Le lendemain, on décréta de prise de corps les deux délinquants, et on ordonna que leur procès fût instruit dans les vingt-quatre heures. Comme la colère et la vengeance perçaient dans la conduite du Parlement, les habitants des paroisses de Puy-Paulin et de Saint-Siméon ne comprimaient plus leurs murmures : tout Bordeaux allait se lever en masse ; ces démonstrations populaires firent surseoir à l'exécution des procédures. On prévint de nouveau le maréchal d'Ornano de tout ce qui se passait, et, en attendant son arrivée, on manda les autres curés pour les entendre touchant l'affiche. L'archevêque adressa de suite aux

curés une nouvelle circulaire, où il dit : « Considérant qu'au
» mépris de Jésus-Christ, qui a institué le sacerdoce, vous
» êtes tous les jours cités devant les juges laïques, qui, bien
» qu'il leur ait été, par le roi, concédé un grand pouvoir, toute-
» fois n'ont nulle juridiction sur vous, et, en l'usurpant, ne font
» que multiplier leurs péchés, ce que vous devez ressentir
» avec une grande douleur, comme nous, et prier Dieu qu'il
» les illumine. Ils ont même, aujourd'hui, décerné plusieurs
» prises de corps contre le curé de Puy-Paulin et autres clercs,
» ce qui est exécrable entre des chrétiens. Nous donc, par
» le devoir de notre charge pastorale, désirant plutôt mourir
» que voir la gloire de notre Dieu foulée aux pieds, en vertu
» de son autorité par laquelle il a soumis votre fraternité sous
» notre direction, nous vous défendons de vous présenter de-
» vant eux à aucun mandement qui vous sera fait de leur part,
» ni de répondre, sous les peines portées par les saints canons,
» contre les prêtres qui répondent aux tribunaux laïques et
» ceux qui désobéissent à leurs prélats. »

Le roi, qui avait alors besoin du Pape, chargea le maréchal d'Ornano, demeuré étranger à cette querelle, d'aller arrêter les poursuites de cette affaire, qu'il évoqua au grand conseil ; l'évêque de Bayonne devait s'entendre avec lui pour effectuer la réconciliation du prélat et du Parlement. Ces deux commissaires royaux proposèrent d'annuler tout ce qui avait été fait. Le Parlement y consentit ; mais l'archevêque convoqua et consulta tous les ecclésiastiques de la ville; le grand nombre poussa à la paix ; enfin, le cardinal accepta les propositions des commissaires, et dit qu'il remettrait aux soins de Sa Majesté la punition des fautes commises contre l'autorité de l'Église et les canons.

Peu après, le roi manda à Paris le cardinal et le procureur général ; il avait appris que le Pape se plaignait qu'on avait publié et répandu les arrêts du Parlement, non seulement en France, mais à l'étranger et même à Venise, dont le gouvernement était alors brouillé avec la cour de Rome; il résolut d'apaiser Sa Sainteté, et déclara que ces arrêts seraient considérés comme nuls, et qu'il était disposé à protéger les cardinaux et à maintenir leurs priviléges; il ordonna au Parlement de ne plus fournir des plaintes au prélat, et exhorta le prélat à ne plus se souvenir des torts du Parlement, ajoutant qu'à l'avenir il évoquerait toutes les causes du cardinal au grand conseil.

La paix paraissait rétablie; mais le curé de Ludon restait encore sous le poids de ses censures; il se démit de son titre, reconnut sa faute et demanda l'absolution. Le cardinal promit de la lui donner le premier dimanche de l'Avent, à Saint-André. En effet, la cérémonie ayant été annoncée au prône des messes paroissiales, on dressa une estrade assez élevée dans l'église, entre la porte du chœur et celles des ailes, du côté du nord. L'archevêque s'y assit au milieu de son clergé et d'un concours immense de curieux, ayant le prêtre réfractaire couché à ses pieds. Pendant le chant lugubre du *Miserere,* le prélat le frappait, de temps en temps, d'une verge qu'il tenait à la main: après plusieurs autres cérémonies humiliantes, le coupable avoua sa faute et demanda l'absolution : le cardinal prononça la formule qui énonçait les fautes du pénitent et les motifs de l'excommunication, dont l'un des principaux était son appel d'abus aux juges laïques : *Et quia ad judices laïcos confugisti.* Il lui donna ensuite pour pénitence de demander publiquement pardon à tous les curés de la ville, aux bénéficiers de Saint-Michel et au peuple, du scandale qu'il avait causé, et généralement à tous ceux qu'il avait induits à péché et qui avaient contracté l'excommunication en communiquant avec lui; de tenir la dernière place dans tous les synodes, congrégations, chapitres, processions et assemblées; d'être suspendu de tous ses ordres et réduit à la communion laïque jusqu'à Pâques, et, durant ce temps, de communier au moins une fois par semaine, de jeûner tous les samedis de l'Avent, de visiter l'église Notre-Dame de Lorette et celles des apôtres Saint-Pierre et Saint-Paul, pendant trois jours; y demander à Dieu la rémission de ses péchés, le rétablissement de la discipline ecclésiastique dans le diocèse, et qu'on rendît à Dieu et à l'Église honneur et obéissance.

CHAPITRE II.

L'affaire du sieur de Haut-Castel. — Le cardinal de Sourdis le fait sortir de prison. — Le concierge tué. — Le Parlement s'indigne. — Le roi se prononce contre le cardinal. — Il est décrété de prise de corps. — Il est interdit par le Pape. — Il est exilé par le roi. — La reine-mère brouillée avec le roi. — Le duc de Mayenne, gouverneur de Guienne. — Le Béarn refuse de se soumettre. — Le roi à Bordeaux. — Supplice d'Argilemont. — Mouvements insurrectionnels dans le Béarn. — La guerre. — L'assemblée protestante à La Rochelle. — Siège et capitulation de Nérac.

L'esprit d'hostilité existait toujours dans le Parlement contre le cardinal; on n'attendait qu'une occasion favorable pour se venger de son triomphe éphémère. De son côté, le cardinal ne se tenait pas assez en garde vis-à-vis d'un corps puissant humilié et qui ne pardonnait pas. Un autre conflit se présenta, et la hardiesse du prélat lui fit oublier les précautions de la prudence.

Pendant le séjour de Louis XIII à Bordeaux (1615), Antoine Castaignet, sieur de Haut-Castel, gentilhomme de Lauzerte-en-Quercy, se rendit coupable de grands crimes. Le Parlement le condamna à avoir la tête tranchée. Le maréchal de Roquelaure et l'archevêque intervinrent et demandèrent sa grâce. Ils l'obtinrent, selon D. Devienne, et des ordres furent portés, de la part du roi, à Castès, concierge de la prison, de mettre Haut-Castel en liberté. Le concierge refusa, jusqu'à ce que le Parlement en eût connaissance; il ôta seulement au prisonnier ses fers. Le président Lalanne, qui remplaçait le premier-président, malade; le président d'Affis, Massiot, conseiller, et Desaigues, procureur général, se rendirent auprès du chancelier et lui exposèrent la nécessité de punir le prisonnier de ses forfaits, et les motifs qui avaient fait rendre la

Livre IX.
1615.

sentence. Le chancelier les renvoya au roi, qui, mieux instruit, révoqua la grâce qu'il avait accordée. On se prépara à l'exécution ; mais les amis de Haut-Castel s'emparèrent du bourreau, et ce ne fut qu'à dix heures du soir qu'on le trouva ivre et hors d'état de remplir sa charge.

Sachant ce qui se passait, le Parlement ordonna, le lendemain, que l'exécution eût lieu dans la journée, que le guet fût renforcé et la porte Cailhau fermée. Roquelaure répondit que ces mesures étaient de sa compétence ; on échangea des paroles vives à cette occasion ; et, voulant absolument que l'arrêt eût son effet, l'avocat général et le procureur général Desaigues envoyèrent chercher un confesseur et le bourreau, et firent dresser, en même temps, l'échafaud sur la place du Palais. Le cardinal, instruit des faits, se rendit chez la reine. On lui refusa une audience ; il insista et se plaignit de ce qu'on ne tenait pas la parole que la reine avait donnée. Ne sachant que faire dans des circonstances si urgentes, où il s'agissait de la vie d'un ami, il approcha son oreille du trou de la serrure, dit un auteur, et feignant qu'on lui disait quelque chose, écouta avec attention ; puis, se retournant avec un visage gai vers les gentilshommes, ses amis : « Allons à la prison, allons vite ; la reine m'accorde la grâce du prisonnier (1). »

D. Devienne et le *Mercure de France* racontent cette affaire d'une manière différente, et déchargent le cardinal de tout l'odieux que ses ennemis lui imputent. D. Devienne dit que le cardinal se présenta, après midi, devant la grande porte du Palais, à cheval, avec un manteau court, de couleur rouge, accompagné de quarante ou cinquante gentilshommes. L'ayant trouvée fermée, il la fit enfoncer et entra, accompagné de sa suite. Le concierge refusa les clés de la chambre, où était dé-

---

(1) Aux États-généraux de Sens, en 1614, M. de Lur, vicomte d'Uza, représenta la noblesse de Guienne, qui avait rédigé ses remontrances chez lui, le 12 août 1614.

tenu Haut-Castel; on insista; et, enfin, voyant son obstination, un gentilhomme de la suite du cardinal, Le Moulin-Darnac, lui enfonça son épée dans le corps; il mourut une demi-heure après de sa blessure. Haut-Castel monta dans un carrosse qu'on avait préparé, sortit par la porte des Paus; et ayant traversé la rivière à la hâte, alla s'établir au château de Lormont.

Livre IX. Chap. 2. — 1615.

Le roi, prévenu de ce qui venait de se passer et de l'indignation du Parlement, qui s'était assemblé pour délibérer, fit dire à la Compagnie qu'il désirait s'entretenir sur ce sujet avec des commissaires pris dans son sein. A l'instant même, tout le Parlement se leva et se rendit chez la reine, où se trouvait le prince. Le roi blâma fortement la conduite du cardinal, et déclara qu'il soutiendrait toujours les arrêts de la Compagnie; la reine s'exprima dans le même sens. Tous ceux qui étaient présents, même Ubaldini, nonce du Pape, blâmèrent l'archevêque. Flatté des paroles gracieuses du roi, le Parlement le remercia et se retira. Mais l'archevêque ne tarda pas à savoir tout ce qui se passait en ville : la mort du concierge lui causa un chagrin très-vif; il versa des larmes, et dit le soir, en soupant avec Haut-Castel, qu'il donnerait 50,000 livres, et que Castès fût encore en vie. Il fit assembler tous les curés de la ville, pour décider s'il était tombé dans l'irrégularité jusqu'à ne pouvoir dire la messe. Tous les ecclésiastiques marquants de la ville, à l'exception du supérieur des Jésuites, allèrent le trouver à Lormont. Le Parlement leur défendit de rien publier de contraire à la religion, à l'État ou à la Compagnie; ils répondirent que le cardinal ne leur avait demandé qu'à prier Dieu pour lui. On décréta de prise de corps le cardinal, son porte-croix, Le Moulin-Darnac (qui tua le concierge), trois autres gentilshommes; et quelques jours après, le Parlement envoya deux huissiers et cent vingt mousquetaires à Lormont pour arrêter l'archevêque; mais, averti à temps, le prélat se retira à Vayres. On voulait proclamer la prise de corps, à son

D. Devienne.

de trompe, pendant trois jours consécutifs; mais le roi, sur les représentations du nonce, ordonna qu'on se contenterait de le citer sans bruit, par un huissier, à la porte de l'archevêché. Le Parlement voulait le juger par coutumace; le nonce représenta que ce serait un scandale de plus, sans aucun avantage réel, sans résultat satisfaisant; enfin, les instances du nonce, et le respect encore vivant dans tous les cœurs pour le caractère épiscopal, l'emportèrent sur l'indignation de la Compagnie, et l'affaire fut envoyée au Pape par le roi. Le Parlement députa deux conseillers pour faire des remontrances à Sa Majesté, qui était alors à Aubeterre :

« Sire, disaient-ils dans leurs remontrances, on nous veut » éblouir les yeux et opposer la dignité du cardinal, comme » s'il ne devait pas y avoir de justice au monde pour des per- » sonnes de cette qualité, comme si vos lois n'étaient que des » toiles d'araignée qui n'enveloppent que les petits, etc. » La remontrance fut ferme et respectueuse. On blâma de nouveau l'archevêque, on s'épuisa en promesses envers le Parlement; mais le renvoi au Pape fut maintenu. Le Pape défendit au cardinal de célébrer, jusqu'à ce qu'il eût été absous de l'irrégularité qu'il avait encourue. Le roi l'exila de Bordeaux; mais, après quelques mois d'interdiction, le Pape l'en releva. Le roi lui permit de rentrer en ville, le 16 mai 1616; il y trouva les esprits plus calmes, et le peuple toujours disposé à prendre sa défense. Il continua de siéger au Parlement comme par le passé.

Dans cet intervalle, les protestants formaient des complots pour prévenir les suites de l'alliance avec l'Espagne : l'assemblée de Nîmes, dirigée par un jeune intrigant, le duc de Candale, fils du duc d'Épernon, qui venait d'embrasser le calvinisme, se décida à prendre le parti du prince de Condé; mais la paix de Londres, conclue le 4 mai 1616, détacha Condé de cette ligue. Quelques mois plus tard, il fut arrêté, et la guerre recommença de plus belle. Désolé de la triste perspective d'une guerre civile, le roi voulait montrer de l'énergie; et se croyant assez fort pour comprimer toutes les factions ennemies, il parut bien décidé à tout entreprendre pour le bien du royaume. La mort du maréchal d'Ancre, annoncée aux Bordelais le 28 avril 1617, produisit une joie générale parmi le peuple, et semblait promettre quelques jours de paix. Marie de Médicis n'ayant plus son favori Concini, se retira triste et mécontente des affaires; elle se rendit presque captive à Blois, et le jeune prince prit en mains les rênes de l'État. L'un de ses premiers actes de roi était son arrêt du 25 juin 1617, ordonnant le rétablissement de la religion dans le Béarn, où elle avait été abolie, soixante ans auparavant, par Jeanne d'Albret, mère de Henri IV. Les ecclésiastiques du pays devaient rentrer en possession des biens dont ils avaient été dépouillés. Ces mesures provoquèrent une réaction violente; les calvinistes reprirent les armes, et leur attitude vis-à-vis du gouvernement retarda l'exécution de l'arrêt jusqu'au mois d'octobre 1620. Le roi se rendit en Béarn; les calvinistes, se croyant perdus, se levèrent en masse : à Montauban, dans leur exaspération, ils se firent ouvrir les maisons des prêtres, se saisirent de leurs personnes et les enfermèrent, comme ôtages, dans la maison consulaire. Le cardinal de Sourdis, instruit du danger que le clergé courait à Montauban, assembla à la hâte tous les calvinistes de Bordeaux, et leur enjoignit de prendre les plus promptes mesures pour détourner leurs coreligionnaires de leurs mauvais desseins, les rendant responsables, sur leurs têtes, des suites de cette affaire. Les calvinistes de Bordeaux s'empressèrent d'écrire à Montauban; mais le conseil de ville avait devancé leur demande, en mettant en liberté les ecclésiastiques et en leur accordant protection pour leur culte.

Condé s'étant démis du gouvernement de Guienne, le roi le remplaça par le duc de Mayenne, qui arriva le 28 juillet 1618, à Cariet, maison de campagne du président de Pichon, dans la baronie de Montferrand (aujourd'hui à Lormont), et fit son

Livre IX.
Chap. 2.
—
1616.

1617.

Histoire de Montauban, tom. II, p. 116.

1618.

entrée solennelle à Bordeaux, le 31, dans une maison navale, élégamment décorée, accompagné des nobles du pays, et de plusieurs bateaux portant les trompettes et les musiciens. Arrivé sur le quai, le maréchal de Roquelaure lui présenta les clés de la ville; et, après la harangue accoutumée, il avança à cheval, par la rue de la Rousselle et les Fossés, jusqu'à Saint-André, où il prêta serment entre les mains du cardinal de Sourdis.

Pendant ce temps, la reine-mère s'échappa de Blois, et, protégée par le duc d'Épernon, se retira à Angoulême. Le roi prévit un nouvel orage; il envoya à la poursuite de cette princesse le duc de Guise avec une armée, et ordonna à Mayenne, alors à Agen, de recruter des forces et de se porter au devant de l'ennemi. Mayenne appela autour de lui tous les nobles de la Guienne, avec leurs troupes respectives; tous les volontaires du pays accoururent sous son étendard et l'accompagnèrent à Bourg; de là, il devait se rendre à Libourne, où il avait fixé le *rendez-vous* de ses forces, qui montaient jusqu'à dix mille hommes de pied et douze cents chevaux, la plupart de vieilles troupes. Il avança hardiment au milieu des plus grands périls; mais après quelques combats légers avec les troupes de d'Épernon, et après de grandes difficultés, la paix fut enfin négociée par le comte de Béthune, et Mayenne se retira à Bordeaux.

L'exécution de l'édit du 25 juin 1617 rencontra des obstacles dans le Béarn; le comte de Bassompière devait y aller, avec une armée, pour vaincre les résistances, et le roi lui-même se disposait à le suivre et à se rendre à Pau. Après avoir passé à Poitiers et à Saintes, il arriva le 17 septembre à Blaye; le maire lui présenta les clés, à genoux; le prince les lui remit en termes flatteurs pour l'administration de la ville; mais le gouverneur, d'Esparbès de Lussan, fut destitué comme partisan de la reine. Le roi fit son entrée à Bordeaux le 19, et le lendemain on lui donna, aux frais de la ville, un magnifique banquet, au Château-Trompette. Le Parlement s'était montré assez obséquieux envers le prince et même très-zélé pour la défense de la religion. L'année précédente, des missionnaires catholiques, que l'évêque de Saintes avait envoyés à Saint-Jean-d'Angély, en furent expulsés; le Parlement, par un arrêt du 4 décembre 1619, les renvoya, avec défense de les inquiéter dans leurs exercices religieux. Mais plus on se montrait obséquieux et soumis, plus le roi devenait exigeant. Il convoqua le Parlement pour son lit de justice, et lui fit de graves reproches; il révoqua tous les jurats et exhorta leurs successeurs à montrer plus de dévoûment pour la cause du roi; et croyant avoir abattu, par ces actes de rigueur, l'indépendance des Bordelais, il leur demanda, pour *subvenir aux frais de la paix*, six cent mille livres; le Parlement fit des observations, mais le prince y resta sourd. Les jurats offrirent cent mille écus; le roi tint bon, et l'on finit par céder à ses exigences.

Pendant les vingt-trois jours que le roi passa à Bordeaux, il y fit enregistrer plusieurs édits, et déploya contre les religionnaires une sévérité peu politique, qui lui aliéna leur affection; ils restèrent cependant tranquilles et soumis; ils n'attendaient qu'une occasion favorable pour reprendre les armes; cette occasion se présenta bientôt.

Parmi les seigneurs qui vinrent présenter leurs hommages au roi, à Bordeaux, se trouvait d'Argilemont, gouverneur de Fronsac, pour le comte de Saint-Paul. C'était l'homme le plus dangereux du pays, un monstre à forme humaine : l'incendie, le vol, le viol, l'assassinat, tous les crimes qui déshonorent l'humanité, d'Argilemont se les permettait contre ses voisins, contre les étrangers. Ce brigand, puissant par ses relations et par la position du château de Fronsac, levait des subsides sur les bâtiments qui naviguaient sur la Dordogne : malheur au capitaine qui oubliait de saluer, en passant, ce petit tyran ou d'abaisser son pavillon devant la forteresse de Fronsac : le canon vengeait à l'instant la prétendue insulte, la cargaison

Livre IX.
Chap. 2.
—
1620.

devenait la propriété du redoutable commandant, le capitaine était pendu et le bâtiment coulé !!!.....

Il s'appropriait les revenus des curés et des monastères, frappait des contributions sur les habitants du pays et en donnait des reçus signés : *Désordres*. Il entreprit de nouvelles fortifications, non seulement à Fronsac, mais au magnifique château de Caumont, qui dominait, par ses superbes bastions, le cours de la Garonne, et s'étendait, sur un monticule délicieux, en une longue et gracieuse courtine, ayant, aux deux extrémités, deux grosses tours dont les fondements pénétraient dans le sol jusqu'au niveau de la Garonne. En descendant de ce mont vers la rivière, se trouvaient deux boulevards, et au-dessous d'eux, plus bas, deux demi-lunes qu'Argilemont fit construire pour battre la rivière et arrêter les bateaux, comme à Fronsac. Averti que ce farouche commandant voulait, par ces travaux, exercer sur la Garonne le même brigandage que sur la Dordogne, le Parlement lui fit signifier un arrêt qui défendait de les continuer. D'Argilemont, indigné, fit porter la hotte à l'huissier qui lui notifia l'arrêt, et il fit tirer un coup de canon à boulet contre le château de Vayres, pour se venger du propriétaire, Marc-Antoine de Gourgues, parce qu'il n'avait pas, comme président du Parlement, empêché la signification de l'arrêt. Cet homme, turbulent et farouche, défiait la justice à l'abri de ses fortifications. Son nom seul faisait trembler les juges, et leur arrachait des sentences en sa faveur et contrairement aux cris de leurs consciences et à la voix de la justice. Sur la plainte portée contre lui par Paul Brun, Rue de Mambrun, seigneur de Pleinpoint, Étienne de Gombaut, écuyer, Pierre Paty, avocat, et le seigneur de Barès, d'Argilemont fut arrêté à Bordeaux par ordre du Parlement. Son procès fut instruit avec empressement ; il fut condamné à avoir la tête tranchée deux jours après avoir été remis entre les mains de la justice.

Le comte de Saint-Paul et Mayenne demandèrent sa grâce ;

Louis XIII répondit qu'il n'y avait rien à faire et qu'il fallait laisser à la justice son cours.

La tyrannie et les odieuses vexations des petits seigneurs du pays étaient alors devenues si insupportables et si opposées aux vues bienveillantes du roi, qu'on crut devoir l'exécuter avec un appareil inusité, avec une rigueur capable d'intimider d'autres seigneurs coupables comme lui. Il fut traîné, sur une claie, par tous les carrefours de la ville, et, enfin, en présence d'une foule qui bénissait la justice et se réjouissait de se voir délivrée du despotisme de ce monstre, il eut la tête tranchée, le 20 septembre 1620, sur un échafaud dressé sur la place du Palais-de-l'Ombrière. Sa tête fut attachée à une tour du port de Libourne, vis-à-vis de Fronsac. La leçon était sévère, mais elle était salutaire. Le monarque donna ordre que le fort de Fronsac fût détruit.

Livre IX. Chap. 2.

1620.

Dans cet intervalle, les protestants tenaient des assemblées et prenaient les mesures les plus convenables pour l'avancement et le succès de leur cause : les conseils souverains du Béarn et de Pau refusaient de se soumettre à l'édit du 25 juin 1617; des députés se rendaient de partout au colloque de Milhau, où l'on devait remédier aux malheurs de leurs frères du Béarn; mais le Parlement défendit ces assemblées, et le roi ordonna aux députés de se séparer. Ils obéirent, mais après avoir indiqué une autre assemblée générale à La Rochelle, pour le 25 novembre. Enfin, voyant que toutes ses démarches étaient infructueuses, le roi ordonna au comte de Bassompierre de marcher avec son armée, par les Landes, jusqu'à Saint-Justin d'Armagnac, et se prépara à se rendre lui-même à Pau. Les sieurs Martin et de Lur l'accompagnèrent à Cadillac, où il séjourna quatre jours chez le duc d'Épernon; de là, il se rendit à Preignac, où il resta six jours, et fit son entrée à Pau le 15 octobre.

Histoire de Montauban, vol. II, pages 116-117.

Les calvinistes se soumirent, le conseil souverain protesta de sa fidélité, et le roi, satisfait de ce respect apparent, y laissa comme gouverneur du Béarn, le marquis de La Force, et se mit en route pour Bordeaux et Paris.

Le marquis de La Force, soit manque d'énergie, soit à dessein, ce qui est plus probable, ferma les yeux sur les excès des calvinistes; ils agissaient en rebelles au su de tout le monde, et complotaient contre les intérêts de l'État, à la face du ciel. Le marquis n'y fit rien, ou plutôt il les protégea. Le roi aimait ses deux fils, et croyant pouvoir aussi compter sur le père, il lui avait confié l'importante place de gouverneur du Béarn; mais ses démêlés avec Poyanne, capitaine catholique de Navarreins, rendirent sa position plus équivoque; et enfin, voyant qu'on allait marcher contre lui comme traître infâme, il s'enfuit à Bergerac, auprès de son fils, le baron de Castelnau.

La conduite du roi en Béarn, ses ordres et ses dispositions pour toute éventualité qui tendrait à compromettre la paix, la fuite du marquis de La Force, la persistance des évêques et des seigneurs catholiques à détruire le protestantisme, l'accord et l'union des sept cents églises protestantes, tout cela détermina les réformés à se soulever de nouveau. L'assemblée de La Rochelle avait dressé, en mai, une Constitution républicaine, en 47 articles, qu'on devait substituer, tôt ou tard, à la forme monarchique. A la tête des réformés se trouvaient le duc de Rohan et son frère, Soubise; ils étaient chargés des intérêts généraux du parti, et le gouvernement de la France semblait avoir établi son siége à La Rochelle. Des bandes parcouraient et dévastaient le pays; elles s'étaient emparées de La Bastide-d'Armagnac, de Casteljaloux, de Capticux, des tours d'Albret et de Cazenave. Le Parlement s'assembla, et, par son arrêt du 18 juin 1621, prononça des peines sévères contre ces hordes indisciplinées et factieuses; mais ces menaces n'eurent pas d'effet sur ces éternels ennemis de l'ordre. Voyant qu'il fallait nécessairement repousser la force par la force, le roi envoya d'Épernon à La Rochelle, et marcha lui-même, à la tête d'une armée, vers le Poitou ; il assiégea Saint-Jean-d'Angély avec quarante pièces de canons, et en fit raser les murailles ainsi que celles de Pons ; mais La Rochelle, enhardie par la vigoureuse résistance des Montalbanais, repoussa les troupes royales, et Soubise fut assez heureux pour se rendre maître de Royan, place importante à l'embouchure de la Gironde. Pendant ce temps, le duc de Rohan s'empara de Nérac, avec les secours combinés de Favas et de Montpouillan, deux coryphées du calvinisme. Le duc de Mayenne apprit bientôt cette fâcheuse nouvelle à Bordeaux. Il chargea de suite Barrault et d'Ornano de lever des recrues et de les lui conduire à Nérac, où il se rendit lui-même. Il croyait qu'à son arrivée les Néraguais reconnaîtraient leur faute et s'empresseraient de se soumettre. Le président de Pichon ne contribua pas peu à l'entretenir dans ces illusions ; mais il se trompait : la résistance fut aussi opiniâtre que l'attaque fut vive ; et si nous en croyons les *Mémoires* du duc de La Force, *après de furieuses batteries et deux mois de siége, Mayenne y avait autant avancé que le premier jour.* Enfin, la ville capitula le 7 juillet, à des conditions honorables.

CHAPITRE III.

Les Calvinistes découragés. — Le roi à Coutras. — Ses courses en Guienne. — Les Réformés de La Rochelle s'emparent de l'île d'Argenton. — Favas débarque en Médoc. — L'île de Cazau défendue par La Salle. — D'Ornano et La Salle attaquent les rebelles à Saint-Vivien, à Soulac. — Retraite de Favas. — Supplice de Lescure. — Le roi revient en Guienne. — Les chefs protestants se soumettent. — Le roi confirme l'édit de Nantes. — Le Parlement le vérifie avec des restrictions. — Hiver froid. — Disette. — Famine. — Générosité du cardinal de Sourdis. — D'Épernon. — Ses démêlés avec d'Ornano. — Il est nommé gouverneur de Guienne.

Livre IX.
1621.

Mémoires authentiques, t. II, liv. II.

Mémoires de Bassompierre, 2e partie.

Mercure de France, tome 8, p. 429.

La capitulation de Nérac, la prise de Caumont, les succès de l'armée royale, la conduite équivoque de Boisse-Pardailhan, qui trahissait ses coreligionnaires, pour se ménager plus tard les bonnes grâces du roi, avaient refroidi l'ardeur du parti protestant et affermi dans le peuple l'esprit de soumission. Le roi arriva à Coutras et y reçut, par des députations, l'assurance de la fidélité de Sainte-Foy, de Lamothe, de Gensac et autres villes voisines. Parvenu au château de Mézières, près de Sainte-Foy, des députés de Castillon, de Montflanquin, de Cadillac, de Layrac, de Mussidan, de Puymerol, de Casteljaloux et de plusieurs autres places, viennent le prier d'agréer leur soumission et l'assurance de leur fidélité. Après avoir fait démolir les fortifications de Bergerac, le roi continua ses courses jusqu'à Tonneins, où il arriva le 20 juillet, et y établit son quartier général, pendant que ses troupes faisaient le siége de Clairac, qui, obligé de se rendre à discrétion, fut traité avec la dernière rigueur. Ces triomphes successifs décidèrent le monarque à attaquer Montauban le 17 août; le siége en fut poussé avec activité jusqu'au 18 novembre; l'armée royale y subit des pertes énormes en soldats et en officiers, entre autres, le duc de Mayenne, dont la triste fin produisit, à Bordeaux et partout, de douloureuses impressions.

Le double échec des catholiques devant Montauban et La Rochelle releva le courage, jusque-là abattu, des religionnaires; quelques villes se soulevèrent, et la province allait être de nouveau le théâtre de la guerre civile. Louis XIII, après le sac meurtrier de Monheurt, revint à Bordeaux par Casteljaloux et Bazas; le 30 novembre il se trouva à Blaye, et le lendemain partit pour Libourne et ne s'arrêta que pour dîner au château de Cubzac. Le premier jour de janvier, le roi fit sa communion; le lendemain, il alla dîner et passer la nuit à l'abbaye de Guîtres, et, le troisième jour du même mois, il partit pour Paris, où il arriva le 28. Le départ du roi fut le signal de nouvelles insurrections : les Réformés reprirent les armes; La Force était le général des églises de la Basse-Guienne; Favas de Castets défendait les églises de la rive gauche de la Garonne; mais Sainte-Foy était le point central de leurs opérations.

L'armée royale était commandée par le duc d'Elbeuf et le maréchal de Themines; mais il n'y avait pas réellement, dans la province, de chef véritable, d'autorité centrale supérieure; Mayenne fut tué à Montauban; le maréchal de Roquelaure venait de remettre au roi le commandement de la Guienne, son successeur, le maréchal de Themines, n'était pas encore entré en fonctions; le Parlement seul pourvoyait à tout ce qui était nécessaire et réussissait, par sa prudence, à réprimer les factieux et à leur faire éprouver des pertes énormes. Les protestants, indignés de ces échecs, se levèrent partout comme un seul homme; La Rochelle resta toujours le foyer de l'intrigue et de la rébellion, et une flottille, sortie de son port, alla s'emparer de l'île d'Argenton, à l'embouchure de la Garonne, et y fit construire un fort pour pouvoir dominer les deux rives et pour mettre à contribution tous les bâtiments qui naviguaient sur ce fleuve. Le roi envoya le comte de

Livre IX.
Chap. 5.
—
1621.

1622.

Joigny, avec dix galères, pour réduire et détruire le fort, et lui-même entra dans le Poitou, au mois de mars, et fit éprouver de grandes pertes aux rebelles, qui se trouvaient sous les ordres de Soubise, frère du duc de Rohan.

Les Rochelais s'étaient flattés d'un succès complet sur la rive gauche, et, dans leurs illusions, avaient chargé le capitaine Favas de débarquer sur les côtes du Médoc cinq mille hommes à pied et cent cinquante chevaux. Ce hardi guerrier exécuta avec bonheur cette entreprise et s'empara de Soulac, malgré la courageuse résistance de la faible garnison, qui, au grand dépit de l'artillerie des assiégeants, tint ferme pendant vingt-quatre heures. Maître de Soulac, Favas ravageait les environs et surtout les domaines des membres du Parlement, qui, à cause de ses crimes et de ses brigandages antérieurs, l'avaient condamné à avoir la tête tranchée, après l'avoir dégradé de la noblesse et avoir pris, sur ses propriétés confisquées, 300,000 liv., applicables, moitié aux pauvres de St-André, moitié aux réparations du Palais. Il se vengea de ses juges; et, pour mieux punir les Bordelais, résolut de se rendre maître de l'île de *Cazau*, près du Bec-d'Ambès, afin de priver Bordeaux de toute communication avec la Saintonge et les côtes de la Dordogne, d'où l'on tirait les céréales et le bétail pour le marché de la ville. Mais le Parlement, qui avait prévu ces dangers, s'était déjà mis en mesure de les conjurer; le président de Gourgues avait assemblé la Compagnie pour aviser aux moyens de défendre la ville et faire face à toutes les éventualités; on arrêta que les habitants des campagnes garderaient les côtes; que Libourne fournirait un contingent de deux mille hommes; que les bourgeois et les corporations contribueraient aux frais de la campagne; que le conseil de guerre, composé des présidents, des trésoriers de France et des jurats, désarmerait les calvinistes et remplacerait les hommes suspects par des catholiques, qui devaient être tous armés. Le zèle de la Compagnie ne se borna pas à ces mesures générales, elle prévint les desseins de Favas sur l'île de *Cazau*, en y élevant un fort, dont la garde fut confiée au capitaine De La Salle. Après ces sages précautions, le Parlement lança ses troupes contre les maraudeurs du Médoc ; elles étaient commandées par Sainte-Croix d'Ornano, qui avait sous ses ordres d'Alesme, Lardimalie, les frères La Salle, du Port, du Palais et Saint-Gervais. D'Ornano arriva en Médoc avec cinq cents hommes ; c'était trop peu vis-à-vis des forces numériquement supérieures et appuyées par une cavalerie légère, libre et à l'aise dans le pays, qui n'est qu'une vaste plaine, ouverte de tous côtés.

Il revint à Bordeaux et en repartit bientôt après avec un renfort de quarante chevaux et trois cents fantassins. Pendant ce temps, l'intrépide La Salle, voyant l'île de Cazau suffisamment défendue par ses deux frères et soixante bons soldats, désirant d'ailleurs prêter main-forte à d'Ornano, en Médoc, traversa le bras de la Garonne et se dirigea vers Lesparre, occupée par les troupes de Favas. L'alarme y fut grande : on coupa le pont, on fit faire des palissades devant les côtés faibles ; enfin, on se mit en mesure de résister à La Salle. D'Ornano, qu'on croyait à Bordeaux, arriva avec ses troupes, par des chemins écartés et sans être aperçu, jusqu'à Soulac ; il égorgea la sentinelle, força les barricades, massacra trente soldats qui lui opposaient une folle résistance, emmena seize chevaux avec seize prisonniers, et se retira en bon ordre vers Lesparre, avec un butin considérable et sans avoir fait aucune perte. Informé que le capitaine Charron se tenait à Grayan avec trente hommes, il s'y rendit, dispersa et massacra ce petit détachement. Affligé de ces pertes, Favas écrivit à Royan pour avoir des secours ; le baron de Saint-Seurin arriva avec sept cents hommes ; c'était peu pour de semblables conjectures ; mais ayant fait débarquer les marins et les soldats qui se trouvaient sur les vaisseaux en rivière, Favas marcha à leur tête sur St-Vivien, où se tenait La Salle. Le bourg fut bientôt violemment attaqué et courageusement défendu. La Salle fut, enfin, blessé à la

Livre IX.
Chap. 5.
—
1622.

Dupleix,
d., p. 206.

tête de sa faible troupe et sur le point de se rendre ; mais d'Ornano accourut au bruit de l'artillerie, et attaqua par derrière les assiégeants, qui s'enfuirent vers la rivière, après avoir perdu cent vingt hommes. Favas, découragé comme les autres chefs, et voyant tout perdu dans le Médoc, se retira à La Rochelle, et ne laissa après lui que quelques soldats dans le fort de Soulac, qui, bientôt après, se rendirent prisonniers de guerre. Quelques jours plus tard, on arrêta à Coses, en Saintonge, l'un des plus obstinés coryphées du parti, Paul de Lescure, l'ancien président de l'assemblée de La Rochelle, où l'on avait résolu de substituer, par des moyens quelconques, la république à la monarchie. Il s'était chargé de porter lui-même au marquis de La Force, en Béarn, les résolutions de l'assemblée, et se trouvait, en passant, au combat de Saint-Vivien, où sa présence contribua à ranimer le courage de ses coreligionnaires. Il fut condamné à être traîné sur la claie, avec un écriteau autour de la tête, portant cette inscription en gros caractères : « *Criminel de lèse-majesté, et président en l'assemblée de La Rochelle,* » et, après avoir fait une amende honorable, à avoir la tête tranchée et les quatre membres coupés.

Le roi, qui se trouvait le 4 mai à Royan, se mit en marche pour la Haute-Guienne, et passa successivement par Guîtres, Saint-Émilion, Castillon, accueillant partout avec bonté les religionnaires qui se soumettaient. De Chevreuse alla le voir à Saint-Émilion le 24 mai, et se soumit ; le marquis de Castelnau de Chalosse, sénéchal de Marsan, rentra aussi dans le devoir, d'après les pressantes sollicitations de son ami le président de Gourgues ; le marquis de La Force s'obstinait encore ; il ne se fiait pas aux promesses, parce que le Parlement l'avait dégradé de la noblesse et l'avait déclaré ignoble et roturier, confisqué ses biens et exécuté en effigie cet arrêt contre sa personne ; mais à Sainte-Foy, où il commandait, on avait deviné ses intentions : il fut donc obligé de se tenir sur la défensive, pour ne pas indisposer son parti contre lui.

Le prince de Condé et le duc d'Elbeuf se réunirent à Monségur, et détachèrent une compagnie de deux mille hommes de pied, trois cents chevaux et deux canons, pour s'emparer de Monac et d'Eymet : Mussidan se rendit; Gensac, après quelque résistance organisée par le gouverneur, se débarrassa de sa tyrannie et de la garnison, et ouvrit ses portes au baron de Chabaunes; Sainte-Foy résista, mais se soumit plus tard, et le bâton de maréchal fut donné à M. de La Force, qui, en raison de sa position et des exigences de son entourage, avait maintenu la ville sur la défensive, quoiqu'il fût bien disposé à se soumettre au roi. Ce prince y arriva le 24 mai et assista, le 26, à la procession du Saint-Sacrement, qui eut lieu, dans cette ville protestante, avec une pompe éblouissante : les ministres et les grands dignitaires de l'État suivaient le roi, un cierge à la main. L'archevêque de Tours portait le Saint-Sacrement. Toute la noblesse du pays s'y trouvait, avec un grand nombre d'ecclésiastiques du Bazadais, du Périgord et du Bordelais. Jamais les habitants de ces contrées n'avaient vu un spectacle si imposant ou des cérémonies religieuses plus majestueuses. Le roi quitta le pays le 28, après avoir ordonné la démolition des fortifications, y laissant, comme intendant de la justice, M. d'Andrault, conseiller au Parlement de Bordeaux.

La Guienne semblait calme et pacifiée; l'esprit de rébellion paraissait s'éteindre dans les pressants besoins de la paix ; les chefs de la Réforme, et Rohan en particulier, prêtaient partout, avec empressement, serment de fidélité au roi, qui, de son côté, combla de bonté les chefs qui s'étaient soumis à son autorité, et confirma, pour leur satisfaction, l'édit de Nantes. Ce dernier acte avait une portée politique, qu'on ne voulait pas reconnaître. L'édit fut envoyé à tous les Parlements : celui de Bordeaux, toujours indépendant, le vérifia, « sans, néan-
» moins, prétendre approuver d'autres religions que la catho-
» lique, apostolique et romaine, à condition qu'autres que les

» originaires ne seraient reçus à prêcher et dogmatiser dans
» le ressort, et sans déroger ni préjudicier aux commis-
» sions décernées, touchant les démolitions des fortifications,
» maisons, etc., etc., ordonnées par la Cour, et à la charge
» que les exécutions qui avaient été faites des meubles et
» marchandises, au profit des sujets du roi qui avaient persisté
» en son obéissance, en conséquence des lettres et brevets du
» roi et des arrêts de la Cour, pour les remplacer des pertes
» qu'ils avaient souffertes et des prises qui avaient été faites
» sur eux, ne pourraient être recherchées (1623). »

Le Parlement avait toujours été opposé aux innovations religieuses ; elles réagissaient sur la politique et bouleversaient le pays. Il craignait, d'ailleurs, que la condescendance du prince pour les exigences des Réformés, ne produisît des effets fâcheux, contraires à ses bienveillantes intentions. Son opposition était constante, prévoyante et rationnelle.

L'année qui allait finir (1622) laissa dans le pays d'affligeants souvenirs : la guerre civile avait moissonné les hommes ; les campagnes étaient désertes ; une saison peu favorable à la récolte avait augmenté la misère ; une disette affreuse se faisait sentir ; l'hiver était si rigoureux que les voitures traversaient la Garonne sur la glace, et le peuple, jusqu'alors tranquille, allait cesser de l'être, pour suivre celui qui lui promettait l'abondance et la paix. Le moment paraissait favorable aux ennemis de l'ordre ; ils voulaient reprendre les armes, et se servir de la faim et de la misère du peuple pour raviver la guerre civile. De sourdes tentatives furent faites et aussitôt réprimées.

Les partis rejetaient le tort les uns sur les autres, et s'accusaient réciproquement. Le cardinal de Sourdis, alors à Rome, ayant appris la misère du peuple et l'affreuse disette qui décimait la population, écrivit à M. Miard, son vicaire général, cette lettre qui fait autant d'honneur à son cœur qu'à son caractère : « Je vous prie d'apaiser l'ire de Dieu tant

» que vous pourrez, et au lieu de vendre mon blé, donnez-
» le en aumône, après avoir fourni ma Chartreuse. La plus
» grande partie, distribuez-la pour les pauvres honteux des
» paroisses, et partie en pain, ces mois d'avril et de mai, qui
» sont ordinairement de grande disette. Si j'en ai à Libourne
» ou Saint-Émilion, faites-le distribuer aux pauvres paroisses
» affligées, et, de plus, donnez de l'argent aux pauvres. Tout
» ce que vous donnerez, je le trouve bon; secourez les pau-
» vres, même les pauvres curés, et tous ceux de mon diocèse;
» et n'épargnez rien, au nom de Dieu. »

Livre IX. Chap. 3. — 1622. Lopes, Histoire de l'Église de Saint-André, page 292.

A cette époque, le duc d'Épernon, grand favori de Louis XIII, fut nommé gouverneur de Guienne, où le maréchal de Themines exerçait le pouvoir au nom du Parlement. Le duc reçut sa commission le 27 août, mais il différa de se rendre à Bordeaux jusqu'après le mariage de son fils, le marquis de Lavalette, avec Gabrielle de France, sœur légitimée du roi. D'Épernon était de Bordeaux, ami intime du premier-président, Marc-Antoine de Gourgues; il aimait la Guienne, il y avait de vastes domaines et de nombreux amis, était puissant par sa fortune et ses alliances avec tout ce qu'il y avait d'élevé en France. Né en 1554, il épousa, en 1589, Marguerite de Foix, unique héritière de cette illustre Maison, qui possédait des biens considérables en France, surtout en Guienne et même à Bordeaux, et réclamait comme sa propriété patrimoniale le Puy-Paulin, qui avait appartenu aux Paulin, et après eux aux Pey de Bordeaux, dont les Foix se disaient, par mariage, les héritiers directs (1). Homme fier, vain et très-vif, d'Épernon

Girard, Vie du duc d'Épernon.

---

(1) Le duc prenait une longue *kyrielle* de titres, et se qualifiait : Messire Jean de Nogaret et de Lavalette, duc d'Épernon, pair et colonel général de France, gouverneur pour le roi en Guienne, prince de Buch, sire de Lesparre, comte d'Astarac, de Foix, de Montfort, de Benauge et de Plassac, marquis de Lavalette, vicomte de Castillon, baron de Cadillac, de Langon, de Castelnau, de Rions, de Podensac. Mais de tous ses titres celui de prince lui plaisait davantage et fut cause qu'il se brouilla plus tard avec le Parlement. Il avait deux millions de revenu annuel; il en dépensa

Livre IX. Chap. 5.
1622.

se croyait tout permis, parce qu'il était bien en cour; il n'aimait pas le cardinal de Richelieu, dont l'étoile commençait alors à briller d'un grand éclat et à éclipser la sienne. Il le prédit lui-même, sans s'en douter. Descendant le grand escalier du Louvre un jour de réception, il rencontra le cardinal qui montait; celui-ci lui demanda, en forme de conversation familière : *Eh bien! M. le Duc, que dit-on de nouveau, là haut?* — *On y dit*, répondit le duc, *que vous montez et que je descends.* Cette réponse, d'un froid et altier mépris, fut prophétique : la puissance du cardinal éclipsa la sienne bientôt après.

Un homme du caractère de d'Épernon dut nécessairement avoir des ennemis; il en avait avant d'être gouverneur de Guienne, il s'en fit d'autres après. Le peuple apprit cependant sa nomination avec plaisir; mais il en fut tout autrement au Parlement. Ayant appris le jour de son arrivée, la Compagnie s'assembla pour délibérer sur la réception qu'on devait lui faire. Presque tous les membres furent d'avis qu'il fallait modifier le cérémonial : jusqu'alors on avait rendu aux gouverneurs les mêmes honneurs qu'aux princes; mais la fierté de d'Épernon offusquait les uns, une secrète jalousie animait les autres; tant d'honneur pour leur compatriote semblait une humiliation pour les hommes éminents du Parlement, qui se croyaient ses égaux; enfin, tous ou presque tous voulaient changer le cérémonial, ne fût-ce que par le souvenir de ses démêlés avec le maréchal d'Ornano, par suite desquels son orgueil et son esprit dominateur lui avaient suscité de nombreux et puissants ennemis. En voici la cause : En 1600, d'Épernon vint visiter ses vastes propriétés de Bordeaux, et y fut reçu avec de grands honneurs, contre la volonté du maréchal d'Ornano, qui ne l'y voyait pas avec plaisir, et dont le duc croyait, peut-être à tort, avoir raison de se plaindre. Des

Girard, Vie du duc d'Épernon.

une année pour la construction de son beau château de Cadillac, qui passait alors pour le plus vaste et le plus superbe édifice qu'il y eût en France, après les résidences royales. (Voir notre *Hist. de Verdelais*, pag. 358.)

paroles furent échangées, les esprits s'aigrirent, l'inimitié fut portée jusqu'à la haine. Le duc, riche, vain, et dédaigneux pour son rival, invita la noblesse du pays à Cadillac, et là, lui proposa d'aller à Bordeaux faire une course de bagues. Le maréchal, qui n'était pas de la partie, se plaignit des troubles que ces inutiles amusements pourraient faire naître, au préjudice du service du roi, et manifesta l'intention formelle de s'y opposer; et même, en cas de résistance, de forcer le duc à sortir de la province. Le premier-président d'Affis devina bien la cause de cette aigreur et essaya de lui faire changer d'avis. Le maréchal persista dans sa résolution et en avertit la noblesse, requérant son secours; mais, soit indifférence, soit crainte du tout-puissant duc, et du Parlement, qui semblait pencher pour lui, de tous les nobles du pays, M. de Ruat fut le seul qui épousa la querelle du maréchal. D'Ornano n'en persista pas moins dans ses projets, et se prépara à la lutte avec ses gens d'armes et la garnison de Corses qui occupaient les châteaux. Pour prévenir des désordres qui ne paraissaient que trop probables, le Parlement envoya le président Nesmond au duc, qui, par considération pour la Compagnie, abandonna son projet. Il se contenta d'envoyer, le 7 septembre 1600, un cartel au maréchal, pour vider cette querelle l'épée à la main. Dans ce cartel, il lui dit de lui faire connaître « le jour et le lieu, pour avoir le bien de vous embrasser » en chemise avec les armes d'un cavalier, qui sont une épée » et un poignard, afin que j'aye le moyen de vous faire voir » qu'il n'est pas en la puissance d'un Corse de faire affront à » un gentilhomme français. » Le roi, instruit de cette affaire, exigea du duc sa parole qu'il ne se battrait pas avec le maréchal, et condamna d'Ornano à lui écrire une lettre de satisfaction, le 25 mai 1601. Sa Majesté permit, en outre, au duc de revenir à Bordeaux, et d'y tenir, quand il le voudrait, l'assemblée qu'il avait projetée.

Livre IX.
Chap. 3.
—
1622.

CHAPITRE IV.

D'Épernon se brouille avec de Gourgues, premier-président. — Sa réception à Bordeaux. — Il se brouille avec le maréchal de Themines. — Ses tracasseries contre de Gourgues. — Ses affaires avec le Parlement. — Dans un moment de danger, il semble oublier sa haine contre le Parlement. — Il est humilié par le cardinal de Richelieu. — L'affaire de Servien. — Remontrance et mort de de Gourgues. — Carrousel de d'Épernon. — La peste à Bordeaux en 1629.

Livre IX.
—
1623.

Girard,
*Vie du duc
d'Épernon.*

Cette humiliation du maréchal laissa de fâcheuses impressions à Bordeaux, que la morgue et les hautaines prétentions du duc ne firent que continuer et augmenter. Ces souvenirs étaient encore vivaces en 1622, et le Parlement, qui ne voulait d'autre domination en Guienne que la sienne, crut devoir modifier le cérémonial de réception, ne fût-ce que pour faire sentir au nouveau gouverneur qu'il avait à Bordeaux, sinon un supérieur, au moins un égal. Le premier-président, de Gourgues, son ami, lui écrivit à Saintes, le 7 janvier 1623, pour le prévenir des difficultés que sa réception faisait naître; il lui dit, avec une franchise amicale, que la Compagnie croyait ne pas devoir lui rendre les honneurs qu'avaient reçus ses prédécesseurs, pour des raisons particulières, et qu'on ne rendait jamais qu'aux princes français ou étrangers. D'Épernon reçut cette lettre; son orgueil s'en offensa, sa colère s'alluma; l'avis amical, confidentiel peut-être, de son ami, fut regardé par le fier duc comme une insulte, et, ce qui le fâchait davantage, c'est que cette lettre avait été écrite par un homme qu'il avait regardé comme un intime ami et qu'il avait connu à la cour, lorsqu'il recherchait en mariage la fille du chancelier Séguier. Le duc répondit qu'il n'ambitionnait pas les honneurs dus aux princes, mais qu'il exigeait ceux qu'on avait rendus au duc de Mayenne; il fit agir ses amis à Bordeaux, et en particulier Constantin, son intendant, homme influent et très-adroit. Le Parlement délibéra de nouveau sur cette même affaire, et s'accorda à lui décerner les mêmes honneurs qu'on avait rendus au duc de Mayenne.

Enchanté de cette nouvelle, le duc se rendit le 27 à Saint-André-de-Cubzac, et, de là, à Cadillac, où il reçut la visite de toute la noblesse du pays, et annonça son intention de faire son entrée solennelle à Bordeaux, le 5 février. Le 3 février, les jurats de Lur et Dorat lui conduisirent une maison navale, et le lendemain il arriva à Bègles, chez Mme de Francs. Le 5 février, jour de dimanche, les jurats, toutes les autorités civiles se rendirent à la porte Cailhau, où le gouverneur devait descendre (1). Après les harangues d'usage, le cortége se met en marche vers Saint-André, par les rues de la Chapelle de Saint-Jean, de la Rousselle et des Fossés, qui étaient élégamment tapissées. Arrivé à la porte de la cathédrale, il y fit, à genoux, le serment accoutumé ; et après avoir fait sa prière, à la suite du *Te Deum*, il se retira, accompagné du clergé, jusqu'à la porte, et se rendit, au milieu d'une foule immense, au bruit des salves d'artillerie, au Château-Trompette, où tous les hauts personnages du pays lui firent une visite. Le maréchal de Themines, lieutenant du roi en Guienne, n'alla pas au devant du duc ; il voyait avec peine que la présence du gouverneur paralysait sa puissance et son influence dans le pays, et absorbait même son autorité. Homme peu politique, franc et ouvert, il ne fit pas de visite à d'Épernon, qui avait pour lui, cependant, beaucoup de respect et d'estime. Le duc dissimula sa surprise et sa peine ; il devina les motifs qui faisaient agir le maréchal, et agit envers lui avec bonté et douceur ; mais voyant sa conduite et ses intentions méconnues ou mal comprises, il prit le ton qui convenait à sa place, écarta

Livre IX.
Chap. 4.
—
1625.

27 Février.

---

(1) D. Devienne dit que le duc fit son entrée à Bordeaux à la fin de février ; c'est une erreur.

*Livre IX.
Chap. 4.*
1623.

de leurs postes différents les amis du maréchal, tint à une certaine distance les personnages qui épousaient sa cause, et, à force de le contrarier et de le mortifier, l'amena enfin à demander grâce. Une entrevue eut lieu à Sainte-Foy, et la réconciliation fut faite.

Ce triomphe du duc ne suffisait pas à son orgueil; il fallait humilier le premier-président, dont la lettre l'avait blessé; les visites de cérémonie furent froides et d'un mauvais augure; le gouverneur n'attendait qu'une occasion favorable pour mortifier de Gourgues; de son côté, le premier-président, homme très-spirituel, prévoyant et habile, vit s'élever l'orage; et se sentant trop faible pour résister à tant de puissance, il inspira au Parlement des sentiments de défiance à l'égard des prétentions du duc. La conduite impérieuse de d'Épernon accréditait ces adroites insinuations du premier-président; le Parlement était jaloux de ses droits et privilèges; il se tint sur la défensive, bien décidé à repousser les entreprises que pourrait faire le gouverneur contre ses droits. Mais une circonstance se présenta bientôt, qui fournit au duc une occasion de mortifier son adversaire; en voici la nature :

Archives de l'Hôtel-de-Ville de Libourne, liv. V., ch. 133. 1624.

De temps immémorial, la famille de Gourgues avait le droit de se faire donner une *émine* de sel par chaque bâtiment qui montait la Dordogne chargé de cette marchandise. D'Épernon persuada au maire et aux jurats que les de Gourgues de Vayres n'avaient aucun titre qui justifiât ces prétentions, et que c'était, de leur part, une usurpation sur leurs droits. On intenta un procès au premier-président; mais les jurats, mieux éclairés et convaincus de l'injustice du procès, cessèrent les poursuites, qu'ils n'avaient entreprises que par la crainte de déplaire à d'Épernon, et par la haine qu'il leur avait inspirée.

1624.

Bientôt après, une cause de rupture se présenta. Pendant l'absence du grand-sénéchal de Guienne, le Parlement exerçait provisoirement la prérogative de confirmer l'élection du maire de Libourne. Se trouvant à la cour, au moment des élections, le duc obtint du roi un ordre de surseoir pour un certain temps. De Gourgues, se doutant bien du motif, fit procéder à l'élection du maire. D'Épernon, indigné, fit jeter le maire élu en prison; le Parlement dressa procès-verbal de cette violence, et l'envoya, avec un exposé de l'affaire, au cardinal de Richelieu. Louis XIII, peu satisfait de la conduite despotique du duc, l'était encore moins du Parlement, qui n'avait pas eu d'égard pour ses ordres; il ordonna cependant la mise en liberté du maire. Le duc s'y refusa; mais le cardinal, qui ne demandait pas mieux que d'abattre l'orgueilleuse aristocratie qui osait contre-balancer le pouvoir royal, insista, et le duc fut contraint, par un arrêt du conseil, du 12 août 1624, de s'humilier, en rendant à la liberté le maire que de Gourgues protégeait.

Livre IX. Chap. 4. — 1624.

Dans ce temps, selon l'antique usage, le courrier, en arrivant à Bordeaux, remettait au premier-président ses dépêches avant de se rendre à la poste; d'Épernon défendit cet usage comme abusif. Le Parlement, croyant qu'il s'agissait, non d'une querelle personnelle, mais de l'honneur et de la dignité du corps, et que le privilége qu'on lui contestait n'était point attaché à la personne, mais au rang du premier-président, rendit un arrêt qui cassait l'ordonnance du gouverneur. Le duc, tout surpris d'avoir contre lui toute la Compagnie, partit pour Paris, dans l'espoir de mettre le roi dans ses intérêts; mais le cardinal se déclara pour le Parlement, et un arrêt rendu en présence même du duc maintint le premier-président dans son ancien privilége.

Toutes ces mortifications n'apaisèrent pas la haine du duc; elle était violente et profonde, et ne faisait qu'augmenter les échecs; il voulait que tout s'inclinât devant lui; mais le Parlement, loin de se courber sous ses prétentions, contrôlait sa conduite et cherchait même des occasions pour l'humilier; il s'en présenta une nouvelle en 1626. Le roi venait d'accorder la paix aux religionnaires. D'Épernon fit publier l'édit

Mercure de France, t. 19, p. 165.

par les jurats, avant que le Parlement en eût fait la vérification. La Compagnie, blessée de ce procédé si contraire aux usages, ordonna aux jurats d'assister de nouveau à la publication qu'elle en fit faire par les officiers du sénéchal; les jurats s'y refusèrent par suite des conseils de d'Épernon; le Parlement, par son arrêt du 2 avril, destitua le premier jurat, Minvielle, le condamna à 1,500 liv. d'amende envers les pauvres de l'hôpital Saint-André, et admonesta, en termes sévères, les autres jurats, Fayet, Preissac et Allenet. Le gouverneur rendit une ordonnance, le 3 mai, et ayant maintenu Minvielle en la charge de jurat, lui commanda, sous peine d'une amende de 3,000 liv. applicable aux pauvres de l'hôpital, de continuer ses fonctions. Le Parlement cassa cette ordonnance; mais le lendemain le duc déclara ce dernier arrêt nul, comme ayant été donné par des juges, en leur propre cause, contre l'autorité du roi, le repos public, la liberté et les priviléges de la ville. Le gouverneur ne se borna pas à cette opposition publique; il se porta à d'autres excès; il apposta ses *carabins* (carabiniers) dans les lieux où le Parlement faisait publier ses arrêts, et devant le Palais, afin d'en empêcher la publication; il fit imprimer une brochure qui parut diffamatoire à la Compagnie; il ferma les yeux sur des actes de violence dont s'était rendu coupable le capitaine de ses gardes envers un conseiller de la Cour; il tint à plusieurs personnages de la ville, qu'il avait mandés au Château-Trompette, certains propos tendant à les soustraire à la justice souveraine du roi, et ne fit rien pour punir ses serviteurs des coups de bâtons donnés par eux aux domestiques de M. le Premier-Président. Le Parlement s'assembla sous ces impressions, et arrêta : « que le » roi sera très-humblement supplié de faire réparer l'injure » faite à la justice souveraine, et de faire cesser les fréquentes

---

Un froid violent pendant janvier, février et mars (1624); la rivière couverte de glace, les pauvres mouraient de froid; on allumait des feux sur les places pour les réchauffer.

» entreprises et violences commises contre son autorité et
» celle de son Parlement ; et jusqu'à ce, ladite Cour ordonne
» que sous le bon plaisir de Sa Majesté, l'exercice de la justice
» cessera pour l'expédition des affaires particulières, et, néan-
» moins, que la séance dudit Parlement continuera pour va-
» quer aux affaires concernant le service du roi et du public,
» et fait défense aux officiers de ladite Cour, de désemparer
» la ville, ains leur enjoint de se rendre au Palais aux jours
» et heures ordinaires. » Le roi envoya des lettres-patentes
pour reprendre l'exercice de la justice, et bientôt après, on
vit arriver à Bordeaux M. Brulart de Sillerie, pour concilier
les esprits ; mais l'effervescence était encore trop vive ; il quitta
Bordeaux sans rien conclure. La Cour évoqua l'affaire : le premier-président de Gourgues et le président Dubernet se mirent
en route pour Paris ; le duc y envoya Magnas, son parent ;
mais l'arrêt qui intervint mit les deux parties hors de cour,
et n'en contenta aucune. C'était un effet de la politique du
cardinal ; il aimait à créer des sujets de mésintelligence entre
les corps et les particuliers qui pouvaient lui donner de l'ombrage : il les affaiblissait par la lutte, les contrôlant les uns par
les autres ; il régnait sur eux en les divisant.

Ces interminables chicanes entre d'Épernon et le Parlement
exerçaient une fâcheuse influence sur l'esprit public : les ha
bitants se partageaient en deux parties ; l'agitation de la province semblait se concentrer tout entière à Bordeaux, et rien
n'en annonçait la fin, lorsqu'un danger réunit tous les partis
pour la commune défense de la patrie.

Instruit des préparatifs des Anglais, et craignant qu'ils ne
s'emparassent de La Rochelle, on avait déjà ordonné, en novembre 1625, de faire acheter vingt vieux navires pour fermer l'entrée du canal de cette ville. C'était une mesure inspirée
par des craintes sérieuses. Mais le danger disparut pour un
moment ; les Anglais étaient informés exactement de tout ce
qui se faisait à Bordeaux et à La Rochelle ; ils suspendirent,

ou au moins eurent l'air de suspendre leurs préparatifs; mais ayant appris que ces insulaires n'avaient nullement renoncé à leur projet, et qu'ils allaient envoyer une flotte, sous les ordres de Buckingham, pour protéger les calvinistes de La Rochelle, qui, depuis nombre d'années, voulaient mettre la France en république, divisée en huit cercles, le roi écrivit à d'Épernon, au cardinal de Sourdis et au premier-président, témoignant le désir que le danger commun fît taire les animosités particulières. Le cardinal s'exprima dans ce sens au Parlement; il représenta l'imminence du danger et les incalculables conséquences que pourrait avoir pour la province, et en particulier pour Bordeaux, une invasion étrangère; il insista sur la nécessité de la concorde et de l'union, et déclara que le duc y était disposé, pourvu qu'il trouvât dans la Compagnie les mêmes sentiments, et qu'il fût reçu au Parlement avec les formes usitées, lorsqu'il y viendrait lui communiquer les affaires du roi. La Compagnie délibéra de suite, et adopta, par un sentiment de conciliation, des résolutions conformes au vœu du roi et aux désirs du cardinal, qu'elle pria Son Éminence de vouloir communiquer au gouverneur. Mais l'affaire de La Rochelle n'eut pas de suite, et la réconciliation, à peine commencée, reçut bientôt après de rudes atteintes.

Dans ce temps, Richelieu était tout-puissant; le roi, qui ne régnait que par lui, créa en sa faveur la charge de *grand-maître, chef et surintendant général de la navigation et du commerce de France;* c'était pour lui une mine inépuisable de richesses. Quelques mois plus tard, deux bâtiments portugais, richement chargés, venant des Indes, firent naufrage sur les côtes de la Guienne. D'Épernon s'appropria les débris jetés sur ses terres, en Médoc. Le cardinal, en vertu de son nouveau titre, les revendiqua et envoya en commission, Fortia, maître des requêtes, à Bordeaux, pour faire valoir ses droits. Le duc, pressentant l'opinion du Parlement de Bordeaux, pria le roi de faire juger ce procès par celui de Paris. Le cardinal repoussa la demande et rejeta les motifs comme insuffisants; quel argument d'ailleurs pouvait-on faire valoir contre la volonté d'un ministre absolu! Le duc céda, à regret, les débris du naufrage, qu'il avait fait mettre en séquestre chez un bourgeois de Bordeaux; il commença enfin à sentir la main pesante de son rival. Jusque-là, Richelieu s'était servi du Parlement pour humilier d'Épernon; il était temps enfin de se servir de d'Épernon pour affaiblir la toute-puissance du Parlement. Une occasion se présenta; le cardinal en profita. D'Épernon se prêta à ses vues et crut pouvoir et devoir se concilier l'estime et l'affection des nobles, par ses brillantes fêtes et ses splendides carrousels.

Livre IX. Chap. 4.

1627.

Richelieu venait de créer des intendants auprès des gouverneurs des provinces, pour les soulager dans leurs fonctions et exécuter leurs ordres. Le Parlement voulait restreindre les pouvoirs que leur charge leur conférait. Servien, ami du cardinal, arriva à Bordeaux en qualité d'intendant, avec pouvoir de juger en dernier ressort, et avec défense de présenter sa commission au Parlement. Cette Compagnie s'offusqua de l'oubli de ses priviléges et députa le président d'Affis et quelques conseillers pour faire, à ce sujet, des remontrances au roi. Ce prince, d'après l'avis du cardinal, leur refusa une audience. Dans cet intervalle, le nouvel intendant ordonna au concierge des prisons de lui amener un prisonnier dont le crime, disait-il, était de sa compétence. Le concierge obéit, et Servien, après un interrogatoire, envoya le prisonnier au château du Hâ, où il demeurait. Le Parlement réclama le prisonnier par un huissier, que Servien refusa de recevoir. Le Parlement ordonna, par arrêt, de ramener le prisonnier; Servien s'adressa à d'Épernon, qui était enchanté de la lutte, mais ne voulait pas s'y engager ostensiblement. Servien céda aux instances du Parlement et s'excusa; mais, soit qu'il eût reçu de mauvais conseils du cardinal ou qu'il fût encouragé en secret par le duc, il recommença bientôt après ses entreprises, et le Par-

10 Février 1628.

lement, indigné de ses empiètements sur ses droits, le décréta de prise de corps. Le cardinal fit casser les arrêts, et le roi, influencé par son ministre, après avoir mis en interdit le président de Pontac, le procureur général de Pontac et le conseiller Pommiers, les manda, avec le premier-président de Gourgues, à La Rochelle, pour lui rendre compte de leur conduite. Les arrêts étaient signés par eux. C'était un coup de foudre pour le Parlement. On dépêcha, par prudence, au roi, le président d'Affis, qui était bien en cour ; mais Sa Majesté refusa de recevoir d'autres députés que ceux qu'il avait mandés. Ils se mirent donc en route et rencontrèrent le roi à Surgères. Admis auprès du roi, le premier-président, homme d'esprit, mais de petite taille, dit hardiment à Sa Majesté : « *Sire, il est bien étrange et sans exemple, que, par deux fois, les députés de votre Parlement se soient présentés pour vous faire leurs très-humbles remontrances, sans être ouïs.* » Il allait continuer, lorsque le roi, ému de ce langage trop libre et du ton trop hardi du premier-président, se leva, et, le tirant par la manche de sa robe, lui dit : *A genoux, petit homme, devant votre maître !* Il se mit, en effet, à genoux, et répondit : *Sire, la mort me sera bien douce, pourvu que Votre Majesté apaise son courroux.* Alors il exposa si éloquemment les torts de Servien, que le roi, vivement impressionné de ces détails, ne put s'empêcher de s'écrier : *Que ne l'ai-je su plus tôt !* Les députés se retirèrent, mais le roi les rappela pour entendre leurs remontrances : elles furent faites avec dignité et dans l'intérêt de la justice et de la vérité. Le premier-président exposa les torts des intendants, qui empiétaient sur les droits des Parlements ; il dit que les rois, étant les images de Dieu sur la terre, devaient agir comme lui, et ne pas renverser l'ordre établi par des coups d'État qui troublaient la paix publique et produisaient des suites fâcheuses ; qu'une puissance absolue doit agir avec beaucoup de ménagement pour se rendre durable ; que, par respect pour le roi et ses ministres, le Parlement de Bordeaux

avait souffert longtemps, sans se plaindre, les abus des intendants et des commissaires extraordinaires, qui neutralisaient le Parlement ; que sa patience avait été plus grande que ne le serait celle des Parlements de Paris et de Toulouse en pareils cas ; mais que les excès de Servien l'avaient forcé de rompre enfin le silence. « Le contre-coup du mépris et des offenses
» faites à votre Parlement, ajouta le magistrat, frappe, Sire,
» votre autorité royale, dont ils sont simples dépositaires, et
» obligés de la rendre aussi entière qu'elle leur a été confiée
» par les rois vos prédécesseurs, à peine de se rendre crimi-
» nels de Votre Majesté diminuée. Vos ordonnances anciennes
» et nouvelles ne leur permettent de souffrir le moindre vitu-
» père. Seront-ils criminels par leurs arrêts, pour n'avoir pu
» souffrir ces mêmes offenses et outrages ? Auront-ils entrepris
» contre votre autorité, pour avoir entrepris de la réparer et
» réprimer les violences du dit sieur de Servien, faites par
» lui pour faire injure à votre Parlement, et s'élever en le
» déprimant ? Vos Parlements, Sire, sont reconnus pour être
» sphères plus prochaines du premier mobile de votre État,
» qui est la royauté, et qui, par une suite inévitable, suivront
» toujours son mouvement, sans en avoir un contraire. Ce sont
» facultés et puissances qui s'écoulent de cette âme qui com-
» munique la vie et le mouvement à tous les membres de cet
» État ; ce sont influences ou rayons qui procèdent immédia-
» tement de leur astre, et ne peuvent souffrir l'entreject et
» l'interposition d'aucune puissance entre celle de la puissance
» sacrée de Dieu et celle que vous leur avez communiquée,
» sans défaillance et éclipse. Nous espérons, Sire, que comme
» la justice vous est naturelle, vous la rendrez à votre Parle-
» ment, et ce qui lui est dû et lui appartient par votre grâce
» et concession, et celle de vos prédécesseurs, confirmée par
» la possession de plusieurs siècles, par la fidélité qu'il a tou-
» jours conservée inviolable et sans tache parmi la contagion
» des maladies de l'État, qui, quoique éloigné de la présence

» de Votre Majesté, ne l'a jamais été du respect et fidélité qui
» lui est due, quelque calomnie qu'on lui veuille imposer. Il
» a confiance que vous ferez gloire de vous laisser vaincre à
» ses très-humbles supplications, et de perdre, en cela seul,
» le titre d'invincible pour acquérir éternellement celui de
» juste. »

Cette remontrance, digne d'un enfant de Bordeaux, impressionna vivement le roi; il répondit qu'il consulterait son conseil et leur ferait sa réponse. Les députés se retirèrent; mais, en sortant de l'appartement, de Gourgues se trouva si mal, qu'il ne put accompagner les autres députés chez le cardinal. Son Éminence les accueillit avec une extrême bonté, et leur affirma qu'il avait toujours eu les sentiments les plus favorables pour le Parlement de Bordeaux, ajoutant : *Je ne sais ce que nous pouvons faire dans cette circonstance, car nous devons conserver l'autorité du roi.* L'adroit politique n'avança rien de plus qui pût trahir ses intentions à l'égard du Parlement. En rentrant à l'hôtel, les députés trouvèrent le premier-président au lit; il avait été tellement impressionné par le langage et la conduite du roi, qu'il fut saisi de la fièvre et mourut le jour même (9 septembre). Les députés allèrent prendre congé du roi; il leur dit qu'il ne voulait pas que l'autorité qu'il leur

---

En 1629, la peste ravagea Bordeaux d'une manière affreuse. On déserta la ville; personne n'osait soigner les pestiférés, excepté les Capucins et les Observantins, qui se disputaient l'honneur d'entrer les premiers dans les maisons des malades. Le Parlement fit vœu de faire don d'une lampe à la chapelle de Notre-Dame, afin qu'il plût à Dieu, par l'intercession de sa sainte Mère, de délivrer la ville et le peuple de Bordeaux de la contagion. En effet, le peuple se convertit à Dieu: le 15 août, tous les membres du Parlement, tous les ordres, toutes les corporations de la ville, après avoir presque tous communié à cette intention, assistèrent à une procession générale, et firent présenter la lampe à l'autel de la Vierge, par un huissier, et s'engagèrent à faire la même procession tous les ans. Jamais la ville de Bordeaux n'avait montré autant de dévotion ni pratiqué tant d'actes d'une piété tendre et édifiante. La peste cessa en 1632; on fit, en action de grâces, une procession générale à l'église des Jacobins, où Mgr Grellet, évêque de Bazas, prêcha à cette occasion.

avait donné, leur servit de prétexte pour désobéir à ses ordres. Ils n'eurent d'autre réponse. Celle-là n'était que l'inspiration de Richelieu. Le corps du premier-président fut porté à Bordeaux et enterré dans l'église des Carmélites, où on lui éleva un mausolée.

CHAPITRE V.

Henri de Sourdis arrive à Bordeaux.—Compliments des Jurats.—Réponse du Prélat. — D'Épernon se brouille avec lui. — L'affaire de la *clic*. — L'Archevêque se croit insulté. — Députation du Clergé auprès du Duc. — L'Archevêque excommunie les agents de d'Épernon.— Rixe entre le Duc et le Prélat sur la place de Saint-André. — D'Épernon excommunié. — Plusieurs Ecclésiastiques interdits.—Plaintes du Clergé au Parlement contre d'Épernon.—L'Archevêque au Parlement.— Réponse du Président. — Lettre du Roi.— L'Archevêque lève l'interdit.— Il va à Paris.— D'Épernon exilé à Plassac, etc.

Livre IX.

1629.

D'Épernon se vit enfin délivré d'un adversaire ; il se trouva plus en liberté. Mais d'autres embarras se présentèrent bientôt après, et, cette fois, il rencontra partout une opposition vive et constante ; c'était la puissante main de Richelieu qui comprimait son orgueil.

Henri de Sourdis succéda à son frère le cardinal, sur le siége de Bordeaux. L'amitié de Richelieu l'avait pourvu de l'intendance de l'artillerie au siége de La Rochelle, et de quelques autres charges auxquelles d'Épernon aspirait. Nommé à l'archevêché de Bordeaux, en 1629, il resta près de deux ans auprès de son ami Richelieu, et puis se rendit à Montravel, seigneurie du Périgord, qui appartenait aux archevêques de Bordeaux, et où son neveu avait un prieuré (1). La jalousie du duc et quelques autres faits peu importants lui révélèrent assez les conflits qu'il allait avoir, à Bordeaux, avec le fier d'Épernon ; il ne se hâta pas de venir à Bordeaux, et n'arriva

---

(1) Delurbe prétend que c'est Arnaud de Canteloup qui acheta, avec l'argent de Clément V, son oncle, la seigneurie de Montravel et de Belvès, en Périgord ; c'est une erreur : Canteloup mourut en 1310, et les archevêques de Bordeaux étaient seigneurs de ces terres longtemps avant cette époque. (Lopes, ch. IV.)

à son château de Lormont que le 22 novembre 1630 (1). Il prévoyait des orages éventuels ; mais il s'appuyait sur Richelieu, qui ne demandait pas mieux que de contrarier et d'humilier le duc. Les jurats l'avaient prié de les dispenser des frais d'une réception solennelle, à cause de la peste et de la disette qui ravageaient la ville et la province. L'archevêque voyait en tout cela, à tort ou à raison, la main de d'Épernon ; il consentit volontiers, mais il vit bien qu'il pouvait et devait s'attendre à d'autres embarras. Il avait derrière lui le cardinal ; c'était sa force. D'ailleurs d'Épernon, qui connaissait bien son caractère fier, vif et impérieux, était convaincu qu'il n'en ferait jamais un esclave : la puissance du formidable Richelieu lui imposa des réserves et lui inspira de justes craintes. Un conflit était inévitable ; mais personne ne voulait en fournir le prétexte. D'Épernon savait que l'archevêque serait exact à l'heure ; il fit appeler les jurats, et les retint, jusqu'après l'heure de la réception du prélat sur la rive gauche de la Garonne. Alors il les congédia, disant : « Eh bien ! vous pouvez aller rendre vos devoirs à votre archevêque ; vous y serez assez d'heure. »

Les jurats partirent, mais l'archevêque était déjà arrivé chez lui ; ils en furent contrariés. Cependant, arrivés au palais archiépiscopal, l'un d'eux lui adressa le discours suivant, qui peint la littérature de l'époque, et, par sa singularité, nous a paru mériter d'être conservé : « Monseigneur, dès que Votre » Grandeur a paru sous l'horizon de notre ville, nous avons » été poussé, non du mouvement de cet Éthiopien, qui mau- » dissait le soleil levant, à cause de l'ardeur et inflammation

Livre IX.
Chap. 3.
—
1630.

---

(1) En 1629, on ouvrit à Bordeaux un jardin de botanique, à la demande de MM. Copès et de Maures. On en ouvrit un autre en 1726, à la sollicitation de MM. Seras et Grégoire ; un troisième fut fondé par le médecin Campagne, rue Mautrec ; un quatrième fut établi, en 1750, par les soins de M. Bethedès ; on en fit un cinquième près des Incurables, et un sixième doit son existence à M. Dupré de Saint-Maur, assisté de M. Latapie. Plus tard, le préfet Thibaudeau mit le jardin des plantes près de la chapelle de la Chartreuse, sous la protection de M. le Maire et la direction de M. Dargelas.

» qu'il recevait de ce corps lumineux; ains, vous ayant tou-
» jours prins pour la source de leur plus grande lumière, pour
» l'astre le plus brillant, et comme pour le cœur sacré de
» cette province, aussi bien que le soleil est celui de tous les
» globes célestes, nous avons résolu de vous offrir nos cœurs
» dans le temple desquels vous agréerez, s'il vous plaît, pour
» victimes, nos fermes et constantes affections au bien de votre
» service et de tout ce qui concerne la grandeur de votre pré-
» lature. Si la victime vous est agréable, Monseigneur, les
» habitants de votre ville de Bordeaux, pour tous lesquels nous
» portons la parole, ne vous demandent d'autre faveur, si ce
» n'est que cette ville soit dorénavant la belle Éphèse, c'est-
» à-dire, *suivant la langue sainte,* l'âme et le cœur de Votre
» Grandeur : elle la peut aimer, avec beaucoup plus de raison,
» qu'un prince romain ne se rendit autrefois amoureux de la
» lune, puisque c'est avec ce Port de la Lune que vous avez
» contracté un spirituel hyménée. C'est en ce port que nous
» vous saluons avec ardeur de demeurer inviolablement vos
» très-humbles et très-obéissants serviteurs. »

Cet incroyable et singulier discours dut étonner l'archevêque; il répondit qu'il voyait avec bonheur que ces sentiments étaient des témoignages de l'affection que les Bordelais
avaient conservée pour feu son frère, et qu'il en était fier ;
mais qu'il regrettait que les jurats ne se fussent pas acquittés
envers lui des devoirs de leur place, en temps et lieu convenables ; qu'il voyait avec peine que des magistrats sacrifiaient
aux passions ce qu'ils devaient à leur charge; que, cependant,
la faute paraissait moindre à ses yeux, parce qu'il était persuadé qu'elle n'était que l'inspiration d'une misérable jalousie
ou l'effet des impressions étrangères.

D'Épernon apprit cette imprudente réponse du prélat, et
médita une vengeance : par son mariage avec la famille de
Foix-Candale, il était seigneur de Puy-Paulin, et jouissait à
Bordeaux de tous les anciens priviléges des ancêtres de sa

femme, entre autres de celui de pouvoir s'approvisionner de poisson frais à la *clie* (1). Enchanté de pouvoir mortifier l'archevêque, il ordonna, le 27 octobre, qu'on en refusât l'entrée aux domestiques du prélat, et qu'on ne leur en vendît qu'à travers les barreaux, comme au menu peuple. L'ordre ne s'exécuta que trop bien. L'archevêque s'en plaignit et crut bonnement que l'affaire ne serait pas poussée plus loin. Il avait invité pour le lendemain, jour maigre, les jurats et les officiers du corps de ville. D'Épernon l'apprit, et enchanté de pouvoir faire sentir au prélat sa puissance, fit garder la clie et défendit la vente du poisson avant midi. Le maître-d'hôtel de l'archevêque arriva avec les domestiques; ils échangèrent des injures avec la garde qui les repoussait et les maltraitait. Non content de cette malice, le duc envoya dans toutes les rues qui aboutissaient à l'archevêché, des gardes, afin d'empêcher qu'on ne portât du poisson chez le prélat. Cette tracasserie déplut autant à l'archevêque que les voies de fait des gardes contre ses domestiques; il porta plainte contre d'Épernon, dont il contesta les droits, et prétendit que le fief de Puy-Paulin relevait de l'archevêque de Bordeaux, dont le duc n'était, en réalité, que le vassal. Il menaça même d'interdire toutes les églises, et de se retirer avec son clergé, si les magistrats ne punissaient pas l'auteur de ces inqualifiables violences. D'Épernon, dans l'intention de donner une ombre de satisfaction, chargea Naugas, lieutenant de ses gardes, d'aller se présenter devant l'archevêque avec toute sa compagnie, et de lui demander de qui et de quoi il se plaignait. Le lendemain, 29 octobre, l'archevêque alla officier à Saint-Michel; Naugas l'at-

Livre IX.
Chap. 5.

1630.

---

(1) Sur la place du Vieux-Marché était une halle fermée en barreaux de fer en forme de claire-voie; on y vendait le gros poisson de mer, à travers les barreaux, aux acheteurs. Il y avait six poissonniers ou agents de police pour surveiller cette vente. D'Épernon avait le droit d'y faire entrer son maître-d'hôtel pour y choisir ce qui lui convenait; il refusa ce privilège à l'archevêque. Cette halle s'appelait *clie*. Les pêcheurs l'appellent *claie* ou *cage*.

Livre IX.
Chap. 5.

1630.

tendit, à son retour, sur la place de Saint-André, et dit au cocher de s'arrêter. Le prélat ordonna de s'avancer. Les gardes se saisirent des rênes des chevaux, et Naugas, s'approchant à la portière, pria l'archevêque de l'écouter. Le prélat, furieux, sortit de son carrosse, criant qu'on en voulait à sa vie; et courant précipitamment vers son palais, pendant que Naugas, le suivant de près et riant de sa peur, lui demandait quel était celui d'entre ses gardes qui l'avait offensé. Le duc se mit à rire des dispositions peu guerrières du prélat; mais il ne prévoyait pas les suites fâcheuses d'un incident si peu important.

Le même jour, l'archevêque assembla son clergé et le consulta sur la marche à suivre. On s'accorda à dire qu'il fallait députer vers le duc, Grimaud et quelques autres ecclésiastiques, afin de se plaindre de ses agents et de savoir ce qu'il voulait faire ou dire. En effet, Grimaud, théologal de Saint-André, et un autre chanoine de cette église, deux chanoines de Saint-Seurin, les curés de Saint-Projet et de Saint-Remi, avec le prieur des Chartreux et le gardien des Capucins, se rendirent chez le duc. Grimaud porta la parole, et se mit à exposer les plaintes de l'archevêque. D'Épernon l'interrompit, et lui demanda qui il était? *Grimaud*, répondit l'autre, *théologal de Saint-André, votre très-humble serviteur.* — *Me connaissez-vous*, continua le duc?— *Oui, Monseigneur, je vous connais en votre qualité de lieutenant du roi et gouverneur de la province* Alors le duc se tournant vers les autres députés, leur dit : *D'où venez-vous?—De la part du clergé*, répondirent-ils. *Dans ce cas*, répliqua le duc furieux, *je vous accorde audience par respect pour le clergé et nullement pour votre archevêque.* Il convint de quelques-uns des griefs du prélat, en nia d'autres, et affirma que l'archevêque seul avait tout le tort. Après avoir grondé les religieux d'avoir épousé la querelle et les passions de l'archevêque, il reconnut qu'il avait fait venir les jurats chez lui le jour de l'arrivée de l'archevêque, au retour de son voyage du château de Richelieu, parce qu'ils n'étaient nullement tenus d'aller au devant de lui toutes les fois qu'il revenait de ses courses; que cela avait lieu la première fois et ne se faisait plus pour les autres; il dit que Naugas voulait donner toutes les satisfactions possibles à l'archevêque, mais que celui-ci refusa de l'entendre; qu'il savait tout le respect qu'il devait aux évêques; mais qu'il savait aussi et respectait toute l'étendue de son pouvoir; que s'il avait eu la bonté de leur accorder une audience chez lui, il leur apprendrait qu'il saurait faire venir l'archevêque lui-même, par force, s'il le croyait expédient pour le service du roi, etc., etc., etc.

Les députés revinrent à l'archevêché, et, sur leur rapport, le clergé fut d'avis que, d'après le canon *Suadente diabolo*, Monseigneur l'archevêque excommuniât Naugas, Flamarens, Dumentel, avocat, ainsi que les archers, mais sans prononcer le nom du duc. Cette sentence fut lue au prône des messes paroissiales; le prélat ordonna, en outre, l'oraison de Quarante-Heures le dimanche suivant, à Saint-Michel, pour la conversion des pêcheurs. Le même jour, Naugas et ses complices firent signifier au prélat un appel comme d'abus: L'affaire s'envenimait et prenait des proportions considérables; le président La Lanne essaya d'accommoder les parties; mais sa négociation ne réussit pas (1).

Malgré l'excommunication, Naugas et ses complices continuaient d'assister aux offices religieux. Un jour, le prélat alla confirmer les enfants à Saint-André; les excommuniés s'y trouvèrent: il leur ordonna de sortir; ils firent résistance à ses ordres; mais le peuple indigné les poussa hors de l'église. Le duc, mécontent et ne sachant que faire, manda chez lui, le dimanche suivant, tous les curés de la ville; ils consultèrent l'archevêque, qui, trouvant l'heure trop incommode à cause

---

(1) Le 5 janvier 1652, d'Aguesseau arriva à Bordeaux en qualité de premier-président, et fut reçu bourgeois de Bordeaux le 22 de février suivant.

des offices, envoya vers le gouverneur le vicaire général Miard et deux curés, pour lui représenter que l'heure indiquée était peu convenable à cause des offices ; que s'il y avait quelque chose qui intéressât le service du roi, il n'eût qu'à le faire savoir à l'archevêque, qui s'empresserait d'y pourvoir. D'Épernon s'abandonna à son irritation et menaça les curés qui s'y rendirent, non pas en corps, l'archevêque l'avait défendu, mais individuellement. Désespéré, il alla aux Récollets entendre la messe, mais ces religieux refusèrent la permission d'y célébrer la messe à son aumônier, Cotenson, parce que les gardes du duc étaient excommuniés. Cotenson passa outre ; mais l'archevêque l'interdit pour tout son diocèse, et défendit au gardien des Récollets de célébrer ce jour-là, chez lui, les offices du soir. L'aumônier interdit interjeta appel au Pape et continua ses fonctions. A midi, le duc envoya chercher les curés : plusieurs s'y rendirent ; d'autres se dispensèrent d'y aller par un certificat de la défense de l'archevêque ; le 8 du mois, il réunit par force plusieurs religieux et les professeurs en droit, et leur demanda ce qu'ils pensaient de l'excommunication, leur affirmant, en même temps, qu'il voulait en écrire au Pape. Soit crainte, soit ignorance, soit basse et servile obséquiosité, plusieurs de ces docteurs déclarèrent que l'excommunication était nulle, ayant été lancée sans fondement. Cette déclaration était conforme aux désirs du duc ; il la fit publier avec pompe par les jurats, et à son de trompe, au mépris de l'autorité ecclésiastique. L'archevêque, surpris de se voir abandonné des siens, interdit les docteurs qui avaient porté atteinte à son autorité, déclarant que, par lâcheté, ils avaient contribué à bâtir autel contre autel, et élever une Babel contre Jérusalem ; qu'il avait appris que les Jésuites n'avaient pas été appelés à cette assemblée ; que les Bénédictins, les Chartreux et le commandeur de la Merci, bien qu'appelés, n'avaient pas voulu y aller ; que le père Du Cheyron, prieur des Carmes, y était allé, mais pour maintenir que la sentence était lancée canoniquement, etc., etc. Enfin, après avoir rapporté les différents avis, l'archevêque *déclara l'assemblée de Puy-Paulin acéphale, illicite, schismatique, animée de l'esprit de vertige et d'erreur ;* il déclara, en outre, que la décision rendue à Puy-Paulin, et publiée en ville, était un attentat contre l'autorité du Saint-Siége ; il combla d'éloges les ecclésiastiques fidèles ; blâma la lâcheté que quelques-uns avaient montrée en y allant ; dit qu'il tolérait le silence du gardien de la grande Observance, du père Théophilacte, récollet, et, jusqu'à un certain degré, celui des Carmes déchaussés ; interdit pour toutes les fonctions sacerdotales le frère André de Saint-Joseph, feuillant, frère Jacques Archimbaud, dominicain, frère Naudinaud, correcteur des Minimes, et frère Gaspard, son compagnon, frère Grégoire, gardien des Capucins, et frère Fulgence de Ginont, son compagnon ; il exigea, en outre, qu'ils fussent retirés de Bordeaux et punis convenablement par leurs provinciaux, sous peine d'interdire pour toujours leurs couvents respectifs dans le diocèse.

Cette sentence était sévère ; l'archevêque la croyait méritée, et voulait, par là, faire sentir sa puissance à son puissant rival. Il ne se contenta pas de cette rigueur ; il manda les interdits chez lui. D'Épernon défendit, par ordonnance, toute assemblée extraordinaire à l'Archevêché, exceptant, toutefois, celle des ecclésiastiques qui formaient habituellement le conseil de l'archevêque, et pour mieux assurer l'exécution de ses ordres, fit placer ses gardes aux avenues de l'Archevêché, afin d'empêcher les ecclésiastiques d'y entrer.

L'archevêque apprend que les ecclésiastiques ne peuvent pas pénétrer chez lui ; il se croit assiégé et menacé jusque même dans son domicile. Il prend de suite ses ornements pontificaux, et, la crosse en main, la mitre en tête, sort au milieu des archers du duc et parcourt la ville, en criant : *A moi, mon peuple, il n'y a plus de liberté pour l'Église.* Monseigneur Gaspard de Lude, évêque d'Agen, alors à Bordeaux,

l'accompagnait avec plusieurs autres ecclésiastiques. Le peuple le suit et se dispose à se porter aux derniers excès contre l'implacable gouverneur. Alors les présidents d'Affis et Lalanne vont trouver d'Épernon aux Capucins; et, en lui faisant entrevoir des désordres possibles, comme conséquence de tout ce qui se passait, le prient de retirer ses gardes. D'Épernon répond qu'il les avait employés pour maintenir la paix, et monte de suite dans son carrosse avec le comte de Maillé et le commandeur d'Illière, et se fait conduire où était l'archevêque, à la porte de son palais. Il descend précipitamment, et, courant au prélat, le saisissant brusquement par le bras, lui dit : « *Vous voici donc, imprudent, qui faites toujours du désordre,* » et lève sa canne comme pour le frapper. « *Je fais mon devoir,* » répond l'archevêque. « *Vous êtes un insolent*, répliqua
» le duc, *un brouillon, un méchant et un ignorant; je ne sais*
» *ce qui me tient que je ne vous mette sur le carreau;* » et pendant ces injures, il lui portait le poing tantôt à la poitrine, tantôt à la figure. Sa colère devenant plus vive, il lève précipitamment la canne, et, d'un coup, fait voler dans la boue le chapeau et la calotte de Monseigneur. « *Vous êtes excom-*
» *munié,* s'écria le prélat, qui ne se possédait plus, et *je vous*
» *dénonce comme tel de la part du Dieu vivant, si vous y*
» *croyez.* » Le duc, furieux, lui crie : « *Vous en avez menti,*
» *je ne sais ce qui m'empêche de vous bâtonner. — Frappe,*
» *tyran,* dit le prélat, *les coups seront pour moi des lis et des*
» *roses : je t'excommunie; tu as puissance sur mon corps tant*
» *que tu auras les armes du roi à la main; mais sur mon âme,*
» *mon esprit et mon cœur, tu n'en as point.* » Le duc ne se possédait plus; et, appliquant le bout de sa canne à la poitrine de l'archevêque, le poussa violemment en arrière. On les sépara; le peuple se prononça pour son archevêque et menaça de se révolter. D'Épernon demanda son épée; ses gardes tirèrent les leurs et se préparèrent à repousser la foule. Dans le désordre général, le prieur de Montravel, le sieur Gancour,

neveu du prélat, reçut une blessure sous l'œil : on donna des coups de bâton au promoteur et au porte-croix ; le chanoine Moreau fut maltraité ; le sang coulait ; l'archevêque criait : *On assassine mes prêtres!* Le tumulte était à son comble. Alors le commandant d'Illière, prévoyant des malheurs déplorables, entraîna le prélat dans l'église. Le duc ne se connaissait plus, ne respectait plus rien, ni personne ; il se retourna, et apercevant l'évêque d'Agen, lui cria : « *Quoi! vous aussi, vous êtes venu ici. Je suis ici pour affaires*, répond tranquillement l'évêque, *et pour ces choses-là, je ne reconnais que mon métropolitain ; quant au reste, je ne dois rendre compte de ma conduite qu'au roi.* »

L'archevêque rentra dans l'église de Saint-André ; les chanoines et le clergé s'y réunirent, et déclarèrent d'Épernon et ses gardes excommuniés, *ipso facto*. Les douze chanoines et le doyen en tête, indignés que les jurats eussent permis au chevalier du guet de venir stationner dans la *sauveté* de St-André, où l'administration civile n'avait pas de juridiction, sortirent et demandèrent pourquoi et en vertu de quel droit il se trouvait là. Le chevalier répondit qu'il n'avait agi que d'après les ordres du gouverneur, et qu'il n'avait pas l'intention de faire la moindre peine à qui que ce fût. Alors l'archevêque, du consentement du chapitre, emporta le Saint Sacrement à la chapelle archiépiscopale, fit cesser les offices et fermer l'église jusqu'à nouvel ordre ; le tout sans enfreindre les droits, exemptions et priviléges de la dite église de Saint-André. Les chanoines, en costume de chœur, un flambeau à la main, accompagnèrent le Saint-Sacrement ; mais arrivé sur la place, l'archevêque s'arrêta, et s'adressant au peuple, lui dit : *C'est à mon grand regret, et les larmes à l'œil, que je vous dis que le duc d'Épernon est excommunié.* Il alla ensuite déposer le Saint-Sacrement dans sa chapelle. Dans ce moment, le président d'Affis convoqua tous les membres du Parlement qui se trouvaient en ville, et se rendit avec eux chez Monseigneur l'Archevêque pour lui témoigner la peine qu'ils avaient tous ressentie des insultes qu'on venait de lui faire. En se retirant, il vit encore des archers à la porte, et leur dit qu'ils feraient mieux de s'éloigner ; mais l'officier lui répondit : *Nous sommes ici par l'ordre du gouverneur ; il nous faudra un autre ordre de lui pour nous en aller.* Alors le Parlement chargea deux présidents d'aller demeurer à l'Archevêché, tant que les soldats y resteraient à la porte, et fit prier d'Épernon de prévenir les désordres que les rassemblements tumultueux allaient infailliblement exciter, s'il continuait à investir le Palais archiépiscopal. Ils lui firent dire aussi qu'ils croiraient manquer à leur devoir, s'ils n'instruisaient pas le roi des tragiques scènes dont les rues de Bordeaux étaient le théâtre.

Le duc commença enfin à entrevoir les suites fâcheuses de ses violences : il devint sérieux, soucieux et chagrin ; il s'adoucit, retira ses soldats et assura qu'il n'avait pas l'intention, en les y envoyant, de manquer à l'archevêque. Mais l'affaire ne devait pas en rester là. Le lendemain, les chapitres de Saint-André et de Saint-Seurin, suivis des curés de la ville, se présentèrent au Parlement et demandèrent à être entendus; on les fit entrer : le théologal porta la parole au nom de l'église de Saint-André, *la première des églises de la ville et la maîtresse de toutes celles de la province ;* il la dépeignit comme Noémi, se présentant autrefois, triste, désolée et chagrine, devant les princes de son peuple. « Il ne s'y fait plus d'offices, » il ne s'y dit plus de messes, et le Saint-Sacrement, auquel » repose le Saint des saints, pour ouïr et écouter les prières » publiques, en est ôté. » Après lui, le trésorier de Saint-Seurin exposa les griefs du gouverneur et les plaintes du corps ecclésiastique ; ils demandèrent tous deux justice, protection, réparation des excès commis. Le président d'Affis répondit que la Compagnie allait délibérer sur ces fâcheuses circonstances, et ferait tout ce qui dépendrait d'elle pour leur prouver le respect et la considération qu'elle avait pour l'église et ses ministres. A la suite de la délibération, le président Du Bernet alla, avec quelques conseillers, assurer l'archevêque de leurs sympathies, et le prier de lever l'interdit. Le prélat refusa la demande en général; mais, par considération pour les preuves que le Parlement avait données de son attachement aux intérêts de l'église, il consentit qu'on dît la messe, comme par le passé, dans la chapelle de la Cour.

La sentence d'excommunication avait été notifiée officiellement au duc, le 12 novembre; à l'exception de la chapelle du Parlement, elle s'étendait à toutes les églises de la ville et à celle de Cadillac. Le 14 novembre, le Parlement manda les jurats et leur ordonna d'aller se jeter au pied de l'archevêque, lui témoigner leurs regrets du passé, et le prier de lever l'interdit. Les jurats répondirent que n'ayant jamais offensé le prélat, ils avaient interjeté appel comme d'abus de son excommunication, et qu'ayant écrit au roi, il convenait d'attendre la réponse de Sa Majesté. Alors le président Du Bernet, accompagné de MM. Ragueneau et Pommiers, conseillers, et de Pontac, procureur général, alla de nouveau trouver le prélat et lui exposa les besoins des âmes innocentes, qui souffraient pour quelques coupables, le suppliant de lever ou, au moins, de suspendre l'interdit, en attendant la réponse du roi.

L'archevêque répondit qu'il fallait consulter le clergé, et promit d'aller le lendemain au Palais. En effet, il s'y rendit, et s'excusa sur la levée générale de l'interdit, disant qu'il en avait informé le roi et le nonce, et que, d'ailleurs, les coupables ne se repentaient pas de leurs fautes, ne reconnaissaient pas la gravité de leurs attentats et parlaient avec mépris des censures de l'Église; mais que, par respect pour le Parlement, il suspendait l'interdit pendant quinze jours, pour les dimanches et les fêtes, excepté pour les églises de Puy-Paulin et de Saint-Éloi, qui était la chapelle de l'Hôtel-de-Ville. Il remercia ensuite le Parlement des marques d'attention qu'il lui avait données dans ces tristes circonstances. Le président d'Affis lui

Livre IX. Chap. 5.

1633.

répondit : « Monsieur, la justice souveraine du roi, qui rend
» à tous ce qui leur appartient, n'a jamais manqué de respect
» ni de vénération pour l'Église. La religion et la justice sont
» sœurs : l'une vient du Ciel, l'autre émane et procède des
» vives sources de la Divinité : l'une maintient les peuples
» dans l'obéissance, par la seule considération de l'amour di-
» vin ; l'autre les contient dans le devoir, par la crainte. L'u-
» nion de ces deux sœurs conserve les États, assure les scep-
» tres, donne du repos aux peuples et tient toutes choses dans
» un état de perfection. Ainsi, tout ce qui offense l'Église et
» rompt ce lien sacré, blesse, par un même coup, la justice et
» l'oblige à parler. C'est pourquoi, dans une occasion aussi
» importante, où les magistrats populaires se trouvent muets,
» sans vigueur, sans mouvement, la justice a haussé sa voix ;
» et rabaissant d'un côté sa pourpre et son état, pour faire la
» charge des magistrats qui lui sont soumis, elle les a relevés
» de l'autre, en rendant à Dieu, à la justice et à la religion,
» ce qui leur était dû. Ainsi, Monsieur, la Cour ne saurait
» trop louer votre zèle, votre prudence, et la charité pater-
» nelle dont vous avez usé ; elle reconnaît que vous êtes un
» de ces astres de l'Église militante que saint Grégoire le
» Grand appelle un ciel, dont les prélats sont les yeux, qui,
» par des regards de douceur et d'amour, pénètrent les plus
» endurcis et les remettent dans la voie du salut. »

L'archevêque, adouci par le langage du président, rapporta, le lendemain, le Saint-Sacrement à Saint-André, et y célébra la messe ; le Parlement y assista en corps. Le roi ayant appris les affligeants événements arrivés à Bordeaux par le théologal de Saint-André et Richon, chanoine de Saint-Seurin, que le clergé avait envoyés pour les exposer fidèlement à Sa Majesté, écrivit à l'archevêque la lettre suivante :

« Ayant vu le procès-verbal des excès et des violences
» commis depuis naguère contre votre personne et votre
» clergé, et voulant faire voir à un chacun la protection parti-

» culière que je désire prendre de ceux de votre profession, je vous ai voulu faire cette lettre pour vous dire qu'aussitôt après avoir remis les choses en l'état qu'elles doivent être en ma ville de Bordeaux, pour la consolation des habitants et l'exercice de la religion catholique et romaine, je juge à propos que vous me veniez trouver pour, avec connaissance de cause, vous faire faire raison et justice pour la réparation de cet attentat, vous envoyant, à cet effet, le sieur Kérouel, enseigne de mes gardes du corps, lequel vous accompagnera pour plus grande sûreté. »

Le roi signa cette lettre ; mais elle fut l'inspiration du cardinal, qui aimait l'archevêque et désirait humilier le fier d'Épernon. Le roi ordonna, le 18 novembre, au gouverneur, de se retirer à sa campagne de Plassac, dans la Saintonge, et d'y attendre ses ordres ; il invita le Parlement à continuer les informations, conjointement avec les commissaires qu'il allait envoyer à Bordeaux, et blâma fortement les jurats de leur conduite à l'égard du prélat.

D'Épernon, surpris de son exil, affirma à M. de Varennes, qui lui avait remis la lettre du roi, qu'il n'avait fait que son devoir et n'avait agi que dans les intérêts de Sa Majesté, et qu'il se conduirait toujours de la même manière dans de semblables circonstances ; que le roi pouvait relâcher de ses droits ; mais lui, il devait s'acquitter avec fidélité de sa charge. Il se rendit à Plassac et garda religieusement son excommunication ; mais il se doutait bien que Richelieu agissait et parlait contre lui à Paris ; il ne se trompait pas, car le cardinal ne cessait de crier contre l'abus que d'Épernon faisait de son pouvoir. Le cardinal de Lavalette écrivit à son père de se conformer à la volonté du roi, ou plutôt au jugement de Richelieu, qui triomphait enfin d'avoir le pied sur le cou de l'orgueilleux et puissant d'Épernon.

CHAPITRE VI.

L'archevêque lève l'interdit.— Des évêques députés auprès du roi.— L'archevêque réunit quelques évêques à Paris.— Le duc privé de sa charge. — Les diverses causes de la colère de Richelieu contre d'Épernon. — Le duc écrit à Rome. — Lettre du roi aux jurats de Bordeaux.— Leur compliment. — Réponse de l'archevêque.— Les jurats destitués.— Conditions imposées à d'Épernon pour son absolution. — Il la reçoit à Coutras. — Il se conforme en tout à la volonté du roi. — Il est réintégré dans son gouvernement de Guienne, etc., etc.

Livre IX.

1633.

Manuscrit de Brienne, n° 348.

Pour se conformer aux ordres du roi, l'archevêque invita toutes les paroisses à se rendre à la cathédrale le jour de Saint-André, en récitant des psaumes à voix basse, et prononça, le 30 novembre, la levée de l'interdit, exceptant, toutefois, de cette grâce, l'église de Saint-Éloi, qui était la chapelle de l'Hôtel-de-Ville, et cela à cause de la conduite des jurats en faveur de d'Épernon. Avant de partir pour la capitale, l'archevêque convoqua tous ses suffragants à Poitiers, pour délibérer sur les mesures à prendre dans cette affaire, qui intéressait tout l'épiscopat. Ils s'accordèrent tous à dire qu'il fallait envoyer au roi les évêques d'Agen, de Saintes et de Maillezais, pour plaider la cause de l'Église. L'archevêque lui-même se mit aussi en route et affecta de passer avec bruit et d'un air triomphant devant le château de Plassac, où d'Épernon se trouvait exilé. D'Épernon le sut, et, piqué au vif, voulait se venger ; mais ses amis l'en dissuadèrent et lui représentèrent qu'un nouvel éclat le perdrait pour toujours, au lieu que le contraste de sa modération avec l'imprudent procédé de l'archevêque, ne pouvait que faire revenir bien des esprits sur son compte. Arrivé à Paris, il se rendit chez l'archevêque de Bourges, où se trouvaient vingt-cinq archevêques et évêques.

Le cardinal de Lavalette y parla pour son père et en son nom, et protesta de son respect pour la religion, l'Église et la décision de l'assemblée, en termes si humbles, si précis, que l'évêque de Nantes, Cospeau, s'écria : *Si le diable pouvait faire autant pour Dieu que d'Épernon faisait pour le clergé, il obtiendrait l'absolution de ses fautes.* La majorité de cette réunion épiscopale voulait juger l'affaire ; mais Richelieu ne le voulait pas ; il ne fallait pas laisser échapper l'impérieux d'Épernon à si bon marché.

Livre IX.
Chap. 6.
—
1635.

Il fut résolu, dans la séance du 10, que le clergé de France se joindrait aux plaintes et poursuites de l'archevêque de Bordeaux, pour obtenir justice. En conséquence, on chargea quatre archevêques et onze évêques de présenter au roi, de la part du clergé, les cahiers qu'il avait fait dresser sur les procès-verbaux et les dires des témoins de cette fâcheuse affaire. L'archevêque d'Arles porta la parole et formula, en termes clairs et formels, les demandes du clergé, dont voici les trois premiers articles :

« Qu'il plaise au roi de châtier l'attentat commis en la per-
» sonne de Monseigneur l'archevêque de Bordeaux, l'évêque
» d'Agen et son clergé ; laisser quelques marques à la posté-
» rité du châtiment ; donner sûreté aux évêques et au clergé
» à l'avenir. »

La seizième et dernière demande concernait la liberté de la *clie* pour la vente du poisson. Le roi promit qu'il ferait tout ce qui dépendrait de lui pour faire respecter le clergé et pour le maintenir dans ses droits.

Le pape Urbain VIII était pour d'Épernon, qui avait été la terreur des protestants ; mais il n'osait pas contrarier le clergé de France, en évoquant l'affaire à Rome ; Richelieu, de son côté, était inflexible, et, par un arrêt du 31 mars, avait prononcé la destitution des jurats, de Naugas, de Verdun, capitaine du guet.

La requête du clergé fut donc portée au conseil, qui rendit

un arrêt interdisant au duc les fonctions de ses charges, le privant des honneurs qui y étaient attachés, et l'obligeant de congédier ses gardes, de destituer Naugas et ses complices dans l'affaire de l'archevêque, leur enjoignant, en même temps, de sortir immédiatement de Bordeaux. Quant au droit de *clie,* que l'archevêque disputait au duc, on le renvoya au Parlement de Paris.

La vengeance du cardinal datait de loin ; on en retrace l'origine jusqu'au voyage de la reine et du cardinal dans le Midi. D'Épernon avait ambitionné l'honneur de réduire Montauban ; mais le cardinal, qui s'opposait toujours à ses prétentions, l'avait confié au maréchal Bassompierre. D'Épernon hésita, par colère, de lui faire une visite ; cependant, cédant aux avis de ses amis, il fit demander, par le comte de Maillé, où Son Éminence voulait le recevoir. Le cardinal, peu satisfait de la fierté du duc, répondit qu'il ne recevrait point le duc hors de la province, et qu'il prendrait exprès la route de Bordeaux, à son retour ; mais c'était pour y diminuer le pouvoir et l'influence de d'Épernon. On adoucit cette réponse, on en supprima la partie la plus rude, et d'Épernon, ignorant la volonté du cardinal, se rendit à Montauban (1632). Le cardinal dissimula ses rancunes et le combla de politesses, le fit dîner avec lui, lui demanda son amitié et le pria de le considérer comme son quatrième fils. Le duc, enchanté de ces caresses de courtisan, resta cependant froid. Après dîner, pendant qu'il causait avec un autre personnage, le cardinal s'approcha avec l'archevêque de Bordeaux, et lui dit : « Mon- » sieur le Duc, voici M. de Bordeaux que je vous présente ; » il veut être votre serviteur et vous prie d'être son ami pour » l'amour de moi. » Le fier d'Épernon se retourna à demi, et les saluant, répondit : « Oui, M. de Bordeaux et moi, *nous* » *nous connaissons;* » et, sans se déconcerter, se remit à parler avec celui qui conversait avec lui. Le cardinal dissimula son mécontentement et se retira avec l'archevêque.

Au commencement de novembre (1632), la reine et le cardinal prirent ensemble la route de Bordeaux. Arrivés à Langon, ils y trouvèrent une magnifique galiotte pour les transporter chez d'Épernon, à Cadillac. Un carrosse devait y attendre Sa Majesté avec d'autres voitures pour sa suite. D'Épernon avait donné ordre d'amener un autre carrosse pour Richelieu; mais, soit malice, soit oubli, il ne s'y en trouva qu'un seul pour la reine. Le duc, prévenu un peu tard, arriva avec sa voiture pour le cardinal, qui la refusa poliment et fit la route à pied. Le cardinal dissimula toujours, mais ses rancunes ne diminuaient pas.

C'est dans ce temps que le cardinal désirait avoir le gouvernement de Metz, qui appartenait à d'Épernon. Richelieu le lui demanda, et comme le duc de Lavalette en avait la survivance, le cardinal, pour l'en dédommager, lui offrit la survivance du gouvernement de la Guienne. Le duc demanda, en outre, pour son fils, le bâton de maréchal ; mais le marché ne convint pas au cardinal : le duc garda son gouvernement et Richelieu sa rancune.

Pendant leur séjour de deux jours à Cadillac, on n'y voyait que fêtes et réjouissances ; mais Richelieu souffrait de sa maladie ordinaire ; il craignait, d'ailleurs, d'Épernon, qui n'était pas son ami, et s'était fait accompagner de ses gens d'armes, chevau-légers et gardes du corps. Comme cette escorte ne pouvait pas loger à Cadillac, on lui trouva des logements sur la rive gauche. Richelieu ne se croyait pas en sûreté ; le lendemain, il partit de bon matin sans avoir rien pris qu'un bouillon, qui ne sortait pas de la cuisine de d'Épernon. Le soir du même jour, la reine se disposa à partir avec le descendant de la marée suivante. Comme les préparatifs étaient longs, d'Épernon vint l'accoster, et voulant, sans doute, l'impressionner contre la puissance quasi-royale du cardinal, lui dit : « Madame, je serais désolé de vous faire peur ou de vous
» faire partir plus tôt de chez moi ; mais je vous avertis que
» la marée descend, et puisqu'elle n'a pas attendu Son Émi-

Livre IX. Chap. 6.

1633.

Giraud, Vie de d'Épernon.

Mercure de France, tome XIX.

» nence, il ne faut pas espérer qu'elle ait plus de complaisance » pour Votre Majesté. » La reine sourit à cette petite malice, et se mit en route pour Bordeaux.

Le cardinal resta gravement malade à Bordeaux ; mais grâces aux soins d'un célèbre médecin de notre cité, sa santé se rétablit bien. Malade, il aurait voulu voir les Bordelais plongés dans la tristesse ; c'était tout le contraire : les grands comme les petits s'amusaient à l'occasion de l'arrivée de la reine. Le cardinal crut y voir une malice du duc, et se promit bien de la lui faire payer cher. Le duc se comporta cependant avec politesse à son égard ; tous les jours, il allait le voir, escorté de 200 gardes qui l'attendaient à la porte. Assis sur un fauteuil, auprès de son lit, il s'informait avec bonté de sa santé ; mais Richelieu n'était pas dupe de ses politesses de commande, et répondait sur le même ton. La crainte qu'il avait conçue que d'Épernon se jetât au Château-Trompette, et les fortes émotions qu'il éprouva à la mort subite du maréchal Schomberg, le décidèrent à quitter Bordeaux ; il se fit porter sur son lit, par des hommes, jusques à Blaye ; de là, à Brouage et à Paris, où l'archevêque de Bordeaux le suivit comme ami.

Tous ces petits griefs demeuraient accumulés et ensevelis dans le cœur du cardinal ; le duc ne connaissait pas tous ses torts ; mais le coup de canne donné à l'archevêque et ses misérables petites jalousies n'étaient pas ce qu'il expiait au château de Plassac : l'archevêque de Bordeaux n'était que le complaisant agent de la vengeance ministérielle, et l'excommunication n'était que l'expiation de tous les torts de ses dernières années : d'Épernon sentait le coup, mais il ne voyait pas la main qui le lui donnait.

Désolé de se voir ainsi trahi en France, d'Épernon tourna ses regards vers Rome, et y envoya son secrétaire avec des lettres pour le Pape et les cardinaux de sa connaissance. Le Pape aurait bien voulu l'obliger ; il l'avait connu en France, il l'estimait ; mais, par respect pour le puissant cardinal et le clergé de France, il n'osa pas évoquer cette affaire à Rome ; il se borna à en écrire au cardinal Chigi, son nonce à Paris (1). Mais Chigi subissait l'influence de Richelieu ; il était d'ailleurs intéressé, comme évêque, à la répression des abus du gouverneur de la Guienne. Les enfants de d'Épernon furent désolés de la position de leur père ; ils prièrent, ils supplièrent Richelieu d'arranger cette affaire. Il leur promettait ses bons offices ; mais il leur disait qu'il fallait laisser faire la justice, et qu'il y porterait la meilleure volonté. Homme politique, il cachait sa haine sous de belles paroles ; il se souvenait de ses anciens griefs, et d'Épernon ne saurait jamais, à ses yeux, être assez humilié.

Livre IX. Chap. 6.

1634.
12 Mars 1634.

La fête de Pâques mit l'archevêque dans la nécessité de revenir à Bordeaux ; il prit congé du roi, qui écrivit de Chantilly aux jurats, *de lui rendre les honneurs et respects dus et accoutumés, et qui appartiennent à la dignité de sa charge.* A son arrivée, les jurats allèrent le visiter, et le complimentèrent en ces termes : « Monseigneur, nous venons vous rendre ces » devoirs, par le commandement que nous en avons reçu de » Sa Majesté, et vous témoigner que, comme ses très-humbles » et très-fidèles sujets, nous n'avons pas de plus forte passion » que celle de l'obéissance, et de nous dire vos très-humbles » et affectionnés serviteurs. »

19 Mars 1634

L'archevêque, choqué du ton des jurats et étonné de la sécheresse de leur compliment, répondit ainsi : « Messieurs, » j'ai sujet d'être satisfait de l'honneur que vous me faites, » avec tout ce peuple. Aussi, suis-je plein de bonne volonté » de servir le public. Mais vous eussiez mieux fait quand » vous m'eussiez rendu de vous-même, ce que vous dites me » rendre par commandement. Je ne laisserai pas, néan- » moins, de rendre des témoignages de la bonne volonté que

(1) D. Devienne l'appelle Bichi.

» j'ai de servir votre corps en général et en particulier. »

La leçon était dure ; mais, de crainte qu'elle ne fût inutile, l'archevêque en écrivit au roi et récapitula tous les torts des jurats. Le conseil rendit, le 31 mars, un arrêt par lequel le roi privait les jurats de leur charge, et ordonnait de procéder à une nouvelle élection, et de continuer le procès à Naugas et à Verdun, capitaine du guet, sur les violences commises par eux contre l'archevêque. M. Briet, conseiller, fut nommé par le roi pour faire exécuter cet arrêt, qui fut enregistré au Parlement le 4 avril ; le 22 suivant, de nouveaux jurats furent élus à leur place.

Le duc, exilé, rongeait son frein en silence ; chaque journée était, pour son orgueil, un siècle. Ses enfants, ne sachant comment s'y prendre, crurent que le moyen le plus sûr de terminer vite et honorablement cette misérable affaire, c'était de rechercher l'alliance du cardinal. Ils demandèrent en mariage, pour le duc de Lavalette, fils aîné de d'Épernon, la fille du baron de Pontchâteau, parente de Richelieu, qui n'était que trop content de voir sa famille alliée dans l'une des plus opulentes et des plus puissantes Maisons de France. D'Épernon n'accueillit pas bien cette proposition ; il lui semblait s'abaisser trop ; il répugnait à sa fierté de descendre si bas, et d'acheter trop cher son absolution. L'affection filiale triompha de ses répugnances ; il consentit, pour le bonheur de sa famille. Il était naturel de penser que tout allait s'arranger ; loin de là : ce premier pas ne suffisait pas aux exigences du ministre ; il mit en avant, comme la seconde condition de la réconciliation du duc avec la cour et l'archevêque, qu'il résignât son gouvernement de Metz. Étonné de cette interminable persécution, humilié plus que jamais de cette dernière condition, fatigué de tant de délais, et, en même temps, importuné, sollicité par ses enfants, d'Épernon consentit à tout. Il souscrivit à son propre abaissement, et au contentement de de Richelieu, qui triomphait enfin d'avoir le gouvernement qu'il convoitait, et de marier une de ses parentes avec le jeune Lavalette, qui se trouvait à la tête d'une immense fortune. Tout étant arrangé, Richelieu céda le gouvernement de Metz au nouveau marié; c'était le seul moyen de calmer le peuple, qui criait contre l'insatiable ambition du cardinal-ministre. D'Épernon croyait que ses embarras allaient finir; il se trompait encore : il s'était mis aux pieds du ministre; il avait assez expié ce qu'il y avait de politique dans ses fautes, mais il n'avait rien fait pour le clergé; il fallait l'abaisser un degré de plus. Le pape avait autorisé son nonce à absoudre le duc ; mais le cardinal insista pour que ce fût l'archevêque. Sans cela, la réparation n'eût pas été entière. Richelieu envoya à Bordeaux l'abbé de Coursan, avec la lettre et les ordres du roi, pour terminer cette affaire. Les instructions particulières de ce commissaire portaient : 1° que le duc enverrait un ecclésiastique à l'archevêque, pour lui exprimer sa douleur du passé et son désir de se bien remettre avec lui, et, pour cet effet, le prier de désigner le lieu, le jour et l'heure qu'il croirait convenables, pour lui donner l'absolution ; 2° que le prélat désignerait Coutras ; 3° que l'archevêque, au jour indiqué, attendrait le duc dans l'église de Coutras, pour lui donner l'absolution, en présence du clergé et de quatre ou cinq membres du Parlement; 4° que le duc lui demanderait l'absolution de son excommunication; 5° que le duc n'aurait pas de gardes avec lui, mais seulement des gentilshommes; 6° que l'archevêque lui donnerait à l'heure même l'absolution en la forme prescrite par le nonce ; 7° que le duc, après la cérémonie, irait faire une visite à l'archevêque, qui la lui rendrait, en se témoignant réciproquement leur désir de maintenir entre eux, à l'avenir, la bonne intelligence; 8° que, dans cette visite, le duc tendrait la main droite à l'archevêque; 9° qu'après cette visite, le duc retournerait à Plassac, pour y attendre les ordres du roi ; 10° enfin, que l'abbé de Coursan rendrait compte au roi de tout ce qui se passerait à Coutras, et que le rétablissement du duc dans ses charges et honneurs dépendrait de sa conduite dans ces circonstances.

Ces conditions étaient bien dures ; mais qu'y faire ? elles étaient prescrites par le roi ; venant de toute autre source, jamais le duc ne les aurait acceptées. De son côté, le cardinal transmit ses ordres à l'archevêque, et, comme le mariage de Mlle de Pontchâteau et les humiliations du duc l'avaient adouci, il témoigna le désir que l'absolution se donnât dans la chapelle de son château de Coutras ; mais le prélat ne fléchit pas et insista pour qu'elle se donnât à la porte de l'église paroissiale, en présence de tout le peuple. Le duc envoya le théologal de Lescars à l'archevêque, qui se dit prêt, mais il exigea un acte notarié. Le théologal revint quelques jours plus tard, avec la demande écrite de main de notaire, le 13 septembre, dans laquelle le duc s'épuisait en excuses pour tout ce qu'on avait fait à l'archevêque, protestant qu'il n'avait jamais eu l'intention d'offenser le prélat ni aucun autre ecclésiastique, et qu'il désavouait tout le passé, qui n'était, pour ce qui le concernait, qu'un premier mouvement de vivacité, sans préméditation ni malice. Le prélat désigna l'église de Coutras et le mercredi des Quatre-Temps (20 septembre) pour la cérémonie, chargeant en même temps le théologal de dire au duc qu'il ne désirait rien tant que la paix de sa conscience. Il assembla le clergé et fit nommer comme témoins quatre chanoines de Saint-André, quatre autres de Saint-Seurin, et quatre curés, et se rendit à Coutras au jour convenu, où d'Épernon, accompagné de son fils le duc de Lavalette, et de plusieurs autres seigneurs, arriva bientôt après. Assis sur un fauteuil, à la porte de l'église, ayant le duc à genoux devant lui, l'archevêque lui donna son absolution en ces termes :

« En vertu de l'autorité de l'Église et de celle dont je suis revêtu, je vous absous des liens d'excommunication que vous avez encourus, pour avoir violé les immunités de mon église métropolitaine ; pour avoir envoyé des gens d'armes pour nous arrêter, nous et notre voiture; pour avoir investi notre palais de gardes; pour avoir violé la juridiction de l'Église et l'avoir usurpée; pour avoir outragé, d'une manière indigne et atroce, nous et notre clergé. Au nom du Père, etc., etc. (1). »

Jamais le duc n'avait vu sa patience et sa foi mises à une plus rude épreuve! Il se voyait à genoux devant son adversaire, en présence d'une immense multitude de curieux; il entendait, dans la forme inusitée de son absolution, la froide énumération des griefs à lui imputés, que son silence pouvait faire croire fondés. Il voulait parler et démentir ces charges; mais ce serait manquer au respect dû au roi et à l'Église : il se tut et garda le silence jusqu'au bout. L'archevêque lui donna pour pénitence de visiter trois églises ou chapelles dédiées à la Sainte-Vierge : celles de Montuzets, de Saint-André à Bordeaux et de Verdelais, et de réciter trois fois le rosaire et trois fois le petit office de la Vierge.

Après la cérémonie, le duc alla voir l'archevêque, qui lui rendit la visite dans les vingt-quatre heures.

C'était, pour l'un et l'autre, obéir au roi; mais le cœur n'y était pas; les compliments étaient froids comme la glace, la réconciliation n'était qu'apparente. De nouveaux sujets de plaintes ne tardèrent pas à se présenter; ils s'empressèrent de les porter au roi. Sa Majesté comprit qu'une réponse ne ferait qu'alimenter leurs haines respectives; il ne répondit pas, et les plaintes cessèrent de part et d'autre; le silence de la cour refroidit ces animosités renaissantes. Le duc de Lavalette épousa la cousine de Richelieu; l'archevêque se crut perdu, mais le cardinal le rassura et lui conserva son amitié.

---

(1) Et ego auctoritate Ecclesiæ et eâ quâ fungor, absolvo te vinculo excommunicationis quam incurristi, quia immunitatem ecclesiæ meæ metropolitanæ perfregisti; manum armatam militum, ut me currum que meum in viâ sisterent, misisti; statione dispositâ palatium nostrum vallasti; jurisdictionem ecclesiasticam violasti, eamque tibi arrogasti; nos clerumque nostrum insignibus et indignis contumeliis affecisti. In nomine Patri et Filii, etc., etc.

Cependant le roi lui défendit de paraître à la cour, parce qu'il s'était écarté de ses ordres en obligeant le duc de recevoir l'absolution à la porte de l'église. Richelieu intervint, et cette disgrâce ne fut pas longue. L'année suivante, il fut appelé à présider l'assemblée du clergé, en l'absence du cardinal, et admis à faire sa cour au roi.

D'Épernon se retira à Plassac ; mais, à peine arrivé, il y reçut une lettre affectueuse du roi, en date du 1er octobre, qui le réintégrait dans son gouvernement de Guienne. Il s'y rendit avec joie. On lui envoya un élégant bateau à Blaye, et, le 15 octobre, il arriva à Bordeaux, accompagné du duc, son fils, et de l'évêque de Nantes. Il fut complimenté, sur le port, par les jurats, et fêté par le peuple, non par l'amour qu'on lui portait, mais par déférence pour le cardinal, qui était devenu son ami. Sa prudence et sa fermeté y étaient nécessaires, à cause des troubles qui y éclatèrent peu de temps après.

CHAPITRE VII.

Un impôt sur les cabaretiers. — On s'oppose à sa perception. — Le peuple se réunit à Sainte-Eulalie et à Saint-Michel. — La résistance organisée. — Le Parlement ordonne aux bourgeois de prendre les armes. — L'insurrection se généralise. — Arrêt pour la surséance de l'impôt. — On en nie l'authenticité. — On en publie un autre en due forme. — Les séditieux attaquent l'Hôtel-de-Ville. — D'Épernon arrive de Cadillac. — Des gabelleurs massacrés. — Des barricades partout. — D'Épernon les défait. — Combat. — Trait d'héroïsme. — Attroupement à Saint-Julien. — Il se disperse. — Un autre à Saint-Seurin. — L'arrivée du duc met fin à leurs désordres. — D'Épernon est calomnié. — Ses laquais le vengent. — L'affaire s'assoupit par suite de l'arrivée des Espagnols, etc.

A cette époque, les impôts étaient lourds et se multipliaient trop par suite des embarras pécuniaires du gouvernement. Pour faire face à de nouveaux besoins, le roi établit la taxe d'un écu sur chaque tonneau de vin qui se vendrait chez les cabaretiers. Cette nouvelle charge excita des plaintes générales et disposa les esprits à la révolte ; la résistance la plus opiniâtre fut bientôt organisée. Ne pouvant faire exécuter l'édit du roi, Laforet, archer du grand-prévôt, vint demander aux jurats, le 10 mai, main-forte pour faire triompher la loi. Les jurats voyant, en effet, l'orage se former, mirent l'Hôtel-de-Ville en état de défense, en y appelant quarante soldats du guet, et en obligeant les bourgeois, dans chaque jurade, à faire des patrouilles la nuit pour le maintien de la paix. Le 14 mai, Laforet se présenta de nouveau chez les cabaretiers. Ils refusèrent tous, et le mirent dans la nécessité de faire un appel à la force armée. Alors, le peuple s'attroupa sur les places publiques, prit les armes et alla se réunir au cimetière de Sainte-Eulalie. On exposa à ces hommes égarés les

Livre IX.
1635.

1635.
Fonteneil, *Mouvements*, et D. Devienne, liv. VI.

conséquences de leur conduite; ils répondirent avec insolence. On s'empara d'un de leurs chefs; mais les jurats, dans une pensée de conciliation, le remirent en liberté. C'était une concession, un signe de crainte ou de faiblesse; elle ne devait pas être la dernière. Des groupes se formèrent à Saint-Michel, où la sédition prenait une aspect assez alarmant. La garde s'y dirigea avec un jurat, qui crut pouvoir haranguer la foule; mais ils y furent accueillis à coups de pierres; le jurat lui-même fut blessé, et un soldat, percé de plusieurs coups d'épée, se réfugia, pour sauver sa vie, dans la chapelle des Capucins.

Le Parlement, alarmé par ces attroupements, intima l'ordre aux bourgeois de prendre leurs armes; mais la plupart d'eux avaient fermé leurs maisons; les autres refusèrent de s'exposer à des dangers évidents. Les jurats ordonnèrent de fermer les portes et de se mettre en état de défense; mais les fusils étaient inutiles, il n'y avait en ville ni poudre ni mèches. La populace, se voyant à la merci des jurats, se porta en foule à l'Hôtel-de-Ville dans la persuasion que les gabelleurs y étaient renfermés. On demanda les têtes de ces percepteurs de l'impôt, sinon on déclara qu'on allait mettre le feu aux quatre coins de la ville. Enfin, ils enfoncèrent les portes de l'Hôtel-de-Ville, et coururent de salle en salle criant partout vengeance contre les gabelleurs. Sur ces entrefaites, le Parlement rendit un arrêt défendant les rassemblements séditieux, et portant que le roi serait supplié de vouloir surseoir à la levée de l'impôt sur les cabaretiers. Le premier huissier alla publier cet arrêt, pendant qu'un président, quatre conseillers et l'avocat général Du Sault parcouraient les quartiers du Chapeau-Rouge pour rassembler les bourgeois. En attendant, le premier-président et la Compagnie restèrent en permanence au Palais. Les commissaires parcoururent les divers quartiers du nord de la ville, et rencontrèrent plus de deux mille insurgés qui poussaient des hurlements de rage et menaçaient d'une mort violente ces paisibles hérauts de la paix; l'un d'eux apostropha avec violence l'avocat général Du Sault, en lui présentant la pointe de sa hallebarde à la poitrine. Voyant que l'insurrection était générale et les périls extrêmes, les commissaires crurent qu'il était prudent de rentrer au Palais.

Pendant ce temps, l'huissier proclamait l'arrêt du Parlement; mais arrivé sur les Fossés, les insurgés l'entourèrent, le firent descendre de cheval, déchirèrent sa robe, et l'un de ces forcenés lui ayant arraché le papier des mains, s'écria : « qu'on trom-
» pait le peuple ; que cet arrêt n'était signé ni du premier
» président, ni du greffier ; que, d'ailleurs, la sursérance n'é-
» tait que temporaire et en faveur des cabaretiers ; mais que
» le peuple le voulait illimité, quant au temps et aux personnes,
» en bonne et due forme, sur parchemin, et publié par les
» trompettes d'argent. » Un jeune homme qui l'accompagnait ayant pris fait et cause pour l'huissier, fut tué sur le lieu ; l'huissier lui-même, entouré de ces hommes enragés, s'échappa dans une maison voisine, et parvint, par une porte de derrière, au Palais, où il rendit compte de ce qu'il venait de voir.

Sur ces entrefaites, les insurgés coururent au Palais : les conseillers Andrault et Suduiraut sortirent pour savoir ce qu'ils voulaient : « Un arrêt, disent-ils, autrement nous allons assiéger le Palais ; nous y mettrons le feu. » Pendant tout cela, un autre corps de séditieux entourait l'Hôtel-de-Ville, et ayant pénétré dans l'église de Saint-Éloi, allait sonner le tocsin pour appeler les paysans et mettre le feu à la maison commune. Le capitaine du guet, Allegret, voulut leur adresser quelques conseils : il faillit être assommé sur-le-champ. Enfin, ils se mirent à briser les portes de la ville, parce qu'on croyait qu'on y retenait prisonnier un nommé Hugla, homme très-populaire et très-considéré parmi les insurgés. Espérant les empêcher d'enfoncer les portes, les jurats firent descendre Hugla par une fenêtre. C'était une victoire pour la populace ; elle lui en inspira l'idée d'une autre : ils demandent les gabelleurs Laforet et Desaigues ; c'étaient là les victimes qu'on devait immoler à la colère populaire. On leur présenta un nouvel arrêt, sur parchemin, tel qu'on le demandait; le peuple douta de son authenticité; on en garantit l'origine. En attendant, la foule augmentait; la sédition prenait un caractère alarmant; toute la ville était sous les armes. Le premier-président écrivit, le 14 mai, à d'Épernon, alors à Cadillac, et le pria de venir incessamment à Bordeaux. Dans la soirée la fureur populaire ne connaissait plus de bornes : sur les cinq heures, les insurgés furent maîtres de la ville; ils enfoncèrent les portes de l'arsenal et celle qui conduisait au collége de Guienne; ils mirent le feu à une autre porte qui donnait dans la rue de ce collége, et l'incendie se communiqua au cabinet du clerc de ville, dont une grande partie fut réduite en cendres. La prison resta ouverte dans le désordre général; les prisonniers s'échappèrent, et, entre autres, grâce à la foule et aux ténèbres, Laforet et Desaigues se sauvèrent dans cet effroyable tumulte. Les jurats, qui s'étaient réfugiés derrière les verroux de la prison, en *attendant la miséricorde de Dieu,* dit le registre de l'Hôtel-de-Ville, sortirent comme allant au devant de la mort; mais on les laissa passer sans violence, sans insulte. Ne trouvant pas dans la prison les malheureux gabelleurs, on les poursuivit partout : Laforet fut reconnu dans le cimetière de Saint-Éloi, et assassiné à l'instant même ; Desaigues s'échappa jusque sur les fossés des Tanneurs, où il subit le même sort. Le sang coulait partout : la ville était en proie à toutes sortes de désordres ! La consternation régnait au Palais; on dit qu'on en voulait à la vie du premier-président; il se fit conduire au Fort du Hâ. L'Hôtel-de-Ville fut au pouvoir des insurgés; on sonna la grosse cloche, et les tocsins correspondants des autres clochers portèrent l'alarme jusque même dans la campagne et l'effroi dans tous les cœurs. On rencontra quelques amis des gabelleurs, on les massacra et leurs cadavres furent jetés dans la Garonne; entre autres victimes, on eut à regretter la fin malheureuse d'Aimeri, de l'avocat Lafargue, et de quelques autres victimes. Tout ayant été dévasté à la maison commune, Hosten, clerc de ville, s'y rendit furtivement la nuit, et recueillit les papiers qui avaient échappé aux flammes ; il partit le lendemain matin pour Cadillac, où d'Épernon venait d'apprendre, par la lettre du premier-président, les tristes événements de la veille. Le duc convoqua les gentilshommes du voisinage, arma les paysans et se disposa à marcher sur Bordeaux, où les séditieux avaient formé le projet de massacrer quatre cents des plus riches propriétaires et de piller leurs maisons. D'Épernon, accompagné de deux conseillers ses amis, Boucaut et Lachèze, qui s'étaient rendus auprès de lui, arriva à la porte Saint-Julien, où il rencontra les jurats ; il s'enquit de tout ce qui s'était passé, les renvoya à la municipalité et les blâma de ne l'avoir pas prévenu plus tôt, et surtout de n'avoir pas pris des mesures pour défendre l'Hôtel-de-Ville. Il manda tous les capitaines de la ville, avec leurs compagnies, pour monter la garde avec les bourgeois au fort du Hâ, sur les Fossés, dans le fort de Sainte-Croix, dans le clocher de Saint-Michel, et surtout à l'Hôtel-de-Ville, où il fit porter une pipe de vin, un quintal de poudre, deux quintaux de biscuit et des balles de mousquet. Il fit monter aussi sur leurs affûts les cinq pièces de canon qui se trouvaient à l'arsenal. Il destitua les jurats comme ayant manqué à leur devoir, et chargea le procureur Baritaut et Hosten, clerc de ville, de les remplacer dans leurs fonctions municipales.

Ne voyant que de vains préparatifs, les séditieux crurent qu'on les craignait et même qu'on les ménageait ; un châtiment leur semblait non seulement immérité, mais impossible : ils étaient forts et n'avaient fait, disaient-ils, que leur devoir ! Le duc, en effet, craignait un conflit ; on redoutait son impitoyable caractère, mais il avait 82 ans et était mal secondé. Leur audace s'accrut en conséquence ; et, le 15 juin, pour jeter un défi au duc, ils s'emparèrent des principales places de la ville et élevèrent des barricades. D'Épernon avait demandé des troupes, mais on ne lui répondit pas ; on crut qu'il avait exagéré les dangers, et ne voulait de troupes que pour se fortifier dans son gouvernement. Comprenant, enfin, toute l'étendue du mal ; voyant, d'ailleurs, qu'on regardait son inaction comme un signe de sa faiblesse ou de ses craintes, et que les insurgés devenaient plus audacieux et plus exigeants, d'Épernon monta à cheval, suivi des gentilshommes de sa suite et de La Roche, capitaine de ses gardes, et se dirigea, à une heure après-midi, vers les lieux des attroupements, déterminé à faire rentrer les séditieux dans le devoir ou à mourir en les combattant. Il n'avait que peu de chances de succès ; il affrontait la mort. Quoi de plus téméraire que de vouloir réduire une population furieuse et sous les armes, avec vingt-deux cavaliers et vingt-six fantassins ! Mais l'audace est souvent un élément de fortune : le courage supplée à la force. Cette petite troupe de défenseurs de l'ordre arriva au Grand-Marché ; elle y rencontra des barricades, des chaînes tendues, des hommes armés. La Roche leur ordonna, au nom du gouverneur, de se disperser et d'ouvrir le passage ; ils hésitèrent ; mais La Roche, les voyant décontenancés, sauta sur la barricade, se saisit du plus hardi, le désarma, et força les autres à se retirer, sans blesser personne.

Comme les jurats ne se tenaient plus qu'au Palais, l'Hôtel-de-Ville restait vide et inoccupé. Le duc pourvut à sa sûreté, comme poste de défense, et s'avança vers la rue des Faures ; les séditieux accueillirent ses soldats, à coups de mousquet, derrière une barricade, et lui tuèrent un homme. Les gardes, furieux, ripostèrent, tuèrent neuf hommes et en blessèrent douze. Le désordre se mit dans les rangs des séditieux ; un passage s'ouvrit enfin à travers la barricade, et le duc, suivi de sa cavalerie, y passa au milieu de ces forcenés qui tombaient sous les pieds de ses chevaux. Un peu plus loin, il renversa trois autres barricades qu'on avait construites jusqu'à la porte de la Grave, et qui furent toutes défendues avec une opiniâtreté désespérante, par de pauvres ouvriers qui se cachaient derrière leurs planches et leurs barriques. Un jeune gentilhomme, M. de Montagu, tomba blessé mortellement à côté du duc ; un autre mourut sous ses yeux, ayant une épaule fracassée d'un coup de mousquet ; cinq ou six autres gentilshommes subirent le même sort, et la mort sembla vouloir la destruction de la compagnie tout entière. Après avoir détruit les barricades, les *Épernonistes*, c'est ainsi qu'on qualifiait les partisans du duc, allèrent en renverser d'autres moins bien défendues, dans les rues qui aboutissaient à Sainte-Croix. Le duc s'exposait à beaucoup de dangers : on tirait sur lui, et des fenêtres comme des balcons, on jetait, sur lui et sur les siens, des tuiles, des pierres, des ustensiles et des meubles ; une femme en fureur, le reconnaissant à sa longue barbe et à sa chevelure blanche, lui lança un pot d'œillets à la tête, qui tomba sur la croupe de son cheval ; un homme le couchait en joue, lorsqu'un soldat lui passa son sabre à travers le corps.

La résistance était terrible : les révoltés se laissaient fouler aux pieds des chevaux plutôt que de céder ; on leur arrachait des mains les armes, ils se défendaient avec les pieds, les poings et les dents, et demandaient la mort comme une grâce plutôt que de se soumettre à la tyrannie des gabelleurs. Il y eut, dans ce jour néfaste de notre histoire, mille traits de bravoure, mille actions héroïques qui reflétaient de l'honneur sur le courage des Bordelais et qui seraient dignes d'éloges s'ils avaient eu pour objet une meilleure cause. Un tonnelier qui défendait une barricade reçut un coup de feu qui lui cassa le bras ; il entra chez un chirurgien, se fit couper le bras, et après avoir attaché le premier appareil, retourna à son poste qu'il défendit avec valeur. Le duc apprit ce trait d'héroïsme, il le fit transporter chez lui et ordonna qu'on en eût un soin particulier jusqu'à sa parfaite guérison.

Dans tous ces combats, le duc recommanda à ses gardes d'épargner le sang de ses concitoyens ; il sut allier la clémence

Livre IX.
Chap. 7.
—
1635.
Girard,
ibid,
t. IV, p. 197.

à la force, et ne fit tirer sur les Bordelais qu'à la dernière extrémité et à la suite d'une provocation. Dans le quartier de Sainte-Croix, on ne trouva que vingt-cinq personnes tuées et autant de blessées; mais par son courage et sa fermeté de caractère il se fit craindre, et avec une poignée de soldats il parvint à réduire trois mille séditieux. Il rentra à l'Hôtel-de-Ville et fit emporter les morts et soigner les blessés. Mais au moment où il croyait tout fini, on vint le prévenir que les séditieux se réunissaient à la porte Saint-Julien, au nombre de huit ou neuf cents individus, et se disposaient, à la faveur de leurs barricades, à résister jusqu'au dernier instant et à appeler les paysans au pillage de la ville. Surpris de ces tristes nouvelles, et désolé d'avoir à combattre de nouveau ses concitoyens, il fit demander au Château-Trompette cinquante hommes et quelques pièces de canon, afin d'intimider les insurgés, ou, en cas de besoin, de renverser avec moins de périls, les barricades qu'on avait élevées. La nouvelle de ces préparatifs fut portée aux factieux; soit crainte de leur côté, soit conseils de la part de quelques personnages distingués de la ville, ils mirent bas les armes, défirent les barricades et se soumirent à l'autorité. D'Épernon arriva sur le lieu, mais les factieux s'étaient dispersés. Tout rentra dans un calme apparent; cependant les esprits fermentaient toujours, et les mécontents, rougissant d'avoir fui la veille devant une poignée de soldats, se réunirent sur d'autres points. L'orage grondait dans le lointain; il n'y avait qu'une ombre de paix. D'Épernon en fit instruire le roi et demanda des secours, car tout semblait annoncer une insurrection générale. Dans presque toutes les villes de la province, l'exemple de la capitale avait trouvé des imitateurs; les paysans même, excités par la lie du peuple et alléchés par des promesses d'un pillage général, s'étaient rapprochés de Bordeaux; ils s'étaient même installés à Saint-Seurin, y avaient brûlé quelques maisons, en avaient pillé et dévasté plusieurs autres, et menaçaient la ville de malheurs incalculables. Le duc craignait d'avancer avec une poignée d'hommes, contre des rassemblements si audacieux et si exaltés ; d'un autre côté, ne voulant pas manquer à son devoir et sacrifier la sûreté des citoyens paisibles de la ville à des dangers certains et déplorables, le duc se détermina enfin à attaquer les séditieux à Saint-Seurin ; et, suivi de quelques compagnies bourgeoises, de ses gardes et de cinquante gentilshommes avec leurs subordonnés, il se dirigea vers ce faubourg. Les séditieux, effrayés, défendirent à peine leurs barricades, et, à la première décharge, se dispersèrent dans toutes les directions. Quelques-uns se retranchèrent dans l'église de Saint-Seurin et firent mine de s'y défendre ; voyant toute résistance inutile, ils se dispersèrent en désordre. La cavalerie les poursuivit dans les champs et en tua une cinquantaine. Sur ces entrefaites, le duc de Lavalette arriva à Bordeaux avec des troupes. Tout rentra dans l'ordre, le peuple s'apaisa d'autant plus aisément, que le gouverneur obtint du roi, pour ces esprits égarés, une amnistie complète.

D'Épernon se comporta avec prudence et bravoure pendant ces troubles : on fut jaloux de sa gloire ; l'envie crut pouvoir la noircir. L'attaque contre son honneur fut dirigée par Briet, conseiller au Parlement, son ennemi irréconciliable. Il écrivit à l'archevêque, alors à Paris, que le duc aurait pu étouffer la révolte dans son germe ; qu'il avait agi lentement et dans le dessein de laisser la sédition se développer jusqu'à un certain degré, afin de se ménager la gloire d'une victoire et se faire reconnaître nécessaire au roi dans la Guienne et redoutable au Parlement. L'archevêque, qui n'avait pas oublié le coup de canne, montra cette lettre à Richelieu, qui s'indigna contre une conduite si coupable ; il autorisa le prélat à répondre à Briet qu'il promettait une récompense convenable à ceux qui prouveraient que le duc avait occasionné ou fomenté ces discordes intestines. Briet fit des recherches, mais personne ne voulait se prêter à une si odieuse calomnie. Le duc ne se doutait pas du danger ou des piéges qu'une noire perfidie lui tendait; il était content et heureux d'avoir fait son devoir. Le roi avait loué et approuvé sa conduite; mais il apprit bientôt après, avec indignation, l'odieuse trame qu'on tissait contre lui. Il se plaignit au cardinal de ce qu'on se servait de son nom pour suborner des témoins, et demanda l'autorisation de poursuivre ses calomniateurs devant le Parlement de Paris. Le cardinal désavoua toute participation à cette calomnie et lui rendit justice. L'archevêque s'abritait derrière sa lettre, et Briet, auteur de cette lettre, seul coupable présumé, fut mandé à Paris pour rendre compte de sa conduite. Briet s'excusa sur le témoignage d'un autre individu que le Parlement de Paris, après un examen approfondi de l'affaire, condamna, comme calomniateur et suborneur de faux témoins, à faire amende honorable au duc, une torche à la main, la corde au cou, couvert de sa chemise seulement, à être traîné sur une charrette, dans toute la ville, et à dix ans de galères. Briet, grâce au cardinal, fut renvoyé hors de cour et de procès; il revint exercer sa charge à Bordeaux.

D'Épernon vit avec peine que le grand coupable était absous; il se réserva la punition de la faute et en confia le soin à quatre de ses laquais qui devaient tuer les chevaux de carrosse de Briet, en pleine rue. On rechercha une occasion; elle se présenta quelques mois plus tard. Un jour, la voiture de Briet passait sur la place Saint-Projet; les laquais du duc y allèrent exprès pour exécuter leur projet, et arrêtèrent l'équipage. Le cocher, voulant faire résistance, fut arraché de son siége, et les audacieux laquais du duc donnèrent aux chevaux plusieurs coups d'épée dans les flancs. Ces beaux animaux, dont M. Briet était si fier, s'échappèrent au galop dans la rue Sainte-Catherine et allèrent tomber morts devant les boucheries. Briet sortit plus mort que vif de son carrosse; la livrée d'Épernon et les épées l'avaient tellement effrayé, qu'il eut de la peine à se réfugier dans une boutique voisine.

D'Épernon s'amusa beaucoup de cette aventure et en fit beaucoup de plaisanteries; le Parlement prit la chose tout autrement et crut que tout le corps était insulté dans la personne de l'un de ses membres. On envoya des conseillers demander au duc de livrer les coupables à la justice, sinon on allait décréter la procédure et envoyer les procès-verbaux au roi. Le duc répondit qu'il n'avait jamais eu l'intention d'offenser le Parlement ou de rompre la bonne intelligence qui régnait entre eux; que cette Compagnie ne devait pas prendre intérêt à une affaire purement personnelle à Briet; qu'il était facile de deviner pourquoi ses laquais voulaient se venger d'un homme qui avait méconnu ses devoirs et qui s'était efforcé de flétrir l'honneur de leur maître; qu'au reste, le Parlement était libre d'en écrire au roi, et que, lui aussi, lui enverrait ses moyens de défense. Le Parlement comprit bien la pensée du duc, mais il s'était trop engagé pour reculer : il instruisit la procédure et l'envoya au cardinal. Cette affaire aurait eu des résultats fâcheux pour d'Épernon, si d'autres matières plus sérieuses n'étaient survenues. Les événements politiques préoccupaient trop l'attention du roi, du Parlement et du pays, pour donner aux hommes assez de loisir de s'intéresser aux plaintes de l'amour-propre blessé d'un calomniateur, ou aux mesquines prétentions de l'orgueil et de la vengeance : les Espagnols allaient entrer alors en Guienne.

Livre IX.
Chap 7.

1635.

CHAPITRE VIII.

Richelieu, jaloux de d'Épernon.—Les Espagnols entrent en France.—Lavalette se rend à Saint-Jean-de-Luz.—Rappelé par la révolte des *Croquants*, il les disperse. —La guerre déclarée contre l'Espagne.—D'Épernon refuse le commandement des troupes. — Condé l'accepte. — D'Épernon exilé à Plassac. — Condé éprouve des échecs. — Démêlé de l'archevêque de Bordeaux avec le maréchal de Vitry. — L'archevêque commande la flotte. — Ses succès. — Il éprouve un échec. — Il est disgracié et exilé.

Livre IX.
1636.

Mémoires de la Houssaie.

Nous arrivons à une époque assez malheureuse de notre histoire. La France était affaiblie par des dissensions intestines; l'autorité du monarque, presque éclipsée par celle des grands seigneurs, et pour ainsi dire craintive, en présence des hautaines prétentions des barons. Richelieu, avec son génie étendu, sublime et profond, crut devoir, en prenant le timon des affaires, lutter contre cet état de choses si anormal et viser à asseoir l'autorité royale sur les débris de la puissance des seigneurs féodaux. Selon lui, le roi était la clé de voûte de l'édifice social; il était la source d'où émanaient toutes les puissances inférieures de son royaume : personne ne pouvait ni ne devait contrebalancer l'autorité royale; tout le monde devait être subordonné au roi, c'est-à-dire à Richelieu ! Le duc d'Épernon était l'un des plus puissants seigneurs du royaume, le seul peut-être qui pût contre-balancer l'immense pouvoir du premier-ministre : Richelieu du moins le croyait. Immensément riche, colonel général de l'infanterie, gouverneur de la Guienne, d'Épernon ne sortait qu'escorté de cent gardes; c'était un second roi dans le royaume. Sa garde était composée de jeunes gentilshommes; et, pour y être admis, il exigeait qu'on fît les mêmes preuves que pour être reçu chevalier de Malte. Favori de plusieurs rois, on ne lui refusait rien ; il avait demandé que son fils, le duc de Lavalette, fût nommé co-gouverneur de la Guienne ; il obtint cette faveur comme tant d'autres, et son fils, nommé ainsi à la survivance du gouvernement, arriva à Bordeaux, le 21 octobre 1636, dans un bateau qui lui avait été envoyé à Blaye par les jurats. Tant de puissance offusquait Richelieu : c'était trop pour l'homme qui voulait régner seul et qui guettait une occasion pour humilier le fastueux gouverneur de la Guienne. Mais la politique vint donner un autre cours à ses idées. On sut que les Espagnols voulaient faire une descente dans le Midi. D'Épernon, qui était alors à Nérac, l'apprit d'une manière positive, et communiqua cette nouvelle aux jurats de Bordeaux, qui se hâtèrent, en conséquence, de prendre toutes les précautions nécessaires pour le maintien de la paix et la défense de la ville. Le duc de Lavalette se mit en route pour défendre la frontière, laissant son père malade à Cadillac ; mais, pendant son absence, plus de 30,000 hommes, factieux ou mécontents, se levèrent en masse, sous le nom de *Croquants*, et se mirent à parcourir en maraudeurs le Périgord, le Quercy, l'Agenais, l'Angoumois et le Bordelais. C'était une révolte des plus effroyables, une insurrection générale, dont les abus, vrais ou prétendus, furent le prétexte, mais dont le but était la guerre aux riches et le pillage des églises et des châteaux. La Mothe-Laforest fut forcé de prendre le commandement de ces hordes indisciplinées : il s'empara de Bergerac et fit une pointe sur Sainte-Foy et les villes voisines. Mais Lavalette, rappelé par son père, toujours malade à Cadillac, rencontra les Croquants à Sauvetat, et les dispersa après une victoire éclatante, n'ayant avec lui que trois régiments tirés de Bayonne. Il joncha le champ de bataille des cadavres des factieux, brûla le village de La Sauvetat-d'Eymet ; mais il perdit dans cette affaire six cents hommes.

Richelieu se sentit assez fort pour se venger de l'Espagne ;

Livre IX.
Chap. 8.
—
1636.

Chroniques bordelaises.

1637.

Livre IX. Chap. 8.
1656.

il se détermina à lui déclarer la guerre et à lui faire comprendre qu'aucune nation n'insulterait la France avec impunité. Comme la Guienne devait supporter les frais de l'expédition, le cardinal prévoyait bien que d'Épernon ne voudrait ni s'en charger ni l'encourager. En effet, le duc se prononça ouvertement contre une guerre qui allait écraser le peuple et ruiner les finances de son pays. C'était une raison de plus pour le cardinal et un moyen définitif de se défaire du duc et de ses enfants. En effet, il fit nommer d'Épernon chef de l'expédition; c'était le rendre l'instrument de sa propre ruine. Le duc, ne se doutant pas du piége, refusa l'honneur qu'on lui conférait, pour ne pas se rendre impopulaire. Le cardinal le fit exiler à Loches, le 13 juin 1641, et, donnant au prince de Condé le commandement de l'armée, mit sous ses ordres le jeune d'Épernon, duc de Lavalette, qui s'était retiré à Saint-Jean-de-Luz, où l'armée espagnole s'était retranchée.

1638.

Mémoires de M. D....
Collection de Petitot,
tom. 58, p. 49.

Louis de Bourbon, prince de Condé, qui remplaça d'Épernon en Guienne, joua un grand rôle dans les affaires du temps; il ne sera peut-être pas inutile de le faire connaître à nos lecteurs. C'était un homme d'une belle taille, air majestueux, mine fière, esprit vif, brillant et actif; plein de courage, il ne craignait pas le péril, entendait bien la guerre, ne se ménageait pas plus lui-même que ses soldats et se portait partout où il y avait un danger à braver et de la gloire à acquérir. Ami de la discipline, il la faisait respecter; généreux envers le vrai mérite, il faisait plus attention aux affaires de ses amis qu'aux siennes; ambitieux du pouvoir, non pour lui, mais pour avoir les moyens de faire du bien, il se montra constamment ferme dans la mauvaise fortune, sans faiblesse et infatigable dans le travail. Inconstant dans ses amours, il ne voyait dans les femmes que les agréments du corps; il n'avait pas pour elles les égards que des hommes bien élevés leur témoignent; cependant son inconstance se fixa enfin sur sa femme légitime. C'était un soldat, voilà tout.

Tel était l'homme du cardinal, le successeur de d'Épernon à Bordeaux. Le 26 avril, il arriva dans notre cité, presque seul et incognito, sans solennité, sans vouloir même accepter le bateau d'honneur qu'on lui avait envoyé à Blaye. Il se rendit à pied, du port chez le président d'Affis, près de Puy-Paulin, où on lui avait préparé des appartements. Après un repos de quelques jours, il partit pour Langon, Bazas, et de là à Fontarabie, dont les Français avaient commencé le siége. Toutes les villes de la province, d'après sa demande, lui envoyèrent des renforts; les Bordelais organisèrent trois compagnies de gens de pied; mais l'ennemi ayant réussi à introduire des provisions dans la place, le prince leva le siége et licencia ces nouvelles troupes. Désolé d'avoir échoué, Condé prévint de suite le roi de l'insuccès de son entreprise et l'attribua à Lavalette, donnant clairement à comprendre que l'ancien gouverneur, d'Épernon et son fils, ne voulant pas la guerre, avaient fait tout ce qu'il leur était possible pour en empêcher le succès. Le roi fut indigné de cette affligeante nouvelle; Richelieu ne l'était pas moins. D'Épernon fut exilé à Plassac, et plus tard à Loches, comme nous l'avons dit plus haut. Son fils fut appelé à Paris pour rendre compte de sa conduite. Au lieu de se rendre dans la capitale, Lavalette se sauva en Angleterre; mais son procès fut instruit, malgré son absence, et, le 22 mai 1639, « le roy, séant en son conseil, a déclaré le duc de
» Lavalette vray contumax, atteint et convaincu du crime de
» lèze-majesté, pour avoir, par lascheté et perfidie, abandonné
» le service de Sa Majesté, au siége de Fontarabie, et de fé-
» lonie, pour estre sorty du royaume sans permission de Sa
» Majesté et contre son commandement; et, pour réparation,
» l'a condamné et le condamne à avoir la teste tranchée sur
» ung échafaud qui, pour cet effet, sera dressé en la place
» de Grève, si pris et appréhendé peut estre, sinon en effigie
» en un tableau qui sera attaché à une potence plantée au lieu
» ordonné. Que ses biens mouvants de la couronne seront

Livre IX.
Chap. 8.

1636.

Girard,
Vie du
duc d'Épernon.

5ᵉ Partie,
liv. XI.

Registre
du
Conseil d'État.

» réunis et incorporez au domaine d'icelle, tous et chacuns
» ses autres biens, tant meubles qu'immeubles, acquyz et
» confisquez à Sa Majesté ; que dès à présent il demeurera
» privé de ses charges et gouvernements pour en estre or-
» donné et y estre pourvu, ainsy que Sa Majesté l'ordonnera. »

La leçon était rude ; c'était le triomphe de Richelieu et une satisfaction donnée à Condé. Le jeune d'Épernon s'étant réfugié en Angleterre jusqu'à ce que l'orage fût passé, Condé fut alors nommé gouverneur de la Guienne, et cette nouvelle fut transmise aux jurats, par une lettre du roi, en date du 16 octobre. Dans cet intervalle, le prince faisait route pour Bordeaux. Les députés de la ville allèrent au devant de lui jusqu'à Captieux, où ils le saluèrent de son nouveau titre. Il parut flatté de leur empressement et fier de sa charge ; il fit son entrée par la porte Saint-Julien ; et, après avoir passé quelques jours chez le président d'Affis, il alla s'établir au château du Hâ.

Condé ne voulait pas se tenir pour battu : il fit des préparatifs pour le printemps. Le comte d'Harcourt, qui commandait la flotte contre les Espagnols, ne s'était pas montré habile ; il rallia tous ses vaisseaux dans les eaux de Toulon, où ils passèrent l'hiver. Le maréchal de Vitry fut aussi accusé de n'avoir pas coopéré assez activement au siége de Fontarabie. L'archevêque de Bordeaux avait accrédité cette accusation ; mais le maréchal, homme vif, emporté et courageux, ayant rencontré ce prélat quelques jours plus tard, lui donna, en échange de son coup de langue, quelques vigoureux coups de canne. Cette affaire fit beaucoup rire à Paris et en province. Chauvigny, secrétaire d'État, écrivit, à cette occasion, au cardinal de Lavalette, le billet suivant : « Monseigneur
» l'archevêque de Bordeaux a eu une grande crise avec le
» maréchal de Vitry ; mais il en a reçu quelques vingt coups
» de canne ou de bâton, comme il vous plaira. Je crois qu'il
» a dessein de se faire battre de tout le monde, afin de rem-
» plir la France d'excommuniés. »

Comme l'archevêque affectait de se faire passer pour un excellent marin, Richelieu crut ne pouvoir mieux faire que de le nommer adjoint au comte d'Harcourt, dont l'habileté était suspecte. Fidèle à sa nouvelle vocation, le prélat-marin se rendit en poste à Béziers, pour aider à repousser du Languedoc les Espagnols qui envahissaient tout le pays. Il fut suivi de plusieurs officiers et soldats qu'il incorpora dans l'armée, et montra tant d'ardeur, tant de zèle pour son roi et sa patrie, que les étrangers furent repoussés vers leurs montagnes. Le roi sut bon gré à l'archevêque de ses généreux efforts, et, pour lui plaire, fit arrêter le maréchal de Vitry et le fit conduire à la Bastille le 27 octobre. Sa réputation de bon soldat était faite; elle lui valut son titre de contre-amiral ou adjoint au comte d'Harcourt, en 1638. Investi de sa nouvelle charge, le prélat partit immédiatement pour la guerre, le 12 mai, accompagné du comte d'Harcourt, et avec une flotte de 39 vaisseaux, 6 brûlots et 12 flûtes, et alla mouiller dans la rade de Figueira. Convaincu que la hardiesse dans l'attaque est un élément de succès, il tomba à l'improviste sur la flotte espagnole, forte de 14 galères, 4 vaisseaux dunkerquois, et malgré le feu de cinq batteries du fort, brûla ou coula à fond tous les vaisseaux, à l'exception d'un seul, qui réussit à gagner le large et se sauva. Les Espagnols ne se découragèrent pas; ils avaient remporté des victoires dans le Roussillon; ils s'enhardissaient de leur succès, malgré leurs échecs sur mer. Leurs vaisseaux étaient dispersés; mais le prélat, sachant qu'il y en avait dans la rade de Laredo, sur les côtes de Biscaye, alla hardiment les attaquer, et, malgré le feu bien vif et bien soutenu des forts, s'empara de quatre galères, sous les yeux de l'ennemi. Rien ne manquait à la gloire du prélat : bon soldat, bon marin, il était l'homme du roi et de la France; il eut le commandement de la flotte de l'Océan; il prêta des secours au siége de Tarragone, écarta avec un rare bonheur un premier convoi de quarante galères et de plusieurs barques que

Livre IX. Chap. 8.

1611.

l'Espagne avait envoyé au secours des assiégés; mais une seconde flotte de trente-cinq vaisseaux de ligne et vingt galères, survenant à l'improviste, le 20 août, força le courageux archevêque à s'éloigner des côtes de l'Espagne; il fit voile pour les rivages de la Provence. L'envie, qui s'attache aux pas de la gloire pour la noircir et la flétrir, poursuivit le prélat; il fut accusé de s'être mal défendu; on le rendit responsable de la dispersion de la flotte; son étoile pâlissait tous les jours de plus en plus à l'horizon; il fut disgracié et exilé à Carpentras! Un seul jour effaça toute la gloire de plusieurs années; il comprit alors que le bruit de ses prouesses n'était rien en comparaison de la paix, du calme inappréciable dont il aurait pu jouir aux pieds des autels; sa véritable gloire se trouvait, non pas à bord d'un vaisseau de guerre, mais dans le silence du sanctuaire et dans la pratique du bien. Mais ces mœurs, qui nous choquent tant aujourd'hui, étaient celles de son époque : le prélat ne croyait faire que son devoir ; son siècle l'absolvait de ses écarts.

CHAPITRE IX.

Richelieu, maître de la France.— D'Épernon rentre à Cadillac et y meurt.— Mazarin ministre.—Lavalette rappelé.—Conduite de Mazarin.—La duchesse de Longueville. —La guerre de la *Fronde*.—Le jeune duc d'Épernon se brouille avec le Parlement. —Soulèvement du peuple à Bordeaux.—Une citadelle à Libourne.—Opposition du Parlement. — Une assemblée générale à l'Hôtel-de-Ville. — On jure haine éternelle à d'Épernon. — Un conseil de police et de guerre. — La ville mise en état de défense. — Conduite de Du Haumont au Château-Trompette. — Le duc promet d'éloigner les troupes, sous certaines conditions. — Le Parlement les accepte. — Le duc se rétracte. — On se prépare à la guerre, etc., etc.

Richelieu régnait et gouvernait à la fois ; il avait tout ce qui constitue la puissance suprême, il ne lui manquait que la couronne ; mais qu'importe une couronne, à qui sait manier et manie, en effet, le sceptre ? Il avait persécuté la noblesse et l'avait dépouillée, sinon de sa fierté, du moins de ses priviléges, et avait anéanti ses prétentions ; il avait avili la magistrature en la faisant servir d'instrument aux caprices du souverain. D'Épernon seul lui portait ombrage : il le fit exiler en Angleterre ; le duc de Lavalette fut condamné à mort, puis exécuté en effigie, pour avoir reculé devant les Espagnols à Fontarabie ; il échappa heureusement à la colère du tout puissant ministre. Les nobles insoumis peuplaient les prisons ou erraient dans l'indigence, auprès des cours étrangères. Richelieu voulait avoir autour de lui des esclaves avec le silence du désert ; c'était le pouvoir absolu qu'on implantait dans la nation la plus libre du monde. D'Épernon, fatigué des pénibles vicissitudes de sa vie d'exil, obtint la permission de rentrer en France ; il arriva, triste et abattu, à Cadillac, et y mourut le 13 janvier 1643 ; la Providence avait voulut lui laisser la place

Livre IX.
—
1641.

Monglat,
Mémoires,
tome I.

> Livre IX.
> Chap. 9.
> —
> 1643.

> Mémoires
> de M. D......,
> Collection
> Petitot,
> tom. 58, p. 66.

vide : Richelieu l'avait précédé de quelques semaines dans la tombe ! Louis XIII disparut aussi, et la politique de la France prit un autre aspect. Louis XIV entre sur la scène, comme un astre brillant à l'horizon. Pendant sa minorité, sa mère, Anne d'Autriche, prit les rênes du gouvernement, et le souple et adroit Mazarin remplaça l'inflexible Richelieu. Mazarin avait une adresse admirable pour les affaires et entendait à merveille les intérêts de tous les États de l'Europe. Ferme, mais profondément dissimulé ; se possédant dans la bonne et la mauvaise fortune ; d'un abord ouvert et en apparence plein de franchise, mais sachant voiler ses sentiments et garder ses pensées ; ni libéral ni reconnaissant ; peu scrupuleux de manquer à sa parole, s'il y avait quelque intérêt ; timide, sans grandeur d'âme, il n'osait pas se venger de ses ennemis, de crainte de se perdre en les perdant ; il saisissait avec adresse toutes les occasions favorables pour avancer ses affaires et prodiguait l'argent pour se créer des amis. Il payait mal les services passés, quand il n'en attendait pas de nouveaux ; soigneux des intérêts de sa famille, fermant les yeux aux abus de ses subalternes qui employaient toutes sortes de ruses et d'intrigues pour faire affluer de l'argent dans les coffres du roi et suppléer à la prodigalité dont il ne dissimulait plus les excès. Il introduisit des désordres incroyables dans toutes les administrations et surtout dans les finances. Sa puissance croula enfin sous le poids accablant des cris, des haines et des malédictions du peuple. Voilà l'homme qui occupa une si grande place dans l'histoire de Bordeaux et de la France !

Mazarin se saisit du timon des affaires : la noblesse respira ; le peuple, écrasé d'impôts, demanda à être soulagé et se livra à ses espérances ; mais le nouveau ministre, au lieu de profiter de la position que Richelieu lui avait faite, montra sa faiblesse, caressa les seigneurs qui levaient la tête, parce qu'ils ne se sentaient plus courbés sous la pesante main du cardinal Richelieu. Le duc de Lavalette, exilé en Angleterre, profita de ces circonstances et sollicita la permission de faire réviser son procès. Le Parlement de Paris, saisi de cette affaire, innocenta le duc et le rétablit dans tous ses droits et charges, et même dans le gouvernement de la Guienne. Mazarin influa beaucoup sur cette décision. Le duc de Lavalette, qui prit le nom de duc d'Épernon depuis la mort de son père, en conserva toujours un profond sentiment de reconnaissance. Exilé en Angleterre depuis le mois de septembre 1639, il se hâta de rentrer dans son pays et arriva le 24 janvier 1644, à Bordeaux, où on lui fit une réception magnifique. Il fit son entrée par la porte Cailhau, et fut conduit par les jurats en robes de livrée, satin blanc et rouge, à Saint-André, et de là à son hôtel, à Puy-Paulin.

Livre IX. Chap. 9. — 1644.

Le pays semblait tranquille, tout paraissait calme et paisible, mais l'orage grondait dans le lointain contre le successeur de Richelieu, qui gaspillait les trésors de l'État pour se concilier les bonnes grâces d'une noblesse humiliée et méfiante. « Mazarin, dit Voltaire, affecta, dans le commencement
» de sa grandeur, autant de simplicité que Richelieu avait
» déployé de hauteur. Loin de prendre des gardes et de marcher avec un faste royal, il eut d'abord le train le plus modeste : il mit de l'affabilité et même de la mollesse où son
» prédécesseur avait fait paraître une fierté inflexible. » Mais ces ménagements, bons pour d'autres temps, n'étaient plus de saison en France, où les esprits s'efforçaient de prendre une autre allure. Les nobles voulaient se relever de leur disgrâce ; le peuple était agité par Beaufort et Retz ; le prince de Conti, homme savant, mais indolent, de petite taille, peu fait pour la guerre, se laissa emporter par le tourbillon des affaires et ne contribua pas peu au désordre. La duchesse de Longueville prit aussi une part active aux troubles dont nous allons parler, et fit servir au succès de sa cause tous les agréments du corps et de l'esprit dont elle était si heureusement douée. Sa maison

Siècle de Louis XIV, chap. IV.

Mémoires de M. D....., Collection Petitot, ibid.

était le rendez-vous des beaux esprits de son temps ; elle était jeune et heureuse ; mais il manquait quelque chose à son bonheur : son mari était vieux et n'avait aucune des qualités qui pouvaient lui plaire ; elle cherchait dans des conversations galantes et enjouées de quoi se consoler du dégoût qu'elle avait pour lui. Le duc de Châtillon fut l'objet de ses premières inclinations ; mais n'ayant pas, après son mariage, les mêmes empressements pour elle, il encourut sa disgrâce : elle conserva contre la duchesse de Châtillon, sa rivale, une haine éternelle. Le duc de La Rochefoucauld remplit, dans son cœur, la place que Châtillon avait laissée vide. Par complaisance pour elle, ce nouvel amant s'engagea à suivre sa fortune dans la guerre civile. Voilà les principaux personnages du triste drame dont nous allons voir les singulières péripéties.

Mazarin s'était engagé dans une fausse route ; au lieu de s'arrêter, ce qui n'eût pas été très-facile, il avançait toujours et semblait se hâter de multiplier les abus et de soulever les esprits.

Le Parlement de Paris, indigné de voir gaspiller les deniers publics d'une manière si peu délicate, refusa d'enregistrer de nouveaux édits bursaux et s'attira la colère du nouveau ministre. Mazarin commença à comprendre les embarras de sa position ; il aurait pu être fort et redouté en conservant les prestiges d'un pouvoir que Richelieu avait rendu redoutable ; mais en s'abaissant jusqu'à flatter ceux qui devaient le respecter et le craindre, il montra sa faiblesse et indiqua clairement aux mécontents leurs forces et leurs moyens de succès ; c'était le commencement de la guerre de la

---

Le 2 août, la princesse de Carignan vint à Bordeaux : elle fut assez curieuse pour désirer aller voir le château de Cadillac, dont elle avait entendu vanter la magnificence. Les jurats lui offrirent une superbe collation de fruits et de confitures de Bordeaux, et lui fournirent, à elle et à sa suite, six élégants bateaux. D'Épernon la reçut et la choya d'une manière quasi-royale.

Fronde (1). Presque tous les Parlements de France épousèrent la cause de celui de Paris. Le Parlement de Bordeaux, ordinairement si sage, fit comme les autres ; il y était provoqué par les intolérables exigences du duc d'Épernon, resté toujours fidèle au ministre qui l'avait réhabilité dans ses honneurs et charges. Héritier de l'orgueil de son père, il voulait qu'on le qualifiât d'altesse, de *prince*, et que les prédicateurs lui adressassent ce titre en leurs sermons (2). Les évêques s'opposèrent à ses prétentions ; le Parlement approuva leur résistance et résolut d'abattre cet orgueil démesuré ; un incident imprévu vint bientôt les brouiller sans ressource.

Le duc était extrêmement riche; mais, en vieillissant, il devint avare ; appuyé sur Mazarin, il eut la faiblesse de croire que tout lui était permis. En 1648, une affreuse disette désolait l'Espagne. Des négociants de Bordeaux entreprirent d'approvisionner les marchés de la Péninsule, et demandèrent au gouverneur l'autorisation nécessaire. D'Épernon, alléché par un bénéfice de 1,200 liv., consentit à l'exportation. Cette nouvelle se colportait en ville; le peuple, furieux, se porta en foule sur les quais et s'opposa à l'embarquement du blé et de la farine ; les jurats intervinrent, mais leur autorité fut méconnue ; d'Épernon, irrité, monta à cheval avec ses gardes et

Livre IX.
Chap. 9.
—
1648.

Fonteneil,
*Mouvements
de Bordeaux*
liv. I.

---

(1) La *Fronde* désignait le parti opposé à Mazarin. Ce mot fut d'abord employé par Bachaumont, membre du Parlement de Paris, par allusion au jeu des écoliers, qui, partagés en bandes dans les fossés de Paris, se lançaient des cailloux avec des frondes. Les gardes arrivaient pour les séparer ; mais les jeunes combattants revenaient de suite à la charge. Ce mot servait donc à caractériser les alternatives de soumission et de résistance du Parlement envers la cour et Mazarin : il fit la fortune du parti ; il échauffait les esprits ; on mit aux chapeaux des cordons qui avaient la forme d'une fronde; tout Paris se mit à la mode : les pains, les gants, les chapeaux, tout était à la mode de la *Fronde*. (Cardinal de Retz. *Mém., liv.* 3.)

(2) Par arrêt du 21 mai 1649, le Parlement fit défense au duc d'Épernon de se qualifier *prince de Buch*, et aux Bordelais de lui donner le titre d'*altesse*. D'après le préambule de cet arrêt, il paraîtrait qu'il faisait battre de la monnaie à Cadillac, ayant : d'un côté son effigie, de l'autre ses armes, et en légende, ses noms et titres, avec sa qualité de *prince*.

quelques gentilshommes; mais le peuple se retira sans désordres, et le gouverneur ne rencontra sur le port que les femmes de la halle, des pauvres en haillons, qui se mirent à crier que le peuple mourrait de faim et qu'on ne souffrirait pas que les sacs de blé et de farine fussent portés à bord des bâtiments. Beauroche, écuyer du duc, s'avança pour haranguer la foule; mais ses discours parurent trop arrogants aux mécontents, et peu s'en fallut qu'il n'y perdît la vie.

L'état du pays était si affreux, que le célèbre Talon (Omer), dans le lit de justice du 15 janvier 1648, crut devoir révéler de triste vérités à la régente :

» Il y a dix ans, dit-il, que la campagne est ruinée, les
» paysans réduits à coucher sur la paille, leurs meubles vendus pour le paiement des impositions auxquelles ils ne peuvent satisfaire, et que des millions d'âmes innocentes sont
» obligées de vivre de pain, de son et d'avoine, et n'espérer
» aucune protection que celle de leur impuissance. Ces malheureux ne possèdent aucun bien en propriété que leurs
» âmes, parce qu'elles n'ont pu être vendues à l'encan ! »

Ce tableau est affligeant, trop chargé peut-être. Il faut avouer, cependant, que la misère était immense et que l'on voyait se propager, parmi toutes les classes, des principes d'insurrection, capables de produire d'incalculables maux.

En présence de cette effervescence populaire qui s'étendait tous les jours de plus en plus, d'Épernon commença à craindre pour lui-même : fier comme son père, sans en avoir la bravoure, il se renferma lâchement chez lui et abandonna l'administration à elle-même. Le Parlement, justement alarmé des agitations de la ville qui gagnaient aussi la campagne, donna un arrêt qui défendit l'exportation de farines ou de grains; il en écrivit au roi, qui révoqua, le 31 août, la permission accordée par d'Épernon aux négociants de Bordeaux. Le peuple se calma et l'ordre se rétablit; mais d'Épernon était trop irrité pour pardonner au Parlement son intervention dans cette affaire. Comme on disait que la province était dépourvue de comestibles, il se fit donner, par les villes et principales communes, des déclarations qu'il y avait, dans le pays, plus de blé qu'il n'en fallait pour la consommation intérieure; et voulant tout à la fois se blanchir lui-même et donner un démenti au Parlement, il envoya à la reine ces pièces extorquées par la peur à l'ignorance et à l'obséquiosité servile des officiers subalternes. Mais le conseil royal, instruit en même temps par le Parlement de tout ce qui se passait en Guienne, maintint sa première décision. Dans cet état d'irritation, l'animosité du duc prit tous les caractères de la haine; il s'efforça de noircir les Bordelais dans l'esprit de la cour et donna à comprendre que le Parlement de Bordeaux allait se joindre à celui de Paris, dans les désordres dont cette capitale était alors agitée. Il fit observer à Mazarin que son autorité, comme gouverneur, était anéantie par le Parlement dans la province, et qu'en cas de révolte à Bordeaux, il n'avait pas assez de troupes pour contenir le peuple dans le devoir; que le seul moyen qu'il eût pour assurer la paix à Bordeaux et pour faire respecter le roi et son ministre, c'était de l'autoriser à construire une citadelle à Libourne, par le moyen de laquelle il serait maître de la Dordogne, comme il l'était déjà de la Garonne par son château de Cadillac, et pour, en cas de révolte, couper les vivres aux Bordelais insurgés. Son projet fut goûté et approuvé par la reine; tout semblait sourire à la vengeance du gouverneur. Il ordonna aux communes voisines d'envoyer des hommes à Libourne pour aider à la construction de la citadelle. Dans ce temps, les troupes rentraient de la Catalogne en Guienne; le duc leur assigna, pour quartier d'hiver, les villes de La Réole, Bazas, Saint-Émilion, Cadillac, et les gros villages de l'Entre-deux-Mers; il voulait les avoir prêtes à appuyer ses prétentions. Tout fier du succès de ses ruses, il se rendit à Bordeaux, et considérant l'accueil empressé qu'on lui fit comme une preuve de timidité, il se crut maître du Parle-

Livre IX. Chap. 9.

1648.

D. Devienne, liv. VI.

ment et de la ville ; il fit porter les meubles de son hôtel de Puy-Paulin au Château-Trompette, avec des provisions de bouche et de guerre, fit braquer ses canons contre la ville et la rivière, et envoya Desaugeys s'emparer de Bourg, qui était la clé de la Gironde. Le Parlement se voyant à la discrétion d'un ennemi puissant et vindicatif, crut devoir résister ; mais avant de rien entreprendre, il invita le duc à se rendre à une assemblée générale, afin d'avoir de sa bouche des renseignements positifs sur toutes les mesures qu'il prenait. Le duc s'y rendit ; la discussion fut vive. Conformément à l'un des anciens priviléges de la ville, on exigea que les troupes ne fussent cantonnées qu'à la distance de dix lieues de Bordeaux. Le duc prétendait que cette affaire était en dehors des attributions du Parlement et faisait partie des siennes. On lui répondit qu'il n'était qu'un simple conseiller, qu'il devait entendre et discuter les raisons de la Compagnie, et nullement donner des ordres, surtout des ordres qui étaient des violations des priviléges les plus précieux de la cité. On continua la délibération ; mais au moment d'aller aux voix, le duc se leva impatient et se retira. L'arrêt fut rendu et notifié par un huissier au duc, afin qu'il éloignât les troupes. Mais, loin d'obtempérer à cette injonction, il fit jeter l'huissier en prison, chargea Filouze, major du Château-Trompette, d'y transporter, la nuit suivante, toute l'artillerie du Fort du Hâ, et partit pour Cadillac, après avoir nommé Roquette de Carles commandant de ses forces. Il resta sourd aux sages remontrances des conseillers, de Salomon et Duval, promit beaucoup, mais, sous les prétextes les plus frivoles, retarda l'exécution de ses promesses. Pendant ce temps, il fit avancer les troupes vers Libourne, désarma les paysans et se mit en mesure de réaliser ses vœux ; mais les troupes étaient tellement indisciplinées, que les propriétaires abandonnèrent leurs maisons et leurs propriétés plutôt que de recevoir chez eux des pillards pour qui rien n'était sacré. C'était un désordre général et affreux ; et ce qui était plus affreux encore, c'était la connivence du duc, ou au moins son indifférence à la vue de ces scènes déplorables.

Livre IX.
Chap. 9.
—
1649.

Le Parlement, indigné de la conduite du duc, ordonna une assemblée générale à l'Hôtel-de-Ville : tous les bourgeois s'y rendirent, ainsi qu'un grand nombre d'artisans, d'étudiants, de clercs, de procureurs et de gens des classes inférieures. Le président d'Affis y alla avec les conseillers Suduiraut, Sabourin et l'avocat général Du Sault; ils représentaient le Parlement. D'Affis exposa l'état des affaires, les desseins du duc dans la construction de la citadelle, et engagea le peuple à faire cause commune avec le Parlement, pour éloigner les troupes et maintenir les priviléges de la ville. A cet appel, la foule répondit par des acclamations étourdissantes et réitérées. Les jurats affirmèrent que le duc n'avait aucune intention d'empiéter sur les droits et priviléges des bourgeois, et demandèrent qu'on lût au peuple une lettre de lui, qu'ils déposèrent sur le bureau; mais le peuple se récria et couvrit leurs voix de ses huées et de ses menaces. D'Affis voulut mettre sa proposition aux voix; les jurats protestèrent contre cette violation de leurs droits, et lui dirent que les membres du Parlement n'avaient que le droit d'assister aux assemblées du peuple, pour voir s'il ne s'y passait rien de contraire au service du roi, mais qu'ils ne pouvaient rien proposer. D'Affis déclara qu'il ne faisait que répondre au vœu du peuple et n'entendait pas exercer un droit. Les jurats essayèrent de nouveau de faire lire la lettre du duc devant le public, et d'obtenir pour le jurat Ardant et le clerc de ville Claveau, qui arrivaient de Cadillac, la faculté d'exposer les sentiments de d'Épernon. Mais le peuple se souleva tumultueusement contre les jurats et menaça de se porter aux plus fâcheuses extrémités contre eux, s'ils persistaient dans leur opposition au Parlement. On alla aux voix, et l'union avec la Compagnie fut votée presque à l'unanimité.

C'était beaucoup pour le Parlement, mais ce n'était pas

assez pour le peuple : il exigea qu'on ôtât au jurat Calvimont la garde du Fort du Hâ. Le Parlement se réunit et fit prévenir les jurats des vœux du peuple, et le soir même remplaça le jurat Calvimont. Il ne borna pas là ses soins : il établit un conseil de guerre et de police, composé de deux présidents à mortier, de deux présidents aux enquêtes, de quatre conseillers de grand'chambre, d'autant de la chambre des enquêtes, d'un des gens du roi, d'un trésorier de France, d'un secrétaire, d'un conseiller au sénéchal, d'un chanoine de Saint-André, d'un chanoine de Saint-Seurin, de deux jurats et de deux bourgeois, Fouques et Constant, nommés par les jurats. Comme les capitaines des troupes passaient pour être amis du duc, on les remplaça par des membres du Parlement : Taranque, Cursol, Fayard, Muscadet, Massip, d'Alesme, Mosnier, Jhibant, Voisin, Marans, Volusans, La Roche et de Mons, tous conseillers. Le Château-Trompette était pour d'Épernon ; le Parlement s'assura du Fort du Hâ et en confia la garde aux conseillers d'Espagnet et de Bordes, avec ordre de barricader les rues et avenues du Château-Trompette. Défense fut aussi faite aux villes et communes de fournir des hommes, de l'argent ou des matériaux pour la citadelle de Libourne, et aux gentilshommes de faire aucune levée d'hommes de guerre, sans la permission du roi.

Il fallait, en outre, mettre la ville en état de défense, et pour cela y porter les canons et les boulets qui se trouvaient aux Chartrons. Les conseillers Taranque, Mirat et l'avocat général Du Sault allèrent les chercher ; mais en remontant la rivière, avec leurs bateaux chargés de onze canons et d'une grande quantité de boulets, ils reconnurent Du Haumont, sur le parapet, avec deux cents soldats prêts à faire feu, s'ils n'abordaient pas au pied du château. Les commissaires protestèrent en vain contre cette atteinte portée à leur liberté et affirmèrent qu'ils étaient les fidèles serviteurs du roi. Du Haumont répéta, en jurant, qu'il ne s'agissait pas de leur fidélité au roi, mais des canons, et de se conformer à ses ordres. Ils se rendirent enfin à ses désirs et s'engagèrent à laisser les canons aux Chartrons, à condition qu'il ne les fît pas porter au château. Comme cette scène durait plus d'une heure, le peuple s'arma, fit des barricades et se disposa à porter des secours aux commissaires. Mais en sortant par la porte du Chapeau-Rouge, on aperçut les commissaires, à qui Du Haumont avait permis de passer. Le Parlement décrète le commandant du château de prise de corps; mais tous ces arrêts n'étaient que des chiffons de papier pendant la guerre civile : la justice se taisait devant la force, la voix des Bordelais ne parvenait pas même au trône; la cour était pour d'Épernon, qui poussait le mépris pour le Parlement jusqu'à intercepter les lettres qu'on adressait contre lui à la reine; et, en réponse aux vaines menaces de la Compagnie, alla établir son quartier général à Créon, à quatre lieues de la ville.

Tout annonçait aux Bordelais un triste avenir; la guerre civile paraissait imminente. Le Parlement, dans un esprit de conciliation, envoya une députation auprès du duc pour l'engager à éloigner les gens de guerre qui pillaient les maisons, incendiaient les châteaux et les églises, massacraient les prêtres aux pieds des autels, et ne respectaient rien, pas même les femmes et les filles éplorées de leurs malheureuses victimes. On lui fit observer aussi que le Parlement n'avait pas pressé l'exécution de ses arrêts pour l'éloignement des troupes, parce qu'il se flattait que le duc lui-même, par amour pour ses concitoyens et pour le bien public, s'empresserait, si non à devancer leurs vœux, du moins à les réaliser. Le duc écouta avec attention ces remontrances et promit d'y faire droit aux conditions suivantes : 1° que le dernier arrêt serait supprimé; 2° que les portes de la ville ne seraient plus gardées par la milice bourgeoise; 3° que le Fort du Hâ serait remis au commandant qu'il désignerait. Le Parlement souscrivit à ces conditions, et envoya des conseillers à Cadillac pour en informer le gouverneur. On se croyait à la veille d'un arrangement; on en était bien loin. D'Épernon, voyant le Parlement à ses genoux, éleva de nouvelles prétentions pour grandir son triomphe. Il venait d'apprendre, en outre, que la Compagnie avait demandé au roi la suppression de la Cour des Aides, et lui avait interdit la continuation de ses fonctions. Protecteur de la Cour des Aides, il s'irrita de ces mesures, reçut mal les députés et rétracta sa parole, sous le prétexte que le Parlement de Bordeaux entretenait une correspondance régulière avec celui de Paris, alors en guerre avec son ami Mazarin, le fidèle ministre de Sa Majesté; ce qu'il considérait comme un acte de rébellion qui méritait un châtiment exemplaire.

Toute négociation était rompue, tout espoir de paix et de bonne entente évanoui; les Bordelais, consternés, se préparèrent à la guerre, et jurèrent de se défendre contre d'Épernon. On constata la quantité d'armes et de provisions de toutes sortes qu'il y avait en ville; on leva de nouvelles troupes, et on fit murer les portes du Fort du Hâ; tout annonçait, à Bordeaux, une résistance désespérée contre le duc, qu'on regardait comme un ennemi commun.

Dans cet élan de haine contre d'Épernon, il y avait plus d'entraînement que de réflexion; il conservait toujours dans la ville beaucoup de partisans et même d'amis dévoués, qui, forcés de suivre le torrent, ne se crurent nullement liés par leurs serments; ils restèrent fidèles au duc et continuèrent à lui donner avis de ce qui se passait; d'autres sortirent de la ville pour lui offrir leurs services. Mais le Parlement, dans la crainte que ces défections n'eussent une mauvaise influence sur l'esprit public, donna un arrêt par lequel il était défendu à toute personne en charge et aux principaux habitants de sortir de la ville sans congé, sous peine de 10,000 liv. d'amende. Le remède était pire que le mal; on y voyait une preuve de faiblesse. La désaffection se propagea dans la ville; l'émigration continua sous un prétexte ou un autre, et le Parlement se vit obligé de prendre des mesures plus efficaces. On établit un conseil de police; on mit des gardes aux portes; on changea les capitaines suspects; on forma trente-six compagnies, composées de 20,000 hommes effectifs, sous les ordres de quelques conseillers du Parlement; on fit des barricades, et tous les jours les troupes s'exerçaient au maniement des armes sur les places publiques : Bordeaux semblait un véritable camp.

Livre IX.
Chap. 9.

1649.

LIVRE X.

CHAPITRE PREMIER.

Lettre de d'Épernon au Parlement.— La réponse. — D'Épernon attaque le château de Vayres.—De Gourgues capitule.—Le seigneur d'Anglade condamné à mort.—Chambaret offre ses services au Parlement. — Il est nommé commandant en chef des forces parlementaires.—Ses discussions avec les jurats.—Il attaque les Épernonistes à La Tresne.—Il rentre à Bordeaux en triomphe.—Un conseil de finances à Bordeaux.—Nouveaux sacrifices pour de nouvelles levées d'hommes.—Le clergé et les jurats refusent de participer aux mesures proposées. — Une assemblée générale, etc., etc.

Livre X.
1649.

Fonteneil, liv. I, ch. V.

D'Épernon voyait avec peine les préparatifs du Parlement; il s'était trompé dans ses calculs. Il se croyait maître des Bordelais; mais les Bordelais se préparaient à lui faire sentir leur colère et à lui imposer la loi. Il écrivit au Parlement la lettre suivante, où, tout en voulant parler en maître, il adoucit soigneusement son langage : « Messieurs, dit-il, la considération
» que j'ai pour le Parlement et la ville de Bordeaux et le désir
» de conserver la tranquillité de cette province, m'obligent,
» avant de prendre aucune résolution, à vous prier de m'é-
» claircir de vos intentions. Vous avez recherché des unions
» extraordinaires; vous avez pris les armes et les avez fait
» prendre à la ville; si c'est pour le service du roi et la reine
» régente, ces peines sont inutiles. Vous n'avez point d'enne-
» mis. Personne n'est plus attaché à leurs intérêts que je le
» suis. Si, sous prétexte du bien public, on veut choquer les
» intérêts de la reine, ces unions ne peuvent être que préju-
» diciables au service du roi et au bien de l'État, puisque cette
» affaire intéresse la tranquillité de cette province dans la-
» quelle vous n'ignorez pas l'autorité que le roi m'a confiée.
» Je vous prie de me faire connaître clairement vos intentions,

» afin que je sache si je dois vous regarder comme des gens
» armés contre l'autorité souveraine, ou continuer à me dire,
» comme je le désire passionnément,

» Votre très-humble et très-obéissant serviteur,

» D'Épernon. »

Cette lettre paraissait n'être qu'une affaire diplomatique ; elle est une preuve de l'étroite politique du duc. Il était l'agresseur ; les Bordelais ne faisaient que se défendre. Il s'était emparé du moulin du Ciron, chargé d'approvisionner les boulangers de la ville ; il interceptait les farines transportées à Bordeaux par la Garonne et la Dordogne. Son écuyer Beauroche s'était rendu maître du château de Langoiran, qui appartenait au président d'Affis. Ses gens de guerre avaient pillé et dévasté la maison de campagne du sieur d'Espagnet, à Connilles, près Libourne, et les propriétés des membres du Parlement avaient plus ou moins souffert de la part de ses troupes indisciplinées. Tout cela ne prouvait que trop clairement les torts du duc et la louable longanimité du Parlement.

Cette lettre, qui semblait faite pour dévoiler les fautes et les petites ruses du duc, servait en même temps à révéler les sentiments du Parlement. Dans une réponse bien pensée, bien écrite, la Compagnie repoussa les soupçons que le duc faisait planer sur sa fidélité au roi ; elle lui dit formellement, que si Bordeaux avait pris les armes pour défendre ses libertés, lui seul en était cause ; elle lui rappela ses torts et son imprudente conduite, et termina sa réponse par ces paroles remarquables : « Le service de Leurs Majestés, Monsieur, con-
» siste à maintenir la province en paix. Nous avons fait tout
» ce qui dépendait de nous pour cela. Il est aisé de décider,
» maintenant, qui de vous ou de nous a troublé le repos pu-
» blic, et qui par là a manqué au service du roi. Dans le
» désir que nous avons de pourvoir à la sûreté de cette ville

» et à la tranquillité de ce ressort, nous voulons bien encore,
» tout innocents que nous sommes, que la chose passe pour
» incertaine ; daignez seconder nos vœux et nos intentions
» par les remèdes qui sont en votre disposition et qui ne dé-
» pendent que de votre affection pour cette province. Quand
» vous délivrerez Bordeaux de ses plus justes inquiétudes, en
» éloignant les gens de guerre ; quand vous lui accorderez la
» liberté de sa subsistance, en remettant le moulin du Ciron,
» la citadelle de Bourg, etc., etc., dans le premier état ;
» quand vous ferez cesser la continuation d'une citadelle à
» Libourne, que vous n'avez entreprise que pour nous donner
» des chaînes, les armes nous tomberont aussitôt des mains,
» et vous verrez que la ville de Bordeaux ne les a prises
» qu'avec peine et seulement pour se défendre. C'est par là
» que vous nous permettrez de suivre l'inclination que nous
» conservons à demeurer, très-honoré seigneur, vos bien-aimés
» serviteurs, les gens tenant la Cour du Parlement de Bor-
» deaux.
                                  » *Signé* : DE LA ROCHE.
» Écrit à Bordeaux, en Parlement, les Chambres assem-
» blées, le 2 avril 1649. »

Cette réponse était ferme, convenable et d'une nature conciliatrice ; on en attendait d'heureux résultats. Mais ces douces espérances furent bientôt évanouies. Le Parlement poussa avec activité ses préparatifs ; deux régiments se disposèrent à marcher sur Libourne et à agir de concert avec une flottille qui devait remonter la Dordogne. On invita les gentilshommes à venir au secours de la ville ; mais la crainte des uns, la prétention des autres à commander les troupes, la prudente neutralité de ceux-ci, la reconnaissance ou l'attachement de ceux-là au duc, tous ces motifs concouraient à priver le Parlement des secours des gentilshommes et à le laisser presque seul vis-à-vis d'un adversaire puissant et vindicatif. Le duc avait d'ailleurs l'appui de Mazarin ; la cour ne faisait aucun cas des lettres du Parlement ; il avait même des amis au sein de la Compagnie elle-même, à Bordeaux, qui lui donnaient avis de la conduite, des projets et même des plus secrètes délibérations concernant les partisans du duc, qui, de son côté, arrêtait les courriers, interceptait les dépêches, ouvrait les malles et brûlait ou gardait les lettres qui compromettaient ses intérêts, et faisait tout ce qu'il pouvait pour froisser le Parlement. Les arrêts n'étaient que du bruit ; mais les coups par lesquels d'Épernon leur répondait étaient de tristes réalités qui tombaient comme du plomb sur les malheureux Bordelais et les écrasaient sans défense.

Ayant appris que les troupes du Parlement allaient partir pour Libourne, le duc songea à se rendre maître du château de Vayres, appartenant au président de Gourgues. Le capitaine de Gourgues, frère du président, demeurait au château ; il fut prévenu de bonne heure des desseins de d'Épernon. Il en informa le Parlement, qui s'empressa de lui envoyer des provisions de blé et des munitions de guerre, avec deux cents volontaires qu'on fit entrer la nuit au château, sous les ordres de Blanc de Polignac, La Roque (de St-Macaire), La Lande (de Bayonne), Richon et Dupuy ; ces deux derniers devaient rester avec de Gourgues, et les autres rentrer à Bordeaux. On se mit à fortifier le bourg ; la défense en fut confiée à Rousseau, vieux militaire, très-populaire à Vayres. On fit les retranchements nécessaires ; on inonda les prairies voisines, et tout fut préparé pour une résistance des plus opiniâtres. Mais la discorde se mit dans le château ; peu content des paroles blessantes de Gourgues, Rousseau se retira, et avec lui la plupart des habitants du bourg gagnés par la séduction de Pontac-d'Anglade, partisan de d'Épernon. La conduite par trop équivoque du capitaine de Gourgues fit naître de graves soupçons sur ses intentions ; il vivait dans l'intimité avec le seigneur d'Anglade et parlait souvent, et comme à dessein,

Livre X.
Chap. 1.

1649.

Fonteneil,
ibid.

avec lui, des suites d'une résistance inutile. Enfin les Épernonistes arrivèrent et à peine resta-t-il dans les retranchements quarante hommes pour les défendre ; ils étaient sous les ordres de Virevalois, bourgeois de Vayres. Ces hommes, se voyant abandonnés, se découragèrent ; alors trente Bordelais sortirent du château pour les renforcer et les engagèrent à attendre l'ennemi de pied ferme ; mais que pouvait faire une poignée d'hommes contre les trois bataillons des régiments d'Anjou, de Guienne et de la Marine, sous les ordres d'un officier expérimenté, M. Marin, et appuyés d'un escadron de cavalerie ? Repoussé d'abord du côté du pont, Marin partagea ses troupes en trois corps, dans la plaine de Saugraussan ; il somma les assiégés de se rendre ; mais, vaincre ou mourir, c'était là leur seule réponse. L'attaque fut enfin ordonnée sur les trois points les plus faibles du bourg que d'Anglade avait pris le soin d'indiquer à Marin. Les Épernonistes pénétrèrent dans le cimetière que les parlementaires venaient d'abandonner. Le curé, nommé Junca, priait au pied de l'autel pour le triomphe des troupes parlementaires ; dès qu'il s'aperçut que les Épernonistes étaient arrivés, il courut fermer la porte de l'église ; mais un soldat lui tira un coup de mousquet et le tua sur la place. On pilla l'église, on profana les ornements, on emporta les vases sacrés, et on fit entrer les chevaux dans le sanctuaire, après y avoir commis les actions les plus indécentes, les crimes les plus abominables.

Le combat continua toujours avec acharnement. Pour se mettre à couvert des balles qui pleuvaient sur eux du haut des remparts et de la tour, ils amoncelèrent des barriques ; et, grâces à cet abri et aux ténèbres de la nuit, ils s'approchèrent des murailles et s'emparèrent d'une contrescarpe de fossé ; leur perte en hommes y fut considérable.

Ayant épuisé leurs munitions, les assiégés allèrent en demander à de Gourgues, caché dans un appartement obscur ; rêveur et étonné, il refusa la poudre et parla, avec une coupable lâcheté, de capituler. On lui représenta la honte qui rejaillirait sur son nom, les avantages et la possibilité d'une défense heureuse, et les conséquences que leur courageuse résistance aurait sur les affaires du pays. Il resta sourd aux inspirations de ses héroïques compagnons d'armes, et résolut d'exécuter son projet de capitulation. Les Bordelais, indignés, ne savaient que faire ; ils étaient en présence de la mort ; leur sort se trouvait entre les mains d'un traître ! De Gourgues, insensible à leurs cris, régla le lendemain les conditions de la capitulation, mais sans aucune des précautions employées en pareil cas, sans égard pour l'honneur des assiégés, sans garantie même pour leur vie. On se rendit à discrétion, comme si le château, qui eût pu faire une longue résistance, eût été réduit à la dernière extrémité. Enfin, la porte s'ouvrit pour recevoir les Épernonistes ; il fallut toute l'énergie de Marin pour les empêcher de massacrer les assiégés ; on les dépouilla de leurs armes et même de leurs habits ; ils subirent les traitements les plus infâmes ! A peine l'ennemi eut-il arboré son drapeau sur les murs, qu'on vit arriver un renfort de Bordeaux, sous la conduite de Blanc et de Pontcastel ; c'était trop tard, ou plutôt de Gourgues céda trop tôt à sa lâcheté ; une vigoureuse résistance, prolongée de quelques heures seulement, eût sauvé le château. Le renfort regagna vite ses chaloupes et rentra à Bordeaux ; mais la triste nouvelle de la prise de Vayres le devança et jeta les Bordelais dans une grande consternation. La capitulation de Vayres était un crime dont on reconnaissait en secret l'énormité, mais dont on ne parlait pas, pour ne pas augmenter les chagrins de la famille de Gourgues, si justement estimée, si généralement respectée et si vivement affligée de la faiblesse d'un de ses membres. Il était coupable ; mais Pontac-d'Anglade l'était davantage ; c'était lui qui recélait les pillards et les objets volés chez les bourgeois et les paysans ; c'était lui qui avait indiqué à Marin les parties les moins défendues du

Livre X.
Chap. 1.
1649.

bourg, qui arrêtait les courriers pour savoir les secrets des Bordelais et qui avait toujours été le partisan de d'Épernon et l'adversaire du Parlement. On ordonna d'instruire son procès ; le Parlement arrêta qu'il serait appréhendé au corps, que ses biens seraient saisis pour répondre des dommages qu'il avait causés aux particuliers; il fut condamné à mort et exécuté en effigie.

Cette rigueur du Parlement n'était qu'une faible consolation pour le peuple dans ses malheurs; il lui fallait du pain et non de vains arrêts sans exécution. Toutes les ressources d'approvisionnement étaient taries, tous les convois interceptés; la famine paraissait imminente. On transporta toutes les farines en ville, dans des magasins, pour être distribuées selon les besoins et d'après un relevé de la population; on donna au peuple alarmé l'assurance que la ville avait des provisions pour un an. Mais ce qui releva encore mieux, pour le moment, les esprits abattus, c'était l'arrivée du marquis de Chambaret, qui venait offrir ses services au Parlement ; le marquis était un capitaine distingué et connu par sa valeur et son intrépidité; c'était l'homme nécessaire. Les Bordelais acceptèrent ses services ; il fut nommé commandant en chef des troupes, eut douze gardes et fut logé aux dépens de la ville ; on le reçut comme un sauveur.

Pendant ce temps, les troupes de d'Épernon ravageaient les environs : les paysans demandaient des armes et des chefs pour repousser ces brigands. Le Parlement, à cet effet, désigna le sieur Maleret pour Saint-Loubès et les paroisses voisines, le sieur Breton pour Floirac et Cenon, le sieur Bordes pour Bouliac, avec des permissions générales d'acheter des armes et des munitions de guerre. Par ces mesures, on voulait aguerrir les habitants de la campagne et leur fournir les moyens de traquer les Épernonistes par des embuscades. Chambaret avait la confiance du peuple et se faisait craindre des Épernonistes : il se plaignit de l'insuffisance de ses troupes et hâta la formation d'un nouveau régiment du Parlement ; mais l'argent manquait, et avec l'argent les hommes. De son côté, le marquis ne demandait que les moyens de combattre avec honneur ; mais il ne voulait pas, par une coupable témérité, risquer sa réputation, qui dépendait du succès de ses premières armes. Enfin, les officiers du Parlement donnèrent un quartier de leurs gages pour faire une nouvelle levée ; leur exemple stimula les riches, et on réussit enfin à compléter les fonds nécessaires. Le zèle du Parlement ne s'arrêta pas là ; il député vers le roi le président d'Affis, le conseiller Mirat et l'avocat général de Lavie, pour lui dépeindre toutes les misères de la province, la tyrannie de d'Épernon, le désespoir du peuple, et pour solliciter en faveur de Bordeaux les effets immédiats de sa justice et de sa bonté.

Dans cet intervalle, Chambaret s'efforçait de ranimer le courage abattu des Bordelais ; mais il rencontrait toujours, à tous ses projets, quelque obstacle imprévu, quelque opposition de la part des amis du duc dans la ville. Depuis qu'il avait été nommé généralissime, il avait introduit à Bordeaux le régime militaire et donnait le mot du guet ; les jurats, presque tous dévoués à d'Épernon, réclamèrent ce privilége comme gouverneurs-nés de la ville. Cette affaire fut portée devant le Parlement, qui, voulant ménager tous les partis et éloigner tout sujet de mésintelligence, décida, comme *mezzo termine*, que le premier jurat ferait quatre billets, dont un, tiré par le premier-président, serait le mot du guet et serait communiqué de suite au premier jurat et au marquis, chargé de le transmettre au major de la ville. Cette mesure conciliatrice ne contenta pas les jurats ; le marquis, dans l'intérêt de la paix, se désista de ses prétentions.

Mais l'inaction ne convenait pas au caractère du marquis ; les dissensions intérieures auraient fini par refroidir son zèle ; il laissa donc là les jurats et leurs priviléges, et, portant son attention sur les affaires du dehors, ne demandait pas mieux

Livre X.
Chap. 1.
1619.

Fonteneil,
ibid, chap. 8.

Fonteneil,
Suprà.

que d'en venir aux mains avec l'ennemi, et de confirmer, par quelque coup d'éclat, la haute opinion qu'on avait conçue de ses talents et de sa valeur. Une circonstance favorable se présenta; il en profita. Le régiment de Créqui, composé de deux cent cinquante hommes, avait établi son quartier à Camblanes, à Quinsac, et dans les paroisses voisines. Le marquis, dans le dessein de les surprendre, prépara un camp volant de trente-cinq chevaux légers, sous les ordres de Martin de Barès, et d'un corps de cent cinquante fantassins et vingt cavaliers volontaires, commandés par lui-même, mais conduits sur le lieu d'attaque par Jules Duverger. La cavalerie passa la rivière à La Bastide; l'infanterie dut monter jusqu'à Bernichon, dans des bateaux, et attendre près du château du président Latresne l'arrivée de la cavalerie; mais les chaloupes n'ayant pas assez de marée pour remonter si haut, échouèrent sur le sable. Le marquis arriva; tout surpris de ne pas trouver au *rendez-vous* ses fantassins, il ne sut quelle mesure prendre; il y avait de l'imprudence à attaquer; il y avait de la honte, de la lâcheté à fuir. Il tint un conseil de guerre; tout le monde vota pour le combat; une seule voix s'y opposa, c'était celle de La Roque, qui méditait une trahison. Fier de l'accord de sa petite troupe, Chambaret passa à la maison de campagne du conseiller Raymond, où il fut renseigné sur la position de l'ennemi; il avança par un défilé, culbuta sept ou huit cavaliers qui formaient un avant-poste, et les poursuivit jusqu'au bourg, où, enhardis de ce premier succès, les Bordelais fondirent sur les Épernonistes qui s'étaient postés derrière les maisons, et les poursuivirent en désordre vers Quinsac. A leur retour à Camblanes, ils rencontrèrent des paysans qui assommaient sans pitié les Épernonistes restés en arrière; c'était une réaction impitoyable avec toutes les horreurs de la vengeance! Revenus de leur frayeur, les Épernonistes se rallièrent avec un autre escadron, à Quinsac, et revinrent reprendre le terrain qu'ils avaient perdu. Mais ayant appris que l'infanterie était débarquée et marchait en bon ordre au secours de la cavalerie, ils quittèrent la partie et se dirigèrent vers Créon.

Chambaret rentra à Bordeaux au bruit des acclamations du peuple ; on le porta en triomphe, on le couronna de lauriers ; l'enthousiasme fut à son comble ! Il exposa au conseil de police l'état de ses troupes, et demanda, non pas les moyens de se défendre, mais plutôt ceux de prendre l'offensive. On reconnut que ses forces étaient insuffisantes, et, pour l'aider à donner un libre essor à son courage, le Parlement ordonna, par arrêt du 17 avril 1649, que tous ceux qui voudraient servir le roi donneraient leurs noms au marquis de Chambaret. On lui remit 20,000 livres pour lever deux compagnies de cavalerie. Voulant aussi parer aux éventualités de l'avenir, on établit un comité de finances, composé du président Latresne, des conseillers Lestonnac, Sabourin, Duval, Massiot ; d'un député de chaque corps et de deux bourgeois ; Jacques Duduc et Philibert Du Sault furent nommés commissaires. Le Parlement, qui s'était déjà distingué par sa générosité, voulut donner une nouvelle preuve de son patriotisme : chaque conseiller remit trois cents livres de plus entre les mains du conseiller Duval. Le lendemain, le conseiller Trancars offrit de lever un régiment, cinq compagnies de cavalerie de 150 hommes, à raison de 12,000 livres par compagnie. Le conseiller La Roche alla plus loin, tant le zèle est contagieux : il offrit de lever un régiment d'infanterie de dix compagnies, moyennant 1,200 liv. la compagnie. Ces exemples trouvèrent de l'écho dans un grand nombre de familles respectables de la ville ; c'était partout une rivalité de zèle. On engagea le clergé à écrire au roi, pour le prier de faire cesser les maux qui pesaient sur la Guienne ; mais le clergé, comme les jurats, blâmait la résistance des Bordelais, et le vicaire général, dont la famille était au service du duc, refusa toute participation aux mesures proposées. Le Parlement n'ayant pas de droit sur le clergé, essaya d'intéresser les jurats dans la cause populaire et leur

Livre X. Chap. 1.

1649.

D. Devienne, *ibid.*

Livre X.
Chap. 1.

1649.

ordonna de convoquer les cent trente qui composaient l'assemblée générale. Les jurats, dévoués à d'Épernon, s'y refusèrent; mais le Parlement passa outre, et fit convoquer, pour le soir même, l'assemblée générale par le président de Gourgues aîné, Blanc-Mauvesin, Lescure, le procureur général, qui étaient chargés d'y représenter la Compagnie. Une députation au roi fut résolue : deux bourgeois, Constant, avocat, et Fouques, négociant, en firent partie. Ils devaient porter leurs doléances au pied du trône; mais Mazarin était là pour repousser les plaignants; leur voix n'arrivait jamais sans commentaires défavorables à l'oreille du prince. On avait laissé d'Épernon dans le Bordelais, on le retrouvait à Paris !

CHAPITRE II.

Défaite des Épernonistes à Camblanes. — Leurs ravages dans les environs. — Les Bordelais arment une flotte. — Arrivée du marquis d'Argenson. — Lettre du roi. — Les troupes de d'Épernon pillent les églises. — Profanation des Saintes espèces. — Un traité. — Les Bordelais l'observent, les Épernonistes n'en tiennent pas compte. — Leur mauvaise foi. — D'Argenson feint de vouloir faire cesser les travaux de la citadelle de Libourne. — Le Parlement fait beaucoup de sacrifices. — Le peuple furieux. — D'Argenson craint pour sa vie. — Il quitte Bordeaux. — Sa déclaration. — Il la désavoue. — Préparatifs de guerre. — La flotte. — L'armée marche sur Libourne.

La nouvelle de la défaite de sa cavalerie à Camblanes affligea d'Épernon; il rallia ses troupes et revint sur le théâtre de sa mauvaise fortune, pour venger son affront et reprendre l'offensive. Les habitants de Camblanes s'attendaient à des rigueurs impitoyables; ils se renfermèrent dans l'église et refusèrent de se rendre. Le commandant attendit la nuit, et, à la faveur des ténèbres, fit avancer, à la porte de l'édifice sacré, des barriques et des matières combustibles. Le feu se communiqua au clocher, et tous ceux qui s'y tenaient, hommes, femmes et enfants, périrent dans les flammes. Une jeune fille échappa; mais, poursuivie par un soldat qui allait la rendre victime d'une passion brutale, elle courut se jeter dans le feu, ne voulant pas souiller sa vertu : la mort lui paraissait préférable à l'infamie. Un capitaine du régiment de Guienne, témoin de son héroïsme virginal, s'élança et l'arracha aux flammes, assurant le respect de sa vertu au milieu de cette soldatesque indisciplinée. Le malheureux revint encore pour assouvir sa criminelle passion; mais le généreux capitaine

Livre X.
1649.

Fonteneil,
liv. 1, chap. 9.

plaça la timide vierge derrière lui, et après une lutte opiniâtre, étendit ce forcené, sans vie, à ses pieds.

Les Épernonistes, après avoir dévasté la paroisse de Camblanes, allèrent ravager La Tresne, Carignan et les autres localités limitrophes. Ils essayèrent de pénétrer dans Bouliac; mais l'avocat Desbordes, secondé de quelques troupes et des paysans, repoussa ces hordes vagabondes; elles se rallièrent à Tresses, où elles séjournèrent quelques jours, et commirent des excès de toute sorte avec une déplorable impunité.

Pendant tout ce temps, les Bordelais ne cessaient pas un instant de se préparer aux éventualités prochaines; ils armaient la flotte et en donnèrent le commandement au chevalier de Pichon. Mais les finances étaient obérées, et sans argent point de soldats. On proposa alors de prendre des sommes considérables déposées au greffe des consignations. Le conseiller Pommiers repoussa cette proposition par des considérations très-sages, mais sans valeur en face de la plus sérieuse nécessité. On s'empara de l'argent, mais en prenant des mesures pour en assurer le remboursement. De nouvelles levées furent donc faites : il en était temps, car les Épernonistes venaient jusque sous les murs de Bordeaux, pillant les maisons, brûlant les églises, massacrant les prêtres, et renouvelaient les tristes scènes des guerres de religion. Alors le Parlement ayant la certitude qu'outre le clergé et les jurats, d'Épernon avait beaucoup d'amis et de partisans en ville, déclara, sur les conclusions du procureur général, que d'Épernon, ainsi que tous ceux qui l'assistaient ou l'assisteraient dans les violences et les désordres dont le pays était devenu le théâtre, étaient responsables solidairement des maux et des dommages que le public et les particuliers avaient soufferts ou souffriraient à l'avenir; que le duc serait privé du droit d'entrée, séance et voix délibérative en la Cour, et de tous les honneurs, droits et prérogatives dont il avait coutume de jouir comme conseiller. On arrêta, en outre, que le roi serait supplié de nommer un autre gouverneur dans la Guienne. Ces mesures étaient sévères, mais nécessaires; elles mirent fin à des complots, à des intrigues qu'on fomentait en ville, et par les précautions qu'elles inspirèrent à plusieurs familles, elles en dévoilèrent les sentiments et l'attitude équivoques.

Bientôt après, on apprit que le roi avait chargé le marquis d'Argenson de venir concilier les partis. En effet, le marquis arriva et se rendit auprès du duc, à Cadillac. Quelques jours plus tard, un trompette annonça l'arrivée du commissaire royal. Le Parlement envoya deux conseillers le complimenter et l'accompagner jusqu'à l'archevêché, où il devait descendre.

Il pria le Parlement de s'assembler le soir même, et s'y rendit à l'heure convenue pour y faire lecture de la lettre du roi, dont voici la teneur: « De par le roi, nos amés et féaux,
» Voyant, avec déplaisir, la continuation des mouvements qui
» sont survenus en notre ville de Bordeaux et aux environs
» d'icelle, et considérant qu'ils pourraient produire des suites
» préjudiciables à notre service et au repos et tranquillité de
» la dite ville et de notre province de Guienne; voulant entiè-
» rement les faire cesser, et que la paix soit aussi bien établie
» en vos quartiers qu'elle est à présent en notre ville de Paris
» et en toutes nos autres provinces, nous vous envoyons, à
» cet effet, notre amé et féal conseiller d'État, le sieur d'Ar-
» genson, pour vous faire entendre nos intentions et travailler
» à rétablir la bonne intelligence qui est nécessaire pour le
» bien de notre service, entre vous et notre oncle, le duc
» d'Épernon, pair et colonel général de l'infanterie de France,
» gouverneur et notre lieutenant général en Guienne; de quoi
» nous avons bien voulu vous informer, par cette lettre, que
» nous vous faisons de l'avis de la reine-régente, notre très-
» honorée dame et mère, et vous dire que vous ayez à ajou-
» ter une entière créance à ce que le sieur d'Argenson vous
» fera entendre de notre part, et prendre assurance sur lui

Livre X.
Chap. 2.
—
1649.

Fontenoil,
liv. 1. chap. 2.

10 Avril 1649.

» de la bonne volonté que nous conservons en votre endroit.

» Donné à Saint-Germain-en-Laye, le 10 avril 1649. »

Cette lettre, toute pacifique et conciliatrice, ne blâmait et n'approuvait personne ; elle ne déplaisait par conséquent à aucun parti ; elle donnait à comprendre que Mazarin n'était plus un obstacle à la paix, à Paris ou ailleurs, et que les Bordelais n'avaient plus de raison de persister dans leur résistance, attendu que le Parlement de Paris s'était soumis. L'influence de d'Épernon était encore visible dans cette rédaction ; il avait fait entendre à la cour que le Parlement de Bordeaux était rebelle et avait épousé la cause de celui de Paris contre d'Épernon ; c'est ce que le roi avait en vue, en parlant de Paris. Après lecture de cette lettre, d'Argenson s'étendit longuement sur les bienfaits de la paix et les malheurs de la guerre ; il affirma que d'Épernon avait montré les meilleures dispositions. Mais le premier-président lui répondit que la Compagnie n'avait rien négligé pour maintenir la tranquillité de la province et que les Bordelais n'avaient pris les armes que pour leur légitime défense.

D'Argenson se retira, et le Parlement arrêta qu'une commission serait nommée pour lui exposer les nombreux torts du duc et les plaintes du peuple. Il consentit à les entendre, et annonça par un trompette, à Marin, qu'on était convenu d'une surséance d'armes pour une huitaine ; mais Marin poursuivit ses ravages et resta sourd à l'avertissement : il dévasta Bassens, logea ses chevaux dans l'église, brûla celle d'Ambarès, et porta partout, même sur les rives de la Garonne, la terreur et la désolation. Sur ces entrefaites, le vicaire de Pompignac demanda à être entendu, les Chambres assemblées. Il mit sur le bureau un sac contenant quatre lampes, une burette, une partie d'un chandelier, un soleil, une custode et d'autres vases sacrés qu'il avait rachetés d'un des pillards de d'Épernon. En faisant l'inventaire de ces objets, on s'aperçut qu'il y avait dans une custode des particules consacrées ; le

Parlement, à l'instant même, se jeta à genoux pour adorer le Très-Saint-Sacrement, et ordonna qu'un ecclésiastique, revêtu d'un surplis et d'une étole, vînt transporter à la chapelle les saintes espèces qui avaient échappé à la profanation. Le curé de Saint-Pierre les porta respectueusement dans son église.

En attendant, le marquis d'Argenson se donnait bien du mouvement; il voulait à toute force hâter la solution de ces misérables difficultés; enfin, après bien des voyages à Cadillac, bien des conférences avec les uns et les autres, il vint communiquer un jour, aux Chambres assemblées, les articles suivants :

« Le désarmement et l'éloignement des troupes, tant par
» terre que par mer, sera fait au plus tôt; et, dans le jour
» même, les troupes seront retirées à la distance de dix lieues,
» ordonnée par le feu roi, pour ne donner ombrage à la ville
» de Bordeaux, et suivront la route qui leur sera ordonnée
» par Sa Majesté.

» L'ouverture des passages et le commerce seront libres,
» tant par mer que par terre, par les deux rivières.

» Le château de Langoiran sera rendu à celui à qui il ap-
» partient, avec les meubles qui y étaient, ainsi que le châ-
» teau de Vayres.

» Les gens de guerre qui sont à Libourne resteront en
» nombre suffisant pour garder la citadelle, en l'état qu'elle
» est à présent, jusqu'à l'ordre du roi, sans qu'on puisse néan-
» moins continuer le travail de la dite citadelle.

» Ceux qui font des avances pour la subsistance des soldats
» de la citadelle de Libourne en seront remboursés, sous le
» bon plaisir du roi, par déduction sur les deniers de la taille,
» subsistance ou autrement.

» Tous les prisonniers de guerre seront rendus, de part et
» d'autre; il y aura sûreté entière pour les personnes et biens
» des particuliers, tant du Parlement que de la ville de Bor-

Livre X. Chap. 2.
—
1649.

Fonteneil, liv. 1, ch. 10.

Soldat Bordelais, page 6.

» deaux et autres, qui les ont assistés; et, à ces fins, Sa
» Majesté sera suppliée de donner la déclaration nécessaire.

» Il sera mis dans le Château-Trompette cent cinquante
» sacs de farine, le plus tôt que faire se pourra, sur l'avis qui
» sera donné au Parlement, du temps convenable à cet effet.

» Pour la sûreté de la remise des dites farines, on donnera
» trois ôtages; on pourra continuer la garde de la ville, tout
» autant qu'il sera nécessaire.

» Le château du Hâ sera remis entre les mains de M. de
» Roquelaure ou à ceux qui auront charge de lui.

» *Signés :* D'Argenson, Dubernet, de Suduiraut, *commissaires;* Cursol, Du Sault, Richers, *députés;* Calvimont, *jurat;* Fouques, *député.*

» Le 1ᵉʳ mai 1649. »

Il était bien temps que d'Argenson apportât au Parlement ces articles, qui paraissaient convenables à tous les partis. Il avait agi jusqu'alors avec tant de lenteur et de circonspection, il s'était montré si faible en présence des écarts des Épernonistes, qui ne tenaient aucun compte de ses avis ou de ses ordres, qu'on commençait à croire qu'il agissait de connivence avec le duc. Ces soupçons semblaient se confirmer par l'audace de Marin, qui, dans l'intervalle, s'était approché du château de Lormont, appartenant à l'archevêque. La Roche, alors commandant à Lormont, envoya, pour reconnaître ces maraudeurs, les sieurs La Mothe-Guyonnet et Labroue, qui, dans une embuscade, leur tuèrent, par une seule décharge, une vingtaine d'individus et mirent les autres en fuite. De son côté, d'Épernon, pendant les négociations, avait attaqué le château de Labrède et quelques autres propriétés de la banlieue de Bordeaux. Tout semblait arrangé de manière que les Bordelais se trouvassent dans la nécessité de se rendre à discrétion avant la fin des négociations. D'Argenson se hâta de détruire ces préventions en portant le traité de paix au Parlement, qui l'accepta, non pas comme le meilleur, mais comme le moins mauvais, et, à tout considérer, le plus convenable dans les circonstances. Cependant, pour conserver l'union et l'entente avec le peuple, la Compagnie fit convoquer une assemblée générale : on ne voyait que les indices d'une paix prochaine et durable. Mais d'Épernon, tout en promettant de s'en tenir aux articles de la convention, n'en continuait pas moins à les violer par les actes les plus coupables. Il était irrité, il est vrai, de ce qu'on avait défendu aux Bordelais d'élire ses amis pour les charges publiques. Il connaissait les conseillers et les bourgeois qui avaient provoqué et appuyé cette défense; et, cédant à une pensée de vengeance, il fit, contre la convention, ravager leurs terres, incendier leurs maisons et arracher leurs vignes. Il avança même jusqu'à Gradignan. Les paysans, voyant leurs pertes, les récoltes enlevées, les moissons détruites, leurs femmes et leurs filles objets d'une révoltante brutalité, s'enfuirent à Bordeaux ; plusieurs d'entre eux allèrent se réfugier dans l'église du prieuré de Gayac, qui appartenait aux Chartreux. On les somma de se rendre ; ils refusèrent avec courage, et tuèrent sur la place un grand nombre de ces imprudents Épernonistes, qui s'étaient approchés de trop près. Enfin, se voyant sans vivres, sans munitions, ces braves paysans capitulèrent pour sauver leur vie. Ils ouvrirent les portes avec confiance; mais d'Épernon, contre la foi du traité, fit pendre le vaillant jeune homme qui commandait les bons campagnards ! Cette lâche atrocité révolta tous les nobles cœurs de l'armée : La Roche, capitaine des gardes du duc, ne cacha pas son indignation et donna sa démission, comme le seul moyen de prouver à ses frères d'armes l'horreur que lui avaient causée ce misérable assassinat et cette odieuse infidélité à la foi jurée.

Les Bordelais voulaient la paix ; d'Épernon aussi prétendait la vouloir, mais sa conduite prouvait évidemment son peu de sincérité. D'Argenson entendit les plaintes du Parlement ; il envoya son fils à Cadillac pour engager le duc à s'en tenir au traité. Mais le duc refusa, prétendant que ses envoyés Gyac et Saint-Méard étaient détenus à Bordeaux, et que sa correspondance, avec le commandant du Château-Trompette, était interceptée par le Parlement. D'Argenson prit des informations sur ces deux faits, et acquit la certitude qu'ils étaient dénués de fondement. Les deux envoyés du duc s'étaient réfugiés au château volontairement et y restaient par des motifs de sûreté personnelle. Le Parlement s'était conformé au traité, d'Épernon continuait à le violer : tous les jours on recevait des preuves de sa mauvaise foi; tous les jours on voyait arriver des blessés de Langoiran, de Lestiac, de Cadaujac et des bords de la Garonne, qui attestaient que le duc violait le traité et trompait le commissaire royal. Dans le temps même qu'on s'occupait d'un arrangement définitif, on vint apprendre à la Compagnie que la garnison du Château-Trompette avait tiré sur un soldat en faction aux Chartrons, et que la ville était dans l'alarme. Le peuple commençait, en effet, à s'apercevoir qu'il était dupe des artifices de d'Épernon et même de la connivence du commissaire. L'effervescence prenait, en conséquence, un aspect alarmant; croyant pouvoir la calmer, d'Argenson se rendit à Libourne pour faire cesser les travaux de la citadelle, conformément à l'arrêt du Parlement, du 13 mai 1649 ; mais les bourgeois le prièrent, dans l'intérêt de la ville, de laisser achever la construction, car étant obligés de loger les soldats, il en résultait une infinité de dangers et de graves inconvénients. Le marquis se laissa gagner et les travaux furent continués. Il rentra à Bordeaux ; le peuple, indigné de sa conduite équivoque, se souleva ; l'avocat général eut le courage de lui reprocher ses torts en face. Se voyant en danger au milieu de gens furieux de se voir trahis et mystifiés, d'Argenson crut pouvoir apaiser la colère populaire par l'ordonnance suivante : « Il est ordonné, par de bonnes et fortes » raisons, que le travail de la citadelle et réduit de Libourne » cessera entièrement, même celui du côté de la ville, que

» nous avions seulement permis pour mettre et retirer, dans
» le dit réduit, les soldats, et décharger les habitants de Li-
» bourne du logement d'iceux, suivant notre ordonnance du
» 10 du présent mois, que nous avons révoquée, et sera dé-
» moli, incontinent et sans délai, ce qui a été fait depuis le 4
» du dit mois.   » *Signé* d'Argenson. »

D'Épernon fut prié de retirer ses troupes, conformément au traité. Il répondit que le Parlement n'avait qu'à faire porter la quantité de farine convenue au Château-Trompette, et qu'alors il ferait ce qu'il s'était engagé à faire. Le Parlement voulait, avant tout, la ville libre, et, en preuve de sa bonne volonté, donna trois de ses membres en otage, le président Tarneau et les conseillers Duverdier et Dubourg; ils furent envoyés à Blaye. Toutes ces condescendances pour les exigences du duc furent blâmées par le peuple, et interprétées comme signes de faiblesse et de découragement par d'Épernon.

Le Parlement mit de la modération dans ses procédés; le duc n'employait que de basses ruses, de misérables intrigues, à la faveur des intelligences qu'il avait en ville. Le Parlement défendit, sous peine de 3,000 liv. d'amende, qu'on votât en faveur des amis du duc pour les charges de jurats et de consuls à la Bourse : c'était détruire, en grande partie, la source des intelligences avec le duc. Mais ces mesures ne firent qu'accroître l'irritation des Épernonistes; ils firent entrer des vaisseaux dans la Garonne, de sorte que Bordeaux se trouvait bloqué par terre et par mer. Désespéré de cette nouvelle position, le Parlement prescrivit à tous les habitants un serment d'union et de fidélité. Ceux qui ne voulaient pas le prêter étaient expulsés de la ville. Cette cérémonie eut lieu à la cathédrale, après une messe solennelle.

D'Argenson continuait toujours à tenir un langage doucereux aux Bordelais; il leur représentait que, pour contenter le duc et l'amener à retirer ses troupes, il fallait renvoyer Saint-Méard et Gayac. Le premier-président se prêta à cette demande et les fit sortir la nuit par un pont qui aboutissait à la rivière ; mais le bateau fut arrêté par les Bordelais, et les deux agents du duc ramenés prisonniers en ville. Le marquis insista pour qu'ils fussent mis en liberté, et que les cinquante sacs de farine fussent portés au château. Mais tous les jours on dénonçait des actes répréhensibles de la part du duc ; des hommes blessés, pillés, maltraités arrivaient, témoins éloquents de ses mauvaises dispositions. On criait partout qu'on avait trop fait pour le tyran, et que lui n'avait rien fait qui pût montrer la moindre intention de réaliser le vœu du Parlement et du pays. Le président d'Affis demandait son château de Langoiran ; le président de Gourgues celui de Vayres, selon une clause du traité ; mais d'Épernon resta sourd à ces réclamations, et cependant d'Argenson affirmait toujours qu'il avait la meilleure volonté, et qu'il ne manquait qu'une chose pour en avoir la preuve, c'était le ravitaillement du Château-Trompette. On résolut de céder encore sur ce point ; mais on jugea prudent de soumettre cette affaire à une assemblée générale. Dans cet intervalle, on sut que d'Épernon exigeait beaucoup d'autres choses ; les artisans s'assemblèrent alors dans l'église de Saint-Remi, et se prononcèrent avec vigueur contre toute concession pour l'avenir, avant que le traité fût entièrement exécuté. Le peuple, exalté par les résolutions de Saint-Remi, reprit les armes, et alla supplier Chambaret de le conduire à Libourne. Son irritation était extrême ; il menaçait de se porter aux derniers excès contre le premier-président et tous ceux qui paraissaient pencher en faveur du duc. Chambaret, voyant ces scènes de désordre, et considérant que sa réputation de militaire allait plutôt se flétrir que grandir dans des circonstances si malheureuses, se mit à dire qu'il avait le dessein de quitter la France, et qu'il en demandait la permission au Parlement. Le président Latresne lui répondit par des paroles de bienveillance et de gratitude pour ses services, et le pria de ne pas séparer ses intérêts de ceux des Bordelais, qui lui étaient dévoués, et d'achever de leur rendre les services auxquels il s'était engagé par un serment solennel. Chambaret n'insista plus et opina pour qu'on fît mettre sous les armes les compagnies bourgeoises, observant qu'en se mettant à leur tête, il serait plus facile de les contenir dans le devoir. Le Parlement approuva cette pensée, et par un arrêt du 26 avril 1649, enjoignit à tous les habitants de Bordeaux de fournir par chaque famille un soldat, ou plusieurs, ou de l'argent, suivant leurs facultés. Le peuple reprit les armes.

D'Argenson voyait avec douleur ces préparatifs; il craignait pour sa vie, et demanda au Parlement sa protection et la liberté de sortir de la ville, ajoutant qu'il avait reçu les ordres de Sa Majesté pour faire démolir la citadelle de Libourne. On lui accorda tout ce qu'il demandait; Chambaret lui offrit de l'accompagner. On lui prépara des bateaux et une escorte; mais craignant les excès de la populace, et voulant détruire les fâcheuses impressions que sa conduite équivoque avait laissées dans l'esprit public, il donna, avant son départ, la déclaration suivante : « Nous, René de Voyer, sieur d'Argen-
» son, conseiller ordinaire du roi, en son Conseil d'État, com-
» missaire député par Sa Majesté pour faire cesser les troubles
» de Guienne et de la ville de Bordeaux, ayant été averti que
» notre ordre donné pour la surséance du travail de la cita-
» delle de Libourne et de la démolition de ce qui a été fait
» depuis le 4 du présent mois, n'a point été exécuté, nous
» partons présentement de la ville de Bordeaux pour procurer
» l'exécution d'icelui, suivant la volonté du roi que nous avons
» reçue, depuis peu de jours, plus particulière, et pour faire
» exécuter toutes les autres clauses de notre premier ordre
» fait pour pacifier les dits troubles de la dite ville et province,
» attendu que les habitants de la dite ville de Bordeaux nous
» ont témoigné qu'ils étaient prêts d'obéir, de leur part, aux
» volontés de Leurs Majestés, et protesté n'avoir autre inten-
» tion que leur service. D'ARGENSON. »
» Fait à Bordeaux, le 18 mai 1649. »

Livre X.
Chap. 2.
—
1649.

Fonteneil,
liv. II,
ch. II, III.

Était-il sincère quand il rédigea cette note? Nous n'en savons rien. Il voulait probablement justifier le passé et ménager l'avenir. Mais arrivé à Cadillac, il écouta les suggestions du duc et désavoua cette déclaration, sous le prétexte qu'il n'était pas libre à Bordeaux. Cette conduite déloyale jeta les Bordelais dans un état d'exaspération difficile à décrire. D'Argenson s'était dévoilé; l'intrigue était palpable : le duc se moquait du Parlement et du peuple. L'avocat général DuSault, homme si probe, si grand par ses sentiments et si considéré dans le pays, avait raison, disait-on, de reprocher sa perfidie à d'Argenson comme il l'avait fait; il ne fallait plus se fier aux hommes : il fallait compter sur leurs épées et le bon droit. Le premier-président lui-même paraissait coupable ou au moins suspect; il fallait le mettre à l'épreuve, et pour cela, la Compagnie lui proposa de faire partie d'une députation qui irait renseigner le roi sur l'état de la province, la tyrannie de d'Épernon et l'oppression du peuple. Il s'excusa en représentant qu'il lui fallait, pour s'absenter, la permission du roi. On le nomma, cependant; les autres députés se mirent en route; lui seul resta à Bordeaux, en attendant l'autorisation nécessaire.

Pendant qu'on s'agitait ainsi à Bordeaux, d'Épernon, contrairement au traité et aux promesses les plus sacrées, achevait la citadelle de Libourne. Le peuple, indigné de tant de retards, et se voyant mystifié de tous côtés, demanda qu'on le conduisît à Libourne et qu'on hâtât le départ. Chambaret approuva cette manifestation et s'y prêta avec empressement; mais de jeunes volontaires ne lui inspiraient pas beaucoup de confiance pour une expédition si périlleuse; ils étaient peu aguerris, peu habitués au feu; ce n'était pas, d'ailleurs, assez d'avoir des soldats, il fallait pouvoir les nourrir, et pour cela il demandait un fonds suffisant pour tous les besoins de l'armée. Il fut arrêté qu'on ferait un emprunt de 100,000 livres; que chaque membre du Parlement fournirait 1,000 livres, et que les bourgeois feraient le reste. C'était le premier pas; Chambaret obtint tout ce qu'il désirait; il s'agissait alors de se mettre en route. On partagea l'armée en deux corps, dont l'un devait attaquer Libourne par terre et l'autre par eau. La flotte se composait de cinq gros vaisseaux, sous les ordres du chevalier de Pichon, qui montait l'*Amiral*, du port de 350 tonneaux, et armé de 22 canons en fer; le *Vice-Amiral*, de 250 tonneaux, était sous les ordres du sieur Cazenave, ayant 14 pièces d'artillerie. Jamard, bourgeois de Bordeaux, commandait la frégate la *Marie*, armée de dix pièces de canon; elle était du port de 140 tonneaux. La *Marguerite*, du port de 120 tonneaux, avait six pièces d'artillerie; elle était commandée par Mouty aîné. La *Flûte-d'Ovelin*, de 300 tonneaux et 14 canons, était sous les ordres de Mouty jeune. On comptait, de plus, dans cette escadre, 3 brûlots et plusieurs galiotes pour les divers services de l'expédition.

L'armée de terre consistait en 500 cavaliers de diverses armes, sous les ordres du sieur Saint-Martin de Barès et du capitaine Lacouture; Lalande, aide-major, de Bordeaux, commandait les dragons. Les volontaires, qui composaient le régiment du Parlement, au nombre de 1,500 hommes, marchaient sous les ordres du colonel La Roche, conseiller au Parlement. Les autres régiments prenaient les noms de leurs commandants, savoir : de Muscadet, Thibaut, Andraut, Polignac, Pichon ; Chambaret avait sous ses ordres les milices de Coutras, auxquelles venait se joindre une compagnie particulière de 60 volontaires, sous les ordres de Lavau, procureur au présidial de Guienne. Ayant traversé la Garonne à La Bastide, Chambaret apprit que d'Épernon faisait avancer ses troupes, comme pour lui couper le passage. Bientôt après, pour endormir les parlementaires dans une trompeuse sécurité, d'Argenson envoya, par le sieur de Primet, une dépêche au premier-président, pour lui dire que le duc n'avait en vue, dans le déplacement de ses troupes, que de défendre son château de Cadillac, qu'on croyait menace. Mais le piége était trop grossier; ses ruses étaient trop visibles pour trouver encore des dupes, personne ne s'y méprit. On continua à prendre les précautions nécessaires et à marcher en avant, en ordre, et tout prêt à l'attaque. On invoqua aussi la protection du Dieu des armées, et pour qu'il bénît l'expédition, et on arrêta, sur les hauteurs de Camblanes, qu'on ferait dire, tous les ans, dans l'église de cette paroisse, une messe à laquelle six membres du Parlement assisteraient.

Cette armée arriva à Créon à quatre heures du soir et y établit des retranchements; le lendemain, l'avant-garde, en marchant vers Brannes, fit prisonnier le fils de Pontac-d'Anglade et quelques autres gentilhommes qui allaient rejoindre d'Épernon. On en voulait à cette famille, à cause des extorsions et des violences du vieux Anglade. La Couture, son parent, et Dubourdieu, filleul de son père, voulurent le faire évader; mais on déjoua le complot, et le jeune Pontac fut conduit prisonnier à Bordeaux. On passa la nuit sur les bords de la Dordogne, à Brannes; et le lendemain, à cinq heures du soir, toute l'armée était sous les murs de Libourne. On travailla toute la nuit à faire les retranchements et à garantir ses quartiers, et le lendemain, à l'aube du jour, le régiment de Muscadet ouvrit la tranchée et la poussa à deux pas des murailles de la ville.

CHAPITRE III.

La flotte bordelaise devant Libourne. — Siége de cette ville. — La Roque s'entend avec les Épernonistes. — Un combat. — Chambaret tué. — Les pertes des deux armées. — Attaque contre la flotte. — Les Bordelais consternés. — Ils font de nouveaux préparatifs. — L'archevêque négocie avec d'Épernon. — Convention. — D'Épernon arrive à Bordeaux. — Soulèvement des Bordelais. — D'Épernon tremble de peur. — Il se retire à Cadillac. — Ses exactions. — Assemblée générale. — Voyage du jurat Ardant à Paris. — Le Parlement s'assemble. — Les membres amis du duc exclus. — Conduite des jurats. — Arrêt du 16 juillet 1649.

Nous venons de voir l'arrivée de l'armée de terre devant Libourne et le commencement de ses opérations ; de son côté, la flotte avait mouillé la veille devant Bourg, afin de pouvoir arriver par la marée du lendemain devant la ville, en même temps que l'armée de terre. En passant devant le château d'Anglade, à Izon, de Pichon débarqua une vingtaine de mousquetaires pour effrayer le châtelain ; mais il se renferma dans ses murs et ne fit rien pour s'opposer au pillage de ses granges. Arrivés devant Libourne, les vaisseaux prirent leurs positions respectives, de concert avec l'armée de terre, et commencèrent l'assaut. Les Libournais se défendirent avec courage et élevèrent des fortifications en dehors de la porte de Bedignon (1). De Pichon envoya deux vaisseaux pour interrompre ces travaux ; mais l'un échoua sur le sable ; l'autre, après des tentatives renouvelées et la perte de six hommes, réussit à faire rentrer la garnison dans la place. Ce succès était peu important ; les canons étaient de fer et de petit calibre, et ne

Livre X.
1649.

---

(1) La porte Beguignon, dit D. Devienne. C'est une erreur : son nom était *Bedignon*.

Livre X.
Chap. 3.

1649.

pouvaient guère faire de grands dommages aux murailles; tout annonçait un siége long et ennuyeux. Mais Chambaret, pour en finir plus tôt avec les entêtés Libournais, envoya chercher trois gros canons de fonte qu'il avait laissés à Bordeaux. En attendant, le siége fut suspendu; les officiers et soldats, sans frein, sans discipline, passaient les jours et les nuits dans les plaisirs de la bonne chère, dans les cabarets et dans la débauche! L'armée se désorganisa tellement, qu'on prévoyait facilement qu'elle ne saurait résister à des troupes régulières et bien disciplinées, qui avaient vieilli dans le métier de la guerre.

Dans cet intervalle, les bons militaires, honteux de leur inaction et des excès de leurs frères d'armes, crurent devoir suivre une autre ligne de conduite et se mirent à harceler la garnison. N'ayant plus de boulets, de Pichon et Casenave offrirent à leurs matelots cinq sous pour chaque boulet qu'on ramasserait au pied des murailles de la ville. On en rapporta beaucoup, et les officiers qui s'étaient endormis au sein des plaisirs commencèrent enfin à rougir de leur conduite et s'arrangèrent de manière qu'une attaque fut enfin décidée contre

Fonteneil, liv. II, ch. IV.

la porte Bedignon, qui paraissait mal défendue. A leur tête marchèrent plusieurs vaillants officiers avec leurs soldats : Saint-André, maréchal de bataille; La Roche, conseiller; Camarsac, capitaine au régiment du Parlement; Pontac, Lassalle, Lesparre et Constant, procureurs. L'épée à la main, ils renversèrent vaillamment quelques barricades déjà endommagées par le feu du *Vice-Amiral*. Ayant enfin aperçu une large brèche faite par les canons de ce vaisseau, ils coururent avec témérité pour pénétrer dans la place; mais ils furent repoussés avec perte et y auraient succombé infailliblement, si une trentaine de mousquetaires du vaisseau *Amiral* n'était venue protéger leur retraite.

On attendait avec impatience les canons que La Roque de Saint-Macaire avait été chercher à Bordeaux; mais d'Épernon le gagna à sa cause; il trahit celle des Bordelais. Il ralentit sa marche tout exprès pour donner aux Épernonistes le temps de passer la rivière. En effet, on apprit bientôt après que le duc était à Braunes. Chambaret pria de Pichon d'y envoyer deux vaisseaux pour s'opposer au passage; mais, les eaux étant basses, ces deux vaisseaux échouèrent sur le sable. Pendant cet intervalle, les trois canons furent mis en jeu et firent une brèche considérable à la muraille. On décida un assaut pour le lendemain; mais ayant appris que les Épernonistes étaient en marche, Chambaret envoya quelques officiers les reconnaître. La Roque, qui s'était vendu à d'Épernon, se porta en avant avec le régiment de Muscadet; puis revenant bientôt sur ses pas, comme pour recevoir de nouveaux ordres, il dit à Chambaret que les Épernonistes avaient réellement traversé la rivière, mais en si petit nombre, qu'une poignée de soldats suffirait pour les tailler en pièces. Le trop crédule marquis se mit en marche avec cent cinquante chevaux, et, contre son attente, rencontra, au pont de Carré, 1,500 cavaliers et 2,000 fantassins épernonistes. Se voyant trahi, et trop bon guerrier pour fuir, il résolut de vendre cher sa vie. Le combat s'engage, il se bat en désespéré et se fraie un passage, ainsi qu'à ses troupes, à travers les lignes si serrées des ennemis. L'infanterie arrivait à marche forcée, au bruit de la canonnade; mais La Roque, voulant consommer sa trahison, crie à ses soldats déterminés à sauver leur général ou à mourir : *Où allez-vous? vous courez à la boucherie; vous n'êtes qu'une poignée d'hommes, ils sont six mille!... Sauve qui peut!*

Les fantassins, découragés et épuisés de fatigue, s'arrêtent pour se rallier; mais chaque moment pouvait valoir une victoire; les régiments de Muscadet, d'Andraut et les milices de Coutras fondent sur les Épernonistes pétrifiés et les obligent de plier. La victoire semblait pencher en leur faveur. D'Épernon fait mettre pied à terre à ses gardes et ordonne à

Livre X.
Chap. 3.

1649.

25 Mai.

sa cavalerie d'avancer d'un autre côté. Les Bordelais se voient accablés de toutes parts et meurent en se défendant. Chambaret jonche le sol de cadavres; mais épuisé, il tombe enfin atteint à la fois de trois coups de pistolets; c'était un coup mortel pour les parlementaires, qui s'enfuient en désordre. Quelques-uns restent encore et partagent le sort du général : c'étaient Polignac, Laferrière, d'Arribaut, le procureur Lavau ; il tombent criblés de balles et ne trouvent qu'une tombe sur le champ où ils avaient cherché la gloire. Camarsac, Pontcastel, Rasens, Lanouaille, Gascie et Bonnet, curé de Sainte-Eulalie, et plusieurs autres, sont blessés et faits prisonniers. Andraut, couvert de sang et de blessures, est arrêté et conduit devant d'Épernon, qui lui dit froidement : *Monsieur, on vous a pris la pique à la main; c'est dans cet état que je veux vous présenter au roi.* Les parlementaires perdirent, dans cette affaire, cent hommes environ, avec leurs canons et bagages. D'Épernon y perdit environ 300 hommes, parmi lesquels se trouvait le baron de Pujols et plusieurs autres personnes distinguées.

Les Épernonistes, tout joyeux, s'emparent des canons et les pointent contre le *Vice-Amiral,* échoué sur un banc de sable. Pendant deux heures, le capitaine Cazenave riposte avec succès aux mousqueteries des murailles et au feu des canons; mais enfin la marée vient le mettre à flot; il hisse son pavillon, fait mettre à la voile et descend jusqu'à Vayres, où se trouvait l'*Amiral* et quelques autres bâtiments. Les frégates de Jamard et de Mouty, ne pouvant pas se dégager assez tôt, tombent au pouvoir des ennemis.

Pendant tout ce temps, les Bordelais s'abandonnaient aux plus douces illusions; ils se berçaient de l'espoir que Chambaret allait raser la citadelle, humilier l'ennemi et le forcer de demander la paix à genoux; mais la triste nouvelle de la mort du général circule en ville et répand partout la plus morne consternation; les soldats fugitifs arrivent abattus et épuisés;

les blessés sont portés sur des brancards. Les amis de d'Épernon prennent tout haut sa défense et conseillent aux autres la soumission la plus entière. Le Parlement dissimule sa douleur, qui était profonde, et ordonne la formation d'un autre régiment qui porterait son nom et qui serait composé de mille hommes. Il fait compléter les autres régiments qui avaient été décimés dans le combat et confie le commandement des troupes au marquis de Lusignan, militaire distingué, qui prête serment de fidélité devant le conseil de police.

Sur ces entrefaites, le jeune marquis de Chambaret arrive en ville; sa présence réveille la douleur générale, que le temps commençait à assoupir. Le peuple sympathise avec ce jeune homme, qui pleure l'auteur de ses jours. Le Parlement le complimente; il répond, les larmes aux yeux, qu'il s'engage à défendre la cause de Bordeaux et à venger la mort de son malheureux père; mais le seul service, la seule consolation qu'il demande, c'est qu'on lui fasse rendre le corps de celui que la mort avait enlevé, si prématurément, à son amour et à une brillante carrière. On avait enterré le malheureux marquis dans un guéret, sur le champ de bataille; mais, par respect pour sa famille et à la demande de la noblesse, d'Épernon l'avait fait exhumer et ensevelir dans l'église de Saint-Jean.

Les premiers mouvements de la colère et de la terreur étant passés, tous les préparatifs d'une défense désespérée étant achevés, on crut devoir essayer les voies de conciliation; la guerre était ruineuse pour Bordeaux et la province; la paix offrait toujours des avantages incalculables : il fallait donc l'obtenir. On créa un conseil composé de députés de tous les ordres ou corps de la ville, avec plein pouvoir de faire la paix ou de continuer la guerre. Dans leur première réunion, on tomba d'accord que l'archevêque, qui jusque-là n'avait embrassé la cause d'aucun parti, serait chargé d'entrer en négociation avec d'Épernon. Le prélat étant de retour de Celles,

Livre X.
Chap. 3.

1649.

Fonteneil,
ch. IV et V.

où il assistait son père mourant, accepta cette mission et en écrivit en conséquence au duc, qui indiqua Castres comme un lieu convenable pour la conférence qu'il lui demandait. Au jour convenu, le duc s'y rendit avec d'Argenson. Le prélat lui proposa de s'en tenir aux premiers articles proposés par d'Argenson au Parlement, parmi lesquels il s'en trouvait un relatif à la démolition de la citadelle de Libourne, et auquel, selon d'Argenson, il avait consenti. Le duc nia d'en avoir fait la promesse à qui que ce fût au monde. D'Argenson, présent à cet entretien, fut honteux de se voir dévoilé comme un imposteur, avec ses ruses et ses mensonges, auprès du Parlement qu'il avait trompé; il garda le silence. « Qu'on détruise » les barricades, dit le duc, qu'on désarme les vaisseaux, » qu'on remette la garde du château du Hâ au marquis de » Roquelaure, que la maison de ville soit rendue aux jurats, » qu'on supprime le conseil de guerre et les gardes, et que » les bourgeois cessent de porter les armes, alors, seulement » alors, je verrai ce que j'aurai à faire. » L'archevêque insista sur quelques concessions, comme témoignage de bonne volonté; mais le duc resta inflexible. Le prélat rentra en ville et rendit compte du langage et de la conduite de d'Épernon. Après beaucoup de bruit et de discussions inutiles, on convint, dans l'intérêt de la ville, d'accepter les conditions. L'archevêque envoya, de suite, des députés au duc, qui s'était avancé jusqu'à Léognan; il les accueillit avec beaucoup d'affabilité et les embrassa amicalement. Ils revinrent enchantés de lui, affirmant à tout le monde que ses sentiments étaient changés et que l'on pouvait compter sur son amitié et sur une paix éternelle!

Le conseil de police ne se laissa pas aveugler par les feintes caresses du duc; il publia une ordonnance pour prescrire des mesures directement opposées à celles arrêtées à Léognan. On répandit le bruit que le peuple était trompé et que le duc allait entrer en ville, la nuit, par la porte Saint-Julien. Les habitants de ce quartier se levèrent en masse, et ayant fermé la porte, ils en confièrent les clés au président de Pichon, qui était alors très-populaire à Bordeaux. De Pichon les remit au premier jurat, qui s'en alla trouver ses collègues pour essayer, avec eux, de désabuser le peuple et de rétablir l'ordre. Mais le peuple, loin de suivre leurs sages remontrances, les pria de se retirer et continua les barricades. Le désordre devint général, l'autorité était méconnue; le peuple seul se donnait des lois. L'archevêque intervint et se rendit garant des intentions du duc. Mais on connaissait le duc et ses ruses politiques; on avait confiance dans les belles vertus du prélat; on le croyait dupe de la perfidie de d'Épernon, qui avait désavoué d'Argenson, et ne se gênerait pas pour donner un démenti à l'archevêque. La méfiance était grande, la haine vive et profonde, la réconciliation impossible. Ne pouvant pas désabuser le peuple, le prélat se rendit au Parlement et demanda qu'on fît exécuter la parole qu'il avait donnée au duc, affirmant en même temps que la paix en dépendait. Le Parlement le remercia de ses efforts et l'assura qu'il ne demandait pas mieux que de rétablir la paix, et, dans cette vue, transmit les ordres les plus formels aux jurats pour l'exécution littérale des conditions convenues entre le duc et le prélat. Les jurats se rendirent à Saint-Julien; mais la population resta sourde à leurs prières et aux arrêts du Parlement. L'archevêque revint, mais ne put rien obtenir; alors les jurats s'y rendirent avec une forte escorte; ils furent repoussés de nouveau. Ils firent sortir deux canons pour intimider et disperser le peuple; mais la populace, exaspérée, allait s'en emparer; ils se retirèrent de nouveau pour ne pas faire couler le sang de leurs concitoyens et provoquer de plus graves désordres. Les habitants du quartier de la Rousselle, presque tous marchands, ne demandaient pas mieux que de faire rentrer le duc en ville et d'en finir avec les désordres; ils avaient fait des pertes immenses par suite de ces dissensions intestines; leur commerce

Livre X.
Chap. 3.
1649.

était anéanti, toutes leurs espérances flétries. Ils offrirent leurs services aux jurats, dans l'espoir que leurs concitoyens ne leur opposeraient pas de résistance ; mais voyant, à Saint-Julien, l'état de rage et d'exaspération du peuple, les deux cents volontaires de la Rousselle s'enfuirent à l'Hôtel-de-Ville, n'osant risquer leur vie sans profit devant cette foule de forcenés.

Le duc attendait le dénoûment de ces scènes dans la campagne ; il ne savait quel parti prendre ; il y avait du danger à avancer, de la honte à reculer. Le premier-président le fit avertir de l'état des choses et l'engagea à passer derrière la ville, afin d'entrer par la porte Dijeaux, qui était libre et qui était plus près de sa maison de Puy-Paulin. Le duc se rendit à cet avis et entra enfin dans la ville, précédé de ses trompettes et escorté de quatre cents cavaliers (250 selon d'autres). Toutes les portes se fermèrent, tous les visages étaient tristes, toute la ville semblait un désert. L'archevêque alla lui faire, le lendemain, une visite que d'Épernon lui rendit ; mais aucun officier du Parlement n'osa le complimenter, aucune corporation ne voulut le visiter ; il se fit garder par la noblesse et s'efforça, par ses politesses et ses protestations d'amitié, de conquérir les bonnes grâces des bourgeois ; il leur promit d'obtenir du roi leur pardon pour le crime d'État qu'ils avaient commis en assiégeant Libourne, et pour leur résistance et leur insoumission à la volonté de Sa Majesté. Les Bordelais, rejetant toute idée de crime, n'avaient pas besoin de pardon ni de grâce ; ils n'avaient agi que pour leur défense légitime, et repoussèrent, en conséquence, les promesses insidieuses de d'Épernon. Dans cet intervalle, on fit courir le bruit que le duc allait faire entrer des troupes pour désarmer les citoyens. Une panique s'empara de tout le monde ; on se mit à se préparer au combat ; quelques habitants des environs de Puy-Paulin déchargèrent leurs armes, la nuit, afin d'être prêts pour le lendemain. Le duc, effrayé, et craignant pour sa vie, partit, à la pointe du jour, pour Cadillac.

Le Parlement, sachant par Lavie, avocat général, alors à Paris, que la cour blâmait les Bordelais et approuvait d'Épernon, ordonna une assemblée générale où, de concert avec tous les rangs, toutes les classes des citoyens, on prendrait des mesures définitives et on verrait la marche à suivre à l'avenir. L'assemblée eut lieu le 8 juin : on y arrêta que le président de Gourgues et les conseillers Monjon et Mirat se rendraient à la cour pour justifier la conduite du Parlement et des Bordelais, et supplier Sa Majesté de mettre fin aux vexations de d'Épernon et aux souffrances du peuple. Les jurats seuls semblaient ne pas sympathiser avec leurs concitoyens ; leur position était délicate ; ils dépendaient du gouverneur ; ils étaient tenus d'exécuter ses ordres, au moins en ce qui n'était pas contraire aux intérêts de la ville. Ils appréciaient les malheurs du peuple ; mais ils ne pouvaient et ne devaient pas agir ostensiblement contre leur chef. Ils furent donc soupçonnés d'agir de connivence avec le duc et d'être ses complaisants instruments pour froisser les Bordelais et anéantir leurs libertés. Voulant donner, enfin, une preuve éclatante de leur amour de la paix et de leur désir d'aplanir toutes les difficultés, ils envoyèrent le jurat Ardant à Paris, pour demander le pardon des Bordelais. Le Parlement s'indigna de cette demande faite sans qu'il en eût été prévenu. Un pardon suppose un coupable, qualité que les jurats n'avaient pas le droit d'attribuer aux Bordelais et que les Bordelais ne voulaient pas reconnaître. Le Parlement défendit toute députation, interrogea deux jurats qui prétextaient leur ignorance, et transmit à l'avocat général, qui était à Paris, le procès-verbal de cette affaire, avec ordre de surveiller les démarches et le langage du jurat Ardant. Mais le Parlement n'avait que des arrêts pour appuyer ses prétentions ; d'Épernon avait des armes plus puissantes : obstiné, fier et vindicatif, il n'oublia pas la manière honteuse dont il avait été obligé de sortir de Bordeaux, et résolut de s'en venger sur le Parle-

Livre X.
Chap. 3.

1649.

Livre X. Chap. 3. 1649.

ment. Il mit un impôt sur toutes les paroisses et sénéchaussées du ressort, pour la subsistance de ses troupes, et n'en excepta que les propriétés des gentilshommes qui n'avaient pas pris les armes pour le Parlement ; tous les autres furent traités de rebelles et de factieux. Ses agents, munis de pouvoirs pour contraindre les contribuables, parcouraient les campagnes comme un pays conquis ; ils se comportaient d'une manière impitoyable envers les membres du Parlement ; ils pillaient et ravageaient leurs propriétés. Martinet, commandant de Libourne, se distingua par un zèle outré pour ces exactions fiscales ; il présida lui-même au pillage de la maison de campagne du conseiller Lescure et de plusieurs autres, aux environs de Saint-Émilion. Le Parlement, indigné des imputations odieuses et mensongères du duc et des exactions insupportables de ses agents, se réunit enfin, malgré l'opposition du premier-président. On rappela un arrêt qu'on avait fait contre ceux qui avaient été visiter le duc, et l'on demanda avec instance qu'on fît sortir les magistrats qui y avaient contrevenu, afin qu'ils ne prissent part à la délibération contre un homme auquel ils paraissaient attachés. Après d'assez longs débats, la proposition passa. Le premier-président et plusieurs conseillers furent exclus des délibérations concernant le duc. Le droit de présider l'assemblée appartenait à M. de Pontac, qui était le plus âgé ; mais, étant à la Chambre de l'Édit, le président Latresne prit la place de premier-président. On manda les jurats afin d'éclaircir l'affaire d'Ardant, envoyé à Paris. Les jurats avouèrent son voyage à Paris, mais pour affaires particulières. On suspecta leur déclaration ; on voulut s'assurer de la vérité en visitant leurs registres ; mais le greffier n'en donna qu'une copie et ne fit par là que confirmer les soupçons de la Compagnie et exciter davantage sa curiosité. On le manda, mais il s'était retiré à Puy-Paulin, où il devait dîner avec le capitaine des gardes du duc. Cette circonstance réveilla de nouveau les craintes du Parlement et sembla dé-

Fonteneil, id., chap. 7.

montrer la connivence des jurats avec d'Épernon. Une assemblée générale fut jugée nécessaire ; les jurats furent chargés de la convoquer. Ils s'y refusèrent, en se retranchant derrière leurs droits et leurs devoirs ; ils alléguèrent, en outre, que, dans l'état actuel des esprits, une assemblée générale pouvait avoir des suites fâcheuses ; qu'on les calomniait en répandant le bruit qu'ils avaient envoyé un de leurs collègues, au nom des bourgeois, demander le pardon des désordres passés ; qu'ils étaient prêts à signer cette déclaration ; et enfin, au cas que la Compagnie convoquât l'assemblée, ils demandèrent la permission de ne pas s'y trouver.

Cette déclaration si précise embarrassa le Parlement ; on ne pouvait se persuader que les jurats eussent commis un parjure ; les motifs attribués au voyage d'Ardant n'étaient que des soupçons calomnieux. Ainsi, considérant que l'assemblée ne serait ni régulière ni complète si les jurats n'y assistaient pas, le Parlement l'ajourna à une autre époque et fit inhibition à qui que ce fût de semer en ville des bruits calomnieux ou défavorables au Parlement et aux Bordelais, et préjudiciables au service du roi et à la tranquillité publique.

CHAPITRE IV.

La cour contre le Parlement.—Les députés du Parlement exilés à Senlis.—D'Épernon à Bordeaux. — Il s'excuse. — Flatterie des jurats. — Assemblée. — On ne s'y rend pas. — Il va au Palais. — Le comte de Comminges. — Discussions dans le Parlement. — D'Épernon craint pour sa vie. — Il se retire. — Nouvelles discussions avec le comte de Comminges. — Déclaration du roi. — Le procureur général s'oppose à ce qu'elle soit exécutée. — Le peuple fait des barricades. — D'Épernon quitte la ville. — Ses partisans maltraités. — Les jurats mal vus par le peuple. — Mort du jurat Labarrière. — Les Bordelais se préparent à repousser la force par la force. — Nouvel impôt. — Sauvebœuf commande les troupes. — Conduite du clergé. — Combat de Portets. — L'affaire du Tourne et de Langoiran, etc., etc.

Livre X.

1649.

Voir l'écrit intitulé : Les véritables motifs de l'emprisonnement des princes, dans un recueil d'imprimés sur les troubles de Bordeaux, appartenant à M. de Montaubricq de Bordeaux.

Dans ce conflit des pouvoirs du gouverneur et du Parlement, on ne peut s'empêcher de reconnaître de grands torts de part et d'autre : l'un avait abusé de son autorité en violant les priviléges de la ville; l'autre, en voulant exagérer sa puissance et en s'efforçant par tous les moyens, même par la guerre civile, d'humilier l'arrogant gouverneur de la province. La cour ne voyait pas avec plaisir la conduite du Parlement, qui agissait en souverain; Mazarin était d'ailleurs indisposé contre les Bordelais; il avait la confiance de la reine et affectionnait d'Épernon. L'abstention du clergé et son refus de s'immiscer dans ces discordes intestines pouvaient passer pour actes de sagesse; mais ces actes prirent une autre signification quand on sut qu'au fond la généralité des ecclésiastiques blâmait la conduite du Parlement et penchait pour le gouverneur; c'était aux yeux de la cour une forte présomption en faveur de d'Épernon; il était d'ailleurs le plus puissant et partant le plus heureux. La bataille de Libourne et la défaite des Bordelais lui donnaient, aux yeux de bien des gens, gain de cause; les malheureux, comme les absents, ont toujours tort.

Dans cet état de choses, les députés du Parlement arrivèrent à la cour; mais le roi refusa de les entendre et poussa même la sévérité jusqu'à les envoyer en exil à Senlis. Quelques jours plus tard, il expédia à d'Épernon des lettres-patentes, portant interdiction du Parlement à Bordeaux, et y envoya le comte de Comminges, avec des huissiers à la chaîne, pour signifier ses volontés à la Compagnie et les faire exécuter. Les jurats, que le Parlement avait imprudemment humiliés, triomphèrent de la tournure que prenaient les affaires; ils écrivirent même au duc que le peuple était las des intrigues et des tracasseries du Parlement, qu'il était temps qu'il vînt en ville, que tout était disposé à le recevoir. Sur cette invitation et sur les avis de ses amis, il se rendit à Bordeaux. Le Parlement, consterné, ne suscita pas d'obstacle ni ne fit pas d'opposition; le peuple le regardait passer avec indifférence, et, au lieu de manifestations hostiles, se bornait à hurler à ses oreilles les cris de *Vive le roi! vive le Parlement!* Surpris et un peu intimidé, il s'avança avec sa garde jusqu'à l'Hôtel-de-Ville, où il trouva les jurats et un grand nombre de bourgeois qui l'attendaient. Il leur parla affectueusement et leur assura qu'il déplorait les désordres passés, qu'on aurait tort de les lui attribuer; qu'il chérissait tendrement les bourgeois, dont il était fier de se dire le premier; qu'il n'avait bâti la citadelle de Libourne que par les ordres du roi, et que, puisqu'elle faisait tant d'ombrage aux Bordelais, il prierait Sa Majesté d'en permettre la démolition; que le commerce et l'industrie, toutes les classes avaient besoin de la paix, et que les Bordelais pourraient s'en promettre les avantages tant qu'ils se maintiendraient dans le devoir. La Barrière, l'un des jurats, répondit par une basse flagornerie que les arrêts du Parlement avaient défendue; il le qualifia d'*Altesse;* à ce mot, un sourire moqueur effleura les

Livre X.
Chap. 4.

1649.

12 Juillet.

D. Devienne,
liv. VII.

lèvres de presque tous les assistants ; il poussa la flatterie beaucoup plus loin et dit que sa présence sanctifiait l'Hôtel-de-Ville, que tant de cabales et d'assemblées profanes avaient indignement souillé ; qu'à l'avenir on espérait voir croître l'olive dans ce lieu ; que le roi ainsi que le gouverneur pouvaient compter sur les bourgeois, qui étaient reconnaissants du pardon qu'il leur faisait espérer de leurs fautes, et des bontés qu'il voulait bien avoir pour la ville.

Quand on eut appris au dehors les paroles bassement adulatrices du jurat, le peuple, comme le Parlement, en fut indigné. Le duc, flatté de ce qu'il avait entendu, invita les jurats à convoquer tous les bourgeois pour le lendemain, afin d'entendre ce qu'il avait à leur dire pour le service du roi ; les jurats obéirent avec empressement et distribuèrent dans la soirée plus de deux mille billets d'invitation.

Le lendemain, après avoir entendu la messe aux Carmes, où il était allé, escorté de deux ou trois cents chevaux, on vint lui dire que les bourgeois ne se rendaient pas à l'assemblée et qu'il n'y en avait tout au plus que sept ou huit avec les jurats. Vivement affecté de cette indifférence, il se rendit à la Bourse, où les huissiers à la chaîne et le comte de Comminges l'attendaient. Il les envoya au Palais et les suivit de près. Ayant échelonné ses gardes en dehors et à l'intérieur des salles, il monta avec cinquante gentilshommes dans la grande salle, où il y avait une foule d'avocats, de procureurs et de plaideurs. Le capitaine des gardes fit écarter le peuple avec violence ; on se mit à crier : *Aux armes ! on fait violence à la justice ! on égorge le Parlement !* Ces cris furent entendus au dehors ; le peuple s'émut, et tout semblait annoncer un conflit ou des violences plus ou moins graves.

Les huissiers demandèrent une audience ; la Chambre se réunit, et, enfin, les huissiers furent admis avec le comte de Comminges, qui portait son épée et ses éperons et tenait à la main un bâton dont la poignée était d'ivoire. Les séides du duc se pressèrent dans l'enceinte ; mais le président Latresne ordonna qu'on laissât le passage libre, et dit aux huissiers qu'ils n'avaient pas besoin d'escorte pour porter les ordres de Sa Majesté dans un lieu où on les recevait avec respect et les exécutait avec obéissance. Les huissiers répondirent qu'ils n'avaient invité personne ; le comte de Comminges ordonna aux amis du duc de se retirer. Ils le firent par respect pour le comte, disaient-ils, et non pour le Parlement, et accablèrent d'injures les membres de la Compagnie qui n'avaient pu encore entrer. Alors les huissiers voulurent parler ; mais Latresne refusa de les entendre jusqu'à ce que d'Épernon et ses gardes eussent évacué le Palais et laissé les abords libres ; le comte et le procureur général allèrent prier le duc de se conformer aux désirs du Parlement. Le duc refusa ; le comte prit sur lui de dire que le duc allait se retirer ; qu'il ne s'agissait pas de délibérer, mais d'obéir aux ordres du roi. Latresne répondit que s'il avait des pouvoirs extraordinaires, le premier usage qu'il devait en faire, c'était de rendre la liberté à la Compagnie. Pendant ces débats, on vint avertir le duc que le peuple s'ameutait et faisait des barricades pour lui fermer le passage ; que le major du Château-Trompette, Filouzé, qui venait de sortir avec cent cinquante hommes et des canons, était attaqué par les habitants de Saint-Pierre, à coups de pierre et de mousquet, et obligé de rentrer au château ; et enfin, qu'il fallait opérer sa retraite le plus tôt possible s'il désirait sauver sa vie.

Le duc, alarmé, songea enfin à se retirer ; il connaissait le danger ; il voulait l'éviter. Plusieurs de ses cavaliers s'enfuirent ; d'autres abandonnèrent leurs chevaux et leurs armes ; le duc lui-même, pâle et tremblant, se traîna à son cheval ; son aumônier sortit le premier, criant au peuple que le duc était d'accord avec le Parlement, tandis que le duc lui-même, effrayé, regardait de temps en temps les toits des maisons, de crainte qu'on ne lui jetât quelque chose à la tête.

Livre X.
Chap. 4.
—
1649.

Informé que d'Épernon était parti et que le calme avait remplacé au dehors le tumulte, Latresne invita le comte de Comminges à produire ses lettres de créance ; il répondit que le bâton indiquait assez le caractère dont il était revêtu et la mission dont il était chargé. On insista pour connaître, selon les usages des cours souveraines, l'étendue de son pouvoir ; le comte leur montra un parchemin et ne consentit à en donner connaissance qu'au procureur général et en secret. Alors ce fonctionnaire, ayant lu les lettres-patentes que portait le comte, rassura la Compagnie et lui dit que le commissaire extraordinaire était chargé par Sa Majesté d'exécuter ses ordres en Guienne. Cet air de mystère ne satisfit point le Parlement ; il exigea la production des lettres-patentes ; mais le comte refusa toujours et sortit enfin de la Grand'Chambre. Alors le président Latresne, s'adressant aux huissiers, leur dit de faire leur devoir. Ils se découvrirent de suite, et l'un d'eux parla en ces termes :

« Messieurs, nous sommes ici de la part du roi, votre très-
» honoré et souverain seigneur et maître et le nôtre, pour
» vous porter ses ordres. » Ils se couvrirent alors, et l'un d'eux lut la déclaration du roi et de la régente, en date du 12 juillet. Dans ce document, le roi se dit mécontent du Parlement pour avoir fait défense de lever un impôt de deux écus par tonneau de vin, que son Conseil avait ordonné ; pour avoir interdit de sa propre autorité la Cour des Aides, le 18 mars 1649 ; enfin, pour avoir pris les armes sans permission. Le roi affirma qu'il avait fait tout ce qu'il lui était possible pour faire rentrer le Parlement dans le devoir, fit l'éloge du duc d'Épernon et blâma énergiquement la conduite qu'on avait tenue à son égard à Bordeaux. « A ces causes, ajoute le roi,
» nous avons, par ces présentes, signées de notre main, in-
» terdit et interdisons les officiers de notre Cour du Parlement
» de Bordeaux de tous exercices et fonctions de justice, soit
» en corps ou autrement ; défendons à tous nos sujets de leur

» ressort de les reconnaître pour juges, déclarant dès à pré-
» sent tous jugements, arrêts et autres actes qu'ils pourraient
» rendre ci-après nuls et de nul effet, et comme donnés par
» personnes privées et sans pouvoir, jusqu'à ce que par nous
» en ait été ordonné autrement, et d'autant qu'il n'est pas
» juste que les arrêts donnés contre notre autorité et le bien
» de notre service et la personne de notre le dit oncle, le duc
» d'Épernon, et ses domestiques, demeurent dans leur force
» et vigueur, nous avons cassé et annulé, cassons et annu-
» lons tous les arrêts donnés par notre dite Cour du Parle-
» ment de Bordeaux, depuis le 26 janvier dernier, jusqu'à tant
» en matière publique qu'en la personne de notre oncle, le
» duc d'Épernon et ses domestiques; commandons aux huis-
» siers de notre conseil qu'à ce faire nous commettons de se
» transporter en la dite Cour du Parlement de Bordeaux et
» icelle séante et assemblée, leur signifier ces présentes, nos
» lettres d'interdiction, leur faisant commandement d'y obéir,
» et aux officiers d'icelle de sortir de la dite ville de Bor-
» deaux quatre jours après la signification des présentes, sous
» peine de désobéissance et d'être procédé comme rebelles et
» contrevenants à nos commandements. Enjoignons à notre
» cher et bien aimé notre dit oncle, le duc d'Épernon, de
» donner main-forte pour l'exécution de notre présente dé-
» claration, et à tous nos autres officiers et sujets d'obéir aux
» ordres qui leur seront par lui donnés à cet effet, car tel est
» notre plaisir. »

*Livre X.
Chap. 4.
—
1649.*

La Cour fut surprise; mais elle connaissait la main qui avait tenu la plume du roi; cette pièce était purement et simplement la traduction de la pensée de d'Épernon. On voulait obéir, car la déclaration était précise; mais le procureur général s'opposa à l'exécution des lettres-patentes, par la raison qu'elles avaient été surprises à la religion du roi. Le Parlement, ayant délibéré sur ce réquisitoire, rendit, le 24 juillet, un arrêt portant que le roi serait amplement informé

*D. Devienne,
ibid.*

Livre X.
Chap. 4.
—
1649.

par messire Jean de Gourgues, président ; MM. Jean de Monjon, Luc de Mirat, conseillers, et Thibaut de Lavie, qui seraient députés pour faire à Sa Majesté des remontrances sur ces lettres, et que cependant les officiers de la Cour et la Chambre de l'Édit continueraient, sous le bon plaisir du roi, l'exercice de leur charge pour le bien du service de Sa Majesté et la conservation de la tranquillité publique.

Quelques jours plus tard, le procureur général présenta au Parlement un arrêt du Conseil, qui modifiait la déclaration. Cette nouvelle pièce portait que le roi n'avait pas voulu interdire tous les officiers de la Compagnie et qu'il en exceptait quelques-uns, dont la conduite avait été fidèle et irréprochable. On y avait laissé en blanc les noms de ceux qui avaient été conservés ; le duc remplit ce vide en y insérant les noms de ses amis. Cette supercherie paraissait évidente par la différence de l'écriture et la fraîcheur de l'encre. Cette pièce dévoila l'intrigue ; l'indignation du Parlement et du public était au comble.

D. Devienne,
ibid.

Pendant ce temps, le gouverneur menaçait d'employer la force pour faire exécuter les ordres du roi ; mais il insinuait en même temps que si on voulait l'en prier, il s'efforcerait d'obtenir grâce pour le Parlement. On refusa ses offres et on méprisa ses menaces, en se préparant à la guerre. Tous ces préparatifs alarmèrent le duc ; il craignait d'être attaqué dans son château de Puy-Paulin ; il tremblait pour sa vie, qu'il voyait en danger ; il se disposa enfin à quitter la ville et ordonna à ses gens de monter à cheval pour le suivre. La peur du duc fut un sujet de crainte pour le peuple ; on crut qu'il allait arrêter les membres du Parlement ; le peuple s'attroupait sur la place d'Armes : les uns surveillaient le duc, les autres barricadaient les rues ; chacun s'apprêtait à payer de sa personne. On vit enfin défiler les gens du duc tranquillement en plein jour. Arrivés à la porte Saint-Julien, ils y trouvèrent des chaînes et des barricades, avec des bourgeois pour les défendre. Ils revinrent en avertir leur maître, qui, la peur dans l'âme, gagna vite la porte Dauphine, avec sa cavalerie, et se sauva dans la campagne. Il eut à peine passé la porte de la ville que des enfants qui se divertissaient dans les champs se mirent à lui lancer avec leurs frondes une grêle de pierres et l'obligèrent de doubler le pas. Jamais retraite ne fut plus honteuse ; la veille, il parlait en dictateur à des hommes qui refusaient d'être ses esclaves ; le lendemain, il fuyait, triste et abattu, accompagné des huées des femmes et des cailloux des enfants ! C'était l'orgueil puni par la faiblesse même !

Sur ces entrefaites, le baron de Fumel, Bridoire et plusieurs autres gentilshommes arrivèrent par eau pour offrir leurs services au duc ; mais, reconnus pour Épernonistes et craignant pour leur vie, ils se retirèrent dans leurs bateaux, où l'on avait remarqué beaucoup de mèches et de bandoulières, ils poussèrent au large et s'éloignèrent du rivage ; mais on en tua quelques-uns à coups de fusils et ils furent presque tous blessés. Une partie de leurs soldats voulut se sauver à la nage, mais ils se noyèrent ; d'autres furent assommés à bord. Les gentilshommes qui se trouvèrent dans la première barque allaient subir le même sort, si Muscadet, conseiller à la Cour, accouru au bruit, ne les eût sauvés en les faisant conduire à la conciergerie, tous blessés ou mourants de peur. Marin, ancien maréchal-de-camp du duc, était venu aussi le trouver ; mais ayant appris sa fuite, et se voyant reconnu et menacé de la corde ou de la rivière, il s'enfuit à toute bride ; l'exaspération du peuple était extrême.

D'Épernon, honteux de sa fuite, se voyait encore humilié par les Bordelais ; il s'en prit aux jurats, qui lui avaient promis un bon accueil, et menaça de les faire pendre. Serviles et lâches, ils s'efforcèrent de le calmer en détrompant le peuple et en lui faisant des créatures ; mais ils ne réussirent qu'à se faire des ennemis à eux-mêmes et à encourir la haine des Bordelais. On se défiait d'eux ; on craignait qu'ils ne s'emparassent

Livre X.
Chap. 4.
—
1649.

de l'Hôtel-de-Ville ou des portes. Pour prévenir ce malheur, le peuple garda nuit et jour les places dont les jurats pourraient vouloir se rendre maîtres. Se voyant les objets d'une inquiète surveillance, et craignant pour leur vie, ils ne savaient comment faire pour se soustraire aux périls dont ils étaient menacés. La Barrière, qui avait été le maladroit flagorneur du duc, se regardait plus compromis que les autres ; il feignit d'aller chez un ami à la campagne et de là se retirer quelque part où il serait en sûreté ; mais arrivé dans une allée solitaire où il se croyait loin de ses ennemis, un individu, qui avait observé ses démarches et s'était caché là tout exprès, lui tira un coup de fusil, dont il mourut bientôt après. Sa fin tragique effraya les autres jurats ; Bechon et Lestrilles sortirent de Bordeaux. Ardant était toujours à Paris, de sorte qu'il ne se trouvait plus à Bordeaux que Frans et Niac : le premier était malade et le second aurait voulu l'être. On le pria de pourvoir à la police de la ville et de remplir avec courage les autres fonctions de sa charge ; il engagea ses collègues à rentrer ; mais la mort de La Barrière était toujours un obstacle à l'accomplissement de son vœu. En attendant l'élection des nouveaux jurats, qui devait se faire sous peu de jours, les bourgeois, de concert avec les commissaires du Parlement, nommèrent comme jurats, pour s'occuper de la police, les conseillers Boucaud, Cieutat, Sabourin et Fayard ; c'était une élection provisoire. Quelque temps après, on travailla les esprits si bien, qu'on élut des hommes amis du Parlement et du peuple ; ce fut Pontac, greffier en chef ; Constant, avocat, et Emmanuel Hugla, tous trois très-populaires et très-estimés à Bordeaux. D'Épernon apprit avec un véritable chagrin ces démarches et l'union du peuple avec le Parlement. Le temps des ménagements était passé pour lui ; il envoya ses troupes ravager le pays et faire main-basse sur tout ce qui tomberait sous leurs mains. Il montra toute l'énergie de son âme, toute l'intensité de sa haineuse colère à se venger des Bordelais, et fit mettre à mort, à Langon, deux individus qui n'avaient d'autre tort que d'être de Bordeaux.

Cet état de choses indigna le Parlement et lui fit comprendre qu'il n'avait pas de grâce à attendre d'un homme comme d'Épernon; il songea à repousser la force par la force, et ordonna qu'on l'informerait des pillages, meurtres et crimes de toute sorte commis par les Épernonistes, afin de dresser un tableau général des affaires de la province et des méfaits de d'Épernon, qu'on pût transmettre aux Parlements de Paris et de Toulouse, pour les engager à s'intéresser aux Bordelais auprès de Leurs Majestés.

On dressa, en effet, ce tableau des misères du pays, des oppressions et des violences de d'Épernon, et on envoya ces deux lettres, datées le 12 juillet et le 2 août, au Parlement de Paris. On ne se borna pas à cet acte : la Cour du Parlement rendit un arrêt, le 16 du même mois, *portant inhibition et défense à tous les gentilshommes du ressort de porter les armes à la suite du sieur d'Épernon, à peine de privation de noblesse et autres peines*, et attendu que, pour assiéger Bordeaux et ruiner les environs de cette ville, il avait fermé le passage des rivières, ravagé journellement les maisons de campagne, fait emporter les meubles et les grains, assemblé un grand nombre de gens de guerre, etc., etc.

Le Parlement établit en même temps, pour les frais de la guerre, un nouvel impôt sur la viande et les farines; il invita les nobles, les sénéchaux et les communautés de la province, à contribuer à la défense de la ville et au soulagement des opprimés, et déploya dans cette conjoncture beaucoup de zèle et d'ardeur pour en finir avec l'oppresseur ; mais les hommes qui poussaient le plus à la guerre étaient les premiers à crier contre l'impôt, dont personne ne pouvait cependant contester la nécessité. Ils avaient beaucoup souffert, beaucoup dépensé; il leur répugnait de faire de nouveaux sacrifices, quelque nécessaires qu'ils fussent, pour qu'ils ne souffrissent plus. Plusieurs voulaient déserter la ville ; mais le Parlement lui-même fut le premier à donner le bon exemple en tout ; il ordonna aux émigrés de rentrer dans le cours de trois jours, sous des peines très-graves.

Dans ce temps, d'Épernon parcourait les campagnes et se rapprochait de plus en plus de la ville, qu'il savait être presque sans ressources, sans défense. On craignait tous les jours qu'il ne s'emparât du faubourg des Chartrons ou de celui de Saint-Seurin. Le peuple, indigné de voir que l'ennemi était à ses portes, qu'on agissait si peu, et enfin que le marquis de Lusignan se tenait dans un état de langueur et d'inaction en présence de tant de dangers et au milieu d'une population composée en partie des partisans du duc, qui parlaient et agissaient pour lui avec une scandaleuse impunité, se mit à murmurer tout haut contre ses chefs et à former des assemblées tumultueuses qui auraient pu avoir les plus fâcheuses suites. Le Parlement, se voyant entouré de dangers, pressa enfin les préparatifs qu'il avait ordonnés. On mit des gardes aux portes ; on se rendit maître du Fort du Hâ, qu'on mit en état de défense ; on barricada toutes les rues aboutissantes au Château-Trompette ; on arma des vaisseaux et des chaloupes ; on donna des commissions pour lever des troupes ; on nomma des commissaires spéciaux pour la police dans les différents quartiers ; on ordonna qu'il y aurait de dix en dix maisons un moulin à bras ; et, après avoir pris toutes les mesures nécessaires, on pria le marquis de Sauvebœuf, capitaine illustre, de prendre le commandement des troupes.

Tous ces préparatifs enhardirent les Bordelais ; ils voulaient prendre l'offensive et débuter par un coup d'éclat. Ayant remonté la rivière, ils descendirent chez Mme de Beauroche, partisan de d'Épernon, et y surprirent le conseiller de Blanc, Saint-Méard, intendant du duc, et les deux cadets Beauroche ; ils les conduisirent prisonniers à Bordeaux. La populace voulait les mettre en pièce sur les quais ; mais les conseillers

Massiot et Desbordes intervinrent et réussirent à les arracher à la fureur du peuple et à les conduire à la conciergerie.

Livre X. Chap. 4.
1649.

Pendant ces troubles déplorables, le clergé s'était toujours montré animé des sentiments les plus nobles et pacifiques ; il partageait la manière de voir de son archevêque, qui jouait le rôle qui convenait à son caractère ; mais le clergé fut, à la longue, entraîné dans le tourbillon des affaires et prit parti pour le Parlement ou les Épernonistes, selon ses préjugés, ses intérêts ou ses affections. L'abbé d'Arche, doyen de Saint-Seurin, se prononça en faveur du duc ; son langage, peu discret, compromettait le Parlement aussi bien que le clergé. Le Parlement en prévint l'archevêque ; et, voyant que cet ecclésiastique continuait toujours ses propos déplacés et imprudents, on lui intima l'ordre de sortir de la ville. Le prélat s'en plaignit au président Latresne, qui en parla, le 16 août, devant la Compagnie. On répondit que l'expulsion de cet abbé était autant dans ses intérêts personnels que pour la conservation de la tranquillité publique ; que, sans cette mesure, il deviendrait probablement la victime de la colère du peuple ; qu'il n'était pas le seul qui méritât d'être chassé ; que le curé de Saint-Remi s'était rendu aussi coupable de grandes imprudences et qu'on priait le prélat de le faire sortir de la ville sans bruit, sans scandale. Le grand tort de ce prêtre, c'était d'avoir refusé l'absolution à un officier qui servait la ville contre d'Épernon. Cet exemple était mauvais ; il aurait pu produire sur le peuple un effet fâcheux dans un siècle où la religion exerçait une grande influence sur l'esprit public ; c'était l'intérêt du Parlement d'en prévenir les suites. C'est dans cette vue qu'il députa vers l'archevêque le procureur général de Pontac, pour lui exposer les raisons de la Compagnie et lui donner l'assurance qu'elle ne s'écarterait jamais du respect et de la considération qu'elle avait pour sa personne : elle chargea de Pontac de mander les députés du chapitre dans sa maison pour lui dire la même chose. La patience

D. Devienne, liv. VII.

Fonteneil, *ibid.*

Livre X.
Chap. 4.

1649.

et la prudence du prélat mirent fin à ces tracasseries gratuites et trop fréquentes dans les guerres civiles.

Dans cet intervalle, les Épernonistes s'étaient réunis sur la hauteur du Tourne et menaçaient de se rapprocher de la ville. C'était assez pour réveiller Lusignan de sa longue léthargie. Il céda aux murmures du peuple, fit embarquer cinq ou six cents hommes sur des chaloupes; mais n'ayant plus de marée à la hauteur de l'île Saint-Georges, il y descendit et apprit que le gros des Épernonistes était à Portets, et que le détachement qui se trouvait sur les hauteurs de la rive droite n'avait d'autre dessein que d'enlever trois ou quatre galiotes qui se trouvaient dans le port du Tourne. Le chevalier Thibaut partit avec deux galiotes pour les reconnaître, et Lusignan monta jusqu'à Paillet, dans l'intention d'aller attaquer Cadillac; mais d'Épernon, qui se trouvait à Beautiran, en marche sur Bordeaux, revint sur ses pas et s'établit à Portets. Lusignan, pour ne pas être pris entre deux feux, renonça à sa course, à Cadillac, et débarqua ses troupes sur la rive gauche pour attaquer l'ennemi. L'entreprise était hardie et dangereuse, car l'ennemi s'était retranché dans la garenne de Portets. Les Bordelais volèrent à l'attaque; l'avant-garde était commandée par Lamothe-Delas, Galibert, Richon; Lusignan avait avec lui les chevaliers Thibaut, Duvergier, Suaud, Ceridos, un autre Richon et Lamothe-Sauvage. L'attaque commença avec violence, le feu fut très-vif de part et d'autre; mais les Épernonistes, quoique supérieurs en nombre, foudroyés par les canons des Bordelais, furent contraints de se replier derrière leurs retranchements, après avoir laissé sur le rivage quatre-vingts hommes, tandis que les Bordelais n'avaient perdu que quatre soldats. Le marquis de Lusignan se prépara à attaquer l'ennemi le lendemain matin; il voulut commencer par le derrière du château; mais les Épernonistes décampèrent pendant la nuit. Sur ces entrefaites, le détachement épernoniste, de l'autre rive, crut pouvoir s'emparer des galiotes du Tourne. Thibaut le repoussa et le délogea de sa position. Il envoya de suite un lieutenant avec trente mousquetaires pour s'emparer de la maison du baron de Luz, en vue du château de Langoiran, où les Épernonistes s'étaient retranchés. On y trouva quatre fauconneaux montés sur leurs affûts, trois fauconneaux à crocs, vingt-cinq mousquets et fusils. Tout cela fut envoyé à Bordeaux, sur une chaloupe de Cadillac, prise sur l'ennemi.

Livre X.
Chap. 4.
—
1649.

CHAPITRE V.

D'Épernon marche sur Bordeaux. — Lusignan va au devant de lui. — Combat du Tourne. — Nouveaux sacrifices des Bordelais. — Le marquis de Sauvebœuf. — Maladresse de Comminges. — Le pirate Monstri sur la Garonne. — Siége du Château-Trompette. — Le maréchal de Praslin. — Il négocie la paix sans succès. — Il se retire à Blaye. — Capitulation du Château-Trompette. — Remontrances du Parlement de Paris en faveur des Bordelais. — Un conseil de guerre à Bordeaux. — Sauvebœuf réduit les petites villes sur la rive gauche. — Siége de Langon.

Livre X.
1649.

D. Devienne, liv. VII.

Fonteneil, ibid.

Ces tristes nouvelles parvinrent bientôt aux oreilles du duc ; il en fut extrêmement affligé. Il conçut des projets de vengeance et résolut de nouveau d'attaquer Bordeaux. Cette ville prise, toute la province se soumettrait ; en l'attaquant, il se persuadait qu'il y attirerait le marquis de Lusignan et détournerait son attention du château de Cadillac. Il partagea ses forces en deux corps : l'un d'eux marcha vers Bordeaux et s'arrêta dans le camp de Beautiran ; l'autre, composé de deux mille hommes et de cent cinquante chevaux, devait reprendre ses anciennes positions sur les hauteurs du Tourne. Lusignan fit monter huit ou neuf cents hommes sur deux frégates, deux galères et deux galiotes, avec des canons et des pierriers. Arrivé à la hauteur du Tourne, il débarqua cent vingt mousquetaires pour attirer les Épernonistes dans la plaine. Il ne se trompait pas dans ses prévisions. L'ennemi courut en foule vers les soldats débarqués ; c'était, selon lui, une facile proie que l'ignorance des Bordelais lui abandonnait ; mais, arrivé à une portée de fusil du rivage, la mitraille des canons bordelais fit un si grand ravage dans ses rangs, qu'il laissa plus de trois cents hommes sur la place et regagna, à la hâte, les hauteurs qu'il avait imprudemment quittées.

La nouvelle de ces victoires releva le courage des Bordelais; la joie était générale, et l'espoir d'en finir avec le duc renaissait dans tous les cœurs; mais il fallait de l'argent, et les riches n'étaient guère disposés à faire de nouveaux sacrifices. La persuasion, jointe à l'enthousiasme de la victoire, ne suffisait pas; il fallait user d'autorité. On visita les caisses des receveurs et des banquiers; on taxa les bourgeois; on épuisa toutes les ressources et on vint enfin à bout de faire une somme considérable. De son côté, le duc cherchait tous les moyens possibles de réparer ses échecs; il défendit à tous les Blayais de commercer avec les Bordelais; il fit condamner par le conseil la mémoire du marquis de Chambaret, comme criminel de lèse-majesté, et ordonna que sa maison serait rasée, ses bois dévastés et sa postérité notée d'infamie; mais à la requête de Mme la marquise, le Parlement ordonna qu'il serait sursis à l'exécution de cet arrêt et que les parties se pourvoieraient devant le roi, dans l'espace de deux mois; il défendit à toutes personnes de passer outre, sous peine d'une amende de 30,000 liv. On arrêta de plus qu'on écrirait au gouverneur de la province du Limousin, où étaient situées les propriétés de Chambaret, pour qu'il veillât à l'exécution des ordres de la Compagnie.

On envoya le conseiller Guyonnet à Limoges, avec de secrètes instructions pour le marquis de Sauvebœuf, maréchal-de-camp des armées du roi, général des troupes du duc de Parme, militaire distingué. Il accepta la commission du Parlement et partit à la tête de quatre cents hommes pour Bordeaux; il y fut accueilli avec une joie indicible. Gay, l'un des beaux esprits du temps, célébra son arrivée; *c'est un bœuf,* disait-il, *qui sauvera la patrie; qu'il quitte son nom et qu'il s'appelle désormais sauve-peuple.*

Sur ces entrefaites, on reçut la nouvelle que le conseiller Mirat avait été arrêté, revenant de Paris à Blaye, par le sieur de Joigny, commandant de la place sous le duc de Saint-

Livre X.
Chap. 5.

1649.

D. Devienne, ibid.

Registres du Parlement.

Recueil de pièces, etc.

Simon. Ayant recouvré sa liberté trois jours après, il vint rendre compte de la manière dont il s'était acquitté de sa mission; il dit que les ministres étaient fort embarrassés de l'état des choses en Guienne et craignaient que le Parlement de Paris n'épousât la querelle de celui de Bordeaux; qu'ils allaient envoyer le comte de Comminges avec plein pouvoir de mettre fin à ces déplorables dissensions. En effet, le comte arriva peu de jours après; mais, négociateur impolitique, au lieu de se rendre auprès du Parlement, il alla droit trouver d'Épernon. Les Bordelais en furent mécontents; mais ils s'attendaient à ce que le gouverneur, à l'arrivée du commissaire royal, cessât ses ravages; ils se trompaient; les actes de violence n'en furent ni moins fréquents ni moins condamnables. Cependant, le maladroit négociateur écrivit au Parlement qu'il était investi de pleins pouvoirs pour mettre fin aux troubles de la province. Le Parlement, indigné de ce qu'il ne s'efforçait pas de faire cesser les ravages et les spoliations exercées par les Épernonistes sur des Bordelais inoffensifs, répondit que si la Cour voulait des grâces, elle ne les demanderait et ne les recevrait que de la bonté du roi. Quelques jours plus tard, le comte fit une autre maladresse : il écrivit au Parlement, et, sur cette lettre qu'il envoya par un simple religieux, il mit pour toute adresse : *A Messieurs de la Cour du Parlement de Bordeaux,* au lieu d'écrire, selon l'usage : *A Messeigneurs.* Le Parlement renvoya la lettre, sans daigner même l'ouvrir, ce qui rompit tout à fait les négociations avec le comte Il n'y avait d'autre remède aux nécessités du moment que la force pour repousser la force. Le Parlement, vu les vexations de d'Épernon, ordonna que les sujets du roi seraient déchargés de la moitié de la taille et que l'autre moitié serait payée aux commissaires de la Compagnie, pour le service du roi et de l'État, la conservation de la ville et la sûreté de la province.

Pendant ces préparatifs, plusieurs seigneurs vinrent offrir

leurs services au Parlement; parmi les autres, on remarquait le marquis de Sainte-Croix, fils du maréchal d'Ornano; Théobon, père du marquis de Lusignan; Lamothe d'Hautefort; mais aucun n'inspira aux Bordelais une si grande confiance que le marquis de Sauvebœuf; lui seul pouvait sauver la ville, lui seul rassurait tout le monde et devait couronner toutes les espérances; il était l'idole du peuple!

D'Épernon, exaspéré au dernier point, ne se contint plus et donna toute liberté à ses troupes de ravager le pays; le pillage, le vol, le viol, le meurtre étaient à l'ordre du jour; on n'entendait parler que des églises dévastées, des prêtres massacrés, des châteaux incendiés, des maisons livrées aux flammes; il avait chargé Monstri de pénétrer dans la Gironde et de ravager les côtes; mais les Bordelais équipèrent une armée navale pour le combattre, et en donnèrent le commandement au chevalier Thibaut, qui descendit de suite au devant de l'ennemi et alla mouiller au Bec-d'Ambès, pour garder le passage de la Garonne et de la Dordogne. Il leva l'ancre à la marée descendante; mais le hardi pirate s'éloigna à force de rames, et, ne connaissant pas les passes, échoua sur un banc de sable. Thibaut envoya deux galiotes pour s'emparer du vaisseau; mais Monstri y mit le feu et, s'échappant sur une chaloupe, parvint jusqu'aux côtes du Médoc, après avoir jeté son artillerie sur le sable. Les galiotes arrivèrent à temps pour éteindre le feu et emportèrent à Bordeaux l'artillerie qu'on sauva du naufrage.

Dans ce temps, Haumont, commandant du Château-Trompette, reçut l'ordre de d'Épernon de tirer sur la ville; il n'accomplit que trop fidèlement cette injonction barbare. Bordeaux, dans un certain rayon autour du château, n'offrait aux regards qu'un monceau de ruines; les habitants fuyaient à l'autre extrémité de la ville, les maisons croulaient partout au bruit du canon, l'église des Jacobins fut renversée ainsi que le couvent de Sainte-Catherine, où une pauvre religieuse fut

Livre X.
Chap. 5.

1649.

Registres
du Parlement,
28 Août 1649.

blessée d'un boulet qui pénétra dans l'intérieur. Le désordre était affreux; l'indignation du peuple ne connaissait plus de bornes. Le siége du château était devenu une nécessité; le marquis de Sauveboeuf résolut de le faire et en partagea les dangers et la gloire avec le conseiller d'Espaignet, qui n'entendait pas moins, dit un auteur, le métier de la guerre que celui du Palais. Le marquis se chargea d'attaquer le bastion qui dominait le port et alla s'établir aux Chartrons, près du point désigné, *bien résolu,* disait-il, *de n'en point partir qu'il n'eût couché dans les bras de sa maîtresse* (le château). Le peuple se porta en foule auprès du marquis; les travaux y furent exécutés avec une telle ardeur, qu'en moins de huit jours la tranchée fut poussée jusqu'aux bords de la contrescarpe du fossé. D'Espaignet s'était établi du côté opposé; il devait attaquer une tour carrée qui dominait la ville et la campagne; et, après avoir formé ses retranchements, il fit dresser une batterie de canons et mit ses hommes à couvert des attaques du château. Le siége fut entrepris avec ardeur et continué avec courage, malgré les propositions que d'Épernon avait fait faire de Paris.

Le Parlement s'assembla le 9 septembre; et, après avoir rappelé les divers traités de paix, même celui fait avec l'archevêque de Bordeaux, constata les charges suivantes : « Le » sieur duc d'Épernon a fait faire plusieurs pillages, ruines, » ravages, voleries, démolitions de maisons, dégradations de » bois de haute futaie, tuer des curés et prêtres de campagne » et autres personnes, mis le feu en plusieurs endroits de la » ville, et autres actes d'hostilité, a fait faire des levées ex- » traordinaires sur les sujets du roi; de plus, ceux qui com- » mandent au Château-Trompette ont tiré, par son ordre, plus » de quatre mille coups de canon et ont ruiné quantité de mai- » sons des particuliers et monastères, qui ont obligé des re- » ligieux et religieuses et bourgeois de les abandonner, et » continuent encore à présent de tirer jour et nuit, et, après

» tant de désolations réitérées et foi violée, il serait impossible
» d'entretenir la correspondance nécessaire avec lui pour le
» service du roi; la Cour, les Chambres assemblées, déclare le
» duc d'Épernon perturbateur du repos public, et fait inhibi-
» tion et défense à tous gentilshommes et sujets du roi de le
» suivre et d'exécuter ses ordres, ruineux et dommageables à
» la province, et conformément à l'arrêt de ladite Cour, du 20
» avril dernier, arrête que le roi sera très-humblement sup-
» plié, pour le bien de son service et tranquillité publique,
» de bailler un autre gouverneur à la province de Guienne. »

D'Épernon, étonné, irrité au suprême degré, voyait l'avenir sous les couleurs les plus noires; il recourut aux menaces; c'était un signe de sa faiblesse ou au moins de ses craintes. Il allait, disait-il, exterminer les Bordelais comme des séditieux et des rebelles, raser leurs maisons et leurs murailles, et dé- vaster les terres des membres du Parlement, hostiles à sa domination. Il ne se borna pas à des menaces; il les réalisa en grande partie en ravageant les propriétés et en démolis- sant les maisons de campagne des conseillers du Parlement. Le conseiller Suduiraut s'était constamment montré son im- placable adversaire. D'Épernon fit arracher ses vignes, dé- molir son château, près de Preignac, et ordonna aux habitants du bourg et des paroisses voisines de dégrader les bois de haute futaie dépendants de ce domaine. Le Parlement crut devoir autoriser des représailles; il autorisa le marquis de Sauvebœuf à dévaster les maisons et propriétés du duc et de ses adhérents, et déclara le gouverneur perturbateur du re- pos public. On s'étonnait que le marquis ne se transportât pas à la campagne pour arrêter les ravages des Épernonistes; mais il aimait mieux pousser vigoureusement le siége du châ- teau; les opérations militaires du duc dans les environs n'a- vaient qu'un but, celui d'attirer les assiégeants hors de la ville et de donner du repos aux assiégés, avec les moyens de se fortifier mieux et d'approvisionner sa place. Le marquis

Livre X.
Chap. 3.

1649.

D. Devienne,
liv. VII.

Fonteneil,
ibid.

devina la pensée du duc et continua activement le siège ; il fit mettre les Chartrons à l'abri d'une attaque et en état de repousser toute descente du côté de la rivière. Langoiran, à la tête des milices du Bouscat, de Caudéran et de Villeneuve, appuyées de quelques gardes bourgeoises, défendait le faubourg Saint-Seurin ; le haut de la rivière était protégé par Treillebois, avec cinq gros vaisseaux, deux brûlots, seize galiotes et deux galères. Au devant du château, on avait fait une estrade pour que personne ne pût y entrer.

Pendant ces travaux stratégiques, Sauvebœuf, jeune et vaillant, ne se donnait pas un moment de repos ; il s'épuisa au point qu'il tomba dangereusement malade ; on le transporta en ville pour mieux le soigner, et Lusignan le remplaça à son poste aux Chartrons. On s'aperçut bientôt de l'absence du général en chef ; on poussait les travaux avec moins d'ardeur et d'activité ; les attaques étaient moins vives et moins fréquentes ; les affaires ne marchaient pas. D'Espaignet, ce conseiller-guerrier, soutenait à lui seul le courage des assiégeants ; il réussit à dresser une seconde batterie de deux pièces de canon et finit par ouvrir une brèche à la tour carrée ; mais quelques volées des canons des bastions, dirigées avec adresse, démontèrent sa batterie et firent sauter si violemment un caillou, qu'il perça la botte du commandant et lui coupa le tendon du pied ; il garda le lit pendant un temps considérable. Le marquis de Théobon le remplaça.

Les partisans de d'Épernon imitaient son exemple et s'estimaient heureux de pouvoir satisfaire des haines particulières en pillant comme lui les propriétés des membres du Parlement. Pontac d'Anglade se rendit odieux par ses excès dans ce genre ; il était déjà frappé de plusieurs arrêts du Parlement ; mais le peuple, indigné au récit des désordres qu'il commettait journellement, se porta en foule à sa maison en ville et la démolit de fond en comble. Il est probable que l'idée de cette vengeance populaire avait été suggérée par quelque membre du Parlement; mais, par respect pour la noble famille de Pontac, et pour prévenir des excès semblables, la Compagnie défendit, par un arrêt sévère, à toutes sortes de personnes, de démolir ou de piller aucune maison en ville, sous peine de la vie (1).

Cependant le siége n'avançait pas, aucun succès ne couronnait les efforts des assiégeants. Sauvebœuf était dangereusement malade, son état inspirait aux Bordelais les plus vives inquiétudes. Le peuple courut aux pieds des autels, et mille voix, mille vœux montaient au ciel jour et nuit pour le rétablissement de ce général, le seul espoir de la ville. De son côté, d'Épernon s'efforçait, par ses amis, de semer des germes de mésintelligence entre les généraux qui coopéraient au siége; mais ils s'aperçurent du piége, et, piqués d'honneur, ils se mirent à pousser les travaux avec plus d'activité et d'ardeur. Le commandant du château incommodait beaucoup les Bordelais par un canon qui lançait des boulets de 42 livres et qu'on appelait *Gros-Jean*. Les Bordelais réussirent à dresser, presque vis-à-vis de lui, sur la voûte des *Piliers-de-Tutelle*, une batterie de trois canons, sous les ordres des conseillers Voisin et Romat; elle vint à bout de renverser le donjon et de faire cesser le feu qui faisait tant de mal à la ville. Une quatrième batterie, sous les ordres du conseiller Mirat, abattit le pont et les guérites du côté de la ville; ils voulaient occuper cette position, mais ils y renoncèrent à cause du feu très-vif qu'on y faisait de la Tour-du-Diable, qui la dominait. Il fallait

Livre X.
Chap. 5.

1649.

22 Septembre.

D. Devienne,
liv. VII.

---

(1) Le 28 septembre 1649, la Cour publia un arrêt portant rabais de la moitié des tailles, avec une fidèle relation des grandes cruautés commises à Bordeaux, par ordre du sieur d'Épernon. *(Registre du Parlement.)*

Le 2 octobre suivant, les députés du Parlement de Bordeaux présentèrent à la reine-régente un cahier contenant de très-humbles remontrances au sujet de la nouvelle guerre qui s'est renouvelée par les encouragements, les intrigues, les violences et les affreux crimes de d'Épernon et de ses partisans; c'était une justification du Parlement et des Bordelais, et un résumé de tous les désordres dont nous avons déjà parlé et de plusieurs autres faits d'une moindre importance.

donc, pour réussir, ruiner les défenses de la tour; on ouvrit une tranchée qu'on poussa avec succès jusqu'à la contrescarpe du fossé. Saint-Hermine, capitaine de cavalerie, y perdit la vie.

Tout annonçait la prise très-prochaine du château; c'était la disgrâce ou au moins la défaite de d'Épernon et le triomphe du Parlement. Le comte de Comminges, n'ayant pu remplir sa mission, s'en retourna à Paris; on le remplaça par le maréchal du Plessis-Praslin; mais ce nouveau négociateur n'avait pas grand espoir de conduire les affaires à une fin satisfaisante; le peuple bordelais semblait ne compter que sur lui-même pour le succès de sa cause; il se défiait de tout et de tout le monde. Le maréchal arriva par Blaye, et, redoutant la fureur de la populace de Bordeaux, il n'osa pas y entrer et demanda à loger dans le château de l'archevêque, à Lormont. L'archevêque, qui avait gardé dans ces troubles une stricte neutralité, refusa de lui céder sa maison; les jurats le logèrent dans la maison de la veuve Raoul, assise sur la croupe de la montagne, près Lormont, et d'où il pourrait voir toutes les opérations du siége du Château-Trompette.

Le maréchal fit connaître sa mission et demanda à traiter; le Parlement lui envoya Pomiers, doyen de la Campagnie, avec les conseillers Suduiraut, Massiot et Martin, l'avocat général Du Sault, le jurat Constant et Blanc, procureur-syndic. Diplomate habile, Praslin entra dans leurs vues, adopta leurs idées, blâma la fierté et les violences du duc, étudia le caractère des commissaires du Parlement, tout en applaudissant à leurs paroles et conduite; il insinua de temps en temps qu'ils avaient mal agi, qu'il fallait demander grâce au roi; il faisait agir ses amis à Bordeaux, et, pendant tout cela, négociait avec d'Épernon, qu'il flattait aux dépens des Bordelais. Cette conduite équivoque déplut aux Bordelais; on voyait avec peine qu'il s'efforçait de temporiser, de gagner les uns, d'intimider les autres et de traîner les négociations en longueur, jusqu'à ce que les circonstances pussent permettre au duc de secourir le château. Les commissaires agissaient cependant avec une prudente réserve, mais avec plus de franchise et de loyauté que le maréchal ; ils ne cachaient pas leurs sentiments et n'espéraient une paix solide et durable qu'après la prise du Château-Trompette et la destruction des forts; le maréchal déploya une noble fermeté dans l'occasion et répondit qu'ils pourraient le démolir, mais qu'on le ferait reconstruire plus beau que jamais et à leurs dépens. Il ne se borna pas à ces démarches directes, il envoya son frère, l'évêque de Comminges, en ville, et le chargea de continuer la négociation et de lui mander tout ce qu'il parviendrait à découvrir d'utile à sa mission et à la cause du roi.

L'évêque se mit en rapport avec le président Latresne ; le marquis de Sauvebœuf, qui était presque rétabli, l'apprit avec peine, et, se défiant d'une trahison et de la lâcheté de quelques Bordelais, qui, sous le masque d'un patriotisme outré, vendaient leurs services aux amis du duc, se fit porter au Parlement, et là, dévoilant l'intrigue, déclara que les évêques de Comminges et de Bazas avaient voulu le corrompre en lui offrant, de la part du cardinal, le bâton de maréchal, avec le gouvernement du Limousin, s'il voulait abandonner les Bordelais, mais qu'il aimait mieux mourir que se salir en acceptant de telles propositions, quelque avantageuses qu'elles fussent. Cette importante révélation, que Praslin qualifia de mensonge, produisit une exaspération générale ; la haine qu'on avait conçue pour lui s'étendit jusqu'à l'évêque de Comminges, qui semblait s'entendre avec lui pour mystifier et tromper les Bordelais. Un jour, ce prélat, sortant de dîner chez les Jésuites, à la maison professe, vit tout à coup sa voiture entourée de misérables en guenilles, des bouchers, ayant tous le couteau à la main ; l'un d'eux s'approcha de lui, et, lui portant sa lame ensanglantée à la poitrine, menaça de l'égorger s'il ne voulait quitter la ville. Il se sauva préci-

Livre X. Chap. 5.

1649.

Mémoires du maréchal de Praslin.

pitamment à Lormont et refusa de rentrer à Bordeaux, à la prière du Parlement. Quant au maréchal, on ne vit plus en lui qu'un ennemi de Bordeaux d'autant plus dangereux qu'il était revêtu d'un caractère respectable. On voulait se débarrasser de lui ; on lui fit peur. Un beau jour, en se levant le matin, il vit deux galiotes armées venir mouiller devant sa maison ; il crut qu'on allait l'ensevelir sous les ruines de son modeste logis ; il se retira précipitamment à Blaye.

Sauvebœuf, maintenant rétabli, voulait visiter les travaux ; mais avant de rien décider, il alla aux Récollets entendre la messe et communier ; c'était un jour de joie pour le peuple, qui l'accompagna partout avec des *vivats* bruyants et enthousiastes. Le courage semblait renaître, et un succès immédiat et immanquable allait bientôt couronner tous les vœux des Bordelais. On arrangea tout pour donner l'assaut le 2 octobre. Il était d'autant plus nécessaire de se presser, que d'Épernon se rapprochait de la ville, et que le comte du Doignon allait monter, dans peu de jours, jusqu'à Bordeaux, avec des vaisseaux équipés pour secourir le château. D'Épernon vint, en effet, camper au Carbon-Blanc, et fit avancer ses troupes jusque sur les hauteurs de Lormont, comme pour encourager les assiégés ; il se borna à démolir les maisons de MM. les conseillers Massip et Raganeau, et se retira ; il n'osa pas aller plus loin.

Instruit de cette apparition du duc aux portes de Bordeaux, Sauvebœuf fit hâter les préparatifs de l'attaque. Le marquis de Théobon se chargea de conduire les *enfants-perdus;* les bourgeois demandèrent à partager le péril et la gloire, afin, dit Fonteneil, qu'on ne pût pas plus tard leur reprocher de ne tenir leur liberté que des mains étrangères. Tout étant disposé avec ordre, Sauvebœuf allait donner l'ordre au tambour de sommer les assiégés de se rendre ; mais un officier de la garnison, voyant les échelles prêtes pour l'assaut, parut sur un bastion et demanda à capituler. Comme gages de sincérité et de bonne foi, il fallait commencer par donner des ôtages de part et d'autre; les conseillers La Lande et Guyonnet entrèrent en cette qualité au château, et, au même instant, Talanges et de Filouze, majors de la garnison, vinrent se mettre au pouvoir des Bordelais. On arrêta les conditions de la capitulation; elles furent acceptées et signées par Du Haumont et Sauvebœuf; celui-ci entra de suite au château avec Théobon, Lusignan, d'Espaignet et les troupes bourgeoises. On y trouva 260 hommes, sans compter les malades et les blessés. On les traita tous comme des hôtes, jusqu'au 19, et, ce jour-là, on les fit embarquer, à trois heures du soir, par une marée favorable, avec une escorte pour les protéger contre l'aveugle fureur de la populace, jusqu'à Rions. On trouva la place en état de faire une longue résistance : cinq retranchements bordés de canons et de fauconneaux tous chargés, une grande quantité de provisions de guerre et de bouche; des meubles, avec 30,000 écus d'argent; plus de 80 barriques de farine, 26 quintaux de poudre, une immense quantité de mèches et de boulets, 40 pièces de canons de fonte et 30 de fer, etc.

Il serait difficile de décrire l'ivresse et l'enthousiasme des Bordelais; c'était une joie bruyante, des fêtes continuelles, des feux d'artifice, des danses, des divertissements de toute sorte; c'était le peuple livré à lui-même et abandonné à toute l'expression d'un sentiment de bonheur. Sur ces entrefaites, on reçut des nouvelles de Paris. Le Parlement de cette ville fit des remontrances à la reine sur les troubles de la Guienne; c'était le 25 octobre; la nouvelle en fut portée à Bordeaux, le 2 novembre. Le président de Novion, homme d'un rare mérite, magistrat intègre et distingué, porta la parole, dans cette circonstance, avec une respectueuse fermeté. Le chancelier répondit au nom de la reine et assura que, quoique les Bordelais eussent agi en rebelles en faisant le siége de Libourne, et qu'ils eussent manqué de respect au roi et à la reine, dans leurs négociations avec de Praslin et les autres commissaires qu'ils avaient envoyés à Bordeaux, cependant la reine conservait pour les Bordelais son ancienne bienveillance et serait toujours prête à leur en donner des marques et à leur accorder toute la justice qu'ils pouvaient en attendre; mais qu'avant tout, il fallait qu'ils rentrassent dans le devoir.

La démarche du Parlement de Paris était très-importante dans les circonstances actuelles; c'était un appui et un exemple qui devaient trouver des imitateurs. Les paroles du chancelier étaient trop vagues et incriminaient directement la conduite des Bordelais; ils apprirent qu'il ne fallait rien attendre de la cour et qu'ils ne pouvaient compter que sur la justice de leur cause et sur leur propre courage. D'Épernon, d'ailleurs, s'efforçait de prendre Bordeaux par la famine; il faisait intercepter, par les garnisons de Cadillac, de Rions, de Podensac, de Langon et de Libourne, les vivres qu'on cherchait à y introduire; il autorisait ses troupes à boire le vin qui se trouverait dans les celliers des maisons bourgeoises, dans les environs de la ville, et à répandre celui qu'elles ne boiraient pas. Ces actes, au lieu de rétablir la paix, ne firent qu'irriter de plus en plus les Bordelais et les disposer, plus que jamais, à repousser les Épernonistes. Le Parlement profita de ces dispositions pour exciter le peuple, par un arrêt formel, à tirer parti de ses succès et à raser les fortifications et le Château-Trompette, dont l'ennemi pourrait un jour se servir contre eux. On convoqua le conseil de guerre; diverses opinions y furent proposées. Sauvebœuf voulait aller recruter des soldats dans le Limousin et le Périgord; d'autres opinaient qu'il fallait attaquer Cadillac, où demeurait d'Épernon; d'autres, enfin, firent sentir la nécessité de s'emparer des villes situées sur les bords de la Garonne, et rendre ainsi la liberté au commerce et faciliter l'introduction des vivres à Bordeaux. Ce sentiment prévalut. Une nouvelle campagne commence.

Sauvebœuf organisa ses troupes et les mit en marche. Le premier jour, il alla coucher à Carbonieux, à deux lieues de la ville, et le lendemain, ayant passé son armée en revue à La Prade, se dirigea sur Podensac, qui, dit Fonteneil, était autrefois une ville et appartenait à d'Épernon. On y avait élevé des barricades à l'entrée, mais elles furent enlevées bien vite par le chevalier de Vauzelle et un détachement de l'avant-garde, sous les ordres du marquis de Théobon. Les Épernonistes se réfugièrent, partie dans l'église et partie dans le château. Sauvebœuf fit avancer deux canons devant la porte du lieu saint, pendant que Morpain, avec ses deux galiotes, se disposait à attaquer le château du côté de la rivière. Sommé de se rendre, à l'entrée de la nuit, par Lamothe-Guyonnet, maréchal de bataille, la garnison refusa de se soumettre ; mais, après avoir essuyé quelques volées de canons, et voyant les parlementaires arrivés près d'une barricade, à l'entrée de l'église, qu'ils enlevèrent dans un clin-d'œil, ils se rendirent à discrétion. Dans ce moment on vient avertir qu'un escadron de cavalerie épernoniste paraissait sur la rive droite. Théobon et Beaupuy allèrent, avec une compagnie de chevau-légers, s'opposer à leur débarquement. Le château n'était pas en état de faire une plus longue résistance ; le commandant Petro-Paulo demanda, comme condition de la capitulation, que la garnison sortirait le mousquet sur l'épaule et serait escortée jusqu'à Cadillac ; on y consentit et on y reçut le chevalier de Vauzelle, qui, le lendemain (14 novembre), marcha sur Barsac. Arrivés à Cérons, on tira quelques volées sur le château de Cadillac, sur l'autre rive ; mais la distance était trop grande pour pouvoir l'endommager ; on cassa des vitres ; en réalité on fit plus de peur que de mal. Après s'être reposés un peu dans la *villa* de M. de Niac, ils continuèrent leur course à Barsac et à Preignac, qui ne firent pas de résistance. Le 15 novembre, ils arrivèrent en vue de Langon, où se trouvait une garnison de 360 hommes du régiment de la marine, l'un des meilleurs régiments de France. On avait fait des barricades et de faibles retranchements du côté de la campagne. Mais les régiments Beaupuy et Laroche-Duval les enlevèrent avec vigueur ; malgré le feu très-vif et bien soutenu de la garnison, on réussit à dresser deux batteries qui tiraient sans cesse sur le château. Les Bordelais y perdirent plusieurs capitaines distingués, entre autres Serpe, commandant du régiment de Beaupuy ; Ciret, capitaine de celui de Laroche ; Montaigne, lieutenant dans le Lusignan. La Lande, aide-de-camp de Sauvebœuf, reçut trois coups de mousquet, dont deux percèrent son chapeau et le troisième le collet de son pourpoint.

Sauvebœuf, malade de la fièvre, monta à cheval et visita les quartiers de son armée ; il établit ses batteries du côté du couvent des Carmes. Le feu fut si vif et si bien dirigé, qu'en moins de cinq heures on fit une brèche considérable. Les régiments de Théobon et du Parlement furent commandés pour monter à l'assaut, soutenus par ceux de Lusignan et de Sauvebœuf. La brèche fut emportée, et après une violente lutte de quatre heures, les Bordelais forcèrent neuf barricades et se précipitèrent dans la place. Pontcastel, capitaine du régiment du Parlement, entra hardiment, le pistolet à la main, dans quatre barricades ; mais il fut enfin tué d'un coup de mousquet. La garnison se réfugia, partie dans l'église de Saint-Gervais, partie dans le château : elle répondit aux sommations : *Le régiment de la marine meurt en se défendant, mais ne se déshonore pas en se rendant.* Ceux qui étaient dans l'église capitulèrent, mais le château résista. On dirigea toutes les batteries contre cette forteresse, défendue, d'un côté, par la Garonne ; de l'autre, par une bonne courtine, flanquée de bastions. On y fit, en deux heures, une grosse brèche ; mais l'endroit étant trop escarpé pour un assaut, on pointa les canons sur une autre partie. Alors la garnison, voyant toute résistance inutile, fit battre la *chamade ;* on lui accorda l'honneur de sortir, *vie et bagues sauves,* tambour battant, mèche allumée. Ils furent conduits à Bazas, où Marin, maréchal-de-camp de d'Épernon, avec un détachement de cavalerie, s'efforçait de réprimer les sympathies des Bazadais pour la cause du Parlement.

Beaupuy, maréchal-de-camp, et Razens, capitaine de cavalerie, avaient traversé la rivière avec 300 hommes du régiment de Sauve, avant le siége de Langon, pour attaquer Saint-Macaire; mais cette ville, quoique bien défendue, se rendit à la première sommation.

CHAPITRE VI.

D'Épernon à La Réole. — Combat près de Gironde.—Le comte du Doignon entre en rivière.—Saint-Macaire se rend.—Les Épernonistes se rapprochent de Bordeaux. —La flotte bordelaise descend la rivière au devant du comte du Doignon.—Prise d'un bâtiment échoué. — Doignon établit un poste à Lormont. — Un combat. — Acte de religion du Parlement.—Négociation avec Praslin, à Blaye.—D'Épernon attaque La Bastide. — Combat meurtrier. — Sauvebœuf abandonne La Bastide.— Une déclaration du roi. — Elle est favorable aux Bordelais, grâce au prince de Condé.—Lettre de Mazarin, etc.

Livre X.
1649.
Fonteneil, ibid.

La prise de Langon jeta l'épouvante dans les villes voisines; elles sympathisaient, en général, avec Bordeaux, mais elles n'osaient bouger; elles craignaient trop l'implacable haine de d'Épernon, qui appesantissait son joug sur elles et faisait courir le bruit qu'il attendait des troupes régulières de la Catalogne pour mettre les Bordelais à la raison. Il envoya une garnison à La Réole; mais les habitants, prévenus à temps, en donnèrent avis à Sauvebœuf, qui, après avoir laissé la garde de Langon à Royère, sieur de Masvieux, s'était établi à Saint-Macaire et prétendait vouloir y passer l'hiver. Sauvebœuf ne put partir que le lendemain à sept heures; les troupes du duc étaient arrivées avant lui. Il revint sur ses pas, les troupes du duc le poursuivirent, mais il fit volte-face et joncha le champ de cadavres de l'armée épernoniste. Le gouverneur, témoin du courage héroïque des Bordelais, alla au galop se renfermer dans la ville; mais ne s'y croyant pas en sûreté, parce que les hauteurs environnantes étaient occupées par les parlementaires, il se retira à Marmande. Les Réolais désiraient se rendre à Sauvebœuf, mais ils furent contenus par Biron, qui commandait dans le château.

Sauvebœuf désirait poursuivre les troupes fugitives et pénétrer dans l'Agenais, où il était sûr de trouver des amis. Il avait, d'ailleurs, d'autres grandes raisons; les vivres commençaient à être chers et rares dans le Bordelais; l'agriculture y était négligée, les maisons brûlées et détruites, les champs dévastés. Il n'en était pas de même de l'Agenais; il était persuadé qu'il y trouverait de grandes ressources. Mais au moment de se mettre en marche, le Parlement le fit prier de revenir à Bordeaux, alors menacé par le comte du Doignon, qui était entré en rivière avec huit gros vaisseaux, trois brûlots et seize galiotes. On savait d'ailleurs que le duc revenait de Marmande, avec une grande armée, pour appuyer la flotte. Sauvebœuf rappela ses troupes.

L'armée évacua donc Saint-Macaire et Langon; mais elle était arrivée à peine à Preignac, lorsque d'Épernon parut devant Saint-Macaire. Les habitants, désespérés de tomber entre les mains de l'implacable duc, résolurent de mourir plutôt que de se rendre. Ils prièrent Beaupuy, maréchal-de-camp, qui commandait leur faible garnison, de faire des sorties; mais ne se croyant pas en état de le faire avec succès, il s'y refusa, au grand déplaisir de la population. On forma des corps francs qui parcouraient les campagnes et harcelaient les Épernonistes; mais le duc resserra tellement le siége, que les sorties étaient devenues presque impossibles. Beaupuy, au premier coup de canon, demanda des secours à Langon. Royère, qui y commandait, lui envoya un détachement de ses braves; mais la faiblesse de Beaupuy paralysa leurs bras et rendit inutile leur bravoure. On tint un conseil de guerre; les Saint-Macairiens voulaient se battre et ne demandaient qu'un chef bien décidé; grâce à la pusillanimité de Beaupuy et aux intrigues des partisans du duc, on se décida à capituler. Roux de Mauléon et le seigneur de Rions étaient chargés de traiter avec le duc; mais, traîtres ou peu habiles, ils abandonnèrent les bourgeois à sa discrétion et laissèrent même entrer ses gardes

Livre X.
Chap. 6.

1649.

D. Devienne,
liv. VII.

Fonteneil,
liv. IV.

Livre X.
Chap. 6.

1649.

par la porte de la rivière avant que la capitulation fût signée. La trahison fut manifeste; la ville en fut indignée. Sauvebœuf fit arrêter Beaupuy; il aurait payé de sa tête la trahison, sans le marquis de Théobon, qui demanda sa grâce. Les Épernonistes ne firent que piller quelques maisons riches de Saint-Macaire et exiger un don de dix mille livres pour le premier écuyer du duc.

Langon subit le sort de Saint-Macaire. Le chevalier de Vauzelle, qui commandait dans Barsac, Preignac et Podensac, n'ayant ni vivres ni munitions, obtint des conditions avantageuses pour ces villes et se rendit sans résistance. Tout céda devant la formidable armée du duc, qui grossissait tous les jours de toutes les troupes qui revenaient d'Italie, de Catalogne et de Flandre. Elle arriva enfin en vue de Bordeaux et alla camper à Blanquefort et au Taillan. L'infanterie était, sous les ordres de Marin, sur les hauteurs du Carbon-Blanc; la cavalerie était commandée par le marquis de Navaille. La flotte se tenait à Bourg, sous les ordres du comte du Doignon. Le duc lui écrivit de s'approcher de Bordeaux; mais le comte, piqué de ce que le duc lui intimait un ordre, répondit que le gouverneur aurait dû y aller lui-même pour se concerter ensemble sur leurs opérations et leurs projets futurs. Le duc comprit sa faute; il savait que le succès de sa cause dépendait d'un accord parfait entre les différents chefs. Il se rendit à Bourg, et à bord du vaisseau-amiral, où il fut reçu et régalé avec tous les honneurs possibles. On lui promit de faire tout ce qu'il avait demandé; tout se préparait pour une attaque simultanée.

Les Bordelais voyaient disparaître leur joie et leurs espérances; la fortune semblait se prononcer contre eux. Ils se préparèrent cependant à une résistance désespérée et s'organisèrent en conséquence. Lamothe-Guyonnet prit, comme amiral, le poste de Treillebois, qui avait passé dans les rangs épernonistes; Richon La Rodière fut nommé vice-amiral. Le vaisseau-amiral avait 200 hommes et 26 pièces de canon. La *Notre-Dame*, capitaine Vrignaut, avait 20 canons et 80 hommes ; la frégate, commandée par le capitaine Labat, portait 22 canons et 80 hommes ; il y avait encore, dans la flotte bordelaise, trois flûtes de 22 canons chacune et près de 80 hommes sous les ordres du capitaine Giraud ; six brûlots, seize galiotes et deux galères. Le 7 décembre, cette flotte descendit jusqu'à la Baranquine, au devant de celle commandée par Doignon et qui était remontée jusqu'à Valliers ; mais, voyant que la flotte ennemie s'ébranlait pour engager le combat, les Bordelais remontèrent la rivière jusqu'à Lormont et se placèrent en observation sous le château. Comme la marée n'était pas forte et que le capitaine Giraud ne connaissait pas bien les passes, il fit échouer sa flûte sur un banc de sable, au grand mécontentement des Bordelais. Sauvebœuf voyant qu'une collision allait nécessairement avoir lieu, recruta des volontaires et alla avec eux rejoindre la flûte ; il assembla un conseil de guerre et il fut décidé que, pour ne pas abandonner la flûte échouée, il fallait la brûler et amuser l'ennemi par des escarmouches, en attendant l'arrivée des secours. De suite on détacha de petites barques faciles à diriger ; elles s'approchaient des vaisseaux ennemis pour faire leur décharge et s'éloignaient avec vitesse ; elles tentaient quelquefois l'abordage. Les brûlots furent enfin lancés, mais maladroitement dirigés ; ils s'accrochèrent bien aux vaisseaux ennemis, mais les traversiers des vaisseaux du comte les ayant cramponnés, les poussèrent sur le banc de sable ou sur les bords de la rivière. Giraud et ses flûtes se trouvaient encore au même lieu. La nuit arrivée, le comte envoya La Roche, avec sept ou huit barques chargées d'hommes, pour se rendre maître de la flûte échouée. Giraud, qui était sur le pont, reconnut qu'on voulait se rapprocher de lui ; il leur cria : *Qui va là ?* — *Bon quartier*, répondit l'ennemi. Giraud, croyant que c'étaient des barques égarées qui, se trouvant sous le canon d'un vaisseau ennemi, demandaient à se rendre, resta tranquille ; mais, voyant des gens armés qui l'abordaient en criant : *Tue, tue!* il s'empara d'une demi-pique et les renversa dans leur embarcation. La Roche se disposait à monter par les haubans du mât ; Giraud lui tira un coup de pistolet ; mais, l'ayant manqué, il tomba sur lui à coups de pique et le fit rouler dans sa galiote. Les autres ne furent pas plus heureux, ils furent obligés de s'enfuir.

Doignon, furieux de cet échec, renvoya La Roche, avec 25 galiotes, pour s'emparer du bâtiment et passer au fil de l'épée tout l'équipage, excepté le vaillant Giraud lui-même. Après plusieurs vigoureuses décharges de part et d'autre, La Roche fit lancer plusieurs grenades sur le bord de Giraud et lui tua beaucoup de monde. Alors le brave capitaine, se voyant presque seul et se rappelant que si son inexpérience avait fait des fautes, son courage devait les réparer, courait d'un bord à l'autre, tuant les uns, renversant les autres dans la rivière ou dans leurs galiotes et faisant partout un carnage affreux ; enfin, accablé du nombre et sourd à toutes les propositions de La Roche, il allait mettre le feu aux poudres et se faire sauter, avec son bâtiment et ses ennemis, tous à la fois.

On s'aperçut de son projet, et pour éviter un grand malheur, on lui tira un coup de pistolet qui l'étendit mort sur la place. Son frère, qui n'avait que quinze ans, se défendait en désespéré ; mais, voyant tomber le vaillant chef de sa famille, il rendit les armes en présence de la mort et obtint pour tout l'équipage une capitulation honorable (1).

La flotte bordelaise était encore à Lormont, dans une position favorable. Doignon, désireux d'avoir un endroit favorable sur la côte, envoya un détachement de 500 hommes et

---

(1) Nous avons sur notre bureau une description de ces rencontres navales, par un Épernoniste ; la différence n'est pas bien grande, mais elle est toute à l'avantage de Doignon. Nous suivons Fonteneil.

s'empara de la maison de la veuve Raoul, qu'avait occupée le maréchal Praslin ; elle était située sur la croupe de la montagne, sur un rocher où l'on n'abordait que par des défilés très-étroits ; elle était entourée de vignes et pouvait servir à des embuscades. On pouvait facilement, et à peu de frais, y faire deux places d'armes, l'une dans le jardin, l'autre dans la cour, et aboutissant à une allée servant de ligne de communication pour gagner une plate-forme qui dominait une espèce de précipice, au bas duquel était un chai ou cellier en pierre, sur le bord de la Garonne. S'étant rendu maître de cette position, ils dressèrent des batteries, avec des retranchements et des barricades, et commencèrent le lendemain à tirer sur les vaisseaux bordelais, qui furent obligés de remonter la rivière. Sauvebœuf, qui ne s'attendait pas à cette expédition nocturne, moins encore à son résultat, recruta de suite 500 volontaires à pied et 80 à cheval, qu'il donna à commander au jeune Chambaret. Il choisit, en outre, 300 bourgeois qu'il plaça sous les ordres des conseillers Taranque et d'Espaignet, ayant à leur suite 150 Périgourdins et 300 paysans de Saint-Seurin, du Bouscat et de Caudéran. Vers cinq heures du soir, il fit transporter toutes ces troupes à La Bastide et marcha vers Lormont. Arrivé sur les hauteurs qui dominent le bourg, il partagea ses troupes en deux corps : l'un, sous les ordres de Morpain et de Jules Duverger, devait, à un signal donné, attaquer la batterie, pendant que Sauvebœuf, avec ses aides-de-camp, les colonels d'Espaignet et Taranque, devait tourner la colline et tomber à l'improviste sur les ennemis. Arrivé près d'un cabinet de lauriers, il fut enfin aperçu ; l'alarme fut donnée par la sentinelle, et, à l'instant même, un corps de l'avant-garde, retranché derrière une haie épaisse, le chargea avec violence. Sauvebœuf répondit par un feu très-vif et finit par déloger les Épernonistes, qu'il poursuivit jusque dans la cour de Mme Raoul. Arrêtés un peu par des barricades, ses soldats finirent par les forcer et poursuivirent l'ennemi dans

Livre X.
Chap. 6.

1649.

D. Devienne.

tous les recoins de la maison. Ils en tuèrent un grand nombre et firent beaucoup de prisonniers. Quelques bandes se sauvèrent dans les vignes et dans les ravins; abritées derrière des rochers et des arbres, elles firent éprouver de grandes pertes aux Bordelais. Sauvebœuf reçut deux coups de mousquet dans ses habits; Duverger, Veniel et Pierron furent faits prisonniers; Fontanieux, lieutenant, Labail, dit le *Guit,* enseigne, Lassus, Safforce, Taranque fils, Suaud, greffier de la grand'chambre, Boulerc, Vincent et plusieurs autres Bordelais se distinguèrent dans cette action et ne durent leur salut qu'à leur courage et à leur intrépidité. Trois fois ils avaient attaqué les retranchements que défendait l'ennemi; trois fois ils avaient été repoussés avec perte; enfin, une quatrième attaque, dirigée avec courage et exécutée avec une ardeur impétueuse, culbuta les Épernonistes, les força de se sauver dans leurs chaloupes et d'abandonner l'artillerie. Doignon envoya d'autres troupes pour reprendre les canons, mais il leur fut impossible de débarquer. Sauvebœuf lâcha quelques bordées contre les vaisseaux ennemis; ils levèrent l'ancre et se laissèrent aller à la dérive jusqu'au Bec-d'Ambès. Doignon fit porter ses morts et ses blessés à Bourg et à Blaye. Sauvebœuf ordonna d'enclouer les canons et les fit jeter à la rivière. Sa présence n'étant plus nécessaire à Lormont, il rentra à Bordeaux.

Le peuple de Bordeaux apprit la nouvelle de ces avantages avec bonheur; mais ce bonheur n'était plus sans un mélange de crainte et de tristesse. L'armée de d'Épernon investissait la ville, et tout annonçait qu'avant longtemps le duc viendrait leur dicter des lois et se venger de leur courageuse et trop juste résistance. Le Parlement s'assembla, le 7 décembre, sous l'impression de cette crainte générale, et arrêta qu'il fallait invoquer le Dieu des armées pour qu'il délivrât la ville de ses ennemis et qu'il leur donnât une bonne paix, et qu'à cette intention tous les messieurs du Parlement feraient leur communion le lendemain, à Saint-André. Cet acte de religion caractérise le siècle, tout en témoignant de l'inquiétude générale des esprits à Bordeaux. La prospérité nous rend parfois oublieux ; le malheur ramène l'ingrat et l'impie aux pieds du Tout-Puissant et élève leurs yeux vers le ciel. Les Bordelais, pressés par l'ennemi, regrettaient de n'avoir pas accepté les propositions du maréchal du Plessis-Praslin ; ils crurent que, peut-être, il ne serait pas encore trop tard, et députèrent vers lui, à Blaye, les conseillers Pomiers, Suduiraut, Blanc-de-Mauvesin, d'Espaignet, Martin, l'avocat général Du Sault. De son côté, l'Hôtel-de-Ville y envoya le jurat Constant-Blanc, procureur général. Praslin les accueillit avec froideur et leur répondit avec fierté que l'état des choses n'était plus le même que quand on le repoussa de Bordeaux ; que d'Épernon serait toujours maintenu dans son gouvernement et que les Bordelais seraient obligés de le reconnaître et de lui obéir ; qu'on rebâtirait le Château-Trompette qu'ils avaient eu le malheur de démolir et qu'il serait mis sous la garde des jurats ou de quarante bourgeois qui en répondraient au roi. Ce langage effraya les députés : ils revinrent tristes et abattus ; mais la grande majorité des Bordelais déclara qu'on s'ensevelirait sous les ruines de leur ville plutôt que d'accepter des conditions humiliantes ou de se courber sous le despotisme de d'Épernon.

Dans cet intervalle, l'avocat général Lavie travaillait à désillusionner la cour à Paris ; on y apprit les divers avantages des troupes bordelaises sur d'Épernon ; on crut devoir enfin arrêter ces déplorables désordres et s'occuper d'un peuple opprimé, peut-être sans raison. Un arrangement fut enfin conclu et transmis à Praslin et à d'Épernon. Comme cette nouvelle circulait à Bordeaux, quelques conseillers se rendirent auprès du maréchal pour s'assurer du fait. Il le nia ; mais quelques jours plus tard, le secrétaire général de Lavie arriva de Paris avec des copies du traité qu'il remit aux conseillers Martin et d'Espaignet. La joie des Bordelais était grande ; ils en rendirent grâces à Dieu. D'Épernon, dans la persuasion que les parlementaires ignoraient encore ces nouvelles de Paris, voulut tenter un dernier effort pour réduire Bordeaux ; il convoqua un conseil de guerre et chargea le marquis de Navailles d'attaquer le faubourg St-Seurin, le comte du Doignon de porter ses forces contre Bacalan, pendant que lui-même, avec ses meilleures troupes, attaquerait le poste de La Bastide, où il n'y avait, près du port, qu'un petit fort, quelques barricades et des retranchements. Le marquis de Théobon y ordonna de nouveaux travaux de défense ; il fit faire deux redoutes de quatre ou cinq pieds d'élévation, avec une courtine de quatre-vingts pas de longueur et de la même hauteur, le tout fait avec de la terre et des fascines, et bordé de chaque côté de fossés profonds et de barriques remplies de sable.

D'Épernon, apprenant qu'on se préparait à faire une vigoureuse défense, fait avancer ses troupes, qui s'emparent de la première barricade ; n'osant pas attaquer la seconde en face, les Épernouistes passent par les vignes de Queyries, et, à la faveur d'un épais brouillard, ils l'abordent de ce côté et s'en rendent maîtres. Enhardis par le succès, ils s'avancent à travers un terrain marécageux, et, par le moyen de planches, traversent les passages les plus difficiles et arrivent sur le terrain qui séparait les deux autres barricades du fort. Les assiégés, se trouvant coupés en deux, se défendent avec le courage du désespoir ; affaiblis par leur séparation, ils ne voient de salut que dans leur courage. Entourés d'ennemis de tous côtés et adossés à la rivière, la fuite était impossible ; ils sortent de leurs retranchements et se font, à travers les rangs ennemis, un passage pour rejoindre la petite garnison du fort. Pendant toute l'action, les Bordelais garnissaient la rive gauche et suivaient d'un œil inquiet les mouvements de leurs concitoyens sur l'autre bord. Enfin, les voyant en danger, ils sonnent le tocsin à Saint-Michel et à l'Hôtel-de-Ville ; de petits bateaux se présentent pour porter à La Bastide des centaines de volontaires, avec Lusignan à leur tête. Les Bordelais reprennent courage et, sous les ordres de Théobon, tombent avec violence sur le régiment de Picardie, qui allait pénétrer dans le fort, et le forcent de reculer en dehors des retranchements.

D'Épernon, qui, des hauteurs du Cypressat ou Cenon, surveillait les mouvements des deux armées, fait demander des secours à Doignon; de suite, le *Grand-Jules,* second vaisseau de la flotte, appareille, avec un grand nombre de barques qui gagnent les côtes de Queyries; mais les chaloupes bordelaises les poursuivent et les forcent de regagner leur flotte. Doignon, furieux de cet échec, tourne toutes ses forces contre Bacalan; il voulait, par cette manœuvre, appeler les Bordelais sur ce point pour en débarrasser les assiégeants de La Bastide. Il commence d'abord par quelques volées pour faire évacuer les rivages; mais à peine a-t-il fini de débarquer quelques troupes, que Lusignan et des corps bourgeois leur tombent dessus et les refoulent dans leurs barques. Doignon tenta plusieurs fois de faire le débarquement, plusieurs fois il fut repoussé et mis dans l'impossibilité de descendre à terre; il perdit, dans ces différentes actions, près de quatre cents hommes.

Cette noble résistance des Bordelais porte la consternation parmi les Épernonistes, à La Bastide, et ranime le courage et les espérances des assiégés du fort. Les ennemis fuient en désordre à travers les vignes et regagnent la côte, où se trouve d'Épernon, chagrin et abattu. Désolé de la fuite de ses troupes et honteux d'assister comme témoin à leur défaite, il leur court au devant, et rencontrant, parmi les fuyards, Marin, qu'il considérait beaucoup, il lui crie : « Eh! monsieur de Marin, *où est donc l'honneur? L'honneur,* réplique l'officier, *est à La Bastide, où les généraux bordelais combattent en personne.* » Le régiment du Parlement poursuit avec acharnement les Épernonistes dispersés; quelques-uns se renferment dans des maisons et font un feu meurtrier sur les Bordelais; d'autres fuient sur les collines boisées du Cypressat; mais l'arrivée du sieur Archinac, capitaine de cavalerie, et de La Clotte, aide-de-camp,

Livre X.
Chap. 6.
—
1649.

Fonteneil,
ibid.

suivis de quelques troupes, force les Bordelais de rétrograder. Le jeune marquis de Chambaret les poursuit sur un autre point et les repousse jusqu'au bourg de Cenon. La nuit seule mit fin à ces combats meurtriers.

Cette journée fut glorieuse pour les Bordelais; ils avaient fait de grandes pertes, qui furent compensées par de grands avantages; mais il fallait s'attendre à de nouveaux combats. C'était trop pour un peuple affaibli, oppressé, découragé, malgré ses brillants succès. Le poste de La Bastide n'était plus tenable, tout avait été nivelé. Si l'attaque commençait le lendemain de ce côté, comme il était probable, il fallait combattre en plein champ, à découvert, ce qui eût été fort indifférent pour des troupes aguerries, mais trop pénible pour des bourgeois qui n'étaient guère habitués au feu. Tout bien pesé, bien examiné, Sauvebœuf se décida à abandonner La Bastide. Le duc aurait voulu attaquer de nouveau ce port; mais le conseil de guerre déclara qu'on le ferait avec courage, pourvu qu'il se mît à la tête de l'entreprise. Il aima mieux battre en retraite et fuir avec honte le champ où il avait cherché la gloire. Il était si sûr de prendre le fort de La Bastide, qu'il avait fait dire la veille à de Praslin, à Blaye, qu'il en était maître; mais l'arrivée, dans cette ville, des morts et des blessés, le lendemain, donna un cruel démenti à cette victoire imaginée par des espérances décevantes.

Dans ce temps, Dalvimar, maréchal des armées du roi, vint apporter la nouvelle de la paix. Le roi était mécontent des Bordelais; il voulait, après avoir rétabli le calme à Paris, marcher en Guienne et punir les adversaires de d'Épernon. Mais Condé intervint et obtint, pour les Bordelais, une déclaration qui annula les lettres de l'interdiction prononcée contre le Parlement et établit les conditions d'une paix honorable. Cet acte, en deux parties, portait les dates du 23 et du 26 décembre 1649.

Le Parlement assemblé entendit la lecture de la déclaration

faite en présence des généraux de l'armée. Il leur était ordonné d'ajouter entière créance à tout ce que le maréchal du Plessis-Praslin leur dirait de la part du roi, et de se conformer en tous points aux vingt-deux articles arrêtés pour le rétablissement de la paix. Ne voulant donner tort à aucun parti, la déclaration faisait mention des troubles passés et les attribuait à *quelque malheur secret dont on ne connaissait pas la cause*. Le roi, selon ces articles, accordait à tous une amnistie générale : les prisonniers devaient être mis en liberté, les propriétés rendues à qui de droit; on promettait de soulager la province en diminuant les tailles; on renouvelait l'exemption de logement des gens de guerre accordée aux Bordelais et aux Bazadais; on accordait la démolition de la citadelle de Libourne, l'éloignement des troupes, oubli et pardon, pourvu que le Château-Trompette fût rendu et qu'on mît bas les armes. Il y était dit que l'élection des maires, jurats et consuls de la province se ferait selon les priviléges des villes; que l'autorité municipale, pour avoir droit d'exiger l'éloignement des troupes à dix lieues de distance de la ville de Bordeaux, devrait produire les titres et priviléges sur lesquels elle fondait ces droits; que les troupes sous les ordres de d'Épernon seraient renvoyées chez elles; que les autres troupes prendraient leurs quartiers d'hiver hors du ressort, et qu'ensuite les milices du Parlement seraient licenciées; que les canons qui étaient au Château-Trompette et au Fort du Hâ seraient remis où ils avaient été pris aux dits châteaux, et, avant tout, que les fortifications faites à Libourne et en d'autres villes et châteaux de Guienne, depuis les mouvements du mois de mars dernier, seraient démolies.

Ces articles n'étaient pas trop désavantageux aux Bordelais; c'était en quelque sorte une faveur, après leur longue résistance au gouverneur qui représentait l'autorité royale dans la province; mais ils le devaient, non pas à la bonté du monarque, ni à la justice de leur cause, mais à la généreuse intervention

Livre X.
Chap. 6.

1649.

Mémoires du maréchal du Plessis, p. 508.

du prince de Condé, que le roi redoutait. C'est ce qui résulte évidemment de la lettre de Mazarin au maréchal du Plessis, où il lui disait : « Qu'il n'était plus temps de rien prétendre » de mieux ; qu'on avait été forcé d'accorder des choses dés- » avantageuses, en considération de l'état où était le prince » de Condé avec le roi, et qu'en un autre temps, où Sa Majesté » serait plus autorisée, on rétablirait tout en son premier état. » On voit là toute la politique de Mazarin et de la cour : on calmait, on endormait les Bordelais ; on leur pardonnait en apparence leur faute, mais on ne censurait pas le gouverneur ; au contraire, on lui donna droit en le maintenant dans son gouvernement.

NOTE 19.

Les Bordelais adressèrent des remerciments au roi et à leurs propres généraux. Au travers d'un nuage d'encens, on y remarque des idées heureuses ; elles valent, à quelques exceptions près, les harangues officielles et adulatrices qu'on adresse aux grands, même au XIXe siècle.

CHAPITRE VII.

Discours de l'avocat général. — Un *Te Deum*. — Des réjouissances pour le rétablissement de la paix. — Le Parlement se soumet aux conditions voulues par le roi. — D'Épernon ne le fait pas. — Un ambassadeur espagnol à Bordeaux. — De Praslin, menacé, se retire à Paris. — La cour commence à être indisposée contre d'Épernon. — Fuite de la princesse de Condé. — Son arrivée à Bordeaux. — L'esprit public indécis sur son compte. — Alvimar arrive à Bordeaux. — Sa vie en danger. — La princesse et son fils le duc d'Enghien devant le Parlement, etc., etc.

En réponse à la lecture de la déclaration royale, l'avocat général prononça un discours très-éloquent, où il fit un tableau des maux passés, s'étendit sur la reconnaissance des Bordelais envers le meilleur des rois, et forma des vœux pour la consolidation de la paix. Le Parlement se rendit en robes rouges, avec tous les corps de la ville, à Saint-André, où l'archevêque entonna le *Te Deum* en actions de grâces. On fit des feux de joie devant l'Hôtel-de-Ville; les canons tiraient toute la nuit; des danses, des divertissements réunissaient, sur toutes les places, le peuple si triste naguère, mais maintenant oublieux de tous ses maux passés; insouciant des maux futurs, il s'abandonnait à ses rêves de bonheur. Toutes les bouches célébraient les bontés du roi et la reconnaissance du peuple. Mille compositions, en vers et en prose, circulaient parmi les Bordelais, et partout les douceurs de la paix remplaçaient les horreurs de la guerre; partout on ne voyait que des scènes qui promettaient une longue période de bonheur aux Bordelais et de prospérité à leur ville. Quelques écrivains nous ont laissé des écrits satiriques contre d'Épernon; ces compositions sont curieuses comme documents contemporains de ces troubles et comme témoignages de la haine qu'inspirait aux

Livre X.

1650.

7 Janvier.

D. Devienne
et
Guien. Monum.

NOTE 20.

Bordelais le fameux seigneur de Cadillac. (Voir *Note* 20).

Heureux de pouvoir enfin jouir des bienfaits de la paix, le Parlement résolut de se conformer entièrement à la volonté du roi et aux articles de la déclaration qui fut enregistrée le 7 janvier 1650. Il désirait que d'Épernon ne vînt plus en ville; on avait fait tout ce qu'on pouvait pour l'en empêcher; on avait pillé et détruit son hôtel à Puy-Paulin, et, pour qu'il n'eût pas de logement au Château-Trompette, on avait démoli en partie cette ancienne forteresse; on donna une nouvelle impulsion aux travaux, afin d'en accélérer la ruine, et tout marchait ou semblait marcher au gré du Parlement. La démolition de la citadelle de Libourne était encore, pour les Bordelais, une grande cause de satisfaction et de joie; elle tendait directement à les décharger de l'impôt onéreux et vexatoire de deux écus par tonneau de vin. Ils déposèrent les armes et détruisirent leurs barricades; mais, au milieu de ces scènes de joie, de ces rêves de bonheur, on apprend que le duc, fier de la protection du cardinal, continuait à maintenir ses troupes dans leurs positions respectives et à y vivre comme dans un pays conquis. Ses agents, inspirés par lui, continuaient leurs déprédations et leurs ravages. Martinet se signalait par sa barbarie, à Libourne; Doignon ravagea les propriétés de M. d'Alesme, à Valliers, près de la Grange, dans Parempuyre et dans Ludon; il dévasta les côtes de Montferrand, d'Ambès et du Médoc, et enleva à ces contrées plus de quatre mille tonneaux de vin, qu'il expédia à La Rochelle et à Brouage. Les Bordelais crurent devoir tempérer leur joie et agir avec prudence; ils savaient bien que le cardinal avait été contrarié par Condé et qu'on n'avait pas beaucoup à espérer de d'Épernon. Ils se rappelaient d'ailleurs qu'ils s'étaient toujours bien trouvés de s'être tenus sur la défensive; ils résolurent de ne pas se laisser prendre au dépourvu. Cependant, pour preuve de leur entière soumission aux ordres du roi, ils envoyèrent en ôtage, à Blaye, les conseillers Boucaut, Du Sault et Monier, auxquels l'Hôtel-de-Ville adjoignit Trans, jurat; Lamezas, avocat, et Minvielle, marchand.

Ayant fait tout ce qu'ils pouvaient pour prouver leur obéissance, ils prièrent du Plessis et d'Alvimar de faire respecter la déclaration par d'Épernon. Du Plessis renvoya l'affaire à d'Alvimar, qui ne savait quel parti prendre. Les Bordelais s'étaient soumis; d'Épernon avait le grand tort de n'avoir rien fait selon le désir du roi. Il était tout-puissant par le cardinal; d'Alvimar ne voulait pas le mécontenter, il voulait le ménager, tout en désirant qu'il rentrât dans l'ordre. Il fit beaucoup de promesses aux Bordelais, mais il n'en tint aucune. Poussés à bout, ils envoyèrent une députation pour demander que le gouverneur fût remplacé. Le duc mit tout en jeu et employa ses amis à Paris pour déjouer cette tentative; mais les frondeurs et le Parlement de Paris épousèrent la querelle des Bordelais et ne contribuèrent pas peu à faire avorter les projets de d'Épernon, qui n'eut bientôt plus d'amis à Paris que Mazarin, dont l'amitié était intéressée; il ménageait le duc, parce qu'il voulait marier sa nièce, Martinozzi, avec le duc de Candale, fils de d'Épernon, dont les belles qualités et le mérite rachetaient, aux yeux du cardinal, les grands défauts du père. Le duc se fiait trop à son ami : les affaires prirent une autre tournure après l'arrestation du prince de Condé, comme nous le verrons plus bas.

A cette époque, le gouvernement espagnol envoya à Bordeaux le baron de Vatteville, pour traiter des secours que les Bordelais lui avaient demandés dans les troubles précédents. L'ambassadeur fut fort étonné de trouver les Bordelais désarmés et tranquilles; il fit cependant ses offres et ses conditions. Les Bordelais, ne voulant pas déplaire au roi, après la déclaration qui était pour eux une preuve de sa bonté, les rejetèrent sans hésiter. Mais il était plénipotentiaire; il était donc question de le traiter comme tel. Les uns ne le voulaient pas et opinaient pour qu'il fût renvoyé sans autre formalité;

les autres pensaient qu'il fallait le traiter selon son rang et lui exprimer, pour lui et pour son gouvernement, la reconnaissance de la ville. Cet avis prévalut. L'avocat général de Lavie demanda à la Cour un passeport pour ce personnage; d'Alvimar courut porter cette nouvelle à Praslin, à Blaye, qui, profitant de cette circonstance, engagea d'Épernon à ne pas déposer les armes. La maladresse des Bordelais servait la perfidie de d'Épernon et de Praslin; ils justifiaient la conduite de leur ennemi acharné et condamnaient la leur. Praslin vint à Bordeaux, mais avec le projet de faire arrêter Vatteville. Son plan de conduite transpira et excita l'indignation générale. Vatteville, qui était logé dans une maison religieuse, se retira chez le président Lalanne, où il devait être plus en sûreté. N'osant pas rester plus longtemps en ville, Praslin partit pour Paris; et Vatteville, alors muni d'un passeport, se mit en route le lendemain.

Le départ de Praslin déconcerta beaucoup d'Épernon; mais la nouvelle qu'on avait jeté dans le fort de Vincennes le prince de Condé, son ennemi personnel et l'ami des Bordelais, l'avait tellement réjoui, qu'il se berça encore quelques jours d'illusions et des fausses espérances d'un triomphe définitif. La triste nouvelle de la captivité de Condé renouvela les craintes des Bordelais et raviva leurs chagrins; ils en écrivirent au roi et au duc d'Orléans, et rappelèrent dans un mémoire leur soumission immédiate, la désobéissance du duc d'Épernon, son opiniâtreté à violer la déclaration, les ravages de ses troupes, la conservation du fort de Libourne, l'impossibilité pour eux de se livrer au commerce et à l'industrie; les pillages des troupes aux ordres de Martinet, commandant de la citadelle de Libourne; les dévastations commises par Doignon sur les bords de la Garonne; en un mot, toutes les contraventions à la paix. Ils envoyèrent une députation au roi pour demander un autre gouverneur. Le roi écrivit au Parlement de Bordeaux, le 21 janvier, et lui rappela sa bonté, ses procédés à l'égard des princes, leur ingratitude, les crimes qu'ils avaient commis ; il exprima sa résolution de réprimer leur audace et sa volonté d'être obéi par le Parlement. Il fit savoir aussi aux Bordelais qu'il était satisfait de leur conduite et qu'il allait donner des ordres pour que les troupes de d'Épernon s'éloignassent de la ville. Ces ordres furent effectivement donnés ; mais d'Épernon les éluda toujours ; il comptait sur ses amis, à Paris, pour l'impunité de ses fautes et continuait toujours à froisser les Bordelais. Il sollicitait la noblesse du pays à soutenir sa cause ; il faisait dire partout que l'on ne pouvait pas porter des blés à Bordeaux et que les Bordelais seraient forcés, par la famine, de se rendre (1). Le Parlement s'assembla le 14 janvier et défendit, sous les peines les plus sévères, de répandre de faux bruits, de gêner le commerce et de s'opposer en aucune manière à la déclaration du roi. Mais d'Épernon se moquait de ces vaines menaces et continuait toujours à nommer les consuls dans les petites villes du ressort et à faire tous les actes de gouverneur, même ceux que défendait la déclaration qui voulait que les élections fussent entièrement libres. Tous les arrêts du Parlement, tous les ordres de la cour ne furent pour lui que des paroles sans portée, de vaines injonctions qu'il foulait aux pieds. Il avait en sa faveur la force et l'aide de Mazarin, qui étaient pour lui l'assurance de l'impunité.

Pendant ce temps, d'Épernon se tenait à Agen, affolé, dit Lenet, d'une belle bourgeoise, Nanon de Lartigues, qui avait trouvé l'art de lui plaire avec peu de beauté et un esprit fort médiocre. Elle fut, jusqu'à sa mort, la maîtresse absolue de son cœur et de sa volonté ; il la conduisait partout, même à

Livre X. Chap. 7. 1650.

Papiers de M. de Montaubricq de Bordeaux.

Mémoires de Lenet.

---

(1) Par arrêt du 8 avril 1650, le Parlement défendit une seconde fois au sieur d'Épernon de prendre et usurper, à l'avenir, les qualités de *très-haut et puissant Prince et d'Altesse*, à peine de 30,000 livres, et à toutes sortes de personnes de les lui donner, à peine de 4.000 livres.

la cour; il voulait qu'elle fût accompagnée de dames de qualité et lui faisait rendre tous les honneurs possibles, comme à sa femme légitime. C'est auprès d'elle que ce petit despote, devenu esclave, se délassait des soucis de la guerre, au bruit du tonnerre qui grondait sur sa tête. Sachant que les Bordelais devaient demander un autre gouverneur, il expédia Malartic, consul d'Agen, pour prévenir Mazarin; mais, à Paris, son étoile commençait à pâlir; on y avait trop appris sur son compte et on l'y blâmait fortement de ce qu'il ne s'était pas conformé aux volontés du roi. Mazarin lui-même ne savait que faire ou dire pour l'excuser; il avait dépassé les bornes de la prudence. D'Épernon, enfin, s'aperçut du danger; il songea à le conjurer en rappelant Martinet et en laissant aux Libournais leur citadelle, moyennant une certaine rétribution pour les matériaux. Ce n'était qu'un pas; il en restait bien d'autres à faire. Mazarin faisait pour lui tout ce qu'il pouvait; mais lui-même était déchu, et la haine qu'on avait conçue pour d'Épernon s'étendit à son protecteur. Détesté à Paris, par suite de l'arrestation des princes de Condé et de Conti, et du duc de Longueville, le cardinal s'était rendu odieux à toute la nation. Les Bordelais partagèrent l'indignation générale et leur cause se confondit avec celle des princes. Claire-Clémence de Maillé-Brézé, princesse de Condé et duchesse de Fronsac, sut bientôt les dispositions des Bordelais à son égard; elle résidait à Chantilly, avec son fils, par ordre du roi; mais, désirant se soustraire aux rigueurs de la cour, elle fit demander aux Bordelais, par Lenet, s'ils voulaient lui accorder un asile contre les persécuteurs de sa famille. On ne pouvait pas le lui refuser; son mari avait pris fait et cause pour le Parlement contre d'Épernon et Mazarin; la reconnaissance était pour les Bordelais un devoir. Le Parlement y consentit; mais les amis de d'Épernon et même des hommes sages et prévoyants s'y opposèrent fortement; ils se doutaient bien qu'ils allaient s'engager dans une nouvelle guerre, plus longue peut-être et plus malheureuse que la première. Lavie, avocat général, s'y opposa avec obstination. Il avait été gagné par Mazarin et la reine-mère ; il finit aussi par persuader aux jurats que l'arrivée de la princesse, dans leurs murs, serait le signal des plus grands désordres et le commencement de nouvelles calamités.

Encouragée par les promesses des Bordelais et par l'appui des ducs de Bouillon et de La Rochefoucauld, la princesse se mit en route, sous la conduite de son confident, Lenet, et arriva le 14 avril, sans danger, à Montrond, et de là au château de Montfort-sur-Dordogne, qui appartenait au duc de Bouillon. Plusieurs seigneurs du pays y allèrent porter leurs hommages et des protestations de dévoûment. Sauvebœuf et Lusignan ne furent pas les derniers, et Doignon, qui devait son élévation au duc de Brézé, se retira à Brouage, quoique ami de d'Épernon, pour ne pas s'opposer aux projets de l'infortunée Clémence, sœur de son bienfaiteur. On prit les précautions nécessaires pour continuer le reste du voyage ; on commanda des pains pour sa suite, à Coutras, et des bateaux placés au Bec-d'Ambès et à Lormont. Thodias, gouverneur de Fronsac, la reçut à Coutras avec 200 chevaux et 500 fantassins ; il aurait voulu la faire passer par Libourne, le 25 ; mais cette ville, dévouée à d'Épernon, s'y refusa sans un ordre du roi.

Alors, Bordeaux s'agitait sous des impressions diverses : les uns voulaient recevoir la princesse, les autres s'y opposaient. Tout à coup on répandit le bruit qu'elle arriverait le 29 mai ; les jurats firent fermer les portes le 28, trois heures avant le moment désigné, et défendirent de les ouvrir le lendemain ; mais le peuple, qui ne met pas de bornes à sa colère et à ses excès, s'attroupa le lendemain vers neuf heures du matin, et, après avoir juré d'exterminer quiconque s'opposerait à l'entrée de la duchesse, alla briser les portes à coups de hache. Les jurats, avertis, s'y présentèrent pour calmer le peuple ; mais on les entoura, on les menaça et on les força, comme tout le monde, de crier : *Vive le roi et les princes ! à bas Mazarin !*

Livre X.
Chap. 7.
—
1650.

14 Avril.

Lenet,
Mémoires,
1re Partie,
liv. III.
—
Monglot,
Mémoires, t. II.

Histoire véritable de ce qui s'est passé en Guienne, etc.,
page 4.

Livre X.
Chap. 7.
—
1650.

Lenet, *suprà*.
—
La Rochefoucauld,
Mémoires, t. II.

Le 31 mai, la princesse passa la Dordogne, à Gensac, où elle apprit de nouveau l'enthousiasme des Bordelais; elle partit pour Lormont, y dîna et s'embarqua dans un bateau élégamment décoré et suivi de mille autres remplis de curieux et de ses partisans; elle traversa, à trois heures, la rade, où les canons des quatre ou cinq cents vaisseaux qui se trouvaient pavoisés la saluèrent de trois salves. Elle débarqua au milieu des bruyantes acclamations de plus de trente mille individus réunis sur le port, jonché de fleurs. Sauvebœuf et Lusignan lui servirent d'écuyers, depuis le bord de l'eau, à travers une population pressée et enthousiaste, jusqu'au carrosse, qui, suivi de vingt-deux voitures, la conduisit chez le président Lalanne. Le jeune duc d'Enghien n'avait alors que sept ans; il était porté par un gentilhomme et souriait affectueusement aux Bordelais, leur tendant les bras comme pour demander protection. On s'approchait, on lui baisait les mains, on s'intéressait à son sort: il leur parlait de Mazarin et de ses forfaits, de son père et de son affection pour les Bordelais, de sa persécution et de ses malheurs, qu'il faisait retomber sur la tête de Mazarin, auteur de tous les maux de sa famille. Tout le monde était attendri; son langage enfantin, sa simplicité et sa naïveté touchaient tous les cœurs; les uns pleuraient à la peinture de tous ses maux, les autres vomissaient mille imprécations contre le cardinal; tous juraient de le défendre et de venger sa famille des persécutions sans exemple qu'un ministre, odieux à la nation, lui faisait éprouver. L'enfant avait conquis les affections générales. La princesse arriva enfin, à travers les flots d'une population empressée et attendrie, à l'hôtel du président Lalanne; les appartements se remplirent, tout le monde voulut la voir et l'entendre. Elle sortit sur la terrasse et entendit mille *vivats* pour elle et son enfant, mille vœux pour sa cause, et mille imprécations contre le cardinal, auteur de tous ses maux.

Pendant que le peuple s'abandonnait aux élans de son enthousiasme peu réfléchi, on vit arriver d'Alvimar, officier de la maison de Praslin, le même qui avait apporté au Parlement la déclaration du roi. Venant de Blaye, il fut reconnu sur le port par un Bordelais, ennemi de d'Épernon et de Mazarin, qui s'approcha pour s'assurer de son identité, et, le saisissant au collet, lui dit : *Espion, que venez-vous faire ici ? je vous fais prisonnier, au nom de Madame.* D'Alvimar, tout étonné, fut traîné chez la princesse ; elle lui reprocha les faveurs reçues de son mari et de sa famille. Il s'excusa sur l'ordre du roi, et, se voyant poursuivi par une populace qui voulait le mettre en pièces, il la pria de protéger ses jours et de le sauver de la fureur du peuple. La princesse le promit ; il lui répugnait de livrer un envoyé du roi à la foule passionnée dont les excès auraient déshonoré sa cause. Un crime semblable serait odieux et inexcusable ; il serait un déshonneur pour Bordeaux et fournirait un nouvel aliment à la haine et aux passions de la cour. Elle le fit conduire, par Lusignan et Sauvebœuf, chez le président d'Affis et l'avocat général Du Sault, pour leur remettre les dépêches dont il était chargé. D'Affis, dit D. Devienne, croyait avoir de l'esprit ; il parlait beaucoup, il avait de la vivacité et de l'intrigue ; il était tout-à-fait propre à faire un personnage. Il était alors à la tête du Parlement ; son influence pouvait être utile à la princesse : elle résolut de le mettre dans ses intérêts ; elle lui témoigna beaucoup de confiance, loua ses mérites et vanta beaucoup son crédit et son influence dans la province. Il aimait l'argent : la princesse le prit par son côté faible et lui fit présent de quelques diamants, promit d'augmenter les appointements de sa charge et lui répéta souvent qu'elle n'oublierait pas ses services. Elle en fit un zélé partisan.

Du Sault était un autre caractère : c'était le type de la probité et de la délicatesse. Ce vieillard de quatre-vingts ans avait une grande austérité de mœurs ; il frondait souvent la cour, se montrait inflexible dans ses devoirs et était l'idole du

Livre X.
Chap. 7.
1650.

Histoire véritable de ce qui s'est passé en Guienne.

Lenet, *Collection des Mémoires de Petitot*, tome 53.

peuple, qui le vénérait à cause de ses vertus. Ces deux magistrats refusèrent de recevoir et même d'entendre la lecture des dépêches que d'Alvimar avait été chargé de leur remettre. Il fut reconduit chez la princesse, poursuivi par les huées et les vociférations d'un peuple furieux. Elle lui fit comprendre le danger auquel il s'était exposé et les conséquences qu'aurait pu avoir l'effervescence produite par son arrivée, si elle ne s'était empressée, par respect pour le roi dont il était l'envoyé, de l'arracher à la fureur du peuple, déclarant en même temps qu'elle ne répondait pas de sa vie, si jamais il reparaissait chargé d'une mission semblable.

Voulant enfin savoir quels étaient, en réalité, les sentiments du Parlement à son égard, la princesse s'y rendit le lendemain et resta, en larmes, à la porte de la Grand'Chambre, priant et sollicitant les juges à mesure qu'ils entraient. Le jeune prince se jetait à leur cou et leur demandait protection et justice. On délibéra sur ce qu'il y avait à faire. Lavie s'opposa à ce qu'on lût la requête et personne n'osait introduire la mère et son fils. La princesse apprit ces hésitations et résolut de tenter un dernier effort pour le succès d'une démarche d'une si grande importance pour sa famille : elle entra dans la Chambre, tenant son fils par la main, tous deux en pleurs ; elle voulut se jeter à genoux ; on l'en empêcha. « Je viens, Messieurs, » dit-elle, demander justice au roi, en vos personnes, contre » les victimes du cardinal Mazarin, et remettre ma personne » et mon fils entre vos mains. J'espère que vous lui ser- » virez de père ; ce qu'il a l'honneur d'être à Sa Majesté, » et le caractère que vous portez, vous y obligent. Il est » le seul de la Maison royale qui soit en liberté ; il n'est » âgé que de sept ans, son père est dans les fers. Vous savez » tous, Messieurs, les grands services qu'il a rendus à l'État, » l'amitié qu'il vous a témoignée dans les occasions et celle » qu'avait pour vous mon beau-père. Laissez-vous toucher de » compassion pour la plus malheureuse Maison qui soit au » monde et la plus injustement persécutée. »

A ce discours, si bien fait pour émouvoir, par l'appel à leurs cœurs, les sanglots et les larmes d'une mère malheureuse, d'une princesse humiliée, le jeune duc d'Enghien y ajouta une éloquence non moins pathétique; il se jeta à genoux, en criant : « *Servez-moi de père, Messieurs; le cardinal* » *Mazarin m'a ôté le mien.* » Tout le monde était ému à ce spectacle, les âmes attendries. La princesse avait réussi au delà de ses espérances. Le président d'Affis lui répondit que la Compagnie était sensible à sa confiance, et la pria de se retirer pour que le Parlement pût délibérer en liberté sur la requête qu'elle présentait.

La princesse sortit et fut entourée de milliers de personnes qui l'accueillirent avec les expressions d'un dévoûment enthousiaste. On criait qu'il fallait que le Parlement protégeât la princesse ; on le menaçait s'il ne le faisait pas, et c'était au milieu de ces scènes qu'on demanda aux gens du roi de donner leurs conclusions. Lavie parla contre ; mais, soit crainte de la multitude qui se tenait à la porte, soit variation dans ses idées, il finit sans rien conclure. Du Sault jeta alors dans la balance le poids de son éloquence et ses convictions : c'était l'épée de Brennus. La victoire ne fut plus incertaine. On lut la requête ; elle contenait des détails circonstanciés sur les malheurs dont Mazarin avait accablé la princesse et sa famille. C'était une récapitulation des charges et des crimes, réels ou imaginaires, qu'on imputait au tout-puissant ministre, cause première des persécutions que les princes avaient souffertes et qu'ils auraient pu, avec raison, imputer en partie à eux-mêmes.

Livre X.
Chap. 7.
—
1650.

Lenet,
Mémoires, t. I.

CHAPITRE VIII.

Le Parlement statue sur la requête de la princesse. — Les ducs de Bouillon et de La Rochefoucauld à Bordeaux.—Une manifestation hostile du peuple contre d'Alvimar. — Les excès de la populace contre Lavie. — La princesse négocie un emprunt avec Vatteville. — Elle lui envoie Sauvebœuf et Silleri. — Le Parlement de Bordeaux envoie à celui de Paris le conseiller Voisin.—Richon-Larondière, gouverneur de Vayres.—Conduite du Parlement de Paris.—Discours du duc d'Orléans. — Projets de vengeance de Mazarin. — Mouvement des troupes de Meilleraye et de Lavalette. — Les troupes de d'Épernon s'emparent de l'Ile Saint-Georges. — La terreur des Bordelais. — Lettre de Meilleraye au Parlement. — Réponse.— Fausse alerte à Bordeaux, etc.

Livre X.
—
1650.
—
Registres
du Parlement.

Avant de rien statuer à l'égard de la requête de la princesse, le Parlement crut devoir lui faire demander, par Pommiers-Francon et Taranque, si, au cas qu'on lui accordât protection et sûreté, elle était résolue de vivre en bonne et fidèle sujette du roi? Elle répondit affirmativement et s'en référa à sa requête. Alors le président d'Affis rendit l'arrêt en ces termes :

« La Cour, suivant les registres de ce jour,

Mémoires du cardinal de Retz, liv. III, Collection de Petitot.

» Ouï, sur ce, le procureur général du roi a ordonné que la
» requête de la dame Princesse de Condé et le registre seront
» envoyés à Sa Majesté, et qu'elle sera très-humblement sup-
» pliée, attendu les protestations et déclarations faites par la
» dite dame, de son inviolable fidélité à son service, d'agréer
» qu'elle et son fils, le seigneur duc d'Enghien, demeurent,
» avec ceux de leur maison, dans la présente ville, en toute
» sûreté, sous sa sauvegarde et celle de la justice, comme
» aussi Sa Majesté sera très-humblement suppliée d'agréer
» les remontrances contenues au registre.

» Fait à Bordeaux, en Parlement, les Chambres assemblées, le 1ᵉʳ juin 1650.   *Signé* Pontac. »

Par respect pour les ordres du roi, les membres du Parlement n'osèrent pas se présenter en corps chez la princesse ; ils y allèrent individuellement ; elle leur rendit leur visite et leur témoigna sa reconnaissance. Les jurats ne lui firent pas de visite ; ils se rendirent par là odieux au peuple, et s'attirèrent des insultes et même des menaces des partisans de Condé. Ils offrirent leur démission, mais elle ne fut pas acceptée. Tout allait au gré des désirs de la princesse ; il ne lui manquait qu'une chose, la présence des ducs de Bouillon et de La Rochefoucauld, amis fidèles, qui n'avaient pu la suivre, à cause des ordres transmis contre eux, au Parlement, par le roi. Ils vinrent cependant loger aux Chartrons ; le peuple alla les voir pendant les deux ou trois jours qu'ils y restèrent et voulut les faire entrer pas force en ville. Ils déclinèrent ces offres appuyées sur la violence, et, convaincus des bonnes dispositions des habitants en général, ils y entrèrent le soir, sans pompe, sans bruit, pour éviter le désordre. D'Alvimar et les secrets amis de d'Épernon s'opposèrent à ce que les ducs entrassent en ville, et firent ajourner la présentation de leur requête après la Pentecôte. Désolée des intrigues de d'Alvimar, qui avait oublié les bontés dont elle l'avait comblé, la princesse tint conseil et l'on organisa une manifestation populaire, une espèce d'émeute contre cet ennemi des ducs. Rentré le soir chez le marquis de Lusignan, où il logeait, d'Alvimar fut surpris d'entendre les cris de la multitude assemblée devant la porte ; les émeutiers demandaient la tête de cet intrigant et menaçaient de briser les portes, si l'on ne se hâtait de le livrer à leur vengeance. Lusignan, qui était dans le complot, se rendit auprès de d'Alvimar et en exagéra les dangers et la portée. Le malheureux officier, pâle, tremblant et effrayé des cris si perçants et si menaçants des quatre ou cinq cents émeutiers sous ses fenêtres, supplia Lusignan de lui sauver la vie, lui jurant et se promettant bien que, s'il pouvait échapper à ce danger, il ne remettrait plus les pieds à Bor-

Livre X. Chap. 8.
1650.

Mémoires de La Rochefoucauld, Collection de Petitot, t. 52.

deaux. Lusignan sortit pour calmer la foule et réussit à lui faire croire que d'Alvimar n'était plus chez lui. Lenet vint le conduire, à la faveur de la nuit, jusqu'à la rivière, où il le fit embarquer.

Cependant la requête des ducs n'était pas encore reçue au Parlement; la princesse en fut si peinée, qu'elle déclara que si l'on ne faisait pas droit aux justes demandes de ces deux seigneurs, elle allait quitter Bordeaux pour quelque terre plus hospitalière. C'était assez pour soulever le peuple; on proféra des murmures contre le Parlement, mais on se porta aux plus fâcheuses extrémités contre Lavie, qui était l'âme de l'opposition. On lui donna à comprendre que sa résistance à la volonté du peuple pourrait lui coûter cher; que les esprits étaient exaspérés et sa vie même en danger. Homme de cœur, intrépide et fier d'accomplir ce qu'il croyait un devoir, Lavie continua à résister. Vivement contrariés de cette opposition qui leur semblait peu motivée, Sauvebœuf et Lusignan résolurent d'agir avec lui comme avec d'Alvimar. Ils approuvèrent le mouvement du peuple contre Lavie. Sauvebœuf, homme vif et peu réfléchi, se mit même à la tête de l'émeute pour en diriger les mouvements. Il se trompait : il croyait conduire le peuple, le peuple l'entraîna chez Lavie, rue Cahernan (aujourd'hui Sainte-Catherine), enfonça les portes et voulut sacrifier l'obstiné et imprudent avocat général à la colère publique. Lavie, prévenu à temps, s'était sauvé chez les Feuillants; la foule, poussée par ses mauvais instincts, l'y suivit; mais Sauvebœuf, touché des larmes de la femme, s'interposa et réussit à empêcher le mari d'être égorgé. Il fit entendre à ces forcenés que ce magistrat allait quitter la ville, et, en effet, il s'efforça de le lui persuader.

Lavie, homme courageux, refusa et voulut rester à son poste. La présence de Sauvebœuf servit de frein à ces émeutiers; ils n'étaient pas contents encore, et, voulant absolument assouvir leur rage, ils revinrent à la hâte chez Lavie; mais Sauvebœuf, se doutant bien de leurs coupables intentions, les devança, et, l'épée dans une main, de l'autre prenant la malheureuse femme du magistrat, il la conduisit avec ses enfants auprès de son mari désolé, à travers les flots de cette populace, maîtrisée par le sang-froid et l'audace du marquis. On brisa les portes et les fenêtres de la maison et l'on emporta tout ce qui s'y trouvait; rien ne fut laissé debout que les murailles. Satisfaits de leurs vols et enhardis par l'impunité à en commettre d'autres, ces misérables se disposaient le lendemain à renouveler les mêmes désordres dans les maisons de campagne que Lavie avait au Taillan et à Pessac; mais le Parlement fit mettre des gardes aux portes pour les empêcher de sortir. Lavie, convaincu que sa vie était en péril, se retira à Blaye avec sa famille. Sauvebœuf et Mirat l'accompagnèrent jusqu'à la galiote qui devait le porter; il avait besoin d'eux contre la rage du peuple. Mirat ne le quitta qu'à Blaye.

Livre X.
Chap. 8.
—
1650.

D. Devienne,
liv. VIII.

Ce n'était pas seulement à Lavie que les partisans de la princesse en voulaient; ils désiraient aussi la délivrer des trois jurats qui avaient pensé et agi comme lui : Duglas, Du Franc et Pontac-Beautiran. Appartenant aux premières familles de Bordeaux et hommes d'ailleurs très-recommandables, ils étaient moins exposés que lui à de mauvais traitements; il y avait de graves inconvénients à permettre qu'on les maltraitât dans leur ville natale et sous les yeux de leurs parents et amis. C'eût été d'ailleurs déshonorer la cause de la princesse que de s'abandonner à ces coupables excès, pour la délivrer de ses adversaires. Cependant on leur fit tant de frayeur, qu'ils se rendirent, le même jour, chez la princesse, pour lui faire leurs compliments.

Les hommes sensés blâmèrent ces misérables excès et insistèrent fortement pour qu'on en punît les auteurs. Lavie demanda une forte indemnité et une honorable réparation des pertes qu'il venait de supporter. Le Parlement ordonna qu'on fît des informations. Les uns déclaraient qu'ils avaient l'intention de punir un traître, mais n'avouèrent pas des torts ou des actions punissables par la loi ; les autres niaient y avoir activement participé; ils n'étaient complices que par leur présence sur le théâtre du désordre; quelques-uns rejetèrent tout l'odieux sur Sauvebœuf, et tous semblaient concourir à dessein pour embarrasser le Parlement. On arrêta trois misérables, sans aveu, qui paraissaient plus coupables que les autres; on voulait les faire pendre pour intimider le peuple, mais on céda à la crainte que le remède ne fût pire que le mal et ne produisît de déplorables conséquences.

Les finances de la princesse étaient en mauvais état, et les Bordelais, par suite de leurs longues guerres, ne pouvaient plus faire de sacrifices. Elle fit connaître sa position à Vatteville, qui commandait à Saint-Sébastien et qui connaissait Bordeaux. Il lui envoya une lettre de change de cent mille livres sur Courtade, riche banquier de Bordeaux ; mais Courtade refusa la lettre, au grand désappointement de la princesse. Elle lui envoya le baron de Baas, avec une lettre conçue en ces termes : « Monsieur le baron de Vatteville prendra
» toute créance au baron de Baas, maréchal de bataille et
» lieutenant du roi, à Rocroi, auquel j'ai donné tout pouvoir
» d'entrer, en mon nom, dans le même traité que Mme la
» duchesse de Longueville et M. de Turenne ont fait avec les
» ministres de Sa Majesté Catholique, en Flandre, aux con-
» ditions que le dit sieur de Baas conviendra, avec le dit sieur
» de Vatteville et tous autres ministres de Sa Majesté qu'il
» appartiendra, faire tous autres traités qu'il jugera à propos,
» recevoir l'argent, donner quittance, et je promets de ratifier
» tout ce qui sera par lui géré et négocié en mon nom et le
» faire approuver et ratifier par tous mes amis et confédérés
» de Guienne, etc.

» Fait à Bordeaux, le 11 juin 1650. »

Pendant ces négociations, les Épernonistes, sous la conduite du chevalier de Lavalette, frère naturel de d'Épernon, s'étaient fortifiés à Castillon et avaient envoyé des troupes dans les environs de Libourne. Les ducs de Bouillon et de La Rochefoucauld n'avaient que 600 gentilshommes de leurs amis et l'infanterie de Turenne. Comme les Bordelais murmuraient, à cause de leur inaction, ils marchèrent vers Savignac, sur l'Isle, où se trouvait la cavalerie ennemie; leur avant-garde fut attaquée vivement et éprouva quelques pertes; mais Lavalette se retira pour éviter une bataille. On apprit que le maréchal de Meilleraye avançait vers Coutras avec une armée de 1,500 fantassins et 500 chevaux. Lenet renforça le château de M. de Gourgues, à Vayres, et y fit entrer des provisions pour un siége. Craignant d'être pris entre deux feux par Meilleraye, qui allait s'emparer de Bourg, et Lavalette, qui était maître de la partie supérieure de l'Entre-deux-Mers, les ducs, sur l'avis du Parlement, embarquèrent leurs troupes pour le Médoc, où les soldats de d'Épernon faisaient de grands ravages. Ces troupes débarquèrent à Margaux et se dirigèrent sur la place forte de Castelnau, qui appartenait à d'Épernon. Le comte de Meille commandait le détachement qui devait attaquer la place : il somma le commandant de se rendre; mais il n'en reçut qu'un refus formel. Le commandant avait beaucoup de confiance dans la garnison et dans la position du château qui était flanqué de grosses tours et environné d'un double et large fossé. Meille prit les postes les plus avantageux ; mais le gouverneur, effrayé des préparatifs qu'il voyait faire et du sort qui lui était réservé, demanda à capituler.

Meille parcourut ensuite, en vainqueur, tout le pays jusqu'à La Teste; la princesse voyait avec peine les arrivages par la Garonne interceptés par la garnison de Blaye, aux ordres du duc de Saint-Simon ; elle espérait des secours des Espagnols. Meille s'empara du port d'Arcachon pour faciliter leur descente dans le pays. Les Espagnols voulaient bien encourager les frondeurs ou ennemis de d'Épernon et les secourir aussi, mais leurs finances étaient obérées; ils promettaient beaucoup, quoiqu'ils fussent hors d'état de rien faire ; ils demandaient par Vatteville un négociateur de confiance, pour se concerter sur les bases d'un traité général et sur le plan de campagne qu'il était essentiel de suivre. Les Bordelais prêtaient l'oreille à ces propositions, mais ils étaient embarrassés dans le choix du négociateur. Sauvebœuf avait perdu dans l'esprit public depuis l'affaire de Lavie; son caractère brusque et violent supportait difficilement la position subalterne qu'il occupait sous le nouveau général en chef, le duc de Bouillon. On crut devoir s'en débarrasser, en l'envoyant auprès de Vatteville. Comme il était peu fait pour le rôle de négociateur, on envoya avec lui Silleri, homme prudent et adroit, et muni d'instructions secrètes. Ils s'embarquèrent le 14 juin, sur une frégate espagnole, et firent voile pour la mer; mais le duc de Saint-Simon, qui commandait à Blaye, la fit poursuivre et serrer de si près, que les deux négociateurs se firent déposer à terre et gagnèrent les côtes d'Espagne par une route moins périlleuse.

La présence de cette frégate espagnole à Bordeaux avait été un sujet de surprise et de scandale pour les partisans de d'Épernon. Lavie en écrivit en termes sévères au Parlement et s'éleva, avec force, contre les auteurs d'un pareil attentat à l'autorité du roi. Sa lettre blessa le Parlement; c'était une critique de la conduite des Bordelais et un éloge de sa propre fidélité.

Convaincu qu'on prenait en mauvaise part, à la cour, la protection qu'il accordait à la princesse, le Parlement députa, le 18 juin, le conseiller Voisin à la Cour de Paris, avec une lettre où il détaillait toutes les circonstances qui se rattachaient à l'arrivée de la princesse à Bordeaux, les motifs de sa propre conduite et le but proposé, la priant en même temps de s'intéresser à elle dans de si lamentables circonstances. Le duc d'Épernon, pendant ce temps, parcourait le Médoc et voulait rejoindre Meilleraye, campé dans les environs de Libourne. Le commandant du château de Vayres enlevait les blés des paysans et donnait, en échange, des *récépissés* payables par la princesse ; les propriétaires s'en plaignirent à Meilleraye, qui mit des soldats à leur service, avec ordre d'enlever des terres que ce commandant, Richon-Laroudière, possédait près de Guîtres, l'équivalent des blés qu'il s'était appropriés. Richon leur écrivit, le 2 juillet, que la terre de Richon ne lui appartenait pas, et que, cependant, s'ils avaient le malheur d'exécuter leur projet, il pillerait et brûlerait les biens de tous les habitants de Libourne. Tout semblait concourir à déconcerter d'Épernon ; il était découragé, et voyant l'état pitoyable de ses affaires, il écrivit à Mazarin qu'il était nécessaire que le roi vînt lui-même avec une armée à Bordeaux. Mazarin y avait bien songé ; mais les frondeurs de Paris s'y opposèrent et déclarèrent tout haut que, sans exposer Sa Majesté aux fatigues et périls d'un si long voyage, on pouvait facilement pacifier la Guienne, en obligeant d'Épernon à en sortir. Mazarin répondit que le roi était maître et libre dans le choix de ses serviteurs et qu'on ne pouvait lui faire la loi.

L'arrivée du conseiller Voisin, à Paris, contribua à augmenter les embarras de d'Épernon. Le Parlement s'assembla le 6 juillet ; mais, avant l'admission du député bordelais, le duc d'Orléans donna l'assurance que le roi avait mandé d'Épernon deux fois auprès de sa personne ; que Sa Majesté allait partir pour la Guienne ; qu'elle ne paraissait pas mécontente du Parlement, inculpé probablement à tort, et qu'elle pardonnerait tout ce qui était passé, excepté l'alliance avec les Espagnols. Le député admis déposa sa lettre de créance sur le bureau, ainsi que celle qu'on lui avait donnée pour le Parlement. La délibération portait qu'on remettrait au roi et à la reine toutes les pièces qu'on avait reçues de Bordeaux, qu'on les supplierait très-humblement de pourvoir aux plaintes des Bordelais, et de donner, par un effet de leur bonté, la paix et le repos à la Guienne.

Livre X. Chap. 8. 1650.

2 Juillet.

Archives de Libourne, etc.

Monglat, *Mémoires, Collection de Petitot*, t. 50.

6 Juillet.

Lenet, *id.*
La Rochefoucauld, *id.*

Mazarin, déconcerté par l'obstination des Bordelais et l'audace des frondeurs, avait résolu de se venger de quelque manière. Il écrivit à Meilleraye, alors à Coutras, de réunir ses troupes à celles de d'Épernon, qui s'avançait, de son côté, vers Paillet et Langoiran, Meilleraye fit jeter un pont sur la Dordogne, à Brannes, et alla camper non loin de Vayres, dont la garnison incommodait beaucoup les Épernonistes du pays. Elle intercepta un courrier et apprit, par ses dépêches, que d'Épernon avait ordre d'aller au devant de Sa Majesté, sur les confins de son gouvernement. Cette circonstance porta le découragement dans les cœurs des Bordelais ; on leur avait promis la destitution de d'Épernon, et ils voyaient, par cette dépêche, qu'il était maintenu dans ses fonctions, quoiqu'il eût refusé par orgueil de se joindre à Meilleraye, et se fût retiré à son château de Loches, pour éviter tout entretien avec les agents de la cour. Cependant, ayant reçu l'assurance qu'il ne serait pas changé, il se rendit auprès du roi.

Ce manquement à une promesse donnée, la persistance de Mazarin à protéger ce tyran de la Guienne, le peu d'égards qu'on avait montré pour les justes réclamations d'une population opprimée, révoltèrent les Bordelais, qui, pour comble de désespoir, venaient d'apprendre que les troupes de d'Épernon s'étaient emparées, le 22 juin, de l'île Saint-Georges. Ce poste n'avait pas l'importance que le vulgaire lui donnait ; mais il était très-rapproché de Bordeaux ; le péril paraissait imminent et inévitable. Les coryphées du parti frondeur exagéraient le danger ; ils exploitaient la peur et la crédulité populaires et exhortaient toutes les classes à prendre les armes pour la défense de la ville et pour ne pas souffrir qu'il y arrivât de mouvement anarchique. Ils profitaient de toutes les occasions pour augmenter le désordre et la confusion parmi le peuple ; ils y réussirent parfaitement. On voyait d'Épernon à la porte, et Bordeaux à sa merci ; tous craignaient sa colère ; la terreur était générale. Une assemblée fut convoquée; tous les corps, celui des finances excepté, y envoyèrent des députés; elle fut nombreuse et orageuse en même temps. Pontac, premier jurat, demanda les avis sur les circonstances actuelles; d'autres proposèrent de délibérer sur l'union avec les princes; mais les deux députés du Parlement, Boucaut et Cieutat, s'opposèrent à cette proposition, comme n'étant pas le sujet à traiter. Après de longues discussions, l'union avec les princes fut arrêtée à la pluralité des voix et à la satisfaction des frondeurs, et le Parlement écrivit à celui de Paris pour lui exposer les crimes et les violences injustifiables de d'Épernon, en violation de la déclaration du roi.

Le lendemain (24 juin), Meilleraye envoya un trompette avec une lettre pour le Parlement; on l'arrêta à La Bastide; il y resta en attendant la réponse. Le maréchal s'engageait, au nom du roi, à ôter à d'Épernon le gouvernement de la Guienne, pourvu que les Bordelais fissent sortir de la ville tous ceux qu'on y avait reçus depuis peu. Le Parlement délibéra sur cette lettre; les avis furent partagés. Tous étaient enchantés de la destitution de d'Épernon, comme devant amener la cessation de la guerre et des troubles civils; refuser d'ailleurs un arrangement conçu et proposé par le roi, c'était agir en rebelles et continuer leurs malheurs. Ces raisons étaient puissantes; mais les conditions parurent à plusieurs inacceptables. Comment révoquer la parole donnée à la princesse? Comment se déshonorer en expulsant la femme de Condé, leur ami et bienfaiteur, et chasser honteusement de la ville les ducs de Bouillon et de La Rochefoucauld, qui venaient partager leurs périls et offrir leur sang pour la défense de la cité qui leur avait accordé l'hospitalité? Était-on sûr que le maréchal fût bien sincère et autorisé à leur tenir ce langage? Ne serait-ce pas un nouveau piége? Avait-on la certitude que le roi ratifierait la proposition du maréchal? Le peuple consentirait-il à l'exécution d'une mesure qui le blessait dans ses affections? Que faire? Plusieurs raisons motivaient l'accepta-

Livre X. Chap. 8.

1650.

25 Juin 1650. Histoire vérit., page 11.

24 Juin. Lenet, Mémoires, 1re Partie.

tion de la proposition; on voyait mille difficultés à son exécution. Le procureur général trouva un expédient pour se tirer de cet embarras; il répondit au maréchal, qu'on était étonné, à Bordeaux, de ce qu'il y avait été envoyé un trompette, comme à un ennemi déclaré; que le Parlement en était tellement choqué, qu'il refusait d'entendre la lecture de sa lettre. C'était contredire la vérité; mais, comme dit un auteur, la politique n'y regarde pas de si près.

Les troupes de Lavalette étaient alors à Léognan et à Gradignan; on répandit le bruit qu'il allait attaquer la ville; on sonna le tocsin, et les officiers du Parlement, qui en ignoraient la raison, sortirent du Palais avec précipitation et sous l'impression de la panique générale; mais ce ne fut qu'une alerte.

CHAPITRE IX.

Le président d'Affis menacé. — Arrêt contre d'Épernon. — Le duc à Blanquefort.— L'expédition des Bordelais n'est pas heureuse. — L'île Saint-Georges reprise. — D'Épernon ravage le Médoc. — Il se brouille avec Meilleraye. — Il est exilé à Loches. — Frégates espagnoles à Bordeaux. — Un ambassadeur espagnol y apporte quelques fonds. — On leur adresse des reproches. — Conduite du Parlement dans ces circonstances.—L'ambassadeur quitte Bordeaux.—Le peuple se soulève pour forcer le Parlement à rendre un arrêt pour l'union avec les princes. — Le Parlement résiste. — Troubles à Bordeaux. — La princesse intervient. — Ses propos, etc., etc.

On répandit le bruit, dans le public, que le Parlement ne voulait pas l'union avec les princes, et que le président d'Affis, seul, en était la cause. Ce bruit mit le peuple en fureur ; il se transporta à son hôtel et lui cria, sous les fenêtres, que si l'on ne cimentait pas l'union projetée avec les princes, par un arrêt formel du Parlement, il lui en coûterait la vie; on le traita de *Mazarin;* on lui cria de s'en retourner à Toulouse, sa patrie, qu'on n'avait pas besoin de lui à Bordeaux. L'avocat général Du Sault se trouvait chez lui, il sortit pour faire entendre raison à la populace, aveuglée par les passions du moment et qui, sans lui, se serait très-probablement portée à des voies de fait. D'Affis prit la résolution de sortir de la ville ; mais la Compagnie s'y opposa et le pria de continuer son service comme par le passé. D'Affis se rendit à ses instances et alla trouver Lenet pour que la princesse prît des mesures, d'accord avec les ducs, pour arrêter l'insolence du peuple. Lenet répondit, sans émotion, qu'on calomniait le peuple en lui imputant des projets anarchiques, et lui fit comprendre qu'il fallait agir avec plus de ménagements en-

Livre X.
—
1650.
D. Devienne,
liv. VIII.

Lenet,
Mémoires, id.

vers les Bordelais; que l'union était nécessaire et faisait la force du Parlement; qu'on espérait en vain gagner le cardinal par des négociations, et qu'au bout du compte, le mot *union*, qui lui causait de l'ombrage, pourrait être omis, et qu'il suffisait de rendre un arrêt contre d'Épernon, ses partisans et fauteurs. Cette tournure satisfit le président, et, sur son rapport, Le Parlement rendit l'arrêt suivant : « La Cour
» a ordonné et ordonne que le roi sera informé des entre-
» prises du sieur d'Épernon, au préjudice de la déclaration
» et articles accordés par Sa Majesté, et des sacriléges, in-
» cendies et autres cas exécrables commis par les troupes
» du dit sieur d'Épernon, en sa présence et par son comman-
» dement ; et, attendu la notoriété des susdits actes, a déclaré
» et déclare le dit duc d'Épernon, le chevalier de Lavalette,
» son frère, et leurs adhérents, infracteurs de la paix, enne-
» mis du roi et de son État et perturbateurs du repos public ;
» en conséquence, fait inhibition et défense à toutes sortes
» de personnes, de quelque qualité et condition qu'elles soient,
» de recevoir ni donner aide et assistance aux dites troupes,
» à peine d'être, les contrevenants, traités comme fauteurs de
» l'attentat fait à l'autorité royale ; permet aux communes de
» s'assembler pour courir sus aux dits gens de guerre, et sont
» tous gouverneurs, seigneurs et gentilshommes du ressort de
» la Cour, invités et exhortés à prêter main-forte pour éviter
» la désolation de la province et de la capitale d'icelle ; enjoint
» la dite Cour aux jurats des villes, consuls et communautés,
» de fournir des hommes et des vivres pour la défense de
» cette ville et pour faire cesser les dites oppressions, et d'o-
» béir aux ordres qui leur seront pour ce donnés. »

Cet arrêt fut publié et enregistré dans toutes les sénéchaussées et bailliages du ressort; on en envoya une copie à Vatteville pour lever ses doutes et faciliter l'emprunt, et rien ne fut négligé pour soulever le peuple contre d'Épernon. Cependant un bruit sinistre se répandit, le jour même qu'on rendit l'arrêt ; un nuage sombre vint inopinément porter la crainte et la tristesse dans tous les cœurs. On prétendait que d'Épernon était à Blanquefort ; Chambon, qui y commandait, ne se croyant pas en état de défendre ce poste, se retira à Bordeaux pour garder les Chartrons, le faubourg Saint-Seurin et La Bastide, et ne laissa dans le camp qu'environ cinq ou six cents hommes de pied et cent cinquante chevaux. L'alarme se répandit dans tous les quartiers de la ville ; la crainte était aussi universelle que profonde. Cependant on finit par mettre sous les armes plus de cinq mille Bordelais décidés à vendre cher leur vie et à venger l'honneur de la ville. Ils voulaient repousser l'ennemi jusque dans les marais de Blanquefort, pour en finir avec lui ; mais on leur représentait que ses espérances étaient insensées ; que les Épernonistes occupaient des postes d'un difficile accès et défendus par des canons ; que c'étaient de vieilles troupes d'une valeur éprouvée et versées dans toutes les ruses du métier des armes. Plus on leur opposait de difficultés, plus ils s'animaient au combat ; ils se croyaient déjà vainqueurs, revenant chargés des dépouilles de l'ennemi et traînant d'Épernon et les vaincus à la suite de leur char de triomphe. Le duc de Bouillon s'efforça de tempérer cette ardeur irréfléchie ; le peuple soupçonna sa fidélité et finit par l'accuser d'agir de connivence avec d'Épernon. Trop bon militaire pour fuir le danger ou supporter d'injustes reproches, de Bouillon se mit à leur tête et les conduisit à Blanquefort, où ils trouvèrent les Épernonistes, tous fiers derrière leurs excellents retranchements. Ils firent plusieurs décharges, mais sans succès, et essuyèrent, en retour, des coups de canon qui tuèrent le sieur St-Brix-Calvimont, plusieurs autres officiers et le cheval du président Pichon. Les Frondeurs y perdirent plus de cent hommes. Ils rentrèrent en ville en désordre et furent le sujet des railleries des hommes plus sensés qu'ils avaient traités de lâches et de *Mazarins*, parce qu'ils n'avaient pas voulu les suivre dans leur folle en-

Livre X.
Chap. 9.

1650.

Histoire vérit., etc., p. 15.

treprise. Ces hommes sages appartenaient au parti de la *Petite Fronde ;* ils avaient pour chefs les conseillers Raimond et Mirat ; les exaltés formaient un parti distinct, dont Blanc-Mauvesin et d'Espaignet dirigeaient les opérations ; ils étaient tous attachés à la cause de la princesse, tous ennemis de d'Épernon. On convoqua un conseil de guerre ; ces quatre conseillers s'y rendirent ; on y décida qu'il fallait reprendre l'île Saint-Georges, et on confia l'exécution à Lamothe-Delas. Ce vaillant capitaine partit dans la nuit du 26, avec quatre cents hommes, et, sur les sept heures du lendemain, débarqua dans l'île sans être aperçu. Ils avaient avec eux des planches pour franchir les fossés, de la paille, des fagots, du goudron, pour incendier l'église et les baraques de l'ennemi, que l'avant-garde, commandée par Goubineau et Descombes, devait attaquer avec courage, pendant que Delas surviendrait avec le reste des troupes, partagées en deux corps, pour attaquer à la fois les deux côtés du moulin où l'ennemi s'était retranché. On conduisit cette affaire si bien que les Épernonistes furent surpris et mis en déroute ; on en tua une centaine, les autres se réfugièrent dans l'église. On allait y mettre le feu, quand les malheureux qui s'y étaient renfermés se rendirent à discrétion, au nombre de deux cents, parmi lesquels se trouvait M. de Canolles, lieutenant-colonel du régiment de Navailles. Les prisonniers furent conduits à Bordeaux ; on voulait les massacrer tous ; le duc de Bouillon eut toute la peine imaginable à les soustraire à la fureur du peuple. Un seul d'entre eux se mit à crier : *Vive d'Épernon ;* il fut massacré à l'instant ; son cadavre fut traîné dans les rues, après avoir eu le nez, les oreilles et les parties génitales coupés. Le peuple, soulevé, est une bête féroce ; sa force lui tient lieu de raison ; il est toujours dangereux d'agir ou de parler avec imprudence devant la populace en furie. L'expédition fut si glorieuse pour les Bordelais, qu'on la chanta sur tous les tons ; tous les poëtes la célébrèrent à l'envie. Bonnet, curé de

Sainte-Eulalie, en publia une relation qui portait l'empreinte d'un fanatisme, dit D. Devienne, qui ne pouvait qu'indisposer de plus en plus la cour ; la princesse défendit à l'avenir de semblables publications.

Furieux de ses échecs, d'Épernon cherchait à se venger en ravageant les terres des membres du Parlement, en Médoc ; ses bandes dévastèrent les paroisses de Ludon, Macau, Labarde, Arsac, Cantenac et Margaux. Castelnau se rendit à la première sommation. Le bruit se répandit qu'il allait revenir sur Bordeaux. Le Parlement ne le croyait pas ; mais, désirant contenter le peuple, il prit certaines dispositions pour rassurer les esprits. Bordes et Monier furent chargés de défendre la porte Saint-Seurin ; Fayade fut envoyé à La Bastide ; Muscadet et Pichon eurent la direction de l'artillerie ; Boucault, Roux et Du Sault durent surveiller la partie financière ; d'Alesme fut chargé de commander un armement qu'on résolut de faire sur la rivière, et on donna, en un mot, à chaque membre du Parlement de bonne volonté, une charge ou fonction quelconque. On arrêta, en outre, que, pour empêcher la cavalerie de faire paître ses chevaux dans les prairies, ce qui mécontentait beaucoup la population rurale, il fallait lui distribuer un nombre déterminé de bottes de foin chaque jour. Le 28 juin, les ducs allèrent visiter l'île Saint-Georges, poste peu important, mais à la conservation duquel les Bordelais attachaient une grande importance. Ils y firent construire un petit fort et mirent une garnison de six cents hommes ; c'était assez pour défendre l'île contre les troupes de Lavalette, qui se trouvaient sur la rive gauche.

La Meilleraye vint camper à Saint-André-de-Cubzac, et, désirant se concerter avec d'Épernon, alors en Médoc, sur leurs opérations futures, traversa la rivière, à Blaye, et lui dit ce qu'il croyait devoir faire en lui demandant ses avis. D'Épernon était mécontent de tout ce qui se passait et voyait avec douleur qu'un autre commandait les forces militaires dans son gouvernement ; il répondit à Meilleraye, dans un moment de mauvaise humeur, qu'il n'avait point de conseil à donner ou à recevoir. Le maréchal retourna dans son camp, à Saint-André-de-Cubzac, et le duc revint, avec ses troupes, camper dans les Graves, non loin de Bordeaux. Meilleraye se plaignit à la cour de l'étrange conduite de d'Épernon, et comme cette mésintelligence pouvait avoir de fâcheuses suites, on exila d'Épernon à Loches, en Saintonge.

Nous avons vu, dans le précédent chapitre, qu'on avait entamé des négociations avec le gouvernement espagnol, par l'entremise de Vatteville. Ces envoyés écrivirent aux Bordelais qu'on leur avait fait un accueil magnifique et amical ; que le baron de Vatteville avait embarqué quatre cent cinquante mille livres sur trois frégates qui avaient mis à la voile pour Bordeaux. On chargea de suite le chevalier Desrivières d'armer les chaloupes et galiotes et d'aller assurer à ces frégates un libre passage devant Blaye. Cette flottille rencontra un bâtiment qui lui tira quelques volées ; mais Desrivières fit courir sur le capitaine malavisé, qui fit échouer son brigantin sur un banc de sable et se sauva dans l'esquif, à Blaye. La flottille bordelaise rencontra, à Royan, les frégates espagnoles et les escorta jusqu'à Bacalan. Grande fut la joie des Bordelais : ils comptaient recevoir la somme annoncée et des promesses d'en avoir encore d'autres. Mais une difficulté se présentait : comment fallait-il recevoir Don Joseph Ozorio, l'envoyé de Vatteville ? On tint un conseil et on arrêta, à la pluralité des voix, qu'on devait lui faire une réception solennelle et publique ; c'était dire aux Espagnols qu'ils pouvaient compter sur les Bordelais, que la princesse faisait agir et parler comme elle l'entendait ; qu'il n'y avait plus de ménagements pour d'Épernon ni pour Mazarin, et que l'argent qu'on leur ferait passer serait utilement employé. Ozorio fut reçu avec tous les honneurs possibles ; la princesse lui envoya son carrosse à six chevaux et plusieurs gentilshommes pour l'escorter. Il entra à Bordeaux au bruit d'une délicieuse sérénade, à laquelle se mêlaient les acclamations du peuple ; on le complimenta comme un envoyé du roi d'Espagne, et on donna un repas splendide auquel les ducs et la noblesse la plus distinguée furent invités. La France était en guerre avec l'Espagne ; cette imprudente démarche des Bordelais était un crime, une révolte contre le roi légitime. Ozorio alla complimenter la princesse, s'épuisa en éloges sur le prince de Condé, accabla Mazarin de reproches et protesta que son maître ne déposerait les armes que quand les princes seraient mis en liberté ; qu'en attendant, il leur offrait (à la mère et à son fils) sa protection et tous les secours nécessaires en hommes et en argent, conformément au traité conclu avec le baron de Baas, au nom de Son Altesse.

Livre X.
Chap. 9.
—
1650.

La princesse comprit la faute qu'on avait faite et les conséquences qu'elle pourrait avoir ; elle répondit, les larmes aux yeux, qu'elle acceptait avec reconnaissance les offres de Sa Majesté catholique et sa protection contre la tyrannique persécution d'un ministre étranger ; qu'en retour d'un si grand bienfait, elle n'avait à lui offrir que sa gratitude et ses prières pour sa santé et la prospérité de ses armes ; elle dit, en outre, beaucoup d'autres choses sur le désintéressement du roi d'Espagne, les services que son mari avait rendus à la reine, et sur l'ingratitude monstrueuse de Mazarin, qui le payait par un emprisonnement injustifiable.

Le lendemain, les ducs allèrent faire une visite à l'ambassadeur ; il leur lut le traité conclu avec Baas et Silleri ; ils en étaient peu satisfaits ; mais quel ne fut pas leur étonnement, quand ils surent qu'il n'avait apporté que quarante mille écus (1). Ils ne dissimulèrent pas leur mécontentement et reprochèrent à Ozorio d'avoir manqué à sa parole ; ils décla-

D. Devienne,
liv. VIII.

---

(1) Les historiens ne s'accordent pas sur la somme ; les uns disent 40,000 écus, les autres 400,000 livres.

Livre X.
Chap. 9.
—
1650.

rèrent qu'ils allaient faire la paix avec la cour, puisque les Espagnols tenaient si peu leurs engagements, et que, montrant dans leurs procédés tant de mauvaise volonté, ils avaient contracté des engagements sacrés, se sentant dans l'impuissance de les remplir. Ozorio, homme flegmatique, répondit que c'était beaucoup, pour le commencement de leurs relations, que le secours qu'il leur apportait; qu'il était essentiel que son maître, avant de prodiguer ses trésors, connût au vrai l'état des affaires de la princesse; qu'à présent il voyait la bonne volonté des Bordelais et qu'ils pouvaient espérer, sur son rapport, d'autres secours prompts et considérables.

Le Parlement se tenait prudemment à l'écart pendant ces négociations; elles étaient trop évidemment opposées au respect qu'il devait au roi, à son devoir de cour souveraine, à ses obligations comme réunion légale de citoyens soumis à leur prince, et au dénoûment de ses affaires et à ses intérêts de toute sorte. Il savait tout ce qui se passait, et, éclairé sur ses devoirs, il ordonna qu'il serait informé de l'arrivée de quelques frégates espagnoles et d'un certain personnage, sujet du roi d'Espagne, qui, disait-on, était descendu à Bordeaux, sous le prétexte de quelques affaires commerciales; il rendit un arrêt pour son arrestation et défendit de le recevoir ou de lui donner assistance ou vivres, à lui ou à ses compagnons. Cette délibération fut communiquée par les conseillers Blanc-Mauvesin et d'Espaignet à la princesse; elle en fut surprise et affligée, et ne pouvant nier les faits ni les avouer, ni encore moins les justifier, après avoir, à son arrivée, promis de vivre en paix et fidèle sujette du roi, elle se trouva fort embarrassée. Quoique sa conduite fût en opposition avec ses protestations, elle les renouvela cependant encore, affirmant qu'elle serait toujours fidèle à son roi et reconnaissante envers le Parlement; mais qu'elle avait agi de la sorte pour se défendre des outrages et des violences de Mazarin.

D. Devienne. La princesse convoqua son conseil et lui fit part de ses embarras. Après une longue délibération, on essaya de tirer quelques avantages de cette nouvelle position et de profiter de l'incident du moment. On alla prévenir Ozorio que le Parlement avait appris que son gouvernement avait manqué à sa parole; que les Bordelais, frustrés dans leurs espérances, taxaient ses compatriotes de trompeurs qui voulaient les entraîner dans de coupables entreprises et les abandonner ensuite à eux-mêmes; que le président d'Affis était d'avis qu'il fallait avoir recours à la clémence du roi; que dans l'état actuel des choses, ce qu'il avait de mieux à faire, lui, Ozorio, c'était de retourner à sa cour pour en prévenir Sa Majesté catholique, et de se bien persuader que la meilleure manière de ne pas aliéner l'esprit public, à Bordeaux, était d'apporter la somme qu'il avait promise, et de convaincre par là tous les Bordelais qu'ils pourraient compter sur le ferme appui et le bienveillant concours des Espagnols. La princesse se plaignit de l'état d'incertitude où étaient ses affaires, par suite des promesses fallacieuses de l'Espagne, et donna à comprendre à l'envoyé qu'elle avait à sa disposition de grandes ressources qu'elle allait employer pour lever des troupes et acheter des provisions de guerre et de bouche. Le peuple le crut, et, jugeant que la conduite du Parlement à l'égard de la princesse, dans ces dernières circonstances, l'empêchait de faire usage des sommes qu'on lui avait confiées, il résolut de faire, en sa faveur, une démonstration significative, afin de forcer le Parlement à lui donner satisfaction.

En effet, le 11 juillet, des troupes désordonnées s'assemblèrent devant le palais et pénétrèrent même dans la première salle, en poussant de bruyantes vociférations. Dans le même moment, un huissier annonça qu'on criait dehors et dedans : *Nous voulons l'arrêt d'union avec les princes!* Les conseillers se levèrent en désordre; le président d'Affis réclama l'expulsion des séditieux et la liberté de la Cour. Quelques officiers sortirent et enjoignirent au peuple de se retirer; on se rendit à

Livre X.
Chap. 9.
—
1650.

Lenet, t. II.
—
Registres
du Parlement.

cette injonction motivée qui laissait aux Chambres le temps et la liberté de s'assembler et de délibérer. D'Affis voulait que l'on fît mettre la bourgeoisie sous les armes; le procureur général voulait qu'on mandât les jurats, pour leur ordonner de veiller à la sûreté du Parlement et de la ville; mais un huissier vint annoncer de nouveaux rassemblements à la porte du palais : les conseillers Andraut et des Bordes sortirent et engagèrent la foule à se retirer et à ne pas gêner le Parlement. Le rassemblement grossissait à chaque instant. Les conseillers voulaient se retirer, mais plus de cinq cents individus, brandissant leurs épées, barrèrent le passage et refusèrent de les laisser sortir, sans que l'arrêt d'union fût prononcé. Quelques membres essayèrent de passer par force, quelques-uns eurent le courage de se saisir des plus obstinés; mais, à l'instant, les épées se levèrent sur leurs têtes; on les menaça de les leur passer à travers le corps; ils furent violemment repoussés, les uns renversés et foulés aux pieds; les conseillers de Pichon et des Bordes reçurent des blessures. D'Affis apostropha la foule; on menaça de l'égorger sur le lieu même, s'il persistait dans son obstination. Le Parlement enjoignit aux jurats de faire respecter la justice; mais que sont quelques hommes, de faibles et impuissants magistrats, devant une populace ameutée? Les ducs offrirent des troupes armées; mais le Parlement refusa d'accepter des offres quelconques venant de personnes qui n'étaient pas dépositaires de l'autorité royale. La princesse fit demander ce qu'elle pouvait et devait faire dans cette triste conjoncture. Le Parlement la remercia de ses offres et de ses intentions, et lui donna à comprendre que l'autorité royale, qui résidait dans le Parlement, ne pouvait être vengée que par cette même autorité. Le Parlement resta prisonnier de la foule; mais la princesse, voulant donner une preuve éclatante de sa bonne volonté, vint elle-même au Parlement, accompagnée de Lenet et suivie de ses filles; elle passa au milieu du peuple, qui la salua avec respect et fit retentir les voûtes du palais de ses acclamations et de ses *vivats*. Le procureur général sortit au devant d'elle pour savoir ce qu'elle désirait; elle répondit que, désespérée des scènes de désordre qui avaient eu lieu autour du palais, elle désirait contribuer à défendre le Parlement qui lui avait accordé sa protection; elle pénétra dans la salle, avec l'empressement d'un cœur ami et d'une bonne volonté, et renouvela ses protestations de respect pour le roi, de reconnaissance pour le Parlement et ses offres. Le Parlement la remercia de nouveau, refusa ses propositions et lui fit observer que les circonstances actuelles n'étaient que la suite de la protection qu'il lui avait accordée. La princesse leur témoigna sa douleur et son désir de rester unie avec le Parlement; mais un huissier vint annoncer, sur ces entrefaites, que Pontac, Trans, jurats gentilshommes, et Blanc, procureur-syndic, arrivaient au palais avec beaucoup de bourgeois armés et les archers de l'Hôtel-de-Ville; alors, craignant l'effusion du sang et des désordres affreux, le Parlement fit dire aux jurats d'agir avec prudence, d'éviter une collision, et que la Cour aimait mieux souffrir un peu plus que d'être la cause de la perte d'un seul individu. Alors la princesse, voyant que le Parlement ne voulait pas céder à ses instances (ce serait constater sa faiblesse et la haute influence de la princesse), tourna la chose en plaisanterie et dit : « Je vois bien, Messieurs, ce » qui vous tient; vous ne seriez pas fâchés que je fisse retirer » la populace et que je vous sauvasse du péril qui vous me- » nace; mais la petite vanité gasconne vous empêche de m'en » prier. » On ne répondit pas à ces paroles blessantes ; quelques-uns se bornèrent à en sourire. « Je vous entends, ajouta- » t-elle. Eh bien ! je vais faire mon possible pour vous tirer » d'embarras; si je réussis, vous direz que votre autorité en » serait venue à bout sans moi; si je ne réussis pas, vous ne » manquerez pas de croire que je n'ai ici de crédit que ce que » vous me donnez. » Elle sortit à l'instant. Plus de deux mille épées s'abaissèrent sur son passage; arrivée sur le perron, elle

Livre X.
Chap. 9.
—
1650.

entendit Pontac-Beautiran ordonner une décharge qui tua deux hommes du peuple et en blessa quelques autres. Le désordre était à son comble; on demandait vengeance; mais la princesse s'écria : *Vive le roi, vivent les princes!* Voyant la foule exaspérée et furieuse, elle défendit de tirer de nouveau, et, s'avançant à travers ces forcenés qui lui ouvrirent un passage, elle dit tout haut : *Qui m'aime, me suive!* Lenet prétend que toute la populace obéit à ses ordres, ce qui n'est guère possible, vu l'état des esprits. Les registres du Parlement attestent le contraire : quelques centaines restèrent toujours maîtres du palais; les jurats firent tirer sur ces troupes mutinées; il y en eut plusieurs de blessés; les autres, intimidés, s'enfuirent, et le Parlement se trouva enfin dégagé. La Compagnie, dans ces circonstances, se comporta avec une noble énergie : « Elle a été traitée de simulée, dit le cardinal de » Retz, par presque tout le monde; mais elle m'a été confir- » mée pour véritable et même pour sincère, par Monsieur de » Bouillon. » On est tenté de croire qu'il y avait, au commencement, quelque chose de simulé; mais le Parlement, voyant la tournure que prenaient les faits, se rattacha aux principes d'ordre d'une manière énergique. De Bouillon l'affirma; il devait savoir la vérité, car on le croyait l'auteur de cette insurrection populaire.

CHAPITRE X.

Changement de conduite du Parlement. — Les motifs qu'on en donne.— Requête de la princesse. — Avis officiel de l'arrivée du roi Louis XIV à Bordeaux.— Réponse du Parlement à Meilleraye.— Entrevue de Lavie et Mirat.— Bordeaux envoie des députés au devant du roi. — Conduite de Guyonnet à Paris. — Élection de nouveaux jurats, malgré la défense du roi. — Sa Majesté à Libourne. — Discours du président Pichon. — Réponse de la reine.

La fermeté du Parlement servit de frein à la populace; l'arrivée des bourgeois sous les armes et l'intervention de la princesse contribuèrent tellement au rétablissement de l'ordre, que, dans la soirée, l'exaspération du peuple semblait entièrement calmée. Deux jours s'écoulèrent dans les craintes et dans l'incertitude, et voilà que le Parlement, qui avait noblement résisté aux exigences de la foule, changea tout à coup d'idées et de conduite et donna l'arrêt d'union avec les princes, qu'il avait si courageusement refusé l'avant-veille. Comment expliquer ce revirement d'opinion dans un corps aussi éclairé que le Parlement de Bordeaux ? Les uns l'attribuent à la haute influence de d'Affis, qu'on avait gagné à la cause des princes et qui avait déterminé les opposants à modifier comme lui leurs sentiments. Cette opinion peut être vraie, mais nous n'en avons pas la preuve ; les autres l'expliquent par les dispositions du Parlement de Paris à l'égard des princes et des affaires de la Guienne ; cette opinion nous paraît plus probable que la précédente, car, le 12 juillet, c'est-à-dire la veille du jour où l'arrêt fut rendu, on reçut du conseiller Voisin une lettre par laquelle il manda aux Bordelais qu'il avait reçu un accueil favorable du Parlement de Paris; que les uns opinaient pour procurer la liberté des princes, les au-

Livre X.
—
1650.
—
Lenet,
Mémoires,
tome II.

tres, pour que de sérieuses remontrances fussent adressées au roi ; que plusieurs avaient traité le cardinal de perturbateur du repos public et avaient insisté sur la nécessité de l'attaquer personnellement. Cette lettre révéla aux Bordelais la tendance des esprits à Paris et la disposition du Parlement en faveur des princes. La Cour de Bordeaux résolut, en conséquence, de suivre l'impulsion générale et s'estima heureuse de pouvoir calmer le peuple en se prononçant avec lui pour la princesse. Le cardinal fut exactement informé de tout ce qui se passait à Paris et en province ; voyant sa politique sans ressources et sa puissance sur son déclin, il conseilla au roi d'aller en Guienne, avec une armée, pour y rétablir son autorité. La princesse et les Frondeurs furent enchantés de cette nouvelle ; le Parlement s'était montré partisan des princes ; si elle se réalisait, il serait obligé de se déclarer plus formellement en leur faveur, ou de se démentir et de se déshonorer en biffant son arrêt.

Dès que l'arrêt d'union fut rendu (13 juillet), le Parlement pria la princesse d'ordonner que ses gardes se tinssent à leurs postes respectifs et de vouloir bien appuyer ses arrêts en faveur de l'ordre public et du bien général des citoyens. Elle répondit qu'elle avait pourvu à tout et qu'elle ne négligerait rien pour seconder les vues patriotiques de la Compagnie. Cette démarche du Parlement la mit à son aise ; elle se croyait nécessaire. Voulant profiter de sa nouvelle position, elle insista, le 15, pour que Mazarin ne fût pas reçu en ville. Le Parlement adopta cette résolution ; elle coïncidait assez avec la teneur des remontrances qu'il voulait faire au roi, sur l'insoumission de d'Épernon et l'inobservation de la déclaration d'octobre 1648. Fiers de leurs succès, les Frondeurs se réunirent chez Lenet et convinrent que la princesse présenterait au Parlement une requête, exposant que Mazarin allait venir se venger des Bordelais, marier sa nièce avec le duc de Candale, fils du tyrannique gouverneur d'un peuple qui aimait son roi, l'arrêter elle-même et ses enfants, nonobstant la protection du Parlement, et, enfin, demandant qu'il lui fût permis de repousser la force par la force.

Cette requête, habilement rédigée par Lenet, fut présentée au Parlement par le conseiller Taranque, le 28 juillet, et, le même jour, une adresse fut signée et envoyée au Parlement de Paris, lui exposant l'état des choses et des esprits, et le priant de s'intéresser en faveur des Bordelais. La Compagnie ordonna de convoquer une assemblée générale pour le 20 ; sa cause était devenue celle du peuple ; il ne voulait plus s'en séparer. L'assemblée était nombreuse ; elle se prononça énergiquement contre Mazarin et en faveur de la princesse. Le même jour, on apporta en ville des dépêches que d'Épernon adressait au cardinal et des lettres que l'abbé de Verteuil envoyait au duc de Candale ; le courrier fut arrêté par le gouverneur de Vayres, et ses dépêches envoyées à Bordeaux. On apprit, par ces papiers, que d'Épernon avait eu ordre de recevoir le roi sur les confins de son gouvernement et qu'il offrait des remercîments à Sa Majesté et à Son Éminence des services éminents qu'il en avait reçus. On acquit ainsi la certitude que d'Épernon, malgré des promesses souvent réitérées par la cour et par Meilleraye, était maintenu dans son gouvernement.

Le Parlement, comme le peuple, se sentit profondément blessé ; il arrêta qu'on protégerait, comme par le passé, la princesse et sa suite ; qu'on armerait pour se tenir sur la défensive ; qu'on écrirait au roi, en forme de remontrances, contre le cardinal ; qu'aussitôt que Mazarin serait entré dans le ressort, il serait déclaré ennemi de l'État ; qu'on supplierait Son Altesse royale le duc d'Orléans de continuer ses bontés envers le Parlement et la province, et de ne point souffrir que son ouvrage, déjà si fécond en bons résultats, fût ruiné par d'Épernon, ennemi avoué de la Guienne, et par son puissant protecteur le cardinal, qui abusait si étrangement du nom du

Livre X.
Chap. 10.
—
1650.
—
18 Juillet.

Histoire véritable de tout ce qui s'est fait et passé en Guienne, p. 25.

Lettre de MM. du Parlement, sur l'arrivée de LL. MM. dans la province de Guienne.

roi et du respect que les Bordelais avaient pour l'autorité royale, pour appuyer d'Épernon au détriment de la paix et du bonheur de la province. Le même jour, la princesse de Condé présenta une requête au Parlement pour se mettre sous sa protection ; le Parlement fit droit à sa demande, le 20 juillet, à la suite d'une assemblée générale, et, en prenant cette princesse et tous ceux de sa suite sous sa protection, autorisa, le 24, les habitants à s'armer contre le duc et à ouvrir les passages qu'il tenait fermés. Les Bordelais étaient sur la pente d'une révolution radicale ; leur conduite était à la fois hardie et timide ; ils avaient six cents Espagnols en ville ; on y vit affluer bientôt après les troupes de la Fronde.

Quelques jours après (25), on reçut avis officiel que le roi était en marche pour Bordeaux et qu'il fallait lui envoyer des députés, selon l'usage. Le Parlement arrêta qu'on lui adresserait des remontrances contre le cardinal, comme étant l'auteur de tous les troubles et des malheurs de la Guienne, et qu'on chasserait de Bordeaux les personnes suspectes. Le peuple sut que le courrier qui avait apporté la lettre du roi s'était caché à l'archevêché ; il voulut le mettre en morceaux. Comme on ne le trouva pas, on menaça de jeter l'archevêque à la rivière. On apprit aussi que les jurats devaient députer vers le roi, Pontac-Beautiran ; mais on monta la garde toute la nuit devant sa porte, et le lendemain on lui dit que s'il partait on brûlerait sa maison et qu'il serait poignardé à son retour.

D'Affis, homme de l'opposition, sans principes, flottant entre tous les partis, se laissa séduire par l'appât du gain ; il se prononça pour la princesse, moyennant deux années de sa pension, et devint, entre ses mains, un instrument complaisant et utile. Meilleraye avançait vers la Dordogne ; il avait offert ses services au Parlement contre les séditieux qui avaient provoqué les désordres du 11 ; mais le Parlement répondit que la meilleure preuve qu'il pouvait donner ou que les Bordelais pouvaient désirer de l'intérêt qu'il prétendait prendre à la ville, c'était de les aider à chasser d'Épernon de la province. Le gouverneur du château de Vayres, sachant que le maréchal venait l'assiéger, fit demander à Bordeaux des hommes et des munitions de guerre; le même jour (23 juillet), le prieur de Saint-Paul vint à Bordeaux, de la part de Lavie, demander une entrevue avec Mirat; on refusa sa demande; cependant, réflexion faite, on convint qu'une conférence pourrait avoir de bons effets, ne fût-ce que pour dévoiler en partie les vues de la cour. L'entrevue eut lieu à Laroque-de-Tau, près Bourg. Lavie proposa la paix, moyennant la soumission de la princesse, des ducs et des Bordelais. Mirat rejeta cette proposition comme incompatible avec l'honneur de la ville et la dignité des personnages qu'il représentait; il insinua qu'il en suspectait la sincérité, et déclara formellement que jamais Bordeaux ne se soumettrait tant que les princes seraient en prison et que Mazarin se permettrait de tyranniser la Guienne par des agents despotiques et odieux, et qu'aussitôt qu'il mettrait le pied sur le sol de la province, le Parlement le déclarerait ennemi de l'État et provoquerait l'union de tous les Parlements de France, qui le détestaient autant que celui de Bordeaux, affirmant, en même temps, que si quelqu'un avait le malheur de parler en sa faveur, les Bordelais étaient bien décidés à le jeter dans la Garonne. Tout cela, répliqua Lavie, ne fera que répandre du sang, puisque la reine aimerait mieux perdre non-seulement la Guienne et même le royaume, plutôt que de mettre en liberté le prince, tant que la duchesse et ses amis auraient les armes à la main, et qu'elle s'exposerait, elle-même et son fils, à tous les périls imaginables, plutôt que de se voir maîtrisée par des rebelles. Mirat l'interrompit pour lui dire que tout cela pourrait être vrai, mais que les Bordelais aimeraient mieux appeler à leur secours les Espagnols, les Anglais, le Grand-Turc même, que de voir Mazarin fouler aux pieds les

Livre X.
Chap. 10.

1650.

Mme de Motteville,
Mémoires,
t. IV.

libertés antiques de la ville et de la province. En se séparant, Lavie dit qu'il ferait son rapport à la cour ; mais sa conduite déplut tellement à la princesse, qu'elle chargea le Père Herbodes, recteur du Noviciat, de dire au Père Paulin, confesseur du roi, à Poitiers, que les Bordelais ne voulaient plus de Lavie comme négociateur, et qu'il était absolument nécessaire d'éloigner Mazarin et d'Épernon, qu'ils avaient en horreur. La princesse crut devoir faire cette démarche, parce qu'elle venait d'apprendre que d'Épernon s'était rendu à la cour, à Angoulême, accompagné de sa chère Nanon et de son chapelain, le Père Escoubette, célestin, et qu'il était remplacé momentanément par son frère naturel, le chevalier de Lavalette.

Le peuple voulait des mesures extrêmes ; le Parlement était plus réservé : son arrêt contre Mazarin était d'une portée immense ; c'était assez pour le moment. On députa vers le roi, pour le saluer à son entrée dans le ressort, le président Pichon, les conseillers Geneste et Suduiraut, ainsi que Pommiers et Grimard, présidents aux requêtes. On leur fit défense expresse de recevoir aucune proposition de paix et d'avoir aucun rapport direct ou indirect, aucun entretien avec le cardinal, le premier-président du Bernet, qui se trouvait à la suite du roi, ni avec l'avocat général Lavie, le jurat Constant, et quelques autres qu'on ne craignait pas de qualifier de traîtres à la patrie. Le corps de ville adjoignit à ces députés Pontac-Beautiran et Blanc, procureur-syndic. Ces députés portaient au roi une lettre respectueuse, mais ferme, sur les alarmes qu'avait causées l'approche du cardinal, le protecteur de d'Épernon, le persécuteur des Bordelais ; elle est datée du 27 juillet.

Le même jour, Guyonnet, conseiller, qu'on avait envoyé à Paris avec des lettres pour le Parlement et pour le duc d'Orléans, écrivit aux Bordelais qu'il avait reçu un accueil favorable et amical ; que le duc d'Orléans, à la lecture de la lettre, s'était mis en colère et lui avait fait promettre de ne remettre, au Parlement, la dépêche à son adresse, qu'après le retour du courrier expédié au roi, ce qui entraînait un délai de six jours ; qu'il crut devoir se rendre à ce vœu du prince. Il finissait sa lettre en leur disant que le Parlement lui avait fait espérer le changement du gouverneur, une amnistie et une permission pour la princesse de se retirer, avec le duc d'Enghien, à Nérac ou à Coutras. Le Parlement fut mécontent de l'imprudence de Guyonnet et de son infidélité à l'exécution de ses ordres ; peu s'en fallut qu'il ne fût interdit de sa charge. On lui ordonna de se conformer avec ponctualité à ses instructions, et on chargea, en même temps, d'Espaignet de visiter, avec le duc de Bouillon, les fortifications de la ville. On décida aussi, le 28, qu'on ne recevrait pas de troupes qui pussent donner ombrage à la ville ; qu'au premier acte d'hostilité de la part de Mazarin ou de d'Épernon, on publierait l'arrêt de 1617 contre le cardinal ; que les ecclésiastiques et les autres corps qui se prétendaient exempts de la garde de la ville seraient tenus, à la réquisition du capitaine de leur quartier, d'aller eux-mêmes monter la garde ou de se faire remplacer dans cette fonction par un soldat, et de se rendre aux places d'armes, en cas d'alerte, de jour et de nuit, à peine de 30 liv. contre les contrevenants et de la privation de la bourgeoisie.

Comme le moment de l'élection des jurats approchait, la cour craignait qu'on ne choisît des partisans de la princesse et des ducs ; le maréchal de La Meilleraye transmit au Parlement et aux jurats deux dépêches de la part du roi, défendant, sous peine de vie, de procéder aux élections ; et, en cas qu'ils s'oubliassent jusques à le faire, faisant inhibition aux jurats élus d'exercer leurs fonctions jusques à l'arrivée de Sa Majesté à Bordeaux, où elle assurerait aux habitants toute liberté de procéder régulièrement à cette élection. Le Parlement s'assembla pour entendre la lecture de la dépêche ; il en fut étonné et arrêta qu'on adresserait au roi de très-humbles remontrances, tant sur la matière que sur la forme des dites lettres : sur la forme, étant inouï qu'on usât, dans les lettres de cachet, de cette expression : *sous peine de vie ;* et sur la matière, étant absolument nécessaire que le peuple s'occupât, au temps convenu, de l'élection des magistrats municipaux nécessaires pour la police et la conservation de la ville, et que l'on procéderait, en conséquence, à la nomination des jurats en la forme accoutumée. On le fit, en effet, le 1er août, et on élut pour jurats : Nort, gentilhomme, avocat général du roi au bureau des finances ; Fonteneil, avocat, auteur des *Mouvements de Bordeaux,* et Guiraud, bourgeois.

<small>Livre X. Chap. 10. — 1650. Suite de la relation portée par le *Courrier Bordelais,* etc., page 7.</small>

Le même jour (1er août), le roi arriva de Coutras à Libourne, où il fut accueilli avec enthousiasme et complimenté par les autorités locales, par Mgr de Béthune, archevêque de Bordeaux, accompagné des évêques d'Agen, de Bazas, de Montauban, d'Alais, d'Angoulême et du chapitre de Saint-Émilion. Les députés de Bordeaux furent présentés au roi et à la reine, le 2 août ; le président de Pichon lui adressa le discours suivant :

<small>Motteville, *Mémoires,* t. IV.

Lenet, *Mémoires,* t. IV.</small>

« Sire, il ne fut jamais de sacrifice plus agéable que celui
» des cœurs ; c'est la victime que le Parlement de Bordeaux
» vient présenter aux pieds de Votre auguste Majesté.

<small>Registres du Parlement.</small>

» Cette province a eu le bonheur de voir naître, en votre
» personne sacrée, ces riches espérances que nous comparons
» à l'astre du jour, qui ne s'approche de nous que pour nous
» combler de ses bienfaits : c'est ce que nous espérons, Sire,
» des approches de Votre Majesté, éclairée des lumières de la
reine.

» Oui, Madame, c'est Votre Majesté qui, après avoir arra-
» ché du ciel, par la force de vos prières et l'abondance de vos
» précieuses larmes, ce gage assuré du repos et de la fidélité
» de la France, comble encore nos espérances par les miracles
» continuels de votre régence. C'est vous, Madame, qui, après
» avoir fait triompher le roi, presque dès le berceau, des en-
» nemis de l'État, lui soumettez aujourd'hui les cœurs de ses
» sujets, en disposant de ses grâces, et qui, après avoir donné

» tant de victoires à ce royaume, distribuez la paix dans les
» provinces.

» De tous les ornements qui rehaussent avec éclat la puis-
» sance royale, il n'en est point de plus digne de leur gran-
» deur que la clémence et la bonté; c'est par l'appât de ces
» vertus que les princes acquièrent l'empire des cœurs et
» affermissent la Majesté de leur sceptre. Si, par les lois de
» leur naissance, ils sont reconnus pour maîtres de leurs États,
» ils deviennent maîtres du cœur des hommes par leur gou-
» vernement. Ces qualités, Madame, sont inséparables de vos
» actions : tous vos desseins se rendent recommandables par
» des effets glorieux et salutaires.

» Les rois, Sire, sont comme associés à la Divinité dans la
» conduite de leurs empires; leur autorité souveraine ne brille
» pas moins dans les effets de la clémence que dans les fonctions
» de la justice, puisque les rois étant l'âme de leurs royaumes,
» tous les bienfaits qu'ils répandent sur leurs sujets retombent
» sur eux-mêmes. Telles sont les faveurs que notre Parlement
» doit espérer, puisqu'il s'est toujours tenu ferme et inébran-
» lable dans les règles de son devoir et qu'il n'a jamais eu
» d'autres vues, dans toutes ses actions, que le service et la
» gloire de Votre Majesté.

» C'est de votre protection, Madame, que nous espérons
» voir la fin de nos misères et arracher de cette province, si
» défigurée par la discorde, et qui est depuis si longtemps
» le théâtre de la guerre, les incendies, les viols et les sacri-
» léges, et que nos soupirs se changeront en cris de joie et
» d'allégresse, par les témoignages publics de notre recon-
» naissance.

» C'est dans l'heureux accord du Parlement avec l'autorité
» royale que consiste l'affermissement de votre Empire. Que
» Votre Majesté, qui s'est fait voir si longtemps redoutable
» à ses ennemis, paraisse maintenant désarmée aux yeux de
» ses peuples, et que les feux éclatants qui l'environnent

Livre X.
Chap. 10.

1650.

» n'embrasent vos sujets que pour les éclairer et écarter tous
» les obstacles qui s'opposent à leur félicité. C'est avec de telles
» dispositions, Sire, que Votre Majesté, quoique en ses jeunes
» années, acquerra le titre glorieux de père de ses peuples
» et fera envier à ses voisins le bonheur d'une si douce domi-
» nation. Ce sont les vœux les plus profonds, les protestations
» les plus respectueuses et les plus soumises de vos fidèles
» sujets, les gens tenant le Parlement de Bordeaux. »

Ce discours fut applaudi ; on y remarquait des sentiments de respect, de convenance et de réserve. Pas un mot de plaintes ni de récriminations contre le cardinal, qui, chagrin et abattu, se tenait constamment derrière le fauteuil de Sa Majesté. Aucun des députés ne daigna même le regarder pendant tout le temps de la réception. Mais si les représentants du Parlement et de la ville crurent devoir agir et parler avec beaucoup de réserve, jointe à une louable dignité, la princesse, malgré ces ménagements, écrivit au roi une longue lettre contre la mauvaise foi et l'indigne conduite de Mazarin, qui abusait, d'une manière coupable, du nom de Sa Majesté pour satisfaire ses vengeances et ses rancunes personnelles.

La reine répondit qu'elle était satisfaite des protestations respectueuses de dévoûment des Bordelais, mais que leur conduite y était directement opposée : « Que n'ayant eu d'autre
» dessein, dans un si long et si pénible voyage, que d'établir
» le calme dans cette province, et particulièrement dans la
» ville de Bordeaux ; oubliant et pardonnant tout ce qui peut
» avoir été fait et entrepris contre son service, par les habi-
» tants de la dite ville, de quelque qualité et condition qu'ils
» soient, Sa Majesté est bien aise de se confirmer en ses ré-
» solutions, par les assurances que vous venez de lui donner,
» pourvu qu'elles soient, dès à présent, suivies des effets.
» Mais pour avoir lieu de vous faire ressentir ceux de sa bonté,
» Sa Majesté veut être informée de l'état de la ville et de ce
» qui s'y fait, qui paraît bien contraire au respect et à l'obéis-

» sance qui lui sont dus. Ne voyant point comment pouvoir
» accorder ce qui se fait et ce qui se dit à Bordeaux, elle dé-
» sire d'en être éclairée par vous et vous demande, premiè-
» rement, si vous entendez continuer d'assister et protéger le
» duc de Bouillon, pour le faire demeurer dans la dite ville
» avec les troupes qu'il a présentement, lui qui a été déclaré
» criminel de lèse-majesté en tous les Parlements de France;
» qui, depuis, a fait un traité avec les Espagnols; qui a encore
» aujourd'hui, de sa part, les marquis de Sillerie et Sauvebœuf
» à Madrid, sollicitant, en exécution du dit traité, des assis-
» tances d'hommes, de vaisseaux et d'argent, pour se rendre
» maître absolu de Bordeaux ou le livrer aux Espagnols, projet
» dont Sa Majesté a en mains les preuves concluantes; qu'il
» lève actuellement des gens de guerre, prend des postes aux
» environs de Bordeaux, les fortifie et les garde; qu'il fait agir
» son frère, le vicomte de Turenne, pour entrer en France
» avec des troupes ennemies et mettre tout à feu et à sang.
» En second lieu, Sa Majesté désire savoir si vous n'entendez
» pas qu'elle entre dans Bordeaux, dans la même forme qu'elle
» entre dans toutes les villes de son royaume, c'est-à-dire,
» accompagnée des troupes qui sont nécessaires pour la sûreté
» de son royaume et pour le soutien de sa dignité royale. »

CHAPITRE IX.

Le Parlement penche vers la paix. — Mort de Richon, défenseur de Vayres. — Les Bordelais très-exaspérés. — Ils jurent de se venger. — Le chevalier de Canolle pendu par vengeance. — Meilleraye à Créon. — Mazarin vient au Cypressat, près Cenon. — Les Bordelais s'alarment et courent vers l'ennemi. — Il se retire. — Le Parlement de Toulouse sympathise avec les Bordelais. — Meilleraye s'empare de l'île Saint-Georges. — Mort du duc de Lavalette. — Service funèbre pour Richon. — Des Roches fait prisonniers une partie des gardes de la reine, à Saint-André-de-Cubzac. — Ruses de Mazarin. — La Cour va à Bourg. — Négociations nouvelles, etc., etc.

Livre X.
—
1650.
—
Lenet,
Mémoires, etc.

La reine donna cette réponse écrite aux députés et exigea que le Parlement, après avoir délibéré, lui en transmît le résultat. On voulait, en général, une réponse convenable et respectueuse. On y était d'autant plus porté, que Servien, conseiller d'État et ancien intendant de Bordeaux, avait déclaré aux députés que la cour pardonnait tout, oubliait tout, avait des dispositions favorables pour la princesse et même pour la liberté des princes ; mais qu'elle en voulait au duc de Bouillon, dont les fautes étaient irrémissibles aux yeux du roi et des ministres. Ces circonstances influèrent beaucoup sur la décision du Parlement ; on penchait vers la paix ; une conciliation ne paraissait pas impossible. On se méfiait beaucoup des promesses de la cour et des ruses de Mazarin. On se disposait à donner satisfaction au roi, lorsque Lusignan entra au Parlement avec le courrier de Limoges, qui affirma à la Compagnie qu'en passant à Libourne, il avait vu pendre Richon, gouverneur de Vayres, à la halle.

1er Août.

Ce Richon était natif de Guîtres et bourgeois de Bordeaux ; assiégé à Vayres, par Meilleraye, il se défendit avec courage ;

mais, se voyant bientôt sans ressource, il demanda des secours aux Bordelais. On lui envoya le comte de Meilly avec six cents hommes, quelques galères et des brûlots pour incendier le pont de bateaux que Meilleraye avait fait construire pour le passage de la Dordogne, à Brannes, ainsi que les galiotes et navires du port de Libourne. Le combat eut lieu pendant les premiers jours d'août; l'action fut vive et meurtrière et les pertes très-considérables de chaque côté. Meilleraye demanda une trêve pour enterrer les morts, et, pendant cet intervalle, fit jouer tous les ressorts de la perfide politique de Mazarin, pour s'emparer du vaillant défenseur du château. Le marquis de Biron et quelques autres eurent une entrevue avec un nommé Thevenin, cousin-germain de Richon et capitaine du régiment de Fronsac; on lui promit mille avantages, de grands honneurs et la faveur du roi, s'il pouvait amener Richon à capituler. Il y travailla de son mieux, et, à force d'exagérer les périls de leur position, le juste courroux d'un ennemi désappointé et maltraité, leurs craintes pour l'avenir, il fit passer ses idées dans tous les esprits et inspira à Richon la pensée d'une honorable capitulation. Richon ne recevait plus de nouvelles de Bordeaux; il en avait demandé des secours; il ne voyait rien arriver. Se croyant abandonné, il envoya le capitaine dont nous venons de parler à Meilleraye, et livra ainsi son sort à un traître. Gagné par des promesses fallacieuses, intimidé par le maréchal, Thevenin s'engagea à livrer Richon; il revint, et après avoir annoncé le succès de sa mission et la conclusion d'une capitulation favorable, les troupes de Meilleraye pénétrèrent dans la place et firent voir de suite, par leurs ravages, que la garnison avait été trahie. Richon se retrancha dans une partie écartée du bourg et se défendit avec courage; mais enfin, accablé par le nombre, il se rendit à Biron, qui lui promit la vie sauve. Le château se rendit à onze heures du matin, quelques heures seulement avant l'arrivée de Meilly et des troupes bordelaises. Antoine Piffon,

Livre X. Chap. 11.

1650.

Lenet, liv. IV.

capitaine de la garde bourgeoise de Libourne, fut chargé de faire démolir les fortifications. Le château devait subir le même sort; mais le cardinal, pour éviter la ruine du château archiépiscopal de Lormont, dont le Parlement avait ordonné la démolition par représailles et pour punir l'archevêque, qui s'était rendu auprès du cardinal, révoqua l'ordre qu'il avait donné.

Traîné inhumainement à Libourne, Richon, se trouvant compris dans la fallacieuse capitulation de Thevenin, croyait pouvoir compter sur la générosité de Meilleraye; il se trompait; Biron et Théobon demandèrent qu'on respectât la parole qu'ils lui avaient donnée; Mademoiselle avait obtenu du roi son pardon; mais, instruit, le cardinal ordonna qu'on le fît mourir. Biron accourut à temps pour faire valoir la parole donnée; mais Mazarin n'écouta point ses arguments. Biron et ses amis allèrent prier Mademoiselle de vouloir s'intéresser au sort d'un vaillant capitaine, à qui les généraux du roi avaient promis la vie sauve; tout était inutile : l'impitoyable Mazarin avait ordonné sa mort! Richon fut traîné à la potence; il demanda qu'on lui coupât le cou; on refusa sa dernière prière. Alors, plein de courage et de résignation, il se leva et s'écria : « Allons à la mort! je meurs content, puisque j'ai la » satisfaction de mourir pour mon roi et pour ma patrie. »

On prétend que Mazarin voyait de sa fenêtre l'exécution de cette première victime sacrifiée, dans le Bordelais, à sa vengeance personnelle!

Cette affligeante nouvelle fut portée au Parlement par Lusignan, comme nous l'avons vu plus haut; c'était assez pour exaspérer les esprits au suprême degré et changer les pacifiques dispositions du Parlement et du peuple en sentiments de haine et de vengeance. On leva la séance et on se sépara, bien décidés à venger la mort du vaillant et bien regrettable Richon. Partout on entendait crier : Plus de paix avec une cour asservie par Mazarin! Partout les membres du Parlement ne se gênaient pas pour dire : « *Quittons nos robes pour l'épée*

et mourons, s'il le faut, en nous défendant, ou immolons à une juste vengeance ce ministre étranger, ennemi de l'État, qui ose ainsi fouler aux pieds nos libertés, nos droits et notre vie. Que sont devenues les assurances qu'on a données à nos députés ? Que devons-nous attendre d'un ministre si cruel et si barbare, puisqu'il a si inhumainement fait mourir un de nos compatriotes, par la seule considération qu'il était bourgeois de Bordeaux. »
Une foule considérable s'assembla sous les fenêtres de la princesse ; on n'y entendait que des cris de fureur et de rage, des jurements, des vociférations, mille imprécations contre Mazarin ; on y faisait mille projets de vengeance, tous extravagants ; on voulait aller poignarder le cardinal sous les yeux de la reine ; enfin, on songea qu'on avait en ville un nommé Canolle, chevalier, fait prisonnier dans l'île Saint-Georges le 27 juin. Il fallait une victime, on la trouvait toute prête. La princesse, bonne et compatissante, convoqua le conseil de guerre, où se trouvèrent les ducs, tous les commandants des corps, les trente-six capitaines de la ville et tous les officiers ; elle crut, en suivant les formalités légales et les délais nécessaires pour une affaire si importante, calmer l'effervescence populaire et laisser refroidir la colère des Bordelais ; elle se trompait : le peuple se porta au château du Hâ ; les archers, chargés de notifier l'arrêt de mort prononcé à la hâte par un tribunal assez faible pour céder à la pression extérieure, y trouvèrent le malheureux chevalier de Canolle, assis gaîment à une table de jeu, avec quelques amis de la ville qui étaient allés le voir. On lui lut la sentence : il resta silencieux ; il ne pouvait pas y croire. On le traîna jusqu'aux Chartrons, malgré les sollicitations de la princesse, qui voulait renvoyer au lendemain cette exécution. En vain il demandait grâce, en vain il témoignait le désir d'abjurer le protestantisme, le peuple n'écouta rien et répondit, avec une insensibilité glaciale, que, puisqu'il était un *Mazarin*, il devait être nécessairement damné, et n'avait par conséquent pas besoin d'un prêtre. L'histoire ne

Livre X. Chap. 11. — 1650.

Lenet, Mémoires.

La Rochefoucauld, Mémoires, tome II.

Livre X.
Chap. 11.
—
1650.
—
Mme de Motteville,
Mémoires,
tome IV.
—
De Retz, t. II,
—
Siècles de Louis XIV et de Louis XV,
tome I.

fournit peut-être pas de trait qui caractérise mieux le peuple. Canolle fut pendu à l'heure même (huit heures du soir), sur le quai de Bordeaux ; son corps resta attaché à la potence, vis-à-vis la route de Libourne, tout le temps que celui de Richon demeura exposé sous la halle de cette ville. On dit que La Rochefoucauld poussait le peuple à cet acte de barbarie ; c'est ce qui fait dire à Voltaire : « Y a-t-il rien de plus funeste que ce » qui se passa dans cette guerre devant Bordeaux ? Un gen- » tilhomme est pris par les troupes royales, on lui tranche la » tête ; le duc de La Rochefoucauld fait pendre, par représail- » les, un gentilhomme du parti du roi. Ce duc de La Roche- » foucauld passe pourtant pour un philosophe ! Toutes ces hor- » reurs étaient bientôt oubliées pour les grands intérêts des » chefs de partis. »

Après la prise de Vayres, Meilleraye conduisit ses troupes à Créon, afin de reprendre sur les Bordelais l'île St-Georges. Curieux de voir la ville rebelle, Mazarin avança avec une forte garde jusqu'à Feuillas, maison de campagne sur les hauteurs du Cypressat ; il s'y arrêta quelque temps en admiration devant ce magnifique panorama, l'un des plus beaux points de vue de France. Les Bordelais, alarmés, coururent avec leurs armes vers la rivière, la princesse et les ducs en tête ; mille bateaux s'apprêtèrent à l'instant pour les transporter sur l'autre rive ; mais le cardinal, effrayé de cette ardeur des volontaires Bordelais, s'enfuit bien vite à Créon. La princesse, en rentrant, alla faire une visite à la mère de Richon et lui offrit, avec ses compliments de condoléance, cinq cents écus de pension ; elle prit à son service le frère et la sœur du malheureux commandant de Vayres et fit beaucoup de bien à la famille. C'était un excellent moyen de conquérir les cœurs, de provoquer et de stimuler le dévoûment ; mais Richon n'était plus !

Dans ce temps, on apprit avec bonheur que le Parlement de Toulouse, sympathisant avec celui de Bordeaux, avait rendu un arrêt, le 1er août, portant que de très-humbles remontrances seraient faites au roi, pour qu'il lui plût de donner la paix à la ville de Bordeaux, et qu'il lui fît sentir les effets de sa bonté et de sa clémence ordinaires. On exposa à Sa Majesté les ravages, les exactions et vexations de d'Épernon, et la nécessité de le remplacer par un autre gouverneur. Encouragé par ce noble exemple des Toulousains, le Parlement de Bordeaux semblait assuré du succès de sa cause; il arrêta qu'on enverrait à tous les Parlements, en France, l'arrêt du 28 juillet qui déclarait Mazarin ennemi de l'État, et qu'on les prierait de s'unir à celui de Bordeaux pour la liberté des princes; qu'on écrirait au roi et qu'on lui enverrait la requête du duc de Bouillon, justifiant sa conduite, qui n'avait d'autre but que d'arracher les princes de la prison où la vengeance de Mazarin les tenait enchaînés, et assurant qu'il serait heureux de pouvoir donner à Leurs Majestés une preuve de sa fidélité inébranlable.

Livre X.
Chap. 11.

1650.

Lenet, id.

Meilleraye fit avancer ses troupes vers la Garonne pour porter secours au chevalier Lavalette, qui bloquait l'île Saint-Georges et qui avait établi, près de Cambes, une batterie de cinq canons pour tirer sur un petit fort qu'on avait construit au bord de l'île. Comme les Bordelais ne mettaient pas beaucoup de zèle à défendre ce poste, Lavalette réussit à s'emparer d'un coin de cette île et s'y retrancha. Les Bordelais, désolés, résolurent de l'en expulser; La Mothe-Delas et de Nort, lieutenant-colonel du régiment d'Enghien, se mirent à leur tête et marchèrent vers les retranchements, qu'ils emportèrent d'emblée. Lavalette se défendit avec courage; mais blessé enfin d'un coup de mousquet à la cuisse et d'un coup de fusil à l'épaule, il fut emporté, sur la rive droite, chez un paysan, où il mourut deux jours après. Attaquée de toutes part, la garnison se trouva dans l'impossibilité de continuer la défense de l'île. Meilleraye s'en rendit maître le 11 août. Ce revers répandit l'alarme dans Bordeaux; on crut d'abord à la trahison avec d'autant plus de facilité, que l'esprit incertain de Lusignan avait toujours inspiré, dit Lenet, un sentiment de défiance au duc de Bouillon; mais on dit plus tard que ce petit malheur n'était que le résultat d'une terreur panique qui avait porté le désordre dans les rangs des troupes bordelaises. Les régiments de Lusignan et de Chambon y avaient fait leur devoir; mais de tous les braves qui combattirent ce jour-là dans l'île St-Georges, Lamothe-Guyonnet est celui qui se signala le plus. On apprit en même temps qu'on démolissait le château de Verteuil, près de Ruffec, qui appartenait à La Rochefoucauld (1). Ce seigneur se montra très-indifférent à cet acte de vandalisme; il voulait, par ses sacrifices personnels, relever le moral des Bordelais et leur apprendre à faire peu de cas de toute autre chose qui n'aurait pas un rapport direct avec la chute de Mazarin, la liberté des princes et le triomphe de leur cause.

On fit tout ce qui était possible pour rassurer les Bordelais : le Parlement, le corps de ville, la bourgeoisie, pour faire diversion à leur crainte et à leur douleur, se rendirent à un service solennel qu'on fit célébrer avec pompe pour l'infortuné Richon, le valeureux défenseur de Vayres; c'était honorer sa mémoire, récompenser le mérite malheureux, et prouver aux nouveaux héros que la reconnaissance de la patrie s'attache aux pas de la gloire. Bordeaux passa de la crainte à l'espérance, de la tristesse à l'enthousiasme. Des Roches, militaire distingué, capitaine des gardes du duc d'Enghien, se rendit à Saint-André-de-Cubzac, et, dans un brillant combat, enleva une partie des gardes de la reine et les conduisit en triomphe à Bordeaux. Ce succès répandit la joie dans tous les cœurs et ranima le courage des Bordelais. La princesse traita avec bonté les officiers prisonniers et renvoya le trompette avec

---

(1) Ce beau château a appartenu longtemps à M. le vicomte de Lavilléon, gendre de M. le comte de Peyronnet, ministre sous Louis XVIII et Charles X.

un cheval et vingt pistoles. La cour fut consternée de ces succès; Mazarin, désolé, ne sachant que faire, inventa un stratagème à sa façon; il se souvenait de la ruse qui avait ourdi la corde dont il s'était servi pour pendre Richon. Il en essaya une nouvelle; mais on se tenait sur ses gardes. Il jeta les yeux sur M. de Virelade, président au Parlement, homme faible et sans caractère; il voulait en faire un instrument de ses finesses, et, pour réaliser ses vœux, l'engagea, lui et sa femme, à gagner Lenet, afin qu'il s'entremît auprès de la princesse pour mettre fin à cette malheureuse guerre. Lenet était trop fidèle, trop honnête homme pour se laisser duper par Mazarin; il répondit que la princesse ne voulait pas avoir de rapports avec Mazarin; mais que si le président de Virelade, qui était à la cour, voulait lui donner secrètement avis de tout ce qui s'y passait, la princesse jugerait par là de la sincérité de ses protestations de dévoûment qu'il lui avait si souvent renouvelées. Peu heureux de ce côté, le cardinal chercha ailleurs d'autres ressources. Il était pressé; il apprenait que les Parisiens le détestaient tous les jours de plus en plus; il voulait aller les mettre à la raison. Mais, ayant conduit le roi en Guienne, c'eût été une honte de s'en aller sans réduire Bordeaux. Il pria M. de Vrillère d'écrire une lettre à M. de Pichon et lui en dicta la substance. Dans cette missive insidieuse, mais polie, M. de Vrillière déplorait tout le sang innocent qu'on avait répandu mal à propos, témoignait un vif désir de mettre fin à ces troubles, et finissait par offrir ses bons offices pour procurer aux Bordelais les effets de la clémence du roi. M. de Pichon communiqua cette lettre au Parlement et aux bourgeois : son style flatteur, l'art avec lequel on l'avait écrite, inspira à tout le monde un sentiment de méfiance; c'était, à leurs yeux, un piége, une nouvelle ruse du cardinal pour endormir les Bordelais, sur la foi d'une négociation entamée, afin de les surprendre plus facilement au moment où ils s'y attendraient le moins. Il se trompait; il ne fit, par ses ruses, qu'augmenter la méfiance des Bordelais. En effet, ils redoublèrent d'activité; ils firent de nouvelles fortifications, des palissades, des retranchements de toute sorte, à Saint-Seurin, à Saint-Julien, à Sainte-Croix et même à La Bastide; ils firent construire une galère à 64 rames pour garder la rivière, et rien ne fut négligé pour rassurer les habitants et pour maintenir la confiance et l'ordre.

Le 12 août, le marquis de Cugnac arriva à Bordeaux et le lendemain se rendit au Parlement, avec la nouvelle de l'arrivée prochaine du maréchal de La Force, son aïeul, avec ses deux enfants, le marquis de La Force et Castelnau, suivis de 6,000 hommes qu'ils avaient levés dans les Cévennes et à Montauban. Le Parlement accepta les offres de M. de Cugnac et promit, pour partie des frais de ces troupes, 400,000 liv., dont la moitié avait été sur-le-champ envoyée au maréchal et l'autre moitié serait à sa disposition, dès son arrivée à Bordeaux. La joie fut générale, la confiance se rétablit et on commença à espérer que Mazarin et d'Épernon ne triompheraient pas.

L'affaire de Cubzac, dont nous avons parlé plus haut, consterna la cour et provoqua, à Libourne, une manifestation assez significative des sympathies des Libournais. Cependant, malgré les appréhensions du cardinal, Leurs Majestés y demeurèrent jusqu'au 27 août et assistèrent, avec leurs gardes et les troupes, à la procession instituée par Louis XIII. L'archevêque de Bordeaux portait la Vierge d'argent; il avait avec lui les évêques d'Agen et de Bazas, et Leurs Majestés, qui les suivaient, voyaient autour d'Elles toute la population de la ville et des environs, accourue pour contempler avec respect les traits du jeune prince que la postérité a qualifié du nom de Grand. On comptait ce jour-là à Libourne, dit-on, trente-cinq mille âmes. La cour ne fit que s'ennuyer dans cette ville, pendant tout un mois, d'une chaleur excessive, dit M{}^{lle} de Montpensier. Mais pour être plus près de Bordeaux, ou peut-être par un sentiment de défiance des Libournais qui sympathisaient avec les Bordelais, la cour se rendit, le 27 août, à Bourg, « dont la situation, vis-à-vis du Bec-d'Ambès, dit Mlle » de Montpensier, est fort agréable, ce qui contribuait à avoir » moins d'ennui. »

La veille de son départ (26 août), le jeune roi écrivit à M. Honoré de Lur-Saluces, qui avait apprécié avec prudence la situation des affaires et ne partageait nullement les opinions du Parlement ni son hostilité à son prince. Toujours constant dans ses affections pour son roi, toujours digne de son illustre nom et de sa famille, chez qui la fidélité en politique et en religion était héréditaire, M. de Lur-Saluces, vicomte d'Uza, déploya un noble zèle pour la pacification de la Guienne et la réduction des rebelles. Louis XIV ayant appris ses généreux efforts pour le rétablissement de l'ordre dans un pays où presque tous les esprits suivaient l'impulsion de quelques mutins hauts placés et de quelques ambitieux désappointés, se regarda comme un débiteur envers M. de Saluces, et s'empressa de lui en témoigner sa reconnaissance (1). Mais le Parlement, ayant appris que le roi et la reine s'étaient rendus à Bourg, chargea Suau, conseiller de Grand'Chambre, d'aller remettre

(1) M. le vicomte d'Uza ayant été informé des bons services que vous m'avez rendus depuis les mouvements survenus en ma province de Guienne et ville de Bordeaux, et du zèle que vous avez pour l'avantage de mes affaires, j'ai bien voulu vous témoigner la satisfaction qui m'en demeure et vous exhorter, par cette lettre que je vous fais de l'avis de la reine régente Madame, ma mère, de continuer à me donner des preuves de votre affection aux occasions qu'y s'en pourront présenter, et à prendre soigneusement garde qu'il ne soit fait de débarquement en l'étendue de votre côte de mer pour secourir les rebelles de Bordeaux, afin de me donner d'autant plus de moyens de les réduire à leur devoir et de rétablir la tranquillité en ladite province et ville, voulant que vous fassiez assembler les habitants de vos terres et des lieux circonvoisins, pour courre sur ceux qui iront en icelle, et me promettant que vous ne manquerez d'accomplir mon intention, je vous assurerai que j'ai plaisir de vous en reconnaître par les effets de ma bienveillance, lorsqu'il s'en offrira sujet. Cependant je prie Dieu, M. le vicomte d'Uza, qu'il vous ait en sa sainte garde.

Écrit à Libourne, le 26e jour d'août 1650. LOUIS.
(PHELIPPEAUX).

Généalogie des Saluces, p. 59.

une dépêche aux députés qu'il avait envoyés au Parlement de Paris, et qui se trouvaient de retour à Bourg, auprès du roi. Dans cette dépêche, on se plaignait de la continuation des hostilités; on demandait la fin de ces troubles calamiteux et la liberté des princes. La cour répondit qu'on était disposé à accorder la paix, mais que le Parlement ne la voulait pas; que, quant à la liberté des princes, on y aviserait quand la Guienne serait pacifiée et le roi rentré à Paris.

Dans cet intervalle, on vit arriver, de Libourne à Bordeaux, deux PP. Récollets : l'un d'eux, le P. Bruno, était adressé à Mme de Virelade et par elle à la comtesse de Tourville, dame d'honneur de la princesse; mais la réponse de cette dame n'étant pas conforme à ses désirs, le Père allait se retirer, déconcerté, lorsque Mme de Virelade lui obtint une entrevue avec Lenet, pour le 14 août. Lenet, homme sage et habile, donna une réponse détaillée à toutes les demandes du Père; il lui fit envisager avec adresse le passé, le présent et l'avenir, toutes les conséquences qui allaient probablement découler de la situation actuelle des affaires publiques; mais cette réponse ne fut pas du goût de la cour. La négociation en resta là. Le même jour on envoya, dans la Saintonge, Villars, commandant des chevau-légers, pour arrêter le courrier de Paris à Bordeaux ; on avait déjà réussi à le faire, au grand préjudice des Bordelais; on connaissait leurs secrets. Les Bordelais, prévenus à temps et instruits par expérience, prirent les précautions convenables et firent arriver le courrier, sain et sauf, avec ses dépêches, le 15 août, à Bordeaux.

NOTES ET ÉCLAIRCISSEMENTS.

NOTE Ire, page 11.

ORDONNANCE SUR LES IMPOTS ÉTABLIS PAR LE DUC DE CLARENCE ET LES TROIS-ÉTATS DE BORDEAUX.

Extrait de Rymer.

Le roi, à touts ceulx qui cestes presentes nos lettres verront, salut. Comme n'adgaires, par l'ordonnance et commandement de nostre trescher Seigneur et Pier (dont Dieu ait l'alme), nostre tres-amé frere, duc de Clarence, count d'Aumale, lieutenant par nostre dict Seigneur et Pier, es parties par delà soy eust transporté avec certain nombre de genz d'armes et archers, en nostre pays de Guienne, pur la tuition et défense d'icelle.

Ou, par vertu du pouvoir et autorité par nostre dict Seigneur et Pier, à lui attribuée, il *fit convenir et assembler devant luy les Troys-Estatz de Bordeaux et Durdaloys*, en leur démontrant l'intention d'iceluy nostre Seigneur et Pier, et le purpos de nostre dict frere, de sa venue par delà, pur garder le païs lieges et subgits illocques, en leur vraie obéissance.

Laquell chose ne pouvait-il faire n'accomplir, comme il disoit, sans aide et confort du païs, attendu le pouvoir de genz adonques y esteantz en sa compaigne, et autres choses qui furent molt à considerer.

En requérant sur ce les Troys-Estatz d'ordonner et en faire purvoyer de bon et convenable remede.

Lesqueux Troys-Estatz, apres plusieurs assemblees et communication entre eux eues, en cette busoigne plus convenable remede trover ne pouvoient en ce cas, attendu le povertée de lour mesmes et du païs esteant dessouz l'obéissance royale, que pur mettre et ordonner en général imposition sur tout nostre païs de Guienne.

NOTES.

C'est assavoir :

Qui soyent douze deniers pur libre d'entrée et de saillye, sur toute maniere de marchandises, soyent de gentz de païs angloys, gascons ou etrangers, exceptés blecs, char fresque et peshous fresques.

Et plus, sur chescun tonneau de vyn, comme dessuis, qui se porteroit hors des citées, villes, chastaulx, forteresses ou plain païs, pur vendre et revendre à taverne ou autrement en ledit païs.

Item, Et auxi payeroit ceulx qui le chargent pur porter hors de païs, qui ne les averait achaté, dyx souldz pur tonneau et de tout autre vesseau à la vinent comme dessuis, et auxi mesmes serra fait des vins qui se vendront à taverne des heurs en avant, en les cités, villes, chastaulx, forteresses et plain païs de la dicte duchée (c'est assavoir), que le vendeur payera dyx souldz pur tonneau, et par tout autre vaisseau à la vinent.

Item, Et que la dicte imposition *ait à durer soulement pur un an*, à commencer le quinzisme jour du mois d'averil prochain ensuant, jusques au dict quinzisme jour l'an révolue.

Item, Et per ainsi que la dicte imposition soit mys, par nostre dict frere, en toutz les citées, villes, etc., etc.

Item, Et que pur mettre à due et finale exécution, *soient esclus, par las gentz de lesdits Troys-Estatz,* en chescun citée, ville, etc., etc., troys bons et loialz prodeshomes (un de chescun estat), qui aient la charge, moient serment, de bien et loialement liverer et cuiller la dicte imposition et de en rendre bon loial accompte *as gentz desditz Troys-Estats ou à leur deputez.*

Item, Et s'il sount aulcuns que ne aient vins de lour vignes ou autrement, pur vendre ou qui ne usent de marchandises, qui ne soient traillez selonc la faculté de lour biens.

Sur quoy nostre dict frere, considérant la dicte voie estre bien, convenable, raisonnable, *par avis de son conseil et des gentz des dits Troys-Estats* et par force del poair et auctorite royalx par luy usez, avoit ordonnez, constitut et induct la dicte imposition pur le défense, tuition et sauvegarde de nostre dict païs durant le terme susdit, commettant isceluy nostre frere poair par ses lettres à mestre Bertrand d'Aste, docteur en décrets, juge de notre Cour de Gascogne, et lieutenant de nostre seneschall illoques, Jean Carbonell, chevalier, et Arnaud Roucn, jure et prevost de nostre cité de Bordeaux, pour lever, cuillier et rescevire la dicte imposition, et ent estre respoignants et à contables, si comme les lettres du dict nostre frere, sur ces faitz, font mention plus planiere.

Aiantz consideration à les premissez et que la dicte imposition, ensy ordonne, constitue, inducte est et serra, en ces cas, molt expédient et necessaire.

Ycelles ordonnance, constitution et indiction de la dict imposition (durant le terme sus dit), aprovons, ratifions et confermons, etc., etc.

Donné à Westm, le XIII jour de juillet, A. D., 1443.

NOTE II, page 17.

LETTRE DE DAVID DE MONTFERRAND, ARCHEVÊQUE DE BORDEAUX, A HENRY V, ROI D'ANGLETERRE, LE 4 AVRIL 1449.

(Extrait des archives de l'Exchiquier, à Londres, *Library* A, 4, n. 34.)

Serenissimo et Christianissimo domino Henrico, Dei gratiâ Francie et Anglie regi et duci Aquitanie, domino nostro metuendissimo, David, miseratione divinâ, archiepiscopus Burdigalensis, salutem in Domino sempiternam et gloriosum de inimicis triumphum.

Notum majestati vestre regie facimus per presentes, quod nuper ad nos accidentes, venerabilis et circumspecti viri domini Bertrandus Daste, decretorum doctor, et judex appellationum curie ducatus vestri Aquitanie, Ramnulphus de Blaviâ, in legibus licenciatus, Raymundus de Bernaceto vestre civitatis Burdigalensis clericus, in decretis baccalarius, et Johannes de Nogueriis in eadem vestrâ civitate procurator fiscalis regius, in legibus baccalarius, nobis exposuerunt quod vestra regia Majestas, ipsis et aliis gentibus de concilio vestro regio in dictâ vestrâ civitate existentibus mandaverat quod ipsi facerent et recipient nonnullas informationes et instructiones statum vestrum regium et dictum vestrum ducatum Aquitanie tangentes, ipsasque et copias quorumdam persancte memorie et semper recolende progenitores et predecessores alias in dicto vestro ducatu gestorum sub testimonio pontificalis nostri sigilli inscriptas fideliter redigi facerent et iidem domini prenominati una cum dictis informationibus et copiis, sic ut prefertur inscriptis redactis ad presenciam dicte vestre regie se haberent transfera. Quapropter cum ipsi domini et alii gentes in dicto vestro concilio regio, informationes, instructiones et copias predictas inscriptis fideliter redigi fecissent, easdem in iisdem scriptis redactas nobis pro parte dicti totius vestri concilii presentaverunt et nobis supplicaverunt, ac etiam requisiverunt quatenus ipsas sub testimonio predicti nostri pontificales sigilli munimine roborari dignaremur. Quorum quidem informationum, incopiarum et copiarum scripta de verbo ad verbum sequitur in hunc modum. (Voir, pour ce qui regarde Bordeaux, note 1, pour l'ordonnance du duc de Clarence).

Nos igitur, David, archiepiscopus preffatus voluntati et mandatis litteris regiis, quantum cum Deo possumus hobedire et dicte Majestati vestre regie cupientes ut tenemur, dictas informationes, instructiones et copias, in hiis scriptis ut preffertur fideliter redactas nostri predicti pontificalis sigilli fecimus appentione communiri in testimonium premissorum.

Datum in dictâ vestrâ civitate Burdigalensi, in nostro archiepiscopali palatio, die IIII mensis aprilis, anno ab incarnatione domini millesimo CCCCXIX.

NOTE III, page 36.

TRAITÉ POUR LA REDDITION DE LA VILLE DE BORDEAUX ET PAYS DE GUIENNE, SOUS LA DOMINATION DU ROI DE FRANCE.

Charles, par la grace de Dieu, roi de France : sçavoir faisons à tous presens et aduenir : comme après la prinse et recouurance faite par nostre cheualier et feal le comte de Dunoys, nostre lieutenant general sur le faict de la guerre, et autres nos chefs et capitaines de guerre estant en sa compagnie, de plusieurs villes, chasteaux, et places qu'occupoient en nos pays de Guienne nos anciens ennemis et aduersaires les Anglois : plusieurs grandes sommations ayant esté faites de par nous aux gens des trois estats du pays de Guyenne et de Bourdelois, et aux bourgeois et habitans de nostre ville de Bourdeaux, d'eux mettre et reduire en nostre obeyssance, et nous rendre et mettre en nos mains nostre dite ville de Bourdeaux, et toutes les autres villes et forteresses des pays dessusdits, estans en l'obeyssance de nosdits ennemis les Anglois : lesquelles sommations ainsi faites, ont esté faits certains traitez et appointements touchant icelle reduction en nostre obeyssance entre nos amez et féals conseillers Ponton, seigneur de Saintrailles, nostre premier escuyer de corps, et maistre de nostre escurye, et Bailly de Berry; maistre Iean Bureau, tresorier de France, et Augier de Breguit, Iuge de Marcene, à ce commis par nostre cousin de Dunois et lieutenant general pour et au nom de nous, d'vne part : Et les gens desdits trois États desdistes ville et cité de Bourdeaux, et pays de Bourdelois, és noms d'eux et des autres païs de la duché de Guyenne, estans en ladite obeyssance des Anglois, d'autre ; duquel traicté et appointement la teneur s'ensuit.

TRAICTÉ ET APPOINTEMENT fait entre Ponton de Saintrailles, Bailly de Berry, escuyer de l'escuyrye du roi de France Charles; Iean Bureau, conseiller dudit seigneur et tresorier de France, et Augier de Breguit, Iuge de Marcene, à ce commis par Monseigneur le comte de Dunois et de Longueuille, lieutenant general du roy de France Charles sur le fait de sa guerre, pour et au nom du roy Charles, d'vne part; et les gens des trois Estats de la ville et cité de Bourdeaux, et païs de Bourdelois, és noms d'eux et des autres païs de la duché de Guyenne, qui de present sont dans l'obeyssance des Anglois, d'autre part; pour la reduction de ladite ville et cité de Bourdeaux et païs dessusdits, estans en l'obeissance desdits Anglois, et pour icelle cité de Bourdeaux et païs dessusdits mettre et tenir en l'obeissance du roy Charles en la forme et maniere qui s'ensuit.

Primo, Pour ce qu'aprés plusieurs grandes sommations faites de la part du roy de France aux gens des trois Estats des païs de Guyenne et Bourdelois, et aux bourgeois et habitans de ladite ville de Bourdeaux, et toutes les autres villes et forteresses du païs, estant en l'obeyssance des Anglois, veu qu'il ne leur estoit possible de plus endurer et soutenir les faix et charges de la puissance du roy de France, qui des-ja auoit conquesté tout le païs de la riviere de Dordoigne, voyant par lesdits trois Estats clairement la totale destruction du païs, si remede n'y estoit mis, iceux gens desdits trois Estats ont fait requerir à Monseigneur le comte de Dunois, lieutenant general du roy de France, que par traicté il leur vouleusse donner terme et respit suffisant et conuenable pour enuoyer pardeuers le roy d'Angleterre lui signifier les choses dessusdites, et auoir reponse de luy, et prendre iour de bataille qui seroit le plus fort sur le champ. A iceluy iour, et autres plusieurs grandes requestes par eux faites et debatuës par plusieurs iournées, a esté traicté et accordé ce qui s'ensuit.

Premierement, que ceux de la part du roy de France pour esquiuer la totale destruction du païs, sont contens de donner terme et delay à ceux desdits trois Estats pour attendre l'armée du roy d'Angleterre qu'ils esperent venir de brief, et attendent de iour en iour iusques au 23 iour de ce present mois de Iuin.

Item, et au cas que dedans ledit 23 iour ceux de la part du roy d'Angleterre ne viendront secourir ceux dudit païs de Bourdelois et de Guyenne, en telle maniere que par puissance d'armes ils pussent debouter les gens du roy de France du champ où ils seront deuant la place de Fronsac, et en yceluy demeurer les plus forts : en ce cas, et tantsost iceluy iour passé, les gens desdits trois Estats promettront et iureront dés à present par leurs foy et sermens, et sur la vraye croix bailler et delivrer au roy nostre sire en sa personne, si possible luy est bonnement d'estre au iour, ainsi qu'on a esperance qu'il sera : et au cas que à iceluy iour le roy ne pourroit estre en personne, comme accordé a esté ; en ce cas ceux desdits trois Estats bailleront à Monseigneur le comte de Dunois, lieutenant du roy, et autres ses conseillers et officiers en sa compagnie, la possession de ladite ville de Bourdeaux, ainsi que le roy mandera par ses lettres patentes. Dedans lesquelles seront ces articles incorporez, et les promettra le roy entretenir de poinct en poinct par icelles lettres, et après conséquemment de toutes les autres villes, chasteaux et forteresses desdits pays.

Item, Et pour seurcté de faire et accomplir les choses susdites par lesdits trois Estats de Bourdelois et païs de Guienne, a esté accordé que ceux desdits trois Estats bailleront réellement et de fait dedans demain qui sera dimanche, pour tout le iour, és mains de mondit seigneur le comte de Dunois, les villes et places de Vayres, Rions, Sainct-Macaire et Blaignac, et és mains de maistre Iean Bureau, thresorier de France, la place de Castillon lez Perigord.

Item, Et s'il advenoit que dedans ledit 23. iour de ce présent mois de iuin l'armée d'Angleterre vinst pour ledit secours dudit païs de Guyenne, en ce cas ceux d'iceluy païs de Bourdelois et de Guyenne les pourront secourir et ayder en tout ce qu'ils pourront pendant ledit temps.

Item, Et au cas que dedans ledit 23. iour de ce present mois de iuin, lesdits Anglois et ceux dudit païs de Bourdelois pourroient par puissance d'armes debouter les gens du roy hors de leur camp où ils seront deuant Fronsac, et demeurer en iceluy les plus forts, en ce cas, et tantost iceluy advenu, ledit monsieur le Comte et ledit maistre Iean Bureau deliureront lesdites cinq places ; c'est à savoir, à monseigneur le Captau, les places de Vayres, Blaignac et Castillon, et lesdites places de Rions et de Sainct-Macaire aux habitants de ladite ville de Bourdeaux ; et aussi rendront les scellez que les dessus dits ont pour cecy baillé audit monseigneur le Comte.

Item, Et s'il advenoit qu'aucunes villes, cités, chasteaux et forteresses estans audit païs ne se voulussent mettre et reduire en l'obeyssance du roy comme ceux de Bourdeaux, eux sur ce duement sommez et requis, en ce cas le roy les contraindra par puissance d'armes à l'aide de ses subiets.

Item, Et feront tous les habitans desdites villes, cités, chasteaux et forteresses, incontinent la possession d'icelles euë et prinse, le serment au roy ou à ses commis, pour luy estre doresnauant bons, vrais et loyaux subiets et obeyissans au roy de France, et de tenir son party enuers et contre tous, à tousiours et perpétuellement.

Item, Et fera le roy à l'entrée de ladite ville de Bourdeaux au iour dessusdit, s'il y est present, ou mondit seigneur le comte de Dunois pour luy, si le roy ni peut estre, le serment sur le Liure et sur la Croix, ainsi qu'il est accoustumé, de tenir et maintenir les habitans d'icelle ville et du païs, et chacuns d'eux presens et absens qui demeureront ou demeurer voudront en son obeyssance, en leurs franchises, priuileges, libertez, statuts, loix, coustumes, établissemens, stiles, obseruations et usances du païs de Bourdeaux en Bourdelois, de Bazadois en Bazadois, et d'Agenois en Agenois, et leur sera le roy bon prince et droiturier seigneur, et les gardera de tort et de force de soy mesme, et tous autres en son loyal pouuoir, et leur fera ou fera faire droit, raison et accomplissement de Iustice ; et des choses dessus-dites de chacune d'icelles, le roy leur donnera et enuoyara ses lettres-patentes scellées de son grand scel en la meilleure forme que faire se pourra, et deura franchement, et acquittement de tout ce qui appartient au roy.

Item, Et s'il auient que le roy ne puisse estre au iour de ladite entrée, mondit seigneur de Dunois, lieutenant du roy, promettra et iurera faire ratifier par le roy toutes les choses dessus-dites, et de les faire iurer et promettre, ainsi que dessus est dit.

Item, Et s'il y en a aucuns qui ne veulent demeurer ne faire le serment au roy de France, aller s'en pourront quand bon leur semblera, et où il leur plaira, et pourront emporter toutes leurs marchandises, or, argent et biens meubles, nefs, vaisseaux, et autres choses quelconques, et auront pour ce faire bon sauf-conduit et termes de vuidange iusques à demy an, à compter de la datte de ces presentes : pouruen que quand ils seront audit party du roi, ils feront le serment de ne faire ou pour chasser en iceluy party aucun mal ou dommage, tant qu'ils y seront ; et s'ils ont aucuns heritages audit païs, iceux demeureront à leurs plus prochains heritiers estans esdits païs, et qui voudront faire le serment et demeurer en iceluy.

Item, Et s'il en y a aucuns esdits païs de Guyenne qui ne soient deliberez de faire le serment, et qui veuillent aller en aucuns lieux en ce royaume, ou dehors querir ou pour chasser aucuns de leurs biens ou debtes, faire le pourront, et y seront receus, et auront tous leurs biens et heritages, ainsi que les autres dessus nommez dedans un an.

Item, Et s'il en y a aucuns qui pendant ledit temps de demy an s'en veulent aller hors de l'obeyssance du roy, et laisser aucuns de leurs biens en garde en ladite ville de Bourdeaux, ou ailleurs audit païs de Guyenne, faire le pourront, et leur demeureront seurs pendant ledit temps, et ainsi les pourront enuoyer querir pendant iceluy temps, si bon leur semble, et les faire emporter où bon leur semblera, et si leur est deub aucune chose dedans ladite ville de Bourdeaux, ou ailleurs audit païs de Guyenne, ils les pourront poursuivre et demander, et leur en sera fait raison et iustice.

Item, Et s'il en y a aucuns qui veulent auoir sauf-conduit pour eux, en allant auec leurs biens meubles quelconques, cheuaux, vaisseaux et autres choses, ils auront bon sauf-conduit pour ce faire, et ne leur coustera chacun sauf-conduit qu'vn escu d'or.

Item, A esté appointé et accordé qu'en mettant par eux lesdits trois Estats lesdites villes, citez, chasteaux et forteresses des païs de Bourdelois, de Guyenne et de Gascogne, et en faisant le serment, ainsi que dit est, de ceux par les habitans demeurans en iceux lieux, tous iceux habitants auront abolition generale du roy de tous cas et crimes ciuils et criminels, et de toutes peines encourues, et leur en fera le roy bailler ses lettres-patentes scellées de son grand scel en general ou en particulier, ainsi qu'auoir les voudront quittement franchement de ce qui appartiendra au roy.

Item, Et demeureront tous nobles, non nobles et habitans desdites villes et païs qui demeurer voudront en iceux, et auront fait leur serment en leur possession droictement et en leurs chasteaux, forteresses, villes, seigneuries et autres héritages où qu'ils soient scituez et assis, et aussi en leurs biens meubles, marchandises et autres quelconques, sans ce qu'on leur en fasse aucun tort ou violence, ne qu'on leur donne en iceux aucun destourbier ou empeschement.

Item, Et pareillement demeureront les gens d'église estans du pays en tous leurs benefices, dignitez et leurs meubles et immeubles, et en leurs offices d'église, jurisdiction et possession spirituelles, temporelles, seigneuries, villes, chasteaux, forteresses, reuenus, cens, domaines et biens à eux appartenans, et en iceux seront maintenus et gardez, et aussi en leurs franchises, libertez et priuileges quelconques, et de ce auront bonnes lettres du roy, scellez de son grand scel, telles qu'à ce cas appartient quittement et franchement de ce qui appartient au roy.

Item, Et si les roys d'Angleterre et ducs de Guyenne ont donné par ci-deuant à aucuns des habitans demeurans esdits païs aucunes terres, seigneuries, chasteaux, forteresses et autres quelconques, seront et demeureront à ceux à qui ils auront esté donnez, sauf et reserué la terre et seigneurie de Curton que le roy a donné.

Item, Et ne seront contrains doresnauant les habitans desdits païs de payer aucunes tailles, impositions, gabelles, fouages, cartages, equiualent; ne autres subsides quelconques; et ne seront tenus de payer doresnauant que les droits anciens deubs et accoustumez en ladite ville de Bourdeaux et païs dessus dit.

Item, A esté accordé que tous marchands qui apporteront doresnauant marchandises ou viures quelconques en ladite ville de Bourdeaux et païs Bourdelois, ils pourront seurement venir par eau douce ou par terre, en payant seulement les droits et devoirs anciens deubs et accoutumez d'ancienneté, tant au roy, comme aux autres seigneurs, ce qui leur pourroit appartenir selon la teneur de leurs privileges, libertez et franchises.

Item, Et sera le roy content qu'en ladite cité de Bourdeaux y ait Iustice souueraine pour connoistre, discuter et determiner diffinitiuement de toutes les causes d'appel qui se feront en iceluy païs, sans pour iceux apeaux par simple querelle ou autrement estre traitté hors de ladite cité.

Item, Outre a esté accordé que doresnauant le roy, ne ses successeurs roys, ne pourront tirer hors des païs dessusdits pour faire guerre, les nobles, gens de guerre, ne autres dudit païs, sans leur vouloir et consentement, sinon toutesfois que le roy les paye de leurs gages et soldes.

Item, Et par ce present traicté a esté accordé que mondit seigneur le comte de Dunois fera rendre et desliurer à ceux de la ville de Bourdeaux francs et quittes, le maire de ladite ville, et le sous-maire, et Iean de Roustande, et Bertrand d'Ages.

Item, Et fera le roy de France battre monnoye en ladite ville de Bourdeaux par l'advis et deliberation de ses officiers et gens desdits trois Estats dudit païs de Guyenne, en ce connoissans appellé auec eux les generals maistres des monnoyes, et permettra le roy par ses lettres-patentes que les monnoyes qui à present ont cours audit païs y puissent auoir cours vn an ou deux, si bon leur semble, et donnera le roy en faisant icelle monnoye la plus part de son droit de seigneuriage ; afin d'amender icelle monnoye au profit du peuple dudit païs.

Item, Et si le roy laisse aucuns gens de guerre en ladite ville de Bourdeaux et audit païs de Guienne, pour la garde de seureté de iceux il les payera de leurs gages, et les fera gouuerner bien et doucement, et payer ce qu'ils prendront, et ceux qui seront en ladite ville de Bourdeaux seront logez ez hostelleries et autres lieux moins grevables et dommageables pour les marchands et habitans de ladite ville.

Item, A esté appointé que les officiers que le roy commettra au païs promettront au roy ou à ses commis, et iureront de faire bonne iustice sans faueur au grand comme au petit, et qu'ils garderont les privileges, coustumes et loix de ladite ville de Bourdeaux et du païs Bourdelois, et les maintiendront en leurs honneurs et prééminences, et iouyront ceux d'icelle ville de Bourdeaux et autres quelconques du païs de Bourdelois de leurs iurisdictions, ainsi que d'ancienneté ils ont accoustumé.

Item, Et defendra ou fera defendre par son procureur en la ville de Bourdeaux qu'il ne vexe ou travaille aucuns des habitans de ladite ville ne du païs sans requeste de partie, ou qu'il n'y ait deue information precedente.

Lesquels traittez accordez, appointemens, promesses et conuenances, Nous Pierre, par la misération diuine, archeuesque de Bourdeaux, Bertrand seigneur de Montferran, Gaillard de Durfort seigneur de Duras, Godifer Chartoise, maire et comme maire de Bourdeaux, Iean de la Lande seigneur de Breda, Bertrand Angenin seigneur de Rozan et de Pajoux, Guillaume Audion seigneur de Lansac, promettons par la foy et serment de nos corps, et sur nos honneurs, tenir et accomplir de point en point selon leur forme et teneur, sans icelles aucunement enfraindre, en tesmoin de ce nous auons signé ces presentes de nos seings manuels, et scellez de nos armes, le samedy douzieme iour de ce present mois de iuin mil quatre cens cinquante-un. Ainsi signé *P. Archiepiscopus Burdegalensis*, de Montferan, Gaillard, Iean de la Lande, Breda, G. de Lansac. *P. de Boscouato*.

Lequel traité et appointement nosdits conseillers ayant promis et iuré faire par nous ratifier et confirmer, et pour ce ayant fait supplier requerir ainsi le vouloir faire, Pource est-il, que nous les choses considerées, et que mieux est recouurer et reduire en nostre obeyssance nostre païs de Guyenne par traicté aimiable, que y proceder par voye de fait et de guerre; voulans aussi obuier à l'effusion du sang humain, et à la destruction et perdition dudit païs et de nos subjets d'iceluy, ledit traicté et appointement, et tous les points et articles contenus en iceluy, avons eu et avons agreable, et l'auons ratifié, approuué et confirmé, ratifions, confirmons, et approuuons de grace spéciale plaine puissance, et authorité royale; Voulons et octroyons à nosdits gens desdits trois Estats de notredite ville de Bourdeaux, du païs Bourdelois et de Guyenne, tant gens d'église, nobles, que autres quelconques, et à chacun d'eux qui iouissent et vsent plainement et paisiblement du contenu audit traicté et appointement, promettans en bonne foy, et en parole de roy tenir et faire entretenir ledit traicté et appointement, et de ne faire ne souffrir estre fait aucune chose à leur contraire.

Si donnons en mandement par cesdites presentes à nos amez et féaux conseillers les gens tenant et qui tiendront nos parlemens et cours soueraines, aux sénéchaux de Guyenne, d'Agenois, de Bazadois et des Lannes, et à tous nos autres iusticiers, ou à leurs lieutenans presents et aduenir, et à chacun d'eux, si comme à luy appartiendra, que lesdits gens d'église, nobles et autres desdits trois Estats, fassent, souffrent, et laissent jouir et vser plainement et à plain de nos presentes ratifications, confirmations et octroy, sans leur faire ne souffrir estre faite aucune chose au contraire, ores ne pour le temps à venir, en quelque maniere que ce soit; ainçois si faite leur estoit aucunement, ils leur reparent et remettent, ou fasse reparer et remettre sans delay au premier estat et deub. Et afin que ce soit chose ferme et stable à tousiours, nous auons fait mettre nostre seel à ces présentes, sauf en autres choses nostre droict, et l'autruy en toutes. Donné à Saint-Iean-d'Angely, le vingtiesme iour de juin, l'an de grace mil quatre cens cinquante un, et de nostre regne le vingt-neufiesme. Ainsi signé, par le roy en son conseil, auquel tous les euesques de Maguelonne et de Alech, le sieur de la Tour, l'admiral, les sieurs de Saintrailles, Berqui, maistre Iean Bureau. Et scellé du grand sceau de cire jaune.

NOTE IV, page 65.

SECOND TRAITÉ DE CHARLES VII AVEC LES BORDELAIS.

« Charles, par la grace de Dieu, roy de France, savoir faisons à tous presens et avenir : Comme puis un an en ça, feu sire de Talbot et autres Anglois en sa compagnie, fussent venus à puissance en celui notre pays de Guienne, qui lors étoit en notre obéissance, et y eussent tellement procédé que au nom d'aucuns dudit pays, qui nous avaient par avant fait le serment d'être bons et loyaux envers nous, en venant contre leurs sermens et promesse, donnerent tel attrait, aide et reconfort aux dits Anglois qu'ils eussent prinses plusieurs villes et places en nos païs de Guienne et de Bourdelois et mêmement notre ville et cité de Bourdeaux, qui est la principale et plus notable desdits pays eux efforçans de leur pouvoir de plus avant entreprendre sur autres places et gagner

Registres du Parlement de Paris.

NOTES.

les païs voisins à nous obéissans, pour obvier auxquelles choses, eussions incontinent ce venu à notre notice, envoyé notre armée audit païs, et depuis y soyons venus en personne et y ayons tellement procédé, que moyennant la grâce de Dieu et l'aide de nos bons et loyaux vassaux et sujets, ayant par puissance réduites lesdites places, que y avoient gagné nosdits ennemis et remises en notre obéissance, et ayons fait mettre et logier notre dite armée à grand puissance, tant par eau que par terre, si près de notre dite cité de Bourdeaux, que les gens d'église, nobles, bourgeois, marchands et habitants d'icelles, connoissans qu'ils avoient grandement mépris, se soient tirés devers nous, et après qu'ils nous ont fait montrer leur pauvreté et indigence, et que la plupart des habitants de notre dite ville ne sont pas principalement en cause de ladite rébellion et désobéissance, nous ayent fait supplier et requérir qu'il nous plaise leur pardonner et abolir les choses avenues le temps passé; icelles mettre hors de notre cœur, les recueillir comme nos sujets en notre bonne grace de miséricorde et leur impartir bénignement icelle, en nous offrant notre ville et cité de Bourdeaux, et la remettre en notre obéissance, et de nous faire le serment d'être dorénavant bons, vrais et loyaux sujets, et mettoient tous leurs priviléges dont ils ont usé le temps passé à notre bonne grace et nous reconnoissans leur souverain et naturel seigneur : pour ce est-il que nous ayant considération aux choses dessus dites qui nous ont bien au long été remontrées, voulant, en suivant les faits de nos progénitures de bonne mémoire user clémence et bénignité envers nos sujets, et préférer miséricorde à rigueur de justice et sur les choses dessus dites, en l'avis, conseil et délibération de plusieurs des seigneurs de notre sang et lignage et autres nos chefs de guerre et gens de notre conseil, étant autour de nous en grand nombre pour l'honneur et révérence de Dieu et éviter effusion de sang humain, ayant pitié et compassion du pauvre peuple, étant en ladite ville, confiant que dorénavant nous ferons bons, vrais et loyaux sujets, avons quitté, remis, pardonné et abolis, quittons, remettons, pardonnons et abolissons de grace spéciale, pleine puissance et autorité royale par ces présentes aux gens d'église, nobles, bourgeois, marchands et autres habitans d'icelles, notre ville, cité et banlieue de Bourdeaux et autres étant de présent en icelle, tous les crimes, rebellions, désobéissance, crimes de leze-majesté et autres délits quelconques, qu'ils et chacun d'eux ont et peuvent avoir commis, perpétrés et été causes ou consentant de faire commettre et perpétrer envers notre majesté et nos sujets, tant en général qu'en particulier, de tout le temps passé jusqu'à présent, en quelque manière et pour quelque cause ou occasion que ce soit, et voulons les choses dessus dites être censées et réputées comme non faites et non avenues, en les restituant en leur bonne fame et renommée et à tous leurs biens, meubles et immeubles, châteaux, seigneuries, hôtels, maisons et autres héritages quelconques, et sur ce imposons silence perpétuel à notre procureur et à tous autres, en réservant toutefois en notre dite bonne grace les priviléges d'icelle notre ville jusqu'à notre bon plaisir, et aussi réservé jusqu'à vingt personnes des principaux qui ont été cause de la dite rebellion et d'avoir fait venir nosdits ennemis et les mettre en notre cité de Bourdeaux, auxquels, à la supplication et requête du sire de Camois, chevalier anglois, ayant la charge des gens de guerre de la nation d'Angleterre, étant à présent à Bourdeaux, qui sur ce nous a très-humblement supplié et requis, avons quitté et donné la vie, moyennant ce qu'ils seront bannis de notre royaume, et s'en pourront aller là où bon semblera, avec les biens meubles qu'ils en pourront emporter avec eux, et aucuns autres de ladite ville jusqu'au nombre de quarante, s'en veulent aller faire le pourront, et emporter tous leurs biens meubles quelconques, et en outre si avant aujourd'hui ils ont fait ou font dedans un mois prochain, venant aucunes donations, venditions ou transports de leurs héritages à leurs enfants, prochains parents ou autres, nous voulons et octroyons de notre plus ample grace que lesdites venditions, donations et transports, qui ainsi ont été ou seront faits, soient et demeurent valables, et nous seront tenus payer pour une fois lesdits gens d'église, nobles, bourgeois, marchands et habitants de notre dite cité et banlieue de Bourdeaux, la somme de cent mille écus d'or à présent ayant cours et moyennant cette notre présente abolition, tous les prisonniers qui sont à présent ez mains de notre dite ville et banlieue de Bourdeaux, qui même n'ont payé leur rançon, tant ez mains de ceux de ladite ville et autres du pays comme de ceux de la nation d'Angleterre, seront et demeureront francs et quittes, sans ce que aucune chose leur soit ou pût être demandée pour occasion de leur dite prison ou rançon et ainsi que tous scellés et promesses que nos gens et sujets ou autres, tenant notre parti, pourroient avoir faites auxdits Anglois et à ceux de Bourdeaux et autres quelconques devant cette présente année, seront et demeureront nuls et de nulle valeur et effet. Si donnons en mandement au sénéchal de Guienne et à tous nos autres justiciers et officiers ou à leurs lieutenants, présent et avenir, et à chacun d'eux, si comme à lui appartenans que lesdites gens d'église, nobles, bourgeois, marchands et habitants de notre ville et banlieue de Bourdeaux et autres étant en icelle, et chacun d'eux fassent, souffrent et laissent joyr et user pleinement et paisiblement de nos présentes abolitions et graces, sans leur faire ne souffrir être fait aucun destourbier ou empêchement à ce contraires, en cois ce fait ou donné leur avoir été où était ores ou le temps avenir, si ce mettent ou fassent mettre sans délai à pleine délivrance et au premier état et dû, et afin que ce soit chose ferme et stable à toujours, nous avons fait mettre notre scel à ces présentes. Donné à Montferrant, près Bordeaux, le 9 octobre l'an de grace 1453, et de notre règne le 31e, etc. »

NOTE V, page 74.

SUR LA CONFRÉRIE ROYALE DE MONTUZETS.

D'après d'anciennes traditions, Charlemagne aurait remporté une victoire sur les Sarrasins, dans les environs de Blaye, à Mauconseil, près de Montuzets. Avant la bataille, il invoqua la protection de la Sainte-Vierge et s'engagea, non seulement à lui rapporter l'honneur du triomphe, mais même à bâtir une église en son honneur, sur le lieu même où il avait établi son camp, s'il obtenait la victoire. En effet, ayant dispersé ses ennemis, Charlemagne fit construire, sur une hauteur qui domine la Gironde, une chapelle en l'honneur de sa protectrice. Cet édifice simple et modeste se trouvait naturellement le rendez-vous de tous les chrétiens du pays; c'est là qu'avait prié le grand empereur; c'est là que la Vierge avait protégé l'armée chrétienne; c'est là que la foi conduisait les fidèles pour demander de nouvelles grâces. Cette montagne dominait les plaines où s'était livré la bataille; ses flancs étaient tapissés de bois et recélaient une grande quantité d'oiseaux, dont les concerts se mêlaient aux vieux chants des pèlerins. De là vient le nom *Montauzets ou Montuzets*, c'est-à-dire, en patois, *Mont aux auzets*, Mont aux oiseaux. La piété lui donne une étymologie plus religieuse et le fait dériver des mots *Mont aux cieux*.

Cette chapelle de *Montuzets*, qui se trouve aujourd'hui dans la paroisse de Plassac, près Blaye, était très-fréquentée durant tout le moyen-âge et depuis le temps de Charlemagne; ses successeurs, Saint-Louis en particulier, encouragèrent le pèlerinage qu'on y faisait. On y voyait arriver, de tous les pays circonvoisins, des pèlerins des deux sexes, des malheureux, des affligés de toutes les conditions. Les marins invoquaient, dans la tempête, la souveraine des cieux qui avait protégé Charlemagne; ils y allaient déposer leurs prières et leurs vœux, ainsi que des *ex-voto* ou de pieux souvenirs de leur foi et de leur reconnaissance.

On y forma, du temps de Saint-Louis, une confrérie qui en peu de temps devint si nombreuse, que l'archevêque de Bordeaux, d'après le vœu des confrères, en transféra le siége ainsi que les exercices religieux dans l'église de Notre-Dame de Puypaulin, à Bordeaux. Comme les marins la composaient en grande partie, on fit des statuts particuliers pour eux.

Ils étaient tenus de faire à Notre-Dame de Montuzets une procession solennelle, le samedi après la fête de l'Ascension, pour accomplir le vœu de Charlemagne. On voyait ce jour-là, tous les ans, des milliers de barques pavoisées partir de Bordeaux et des ports des deux rives de la Garonne et de la Dordogne, pour se rendre à Montuzets, près de Blaye.

Comme l'église de Puy-Paulin était trop petite, l'archevêque de Bordeaux transféra les exercices religieux dans les deux églises de Saint-Michel et de Saint-Remi, avec les mêmes statuts et les mêmes règlements, et sous la condition que le service de la confrérie serait fait alternativement par les confrères de ces deux églises, dans un accord parfait et une entière harmonie. On ne sait pas exactement la date de cette translation; mais elle était antérieure à l'an 1460, car il existe un vieux titre du 10 mars de cette année-là, qui parle de la confrérie de Montuzets, à Saint-Michel. Les statuts furent renouvelés en 1498, par l'ordre du cardinal de l'Épinay, archevêque de Bordeaux.

En 1461, Louis XI, qui avait beaucoup de dévotion envers la Sainte-Vierge, s'étant rendu à Bordeaux pour le mariage de sa sœur avec Gaston de Foix, crut devoir réunir les deux fractions de cette confrérie dans la même église de Saint-Michel, où on leur accorda une chapelle particulière.

Il confirma les anciens priviléges et franchises de cette confrérie par un édit daté du mois de mars 1461 (vieux style). L'année commençait alors à Pâques. Delurbe assigne la date de mars 1462; c'est une erreur; nous reproduisons ici la partie essentielle du texte:

» Loys, par la grâce de Dieu, roy de France, savoir faisons à tous
» présens et à venir que, en l'honneur de Dieu notre créateur et de la
» glorieuse Vierge Marie, et à ce que nous et nos successeurs, roys de
» France, soient participants ez messes, prières et bienfaits que les
» maistres mariniers, pilotes, naviguants, gabarriers et autres confrères
» de la confrérie de Notre-Dame de Montuzets, près Laroque de Thau,
» feront dire et célébrer, en ladite confrérie. Nous avons confirmé et
» confirmons, de grâce spéciale, pleine puissance et autorité royale, par

NOTES.

» ces présentes, aux dits confrères d'icelle confrérie, les privilèges,
» franchise et libertés qu'ils et leurs prédécesseurs ont coutume d'a-
» voir.....

» Voulons, en outre, qu'il n'y ait personne, sinon qu'ils soient du
» serment de ladite confrérie, qui puisse ni doive naviguer sur ladite
» rivière de Gironde, ni passer, ni repasser gens, chevaux ou autres
» choses pareilles, en quelque manière que ce soit.....

» Donné à Bordeaulx, au mois de mars, l'an de grâce mil quatre cent
» soixante-un, avant Pâques, et de notre règne le premier.

» *Signé* : LOYS. »

Il établit, comme nous venons de le voir, entre autres statuts et règlements, celui-ci, que tous les Bordelais qui désireraient appartenir à la marine, seraient tenus de se faire inscrire dans les registres de cette célèbre confrérie, qui, depuis lors, s'intitule *Confrérie royale* ; il leur accorda de nouveaux privilèges et s'en déclara, pour lui et ses successeurs, le chef et le protecteur. Ils jouissaient du droit de pêcherie sur la rivière, devant Bordeaux, et au Peyrat de La Bastide. Le roi, comme premier confrère, leur envoyait tous les ans six pipes de vin ; mais à la place de ce cadeau, la comptabilité fut chargée de leur payer la somme de 270 liv., qui, portée plus tard à 330 liv., a été exactement payée jusqu'en 1792. Outre les privilèges que les rois lui avaient accordés, cette confrérie possédait des biens-fonds qu'elle faisait administrer par des agents particuliers ; elle avait pour la direction des processions, à Plassac, des officiers militaires, c'est-à-dire, un colonel, un capitaine avec des sous-officiers.

Les privilèges accordés par Louis XI à cette confrérie, furent enregistrés à la chambre des comptes le 3 février 1748, et au sénéchal de Guienne le 21 août : ils ont été confirmés par Charles VIII en 1486, par François Ier en 1526, par Charles IX en 1565, Henri IV en 1609, Louis XIII en 1615, et Louis XIV en 1644. Quand ce dernier prince vint à Bordeaux, en 1659, il se fit inscrire sur le registre de la chapelle de Montuzets, à Saint-Michel, avec son frère et les gentilshommes de sa suite. Cet exemple fut suivi en 1783 par un de ses petits-fils, qui a régné depuis sous le nom de Charles X.

En 1531, il y eut quelque retard dans le paiement du vin que le gouvernement donnait tous les ans à la *royale confrérie*. On s'adressa au Parlement, qui, le 5 avril 1532, enjoignit à messire Arnaud Du Périer, receveur de la comptabilité de Bordeaux, de payer aux comptes et syndicat de la confrérie de Montuzets, la somme de *six vingt quinze francs* bordelais, *à eux taxés* par les officiers dudit seigneur (le roi), en la sénéchaussée de Guienne, pour trois tonneaux de vin que le roi *baille* tous les ans à ladite confrérie.

Pendant la persécution des catholiques par les terroristes de 1793, les fidèles n'osaient pas se montrer ni pratiquer les cérémonies de leur culte ; les processions de Montuzets furent interrompues et l'antique chapelle abandonnée ; mais d'après les instances du curé de Saint-Michel, on essaya, en 1818, de ressusciter cet ancien pèlerinage et de réformer la célèbre confrérie. Monseigneur d'Aviau approuva les nouveaux statuts le 7 mars 1818, et le roi Louis XVIII permit que son nom et ceux des ducs de Berry et d'Angoulême fussent inscrits en tête du nouveau registre. Les pieux exercices recommencèrent dans la chapelle de *Montuzets*, qu'on fit réparer ; mais les essais pour rétablir la procession annuelle restèrent infructueux.

L'église de Montuzets fut presque entièrement démolie par les Vandales de 1793 ; cependant on assure qu'en 1830 il existait encore quelques pans de murs qui portaient l'empreinte ou les caractères du style carlovingien. On sauva dans les mauvais jours de notre grande révolution les objets les plus précieux de l'antique chapelle de *Montuzets*, les vases sacrés, quelques bannières, la statue de la Vierge et le beau reliquaire qui renferme le corps de sainte Fructose, vierge et martyre. Ces reliques furent envoyées de Rome, à la demande du duc d'Épernon, par Notre Saint-Père le Pape, qui accorda à perpétuité une indulgence plénière à tous ceux qui, dans les huit jours qui suivront le lendemain de la Pentecôte, iront, avec les dispositions requises, faire leur dévotion dans la chapelle de *Montauzets*, et prier sur les reliques de sainte Fructose, dont la présence est constatée par une plaque de marbre portant cette inscription : *Fructosa, bene vixisti, bene consummasti*, et par des authentiques revêtues du visa de Monseigneur d'Anglure de Bourlemont, archevêque de Bordeaux, et que l'on conserve soigneusement dans l'église de Plassac, où tous les objets qui ont échappé à la dévastation de l'ancienne chapelle ont été déposés. Le reliquaire a été restauré par les soins et les dons de M. Martial, vicaire général de Bordeaux.

En 1835 on a reconstruit la chapelle de Notre-Dame de *Montuzets* dans l'église de Plassac ; des pèlerinages commémoratifs ont été établis en 1826 par M. Castenet, curé de Montferrand. Le jour de l'Ascension, ou, en cas de mauvais temps, le lendemain de la Pentecôte, les gabarres, les petits bateaux, toutes les embarcations du pays se rendaient, élégamment pavoisées et ornées de guirlandes et des couleurs nationales, dans le petit port de Montferrand. A la suite de l'office du soir, une multitude, de tout âge, des deux sexes et de toutes les conditions, venait voir ces processions nautiques où, au chant des cantiques de jeunes filles habillées en blanc, se mêlaient, avec les échos correspondants des deux rives, les sons graves et électrisants des instruments à vent ; on chantait, on priait, et les pauvres marins, qui se voyaient si souvent en danger sur un si perfide élément, confondaient leurs prières avec les naïves éjaculations des âmes pieuses et invoquaient avec amour Marie, cette étoile qui dirige le pêcheur à travers les écueils de la mer orageuse de cette vie. M. O'Reilly, l'un de ses successeurs dans cette paroisse, a rétabli, en 1845, cette procession ; mais les barques de Bordeaux et du pays ne vont plus visiter le port de Plassac, où est l'antique chapelle de Notre-Dame de Montuzets.

La procession qui partait primitivement du port de Bordeaux, le samedi après l'Ascension, se faisait, depuis le XVIe siècle, le lendemain de la Pentecôte : on chantait, en partant de Saint-Michel, l'antienne *Regina cœli lœtare*, avec l'oraison, puis plusieurs prières pour les pèlerins et le succès de leur pieux voyage ; en arrivant devant la chapelle de Sainte-Catherine, de Lormont, on entonnait l'hymne des Vierges avec l'oraison de la sainte ; devant l'église de Lormont, l'hymne *Iste Confessor* avec l'oraison de Saint-Martin ; arrivés devant l'ancienne chapelle de Saint-Clément, les pèlerins entonnaient l'hymne d'un martyr avec l'oraison du saint ; en arrivant devant la chapelle de Sainte-Barbe, à Girême, sur la côte de Montferrand, on chantait l'hymne *Virginis proles* avec l'oraison ; puis, au Bec-d'Ambès, les litanies de la Sainte-Vierge, à Roque de Tau, le *Regina cœli* et l'oraison ; à Plassac, le *Te Deum*, puis *Ave Maris stella* ; en entrant dans la chapelle, *Regina cœli* ; le lendemain on chantait la messe comme au dimanche de l'Ascension. En quittant Montuzets, l'*Ave Maris stella*, les litanies ; à la Roque de Tau, le *De Profundis*, etc., et ainsi comme en partant ; mais, en débarquant, le *Te Deum* ; la messe *Gaudeamus* dans la chapelle de Montuzets ; après la messe, *Domine salvum fac Regem* avec l'oraison, et en se séparant, dehors, des cris répétés de *Vive le roi*.

Le 17 mai 1623, le cardinal de Sourdis accorda aux confrères *confessés, repentants* et *communiés*, cent jours d'indulgences toutes les fois qu'ils communieront, cinquante jours toutes les fois qu'ils accompagneront le Saint-Sacrement porté au malade, vingt jours toutes les fois qu'ils feront quelque œuvre de charité, et cent jours à l'article de la mort.

Sur la fin de 1850 on a trouvé dans un champ voisin du monticule dit *Montuzets*, 170 pièces d'argent mérovingiennes; elles sont entre les mains de M. le marquis de Lagrange, qui a publié une notice sur ce sujet. (Voir le compte-rendu de la *Commission des Monuments et de la Gironde*, 1850-51. — Jouannet, *Statistique de la Gironde*, t. III, p. 432).

NOTE VI, page 75.

LETTRES-PATENTES POUR L'ÉTABLISSEMENT DU PARLEMENT DE BORDEAUX, EN DATE DU 12 JUIN 1462.

« Un des principaux devoirs des rois, dit Louis XI, est que la justice
» soit exactement rendue à leurs sujets; qu'ils ne soient pas surchargés
» par des impositions; qu'ils ne succombent pas sous des travaux qui
» excèdent leurs forces et qu'ils puissent facilement réparer les pertes
» que divers accidents peuvent leur occasionner. Tels sont les moyens
» dont la Providence se sert pour entretenir la paix dans un État et pour
» faire goûter au peuple toutes ses douceurs. Ayant donc en vue le bien
» du royaume, spécialement du Bordelais et des provinces adjacentes;
» considérant combien elles sont éloignées de notre ville de Paris, dans
» laquelle siége notre Cour de Parlement; les accidents qui peuvent
» arriver dans le cours d'un long voyage, la multitude immense des af-
» faires qu'on porte chaque jour des différentes parties de notre duché
» d'Aquitaine au Parlement de Paris; dans le dessein de terminer plus
» promptement les causes litigieuses qui s'élèvent entre nos sujets; cé-
» dant aux instances et à la très-humble supplication des trois États
» du Bordelais; désirant aussi honorer de plus en plus notre ville de
» Bordeaux : à ces causes et autres, par l'avis de notre conseil, de
» notre certaine science, plein pouvoir et autorité royale, Nous établis-
» sons, par ces présentes, notre Cour de Parlement dans notre dite
» ville de Bordeaux, à laquelle ressortiront toutes les justices particu-
» lières qui se trouvent dans les sénéchaussées des Lannes, de l'Agenais,
» du Bazadais, du Périgord et de la Saintonge : Nous voulons que cette
» Cour de Parlement commence à tenir ses séances, le lendemain de la
» Saint-Martin d'hiver de cette présente année; qu'elle soit composée
» d'un président laïque, de plusieurs conseillers tant clercs que laïques;
» de deux greffiers, de quatre portiers. Nous lui donnons la même au-
» torité dans son ressort qu'ont les Parlements de Paris et de Toulouse;
» dans ce but, nous entendons que ces présentes soient publiées dans

» les dits Parlements et dans les différents lieux de leur juridiction, si » donnons le mandement, etc., etc. »

La première séance eut lieu le 12 novembre. Les premiers membres de cette Compagnie étaient : Jean Tudert, maître des requêtes, président; deux conseillers du Parlement de Paris, l'archevêque de Bordeaux, Jacques Du Loup, conseiller-clerc; Guill-Palard et Henry Ferraigne, conseillers-laïques; Jean Bermondet, avocat du roi; Grimond, bourgeois de Bordeaux; le Maire; Maurice Lestrige, notaire et secrétaire du roi, greffier des présentations, et quatre portiers. Après avoir prêté le serment, ces Messieurs assistèrent à la messe du Saint-Esprit. On passa ensuite dans la grande salle où l'on fit, à haute voix, lecture de l'enregistrement des lettres-patentes. Les gages du premier-président étaient 1,550 liv.

Par lettres-patentes du 26 mars 1463, le roi étendit le ressort de cette Cour, en y comprenant le pays d'Aulnis, l'Angoumois, le Limousin, le Quercy. Le pays de Soule dépendit aussi de notre Parlement jusqu'en 1620, époque où fut créé le Parlement de Navarre. Quoique le Parlement de Bordeaux n'ait commencé à siéger qu'en 1462, cependant il a toujours été censé exister depuis le traité de 1451, par lequel Charles VII s'engagea à le créer. C'est cette raison qui a déterminé les déclarations qui reconnaissent le Parlement de Bordeaux comme plus ancien que ceux de Dijon et de Grenoble.

NOTE VII, page 90.

CONVOCATION DE LA NOBLESSE DU PAYS BORDELAIS EN 1491.

(Cette pièce mérite d'être conservée, car elle intéresse beaucoup de familles nobles ou bourgeoises du pays, qui y retrouveront les noms de leurs ancêtres et de leurs devanciers dans les terres qu'elles possèdent aujourd'hui).

Le sizième jour de septembre, l'an mil quatre cent quatre vingt et onze, à Nous Gaston de Foix, captau de Buch, comte de Candale, de Benauges et de Lavaur, et grand-sénéchal de Guienne, commissaire royal en ceste partie, furent présentées et baillées certaines lettres-patentes du roi nostre seigneur, contenant nostre commission, scellées de son grand scel en cire jaune à simple queue, datées du 27e jour d'aoust dernier passé, et signées par le roi, Messeigneurs les ducs de Bourbon, d'Alençon, de Nemours, le comte de Montpensier, le seigneur d'Albret, le marquis de Rothelin, mareschal de Bourgoigne; le sieur de Graville, admiral, et autres présens. *J. Berziau.* Par vertu desquelles lettres obtempérant à icelles. Le lendemain septième du dit présent moys de septembre feismes assavoir à haulte voix, à son de trompe et cry publique, par les carrefours accoustumés faire proclamation en la ville et cité de Bourdeaux, par les sergens ordinaires en la dite seneschaussée et par cédules attachées es portes principales de la dite ville, à tous nobles et autres tenant noblement en fief et arrier-fief, et qui avoient accoustumé suivre le ban et arrier-ban de la dite senechaussée, qu'ils eussent à eulx, rendre et présenter, montez, armez et pretz en habillements de guerre, en leurs personnes, toutes excusations cessans, ainsi que autresfois et par la derrière debeu et monstre leur avoir esté enjoint et ordonné, selon la déclaration de leurs fiefs par-devant nous au lundi douzième jour du dit moys de septembre, en ladite ville et cité de Bourdeaux, pour aller à la guerre servir le roi, notre seigneur, ou par lui ou autre son commi et député leur seroit enjoinct et commandé, sur peine d'estre déclarés rebelles et désobéisssans au dit seigneur et dès-lors de confiscation de leurs dits fiefs et seigneuries, après lequel cry fait affin que nul n'en pust prétendre cause d'ignorance, icelui mesme jour envoyasmes les dits sergens ordinaires en la dite seneschaussée notifier et faire assavoir le dit ban et arrier-ban es lieux, villes et places de Libourne, Sainct-Milion, Bourg, Blaye, Sainct-Macaire, Castillon, Lesparre et autres lieux et jurisdictions de la dite seneschaussée. Avenant lequel douziesme jour du dit mois de septembre, assistants le seigneur et baron de Duras et de Blanquefort, commis de par le roi nostre dit seigneur amesner et conduire le dit ban et arrier-ban, et appelés avecque nous maistres Jehan de Dozignac, licentié en lois, nostre lieutenant général en la dite seneschaussée, et François Pastureau, procureur en icelle seneschaussée, pour le dit seigneur, et lecture faite par le greffier de la Cour de la dite seneschaussée, tant des dites lettres patentes contenant nostre commission que missives, que autres lettres-patentes et missives du dit seigneur, adroissantes audit seigneur et baron de Duras et de Blanquefort, pour prendre et conduire le dit ban et aussi certains mémoires et instructions envoyées par le dit seigneur au dit seigneur de Duras, feismes audiencier et appeler par Pierre Basset, sergent royal ordinaire en la dite seneschaussée, tous les dits nobles et autres tenant noblement en fief et arrier-fief et qui avoient accoustumé servir le roi nostre dit seigneur au dit ban et arrier-ban par ordre, selon le rôle de leurs noms, surnoms, seigneuries et ordonnances à eulx faictes de leurs harnois et habillemens de guerre en la forme et manière que s'ensuit :

Premierement, a été appelé le seigneur et baron de Lesparre, pour lequel fut fait réponse par Gaston de Lalande, écuyer, capitaine audit lieu de Lesparre, qu'il estait en court au service du roi nostre dit seigneur.

Messire Gaston de Montferrant, chevalier, seigneur et baron dudit lieu, pour lequel fut aussi répond par maistre Bertrand Trossil, son procureur soy-disant, qu'il avoit chargé de par le roi, nostre dit seigneur, de gens d'armes d'ordonnance aussi estoit allé pour le dit seigneur en Armignac, faire la monstre aveue du ban et arrier-ban dudit pays d'Armignac, ou les mesner et conduire à la guerre au service du dit seigneur.

Le vicomte de Fronsac, pour lequel a été fait réponse pour ledit maistre Bertrand Trossil, soy-disant son procureur, que la dite seigneurie de Fronsac appartenoit à M. le mareschal de Gye, qui estoit tousjours à la guerre, au service du dit seigneur.

Le soudic de Latrau s'est presenté offrant aller prest de deux archiers avec le dit seigneur de Duras.

Le seigneur de Puynormand, pour lequel il a été répondu par le dit maistre Bertrand Trossil que le dit seigneur mareschal de Gye estoit seigneur pour la moitié de la dite seigneurie, et pour l'autre moitié aucun ne s'est comparu, en défault de ce a esté la moitié du dit fief et seigneurie saisie et prinse en la main du dit seigneur et tous exploictz en ont esté deffendus.

La dame de Lalande s'est presentée et a offert bailler son fils prest et en habillement de homme d'armes et de quatre archiers.

Le seigneur de Lansac pour lequel a esté fait réponse, qu'il estoit tout notoire qu'il estoit à la guerre au service du dit seigneur.

Le seigneur de Lisle s'est presenté et a offert aller prest d'un homme d'armes avecque le dit seigneur de Duras.

Le seigneur d'Anglade aussi s'est presenté et a offert aller prest armé d'une lance fournie.

Le seigneur et vicomte d'Uza, duquel a esté donné deffault et son fief a esté saisi, sauf s'il venoit et se presentoit prest en homme d'armes le lendemain, huit heures du matin, par-devant nous en la dite ville de Bourdeaux, le dit deffault serait rabattu.

Jehannot de Laur, seigneur de Belhade, s'est aussi deffailly et son fief ou fiefs ont esté saisis, sauf s'il se rendoit et se trouvoit prest de deux lances fournyes, le dit lendemain, à huit heures au matin, par-devant nous, le dit deffault seroit rabattu.

Messire Loys de Castetja, chevalier, seigneur Dupuy et Georges de Castetja se sont deffaillyz et leurs fiefs ont esté saisis, sauf s'ils se rendoient en leurs personnes prestz, assavoir le dit messire Loys de Castetja, chevalier, en hommes d'armes, et le dit Georges de Castetja de deux archiers, le dit deffault seroit rabattu.

Le sieur de Tastes s'est presenté en archier.

Le sieur de Mauvoisin et Jehan de Grely aussi se sont presentez par le dit de Grely en ung archier.

Le sieur de Morian pareillement s'est presenté en ung archier.

Et le sieur de Bessan, mineur, a presenté ung archier.

Arnault de Gassies, chargé de ung hommes d'armes, s'est presenté disant qu'il estoit homme d'armes pour la garde de la dite ville de Bourdeaux, sous la charge du maire d'icelle ville, aussi qu'il estoit trop et excessivement chargé d'un homme d'armes, toutefois offroit faire selon la charge et déclaration de son fief.

Le seigneur de Francs s'est presenté en deux archiers pour Pothon de Francs, son fils aîné, parce que le dit sieur de Francs est sexagenaire.

Le seigneur Dupuchs s'est presenté en ung archier.

Le seigneur de Genissac pour lequel a esté respondu par Étienne Pichault, son serviteur, que le dit sieur Genissac estoit en court au service du roy, nostre dit seigneur.

Arnault de Lamothe et les enfants de Sabignac et de Lescours se sont presentez en deux archiers.

Jehan de Coquron et Bertrand de Mandoufre, sexagenaires, ont presenté ung archier.

Les sieurs Desaugiers des Gombaulx se sont presentez par le dit Desaugiers en ung archier.

Les sieurs Desconges et de Lamothe de Bourg se sont presentez pour ung archier.

Aymery de Montferrand, seigneur de Belgarde; Jehan de Ségur, seigneur de Forains; Blanque de Cervat, vefve de feu Pierre Francon, et Arnault Dailhan, ont presenté le fils du dit sieur de Forains, en ung archiers, parce que le dit sieur de Forains est sexagenaire.

Le seigneur de Cytran aussi s'est presenté en ung archier.

Lancelot de Noailles, Brunet de Bedat et Peyrot de Sainct-Cryc se sont presentez, offrant bailler un archier, ainsi qu'ilz estoient tenuz de faire, parce que ledit de Noailles dit estre de l'ordonnance du roy, soubz la charge de M. de Monferrant.

Jehannot de Lamothe, sieur de Cambes, Jean Gombault, sieur de Lescarderie et Pierre de Ceyrac, se sont presentez et offert bailler ung

NOTES.

archier suffisant, parce que ledit sieur de Cambes doit estre de l'ordonnance du roy nostredit seigneur, soubz la charge dudit seigneur de Montferrant.

Thibaut, sieur de Buibs, chargé de deux archiers, s'est deffailly, et son fief a été prins et saisi en la main dudit seigneur, et tous exploits en ont esté deffenduz.

Jehan Brun du Boisset, sieur de Moliguyon et Aymery de Lilhan, sieur de Balac, se sont presentez par ledit de Lilhan en ung archier, parce que ledit Jehan Brun a dit estre de la garde de Blaie.

Jehan Gambe, sieur de Jussac, Bertrand de Garris et Aymery de Treflay se sont presentez, et ont offert bailler ung archier, parce qu'ils sont de la garde de Blaie.

Le sieur du Grant Linas, s'est presenté, et pour ce qu'il est homme d'église, a offert bailler ung archier, bon et souffisant, habillé et monté.

Les sieurs de Carcanieux et de Carnet, chargés d'ung archier, se sont deffailliz, et leurs fiefs ont esté saisiz, et tous exploits en ont été deffendus.

Bertholomé Diuzaide, sieur Daguilhe, s'est presenté en ung archier.

Jehan Duraux et Gaucem de Mathas se sont presentez, et comme sexagenaires ont offert bailler un archier souffisant, bien monté et habillé.

Les héritiers de feu Gauvin Berthet se sont presentez en ung archier, parce qu'ilz ont dit estre de la garde de ladite ville de Blaie.

Pierre Estev, dit de Bordeaux, sieur de Langon, et Guillem de Moichat ont présenté ung archier, parce que ledit Esteve a dit estre sexagenaire, et ledit Guillem de Moichat a dit estre de l'ordonnance dudit seigneur soubz nostre charge.

Thomas de Blaignan, sieur de Lanessan, et Jehan de Belcoiran, chargés d'un archier, se sont presentez et ont offert bailler ledit archier bon et bien armé et monté, parce que ledit de Lanessan est sexagenaire, et ledit de Belcoiran a dit estre tenu de maladie.

Les seigneurs de Gassac et de Lamothe de Margaulx, chargés avec le sieur de Liuran de deux archiers, se sont presentez et ont offert bailler lesdits deux archiers, parce que ledit sieur de Gassac a dit estre homme d'armes soubz la charge du maire de Bourdeaux, pour la garde de ladite ville, et le sieur de Lamothe de Margaulx est mineur, deffault a esté donné audit sieur de Liuran et son fief prins et saisi et lui en a esté deffendu tous exploitz.

Maistre Pierre Raier, Penot Achart et Claude Huguon se sont presentez et offert se comparoir l'un deulx en personne en archier.

Maistres Jehan Georges et Jehan de Martin se sont presentez par ledit Georges, lequel a offert bailler ung bon archier bien monté et armé, parce qu'il est homme de pratique, et ledit de Martin est pauvre et sexagenaire.

La dame de Sainct-Genés et le sieur de Sainct-Aubin se sont presentez par ledit sieur de Sainct-Aubin, lequel a offert bailler ung bon archier, bien monté et armé.

Laurens Daussyguy, Gaillard de Virreleys, Guillem Croux, Micheau Despechieres, Jehan Eyrault, Alias le Breton, se sont presentez et offert de l'un d'eulx se rendre prest comme ung archier.

Gaillard de Fronsac, seigneur Duchs, et Jehan de Tardes se sont presentez et offert bailler ung bon archier, bien monté et armé, parce que ledit sieur Duchs est mineur, et ledit de Tardes a dit estre homme d'armes soubz la charge du maire de Bourdeaux, pour la garde d'icelle ville.

Le sieur de Lamothe Sainct-Andras s'est presenté, et parce qu'il est sexagenaire a présenté son fils aisné et a offert de bailler prest, armé et monté comme un archier.

Medard de Caupenne, sieur de Cantemerle, qui est sexagenaire, s'est presenté et offert bailler ung bon archier, bien monté et armé.

Gaillard d'Arriguemalle, sieur de Loirac, et Pierre du Toilh, chargés d'un archier, avecque Jehan Micqueau, se sont presentés et offert de se rendre, l'un d'eulx prest, monté et armé comme ung archier, et deffault a esté donné dudit Jehan Micqueau et de tous autres qui auroient et seroient detenteurs, son fief noble, lequel a esté saisi en la main dudit seigneur, et à l'encontre d'eulx a esté octroyé compulsoire auxdits Gaillard d'Artiguemalle, Pierre de Baliron et Pierre du Toilh.

Mondot Achard aussi s'est presenté, et parce qu'il a dit, moiennant serment, estre sexagenaire, a offert bailler ung bon archier, bien monté et armé.

Jehan de Lavie, pour lequel a esté fait reponse par Arnaud de Lescalle son affin, que ledit de Lavie estoit allé de par la ville de Bourdeaux en Court devers le roy nostre dit seigneur.

Pierre de Rostaing s'est presenté, qui a dit et affirmé par serment estre sexagenaire, et offert bailler ung bon archier, bien monté et armé.

Amaniou de Fargues, Pierre de Mathas et Vidault Can et se sont presentez et pour eulx ont offert bailler Simon de Fargues fils, aysné dudit Amaniou de Fargues, bien monté et armé pour un archier.

Arnault Guillem de Lacorniere, Jehan Pierre et Guillem Faure se sont presentez, parce que ledit de Lacorniere est sexagenaire, et lesdits

Faures sont mineurs, ont offert bailler ung bon archier, bien monté et armé.

Baudinot Constantin et Guillem Centot se sont presentez par ledit Centot, lequel parce qu'il n'est habille à monter à cheval, et que ledit Constantin estoit allé de par ladite ville en Court devers le roy nostredit seigneur, a offert bailler ung bon archier, bien monté et armé.

Jehan de Donissan le jeune, et Jehan Darsins se sont deffailliz, et leurs fiefs ont esté prins et saisis en la main du roy nostredit seigneur et en ont été deffenduz tous exploictz.

Pierre de Sainct-Cryc, la dame du Berger, et le sieur de Lamothe de Parempure se sont presentez et offert d'eulx rendre l'un d'eulx en personne en l'état d'un bon archier.

Les doyen, chanoynes et chapitre de l'église métropolitaine de Bordeaux, seigneurs de Verteuilh, se sont presentez et ont offert bailler ung bon archier, bien monté et armé.

Martin Vacquey, sexagenaire, s'est presenté et a offert bailler ung bon archier, bien monté et armé.

Étienne Macanan, pour lequel a esté répondu par Guillotin Macanan son frère, qu'il estoit allé en Court devers le roy nostre dit seigneur de par ladite ville de Bourdeaux.

Guillotin Macanan, chargé d'un archier avec ledit Étienne Macanan son frère, s'est presenté et a offert bailler ledit archier, bien monté et armé.

Le sieur de Liurac s'est deffailly, et son fief a esté prins et saisi en la main dudit seigneur, et tous exploictz en ont esté deffendus.

Artus Olivier, pour lequel a esté faicte reponse par Arnault Gassies que ledit Olivier estoit au service du roy nostredit seigneur à la guerre en Bretagne.

Le sieur Dugua et Thomas Fellet se sont presentez, et parce qu'ils disent estre à l'ordonnance du roy nostredit seigneur soubz la charge du seigneur de Monferrant, ont offert bailler ung bon archier, bien monté et armé.

Guillem Joubert, sieur de Barrault, et Jehan de Pis, sexagenaires, se sont présentez, et ont offert bailler un bon archier, bien monté et armé.

Et tous les autres nobles et tenans noblement en fief et arrier-fief et qui ont accoustumé suyvre le ban et arrière-ban, se sont deffaillis, et leursdits fiefs, terres et seigneuries ont esté prinses et saisies en la main dudit seigneur. Et a esté ordonné que pour iceulx regir et gouverner sous ladite main, seront députez commissaires suffisans pour en rendre compte et reliqua, et à tous aultres en ont été deffendus tous exploicts, sauf que si lesdits deffaillans viennent et se rendent en personnes en armes et habillemens de guerre, selon leurs charges et déclarations de leursdits fiefs, demain à huit heures du matin, pardevant nous, seront receus. Après lesquelx deffaulx, saisines, inhibicions et deffenses, par ledit seigneur de Duras a esté dit et déclaré n'entendre recevoir pour conduire et mesner lesdits nobles qui sont cz ordonnances soubz nostre charge et dudit seigneur de Monferrant et aultres, que en leurs personnes, en ensuyvant la teneur de ses lettres de commission; ce que ledit procureur du roy aussi a requis : à quoy par nous a esté respond, que si lesdits nobles qui sont esdites ordonnances alloient en leurs personnes audit ban et arriere-ban, le roy cuidant avoir ses ordonnances pour soy en servir desceu de son intention, aussi quand lesdits nobles qui sont esdites ordonnances envoyeroient hommes bien montez et armez par eulz audit ban et arriere-ban, serviroient le roy nostredit seigneur en deux manieres et deux lieux; pourquoy avons esté d'avis et opinion que les gens desdites ordonnances soubz nostre charge et des aultres demeureroient à leursdites ordonnances, jusques à ce que le roy en ait sur ce ce fait déclaration; et pour en savoir à la vérité l'intention et vouloir dudit seigneur, avons prins charge de lui en escripre, dont ledit seigneur de Duras en a requis acte pour sa décharge. Et le lendemain treiziesme jour dudit mois de septembre, environ neuf heures au matin, nous Jehan de Dozignac, lieutenant général en ladite seneschaucée de Guienne, pour le roy nostredit seigneur, nous sommes transportez au lieu accoustumé, faire la monstre et revue desdits nobles et aultres subgectz audit ban et arriere-ban, auquel lieu ne se sont comparuz fors seulement les dessus déclarés comparans; et en oultre, à la requeste dudit procureur du roy nostre seigneur, avons donné deffault de tous aultres nobles tenans noblement, et qui ont accoustumé suyvir ledit ban et arriere-ban, et prins et saisi leursdits fiefs, terres et seigneuries en la main dudit seigneur et prohibé et deffendu tous exploicts en iceulx fiefs, terres et seigneuries, sur peines de confiscation d'iceulx, et de cent marcs d'argent audit seigneur à appliquer; et du consentement dudit seigneur de Duras, avons assigné auxdits nobles comparans d'eulx rendre pretz, montez et armez, selon leurs charges dessus declarées, lundi prochain dix-neuviesme de ce present mois de septembre, au lieu de Guistres, en ladite seneschaucée de Guienne, par devant ledit seigneur de Duras, pour aller où par lui seront conduictz; et mesme à la guerre au service du roy nostredit seigneur, sur peine aussi de confiscation des à présent de leursdits fiefs, terres et seigneuries; et en deffault de ce, des à présent, de saisine et main mise dudit seigneur d'iceulx fiefs, terres et seigneuries; et toutes ces choses dessusdites certifions estre vrayes, et par nous aussi avoir esté faites. Et en tesmoing de ce, avons fait signer ces lui nostre procez verbal au greffier de la Court de ladite seneschaucée de Guienne, et seeller du seel d'icelle les jour et an dessus dit.

Par commandement de mondit seigneur le Grand-Sénéchal de Guienne,

Signé GUERIN, greffier, *avec paraphe.*

NOTE VIII, page 143.

TABLEAU DES RÉDUCTIONS QUE LA LIVRE DE CHARLEMAGNE A SOUFFERTES JUSQU'A NOS JOURS.

La livre de Charlemagne équivalait à la livre romaine et pesait douze onzes (environ 308 grammes). En 1103, on y mêla un tiers de cuivre, et dix ans après, la moitié; sous Philippe le Bel, deux tiers; sous Philippe de Valois, les trois-quarts.

	liv.	s.	den.	
Sous Charlemagne et ses successeurs, de 768 à 1113, la livre valait	66	08	00	
— Louis VI et Louis VII, 1113-1138	18	13	06	
— Philippe-Auguste	19	18	00	
— Saint Louis et Philippe le Hardi	18	04	11	
— Philippe le Bel, 1285-1314	17	19	00	
— Louis le Hutin, Philippe le Long, 1314-1322	18	08	10	
— Charles le Bel, 1322-1328	17	03	07	
— Philippe de Valois, 1328-1350	14	11	10	
— Le roi Jean, 1350-1364	9	19	06	
— Charles V, 1364-1380	9	09	08	
— Charles VI, 1380-1422	7	02	03	
— Charles VII, 1422-1461	5	13	09	
— Louis XI, 1461-1483	4	19	07	
— Charles VIII, 1483-1498	4	10	07	
— Louis XII, 1498-1516	3	19	08	
— François Ier, 1516-1547	3	11	02	
— Henry II et François II, 1347-1560	3	06	04	4/5
— Charles IX, 1560-1574	2	18	07	

Sous Henry III, 1574-1589.	2 liv.	12 s.	11 den.
— Henry IV, 1589-1610.	2	08	00
— Louis XIII, 1610-1643	1	15	03
— Louis XIV, 1643-1716	1	04	11
— Louis XV, 1715-1774, la livre valait.	0	08	00
— Louis XVI.	1	00	00
Aujourd'hui, on ne parle plus de *livre*; elle est remplacée par le franc.	1	00	03

Sous Hugues Capet, les seigneurs avaient le droit de mettre en circulation de nouvelles espèces; mais elles n'avaient cours que dans leurs seigneuries, tandis que la monnaie du roi était reçue partout le royaume, on en comptait plus de 150 espèces différentes. Louis le *Débonnaire* rendit des ordonnances contre les faux monnoyeurs; saint Louis fit fabriquer l'*écu d'or*, le *lion*, les *royaux*, les *reines*, le *denier de l'aignel*, nommé aussi *mouton d'or*; il y en eut aussi en argent. La monnaie de billon consistait en *deniers tournois* et *deniers parisis*, qui valaient le tiers du *liard* ou *hardit*. La *maille* ou *obole* était la moitié du *denier*, et la *pite*, monnaie du *Poitou*, était la moitié de la *maille*. De là, sont venus les dictons français, *n'avoir pas une obole, n'avoir ni sou ni maille, n'avoir pas la pite*.

Philippe le Bel fit émettre de nouvelles monnaies, le *gros* et le *petit royal*, la *masse*, la *reine*, l'*agnelot en or*, dont l'empreinte était un agneau, avec la devise : Agnus Dei qui tollis, etc., le *gros tournois en argent*, et des espèces de billons semblables à celles qu'on avait mises en circulation sous saint Louis. On voyait encore, dans ce temps, les *bourgeois* doubles et simples. Sous Charles le Bel, on vit paraître des *deniers d'or à la chaise*, des *mantelets d'or*, des *sterlings doubles couronnés*, ou *doubles mitrés*. — Sous Philippe de Valois, des *pavillons*, des *florins-George*, des *anges d'or* ou *angelots*, plus tard appelés *anglots*; des *gros* et des *demi-gros* d'argent. Sous le roi Jean, des *deniers d'or* aux fleurs de lys, ou *florins d'or*, des *francs à cheval d'or*, et d'un plus petit module. — Sous Charles V, des *francs à pied* et des *gros tournois* d'argent.— Sous Charles VI, les *écus heaume*, à la couronne, les *saluts*, les *demi-saluts* d'or, des *gros* ou *heurettes*, des *demi-tournois* ou *niquets*. Le *liard*, fabriqué en 1430 par Guignes Liard, de Crémieu, en Viennois, n'eut de cours, d'abord, qu'en Dauphiné : Louis XI en autorisa le cours dans tout le royaume. Charles VII fit battre beaucoup de monnaie de billon; il n'y eut de nouveau que le *grand-blanc*. Sous Louis XI, on vit émettre les *écus d'or au soleil*, du poids de 2 den. 15 gr.; sous Henry III, la valeur en fut fixée à 65 sols; sous Henry IV, à 72 et 70 sols; sous Louis XIII, à 3 liv. 15 s., 4 liv. 3 s. 6 den., 4 liv. 14 s. et 5 liv. 4 s.; sous Louis XIV, jusqu'à 5 liv. 19 s. En 1693, on retrancha cette monnaie du commerce. Le *louis d'or*, du poids de 6 den. et 9 gr., valant 24 liv., les *écus d'or au soleil* vaudraient 9 liv. 17 s. 6 den. 30/51 de denier.

Louis XI émit, en billon, des *blancs au soleil* et des *deniers bordelais*, ayant cours en Guienne; on avait aussi, sous lui, des *marabotins* ou *marbotins* d'or venus d'Espagne, le *besan* d'or et le *chipotin* de billon, ainsi que la *pimprenelle*, qui est peu connue.

Le *franc bordelais* était inférieur, d'un quart, à la *livre de Tours*, et valait, par conséquent, 15 sols tournois. On sait que les *tournois* se fabriquaient à Tours, et les *parisis* à Paris. Les *parisis* étaient plus fort, d'un quart, que le *tournois*. Louis XIV réforma les *parisis*, et, depuis lors, on n'avait que la *monnaie tournoise*.

On avait encore en circulation, en Guienne, surtout dans le Béarn et le Bazadais, le *sou morlan*, monnaie fabriquée au *château de Fourques*, près de *Morlaas*, résidence des vicomtes de Béarn. (Voir le 1er vol., p. 317).

La monnaie morlanne valait trois fois la monnaie tournoise. On faisait entrer un tiers d'alliage dans la livre tournoise, qui était le poids de 12 onces d'argent, et contenant par conséquent 8 onces d'argent pur, ce qui vaudrait aujourd'hui, à peu près 54 fr. 39 cent. Ainsi 60 sous morlans valaient intrinsèquement environ 485 fr. 50 c. de nos jours. (Pour d'autres détails, sur les monnaies anciennes, voir vol. 1er, p. 309 et suite, 338, 416 et 561).

NOTE IX, page 153.

SERMENT PRONONCÉ A SAINT-ANDRÉ PAR FRANÇOIS Ier, EN 1526.

» Je, François, etc., etc., jure que je seray bon prince et droicturier
» seigneur, et feray bonne justice à tous à chascun des Estats de cette
» province de Guienne, tant au pauvre qu'au riche, et les garderay
» et les deffendray de tort et de force, de moi-même et de tous les au-
» tres à mon loyal pouvoir.

» *Item*, je leur garderay et entretiendray leurs priviléges, franchises,
» libertés, coustumes, observations, stabiliments, stiles et usances.
» Ainsi Dieu me soit en aide et les Saints-Évangiles.

NOTE X, page 185,

RELATIVEMENT A L'ENTRÉE DE MONTMORENCY A BORDEAUX, EN 1548.

Les Bordelais ouvrirent leurs portes à Montmorency en 1548 ; il n'y eut pas de leur part la moindre résistance ; c'est un fait historique incontestable. Cependant il paraît que ce connétable avait voulu faire adopter par la postérité, comme véritable, la fausse opinion qu'il avait vaincu les Bordelais et pénétré dans leur ville, malgré eux et par la brèche, car il fit frapper une médaille pour perpétuer le souvenir de sa prétendue victoire : on la trouve gravée et décrite dans le livre de Luckius, intitulé : *Sylloge numismatum elegantiorum quæ diversi principes, comites et republicæ, fecerunt ab anno 1500, ad annum 1600.* En tête de cette pièce on lit l'indication suivante : « Nummos Aimæ Monmorancie mi-« litiæ gallicæ præfecti, imaginem symbolum referens, cusus post devic-» tos Aquitanos et Burdigalenses 1548. » Sur un côté de cette médaille, on voit la tête et le nom de Montmorency ; le revers représente une femme debout sur des ruines, tenant un globe de la main gauche, et élevant d'un air menaçant la droite, dont l'index présente un anneau. Au fond coule une rivière devant des forts ou ville fortifiée, et sur la rive opposée, on aperçoit un village, probablement le fort qui se trouvait à la Bastide. La légende de cette médaille mensongère porte : *Fidem aeter. prest.*

NOTE XI, page 230,

SUR QUELQUES DIFFÉRENCES DANS LES DATES RELATIVES A L'ARRIVÉE DE CHARLES IX A BORDEAUX.

Charles IX fit son entrée à Bordeaux le 9 avril 1565, avant Pâques ; cependant le registre du Parlement dit que ce fut en 1564. La contradiction n'est qu'apparente.

A cette époque, on commençait l'année à Pâques ; cette fête était tombée cette année (1565) le 22 avril. Le 9 avril appartenait par conséquent à l'année précédente (1564), puisque 1565 ne commença que le 22. Après de longues discussions entre les savants et dans les conciles de Constance, de Bâle et dans le 5e de Latran, sur la nécessité de la réformation du calendrier, l'affaire fut renvoyée à Grégoire XIII, qui, après avoir consulté Aloïsio Lilio, célèbre mathématicien de Rome, et plusieurs autres savants de l'Europe, publia sa bulle du 24 février 1582 pour la réforme du calendrier Julien ; et le 2 novembre de la même année, un mandement fut adressé aux prévôts de villes de faire recevoir cette importante réforme. En voici la raison : Depuis longtemps on s'était aperçu que le calendrier Julien, alors en usage dans le monde chrétien, était défectueux ; d'après lui, l'année se composait de 365 jours et un quart, ce qui la faisait trop longue de onze minutes huit ou dix secondes. Cette erreur avait amené, en 12 siècles et demi, une variation de dix jours qui causait une fâcheuse confusion dans le cycle des fêtes qui se règlent sur celle de Pâques. Grégoire XIII consulta Lilio, Christophe Clavius et une de nos illustrations scientifiques de Bordeaux, François de Foix-Candale, sur la manière dont il fallait agir pour arriver à la réforme du calendrier Julien. On lui conseilla de retrancher dix jours de l'année 1582 ; l'équinoxe du printemps, sur laquelle se réglait la Pâque, fut alors fixée au 21 mars, où elle se trouvait au temps du concile de Nicée, et par la suppression de trois bissextiles sur quatre siècles, on réduisit la différence entre l'année civile et l'année réelle ou astronomique à moins d'un jour sur quatre mille ans. Cette utile et savante réforme s'appelle le *Calendrier Grégorien*. Elle fut d'abord repoussée par les protestants, parce qu'elle émanait du pape, « comme s'il » était permis, dit Bossuet, à aucun homme raisonnable de ne pas rece- » voir la raison de quelque part qu'elle vienne. » Les Anglais l'adoptèrent en 1752, et leur exemple a été successivement suivi par les nations protestantes; les Russes seuls aiment encore mieux être brouillés avec le ciel que d'être d'accord avec Rome et le pape. On employa, longtemps après la réforme, les mots *vieux style* pour ceux qui suivaient le *Calendrier Julien*, et *nouveau style* pour ceux qui se conformeraient au *Calendrier Grégorien*. Mais ce que nous tenons à faire remarquer à cette occasion, c'est que la cour de Rome consulta notre illustre compatriote, François de Candale, savant Bordelais, qui acquit une réputation européenne par ses ouvrages scientifiques, et qui, le premier peut-être, mesura la hauteur des Pyrénées.

Jusqu'à la réforme grégorienne, les notaires de Bordeaux, dans leurs actes, commençaient l'année le jour de l'Annonciation (25 mars). Ces observations sont utiles pour la vérification des dates des actes du Parlement et des actes notariés dans ce temps. On peut voir sur ce sujet ce que dit Godefroy. (*Cérémonial français*, t. I et II.)

NOTE XII, page 235.

DISCOURS DU CHANCELIER L'HOSPITAL, ADRESSÉ AU PARLEMENT DE BORDEAUX, EN PRÉSENCE DU ROI, EN 1565.

Le roy est venu en ce pays, non pas pour voir le monde, comme aucuns disent, mais faire comme un bon père de famille, pour sçavoir comme l'on vit chez soy, et s'informer avec ses serviteurs comme tout se porte. Il s'est enquis de son peuple et de sa justice; ce ne sont pas contes ce que ie vous dis; ie vous dirai ce qui sera profitable. Il a trouvé beaucoup de fautes en ce parlement, lequel, comme estant fraischement et dernierement institué (car il y a cent et deux ans), vous avez moindre excuse de vous departir et avoir oublié sitost les anciennes ordonnances, ce qui serait excusable aux autres parlements qui sont venus en leur vieillesse, et toutes fois vous estes aussi debauchez ou plus que les vieux, par aventure pis. Il y a ici beaucoup de gens de bien, desquels les opinions ne sont suivies; elles ne se pesent point, mais se comptent. I'ay ouy parler de beaucoup de meurtres, pilleries et forces publiques commises en ce ressort. I'ay receu beaucoup de plaintes de vos dissensions qui sont entre vous. Voicy une maison mal reglee, c'est vous autres qui en devez rendre compte.

La premiere faute, c'est la desobeissance que vous portez à vostre roy; car encore que ses ordonnances vous soient presentees, vous les gardez s'il vous plaist, et si vous avez des remontrances à luy faire, faites les y au plus tost, et il vous oira. Vous luy ostez sa puissance royale quand vous ne voulez obeyr à ses ordonnances royales, qui est pis que de luy oster son domaine. Ie suis adverti que l'ordonnance faite à la requeste des estats n'est point encore publiee ceans. Ie suis pareillement adverti que l'ordonnance de la iustice n'est pas aussi publiee. I'ai aussy memoire de quelques autres, desquelles ie ne parleray, pour n'estre si long. Ie pense que vous croyez estre plus sages que le roy, mais vostre prudence est limitee pour iuger les procez; ne vous estimez pas plus sages que le roy, la reyne et son conseil Il a acquis la paix, et à présent il a la guerre entre lui et sa cour de parlement.... Horace fait une comparaison qu'il faut manier un cheval doucement, et qu'il ne le faut point apprendre à ruer, car, quand on le frappe, il rue par trop. Aussi vous autres ne faites point que le roy rue contre vous. Ie sçay bien qu'il y en a d'entre vous qui disent : Ce n'est pas le roy qui fait cela; et parlent assez librement de moy et d'autres. Et encore qu'il soit defendu de reveler les secrets, si ce n'est pas pourtant trop mal fait de rapporter cela : Vous meprisez la reine et le conseil du roy. Ie vois que vous estimez tant vos arrests que vous les mettez par-dessus les ordonnances, lesquelles, aprez que vous les avez reçues, vous les interpretez comme il vous plaist; ce n'est pas à vous d'interpreter l'ordonnance, c'est au roy seul, mesme les ordonnances qui concernent le bien public.

NOTES.

Voilà ce que je vous dis pour le peu d'obeyssance que vous rendez à vostre roy; et le mal vient que vous estes partagez entre vous en diverses factions. J'ai veu vos registres, et trouvé que quelques fois vous venez aux injures et presque à vous battre; ie garde aussi que vous ne taschez pas à garder votre authorité, que vous devez garder pour estre reverez et non point craints; vous menassez les gens de vos iugements, et c'est un mal commun en tous estats. Il y a des gouverneurs qui se font craindre avec des archers, d'autres qui menassent de tuer les iuges et de leur faire faire leurs procez s'ils ne font ce qu'ils veulent. Il y en a de la cour, lesquels quand ils ont des procez, usent de grandes forces; il y en a aussi qui sont grandement scandalisez de faire des mariages par force, et quand on sait quelque heritiere, quant et quant, c'est pour monsieur le conseiller, on passe outre nonobstant les inhibitions. Ie ne nommeray pas ceux qui en sont chargez à present, mais si vous voulez communiquer avec moy, ie vous les nommeray. Il y en a aussi d'entre vous, lesquels, pendant les troubles, se sont faits capitaines, les autres commissaires des vivres; ce sont gens qui ne sçavent faire leurs estats et se mettent à faire ceux des autres. Ie vois aussy que de plusieurs forces et meurtres qui se commettent en ce ressort, il y en a quant et quant qui les veulent excuser, disant c'estoit un méchant homme; or, il n'appartient à aucun de tuer, encore qu'il tue un mechant, mais il en faut laisser faire à la iustice.

..... Ie crains qu'il n'y ait ceans de l'avarice, car on dit qu'il y en a qui prennent pour faire bailler des audiences et autrement; par quoy ayez les mains nettes. Mais l'on dit que l'on prend bien des gros presents à la cour, et que les gros larons sont *in aula*. Il n'est pas bien fait de prendre, là ni icy; nous nous en devons tous garder, et ceux qui sont auprès du roy et ceux qui sont icy. L'on voit un petit larron puny, celui qui n'a fait qu'un meurtre pendu, et à celui qui en a fait plusieurs en assemblees et congregations illicites, il est pardonné, voire il est estimé avoir bien fait. Prenez exemple à vostre roy, lui a-t-on ouï dire iamais, ie ferai mourir cettui-ci, ie ferai pendre cettui-là sans qu'il l'eust merité? Dieu lui fasse la grace que lui qui est ieune, puisse subvenir à toutes ces fautes. Nous sommes depravez, nous ne craignons plus, voire l'on craint plus les gouverneurs que le roy. Il n'est pas un seigneur de ce ressort qui n'ait son chancelier en cette cour, contre les ordonnances du roy. Vous faites des procez de commissaires tels que vous voulez; vous vous en estiez pendant un temps abstenus; mais aprez vous les repristes de plus grand appetit qu'auparavant, qui est la cause que vous n'avez pas voulu recevoir les ordonnances de la iustice, et si au bout de l'an vous n'en estes gueres plus riches. Il y a une autre chose que l'on m'a dit, qu'il y en a de ceans qui baillent leur argent à interest aux marchands, et ceux-là devroient laisser leurs robbes et se faire marchands ; par avanture ils feroient mieux, car auiourd'hui il n'y a chose qui gaste tant la marchandise que la trop grande communication de gens de robbe longue ; car des lors qu'un marchand a de quoy, il faut qu'il fasse son fils avocat ou conseiller ; d'ambition vous en estes garnis : soyez ambitieux de la grace du roy et non des autres.

L'on dit que ceux de Thoulouse sont trop graves, ceux de Bordeaux trop familiers, et encore qu'il y ait vice en l'un et en l'autre, toutefois ie louerois plustot la trop grande gravité de ceux de Thoulouse que la trop grande familiarité de ceux de Bordeaux..... Gardez ce que vous dit votre iurisconsulte d'avoir *faciles aditus ;* mais gardez vous d'admettre les parties et les autres de vostre ressort à familiarité trop grande, et n'en usez point comme vous en avez mauvais bruit.

Vous estes aussi timides et craintifs, et m'estant informez pourquoy telles choses, et telles n'estoient faites, l'on m'a respondu, non pas un d'entre vous, mais cinq ou six : Nous n'oserions le faire. Et qui est ce qui vous puisse faire force dont le roy ne vous puisse garder ? Pourquoy craint on les lieutenants du roy et les seigneurs forts du royaume ? Le roy leur baille leur garde pour n'en abuser ; et, à vous dire, cette façon de garder est une mauvaise chose et commencement de tyrannie.

L'on a veu cy devant aller un simple sergent avec sa gaule blanche par tout le ressort, et à present ce ne sont que forces. Ie croy que les dits lieutenants n'abusent pas de leurs gardes. Mais vous qui vous excusez sur cela, le devez vous dire ? Vous n'avez plus d'excuses sur cela : aussi n'entreprenez pas sur eux. I'ay vu vos registres, et trouve que tantost vient un advocat d'un costé et tantost un iurat d'autre costé ; c'est leur charge de se mesler de la police et non point des affaires d'Estat.

Il y en a aussi ceans qui sont joueurs, et qui ne servent d'un demy an, aucunes foy d'un an, et toutes fois signent leurs *debentur*, et certifient avoir servy. Un conseiller de Paris ayant assuré d'avoir servy trois iours qu'il n'avoit pas servy, a esté cy devant condamné à de grosses amendes et suspendu de son estat.

NOTES.

NOTE XIII, page 268.

QUITTANCES DES SOMMES QUE GASPARD DE COLIGNY AVAIT REÇUES DE L'AMBASSADEUR D'ANGLETERRE (15 MARS 1562).

(Extrait des archives de l'échiquier : *Press Saint-John, marqued K, shelf,* 5, n° 1.)

État des espèces d'or et d'argent fournies à M. l'amiral, par Monsieur Trookmarton, au nom de la reine d'Angleterre :

493 Carnes souveraines (1).
4 Portugaises.
460 Quarnes et demye de souveraines.
79 Carnes et demye escus d'Angleterre.
4 Nobles Roys.
800 Quarnes souveraines.
306 Carnes, ung escu et demy sol de Flandre et six de Portugal.
498 Carnes et demye souveraines.
36 Doubles souveraines.
48 Souveraines.
430 Carnes et demye escus sols.
10 Doubles Henry de France.
103 Carnes et demye souveraines.
400 Carnes souveraines.
189 Carnes escus d'Angleterre.
36 Escus de Flandre.
113 Carnes et ung Angelot.
13 Doubles souveraines.
1 Souveraine en 4 pièces.
1 Noble Henry.
3 Escus de Flandre.
.... et un escu.
1 Demy Philippe et demy escu d'Angleterre.

48 Carnes et demye souveraines.
5 Carnes impériales.
56 Carnes et demye escus d'Angleterre.
88 Carnes pistolets.
14 Carnes et 3 Nobles Roys.
4 Carnes et un double ducat.
11 Carnes et 3 croisades.
4 Carnes et 3 Angelets.
19 Carnes et ung escu sol de Flandre.
26 Carnes escus d'Angleterre.
40 Réales d'argent.
1 Jocondale.
1 Pistolet.
13 Chilings et demy.
497 Carnes et demye de souveraines, 9 anges.
570 Carnes et 3 réales doubles.
780 Quarnes et 3 réales doubles.
2,377 Carnes réales simples.
229 Quarnes réales quadruples.
6 Carnes réales octaves.
76 Carnes et demye réales.
17 Jocondales.
1 Impériale d'argent.
92 Jocondales.

(1) Il existe ici une erreur de copiste. Il n'y a jamais eu en Angleterre une monnaie du nom de *carne* ou *quarne*. On rencontre souvent le mot cr^{us}, abréviation de *crowns* couronnes ou écus anglais. La *crown* (écu) était ainsi appelée, parce que sur le revers il y avait simplement une couronne, ou *crown* en anglais, (cr^{ne} par abréviation). La cr^{ne} *souveraine* portait la tête diadémée des souverains. Au lieu de *carnes*, il faut lire cr^{nes}, c'est-à-dire couronnes ou écus.

— 667 —

2 Impériales.
2 Cærolus d'argent.
39 Carnes et ..... réales octaves.
500 Carnes de souveraines.
269 Carnes et trois réales doubles.
202 Carnes et une réale quadruple.
578 Carnes réales doubles.
44 Carnes et une réale octave.
18 Carnes et demye jocondales et un carolus.
2,004 Carnes et demye réales simples.
421 Carnes réales quadruples.
31 Carnes et une réale octave.
5 Quarnes et demye de jocondales.
87 Carnes et trois demyes réales.
541 Carnes et une réale quadruple.
4 Pièces de deux sols, six deniers.
899 Carnes et trois réales simples.
55 Réales octaves.
111 Carnes et trois réales quadruples.
174 Carnes réales doubles.
48 Carnes et trois demyes réales.
494 Carnes et réales simples.
1,089 Carnes et une réale double.
924 Carnes et trois réales quadruples.
12 Testous et demy.
3 Pièces d'Alemaigne et 2 sols 6 deniers.
1,116 Carnes et une réale simple et demye.
390 Carnes et une réale quadruple.
169 Quarnes et trois réales.

2 Demyes ......
590 Carnes réales doubles.
16 Carnes et trois réales octaves.
22 Carnes et trois jocondales.
80 Carnes demyes réales.
17 Jocondales.
20 Carnes et demyes réales octaves.
568 Carnes et trois demyes réales.
31 Carnes et demye de demys escus d'Angleterre.
207 Carnes escus d'Angleterre.
268 Carnes et demye escus pistolets.
768 Carnes souveraines.
512 Carnes et demye angelets.
4 Nobles Roys.
409 Carnes souveraines.
73 Carnes et trois escus d'Angleterre.
175 Carnes souveraines.
76 Carnes et demye escus de Flandre.
318 Quarnes et demye réales quadruples.
231 Quarnes réales simples.
500 Carnes doubles réales.
292 Carnes et une réale double.
1,046 Carnes et trois réales simples.
770 Souveraines.
2,400 Réales simples.
4,932 Chilings.
5,685 Chilings et ung Roy.
56,212 Réales et ....
45,400 ....
15,138 Souveraines.

NOTES.

Nous, Gaspar de Coulligny, baron du dit lieu, seigneur de Chastillon-sur-Loing, chevalier de l'ordre du Roy, amiral de France, confessons avoir eu receu comptant de M. de Trookmarton, gentilhomme de la chambre de la reine d'Angleterre, pour et au nom de la dite dame et suyvant l'accord et traicte faicts entre Sa Majesté, Monsieur le prince de Condé, nous et autres nos associés, toutes et chacusnes les espèces d'or et d'argent cy-dessus escriptes et spécifiées par le meme es susdits cent sept articles, lesquelles espèces nous ont esté comptées et nombrées, dont nous nous tenons pour content, en tesmoing de quoy nous avons signé la presente et à icelles faict mettre le cachet de nos armes.

A Caen, le quinzième jour de mars mil cinq cents soixante-deux.

On a longtemps douté de l'intervention de la Reine *vierge* d'Angleterre, dans les guerres civiles de la France. Ce précieux document, que M. Delpit a publié aussi dans sa *Collection des Documents*, met dans la plus grande évidence cette vérité historique et dévoile les projets et les sacrifices de nos voisins d'Outre-Manche, pour la destruction du catholicisme en France. Si les Français voulaient remonter à l'origine de leurs malheurs politiques, de leurs guerres religieuses et de leur révolution, ils rencontreraient, comme nous, à toutes les époques de leurs embarras historiques, le doigt de l'Angleterre et l'influence anti-française de sa politique et de ses écus.

NOTE XIV, page 00.

EXTRAITS DES REGISTRES SECRETS DU PARLEMENT DE BORDEAUX, CONCERNANT LES MASSACRES DE LA SAINT-BARTHÉLEMI DANS CETTE VILLE.

Du 29 aoust 1572.

Le sieur baron de Montferrand, gouverneur et maire de Bordeaux, étant venu à la cour cejourd'huy, heure de relevée, a dit avoir reçu des lettres du sieur de Montpezat, qu'on dit être lieutenant pour le roy en Guienne, en l'absence du roy de Navarre, et du sieur maréchal de Savoie;

Sur quoi, les chambres ayant été assemblées, et lesdites lettres lues, ensemble une copie d'autre missive écrite par le roy audit sieur de Montpezat à Paris, le 24 de ce mois, contenant icelle copie advertissement de ce qui étoit advenu touchant l'exécution faite en ladite ville en la personne tant du sieur admiral de Chatillon, qu'autres gentilshommes en plusieurs endroits de cette ville, n'y ayant rien en cela de la rupture de l'édit de pacification, lequel ledit seigneur roy vouloit être entretenu autant que jamais.

Sur quoi ledit sieur de Monferrand ayant remontré à la cour qu'il ne pouvait conserver la présente ville et pays sous l'autorité du roy, sans avoir des forces étrangères, a été arresté, qu'il sera mis en ville 300 hommes de pied, qui seront choisis par ledit sieur, et lesquels seront nourris et entretenus par les habitans de Bordeaux, le tout jusqu'à ce qu'autrement par ledit sieur de Montpesat venu en soit ordonné, de tout quoi il sera adverti par l'un des huissiers de la cour, pour savoir et entendre plus amplement son vouloir sur ce que dessus.

Du 30 aoust audit an.

La cour étant assemblée, ledit sieur de Montferrand a remontré qu'il avoit jugé pour le présent le nombre de cent cinquante soldats suffisant pour tenir la ville en paix, ce qui fut approuvé par la cour. Ce fait, ledit sieur ayant demandé à la cour qu'il lui plût bailler six de Messieurs, pour délibérer avec lui sur ce qu'il conviendra faire pour le service du roy. Sur quoi la cour ordonna qu'elle en délibéreroit au premier jour, toutefois que s'il advenoit chose qui fut d'importance et méritât prompte délibération, il en pourroit advertir les présidens de la cour, lesquels pourroient appeler tel nombre de conseillers qu'ils adviseroient, pour former un bureau avec ledit sieur de Montferrand.

Du 1er septembre audit an.

La cour, sur la proposition faite par ledit sieur de Montferrand, touchant la nourriture et entretien des susdits soldats, la cour ordonna que chacun des présidens, conseillers, greffiers et notaires de la cour seroit tenu de bailler un écu-sol; et pour le regard des lieutenans, conseillers-magistrats et autres officiers en Guyenne, huissiers, advocats, procureurs, marchands et autres bourgeois, seront exhortés bailler librement telles sommes que leurs facultés pourront permettre, laquelle levée sera faite en présence du procureur général, assisté de Me Jean de Geneste, audiencier, l'un des notaires de la cour, à la charge que le paiement desdits soldats se fera par les jurats, en présence dudit procureur général. Pourra ledit Montferrand faire entrer lesdits soldats en ville, et iceux loger ez maisons qu'il sera advisé par lui et lesdits jurats, et ce toutefois qu'ils feront leurs dépenses en hostelleries et cabarets, à raison de huit sous par jour.

Aussi a été arresté que ledit de Monferrand sera tenu de mettre par devers le greffier de la cour, par tout le jour, le roole des noms des six capitaines et des cent cinquante soldats, pour obvier aux fraudes qui pourroient s'ensuivre. Pareillement a été arresté, que la cour trouve bon que les jurats se fassent accompagner de tel nombre d'habitans qu'ils verront être les plus gens de bien, et desquels lesdits jurats demeureront responsables, le tout pour empêcher qu'aucune sédition advienne dans ladite ville.

NOTES.

Du 4 septembre audit an.

Dans l'assemblée des chambres, lecture fut faite de l'ordonnance que le roy avoit faite le 28 aoust dernier, adressante audit de Montferrand, qui l'avoit envoyée à la cour, étant malade dans son lit, par laquelle le roy déclare que la cause de la mort de l'admiral et autres ses adhérents et complices, advenue en la ville de Paris, le 24 d'aoust dernier, n'est pour cause aucune de religion, mais pour obvier à l'exécution d'une malheureuse conspiration faite par ledit admiral, chef auteur d'icelle, et ses adhérens et complices, encontre la personne dudit seigneur roy, la royne-mère et autres princes et seigneurs étant auprès d'eux.

Du 9 octobre audit an.

Le sieur de Monferrand mandé venir en la cour, entre autres choses a dit : Qu'il auroit été adverti qu'aucuns en la cour avoient écrit au sieur admiral de Villars, lieutenant du roy en Guyenne, qu'icelui Montferrand n'avait tué, le jour de l'exécution qui fut faite à Bordeaux, le 3 du présent mois, que dix ou douze hommes, chose, sauf correction de la cour, du tout fausse, attendu qu'il y en avoit eu plus de 250 d'occis ; qu'il en feroit voir le roole à celui qui le désireroit, pour prouver qu'il avoit été bien opéré en cette exécution..... Que dans le nombre des morts sont maîtres Jean de Guilloche et Pierre de Sevin, conseillers, lesquels ont été tués comme étant de la nouvelle opinion.

La cour a en même temps arresté, que toutes les maisons de ceux de la nouvelle opinion seront visitées par maître Ch. de Malvin et autres conseillers, assistés des jurats, pour savoir quelles gens il y a, et leurs armes prises et mises entre les mains des jurats ou des voisins catholiques.

Ordonne au surplus que tant ceux de la nouvelle opinion, qui ont abjuré depuis le 24 aoust, que tous ceux qui ont porté les armes pour ladite opinion, seront mis, sous bonne et sûre garde, ez couvents des carmes, jacobins et cordeliers de la présente ville, et que les biens de ceux qui ont commandé seront saisis et annotés.

Du 15 dudit.

La cour ordonne que ceux de ses membres qui sont de la nouvelle religion, les magistrats présidiaux et l'advocat Veyssière tiendront prison close en leurs maisons.

Du 16 octobre audit an.

La cour, sur une lettre du roy, délibère que les magistrats factieux (1) se déporteront de leurs charges, avec faculté de pouvoir les résigner à personnes catholiques et capables ; que les particuliers seront élargis en faisant profession de la foi catholique, apostolique et romaine ; que les veuves et héritiers de ceux qui ont été occis rentreront dans leurs biens, et néanmoins promettront de vivre dorénavant sous l'obéissance du roy, sans rien attenter à l'encontre. Faisant au surplus inhibitions et défenses à toutes sortes de gens de tuer, ni piller aucun de ceux qui sont de la nouvelle opinion, sous peine de la vie.

Du 23 dudit.

A été arresté que les conseillers de la cour qui sont ou ont été de la nouvelle opinion, feront serment de fidélité en la chambre, et quant aux advocats, procureurs et huissiers, en l'audience publique de la cour.

Du 8 novembre audit an.

Le sieur baron de Merville (2), sénéchal de Guyenne, venu en la cour, fait apparoir d'une missive qu'il a reçue du roy, pour informer des massacres faits dans le ressort de la cour contre ceux qui s'étoient jactés d'avoir commandement du roy pour ces massacres, et de leur faire le procès et faire exhiber lesdits commandemens. Est permis audit de Merville de faire publier ladite missive.

NOTE XV, page 355.

SUR LA STATUE DU MARÉCHAL D'ORNANO.

Le maréchal mourut à Paris, le 21 janvier 1610, des suites de l'opération de la pierre, à l'âge de 62 ans. Il avait témoigné le désir d'être enterré à Bordeaux ; son corps y fut en effet transporté et enterré dans la chapelle des PP. de la Merci. Son mausolée était surmonté d'une statue en marbre blanc, qui représentait le défunt à genoux, les mains jointes,

---

(1) On appelait ainsi ceux qui étaient protestants, ou, comme on disait alors, de la nouvelle opinion et religion. (*Note* de BERNADAU).

(2) Ce militaire est le seul des fonctionnaires de Bordeaux qui joua un rôle honorable lors de ces massacres. Il cacha dans le fort du Há, dont il était commandant, le premier président Lagebaston, divers conseillers et autres simples particuliers qui craignaient d'être égorgés, et leur procura ensuite les moyens de sortir secrètement de la ville. Au reste, il ne paraît pas qu'il ait été donné aucune suite à la lettre que Merville vint apporter au parlement, par laquelle le roi aurait ordonné de rechercher ceux qui s'étaient vantés d'avoir eu des ordres de la cour pour massacrer les protestants. (*Note* de BERNADAU).

NOTES. en costume de guerre, recouvert du manteau de l'ordre du Saint-Esprit. Sur le devant du tombeau se trouvait l'inscription suivante, sur une plaque en marbre noir :

« Adsta et lemma hoc perlege invicti herois. Alphonsus Ornanus est
» gentilitio illustris stemmate quem radiante Martis sidere nascentem
» læta vidit Corsica ; adultum jam bello fulminantem excepit Gallia,
» mox victoriis incalescentem miratus est orbis, Remulinorum urbis
» liberatorem, Helveticorum domitorem, Lugdunensis defectiones ave-
» runcum et conciliatorem ; Ex in equitum tribunatu decoratus, et pro-
» vinciæ Aquitaniæ pro-rex, in Deum summe pius, in Deiparam mire
» devotus, in regem semper fidus, in omnes constanter æquus, disci-
» plinæ castrensis reverentissimus, summis, mediis et infimis ordinibus
» insolabile sui desiderium reliquit ; obiit decimo Kalend. Februarii anno
» salutis 1610. »

Sur le derrière du mausolée, on voyait cette autre inscription :

« Joannes-Baptisto Ornanus, regiorum ordinum eques, Corsicanorum
» peditum magister, Neustriæ provinciæ vice regiâ moderator, et Gas-
» tonis Borbonii Ludovici regis fratris unici, præfectus morum, et custos
» adolescentiæ ; hoc piæ Alphonsi Ornani meritissimi parentis memoriæ
» monumentum amoris et observantiæ æternæ pignus, S. S. D. Tu qui
» sculptos magni vultus cernis viri æviternam gloriam suscipe tanti no-
» minis, et compositos manes, voce bonâ devenerare. »

Cet estimable et religieux administrateur prêta toujours le secours de son influence et même de son autorité au cardinal de Sourdis, pour la fondation de plusieurs maisons religieuses à Bordeaux et de quelques autres édifices catholiques ou protestants, savoir : le couvent des capucins en 1600 ; le collége des jésuites en 1603 ; le temple protestant de Bègles en 1605 ; la porte Dauphine, dont la première pierre fut posée le 15 juin 1605 ; la fondation de la Chartreuse, dont l'origine appartient de droit à Blaise de Gascq, le 5 décembre 1605 ; la reconstruction de la porte du Chapeau-Rouge en 1605, de celle des Salinières en 1606, le couvent des ursulines en 1608 ; l'établissement des PP. Minimes, près du château du Hâ, en 1608, et l'installation des religieuses de Notre-Dame en 1608.

En ravivant ces souvenirs, nous ne faisons que notre devoir ; la reconnaissance publique nous impose sa dette ; nous voudrions nous en acquitter dignement en transmettant à la postérité le nom, les bienfaits et les pieux sentiments de cet estimable maire de Bordeaux.

NOTE XVI, page 383.

SUR LA TOUR DE CORDOUAN, A L'EMBOUCHURE DE LA GIRONDE.

A l'embouchure de la Gironde, à 14 myriamètres N. O. de Bordeaux, à près de 2 myriamètres de Royan et à près de 6,000 mètres de Soulac, sur la rive opposée, s'élève sur un rocher, au milieu du fleuve, la majestueuse tour de Cordouan, l'un des plus beaux phares de l'Europe. L'origine de cette tour est encore inconnue; mais des traditions locales et les conjectures ne manquent pas. Selon les uns, les troupes du calife de Cordoue, après la mort d'Abdérame et la défaite de son armée, tombèrent entre les mains des Francs, qui les employèrent, comme esclaves, à construire la première tour à l'entrée de la Gironde, et qui, dès lors, conserve leur nom et s'appelle la *Tour des Cordouans*. Zingerling *(Jodocus Sincerus)* dit que cette tour fut appelée Cordouan, du promontoire Curian dont parlent quelques géographes, et qui a été détruit et enlevé par la mer.

Corneille, dans son *Dictionnaire géographique*, l'abbé Expilly, et Baudrand, dans sa *Géographie*, au mot *Cordouana turris*, disent que cette tour a pris le nom de son architecte, *Cordoue*, qu'on appelait ainsi probablement parce qu'il était originaire de *Cordoue*, ville d'Espagne; selon cette opinion, ce serait lui qui aurait construit la première tour près de laquelle Louis de Foix fit bâtir plus tard la tour actuellement existante. L'auteur du *Dictionnaire universel*, cité par Baurein (*Variétés, etc.*, tom. 1), dit que « l'architecte qui l'a fait bâtir se nommait Cordoue. » On assure que c'est Henri II qui donna ordre de construire ce phare, et que cet ordre ne fut exécuté que plus tard, par Louis de Foix, natif de Paris, mais originaire du comté de Foix. Ce célèbre architecte fit jeter les fondements du phare, sur les ruines d'une ancienne tour, sur la fin du XVIe siècle.

On trouve dans les *Actes de Rymer*, tom. 4, une charte du 8 août 1409, constatant que le prince de Galles fit construire dans le XIVe siècle, à l'embouchure de la Garonne, une tour en pierre, avec une chapelle, sous l'invocation de Notre-Dame, et qu'un pieux ermite, Geoffroy de Lesparre, s'y était établi, pour y entretenir probablement, pendant la nuit, des feux pour la sûreté de la navigation (1). Ceux qui l'avaient précédé dans

---

(1) Cum charissimus avunculus noster, Edwardus, bonæ memoriæ, nuper princeps Walliæ infra magnum mare, super introitu de Gerond, quandam turrim et quandam capellam, B. Mariæ una cum aliis domibus et substantiis de petrâ, ut puta Bikenes,

NOTES.

cette résidence avaient, depuis de longues années, *ab antiquo tempore*, le droit de percevoir sur chaque navire chargé de vin, deux gros de sterlings, monnaie d'Aquitaine. Mais, pour pourvoir à la subsistance de l'ermite et pour réparer les édifices qui étaient renversés ou gravement endommagés par la mer et les tempêtes, le roi d'Angleterre autorisa la perception de deux autres gros de sterlings sur chaque navire, indépendamment des deux qu'ils avaient toujours perçus.

Variétés bordelaises, tome I.

On trouvera dans Baurein d'autres détails sur ce sujet.

Il est donc certain que les Anglais ont fait faire d'importants travaux à la tour de Cordouan; mais était-ce des réparations ou une reconstruction complète? Les historiens français ou anglais n'en parlent pas. Il est très-probable que ce ne fut que de grandes réparations que le monarque anglais crut devoir y faire pour la sûreté de la navigation, à une époque où l'Angleterre entretenait avec Bordeaux des relations commerciales très-suivies. Saint-Louis y avait fait bâtir une tour, en 1256, par l'architecte Pierre de Monsereau. C'est celle, très-probablement, que le prince anglais fit réparer en 1409. Vers la fin du XVIe siècle, la tour était considérablement dégradée et avait encore besoin de grandes réparations ; par lettres-patentes du roi, on établit un droit de dix sous sur chaque balle de pastel et de laine, pour les réparations de la *Tour de Cordouan*, et plus tard le roi demanda aux Bordelais un subside de huit mille livres pour le même objet. A cette époque, le célèbre Louis de Foix, natif de Paris, jouissait d'une réputation bien méritée; le roi d'Espagne l'avait appelé auprès de lui pour présider à la construction du palais et du monastère de Lescurial, dont le fameux Vignole avait donné le

---

ac alias res, ad vasa ibidem de civitate nostrâ Burdegaliæ transeuntia, salvo conducendum..... fundari et stabiliri fecisset.

Quæ quidem turris et capella ac aliæ res, per magnas venti et aquæ tempestates adeo ruptæ sunt et prostratæ, quod totus idem locus, prout informamur, in viâ perditionis existit.

Jamque intellexerimus quod Galfridus de Lesparrà, heremita prædicti loci, qui *Nostre Dame de Cordam* nuncupatur, et prædecessores sui heremitæ ibidem, duos grossos sterlingorum, sive valorem inde, de monetâ nostrâ Aquitaniæ, de qualibet navi et vase cum vino ad civitatem nostram ducendo carcato ab antiquo tempore habuerint. Qui quidem grossi ad onera dicti heremitæ non sufficiunt ut accepimus.... concessimus.... præfato Galfrido alios duos grossos sterlingorum, sive valorem inde de monetâ nostrâ Aquitaniæ, percipiendos..... de qualibet navi sive vase vino carcato .... ultra illos duos grossos per antea concessos, etc., etc.

(Rymer, tom. IV, partie I, pag. 156, col. I.)

dessin. En 1570, il redressa le lit et l'embouchure de l'Adour, au moyen d'une magnifique digue qui subsiste encore près de Bayonne. Cet homme méritait la confiance générale : il fut chargé par le roi d'élever une nouvelle *Tour*, dont les frais seraient répartis sur toute la province. Louis commença, en 1584, la tour actuelle sur le même rocher et à côté de l'ancienne tour; il y employa, dit-on, vingt ans, et se fit ensevelir dans la terrasse.

Si nous en croyons Pomponius-Mela, il y avait à l'embouchure de la Garonne une île d'*Antros*, dont il ne reste plus que les rochers sur lesquels a été bâtie la première tour, *joignant* laquelle, d'après Delurbe (année 1584), *Louys de Foix, architecte et ingénieur du roy, jeta les fondemens d'une nouvelle tour qui*, selon d'autres écrivains, *ne fut achevée qu'en* 1611. On peut juger de l'immense difficulté d'achever cette construction, par le récit que nous en trouvons dans un historien du temps : « Il faut
» croire, dit-il, que les apprêts, tels que les batardeaux, les pompes et
» autres machines que l'on a employées, ont été de plus grande montre
» et de plus grand coust que toute l'œuvre merveilleuse qui s'y voit.
» Les batardeaux avaient plus de 400 toises de circuit; les forêts de
» Saintonge furent dépeuplées pour cet effect, quoique les arbres eussent
» quarante pieds de haut, fortement posés, bien joints et terrassés de
» glaise, et que les machines allassent continuellement, on eut beaucoup
» de peine à élever les premières assises. »

Vinet croit que ce rocher, sur lequel est bâtie la tour, faisait partie de la terre ferme de Médoc, et n'en a été détachée que par les ravages de la mer; cela nous paraît très-vrai. Quant à l'île d'Antros, il est impossible de savoir où elle était; son existence même est un problème insoluble, si on ne la place pas sur le lieu où se trouve aujourd'hui la tour de Cordouan. Du temps de Pomponius-Mela on croyait l'île d'Antros flottante : *In eo est insula Antros nomine, quam pendere et attolli, acquis increscentibus incolæ existimant.* (Pompon. Mel., *De situ Orbis, lib. III.*)

Vue de la côte de Royan, on prendrait cette tour pour une flèche pyramidale; mais vue de près, c'est un édifice grandiose et monumental, dont l'élévation, depuis le sol du rez-de-chaussée jusqu'au dôme de la lanterne, est de 72 mètres, et le diamètre de 35. Cet édifice est entouré, à sa base, d'un mur d'enceinte, formé de rochers fortement liés entre eux et qui soutient une terrasse circulaire de quatre mètres de largeur, à laquelle on monte par un escalier de vingt-six marches en fer, pratiqué dans l'intérieur du mur. Arrivé sur cette esplanade gracieuse, vous voyez tout autour, adossés au mur de clôture, les logements des quatre gardiens du phare, les boutiques du serrurier et du charpentier, et diverses usines. Dans les trois étages de ce phare, l'architecture a déployé toute sa magnificence : le rez-de-chaussée est de l'ordre dorique, le second du corinthien, et le troisième du composite; deux figures austères, en pierre, supportent les armes de France, au-dessus de la porte d'entrée ; c'est le dieu Mars et la Victoire qui soutiennent l'écu de la patrie de Saint-Louis et de François Ier; les bustes de Henri III et de Henri IV décorent des niches latérales. Le premier appartement est spacieux, mais vide; en face de vous est l'escalier qui conduit en haut et un autre par lequel on descend dans une citerne destinée à recevoir les eaux pluviales qui tombent sur toute la tour. Au premier étage se trouve la salle du roi, qui se compose d'un vestibule, d'une vaste chambre et de deux gardes-robes. Au second étage, vous entrez dans la chapelle, où vous n'avez rien de curieux à voir que des armoiries sur les murailles; sur le carrelage, une couronne dessinée, en marbre noir. On y voit les bustes de Louis XIV et de Louis XV, sculptés par Lemoyne, avec des inscriptions latines faites en 1735, qui constatent que le premier de ces rois a fait restaurer ce phare en 1665, et que le second, en 1727, y a fait faire de grandes réparations par M. de Bitry, architecte de la province, et y a fait faire une lanterne plus élevée et plus grandiose que l'ancienne, avec ces inscriptions commémoratives :

> Ludovicus XIV christianissimus,
> Cordubanam hanc turrim
> Quæ nocturnis ignibus
> Inter vadosa Garumnæ ostia
> Navium cursum regeret,
> A fundamentis restituit
> Anno 1665.

> Ludovicus XV
> Novis operibus firmavit,
> Et pharon ferream,
> Altiorem amplioremque
> Pro veteri lapideâ superimponi jussit
> Anno 1727.

Au-dessus de la porte d'entrée se voit le buste de l'architecte lui-même, entre les deux pièces de vers suivantes, le tout fait de sa main, d'après la tradition la plus accréditée :

> L'antique Babylon, miraculeuse ville (1).
> Où est un grand désert d'une grande cité.

(1) Jardin suspendu de Sémiramis.

Sur le ferme élément a esté immobile ;
Cordouan dans les eaux y demeure arreste.

Le colosse orgueilleux de l'isle Phébéane (1)
Tomba d'un tremblement de terre combattu,
Et ce phare est fondé sur la plaine océane
Quy tremble incessamment, sans qu'il soit abattu.

Le bastiment en vain long et moins difficile (2)
Des pointes que Memphis hausse en forme de feux,
Miracle ne peut estre une chose inutile ;
Cordouan est utile et tout miraculeux.

Qu'on cesse d'exalter le mausole en Carie (3),
Ce monument marin est bien plus excellent ;
Cesluy-là contenait une cendre amortie,
Et cesluy-cy contient un feu vif et bruslant.

Un homme audacieux put jadys mettre en cendre
Le temple éphésien ; mais sur cet œuvre esclos (4)
Deux immortels en vain n'ont cessé d'entreprendre
Jupiter par son foudre, Neptune par ses flots.

Jupiter, quy ne put conserver son image
Au temple olympien, ne peut rien en ce lieu (5) :
Henry fait voir icy combien peut davantage
L'image d'un vray roy, que celuy d'un faux dieu.

Soit le palays de Mède (6), ou l'insulaire phare (7)
Quy soient mis en ce rang, que veut-on estimer ?
Bastir dessus la terre, est-ce une chose rare ?
Mais qui a jamais veu bastir dessus la mer ?

L'autre pièce est dans le même style ; sont-elles réellement de Louis de Foix ? On le dit ; mais il est difficile de le croire. Il est vrai qu'on peut être un très-habile architecte et un très-mauvais poète :

Quand j'admire ravy ceste œuvre en mon ouvrage,
Loys de Foyx, mon esprit est en estonnement,
Porte dans les pensers de ton entendement
Le gentil ingénieux de ce superbe ouvrage.
Là, il discourt en luy, et d'un muet language
Te valoyant subtil en ce poinct mesmement

(1) Le colosse de Rhodes. — (2) Les pyramides d'Égypte. — (3) Le tombeau de Mausole. — (4) Le temple de Diane à Éphèse. — (5) La statue de Jupiter, faite par Phidias. — (6) Le Palais, c'était le labyrinthe de Crète, bâti par Icare.— (7) Le phare d'Alexandrie, l'une des merveilles du monde.

NOTES.

  Que tu brides les flots du malin élément
  Et du fougueux Neptun la tempeste et l'orage.
  O trois et quatre fois bien heureux ton esprit
  De ce qu'au front dressé ce phare il entreprit,
  Pour le perpétuer dans l'heureuse mémoire !
  Tu t'es acquis par là un honneur infiny,
  Quy ne finira point que ce phare de gloire,
  Le monde finissant, ne le rende finy.

De cette chapelle, on monte à la seconde galerie extérieure, dominée par trois étages en forme pyramidale, ayant chacun quatre fenêtres aux quatre points cardinaux. A l'extérieur, il n'y a pas de sculpture; aucun système d'ornementation ne le décore; à l'intérieur, vous montez par un superbe escalier jusqu'à la lanterne qui couronne le phare. Cette lanterne est spacieuse et peut contenir quatre personnes à l'aise; elle tourne sur elle-même, dans un châssis en fer maillé, au moyen d'un gros poids qu'on monte comme celui d'une horloge. Les vitres du châssis sont très-épaisses; les oiseaux de passage, en temps d'orage, y vont, attirés là par la lumière, comme les papillons, se casser la tête et tombent dans les galeries, où les gardiens les ramassent à pleins paniers.

La lanterne mobile est d'une forme octogone; les verres qui la forment ont chacun un mètre carré et sont taillés de manière à concentrer les rayons, ayant au centre une forte lentille, épais au milieu et tranchants sur les bords. Au milieu de cet appareil se trouve la lampe composée de trois mèches concentriques; elle consomme un kilogramme d'huile par heure, n'ayant d'autre rouage ou combinaison artistique qu'une pompe aspirante et foulante qui fait monter l'huile pour alimenter la flamme. Les huit verres lenticulaires grossissent la lumière d'une manière considérable et la rendent visible, sur les huit points correspondants, à la distance de six myriamètres. Ce phare, vu la nuit de la côte de Royan, présente un spectacle magique; sa cime se dessine sur le ciel et confond sa lumière avec celle des étoiles. C'est le géant de la mer : sa tête altière domine les flots et son œil brille comme un immense diamant dans les ténèbres, pour avertir le hardi marin des dangers qui l'attendent dans ces parages. Sa lumière croît et décroît, grossit ou diminue son volume; d'une minute à l'autre, il y a une modification graduelle en rapport avec le mouvement de l'appareil tournant qui laisse s'écouler plus d'une minute d'une lentille à l'autre. Presque tous les autres phares ont une lumière fixe dont le volume est plus ou moins gros et que l'on confond quelquefois avec des clartés accidentelles de la côte ou la lumière des étoiles. Ici, il n'en est pas de même ; c'est, d'abord, un mince filet lumineux qui prend, peu à peu, les dimensions d'un globe de feu comme le soleil et décroît ensuite graduellement, jusqu'à ce qu'il disparaisse : c'est le combat continuel et le triomphe réciproque de la lumière et des ténèbres, au-dessus de l'abîme.

Outre ce feu mobile, on a créé, par un appareil ingénieux, un feu fixe dont la lumière se reflète à près de deux myriamètres de distance ; il sert à avertir les marins qui s'approchent assez près pour le voir, qu'ils vont toucher aux écueils, et qu'il est temps de gagner le large ou de redoubler de précautions. Le mécanisme de cet appareil consiste en 112 petits miroirs disposés horizontalement au-dessous de la lumière des trois mèches de la lampe ; ils renvoient les rayons lumineux sur cinq autres miroirs plus grands qui se trouvent en haut, au-dessus de la lanterne, et qui reflètent au loin un feu fixe.

En 1727, M. de Bitry, ingénieur, fut chargé de faire les réparations nécessaires à cette tour ; mais c'est à M. Teulère, ingénieur de la marine, qu'on doit les derniers travaux ; il en avait conçu le plan et le réalisa. L'exécution de ces importants travaux, commencée en avril 1788 et achevée en août 1789, a coûté 163,238 fr. L'éclairage des phares se faisait autrefois avec du charbon de terre ; M. Teulère substitua à ce mode défectueux des reverbères à réflecteurs paraboliques ; mais en 1827, M. Fresnel, membre de l'Institut, remplaça ces reverbères par des verres lenticulaires qui augmentent considérablement le volume et l'intensité de la lumière ; elle était évaluée, du temps de M. Teulère, à trois cents becs d'Argant ; elle en vaut maintenant deux mille de plus.

On trouvera d'autres détails sur cette tour, dans les *Variétés Bordelaises*, tome I.

NOTE XVII, page 383.

LES STATUES DÉCOUVERTES PRÈS DE SAINT-SEURIN.

Au-dessous de ces statues dont nous avons parlé page 383, M. le maire fit mettre deux tablettes en marbre ; sur l'une d'elles, on voyait cette inscription :

» M. S.

» Statuas Drusi Cæs. Claudij. imper. et Messalinæ, Gothorum injuriâ
» mutilas, e ruderibus collis judaici, M. Donzeau, supp. Aquitaniæ.
» prope sacellum D. Martini, extra muros, cum superis inscriptionibus,
» anno Christi 1594, erectas. Jac. de Matignon, Franc. Maresch.. Aqui-

NOTES.

» taniæ prorex, et major civitatis, FF. de Girard, de Haillan Scutifer,
» M. Thibaut, adv. F. Fouques, P. de Fortage Scutifer, J. de Guerin,
» advoc. J. de Guichener, et Jurati Burdigalenses, præf. urbis, G. de
» Lurbe, et R. de Pichon, advoc., et Sc. Synd. et Ser. civitatis hic in
» memoriam antiquitatis, et ad perpetuam Burdigalæ gloriam ponendas
» curârunt CIƆDXCIIII.

MULTA RENASCENTUR. »

Sur un autre marbre, on lisait cette autre inscription :

« Hoc opus a prioribus juratis prudenter institutum novi istius anni
» jurati, R. du Burg, quæst. reg. Ger. Testoris Proc. et Math. Salomon,
» cum reliquis ad vmbilicum duxerunt. Imperante Henrico 4, Franc.
» et Navar. Rege christianissimo. Calend. decemb. 1594. »

Quelques auteurs pensent qu'il y eut dans cet endroit un temple romain ; mais il paraît plus probable à Delurbe, que ce fut des bains bâtis sur les bords de la Devèze. L'édifice était partagé en petites chambres ou cellules et entouré d'un portique ; c'est ce qui, du moins, résultait de l'inspection des lieux. On y découvrit, au commencement de ce siècle, un beau pavé mosaïque qui appartenait sans doute à ces thermes.

NOTE XVIII, page 388.

SUR LE DROIT DE BEGUEYRIE OU DE MARCHÉ.

On percevait sur la place de Bordeaux, au XVIe siècle, un droit de *begueyrie* ou de marché, au profit de la commune. Voici quelques-uns de ces droits :

Pour un créac (esturgeon)	1	00
Pour un dauphin	1	6
Pour un saumon	»	3
Pour une maigre	»	3
Par charge de raies	»	5
Par charge d'huîtres, moules, chancres, coutoyes	»	3
Pour le loyer des bains où se vendent les aloses, par jour	»	3
Par charge de chapons, volaille, pigeons, oiseaux ou gibier	»	3
Par charge de chevreaux	»	3
Pour un panier de pois, fèves, graines, cerises	»	3
Pour un panier d'herbes	»	3
Pour un panier d'œufs		1 œuf.
Pour un paquet de balais		1 balais.

Pour un panier de chandelles de résine, une liasse de la valeur d'un denier, etc., etc.

NOTE 18 *bis*, page 480.

Le maréchal s'était fait des ennemis parmi les membres du Parlement et s'était complètement aliéné l'affection de Richelieu par sa conduite envers l'archevêque de Bordeaux. Richelieu, qui savait attendre pour mieux frapper, se borna à écrire au maréchal la lettre suivante.

« Monsieur, il est si peu croyable qu'un homme de votre profession
» ait voulu offenser une personne de la qualité et de la condition de
» M. l'archevêque de Bordeaux, comme on dit que vous avez fait,
» que, si je vous avais vu commettre cette faute actuellement, je ne me
» la pourrais persuader. Si ce malheur vous est arrivé, il n'y a sorte
» de voie par laquelle vous ne deviez tâcher de vous en purger. Vous
» ne sauriez trouver aucun qui puisse excuser une telle action, quelque
» bonne volonté qu'il ait pour vous; j'en suis plus affligé que je ne le
» saurais dire, et pour la personne de M. de Bordeaux que j'affectionne
» particulièrement, et pour la vôtre, de qui je suis le très-affectionné
» serviteur.   *Le Cardinal* DE RICHELIEU. »

Quelle mansuétude apparente! quelle formidable douceur! Cette lettre, c'est un nuage où l'on n'aperçoit pas la foudre qu'il recèle dans son sein! Un an s'écoula, mais le courroux voilé du cardinal ne s'éteignit pas. La foudre éclata enfin sur la tête du maréchal; il fut jeté, l'année suivante, en prison et y expia, pendant six ans, sa faute d'avoir touché la soutane violette de l'ami du fier ministre.

NOTE XIX, page 574.

REMERCIMENTS DES BORDELAIS AU ROI, AU SUJET DE LA PAIX.

« Sire,

» Les sujets éloignés de leur prince ressemblent à ces peuples que le soleil n'éclaire que par des rayons réfléchis et dont l'éloignement leur fait souffrir des rigueurs excessives; votre trône est trop reculé pour voir la main aussitôt qu'elle nous frappe, pour entendre le cri de notre douleur au moment qu'on nous blesse. Si quelquefois, pendant la durée de ces troubles, l'image de notre misère s'est présentée à vos yeux, on ne vous l'a représentée qu'avec une glace infidèle, qui nous rendait l'objet de votre courroux. Tant qu'il n'y a pas eu d'écho pour rendre fidèlement

NOTES.

notre plainte, nous avons paru coupables, et l'excès de notre misère n'a point excité la compassion, parce qu'on la regardait comme la juste punition de nos crimes; mais depuis que l'aîné des Parlements s'est rendu sensible à nos maux, que des personnes illustres, après avoir entendu nos soupirs, expressions vives et si naturelles de nos souffrances, vous ont représenté qu'il n'était pas juste que la querelle de notre ennemi passât pour celle de l'État et qu'on nous traitât en rebelles, pour n'être pas ses adorateurs, le voile qui dérobait la vérité aux yeux de Votre Majesté s'est déchiré; votre justice a regardé notre innocence d'un aspect favorable; en nous donnant la paix, nous lui devons la vie une seconde fois..... »

Ici les Bordelais rappellent les principaux traités de la tyrannie de d'Épernon, ainsi que les articles de la déclaration du 23 décembre qu'il avait violés; puis ils ajoutent : « Cette déclaration, Sire, décide en faveur de nos armes, met notre innocence en évidence et prouve les calomnies dont on voulait nous rendre les victimes. Quelle gloire pour un peuple d'être justifié par la voix de son prince ! Que ce prince est aimable d'avoir tendu la main à son peuple affligé ! Que ses actions s'accordent bien avec celles d'un dieu, puisque dans le même temps qu'un Dieu apporte la paix aux hommes, un roi mineur la donne à ses sujets ! Ce n'était pas assez que Bordeaux eût été le théâtre sur lequel les anges ont serré le nœud sacré qui vous a mis au monde, il fallait encore qu'il souffrît, afin qu'après avoir mérité d'être l'objet de notre amour, il devînt, par votre grâce, le temple de la félicité. Heureuse guerre qui nous donne une telle paix ! Heureux malheur qui produit un tel bonheur ! Heureuse division qui enfante des grâces si signalées ! Les troubles que Votre Majesté apaise dans son royaume, les conquêtes qu'elle fait au dehors, les cœurs qu'elle enchaîne en tout lieu, lui méritent, bien mieux qu'au Jupiter de la fable, les titres de très-grand et de très-bon. Notre reconnaissance est trop faible pour des bienfaits si multipliés; nos voix manquent d'expression pour célébrer un si admirable ouvrage, et l'hommage de nos cœurs, Sire, n'est point un présent digne de vous. N'ayant pas de quoi nous acquitter envers Votre Majesté, il ne nous reste qu'à vous souhaiter dans le ciel une récompense digne de celui qui est en terre l'image de la divinité. »

NOTE XX, page 585.

IDÉE DES RÉCITS SATIRIQUES PUBLIÉS A L'OCCASION DES TROUBLES DE BORDEAUX, PENDANT LA MINORITÉ DE LOUIS XIV.

Le temps des troubles publics et des révolutions est considéré presque toujours par le peuple comme favorable au développement des esprits ; c'est de tous le règne de la liberté. La pensée est moins gênée, les idées novatrices mieux accueillies, le progrès encouragé ; et, à force de pousser la liberté jusqu'à ses dernières limites, on finit par tomber dans l'anarchie. D'Épernon et Mazarin étaient les héros que les mauvais plaisants et les esprits satiriques, à Bordeaux, célébraient dans leurs écrits. Comme le règne de la liberté est pour l'ordinaire de courte durée, ils se hâtèrent d'en jouir ; ils péroraient, politiquaient et écrivaient avec indépendance ; ils représentent tantôt d'Épernon écrivant ses dernières volontés ; tantôt c'est le syndic du couvent des Augustins, où il voulait se faire enterrer, qui s'oppose à l'exécution des clauses de son testament. Dans un écrit, on prononce son oraison funèbre ; dans un autre, on feint d'excuser sa conduite et de réfuter les mille et une charges dont on accablait la pauvre altesse de Cadillac, etc., etc. C'est cette dernière pièce que nous reproduisons ici ; elle servira d'échantillon du style satirique d'alors et suffira pour faire connaître la manière dont on traitait le duc ; elle est intitulée : *Apologie du duc d'Épernon*. Voici comme on y parle :

« Il n'est rien de si difficile à découvrir que le mensonge, lorsqu'il est
» paré des livrées de la vérité ; c'est un poison détrempé dans le sucre
» et servi dans une coupe dorée. Nous vivons dans un siècle si malheu-
» reux, que nous prenons plaisir à nous laisser tromper par les appa-
» rences, à prendre les étoiles pour des cometes, les ports pour des
» écueils, et les graces pour des Sirenes ; et tout ainsi que nous voyons
» la rosée, cette douce salive des astres, que l'abeille convertit en miel,
» servir à la cantharide pour former son venin, ainsi le méchant emploie
» toute son industrie à noircir les actions les plus saintes ; mais l'homme
» de bien fait tous ses efforts pour délivrer l'innocence injustement op-
» primée : c'est le sujet qui m'a obligé de prendre la plume, pour faire
» voir aux esprits bien faits et désintéressés, que toutes les actions de
» M. d'Épernon, durant ces derniers troubles de la Guienne, ne sont
» pas seulement exempts de reproches, mais dignes de louanges. Je
» veux arracher des mains de la calomnie la vertu de ce grand Prince,
» d'où je la ferai sortir plus pure que l'or de la fournaise, plus blanche

» que les perles de leur écaille et plus brillante que les pierreries du
» limon et des écumes de la mer…. Entrons en matière. Vous avez,
» dites-vous, pris les armes pour éviter les malheurs qui vous mena-
» çoient, pour garantir tant de familles ruinées par ses gardes, tant de
» filles violées. Les sacrileges et les meurtres commis à la campagne par
» ses soldats, vous donnoient juste sujet de craindre qu'on ne vous fist
» souffrir les mêmes maux qu'à vos voisins. Mais où sont les plaintes
» qui prouvent ces accusations? A-t-on jamais vu une armée mieux
» disciplinée que celle de M. d'Épernon? Ses soldats ont toujours vécu
» avec discrétion ; et lorsque les paysans n'avaient pas d'argent à leur
» donner, ils se sont contentés de leurs bestiaux et de leurs meubles ;
» ils ont nettoyé toutes les maisons par où ils ont passé ; aussi les chefs
» qui commandoient ces troupes seront-ils à jamais en vénération dans
» le pays d'Entre-deux-Mers. C'est sans raison que vous faites retentir
» si haut les sacrileges commis par ses gardes, les prêtres massacrés,
» les calices pollus, le Saint-Sacrement foulé aux pieds, les Églises pro-
» fanées et converties en étables, remplies d'ordures. Ne suffit-il pas de
» dire, pour sa justification, qu'on n'a pas trouvé de quoi le déclarer
» excommunié? S'il eût été coupable, eût-on manqué de lancer contre
» lui les censures ecclésiastiques? Si on ne l'a pas fait, est-ce à vous
» de vous plaindre? Contentez-vous de juger de la vigne et du pré, sans
» toucher au sanctuaire.

» Vous alléguez le privilege, que vous prétendez avoir été obtenu du
» feu roi, que les gens de guerre ne logeroient à dix lieues de Bordeaux,
» mais le gouverneur y a-t-il mis son attache? Feu M. d'Épernon n'a-
» t-il pas logé autrefois des gens de guerre dans Mérignac, Pessac et
» dans les fauxbourgs de Bordeaux? et vous voulez que le fils dégénere
» et ne suive pas les glorieuses traces de son pere? N'est-il pas juste
» aussi que vous vous ressentiez des incommodités de la guerre? Vou-
» lez-vous rejeter tout le fardeau sur vos voisins? Si vous êtes chari-
» table, ayez de la compassion pour vos freres ; si vous êtes bon Fran-
» çais, obéissez à votre gouverneur, et cessez d'abuser de ce privilege
» imaginaire qui choque la charité que vous devez au prochain et la fi-
» délité que vous devez au *prince de Loches.* »

« Le départ inopiné de M. d'Épernon vous a mis la puce à l'oreille.
» Quoi! faut-il que lorsqu'un gouverneur se veut retirer à la campagne
» pour délasser son esprit, il l'affiche dans les carrefours, et consulte
» les Cent-Trente? »

« Il faut avouer que vous êtes bien délicats : la moindre chose vous

» offense. Vous vous alarmez de ce que votre gouverneur, qui ne doit
» compte de ses actions qu'à Dieu et au roi, fait faire des provisions et
» des réparations au Château-Trompette, de ce qu'il renforce la garni-
» son, du logement qu'il prit dans le château, du déplacement de tous
» les meubles de Puypaulin : n'étoit-ce pas le devoir d'un sage gouver-
» neur de munir cette place de tout ce qui lui était nécessaire pour sa
» défense ? et parce qu'il a vu que du Haumont n'avait que quarante
» hommes dans le Château pour le garder, bien qu'il fût payé pour deux
» cents, il a voulu empêcher ses voleries et y a mis deux cents hommes,
» suivant les ordres du roi. Quel ombrage ont pu vous donner des ac-
» tions aussi innocentes ? »

« S'il a désarmé les habitans de Libourne et y a fait bâtir une cita-
» delle, n'avez-vous pas compris que, par ce désarmement, il leur a
» donné un privilège qui n'est octroyé qu'aux principaux officiers du
» royaume, qui est l'exemption d'aller à la garde ? Avant la construction
» de ce réduit, les pauvres habitans de Libourne étoient forcés de passer
» toutes les nuits dans un corps-de-garde, de faire sentinelle sur les
» murs, exposés aux vents, aux pluies et à toutes les injures des mau-
» vais tems; maintenant ils ne ressentent aucune de ces incommodités,
» et reposent à leur aise pendant que la garnison veille et souffre pour
» eux ! Et lorsque Bordeaux poursuivit au Conseil avec tant d'instance
» la démolition de cette citadelle, il demanda en même temps la sup-
» pression du plus beau privilège des habitants de Libourne. »

« S'il a fait enlever de nuit les canons du château du Hâ, dont on a
» fait un si grand bruit, pour les mettre dans le Château-Trompette,
» c'est une prudence digne d'admiration. Sans doute, s'il eût fait cette
» entreprise en plein jour, les bourgeois et le peuple s'y fussent opposés,
» et son courage, qui ne peut souffrir la moindre résistance, eût causé
» de grands désordres dans la ville. Il fut donc sagement conseillé de se
» servir de l'obscurité de la nuit pour faire réussir son dessein. »

« S'il a mis dans Libourne, Bourg, Vaires, Langoiran et les maisons
» de messieurs les conseillers au Parlement et autres officiers, contre
» le privilège qui leur a été accordé, des troupes pour garder ces mai-
» sons et ces places, qu'est-ce qu'il a fait que fortifier les dehors de Bor-
» deaux, pour les rendre plus redoutables à ses ennemis ? »

« Si Haumont, capitaine du Château-Trompette, a été si hardi que
» de faire tirer grand nombre de mousquetades sur les commissaires de
» la Cour qui revenoient des Chartrons : cela a été fait sans son ordre,
» et il a bien témoigné que cette action lui déplaisoit, puisque pendant

NOTES.

» le siege il n'a pas voulu secourir le Château, quelques semonces que
» lui en fist du Haumont, Marin, la Serre et son honneur. On ne peut
» pas prétendre que c'est faute de cœur qu'il n'a pas secouru le Châ-
» teau-Trompette. Il a donné tant de preuves de générosité dans cette
» guerre, qu'il faudroit être étranger dans son pays pour les ignorer.
» Son courage ne parut-il pas lorsqu'il accompagna Comminges et les
» huissiers à la chaîne; lorsqu'il força les portes ouvertes du Palais, et
» qu'il entra dans la grand'salle et dans la chambre de l'audience ? S'il
» n'a pas paru en personne à l'attaque de La Bastide, ç'a été pour in-
» struire vos généraux, Sauvebœuf, Lusignan, Theobon, qui s'exposent
» si témérairement, de ne jamais se trouver aux coups à son exemple,
» parce que de la perte de généraux dépend la perte de l'armée. »

« Mais il a empêché la descente des bleds du Haut-Pays ; il a voulu
» affamer la ville de Bordeaux ; il a arrêté à Cadillac les bateaux char-
» gés de marchandises qui descendoient de Toulouse. C'est ici, habi-
» tans de Bordeaux, que vous témoignez le plus grand effort de malice
» contre votre prince et votre bienfaiteur. J'avoue que, si M. d'Épernon
» eût eu seulement la pensée d'empêcher la descente des bleds et le
» commerce du Haut-Pays pour affamer Bordeaux, il n'y auroit pas
» assez d'eau à la Garonne pour laver cette offense. Mais aurai-je en-
» trepris sa défense, si je n'étois assuré du contraire ? Ici j'en appelle
» à votre propre conscience ; vous le savez, et un jour il vous repro-
» chera cette vérité devant Dieu ; il n'empêcha cette descente de bled
» que pour le bien et la conservation de la province. Tout le monde
» sait que la peste a été grande à Marseille et dans le Languedoc. Tel
» fut, vous le savez, le seul et véritable sujet qui l'obligea d'empêcher
» la communication des villes du Haut-Pays avec Bordeaux ; et voilà
» cependant le fondement de ces haines irréconciliables. Ce prince vous
» a servi en toute occasion et vous le maltraitez ; il a veillé pour vous
» conserver, et vous ne songez qu'à le détruire ; il a toujours mené une
» vie innocente et sans reproche, et vous ne vous étudiez qu'à composer
» des satires, à supposer des généalogies, à inventer des anagrammes
» pour le faire passer pour le plus méchant de tous les hommes, au lieu
» qu'en bonne justice, il le faudrait canoniser avant sa mort. Quand je
» pense à tant d'ingratitudes, je me souviens de ceux qui venoient re-
» cueillir la manne dans le désert, et au sortir de la ville alloient offenser
» ceux qui la leur avoient donnée.... Après tant de marques de la bien-
» veillance de M. d'Épernon, est-il possible qu'il se trouve des esprits
» si farouches qui veuillent encore s'opposer qu'on ne députe vers son

» *Altesse,* pour l'assurer, de la part de tous les habitans, qu'ils sont dé-
» plaisants de l'avoir offensé ; qu'il est souhaité de toute la ville, qu'il
» y aura plus de pouvoir que jamais ; que sa douceur et ses bonnes qua-
» lités ont tellement gagné vos cœurs, qu'ils ne respirent que l'honneur
» de sa présence. Je vous proteste que, si vous faites un pas, il en fera
» trois, qu'il n'attendra pas votre arrivée à Agen, mais qu'il enverra au
» devant, à deux lieues pour le moins, son brave écuyer avec ses plus
» confidens, pour vous accueillir avec honneur, comme il fit à l'huissier
» du Parlement (qu'il fit emprisonner à Libourne). Offrez-lui de rebâtir
» à vos dépens Puypaulin, de rétablir le Château-Trompette, de le dé-
» dommager de la perte de ses meubles, de lui accorder le pouvoir et
» autorité de faire à sa volonté les magistras de la ville, de casser ceux
» qui ont été faits contre ses ordres et de les envoyer en exil ; mettez
» à sa discrétion vos biens, vos vies et votre honneur, et je vous donne
» parole que vous obtiendrez le pardon général de vos fautes. Que si
» vous jugez que tout cela ne soit pas encore capable de l'émouvoir,
» adressez-vous, en toute humilité, à dame *Nanon* (c'étoit une fille d'A-
» gen, que le duc d'Épernon aimoit passionnément) ; priez cette belle
» de parler en votre faveur. Elle n'a jamais refusé personne. Une seule
» de ses œillades lui fera tomber les armes de la main. Ce sera le moyen
» assuré d'acheter ses bonnes graces, de jouir d'une paix assurée et de
» voir la province comblée de biens et de bénédictions. »

(Extrait de D. Devienne.)

TABLE DES MATIÈRES.

A

Albret (d'), sa conduite, page 5.
Alvimar, 572, 577, 587.
Amboise (Édit d'), 222.
Amoureux, ou les courtisans d'Henri IV, 502, 507.
Ancre (le maréchal d'), 411.
Andraut, 467, 524.
André (Saint-), les privilèges, 71.
André de Cubzac, 601 et suite.
Anglade, 552.
Anglais, 1, 29; veulent établir des impôts, sans le consentement des trois États, 44; conduite hors Guienne, 66, 71; mesures contre la rentrée des Anglais, 72; reviennent à Bordeaux, 84; leurs prétentions, 85; n'ont pas laissé de grands monuments en Guienne, 145.
Anjou (le duc d'), 507.
Annonciades (quelques) se font protestantes, 163.
Archevêque (David de Montferrand) reçoit une lettre du roi, 17 (Note II); chargé d'une mission auprès de Vaillac, nommé gouverneur de Bordeaux, 259; ses démêlés avec d'Épernon, 440; il négocie la paix, 527.
Architecture au XVe siècle, 143.
Argilemont (d'), gouverneur de Fronsac, 413.
Argenson (d'), 509 et suite, 515, etc.
Armagnac et Bourgogne (parties des), 7.
Armagnac assiégé dans Lectoure, 79, 85.
Arnaud, Guiraud. (Voir Guiraud).
Artillerie bordelaise au XVe siècle, 140
Assemblée générale, 19; à Saint-André, 25, 209; à Saint-Seurin, 27, 529.
Augier, 198, 270.

B

Bacalan, 571.
Ban et arrière-ban convoqués, 90.
Barsac, 250.
Barthélemy (la Saint-), 272, etc.; les victimes, 280, Note XIV.
Basoche, 197, 228.
Bastide (La), 570 et suite.
Batz (Lettre de Henri IV à M. de), 524.

Bayonne, dernière ville qui s'est rendue aux Anglais, 45.
Bazas (bataille de), 19, 51; pille, 215; conduite des protestants, 220, 314.
Bazeille (Sainte-), 520.
Beauval, 55.
Beaujeu (Madame de), régente, 87, 88 et suite.
Béguerie, 388, Note XVIII.
Belcier en prison, la conduite de sa femme, 514.
Benauge (La), 48, 59; refuse de se rendre au roi de France, 66.
Bergerac se soumet à la France, 50; le Parlement y est transféré, 449; paix de Bergerac, 500.
Biens ecclésiastiques aliénés, 294.
Biron, 513.
Blanquefort, 60, 288, 599.
Blaye se défend, 4, 52, 54; Louis XI à Blaye, 73, 539, 541.
Blois (États de), 54.
Boetie, 103. (Voir Montaigne), 520.
Bohémiens, 575.
Bonnet, curé de Sainte-Eulalie, 600.
Bordeaux. Une régence à Bordeaux, 2; serment des Bordelais envers le roi d'Angleterre, 6; trêve à Bordeaux, 7, 8; on s'y dispose à recevoir les Français, 25, 40; une députation envoyée à Charles VII, à Montferrand, 60, 64; Bordeaux dépeuplé, 66; son port favorisé, 87; ses armoiries, 149, revenus de Bordeaux, 153; la ville maltraitée par Montmorency, 178; Henri II leur rend leur privilège, 185; Bordeaux alarmé, 248; les Guises à Bourg, 295; une république, 301; une émeute à Bordeaux, 351: Bordeaux embelli au XVIe siècle, 382; revenu de la ville au XVIe siècle, ibid.; insurrection à Bordeaux, 463; assemblée générale contre d'Épernon, 491, 574 et Note XIX, 575, Note XX.
Botanique (jardin de), 440.
Boulevart de Sainte-Croix, 582.
Bourg. Le siège de Bourg, 5, 17; ses armes prises, 248.
Bourgeois de Bordeaux, 139, 380.
Bouliac, 508, etc.
Bouillon (le duc de), 345, 581, etc.

1re Part. E.

Bourdillon (le maréchal) à Bordeaux, 256.
Branxes, 594.
Budos (siége de), 18.
Bureau, 55.
Burie, 200, 206, 207, 214, 216.

C

Cabarets, 389; cause d'une émeute, 463.
Cadillac attaqué par les Français, 47; assiégé, 59, 559.
Cailhau (porte de), 143.
Calvinistes punis, 162; sont un parti anti-national, 212, 269.
Calais, 43, 74.
Camarsac (château de), 9, 524.
Camblannes, 504, 507.
Canolles, 600; sa mort. 623.
Captal de Buch, 17; se dit maître des marais de Bordeaux, 27, 55, 57; son influence, 149.
Carbon-Blanc bâti, 148, 564.
Carignan, 486.
Castets, 323.
Castel-Gaillard, 390.
Castelnau résiste aux Français, 60, 594, 604.
Castillon, 31, 33; attaqué, 50; bataille (de), 52, 325.
Catherine de Médicis, 230.
Catherine (Sainte-) couvent de, 549.
Chambaret commande le Parlement, 502 et suite; il est tué, 524, 547, 554 et suite.
Chambre ardente, 197.
Chambre mi-partie, 294, 308.
Charles VI accorde des faveurs à d'Albret, 4.
Charles VII va attaquer la Guienne, 29; arrive à Montferrand, 31, 36, 62; il apprend, à Lyon, la révolte des Bordelais, 49; sa réponse aux Bordelais 61, 214.
Charles IX, son voyage dans le Midi, 228; sa réception à Bordeaux, 230. Note XI; accorde certains priviléges aux calvinistes, 237; ses propos contre le pape, 267; veut massacrer les calvinistes, 268.
Charles, duc de Guienne, à Bordeaux, 77, 78; sa mort, 80.
Charles-Quint à Bordeaux, 156 et suite, 192.
Chassaigne (de la), 69, 155, 471, 483.
Château-Trompette (Voir Trompette).
Chaussée rouge, 352.
Cierges devant le Saint-Sacrement, 136.
Clarence (duc de), son ordonnance, 11. Note I.

Clergé pour d'Épernon, 552, 543.
Clie (la), 443.
Cloche (la grosse), 147; remise en place, 205; fondue, 384.
Clocher de Saint-Michel, 384.
Coligny : Ses idées sur le catholicisme, 211, 212; reçoit de l'argent d'Élisabeth d'Angleterre pour protestantiser la France, 241, Note XIII; reçoit un coup de feu, 267; la religion ne fut pas la cause de sa mort : il fut tué comme conspirateur, 272.
Commerce (le) favorisé, 87, 91.
Comminges (le comte de), 355, 548.
Commission administrative établie à Bordeaux, 20.
Concini, 556.
Condale (le château de) démoli, 56.
Condé, 212, 356, 440 et 478; la promesse (de), 580 et suite.
Confitures, 389.
Conti, 485.
Cordouan (tour de), 585 Note XVI.
Corporations organisées, 90, 565.
Cospeau, évêque de Nantes, 454.
Cour des grands jours, 79.
Coutras, 287, 307; (bataille de), 527; d'Épernon reçoit l'absolution à Coutras, 416, 460.
Coutumes, 450, 565.
Créon, 504, 520.
Crespin : Ce qu'il dit de la Saint-Barthélemi, 277.
Croix (Sainte-) : Ses priviléges, 71; (l'abbé de), 195; boulevard de, 582, 587.
Croquants, 476, etc.

D

Darc. (Voir Jeanne).
D'Affis, 606.
David de Montferrand, archevêque, 17, Note II.
Dax soumis au roi, 89.
D'Escars : Sa conduite au Parlement, 225.
Doignon, 564, 566; fait ravager Montferrand, Macau et les rives de la Garonne, 576.
Dordogne : Bons soldats sur les bords de la Dordogne.
Dorval, 19.
Dubernet, 555.
Ducasse, de Bazas, 298, 299, 513, 514.
Duels au XVe siècle, 155.
Dunois, 52; marche sur Bordeaux, 55, 56, 59; conspire avec d'Orléans, 88; son second traité avec les Bordelais, 12, 65.
Du Plessis, 577.
Durfort dépeint la misère du pays, 8.

— 691 —

Duras, 65, 70 ; sa conduite, 215.
Du Sault (les deux frères) décapités, 181, 467, 583.

E

Écoles de droit et de médecine, 15.
Édouard : Ses prétentions, 85.
Éléonore, sœur de Charles-Quint, à Bordeaux, 154.
Élisabeth de France, a Bordeaux, 195.
Élisabeth d'Angleterre, 212, 268, *Note XIII*.
Émilion (Saint-), 31, 56 ; (Louis XI à), 74 ; (le Parlement à), 149 ; (la réforme à), 161.
Emprunt (nouvel), 192.
Enfants trouvés, 575.
Épernon (d'), 348, 355, 416, 433 ; ses démêlés avec le cardinal de Sourdis, 435 ; avec Henri de Sourdis, 440 ; exilé, 453 ; réintégré, 464, 468 ; expose sa vie, 471, 473 ; sa mort, 483 ; son fils, 487 ; sa lettre au Parlement, 496 ; s'empare du moulin de Ciron, 497 ; sa conduite à Langoiran, Lestiac et Cadaujac, 514 ; à Bordeaux, 528 ; va au Parlement, 534 ; sort de la ville, 535 et suite ; sa vengeance, 540 ; marche sur Bordeaux, 546 et suite.
Épinay (André d'), archevêque, 91.
Espardez de Lussan, 341 et suite.
États (les trois) assemblés, 8, 11 ; à Dax, 12 ; se réunissent à Bordeaux, 13 ; à Blois, 298.
Eulalie (Sainte-) l'émeute de, 463 ; le curé de, 524.
Eynet (la bataille d'), 77.

F

Faure (l'abbé) de Saint-Jean-d'Angély n'a pas empoisonné Charles, duc de Guienne ; sa mort, 80.
Favas, 298, 299 : attaque Langon, 305, 357.
Femmes publiques au XVIe siècle, 590.
Ferme (Saint-), 357.
Ferrière (La), 263.
Figueira (bataille navale de), 181.
Fleix (Conférence de).
Flotte bordelaise, 365.
Foires de Bordeaux, 240.
Force (le marquis de la), 416.
Fourchu (le pied), 388.
Foy (Sainte-) siège de, 50.
Français (les) corrompent le peuple, 22 ; marchent sur Bordeaux en 1451, 552.
François Ier, 151 ; à Bordeaux, 152 ; son serment, 155, *Note IX*.
Fronde, 487 ; petite Fronde, 600.
Fronsac soumis au roi, 59, 89.

Fumel (le baron de), 359.

G

Gabelle, 165, 466.
Gahets : Leur histoire, 366.
Gayac (Prieuré de), 513.
Gaston de Foix : Son mariage à Bordeaux, 75 ; sénéchal, 89 et 90.
Georges (Saint-), 600.
Gensac, 522, 582.
Gironde : Les huguenots pendus, 219.
Gourgues : Ses exploits, 251 ; le général de Gourgues à Bordeaux, 297 ; le président de Gourgues, 455, 456.
Guienne (duché de) donné à Charles, 77 ; partagé en deux gouvernements, 291 ; intrigue pour rendre la Guienne aux Anglais, 177.
Guillotin, 170.
Guiraud (enclos d'Arnaud), 576, 591.
Guise, chef de la ligue, 294.

H

Ha (château du), 67.
Harlots (roi des), 158.
Haut-Castel, 107 et suite.
Haumont, 349.
Henry V renonce à la couronne de France.
Henry VI accorde des faveurs aux Bordelais, 2 ; est sacré à Notre-Dame, à Paris, 22.
Henry VIII d'Angleterre renonce au titre de roi de France, à certaines conditions, 151.
Henri III, 307, 312 ; sa lettre à Henri de Navarre, 320 ; sa conduite, 329.
Henri IV à Bordeaux, 195 ; à Montferrand, 295 ; sa lettre, 296, 300 ; ses séjours de plaisirs, 305 ; apprend les fautes de sa femme, 307 ; à Guîtres, à Sainte-Foy, à Castillon, 322, son abjuration, 340, 344 ; ses paroles sur les reliques, 554 ; sa réponse aux jurats de Bordeaux, 344.
Huttington arrive à Bordeaux, 25.
Huguenots : Se liguent avec les princes protestants d'Allemagne, 211, d'Angleterre, 212 ; (opinion de Capefigue sur les), 212 ; leurs couleurs, 213 ; on leur accorde la paix, 261 : ce que signifie le mot huguenot, 215.
Hume : Son opinion sur la conduite des réformés en France, 212, 269.
Hivers rigoureux, 85, 564.

I

Images des saints brisées à Saint-Seurin, 194.

IMPÔTS. (*Voir* TAXES.)
IZON, 521.

J

JACOBINS (église des) renversée, 549.
JEANNE DARC, 21, 22.
JEAN (Saint-) d'Angély, 80.
JEANNE d'Albret, 266.
JEUX de hasard défendus, 575.
JURATS accusés de connivence avec les protestants, 203; insulte faite à un jurat cruellement punie, 255; reçoivent des lettres de noblesse, 290; envoient un de leurs collègues à Paris, 550; refusent de convoquer l'assemblée générale, 551.
JURIEU regarde les Turcs comme les auxiliaires providentiels des protestants, par la destruction du catholicisme, 213.

L

LA BRÈDE, 512.
LADISLAS, roi de Hongrie, épouse une Bordelaise, 149.
LALANDE pardonné, 74.
LANDES, 77.
LANGE : Son Mémoire contre les protestants, 203.
LANGON, 60, 89, 164, 250, 257, 298, 304, 559, 564.
LANGOIRAN, 289, 299, 516.
LANSAC, maire, mécontent, 243.
LARGEBASTON, accusé de connivence avec les huguenots, 224, 259, 263, 265.
LA RÉOLE (siège de), 24, 89, 219, 299.
LA ROCHEFOUCAULD, 580.
LA TRAU, 65, 72.
LAVALETTE, 475, 476, 479, 483, 590, 596.
LAVIE, 588.
LENET, 580 et suite.
LESPARRE, 45, 60, 65 et suite.
LESTONAC décapité, 181.
LIBOURNE, 56, 58, 74, 489, 498 et suite.
LONGUEVILLE, 556, 485.
LORETTE, 552.
LORMONT, 47, 58, 62, 63, 566, 567, 582.
L'HOSPITAL : Son discours, 255, 259, *Note XII*.
LOUIS XI, 76, 80, 82.
LOUIS XIII à Bordeaux, 357, 360, 412, 415, 613.
LOYSEL, 310.
LUDON (le curé de), 405.
LUR-SALUCES, 205; reçoit une lettre du roi, 283, 521.
LUSIGNAN, 19, 525, 546.

M

MACAIRE (Saint-), 26, 89, 258, 305, 562.
MADRID (traité de), 152.
MAJESTÉ : Quand ce mot a été employé, 79.
MARAIS, 27; desséchés, 384.
MARCHÉ-NEUF : Un cimetière, 382.
MARGAUX, 591.
MARGUERITE, sœur de François Ier, 154, 164, 248, 305, 307.
MARTINOZZI, nièce de Mazarin, 577.
MATIGNON, 308 et suite, 312 et suite; sa mort, 546.
MAS-DE-VERDUN, 316, 318.
MAYENNE, 525, 526.
MAZARIN, 484 et suite, 611.
MÉDOC, 385, 592, 601.
MÉDICIS, 556.
MEILLERAYE, 601.
MERVILLE, accusé de favoriser les huguenots, 246, 284.
MESLOU, 318.
MESSALINE (statue de),383 et *Note XVII*.
MICHEL (Saint-), 384, 466.
MONNAIES au XVe siècle, 141, *Note VIII*; au XVIe siècle, 389.
MONEINS, 171.
MONSÉGUR, 215, 220, 325.
MONSEREAU (la dame de Thouars), 80.
MONTAIGNE, 165; son opinion sur la conduite de Moneins, 173, 310, 311, 513, 515, 517.
MONTAUBAN (la république de), 214.
MONTFERRAND (le baron de) travaille pour les Anglais, 3, 51 et suite, 45, 47; Charles VII à Montferrand, 58; Montferrand banni, 70; Montferrand, seigneur de Lesparre, pendu, 72; Gaston de Montferrand, 74, 83; sa conduite à la Saint-Barthélemy, 270 à 288; le vieux château de Montferrand, 584.
MONTLUC, 206; sa conduite, 216, 221, 226; mécontent des jurats, 244; son discours au Parlement, 244, 257; son caractère, 258; sa lettre au roi, 260.
MONTMORENCY, 178, *Note X*.
MONTPESAT, 269, 275.
MONTUZETS, 74, 156, *Note V*.
MOULIN-DARNAC, 409.
MOULIN au XVIe siècle, 382.

N

NANON DE LARTIGUES, maîtresse de d'Épernon, 579, 614.
NANTES (édit de), 345 et 347.
NEUILLY, 179.
NOAILLES, 204.
NOBLESSE convoquée, 90, *Note VII*.
NORMANDIE conquise, 50.

O

Obsèques, 158.
Odet d'Aydie conspire, 88.
Orléans (le duc d') conspire, 87.
Ornano (le maréchal d'), 348 ; sa mort, 554 ; 404, *Note XV*.
Ornon (le château d') détruit, 4.
Ozorio, 602 et suite.

P

Pardaillan à Blaye, 262.
Parisis (édit), 555.
Parlement établi à Bordeaux, 75, *Note VI ;* à Libourne, 85 ; histoire du Parlement, 94 ; les charges vénales, 158 ; interdit, 184 ; sa sévérité contre les protestants, 189 et suite ; sa profession de foi, 209 ; refuse d'enregistrer les lettres-patentes pour la liberté des cultes, 259 ; lettre du roi au Parlement, 509 ; nouvel impôt pour le siège de Libourne, 518 ; les députés du Parlement ne sont pas reçus par le roi, 555 ; arrêté contre d'Épernon, 541 ; demande que d'Épernon soit remplacé, 550, 555 ; les membres du Parlement font une communion pour demander au ciel la paix, 568 ; reçoit la princesse de Condé, 586 ; il se fait frondeur et rebelle, 609 ; se prononce encore contre d'Épernon, 622.
Pèlerinages au XVe siècle, 156.
Peste à Bordeaux, 12, 85, 95, 551, 376, 458.
Pey-Berland, 25, 56, 42.
Pichon à Lormont, 411, 616.
Podensac, 250, 559.
Polders du Médoc, 585.
Pommiers, 70.
Pontac, 196.
Portets, 544.
Praslin, 551, 569, 575, 577.
Présents, 159.
Processions au XVe siècle, 156, 289.
Procureurs au Parlement (le nombre des), 195.
Protestants (les) menacent les Chartrons et la ville, 289 ; font à La Rochelle une Constitution républicaine pour la France, 416.
Provinces rédimées, 187.
Puy-Paulin (le curé de), 405.

R

Rauzan, 65, 70.
Recluses, 157.
Réforme naissante, 159, 188 ; les sectaires punis, 190.
Régence à Bordeaux, 2.

Remi (le cimetière de Saint-), 202.
René (le roi) à Bordeaux, 75.
Réole (La), siège de, 24 ; secourue, 219.
Revenus de la ville au XVe siècle, 258.
Richelieu, 454 ; à Bordeaux et à Cadillac, 457, 576, 480 et *Note XVIII*, 485, etc., etc.
Richon-Laroudière, 595 ; sa mort, après avoir été trahi, 620 et suite.
Rions, 48, 59, 66, 541.
Rochelle (La), 455.
Rohan, 559.
Roquelaure, 555, 565.
Roquetaillade, 24.
Routiers, 21.

S

Sauveboeuf, 547, 552, 555, 565, 588.
Sansac (Prévôt de), archevêque, 209.
Scaliger, 162.
Sel : Impôt sur le sel, 192.
Sénéchaux de Guienne, 10, 16, 24, 42, 90.
Servien à Bordeaux, 455.
Seurin (Saint-) : Assemblée générale à Saint-Seurin, 27 ; ses privilèges, 71 ; on veut démolir cette église, 195 ; le faubourg attaqué, 570.
Saint-Siméon (le curé de) vis-à-vis du Parlement, 405.
Sorcellerie au XVe siècle, 155.
Sourdis (le cardinal de), 348, 551, 595 ; ses démêlés avec le Parlement, 594 et suite.
Sourdis (Henri de), 440 et suite, 481.
Sainte-Croix (boulevard de), 582.
Statues découvertes près de Saint-Martin, quartier de Saint-Seurin, 583.
Sully, 299, 520.
Syndicat catholique, 205, 205.

T

Talbot, 46 ; sa conduite à Castillon, 51 ; est tué, 54 ; son corps reconnu, 55.
Tallemagne, couronnal des Gascons, 167.
Talmont, 522.
Talon (Omer), ce qu'il dit de l'état malheureux de la France, 488.
Targon, 219.
Tartas (le siège de), 25.
Taxes, 86, 143 ; au XVIe siècle, 587 ; nouvelle taxe, 550.
Tiers-État, 95.
Tilladet, gouverneur de Bordeaux, garde les clés de la ville, 241 ; est accusé de favoriser les protestants, 245.
Tourne (Le), 544, 546.
Tourny : Sa lettre au sujet des femmes publiques, 590.

— 694 —

Tournois, 349.
Traité entre Charles VII et les Bordelais, 36; traité des dames, 151.
Traite-foraine, 310.
Tremblement de terre, 138.
Trêve à Bordeaux, 7, 8, 14.
Tristan de Moneins, 169.
Trompette (Château-), 67, 89; occupé par les insurgés, 177; assiégé, 550.
Truands, 373.
Turenne, 523.

U

Uzeste. (Voir Villandraut.)

V

Vaillac, 306, 311.
Vatteville, 577, 590, 592, 602.
Vauban, 68.
Vayres (le château de) confisqué, 5; attaqué, 499; capitule, 501.
Vergt (combat de) en Périgord, 221.
Verteuil, 157, 611.
Vignes arrachées autour de Bordeaux, 505; sa prise, 620 et suite.
Villandraut se rend aux Français, 60; pillé ainsi qu'Uzeste, 287, 299.
Villars, 296.
Vinet : Ce qu'il dit de Bordeaux après les cruautés de Montmorency, 183.
Vins (les) du Haut-Pays ne descendaient pas à Bordeaux avant Noël, 150.

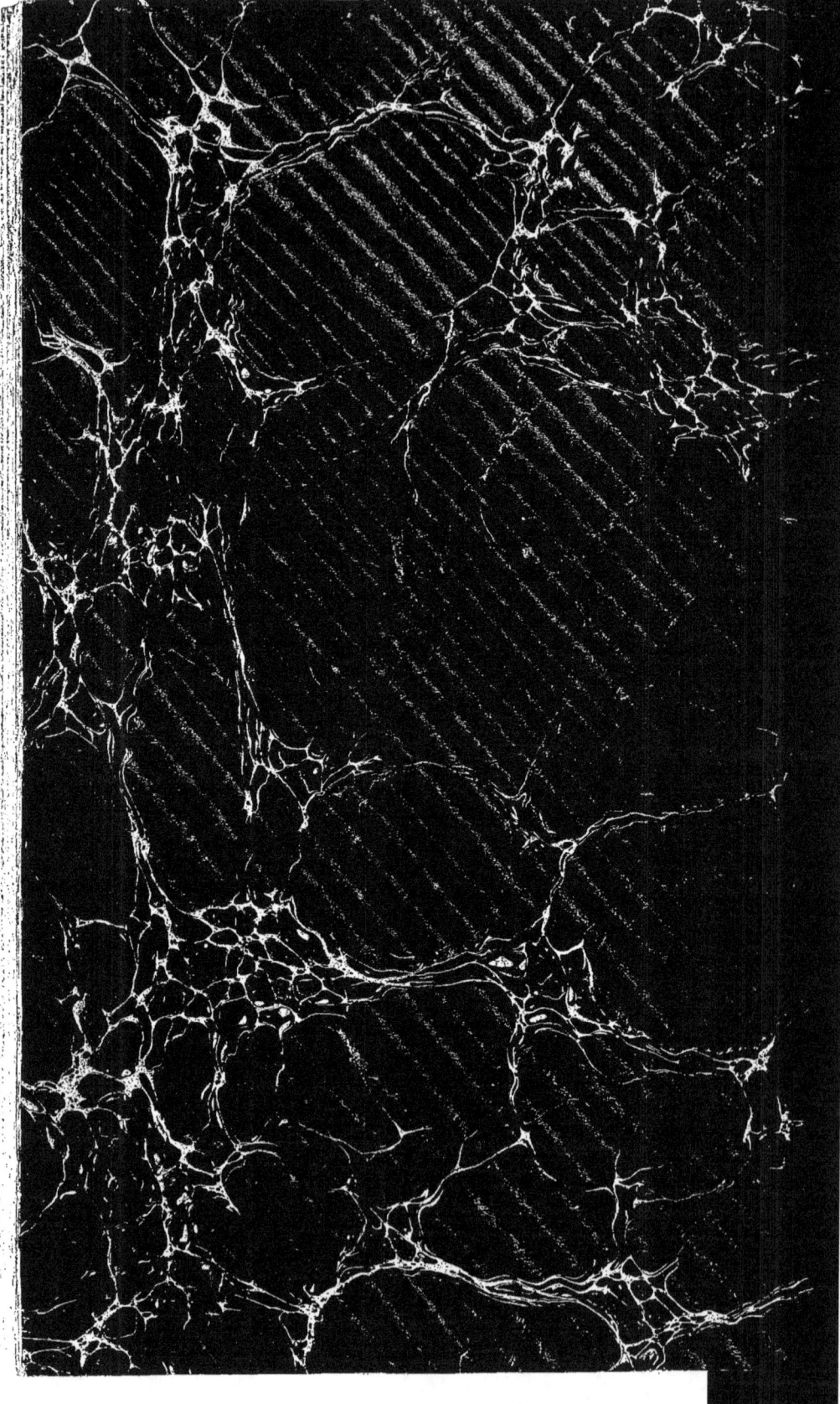

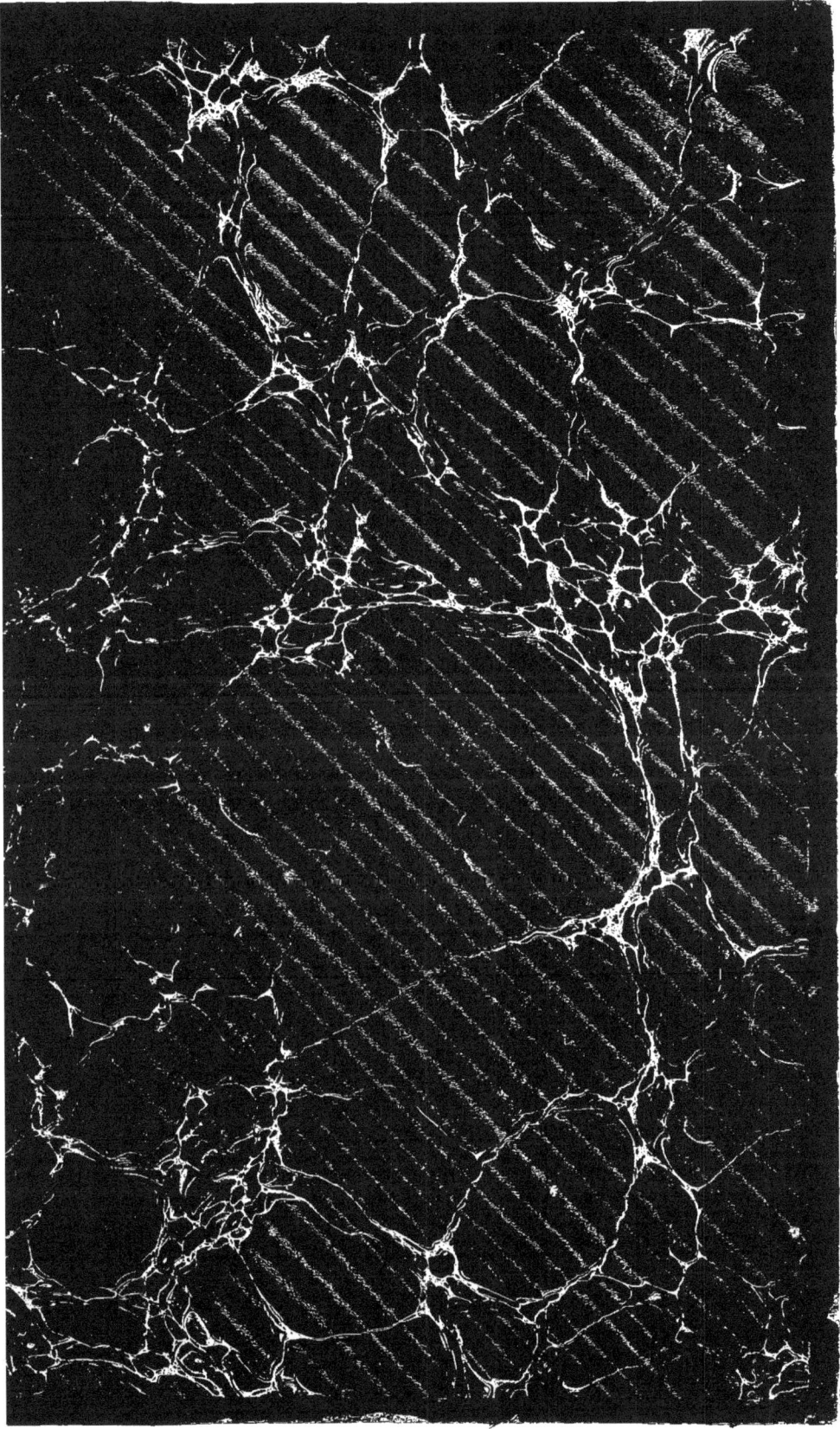

www.ingramcontent.com/pod-product-compliance
Lightning Source LLC
Chambersburg PA
CBHW070747020526
44115CB00032B/1273